Beiträge
zur altbayerischen Kirchengeschichte

Begründet von Martin von Deutinger
als „Beyträge zur Geschichte, Topographie und Statistik
des Erzbisthums München und Freysing"

Herausgegeben
vom Verein für Diözesangeschichte
von München und Freising e.V.
durch Franz Xaver Bischof

MÜNCHEN IM VERLAG DES VEREINS

Den Mitgliedern des Vereins
als Jahresgabe überreicht

Alle Rechte vorbehalten
Verein für Diözesangeschichte von München und Freising e.V.
Postfach 33 03 60, 80063 München

Der VERLAG PH.C.W. SCHMIDT ist nicht verantwortlich für den Inhalt der Publikation und evtl. Verletzungen des Urheberrechts; er kann dafür rechtlich nicht belangt werden.

Entscheidungen über Inhalt und äußeres Erscheinungsbild liegen allein beim Autor bzw. Herausgeber.

Gesamtherstellung:
VDS VERLAGSDRUCKEREI SCHMIDT,
91413 Neustadt an der Aisch
Printed in Germany

ISBN: 978-3-87707-986-7

Inhalt

Alois Schmid
Die Augustiner-Chorherren in Bayern. Verbreitung und Bedeutung 5

Ferdinand Steffan
Die Mariae-Namen-Bruderschaft in der Pfarrei Eiselfing, Dekanat Wasserburg 25

Stefan Trinkl
Die Konvente der südbayerischen Prälatenklöster in der zweiten Hälfte des 18. Jahrhunderts. Eine Statistik zu Herkunft und Altersstruktur 35

Roland Götz
„Der viel gedacht, und viel geschrieben." Der Freisinger Hofmarschall und Geschichtsschreiber Ferdinand Wilhelm Freiherr von Bugniet des Croisettes (1726-1806) 55

Anton Landersdorfer
„Nach Rom zu schreiben fühle ich oft ein wahres Bedürfniß." Die Briefe des Germanikers Johann Baptist Huber (München) aus den Jahren 1870 bis 1886 83

Susanne Kaup
„Bin Gott sei Dank gesund und glücklich im heiligen Beruf." Barmherzige Schwestern im Lazarettdienst des Ersten Weltkrieges 101

Klaus Unterburger
Zwischen neutraler Friedensvermittlung und vatikanischer Interessenspolitik. Die Münchner Nuntiatur in der Strategie Papst Benedikts XV. während des Ersten Weltkriegs 129

Dominik Schindler
„Kirchenglocke bleiben, nicht Kanone werden." Michael von Faulhaber und der Erste Weltkrieg 147

Johannes Kuber
Die Fragebögen zur nationalsozialistischen Verfolgung katholischer Laien von 1946. Einordnung eines bislang kaum erforschten Quellenkorpus 173

Marion Höher
Das Konzil in den Pfarreien. Zur Umsetzung des II. Vatikanisches Konzils in den Pfarreien des Erzbistums München und Freising 199

Johann Kirchinger
Administrative Normalität und pastoraler Ausnahmezustand. Niederer Klerus und Pfarrseelsorge während des Ersten Weltkriegs 249

Buchbesprechungen 311

Peter Pfister
Chronik der Erzdiözese München und Freising für die Jahre 2013 und 2014 329

Stephan Mokry
Chronik des Vereins für Diözesangeschichte für die Jahre 2013 und 2014 377

Autoren

Dr. Roland Götz
Archiv des Erzbistums München und Freising
Karmeliterstr. 1, 80333 München

Dipl.-Theol. Marion Höher
Baumberg 6, 83553 Frauenneuharting

Dr. Johann Kirchinger
Lehrstuhl für Mittlere und Neue Kirchengeschichte
Fakultät für Katholische Theologie, Universität Regensburg, 93040 Regensburg

Johannes Kuber M.A.,
Wentzingerstr. 24, 79106 Freiburg im Breisgau

Prof. Dr. Anton Landersdorfer
Universität Passau
Katholisch-Theologische Fakultät, Lehrstuhl für Kirchengeschichte
94030 Passau

Dr. Susanne Kaup
Mutterhaus der Barmherzigen Schwestern, Kongregationsarchiv
Vinzenz-von-Paul-Str. 1, 81671 München

Dr. Stephan Mokry
Auweg 82, 85375 Neufahrn

Dr. Peter Pfister
Archiv des Erzbistums München und Freising
Karmeliterstraße 1, 80333 München

Dipl.-Theol. Dominik Schindler
Albert-Schweitzer-Str. 19, 66424 Homburg

Prof. Dr. Alois Schmid
Listweg 8, 93455 Traitsching

Ferdinand Steffan M.A.
Thalham 10, 83549 Eiselfing

Stefan Trinkl M.A.
Hauptstraße 8, 82276 Adelshofen-Nassenhausen

Prof. Dr. Klaus Unterburger
Lehrstuhl für Historische Theologie/Mittlere und Neuere Kirchengeschichte
Katholisch-Theologische Fakultät, Universität Regensburg
9340 Regensburg

Die Augustiner-Chorherren in Bayern

Verbreitung und Bedeutung

von Alois Schmid

Der oberdeutsche Raum erhielt seine historische Prägung in einem entscheidenden Ausmaß von den Klöstern. Sie setzen bis in unsere Gegenwart oftmals weithin sichtbare, meistens eindrucksvolle bauliche Akzente in die Kulturlandschaft und tragen auch in der säkular gewordenen Gegenwart noch immer zu ihrer kulturellen Physiognomie bei. In vormoderner Zeit war ihre Bedeutung ungleich größer als in unseren Tagen. Damals reichte sie weit über den heutzutage im Vordergrund stehenden religiös-architektonisch-künstlerischen Bereich hinaus in viele weitere Sektoren des gesellschaftlichen Lebens hinein. Deswegen wurde einmal in einem gekonnten Wortspiel vom „Klösterreich" gesprochen[1], das über die staatlichen Grenzen hinweg dem oberdeutschen Raum seinen Stempel aufgedrückt habe. Viele der mittelalterlichen und neuzeitlichen Ordensgemeinschaften haben in diesem „Klösterreich" ihre Niederlassungen eingerichtet. Für Altbayern wurden am wichtigsten die Benediktiner.[2] Bayern wurde eine *terra Benedictina*; eine solche ist es bis heute geblieben. Noch in unseren Tagen bestimmen die Nachfolger des hl. Benedikt von Nursia († 547) das Erscheinungsbild der bayerischen Kloster- und auch Kulturlandschaft ganz entscheidend.[3]

Diese Grundtatsache der bayerischen Geschichte und Gegenwart hat den Anteil der anderen Ordensgemeinschaften an der Formung der oberdeutschen Kulturlandschaft sehr in den Hintergrund gedrängt. Auch die Fachliteratur konzentriert dementsprechend ihren Blick sehr auf den Benediktsorden.[4] Die übrigen religiösen Gemeinschaften sind deutlich unterbelichtet. Das gilt auch für die Augustiner-Chorherren. Nur die großen Niederlassungen haben vereinzelt angemessene Darstellungen erfahren. Über die meisten Häuser liegen höchstens kleinere, oftmals

---

[1] Joachim ANGERER (Hg.), Klösterreich: Die Stifte und Klöster in Bayern, Österreich und der Schweiz, München 1978. – Überarbeitete Fassung des Festvortrages anlässlich der Eröffnung des Museums der Augustiner-Chorherren in Markt Indersdorf am 24. Oktober 2014.
[2] Andreas KRAUS, Die Benediktiner in Bayern, St. Ottilien 1983.
[3] Odilo LECHNER, Terra benedictina. Nachhaltigkeit benediktinischen Wirkens in Bayern, Dachau 2001.
[4] Den Forschungsstand bietet: Walter BRANDMÜLLER (Hg.), Handbuch der bayerischen Kirchengeschichte, 3 Bde., St. Ottilien 1991-1999.

zudem veraltete Untersuchungen oder Beschreibungen vor. Einzelne haben noch nie einen Bearbeiter gefunden. Dementsprechend mangelt es auch an ausführlichen Zusammenfassungen.[5] Sogar der sachkundige Benediktinerpater Romuald Bauerreiß hat in seiner vielbenützten „Kirchengeschichte Bayerns" bei der Behandlung der Orden des 18. Jahrhunderts die Augustiner-Chorherren geradezu vergessen.[6] Der Forschungsstand ist wenig befriedigend und bedarf unbedingt weiterer Anstöße. Dieses Gesamturteil verliert auch durch vereinzelte Impulse seit den siebziger Jahren des zurückliegenden Jahrhunderts seine Berechtigung letztlich nicht.[7] Ohne Zweifel haben die Augustiner-Chorherren einen wesentlichen Beitrag zur Geschichte Bayerns geleistet.[8]

Grundzüge der Entwicklung

Bereits in der Frühzeit der christlichen Kirche sonderten sich vom Christenvolk Kleingruppen ab, die ihren religiösen Idealen an besonderen Orten in gesteigerter Intensität nachzugehen suchten. Diesen Bemühungen gab Benedikt von Nursia mit seiner Regel für das Mönchtum Ordnung und Richtung.[9] Auf dieser Grundlage wurde das gesamte Abendland mit einem im Laufe der folgenden Jahrhunderte immer engmaschiger geflochtenen Netz monastischer Niederlassungen überzogen, die sich zunächst vorzugsweise zur Benediktsregel bekannten. Daneben bildeten sich weitere religiöse Vereinigungen, die ebenfalls ein gemeinsames Leben mit dem Ziel der Optimierung des Gottesdienstes führten, aber außerhalb der Benediktsregel verblieben. Sie stellten sich in die Nachfolge des heiligen Augustinus.[10] Zunächst konnten sie durchaus Eigentum besitzen und in Privatwohnungen leben, ihre Aktivitäten konzentrierten sich auf den Chordienst. Das sind die entscheidenden Unterschiede zum Mönchtum. Eine erste Reformbewegung versuchte, mit der Aachener

---

5 Am wichtigsten: Norbert BACKMUND, Die Chorherrenorden und ihre Stifte in Bayern: Augustinerchorherren – Prämonstratenser – Chorherren v. Hl. Geist – Antoniter, Passau 1966. Der Autor bemängelt zu Recht S. 29 *eine unverdiente Vergessenheit*.
6 Romuald BAUERREISS, Kirchengeschichte Bayerns VII, St. Ottilien 1970, 56-80.
7 Paul MAI, Die Augustiner-Chorherren in Bayern: Einst und heute (Schriftenreihe der Akademie der Augustiner-Chorherren von Windesheim 4), Paring 1999; DERS., Die Augustinerchorherren in Bayern: Zum 25jährigen Wiedererstehen des Ordens (Bischöfliches Zentralarchiv und Bischöfliche Zentralbibliothek: Kataloge und Schriften 16), Regensburg 1999; vgl. Anm. 89-91.
8 Zusammenfassend: Ulrich FAUST, Augustinerchorherren, in: BRANDMÜLLER (Hg.), Handbuch der bayerischen Kirchengeschichte II (wie Anm. 4), 676-688.
9 Benedikt von Nursia, Regula de codice 914 in Bibliotheca monasterii S. Galli servata, St. Ottilien 1983.
10 Luc M. J. VERHEIJEN, Die Regel des hl. Augustin, in: Askese und Mönchtum in der alten Kirche, hg von K. Suso FRANK (Wege der Forschung 409), Darmstadt 1975, 349-368.

Kanonikerregel von 816 den heterogenen Gruppen eine gemeinsame Richtung zu geben. Wirkungsvoller war eine zweite Erneuerungswelle, die im Rahmen der Reformbemühungen des Hochmittelalters die Kanoniker auf eine *vita apostolica* nach der Regel des hl. Augustinus verpflichtete. Sie leitete die Chorherrenbewegung deutlich in Richtung des Mönchtums. Papst Urban II. (1088-1099) hat diese regulierten Chorherren 1089 als eigene Säule des abendländischen Klerus anerkannt. Sie wurden als Regularkanoniker dem herkömmlichen Mönchtum an die Seite gestellt.[11] Einen Gründungsvater wie die Benediktiner mit dem hl. Benedikt hat diese Bewegung nicht; sie erwuchs aus den Impulsen des Reformzeitalters. Von diesen beiden Hauptsäulen spalteten sich im Rahmen der kirchlichen Erneuerung zwei Reformzweige ab: von den Benediktinern die Zisterzienser, von den Chorherren die Prämonstratenser. Diese Gemeinschaften bilden die vier klassischen Orden des abendländischen Hochmittelalters, die die große Kirchenreform des 11./12. Jahrhundert wesentlich mittragen und auch den weiteren Verlauf der Kirchengeschichte maßgeblich bestimmen sollten.

Die Augustiner-Chorherren fanden auch im Herzogtum Bayern, das damals in seiner Ostmark den österreichischen Raum noch einschloss, rasche Verbreitung. Sie erhielt ihren deutlichen Ausdruck in einer im Laufe der Jahrhunderte wechselnden Anzahl monastischer Niederlassungen.[12] An der breiten, zweiten Klostergründungswelle, die im Rahmen der hochmittelalterlichen Kirchenreform über den oberdeutschen Raum hinwegrollte, nahmen die Augustiner-Chorherren einen bemerkenswerten Anteil. Als Stifter traten im Wesentlichen vier Gruppen in den Vordergrund:

Am Anfang steht der Episkopat.[13] Hier ist vor allem Bischof Altmann von Passau (1065-1091) anzuführen, der sich der *vita canonica* sehr zugetan fühlte. Als erstes Kloster richtete er schon um 1070 das Stift St. Nikola vor seiner Bischofsstadt ein. Weitere Gründungen in seiner ausgedehnten Diözese folgten in St. Florian und St. Pölten. Die wichtigste Stiftung wurde Göttweig in der Wachau. In Altmanns Fußstapfen traten der verwandte Bischof Adalbero von Würzburg (1045-1090) und der Metropolit Erzbischof Gebhard von Salzburg (1060-1088). Von diesen im östlichen Herzogtum amtierenden oder diesem zumindest eng verbundenen Bischöfen, die zugleich die Anführer der gregorianischen Partei im Investiturstreit waren, sollten die entscheidenden Impulse für die Chorherrenbewegung im Reich ausgehen. Sie machten vor allem das Erzbistum Salzburg zum Brennpunkt einer weit ausgreifen-

---

11 Manfred HEIM, Chorherren-Reformen im Früh- und Hochmittelalter, in: Münchener Theologische Zeitschrift 46 (1995) 21-36.
12 Eine Übersicht bietet: MAI, Die Augustiner-Chorherren in Bayern (wie Anm. 7).
13 Ebd. 6-30.

den, sehr lebendigen Kanonikerreform unter Erzbischof Konrad I. (1106-1147).[14] Hierher gehören die Stifte Au, Baumburg, Gars, Höglwörth, Ranshofen, Reichersberg, Suben, Weyarn und St. Zeno/Reichenhall.[15] Der Konvent auf der Herreninsel im Chiemsee wuchs geradezu in die Funktion des Domkapitels für das hier verortete Salzburger Unterbistum hinein. Diese Impulse strahlten auf die anderen oberdeutschen Diözesen aus. Der Bischof von Eichstätt gründete Rebdorf, der von Bamberg Neunkirchen am Brand, der Augsburger St. Georg und Heilig Kreuz in der Bischofsstadt, der Brixener Neustift. Besonders wirkungsvoll waren sie in Regensburg, wo sich der aus Siegburg geholte Konrad I. (1126-1132) und Heinrich I. (1132-1155) als wichtige Propagatoren der Chorherren-Bewegung profilierten.[16] Hier wurden Niederlassungen in Paring, Rohr, Schamhaupten und Stadtamhof eingerichtet. Die Stifte der Chorherren blieben immer viel stärker als andere Klöster auf die Diözesanbischöfe ausgerichtet; außer dem Adelsstift Berchtesgaden, dessen Propst 1559 einen Sitz auf der geistlichen Bank des Reichsfürstenrates erlangen sollte, und Rebdorf erreichte keines von ihnen die Exemtion von der bischöflichen Jurisdiktion.

Neben dem Episkopat, der die Richtung vorgab, trat der Dynastenadel als Stifter auf. Jedes Adelsgeschlecht baute damals sein Hauskloster als kirchlichen Mittelpunkt seiner Herrschaft auf. Viele dieser Gründungen wurden mit Augustiner-Chorherren besetzt.[17] In diesem Zusammenhang entstanden etwa Rohr als Stiftung der Herren von Rohr, Beyharting die Stiftung der Herren von Beyharting, Baumburg und Berchtesgaden als Stiftung der Grafen von Sulzbach, Weyarn als Stiftung der Grafen von Falkenstein, Höglwörth als Stiftung der Plainer Grafen, Dießen als Stiftung der dortigen Grafen, Rottenbuch als Stiftung der Welfen.

---

14 Stefan WEINFURTER, Salzburger Bistumsreform und Bischofspolitik im 12. Jahrhundert. Der Erzbischof Konrad I. von Salzburg (1106-1147) und die Regularkanoniker (Kölner Historische Abhandlungen 24), Köln 1975.

15 Johannes LANG, St. Zeno in Reichenhall. Geschichte des Augustiner-Chorherrenstifts von der Gründung bis zur Säkularisation (Studien zur bayerischen Verfassungs- und Sozialgeschichte 22), München 2009.

16 Karl HAUSBERGER, Geschichte des Bistums Regensburg I, Regensburg 1989, 94-96; Paul MAI, Die Stifte der Augustinerchorherren in Schamhaupten, Stadtamhof und Paring, in: Beiträge zur Geschichte des Bistums Regensburg 12 (1978) 95-111; MAI, Die Augustiner-Chorherren in Bayern (wie Anm. 7), 43-51.

17 Ludwig HOLZFURTNER, Der bayerische Adel und die Augustiner-Chorherren, in: Gert MELVILLE/ Alois SCHMID (Hg.), Studien zum Bildungswesen der bayerische Augustiner-Chorherren in Mittelalter und früher Neuzeit (Publikationen der Akademie der Augustiner-Chorherren von Windesheim 8), Paring 2008, 83-109.

An diesen Aktivitäten beteiligten sich sogar die wittelsbachischen Landesherren, die am Anfang des Klosters Indersdorf stehen.[18] Hier handelt es sich um eine vom Papst angeordnete Sühnestiftung für eine vorausgehende Verfehlung: Der wittelsbachische Pfalzgraf Otto IV. war bei der Gefangennahme des Papstes Paschalis II. (1099-1118) durch Kaiser Heinrich V. (1106-1125) im Jahr 1111 zumindest anwesend gewesen und sollte bereits dafür Buße tun. Dass diese gerade in der Errichtung eines Augustiner-Chorherrenstiftes bestand, ist in der Herkunft des Papstes Paschalis II. aus dieser religiösen Gemeinschaft begründet.

Die von den drei genannten Potenzen ausgelösten Impulse schufen einen fruchtbaren Boden, so dass schließlich von den Gründungen selber wirkungsvolle Anregungen ausgehen konnten. Das gilt vor allem für das von Bischof Altmann angestoßene Rottenbuch, das der Mittelpunkt der frühen Kanonikerbewegung im Oberbayerischen werden sollte.[19] Von hier aus wurden zahlreiche Neugründungen auf den Weg gebracht oder zumindest befördert. Hierher gehören die Stifte Baumburg, Berchtesgaden, Bernried, Beuerberg, Dießen, Polling; Rottenbucher Einflüsse wurden auch in Indersdorf wirksam.

Schon diese ausgewählten Ortsnennungen zeigen, dass vor allem im Osten und Süden des Herzogtums eine regelrechte Zone von Niederlassungen der Augustiner-Chorherren errichtet wurde. Sie legten sich wie ein Gürtel um das altbayerische Kernland, das bereits dicht mit Urklöstern besetzt war. Vor allem in der Ostmark wurden große Stifte aufgebaut, die zum Teil bis heute ungebrochenen Bestand haben.[20] Sie trugen besonders in Oberbayern wesentlich zur Prägung der Kulturlandschaft bei; am konzentriertesten tritt ihr Einfluss im sogenannten Pfaffenwinkel in Erscheinung.[21] Die maßgebliche Zusammenstellung für das Gebiet des heutigen Freistaates führt insgesamt 48 Niederlassungen auf, die sich allerdings auf acht Jahrhunderte verteilen.[22] Dieses Verzeichnis vermittelt freilich ein verzerrtes Bild, weil es sich nicht an den historischen Gegebenheiten orientiert. Es berücksichtigt einerseits Schwaben und Franken, klammert aber andererseits Österreich aus, das bis 1156 zu Bayern gehörte.

---

18 Hubert GLASER (Hg.), Die Zeit der frühen Herzöge: Von Otto I. zu Ludwig dem Bayern II (Wittelsbach und Bayern I/2), München 1980, 41-43; Ludwig HOLZFURTNER, Die Wittelsbacher. Staat und Dynastie in acht Jahrhunderten (Kohlhammer-Taschenbücher 592), Stuttgart 2005, 19.
19 Jakob MOIS, Das Stift Rottenbuch in der Kirchenreform des XI.-XII. Jahrhunderts. Ein Beitrag zur Ordens-Geschichte der Augustiner-Chorherren (Beiträge zur altbayerischen Kirchengeschichte 19), München 1953.
20 Floridus RÖHRIG (Hg.), Die bestehenden Stifte der Augustiner-Chorherren in Österreich, Südtirol und Polen, Klosterneuburg 1997; DERS. (Hg.), Die ehemaligen Stifte der Augustiner-Chorherren in Österreich und Südtirol (Österreichisches Chorherrenbuch), Klosterneuburg 2005.
21 Hans PÖRNBACHER, Der Pfaffenwinkel, München 1980.
22 BACKMUND, Die Chorherrenorden in Bayern (wie Anm. 5), 29-158.

Die neu eingerichteten Stifte nahmen eine unterschiedliche Entwicklung. Einzelne Gründungen vermochten sich in der dicht besetzten Klosterlandschaft kaum zu entfalten. Ein Beispiel dafür ist das kleine Paring im Südwesten von Regensburg. Dort hatten die Grafen von Roning 1141 eine kleine Kommunität ins Leben gerufen, die aber nie recht gedieh und in der Reformationszeit schließlich die *vita canonica* einstellte.[23] Einen ähnlichen Weg gingen nördlich der Donau die Niederlassungen Langenzenn, Neunkirchen, Schamhaupten und St. Oswald. Auch die Weiterführung des Urklosters Chammünster als Chorherrenstift misslang völlig. Andernorts, wie in Weltenburg, wurde die kanonikale Lebensform in ein volles Mönchtum überführt. Die Klöster waren in mehreren Fällen als Doppelklöster für Männer und Frauen angelegt; doch verschwanden die Frauenkonvente bis 1300 weithin. Die meisten Häuser entwickelten sich jedoch besser. In ihnen konzentrierte sich das geistliche Leben immer mehr auf die Seelsorge der Chorherren. Es entfaltete sich am wirkungsvollsten in den vier Stiften Rottenbuch, Gars, Herrenchiemsee[24] und Baumburg[25], die als Sitze von Archidiakonaten eine herausgehobene Stellung für das pastorale Leben ihres Umfeldes erlangten.

Die erste Blüte der Chorherrenbewegung lässt sich zum einen an den überlieferten Handschriften festmachen; sie belegen ein reges Interesse am zeitgenössischen Wissenschaftsleben und einen anspruchsvollen Studienbetrieb[26]. Auf dieser Grundlage erwuchsen kraftvolle Einzelgestalten. Schon Paul von Bernried († 1146/50) und Domherr Gebhard († nach 1140) gehören, auch als Gründungsväter von St. Mang vor Regensburg, zu den Hauptverfechtern der gregorianischen Positionen im Herzogtum während der Auseinandersetzungen des Investiturstreites.[27] Gerhoh († 1169) und auch Magnus von Reichersberg († 1195) drückten dem Geistesleben des 12. und 13. Jahrhunderts ihren Stempel mit beachtlicher Außenwirkung auf.[28]

---

23 Paul MAI (Hg.), Augustinerchorherrenstift Paring 1141-1991. Festschrift (Bischöfliches Zentralarchiv – Bischöfliche Zentralbibliothek: Kataloge und Schriften 7), München/Zürich 1991; Die Augustinerchorherren von Paring, Paring 1998.
24 Manfred HEIM, Bischof und Archidiakon. Geistliche Kompetenzen im Bistum Chiemsee 1215-1817, St. Ottilien 1992; DERS., Quellen zur Geschichte des Bistums und Archidiakonats Chiemsee, St. Ottilien 1994; vgl. Birgit GILCHER (Bearb.), Die Traditionen des Augustiner-Chorherrenstifts Herrenchiemsee (Quellen und Erörterungen zur bayerischen Geschichte NF 49/1), München 2011.
25 Martin J. WALKO, Die Traditionen des Stiftes Baumburg (Quellen und Erörterungen zur bayerischen Geschichte NF 44), München 2004; Walter BRUGGER/Anton LANDERSDORFER/Christian SOIKA (Hg.), Baumburg an der Alz: Das ehemalige Augustiner-Chorherrenstift in Geschichte, Kunst, Musik und Wirtschaft, Regensburg 2007.
26 Fridolin DRESSLER, Bibliotheken, in: BRANDMÜLLER (Hg.), Handbuch der bayerischen Kirchengeschichte (wie Anm. 4) I, 871f.
27 Franz FUCHS, Bildung und Wissenschaft in Regensburg. Neue Forschungen und Texte aus St. Mang in Stadtamhof (Beiträge zur Geschichte und Quellenkunde des Mittelalters 13), Sigmaringen 1989.
28 Peter CLASSEN, Gerhoch von Reichersberg. Eine Biographie, Wiesbaden 1960; 900 Jahre Augustiner-Chorherrenstift Reichersberg, Linz 1983.

Ein Jahrhundert später trat Andreas von Regensburg († um 1438) als Begründer der bayerischen Landeshistoriographie in den Vordergrund.²⁹ Er wurde als der „bayerische Livius" bezeichnet. Dessen Stellung muss jedoch auffallen, da die Chorherrenbewegung zu dieser Zeit zusammen mit den alten Orden im Schatten der Mendikanten fast in einen Zustand der Lethargie verfallen war. Vor allem das Armutsgelübde bereitete Schwierigkeiten. Deswegen war die Bewegung eigentlich im Niedergang begriffen.

Diesem versuchten mehrere Reformansätze entgegenzuarbeiten. Der wichtigste nahm vom böhmischen Raudnitz seinen Ausgang.³⁰ Ein zweiter ist an das niederländische Windesheim geknüpft. Ein dritter, der für das Voralpenland wichtigste, nahm von Indersdorf seinen Ausgang.³¹ Die herzogliche Gründung hatte den Bezug zur wittelsbachischen Stifterfamilie nie abreißen lassen. Einzelne Mitglieder der Herzogsfamilie, wie Pfalzgraf Friedrich († 1198), traten selber in den Konvent ein, mindestens sechs Wittelsbacher fanden hier ihr Grab. Hoforientiertes Schrifttum (Chronik, Nekrolog) wurde angefertigt. Indersdorf war nach dem Stammhaus zu Scheyern das zweite der wittelsbachischen Hausklöster. Namhaftester Konventuale wurde Propst Johann von Indersdorf (1382-1470), der auch als bedeutender Literat mit einem Fürstenspiegel Einfluss sogar auf den Landesherrn zu nehmen versuchte. Vor allem mit seinem Namen ist die Indersdorfer Chorherrenreform verbunden, die den von Thomas von Kempen (1379/80-1471) propagierten Erneuerungsimpulsen der *devotio moderna*³² auch im Süden des Reiches Geltung verschaffte und in Herzog Albrecht III. von Bayern-München (1401-1460) sowie Kardinal Nikolaus von Kues (1401-1464) wirkungsvolle Unterstützer fand.³³ Mehrere Indersdorfer Kanoniker wurden als Visitatoren eingesetzt oder gar in Leitungsämter in anderen Häusern berufen. Was Kastl, Melk und Tegernsee für die Benediktiner wurden, war Indersdorf bei den Augustiner-Chorherren. Als besonders wirkungsvoll erwiesen sich die Bemühungen im Stift Rohr.³⁴ Die vereinzelt angestrebte Bildung einer Kongregation gelang freilich nicht. Die Stifte beharrten auf ihrer herkömmlichen Eigenständigkeit, die sich schon in unterschiedlicher Ordenstracht und sogar Anrede äußerte. Dennoch kam eine überörtliche Zusammenarbeit zumindest in wissenschaftlichen

---

29 Andreas von Regensburg, Sämtliche Werke, hg. von Georg LEIDINGER (Quellen und Erörterungen zur bayerischen Geschichte NF 1), München 1903.
30 MAI, Die Augustiner-Chorherren in Bayern (wie Anm. 7), 58-65 (Lit.).
31 Ebd. 61f.; vgl. Anm. 18.
32 Thomas von Kempen, Die Nachfolge Christi, Augsburg 2007.
33 Erich MEUTHEN, Nikolaus von Kues (1401-1464). Skizze einer Biographie, Münster i. W. ⁶1985.
34 Johannes ZESCHIK, Das Augustinerchorherrenstift Rohr und die Reformen in bairischen Stifte vom 15. bis zum 17. Jahrhundert (Neue Veröffentlichungen des Instituts für Ostbairische Heimatforschung 21), Passau 1969; DERS., Das Augustinerchorherrenstift Rohr, in: Beiträge zur Geschichte des Bistums Regensburg 12 (1978) 113-132.

Angelegenheiten auf der Grundlage des Mediums der Briefe, später sogar in einem ausgedehnten *commercium litterarum* über die staatlichen Grenzen hinweg in Gang. Die Indersdorfer Reform, die die Erneuerung von immerhin 18 Stiften in Bayern auf den Weg brachte, ist der auf die Chorherrenbewegung bezogene Teilsektor der katholischen Reformation, die sich bereits vor und neben der evangelischen Reformation Martin Luthers vollzog.[35]

Die Erneuerung gelang nicht an allen, aber doch an vielen Orten. Es kam noch einmal zu vereinzelten Neugründungen, wie Langenzenn, eine Stiftung der Burggrafen von Nürnberg 1409. Insgesamt gingen die bayerischen Augustinerstifte recht gefestigt ins Zeitalter der Reformation. Die Chorherren entwickelten für Martin Luther, der der mendikantisch orientierten Richtung des Ordens zugehörte, auffallend wenige Sympathien. Mehrere der vorher niedergegangenen Niederlassungen (wie Rebdorf 1458) erneuerten die *vita canonica*. Die Stifte Baumburg und Gars[36] gelangten zu abermaliger Blüte. Der Klosterhumanismus hat nicht nur in Benediktinerkonventen, sondern auch in Chorherrenstiften Wurzeln geschlagen. Wichtige Vertreter wurden Kilian Leib (1471-1553) aus Rebdorf[37] oder Propst Johannes Zinngießer (1499-1523) von Polling.[38] Sein Haus spielt in der Reformationsgeschichte als Stützpunkt des einflussreichen Theologen Dr. Johannes Eck eine bemerkenswerte Rolle. Diese Impulse wirkten weiter. Sein Stift machte sich mitten im Dreißigjährigen Krieg daran, den Baubestand umfassend zu erneuern.

Die dritte Blütezeit nach dem 12. und 15. Jahrhundert wurde das 18. Jahrhundert. Im letzten Jahrhundert Alteuropas entfalteten viele Konvente noch einmal glanzvolles monastisches Leben. Das gefürstete Adelsstift Berchtesgaden blieb eine Ausnahme.[39] Auch St. Mang vor den Toren Regensburgs erholte sich von den Verwüstungen des Dreißigjährigen Krieges nie mehr. Die meisten Häuser benützten aber diesen Einschnitt zum Anlass für wirkungsvolle Reformbemühungen, die Grundlage für ein glanzvolles Jahrhundert der Chorherrenbewegung in Bayern wurde.[40] Die Erneuerung begann im Bausektor; die Kirchen zu Rohr, Dießen oder

---

35 Dieter J. WEISS, Katholische Reform und Gegenreformation, Darmstadt 2005, 21f.
36 Franz Dionys REITHOFER, Geschichte des regulirten Chorherren-Stifts und Klosters Gars, Gars 1999.
37 Josef DEUTSCH, Kilian Leib, Prior von Rebdorf. Ein Lebensbild aus dem Zeitalter der deutschen Reformation, Münster i. W. 1909.
38 Alois SCHMID, Klosterhumanismus im Augustiner-Chorherrenstift Polling, in: Rainer A. MÜLLER (Hg.), Kloster und Bibliothek. Zur Geschichte des Bibliothekswesens der Augustiner-Chorherrn in der Frühen Neuzeit (Publikationen der Akademie der Augustiner-Chorherren von Windesheim 2), Paring 2000, 79-107.
39 Walter BRUGGER/Heinz DOPSCH/Peter F. KRAMML (Hg.), Die Geschichte von Berchtesgaden: Stift – Markt – Land, 2 Bde., Berchtesgaden 1991-1995.
40 Benno HUBENSTEINER, Vom Geist des Barock. Kultur und Frömmigkeit im alten Bayern, München ²1978, 146f.

Rottenbuch wurden Glanzpunkte des oberdeutschen Barock.[41] Von hier griff sie auf das gesamte innere Leben aus. Nun begegnen sogar wieder vereinzelt Augustiner-Chorfrauen. Im Eichstättischen sind Marienstein und Marienburg zu nennen.[42] Aus Frankreich kamen die Chorfrauen von Notre Dame, die sich in Eichstätt, Nymphenburg und Stadtamhof der Mädchenerziehung in Pensionaten sowie der Altenbetreuung widmeten.[43] Zum leuchtenden Zentrum stieg sicher Stift Polling[44] auf, wo das Programm über dem Kirchenportal *Liberalitas Bavarica* mit echtem Leben erfüllt wurde. Mit diesem Stift wetteiferte Rottenbuch um den Vorrang.[45] Diese beiden Häuser waren echte Glanzpunkte im Bayern des Barock und der Aufklärung, die hinter den Benediktinern keineswegs zurückstanden. Im Gegenteil: Die Rivalität der Orden, vor allem zu den Benediktinern und Jesuiten, spornte die Chorherren zu größten Leistungen an. Franz Töpsl (1711-1796)[46], Eusebius Amort (1692-1775)[47] oder Sebastian Seemiller (1752-1798)[48] aus Polling gehörten zu den Leuchtgestalten nicht nur der Bavaria sacra, sondern zum Kulturbetrieb Bayerns in dieser Epoche überhaupt. Hinter Polling trat noch einmal das von Propst Ambrosius Mösmer (1721-1798) und Anselm Greinwald (1740-1803) angeführte Rottenbuch mit außerordentlichen künstlerischen und wissenschaftlichen Leistungen hervor. In allen Stiften wurde fleißig gebaut und niveauvoll ausgestattet. Die Stifte der Augustiner-Chorherren setzen – nicht anders als im benachbarten Österreich oder Schwaben – unübersehbare Akzente in die Kulturlandschaft Bayerns. Auch die Augustiner-Chorherren leisteten ihren Beitrag dazu, dass das 18. Jahrhundert zumindest auf

---

41 Gerda MAIER-KREN, Die bayerischen Barockprälaten und ihre Kirchen, in: Beiträge zur Geschichte des Bistums Regensburg 3 (1969) 123-324 (mit Abb.), bes. 157f.
42 Helmut FLACHENECKER, Von der Beginengemeinschaft zum Nonnenkonvent: Zur Gründungsgeschichte des Augustinerchorfrauenstiftes Marienstein bei Eichstätt, Paring 2000.
43 FAUST, Augustinerchorherren (wie Anm. 8), 686.
44 Roland MILISTERFER, Das Kloster Polling im 18. Jahrhundert, Polling 2004.
45 Hans PÖRNBACHER (Hg.), Rottenbuch: Das Augustiner-Chorherrenstift im Ammergau. Beiträge zur Geschichte, Kunst und Kultur, ²1980; Johann PÖRNBACHER, Das Kloster Rottenbuch zwischen Barock und Aufklärung (1740-1803) (Schriftenreihe zur bayerischen Landesgeschichte 123), München 1999.
46 Richard VAN DÜLMEN, Propst Franziskus Töpsl (1711-1796) und das Augustiner-Chorherrenstift Polling. Ein Beitrag Geschichte der katholischen Aufklärung in Bayern, Kallmünz 1967; Alois SCHMID, Propst Franziskus Töpsl von Polling: Klostervorstand – Standespolitiker – Wissenschaftler (Editio Pollingana 2), Polling 2013.
47 Karin PRECHT-NUSSBAUM, Zwischen Augsburg und Rom: Der Pollinger Augustiner-Chorherr Eusebius Amort (1692-1775). Ein bedeutender Repräsentant katholischer Aufklärung in Bayern (Publikationen der Akademie der Augustiner-Chorherren von Windesheim 7), Paring 2007.
48 Richard VAN DÜLMEN, Sebastian Seemiller (1752-1798), Augustiner-Chorherr und Professor in Ingolstadt. Ein Beitrag zur Wissenschaftsgeschichte Bayerns im 18. Jahrhundert, in: Zeitschrift für bayerische Landesgeschichte[ZBLG] 29 (1966) 502-547.

kulturellem Gebiet ein besonders glanzvoller Abschnitt bayerischer Geschichte wurde.[49]

Die Leistung

Die Augustiner-Chorherren sind nicht einfach den übrigen Orden der katholischen Kirche an die Seite zu stellen. Sie verfolgten und verfolgen bis heute zum Teil andere Ziele. Diese eigene Aufgabenstellung veranlasst sie zur Konzentration auf bestimmte Tätigkeitsfelder. Wenn das abendländische Mönchtum sich immer zwischen den zwei Polen der Weltzugewandtheit und Weltabgewandtheit bewegte, also nach dem rechten Weg zwischen der *vita activa* oder der *vita contemplativa* suchte, so bekannten sich die Chorherren eindeutig zur ersten Richtung. Sie bemühten sich um aktive Teilhabe an der Gestaltung von Gegenwart und Zukunft auf der Grundlage der Ideale des Mönchtums.[50] Dabei ist ihre Akzentsetzung so eindeutig, dass sie nicht eigentlich als Mönche zu bezeichnen sind. Sie führen denn auch nicht den Titel Pater, sondern beanspruchen die Anrede Herr (*dominus*). In welchen Sektoren wurden sie vor allem tätig?

An erster Stelle in der Wertordnung der Augustiner-Chorherren stand immer der Gottesdienst. Von Anfang an betrachteten sie als ihre oberste Aufgabe die würdige und möglichst feierliche Gestaltung der Liturgie. Damit traten sie voll in die Nachfolge des Kirchenvaters Augustinus. Zur Steigerung der Feierlichkeit der Heiligen Messe suchten sie vielfach in Rom um die Pontifikalien nach, die sie mit Ausnahme von Beyharting, Bernried und Schlehdorf auch erlangten. Der Anschluss an die lateranensische Kongregation erbrachte gleichfalls eine Rangerhöhung durch einen wohlklingenden Titel. Die Pröpste von Herrenchiemsee und St. Zeno erreichten sogar eine besondere Auszeichnung als lateranensische Pfalzgrafen. Auch diese weltlichen Ehrungen dienten dem Endzweck der möglichst würdevollen Gestaltung des Gottesdienstes. In diesem Sinne hat Matthäus Günther in einem Fresko in einer Stuckkartusche der Stiftskirche zu Rottenbuch das Thema Studium der Kirchenväter und der Theologie im Kloster unter dem Leitthema „Gloria" umgesetzt.

Doch durfte sich diese religiöse Hauptaufgabe nicht auf das eigene Haus beschränken. Sie sollte in das jeweilige Umfeld hineingetragen werden. Auch dieses musste für die eigenen Ziele gewonnen und zur Mitwirkung angeregt und befähigt werden. Deswegen machten die Chorherren eine ausgedehnte Seelsorge zu ihrer

---

49 Herbert SCHINDLER (Hg.), Bayerns Goldenes Zeitalter. Bilder aus dem Barock und Rokoko, München 1969.
50 Werner BOMM, Wesenszüge der regulierten *vita canonica* im Spiegel ihrer „geistigen Verarbeitung" im Hohen Mittelalter, in: MELVILLE/SCHMID (Hg.), Studien zum Bildungswesen (wie Anm. 17), 7-52.

Kernaufgabe. Zu diesem Zweck übernahmen sie Pfarreien zur Pastorierung. Ein Drittel der Pfarreien waren im alten Bayern solche Inkorporationspfarreien.[51] Hier bestimmte nicht der Diözesanbischof den Ortspfarrer, sondern der Prälat einen Vikar. Ein beträchtlicher Anteil wurde von Augustiner-Chorherren betreut. Stift Polling pastorierte zwanzig Pfarreien, Indersdorf immerhin vierzehn. Dazu kamen weitere Gotteshäuser, in denen die Chorherren den liturgischen Dienst versahen. Diese lagen meistens in der unmittelbaren Umgebung, so dass sie einen mehr oder weniger geschlossenen Seelsorgebezirk bildeten. In Bayern sind sie zwischenzeitlich verschwunden, in Österreich gibt es sie noch heute.

Der Grundauftrag zur Beförderung der Gegenwart sollte aber nicht auf den religiösen und kirchlichen Bereich begrenzt werden, er musste in die Welt hineingetragen werden. Hier galt es den Rahmen für die religiösen Hauptanliegen zu schaffen. Deswegen waren die Augustiner-Chorherren immer – mehr als andere Ordensgemeinschaften – bestrebt, auch in die Saecularia hineinzuwirken. Das galt in letzter Konsequenz sogar für die Politik. Vereinzelt wurden sie durchaus auch in Bayern in hoher politischer Funktion tätig. Propst Konrad II. von Indersdorf (1306-1355) gehörte zu den einflussreichen Beratern am Hofe des wittelsbachischen Kaisers Ludwig des Bayern. Das herausragende Beispiel ist Johann von Indersdorf, der Hofrat und Beichtvater Herzog Albrechts III. von Bayern-München.[52] Mit einem Fürstenspiegel versuchte er, auf das Erziehungswesen am Hofe nachhaltigen Einfluss zu nehmen.[53] Ein spätes Beispiel ist Propst Franz Töpsl von Polling.[54] Er bekleidete lange, von 1781 bis 1796, das Amt des Generalschuldirektors. Der Vorläufer des heutigen Schulministers leitete wegweisend die Bildungspolitik im Kurfürstentum. Als Vorstand des Stiftes Polling gehörte er zudem zu den Prälaten. Diese stellten eine wichtige Abteilung innerhalb der Gruppe des Klerus dar, die zusammen mit den Korporationen des Adels sowie der Städte und Märkte die bayerische Landschaft bildete.[55] Als Vorstufe des späteren Landtages brachten sie in Spätmittelalter und früher Neuzeit im Sinne des dualistischen Herrschaftsaufbaus immer ein spürbares Gegengewicht gegen die Landesregierung zur Geltung.

---

51 Ein bezeichnendes Beispiel: Walter BRANDMÜLLER (Hg.), Walleshausen, das „kleine Polling", Weißenhorn 1985; Das Augustinerchorherrenstift Indersdorf. Ausstellungskatalog, Indersdorf 2000, 104-107.
52 Bernhard HAAGE, Der Traktat „Von dreierlei Wesen des Menschen", Heidelberg 1968; Alois SCHMID, Johann von Indersdorf, in: Lexikon des Mittelalters V, München-Zürich 1992, 582f.
53 Gerhard BRINKUS, Eine bayerische Fürstenspiegelkompilation des 15. Jahrhunderts. Untersuchungen und Textausgabe, Zürich 1978.
54 VAN DÜLMEN, Propst Franziskus Töpsl (wie Anm. 46), 247-316.
55 Karl BOSL, Die Geschichte der Repräsentation in Bayern: Landständische Bewegung, landständische Verfassung, Landesausschuss und altständische Gesellschaft, München 1974.

Die Optimierung der Lebensverhältnisse war untrennbar mit der Teilhabe am Fortschritt verbunden. Dieser wiederum war an die Wissenschaften gebunden. Deswegen gehörte deren intensive Pflege zum Ordensideal. Infolge der unterschiedlichen Möglichkeiten war das in wechselndem Ausmaß der Fall. Zumindest die großen Konvente öffneten sich über den immer im Mittelpunkt stehenden theologischen Bereich hinaus dem Wissenschaftsspektrum in seiner ganzen Breite. Sie widmeten sich sogar den Profandisziplinen. Auch die Augustiner-Chorherren gehören in Bayern zu den Wegbereitern der Aufklärung und damit des Wissenschaftslandes. Die erste wissenschaftliche Zeitschrift in Bayern, der von 1722 bis 1740 erscheinende „Parnassus Boicus", lebte weithin von der Gelehrsamkeit der Augustiner.[56] Die 1759 erfolgte Gründung der Bayerischen Akademie der Wissenschaften kam auch aufgrund wegweisender Anstöße aus Polling zustande. Die gelehrte Gesellschaft nahm drei Augustiner-Chorherren als ordentliche Gründungsmitglieder auf: Eusebius Amort, Franziskus Töpsl, Prosper Goldhofer.[57] Angesichts dieser Verdienste bemühte sich auch die mehr praktisch orientierte Sittlich-Ökonomische Gesellschaft zu Ötting und Burghausen um die Mitarbeit von Pollinger Chorherren.[58] Das Rottenbucher astronomische und meteorologische Observatorium auf dem Hohenpeißenberg stellte mit System Wetterbeobachtungen an[59]; hier führte man zukunftweisende Experimente mit dem Blitzableiter durch. Das kleinere Stift Indersdorf versuchte mit seiner niveauvollen physikalischen Sammlung, in die Fußstapfen dieser Leuchttürme in Bayern zu treten.[60] Die Klosterakademie des Stiftes Polling übertraf im 18. Jahrhundert die Landesuniversität Ingolstadt deutlich an wissenschaftlichem Profil. Deswegen wurden gegen Ende des Jahrhunderts mehreren Chorherren wichtige Funktionsstellen an der Hohen Schule übertragen. Da der Orden keine eigene Hochschule unterhielt, schickte er seit 1581 seine Novizen üblicherweise zur akademischen Ausbildung an die Landesuniversität. An ihr übernahmen die Chorherren Vicelin Schlögl (1743-1811), Gerald Bartl (1766-1822) und Gerhoh Steigenberger (1741-1787) nach der Verdrängung der

---

56 Ludwig HAMMERMAYER, Geschichte der Bayerischen Akademie der Wissenschaften I, München 1983, 40-43.
57 Ebd. 37-40, 166-169 u. ö.; Alois SCHMID, Das Augustiner-Chorherrenstift Polling und die Gründung der Bayerischen Akademie der Wissenschaften 1759 (Schriftenreihe der Akademie der Augustiner-Chorherren von Windesheim 10), Paring 2005.
58 Ludwig HAMMERMAYER, Zur Publizistik von Aufklärung, Reform und Sozietätsbewegung in Bayern, in: ZBLG 58 (1995) 341-401, hier 390.
59 PÖRNBACHER, Rottenbuch zwischen Barock und Aufklärung (wie Anm. 45), 252-262.
60 Peter DORNER, Die physikalische Sammlung des Klosters Indersdorf am Gymnasium zu Straubing, in: Festschrift zur 350-Jahr-Feier des Johannes-Turmair-Gymnasiums Straubing (Straubinger Hefte 31), Straubing 1981, 75-91; Glanz und Ende der alten Klöster. Säkularisation im bayerischen Oberland 1803, hg. von Josef KIRMEIER und Manfred TREML (Veröffentlichungen zur bayerischen Geschichte und Kultur 21), München 1991, 260f. Nr. 148.

Jesuiten 1773 Lehrstühle an der Philosophischen Fakultät.[61] Letzterer wurde 1774 zudem Universitätsbibliothekar. In den Jahren 1784 (Dr. theol. und Dr. phil. Vicelin Schlögl) und 1792 (Dr. theol. Sebastian Seemiller) wurde – in wenig klosterfreundlicher Umbruchszeit[62] – zwei Pollinger Chorherren sogar das Rektorat anvertraut.

Die Grundlagen für die äußerst erfolgreiche Tätigkeit in der Wissenschaft wurden in einem niveauvollen Schulbetrieb gelegt.[63] Alle Stifte – es sei besonders Weyarn herausgestellt – unterhielten Schulen mit unterschiedlichem Niveau, die denen Landkindern aus der Umgebung Bildungsangebote unterbreiteten. Damit wurden auch den Kindern aus Bauernfamilien Mobilitätskanäle eröffnet, die viele nutzen konnten. Vor allem nach der Aufhebung des Jesuitenordens 1773 schalteten sich auch die Chorherren wirkungsvoll in die Übernahme des Sekundarschulbereiches ein. Ihnen wurden die wichtigen Schulen zu München und Ingolstadt, ab 1794 Neuburg an der Donau zur Betreuung anvertraut.

Diese ausgeprägte Wissenschafts- und Bildungsliebe war das Herzstück einer umfassend ausgerichteten Kulturpflege. Sie betraf alle Sparten des Kunstbetriebes, der letztlich in den Dienst des Gotteslobes gestellt wurde.[64] Die Musik[65] war ebenso eingeschlossen wie die einzelnen Sparten der bildenden Künste. Das Schöne sollte ein Abbild der Herrlichkeit Gottes auf diese Welt bringen. In dieser religiösen Absicht wurde gerade im Sakralbereich kein Aufwand gescheut.[66] Auch die Augustiner-Chorherren beteiligten sich an der großen Bauwelle des Barock in Oberdeutschland, die zumindest den großen Klöstern ein geradezu schlossartiges Aussehen verlieh. Stift Indersdorf leitete 1626 anlässlich seines fünfhundertjährigen Bestehens die lange Reihe der aufwendigen Säkularfeiern ein, mit denen gerade die Klöster ihre einzigartige Tradition selbstbewusst zur Schau stellten.[67] Doch dürfen diese Investi-

---

61 Laetitia BOEHM (Hg.), Biographisches Lexikon der Ludwig-Maximilians-Universität München, I: Ingolstadt – Landshut 1472-1826 (Ludovico Maximilianea, Forschungen 18), Berlin 1998, 32 (E. M. BUXBAUM), 374 (W. MÜLLER), 414f. (L. HAMMERMAYER).
62 Winfried MÜLLER, Universität und Orden. Die bayerische Landesuniversität Ingolstadt zwischen der Aufhebung des Jesuitenordens und der Säkularisation 1773-1803 (Ludovico Maximilianea, Forschungen 11), Berlin 1986.
63 Florian SEPP, Das Schulwesen der Augustiner-Chorherren in Oberbayern, in: MELVILLE/SCHMID (Hg.), Studien zum Bildungswesen (wie Anm. 17), 111-151.
64 Georg HEILINGSETZER, Die Augustiner Chorherren im Zeitalter der Aufklärung: Zwischen München, Passau, Salzburg und Wien, in: 900 Jahre Stift Reichersberg. Augustiner Chorherren zwischen Passau und Salzburg (Ausstellungskatalog), Linz 1984, 249-262.
65 Robert MÜNSTER, Die Musikpflege in den bayerischen Augustiner-Chorherrenstiften zur Barockzeit (Schriftenreihe der Akademie der Augustiner-Chorherren von Windesheim 1), Paring 1966.
66 Florian SEPP, Weyarn. Ein Augustiner-Chorherrenstift zwischen Katholischer Reform und Säkularisation (Studien zur altbayerischen Kirchengeschichte 11), München 2003, 333-383.
67 Iris LAUTERBACH (Hg.), Klosterkultur in Bayern vor der Säkularisation: Zwischen Heilsgeschichte und Aufklärung (Veröffentlichungen des Zentralinstituts für Kunstgeschichte 28), München 2011, 33.

tionen für weltliche Zwecke nicht mit dem Maßstab des Luxus gemessen werden. Der häufig vorgetragene Verschwendungsvorwurf geht völlig am Kern des Vorganges vorbei.

In besonderer Weise wurde diese umfassende Kulturpflege in den Jahrhunderten der frühen Neuzeit am Sammlungswesen festgemacht. Auch die Augustiner-Chorherren beteiligten sich im 18. Jahrhundert an der von den Höfen angestoßenen Sammlungskultur, in die sie viel Geld und Mühen investierten.[68] Das Interesse richtete sich vor allem auf Besonderheiten in Natur, Geschichte, Technik und Kunst. Leitgedanke war die visualisierende Verdeutlichung der göttlichen Weltenordnung im Naturalienkabinett. Die Physikalischen Sammlungen sollten helfen, die Gesetzmäßigkeiten der Natur zu entschlüsseln und gestaltend zu beeinflussen. Die größten Anstrengungen galten im Zeitalter der Aufklärung dem Buch als wichtigstem Medium der Vernunft.[69] Deswegen beteiligten sich die Chorherrenstifte mit Einsatz an der Bibliothekskultur der Aufklärung, die ihren Schwerpunkt in Oberdeutschland hatte. Leitgedanke war, die Welt im Buch einzufangen und mit dessen Hilfe die Mitmenschen im Sinne des Rationalismus, des Moralismus und Eudämonismus auf den rechten Weg zu führen. Deswegen stand im Mittelpunkt immer ein Buch: Die Bibel. Die „Biblia" waren in jeder Stifts- oder Klosterbibliothek die erste Abteilung der Sammlung, der in wohl überlegter Aufreihung alle folgenden Fächer nachgeordnet wurden.[70]

Die Aktivitäten der Augustiner-Chorherrenstifte kreisten also um zwei Pole: Spiritualia und Saecularia. Dabei wurde letzteren ein höheres Gewicht zuerkannt als bei den kontemplativen Orden. Die Grundlagen für das anspruchsvolle Programm der Pflege beider Aktionsfelder führten zur eingehenden Beschäftigung mit der Wirtschaft. Sie hatte die Mittel für die vielfältigen Aktivitäten bereitzustellen und sollte so zu einer Verbesserung der gegenwärtigen Verhältnisse beitragen. Da das Fundament der im Hochmittelalter als Landklöster gegründeten Stifte überwiegend im Grundbesitz bestand, waren die Hauptsektoren der wirtschaftlichen Betätigungen der Ackerbau und die Viehzucht. Sie schlossen allerorten den Gartenbau, die Fischzucht und eine verantwortliche Forstwirtschaft ein. Diese Gegebenheiten spiegelten sich nicht in der sozialen Zusammensetzung der Konvente wider. Sie

---

68 Glanz und Ende der alten Klöster (wie Anm. 60), 252-279.
69 Alois SCHMID, Die Rolle der bayerischen Klosterbibliotheken im wissenschaftlichen Leben des 17. und 18. Jahrhunderts, in: Paul RAABE (Hg.), Öffentliche und private Bibliotheken im 17. und 18. Jahrhundert: Raritätenkammern, Forschungsinstrumente oder Bildungsstätten? (Wolfenbütteler Forschungen 2), Bremen-Wolfenbüttel 1977, 143-186.
70 Alois SCHMID, Religioni, scientiis, artibus dedicatum: Oberdeutsche Klosterbibliotheken des Barock, in: Ernst TREMP (Hg.), Klosterbibliotheken in der Frühen Neuzeit: Süddeutschland, Österreich, Schweiz (Bibliothek und Wissenschaft 45), Wiesbaden 2012, 11-37.

rekrutierten ihre Novizen keineswegs aus bäuerlichen Kreisen, sondern mehr aus dem gehobenen Handwerkertum und der Bürgerschicht. Die Chorherrenstifte der Augustiner beherbergten gewiss keine Bauernkonvente.

Diese Verhältnisse gelten von der Stiftung bis zum Ende. Auch die gewerblichen Aktivitäten blieben immer auf diese Kernbereiche ausgerichtet. Vielerorts war die Stiftsbrauerei der wichtigste angeschlossene Betrieb; vereinzelt hat sie bis in die Gegenwart überlebt. Die Klöster versorgten ihr Umland mit dem Braunbier, das seit dem Dreißigjährigen Krieg zum Alltagsgetränk der ländlichen Bevölkerung aufstieg. Es wurde in den Klostertavernen unter die Bevölkerung gebracht. Mühlen produzierten Mehl, das in Klosterbäckereien weiterverarbeitet wurde. Nicht minder wichtig waren die Klosterapotheken[71] für die Gesundheitspflege außerhalb der Städte. Dem gleichen Zweck dienten vereinzelt Badanlagen. Manufakturbetriebe, die an Höfen und in Adelsherrschaften auf das industrielle Zeitalter vorausweisen, begegnen in den bayerischen Augustinerstiften nicht. Der Hauptgrund dafür war, dass die Klosterökonomien nicht unbedingt ertragsorientiert betrieben wurden und nicht für den Markt arbeiteten. Bestimmende Leitgedanken waren die Versorgung des auf möglichste Autarkie bedachten Konventes und seiner unmittelbaren Umgebung. Propst Mösmer im ökonomisch wohl am besten geführten Stift Rottenbuch brachte es auf den Punkt: *Alles Hab und Gut unseres Stiftes sind Erbeigentum Christi, das wir nur sparsam und bloß zu Notdurft verwenden dürfen. So will es die Regel St. Augustins, daß auch der Anschein von Luxus vermieden wird.*[72] Das klösterliche Wirtschaftsgebaren blieb immer in einen theologisch fundierten Schöpfungskosmos eingebunden.

Dabei war der Blick keineswegs nur auf den Konvent gerichtet. Er galt der gesamten Klostergemeinschaft, zu den auch Grundholden und Hintersassen sowie die vielen Taglöhner mit ihren Familien gezählt wurden. Auch die Augustiner-Chorherrenstifte betrachteten sich als Sozialverbände[73], die über die christliche Nächstenliebe hinaus durch rechtliche Bande und wirtschaftliche Notwendigkeiten zusammengehalten wurden. Sie bildeten die *familia* des Klosters, für die sich der Konvent verantwortlich fühlte. Wenn man sich in Klöstern um agrarischen Fortschritt bemühte, stand nicht die Steigerung des Ertrages, sondern eher die Förderung der klösterlichen Hintersassen im Vordergrund. Bei 40 Prozent der ausgegebenen Kredite verzichtete Rottenbuch auf jeglichen Zins. Die ausgeprägte Sozial-

---

71 Rainer SCHNABEL, Pharmazie in Wissenschaft und Praxis, dargestellt an der Geschichte der Klosterapotheken Altbayerns (800-1800), München 1965.
72 PÖRNBACHER (Hg.), Rottenbuch (wie Anm. 45), 55; FAUST, Augustinerchorherren (wie Anm. 8), 683.
73 Dietmar STUTZER, Klöster als Arbeitgeber um 1800. Die bayerischen Klöster als Unternehmenseinheiten und ihre Sozialsysteme zur Zeit der Säkularisation 1803 (Schriftenreihe der Historischen Kommission 28), Göttingen 1986, bes. 285-323.

bindung wird besonders deutlich in der Ablehnung der aufgeklärten Landeskulturprogramme. Die oberbayerischen Stifte verwehrten sich gegen die Agrarpolitik der Landesherrschaft, weil diese vielleicht die Rendite der Grundherren steigern konnte, aber den viehzüchtenden Milchbauern die benötigten Weide- und Forstgründe entzog. Die Stifte entschieden sich gegen die landesherrlich angeordneten Ausbauprogramme für eine traditionsorientierte Naturalwirtschaft. Die Konvente fühlten sich für ihre Hintersassen und Beschäftigten verantwortlich, denen sie auch in Krankheit und Alter Fürsorge zukommen ließen. Das Handwerk der Umgebung versorgten sie mit vielfältigen Aufträgen, die auch im kirchlichen Bereich vereinzelt durchaus als Arbeitsbeschaffungsmaßnahmen eingesetzt wurden. Am deutlichsten wird die Bedeutung eines Chorherrenstiftes für Wirtschaft und Gesellschaft seiner Umgebung im Falle Rottenbuchs.[74] Die dortigen 40 Chorherren gaben nicht nur den auf dem 1600 Hektar großen Klosterbesitz Arbeitenden als Grundholden, sondern zudem 111 Beschäftigten sowie dem Handwerk der Umgebung Arbeit und Brot; sie unterhielten außerdem 12 echte Pensionäre und finanzierten 40 Schul- bzw. Studienplätze. Auch die Augustiner-Chorherren stellten in mehreren Häusern systematische Überlegungen über die rechte Art des Wirtschaftens an: so Dießen im „Compendium Oeconomicum" von 1642[75] oder Polling in der „Oeconomia Pollingana" des Ollegarius Seidl von 1786.[76] Diese Schriften stehen in der Tradition der herkömmlichen Hausväterliteratur, die sich damals um eine Optimierung der Verhältnisse bemühte. Dabei ordneten die Chorherren die Ökonomie eindeutig sozialen Leitideen unter. Von einer Steigerung des Druckes auf die Grundholden im Rahmen der barocken Bautätigkeit, wie eine modische Forschungshypothese vorgibt[77], kann keine Rede sein.

In diesen Zusammenhang verweist auch die vielbeachtete – leider in neuester Zeit missverständlich umgedeutete – Inschrift über dem Portal der Stiftskirche zu Polling: „LIBERALITAS BAVARICA". Sie verweist zum einen auf die großzügige Unterstützung der bayerischen Klosterwelt durch den ungewöhnlich freigiebigen Landesherrn. Sie verweist aber zugleich auf die nicht minder nützliche Rückwirkung dieser Förderung auf das Umland. In höchst gekonnt verkürztem Wortspiel wird an öffentlichkeitswirksamer Stätte einem tragenden Grundzug der bayerischen Ge-

---

74 Dietmar STUTZER, Das Augustinerchorherrenstift Rottenbuch als Wirtschafts- und Sozialzentrum an der Ammer, in: PÖRNBACHER (Hg.), Rottenbuch (wie Anm. 45), 162-168.
75 Pankraz FRIED/Heinz HAUSHOFER (Hg.), Die Ökonomie des Klosters Dießen: Das Compendium Oeconomicum von 1642 (Quellen und Forschungen zur Agrargeschichte 27), Stuttgart 1974.
76 Ollegarius SEIDEL, Oeconomia Pollingana, Manuskript 795 im Archiv des Historischen Vereins für Oberbayern (Stadtarchiv München).
77 So eine weit verbreitete Forschungshypothese: Gerhard ZÜCKERT, Die sozialen Grundlagen der Barockkultur in Süddeutschland (Quellen und Forschungen zur Agrargeschichte 33), Stuttgart 1988.

schichte Ausdruck verliehen. Auch für die Augustiner-Chorherren galt der Leitspruch: Unterm Krummstab ist gut leben!

Die neueste Zeit

Hinter das 18. Jahrhundert, das insgesamt gesehen ein glanzvolles Jahrhundert der Klostergeschichte war, setzte in Bayern die Säkularisation zu Beginn des 19. Jahrhunderts ein weithin gewaltsames Ende. Sie hat in vielen Ordenshäusern ein aktives Konventsleben förmlich abgewürgt. Ausnahmslos wurden auch die Chorherrenstifte – im Wesentlichen im Jahr 1803 – aufgehoben. Der disziplinäre Zustand war im Einzelnen naturgemäß unterschiedlich. Die ungünstige Schilderung der Verhältnisse im Augustiner-Chorherrenstift St. Nikola vor Passau durch den spätaufgeklärten Kirchenkritiker Johann Pezzl (1756-1823) gibt aber sicherlich ein verzerrtes Bild. Er behauptete, dass in diesem Haus im Rahmen des dort besonders ausgeprägten *Luxus* der *Kaputzen-Monarchen* jedem Chorherren zur Verrichtung der Alltagsgeschäfte ein eigener Dienstknabe zur Verfügung gestellt wurde, während man nur eine *leidliche Bibliothek* unterhalten habe.[78] Hier klingen die Hauptvorwürfe aufgeklärter Klosterkritik an. Denn man darf die Beschäftigung von Dienstknaben wohl auch als Unterstützungsmaßnahme für mittellose Schüler und Studenten sehen, denen so ein höherwertiger Ausbildungsgang überhaupt erst ermöglicht wurde.

Die Klosteraufhebung wurde im Jahr 1783 in Indersdorf eingeleitet, als der infolge seiner Baumaßnahmen gerade nicht liquide, aber trotz des Vorwurfes der Misswirtschaft gut geführte Konvent von Papst Pius VI. (1775-1799) auf Antrag des Kurfürsten Karl Theodor (1777-1799) aufgehoben wurde.[79] Die einträglichen Güter des Stifts (im Wert von 1 Million Gulden) wurden dem Hofkollegiatstift U. L. Frau zu München zur Bestreitung seiner besonderen Unkosten und zur Finanzierung des geplanten Hofbistums zur Verfügung gestellt; die Gebäude erhielten als Ausweichquartier der Münchner Salesianerinnen eine neue Funktion. Der damit eingeleitete Vorgang der Klosteraufhebung erhielt bald eine Fortsetzung. Auch die Stifte der Augustiner-Chorherren wurden ausnahmslos in diese Maßnahme einbezogen.[80] Es wurden aufgehoben: Au, Baumburg, Bernried, Beuerberg, Beyharting,

---

78 Johann Pezzl, Reise durch den Baierschen Kreis, Salzburg-Leipzig 1784, neu hg. von Josef PFENNIGMANN, München 1973, 9f.
79 Cornelia JAHN, Klosteraufhebungen und Klosterpolitik in Bayern unter Kurfürst Karl Theodor 1778-1784 (Schriftenreihe zur bayerischen Landesgeschichte 104), München 1994, 81-129.
80 Alfons Maria SCHEGLMANN, Geschichte der Säkularisation im rechtsrheinischen Bayern III/2, Regensburg 1908, 454-715.

Dießen, Dietramszell[81], Gars, Herrenchiemsee, Polling, Rohr, Rottenbuch, St. Nikola/Passau, St. Zeno/Reichenhall, Schlehdorf, Weyarn. Besonders schmerzlich wurde das in den blühenden Häusern zu Polling, Rottenbuch oder Weyarn empfunden, in denen dem lebendigen Konventsbetrieb ein geradezu gewaltsames Ende bereitet wurde. Der Vorgang lief nach einem einheitlichen Drehbuch ab: Ein staatlicher Kommissar überbrachte den Aufhebungsbeschluss. Daraufhin wurde der Gesamtbestand inventarisiert. Dann begann die Destruktion. Das Vermögen wurde konfisziert und zum Verkauf frei gegeben. Die Konventualen mussten die Häuser verlassen. Die Chorherren wurden in der Regel in die Pfarrseelsorge übernommen. Das kleine Stift Höglwörth, das wegen seiner Lage auf Salzburger Gebiet als einziges Haus der Aufhebung zunächst entronnen war, suchte schließlich 1813/17 selber um die Auflösung nach.[82] Damit setzte die Säkularisation einen Schlusspunkt hinter das monastische Leben in insgesamt 18 bayerischen Augustiner-Chorherrenstiften.[83] Das Königreich Bayern wurde ein klosterloses Land.[84] Vereinzelt leisteten dazu auch Ex-Chorherren ihren Beitrag, indem sie in die Dienste des säkularen Staates traten. Paul Hupfauer aus Beuerberg (1747-1808) betätigte sich als führendes Mitglied der Bibliothekskommission.[85]

Die staatlichen Behörden hatten sich zu diesem Kahlschlag entschlossen, weil sie sich von ihm eine Behebung der Ebbe in den öffentlichen Kassen versprachen. Doch ging diese Rechnung nicht auf. Gerade die Veräußerung der Chorherrenstifte mündete in einen großen Reinfall, weil der Protagonist Maximilian Graf von Montgelas (1759-1838) vereinzelt ganz einfach Spekulanten auf den Leim ging, die auf der Suche nach dem größtmöglichen Gewinn fast Bauruinen hinterließen. Das gilt gerade für die Chorherrenstifte Polling und Rottenbuch. Ein besonders missgünstiger Neuerer setzte sich zum Ziel, Rottenbuch dem Erdboden gleich zu machen. Die Säkularisation erbrachte bei weitem nicht das Ergebnis, das die Bürokraten erwarteten.[86] Stattdessen wurde die Lücke, welche die beseitigten Konvente im

---

81 Edgar KRAUSEN, Das Augustinerchorherrenstift Dietramszell (Germania sacra NF 24), Berlin 1988.
82 Walter BRUGGER/Heinz DOPSCH/Joachim WILD (Hg.), Höglwörth. Das Augustiner-Chorherrenstift mit den Pfarreien Anger und Piding, Salzburg 2008; BACKMUND, Chorherrenorden (wie Anm. 4), 90-93.
83 Das Verzeichnis nach: Winfried MÜLLER, Die Säkularisation von 1803, in: BRANDMÜLLER (Hg.), Handbuch der bayerischen Kirchengeschichte (wie Anm. 4) III, 39.
84 Bayern ohne Klöster? Die Säkularisation 1802/03 und die Folgen, hg. von Rainer BRAUN und Joachim WILD (Ausstellungskataloge der Staatlichen Archive Bayerns 45), München 2003.
85 Peter HARNISCH, Der Augustiner-Chorherr Paul Hupfauer und seine Ordenskritik am Vorabend der Säkularisation, in: Universität und Bildung: Festschrift für Laetitia Boehm zum 60. Geburtstag, hg. von Winfried MÜLLER, Wolfgang J. SMOLKA und Helmut ZEDELMAIER, München 1991, 247-261.
86 Anton SCHNEIDER, Der Gewinn des bayerischen Staates von säkularisierten landständischen Klöstern in Altbayern (Miscellanea Bavarica Monacensia 23), München 1970.

gesellschaftlichen Leben hinterließen, immer deutlicher spürbar.[87] Aus diesem Grund entschloss sich König Ludwig I., das Rad wieder zurückzudrehen. Er restituierte eine Reihe von Klöstern. Von dieser Maßnahme profitierte in erster Linie der Benediktinerorden; auch andere Gemeinschaften kehrten wieder ins Königreich Bayern zurück. Ziel war, jeden der im Kurfürstentum vertretenen Orden zumindest mit einer Niederlassung wieder im Königreich ansässig zu machen. Zu dieser großen Erneuerungsbewegung kamen neue Ordensgründungen mit meist sozialer Ausrichtung. Am Ende des 19. Jahrhunderts zählte man im Königreich nicht weniger Klöster, als das alte Bayern aufgewiesen hatte.

Diese große Bewegung der Remonastisierung ging allerdings an den Augustiner-Chorherren völlig vorbei. Sie wurden, vielleicht unter dem Einfluss des Bischofs Johann Michael Sailer (1751-1832) von Regensburg, eines Exjesuiten, nicht in die Erneuerungswelle eingeschlossen. So ist das seit 1779 österreichische Reichersberg das einzige der Augustiner-Chorherrenstifte im alten Bayern geworden, das noch heute besteht.[88]

Im gegenwärtigen Freistaat gelang erst in allerjüngster Zeit die Wiederbelebung eines Hauses im niederbayerischen Paring.[89] Diese frühere kleine Niederlassung war 1598 von Herzog Wilhelm V. an die Benediktiner zu Andechs übergeben worden. Sie konnte im Jahr 1974 von der wiederbegründeten Kongregation der Augustiner-Chorherren von Windesheim zurückerworben werden, nachdem frühere Bemühungen in den sechziger Jahren um die Wiederbelebung des Hohenpeißenbergs gescheitert waren.[90] Noch in diesem Jahr wurde hier ein Priorat eingerichtet, das 1992 zur selbständigen Propstei erhoben werden konnte. Diese Propstei Paring ist die einzige Niederlassung der Ordensgemeinschaft der Augustiner-Chorherren im Freistaat Bayern. Die heute dort wirkenden Chorherren sind überwiegend in der Seelsorge tätig. Daneben wandten sie sich von Anfang an auch der Pflege der Wissenschaft zu und gründeten 1996 eine Akademie der Chorherren von Windesheim, die eng mit der Katholischen Universität Eichstätt zusammenarbeitet.[91] Sie legte zügig eine beeindruckende Reihe von Publikationen vor. Die Chorherren von Paring treten also mit diesen zwei Schwerpunkten Seelsorge und Wissenschaft voll in die Traditi-

---

87 Dietmar STUTZER, Die Säkularisation 1803. Der Sturm auf Bayerns Kirchen und Klöster, Rosenheim ²1978, 243-256; Gerhard LEIDEL, Die Auflösung der Eigenwirtschaft und der Grundherrschaft der ständischen Klöster, dargestellt insbesondere am Beispiel des Augustinerchorherrenstifts Rohr, in: Bayern ohne Klöster? (wie Anm. 84), 328-345.
88 900 Jahre Augustiner Chorherrenstift Reichersberg (wie Anm. 28), 199-236.
89 Vgl. Anm. 23.
90 MAI, Die Augustiner-Chorherren in Bayern (wie Anm. 7), 71-77.
91 Rainer A. MÜLLER, Genese, Geschichte und Perspektiven der Akademie der Augustinerchorherren von Windesheim, in: MAI (Hg.), Die Augustiner-Chorherren in Bayern (wie Anm. 7), 97f.

on ihrer Vorgänger in früheren Jahrhunderten. Ihr Ziel ist nicht nur die Verwaltung eines Erbes, sondern dessen Nutzbarmachung für die Kirche und Gesellschaft der Gegenwart.

In diesen Kontext gehört auch die Errichtung des ersten und einzigen Museums der Augustiner-Chorherren in Bayern. Sie erfolgt nicht von Seiten des Ordens, sondern aufgrund einer lokalen Initiative an einem bezeichnenden Ort.[92] Indersdorf spielte in der Geschichte der bayerischen Augustiner-Chorherren immer eine wichtige Rolle. In Dankbarkeit gedenkt der heutige Markt der vielfältigen Verdienste des Konventes, dem er seine kulturelle Bedeutung weithin schuldet. Er betrachtet dieses große Erbe als Verpflichtung, der er mit höchst anerkennenswertem Einsatz nachkommt. Ziel ist, durch die Präsentation von hier in außergewöhnlicher Dichte erhaltenen Sachquellen die große Tradition der Augustiner-Chorherren in Bayern zu dokumentieren. Ohne Zweifel verdient sie, ins Bewusstsein einer breiteren Öffentlichkeit zurückgeholt zu werden. Dafür gebührt den Initiatoren auch Dank von Seiten der Wissenschaft. Das Museum kann dazu beitragen, die Akzente in der Beschreibung der Klosterlandschaft Bayern sachgerecht zurechtzurücken. Hinter den Benediktinern sind die Augustiner-Chorherren die bedeutendsten klösterlichen Kulturträger im alten Bayern gewesen.

---

92 Das Augustinerchorherrenstift Indersdorf (wie Anm. 51).

Die Mariae-Namen-Bruderschaft
in der Pfarrei Eiselfing, Dekanat Wasserburg

von Ferdinand Steffan

Mariae-Namen-Bruderschaften waren nicht sehr zahlreich, und legt man das Approbationsdatum zu Grunde, so ist die Eiselfinger im Dekanat Wasserburg die zweitälteste von acht in Bayern.[1]

Ein undatierter Berichtsentwurf im Pfarrarchiv Eiselfing an das Pfleggericht Kling enthält die wichtigsten Daten zur Gründungsgeschichte der Mariae-Namen-Bruderschaft in dieser Pfarrkirche:

Ao 1745 den 12 Monaths September ist gedachte Bruderschafft, welche schon 30 Jahr zuvor in werkh gewesen, auch wirklich einen Altar mit der Bildnuss des Hlgst. Nahmens Mariae gehabt, endlich zustand khomen. Einen eigentlichen Stiffter kan man nicht benahmsen, iedannoch hat die damahlige köchin in Eißlfinger Pfarrhoff Jungfrau Anna Maria Prandtin von Dorffen gebürtig die aufrichtungs kosten freywillig dazu beygetragen. […] Ist ein einfach Bruederschafft, hat einen Praefecten, und etlich wenige Consultores.[2] Allerdings hat die Bruderschaft offensichtlich einen großen Zulauf gehabt, denn *die p(ro) t(empore) noch lebende Mitglieder erfüllen beyläuffig die Zahl 2000.*[3]

Demnach entstand die Mariae-Namen-Bruderschaft um 1715 nicht auf Initiative eines Geistlichen, sondern einer Pfarrersköchin, die unter den Pfarrvikaren Georg Osterauer († 1722), einem der Begründer der Andacht zu den Sieben Heiligen Zufluchten in Eiselfing, und Joachim Carl Parth († 1740) den Pfarrhof versorgt hat. Georg Osterauer hat sich intensiv um die Förderung der neuen Bruderschaft bemüht, indem er wohl bereits Ende 1715 die Aufnahme in die Erzbruderschaft Ssm. Nominis Mariae in Rom beantragt hat. Der Akt über die Bruderschaft im Pfarrarchiv enthält mehrere Schreiben zu diesem Vorgang: In einem undatierten Brief über Salzburg nach Rom wird um die Incorporation in die Erzbruderschaft gebeten. Am 21. März 1716 schreibt der Augustiner-Eremit Franz Joseph Thalhamer an Georg Osterauer zurück, dass die Aufnahme vorerst verweigert werde, da die Ap-

---

1 Nach Josef KRETTNER/Thomas FINKENSTAEDT, Erster Katalog von Bruderschaften in Bayern (Veröffentlichungen zur Volkskunde und Kulturgeschichte 6), Würzburg 1980.
2 Pfarrarchiv Eiselfing, Hauptgruppe V – Bruderschaften und kirchliche Vereine. Untergruppe Bruderschaften. Akten-Nr. 1.
3 Pfarrarchiv Eiselfing, ebd.

probation aus Salzburg noch nicht vorliege.[4] Dass die fromme Frau die oberhirtliche Genehmigung ihrer Bruderschaft, die erst 1745 erfolgte, selbst noch erlebt hat, ist unwahrscheinlich. Ihre letztwillige Verfügung liegt vor, doch ist sie nicht datiert. Auf Grund der Angabe, dass ein Teil des Erbes 1743 fällig war, und durch die Nennung dreier Geistlicher als Zeugen lässt sich die Zeit ihres Todes auf dieses Jahr eingrenzen. Anna Maria Prandt vermachte 50 Gulden der zu Eiselfing zu errichtenden Bruderschafft als Stiftungsgeld, vom Verkaufserlös ihrer Kleidung und Leinwand sollten die Kosten für Arzt, Bader, Apotheker und das Begräbnis beglichen, der Rest für heilige Messen verwendet werden, doch hält ein „Notabene" fest: *Vor die baader, apodekher, und funerals uncosten ist ihr nicht aufgerechnet worden, sondern man hat Ihr als Stüfterin unserer Bruederschafft alles gratis ausgehalten, und ist alles zu heiligen Messen wie dann auch Ihrer Bruederschafft zettl Mess lesen zu lassen verwendet worden.*

Der sogenannte Bruderschaftsbrief (*Zeugniß der geschehenen Aufnahm*), erstmals gedruckt laut Rechnung 1755 in München, wieder aufgelegt 1764, erwähnt ihren Namen nicht mehr.[5]

Mehrere bislang nicht ausgewertete Rechnungshefte geben Auskunft über die Einnahmen und Ausgaben der Bruderschaft, vornehmlich über die Zeit zwischen 1742 und 1778, und stichpunktartig über frühere Geschehnisse.[6] So berichtet beispielsweise bereits am 12. Mai 1716 Georg Osterauer an den Propst von Baumburg (die Anrede ist nicht erhalten, vermutlich zur Weiterleitung an den Erzbischof von Salzburg), dass zur Errichtung und Einpflanzung *auf und an der Bruderschafft alle quatember Samstag in der Kirchen gesambt* [gesammelt], *bey dem ölberg ein opfer stökhl aufgesözt auch ein aigenthümbl: Land nöbst 12 Immer Khüen verschafft worden.* Außerdem verweist er darauf, dass von dem *von M. Caspar Hueber erlegten Vermögen von 2.000 fl* [Gulden] *ohne jede Obligation und ausgab eine Summe zur Verfügung gestellt werden könne (= einer denen 7*

---

4   Georg Osterauer scheint einen intensiveren Kontakt zu dem wohl aus Wasserburg stammenden Fr. F. J. Thalhamer in Rom besessen zu haben, denn dieser schenkte dem Eiselfinger Geistlichen 1716 eine Reliquie des Hl. Märtyrers Victorinus aus der Katakombe des Marcellinus und einen Splitter vom Kreuz Christi (Kreuzpartikel).

5   Im Rechnungsheft findet sich unter den Ausgaben auf das Jahr 1755 die Notiz *dem Buechdruckher zu München für die Verkhündtzöttl in quart: item Bruderschaffteinschreibbrieff in folio 8 fl 36.* Der Einschreibbrief liegt in einem weiteren Druck von Franz Joseph Thuille aus dem Jahr 1764 vor, sodass anzunehmen ist, dass auch die Erstausgabe von ihm stammt.

6   Es fehlen die Rechnungen für die Jahre 1758 und 1762-1770. Bilanziert man die Einnahmen und Ausgaben, so stehen 1212 fl 44 kr Einnahmen Ausgaben in Höhe von 1178 fl 53 kr gegenüber, sodass sich ein geringes Vermögen von 33 fl 49 kr für diese Zeit ergibt. Die Einnahmen setzen sich zusammen aus: Sammlung an den Conventstagen, Sammlung am Titularfest, Stiftungen durch Guttäter, Stockgefälle, die Renovatio formulae (Gebühr bei Erneuerung des Gelübdes), Int[e]re[ss]e des Mesners, Einschreibgeld, Verkauf von Bruderschaftsstäben und Schildern à 1 fl 6 kr, Verkauf von Bruderschaftskutten à 9 kr, Oblata bei Ämtern sowie für Begleitung beim Begräbnis der Brüder und Schwestern.

heilg. Zufluchten Verlassenschaft).[7] Ferner erwähnt Osterauer, dass auch schon eine *aller Glaubigen Seelen Bruderschaft* [Allerseelen-Bruderschaft] bestehe, aus deren Vermögen über 600 fl zur Fundation der Mariae-Namen-Bruderschaft eingebracht werden könnten.

Unter dem Jahr 1742 habe *Anna Maria Prandtin gewese Köchin [im] Pfarrhof alhie als Stüfterin der alhisigen Marianischen Bruederschafft pro fundo et dote eiusdem erlegt 100 fl, widerumb von ihr Stüfterin zu obigem verhert* [verehrt] *und erlegt 50 fl.*

Den aufgelisteten Ausgaben zufolge verfügte die Bruderschaft bereits vor der oberhirtlichen Genehmigung über alle Einrichtungen, die zu einer solchen religiösen Gemeinschaft gehören wie einen eigenen Altar mit aller Ausstattung, gedruckte Bruderschaftsbilder, Bruderschaftskutten und einen eigenen Opferstock:

Anno 1743
dem Maller von seiner zu der ausziprung des Altars verfertigte arbeith 7 fl 55
dem bildthauer 10 fl 15
dem schlosser 1 fl 45
von die gemahlte Taffl und büldtnüs unser liben frauen samt der ramb und shamel 12 fl 30
für Maybüsch 5 fl

Im folgenden Jahr 1744 werden für die Altarausstattung aufgewendet:
dem küstler bezahlt 2 fl 26
von 4 elen drukhte leinwath zu einem altaryberzug-tuch 2 fl
die 2 herz in denen seiten-Altar-fühldungen zu fassen dem Maller zahlt 4 fl 15
einen schamel zur schmerzhafft Muetter büldtnüss 30 kr
vor 1 cryzl auf dem Bruederschafftaltar 12 kr
canon taffl dahin 56 kr
das opfer stökhl machen zu lassen 28 kr.

Für das kupfer die Bruederschafftbüldtl in octav abzustöchen zahlt man 1743 7 fl 34.

Erstmals hören wir 1744 von Bruderschaftskutten, für deren Stickerei Haar (Flachs) gesammelt worden war, wobei die Stickerin einen gesonderten Lohn erhielt: *Von samblten haar zu Bruderschaft kutten zum stückhen ausgeben, item der stückerin lohn davor 1 fl 42.* Möglicherweise war den Kutten auf der Brust oder auf dem Rücken das Marienmonogramm aufgestickt.

Aus diesen wenigen Angaben lässt sich schließen, dass es einen Marienaltar gab mit einem gemalten Blatt, aber auch mit figürlichem Schmuck, u. a. geschnitzten und gefassten Herzen (Herz Mariae/Herz Jesu?) als Seitenfüllungen sowie eine

---

[7] Bei den Angaben Osterauers kann es sich nicht um die Andacht zu den 7 Zufluchten handeln, da diese bereits 1709 bestätigt worden war. Interessant ist die Erwähnung einer bestehenden Ölberg-Szene bei der Kirche und die Stiftung von sog. Immer-Kühen d. h. Vieh, das zum Kirchenvermögen gehörte und den Bauern gegen Zins überlassen wurde.

Schmerzhafte Muttergottes.[8] Die Existenz dieser Schmerzhaften Muttergottes auf dem Bruderschaftsaltar findet ihre Bestätigung in einem leider undatierten, aber wohl noch vor 1808 erstellten *Catalogus aller zu dem Pfarr Gotteshaus ad S: Rupertus in Eißlfing gehöriger Kirchhen geräthschafften*, wo unter den Vestes B.M.V. (Gewänder der seligsten Jungfrau Maria) 2 blaue, 1 schwarzer, 3 *weisse Schlayer, dan ein neu und alte Cron von Fassarbeith* angeführt sind. Ferner besaß die noch nicht approbierte Bruderschaft Kupferstiche des Altarbildes, welche die Verbreitung der Verehrung fördern sollten.

Mit der kirchlichen Bestätigung der *Gnadenreichen Marianischen Bruderschaft unter dem Titel und Anrufung der unbefleckten Jungfrau und Mutter der göttlichen Gnaden Maria [...] in der löblichen Pfarr St. Rupert, dann Wallfahrtskirchen der heiligsten wunderthätigen sieben Zufluchten zu Eißlfing ohnweit Wasserburg* durch Papst Benedikt XIV. bzw. den Salzburger Fürsterzbischof Jakob Ernst Graf zu Liechtenstein (1745-1747) am 12. September 1745 erfuhr der Kult einen gewaltigen Aufschwung. Allerdings war die oberhirtliche Approbation nicht ohne Kosten zu erhalten gewesen:

Nacher Salzburg seyndt bey erhaltdung der 2 Bullane von Rom bezahlt worden 17 fl
dem Cursory von Baumburg und andern aygens abgeschikhten boden ihr lauff geldt 2 fl 16.

Obwohl erst 1743/44 Veränderungen am Altar vorgenommen worden waren, ging man sofort an eine Erneuerung bzw. Umgestaltung, wobei die Summen für den Maler (40 fl 32 kr) und den Bildhauer (20 fl) recht beachtlich waren, sodass man eine größere Maßnahme vermuten darf. Die *3 tafflen auf den altar* um 1 fl 30 kr dürften neue Kanontafeln gewesen sein. Das *Frauen Bildt auf dem Bruderschafft altar* war *mit stückharbeit zu zihren*, wofür der Stickerin 4 fl bezahlt wurden. Selbstverständlich hat man nun Register für die Mitglieder benötigt, sodass der *Buechbinder die 2 Bruederschaffteinschreib bücher einzubindten 2 fl 36 kr* erhielt. Gleichzeitig ließ man *Bruederschafft-einschreibzettl* und *500 Bruderschaft bildlin* drucken. Ein Bote verteilte im weiten Umkreis die *Bruederschafft zettln* als Einladung. Man ließ für den Festtag 6 neue Bruderschaftskutten machen, wozu der Färber 30 Ellen Leinwand blau einzufärben hatte (3 fl 18 kr) und die Näherin 1 fl 30 kr bezahlt bekam. Ferner fertigte man Gürtelbänder für die Kutten. Aus blauem Taffert (Taft) ließ man *Bruderschafft-stäbmäntel* nähen. Der geringe Stoffverbrauch von 1 ½ Ellen deutet darauf hin, dass es sich um kurze, glockenförmige Stoffgehänge gehandelt hat, die wohl zwischen

---

8   Diese Schmerzhafte Muttergottes darf nicht mit der späteren Pietà von Ignaz Günther verwechselt werden, die erst 1758 für einen Rosenkranz-Bruderschafts-Altar in Attel geschaffen und nach 1818 vom letzten Abt nach Eiselfing mitgebracht worden war. Leider werden in den schlichten Rechnungsheften keine Handwerkernamen genannt. Es ist jedoch davon auszugehen, dass wegen der Nähe zur Stadt Wasserburg und der Lage im Pfleggericht Kling, in dessen Grenzen (bevorzugt) ortsansässige Künstler Aufträge erhielten, Wasserburger Kistler, Bildhauer und Maler zum Zuge kamen. In diesem Zusammenhang wäre an den Bildhauer Georg Ferdinand Hartmann (1667-1745, Tätigkeit nachweisbar ab 1691) und den Maler Franz Mareis (1664-1743) zu denken.

Stangenende und Emblem des „Stängels" angebunden wurden. So gerüstet, konnte der *tag der einführung solcher Bruderschafft* mit einem *figurierten amt* (levitiertes Hochamt), zwei *Lobämbtern* und einer Prozession begangen werden, wobei der Schulmeister von Griesstätt die Ämter zu begleiten hatte, während die Musikanten aus Wasserburg die Prozession anführten.

In den folgenden Jahren kehren die Ausgaben für Mesner, Schulmeister und Musikanten regelmäßig wieder. Allerdings scheint die Prozession weiter ausgestaltet worden zu sein, da ab 1749 Ausgaben für Pulver aufgelistet werden, d. h. es wurde Salut geschossen. 1771 verbrauchte man 9 Pfund Pulver, in den nächsten Jahren nur noch 4 Pfund, jedoch 1775 wieder 9 Pfund, was den Schreiber zu der Bemerkung veranlasste: *wär genug 6 oder 7 –*, was im folgenden Jahr auch eingehalten wurde. Demgegenüber nimmt sich die Menge von 1 Pfund *weinrauch* (Weihrauch) im Jahre 1747 geradezu bescheiden aus. Später nahmen auch Berittene an der Prozession teil, da Ausgaben *für den obristen sein Rüttery* aufgelistet sind, ferner *den 2 thurnern* (Türmer, Bläser) *bey der reuterey 2 fl* und *den penger und pengerin von attl* für *verleih der Roß 1 fl 24 kr*.

Obwohl kein Bild mit Bruderschaftsmitgliedern vor dem Gnadenbild von Eiselfing existiert[9], sind wir über die Farbe der Kutten gut informiert, da immer wieder Leinwand dafür blau eingefärbt wurde, so 1746 21 Ellen, 1747 38 Ellen. Auch *halbwollernes zeig* wird für die Kutten verwendet, die mit blauen, seidenen Bändern gegürtet werden. Seit 1803 war es nicht nur verboten, die Bruderschaftskutten zu tragen, sondern auch sich darin beerdigen zu lassen, sodass sie wohl gänzlich verschwunden sind.

Blau, die traditionelle Farbe des Gewandes Mariens, war die vorherrschende Farbe etwa für das Antependium des Altares oder für den Baldachin. Im undatierten Inventar aus der Zeit vor 1808 lesen wir von einem Baldachin *schlechter gelber Farb auf dem Bruderschafft altar*, aber auch von einem *sauberen weißblauen*, welcher der Bruderschaft gehört. Unter der Rubrik *Antependia Bruderschafft altar* sind *1 Sauberes weißblaues* und *1 schlecht gelbes* vermerkt.

Auch die Farbe der Bruderschaftsstäbe, welche der *maller und stängler* zu fertigen hatte, ist heute noch blau. Leider lässt sich weder die Zahl der damals vorhandenen Kutten noch die der Stäbe exakt ermitteln: 1746 fertigt der *küstler* 12 Stäbe à 12 kr an, für 1747 und 1748 sind nur die Beträge, nicht aber die Anzahl der Stäbe festgehalten. Im bereits mehrfach zitierten *Catalogus … aller Kirchhen geräthschafften*, der vor 1808 entstanden sein dürfte, ist die Rede von *34 Stöcken mit Mariae Nahmen und Bildnuß der Bruderschafft gehörig* sowie von *22 Blauen Kuthen zu der Bruderschafft*.

---

9 Vgl. Darstellungen in Aschau, Frasdorf, etc.

Von den vielen Drucksachen, welche die Bruderschaft herausgegeben hat, ist fast nichts erhalten geblieben. Die Einschreibbücher fehlen ebenso wie die Einschreibzettel, die Verkündzettel zum Titularfest, die Bruderschaftsbildchen, die *Bruederschafft bildten von pargament* und die Scapuliere, von denen in der Rechnung des Jahres 1746 die Rede ist: *dem kupferstecher vor ein neues kleines Bruederschafft Scapulier küpferl 2 fl 22 kr 2 Pfg* sowie *etlich Scapulier bültlein abzudrukhen 36 kr*. 1773 werden 1 fl 12 kr für *12 rotsambte Scapularia* ausgegeben. In dem dünnen Akt im Pfarrarchiv findet sich nur ein großer Bruderschaftsbrief, gedruckt in München *bey Frantz Joseph Thuille, 1764* (als Zweitausgabe von 1755), ausgestellt 1772. Dieses *Zeugniß der geschehenen Aufnahme* wurde sowohl 1851 bei Erasmus Huber in Wasserburg als auch später noch bei Friedrich Dempf, Wasserburg, nachgedruckt. Ferner existieren ein Blankoformular der *Formula votiva* sowie zwei Nachdrucke eines Aufnahmeformulars und einer *Formula votiva* aus der 1. Hälfte des 20. Jahrhunderts.

Im Jahre 1746 wird erstmals ein Mariae-Namen-Emblem genannt, für das der Kistler *einen schein auszuschneiden* hat. 1749 zahlt man *dem Goldschmidt vor den silbernen Namen Mariae 9 fl*. 1771 erhält ein ungenannter Handwerker *für einen feür Vergulten schein* (feuervergoldeten Schein) *sambt einem schwarzbyzten* (schwarz gebeizten) *Postament mit silber* die stattliche Summe von 41 fl 30 kr. In den späteren Inventaren (vor 1808) ist mehrfach von solchen Emblemen die Rede: *1 silberner Mariae Nahmen auf vergolden kupfer Blath der Bruderschafft gehörig; die 3 heiligiste Nahmen mit stainen gefasst zu Bruderschafft* und *der H. Nahmen Maria etwas größer gleichfalß von fassarbeith der Bruderschafft zuständig.*

Auch wenn der Altar selbst nicht mehr vorhanden ist, gibt doch der unsignierte, vermutlich auf 1755 zu datierende Kupferstich im Bruderschaftsbrief dessen wesentliche Elemente wieder: Zwei große Engel tragen ein kreisförmiges Emblem mit dem Marienmonogramm, wobei die untere Krümmung von einer Mondsichel gebildet wird. Über dem Kreis schwebt der Kranz aus 12 Sternen (Apk. 12,1), darüber halten zwei Putten das von einem Schwert durchbohrte Herz Mariens, aus dessen Mitte ein Lilienstängel sprießt. Wolken, Engelsköpfchen und Strahlen füllen den gesamten Hintergrund. Dieses Motiv dürfte das Mittelbild des Bruderschaftsaltares gewesen sein. Möglicherweise mussten die Edelmetallteile in den napoleonischen Kriegen als Kriegskontribution abgeliefert werden. Erhalten geblieben sind jedoch zwei schwebende Engel, die mit ihren Händen das Emblem empor gehalten haben könnten oder anbetend daneben gekniet haben. Zwar stimmt deren Armhaltung nicht exakt mit der Darstellung auf dem Kupferstich überein, aber bei etwas künstlerischer Freiheit kann man in ihnen Reste der Altarkomposition sehen, zumal als ihre Datierung „Rokoko" angegeben wird.[10] Außerdem lassen sich die beiden Engel keinem anderen Altar zuordnen.

Im Bereich der Predella stand zusätzlich eine Marienfigur, die schon 1744 als *schmerzhafft Muetter büldtnis* bezeichnet und anlässlich des Titularfestes 1745 ausgeschmückt wurde: *vor das Frauen Bildt auf dem Bruderschafft altar mit stückharbeit zu zihren, der Stückherin bezahlt 4 fl*. Vermutlich hat man diese Figur auch bei der Prozession mitgeführt, da 1748 *For 33 eln blauen seidnen zeig zu einen Genius klaid in den Processionen* eine Summe bereitgestellt und *der Stükherin for die arbeith in Verfertigung des Geny klaidt wie auch was sie an Silber blatt wieder verbraucht 5 fl 30 kr* bezahlt werden. 1755 hat man 3 fl für *ein kleines geny kleidt* ausgegeben. Ein Jahr später zahlt man *für ein Neüe Bruederschafftfigur dem Bilthauer und Maler 18 fl 20 kr*. Im „Catalogus" um 1808 wird *1 geschnizelte figur B:V:Maria bey denen Processionen zu brauchen und der Bruderschafft gehörig* aufgeführt. Sie könnte identisch sein mit der Immaculata-Figur aus der Mitte des 18. Jahrhunderts, die in der Kunsttopographie erwähnt ist.[11] Natürlich braucht man auch einen *Neuen Baldachin Trüg Porten zur Statue Mariae*, der 1760 5 fl 36 kr kostet, allerdings 1771 samt einem *Kranz zur Bruderschaft figur* für 3 fl 57 kr erneuert werden muss.

Der Bruderschaftsaltar war privilegiert, d. h. man konnte an diesem Altar die entsprechenden Ablässe gewinnen. 1758 zahlte man 4 fl 45 kr *für erneuerung deß Privilegii Altaris nach Rom*. Weitere Ablass-Breve bzw. Erneuerungen liegen unter dem 7. Juli 1765 (Papst Clemens XIII.) und dem 12. November 1772 (Clemens XIV.) vor.

Unabdingbar für eine Prozession sind eine Bruderschaftsfahne und das Prozessionskreuz. Von beiden lesen wir erstmals 1748, wobei es zur Fahne zunächst keine nähere Angabe gibt, während der Kistler 18 kr erhält, *das Genius crüz zu machen,* und *dem Maller gemelts creüz zu vergolten und 40 herz zumachen 1 fl 5 kr* bezahlt werden. 1752 schafft man eine neue Fahne für 22 fl an, wozu für *Silberporthen Sambt fransen* nochmals 7 fl kommen. Im Jahr darauf bekommt offensichtlich ein Fähnrich ein *bandolier* und eine *Patrontasche*. Erst gut ein Jahrhundert später wird im Inventar von 1864/65 *eine blaue Fahne mit goldenen Schnüren, Fransen und Quasten so wie mit gestickten Namens Maria mit Strahlen umgeben* im Wert von 99 fl aufgelistet. Diese Nennung wiederholt sich im Verzeichnis von 1874/84, wobei als Fahnenmaterial Seide angegeben ist. Bei der Erfassung zur Kunsttopographie konnte keine Spur mehr davon ausgemacht werden.

Das Prozessionskreuz der Bruderschaft wird im „Catalogus" um 1808 als in der Sakristei verwahrt erwähnt: *CrucifixBilder: eins der Bruderschafft und zu Procession gehörigeß mit alten rothen Velo* (Velum).

---

10 Kunsttopographie des Erzbistums München und Freising, Dekanat Wasserburg, Pfarrei Eiselfing, 1994, 12.
11 Ebd. Die Höhe der polychrom gefassten Figur wird mit 93 cm angegeben.

All diese Requisiten müssen, da sie nicht ständig gebraucht werden, in einem Kasten untergebracht werden. Dieser wird 1756 um 12 fl 15 kr angeschafft, wobei der Schlosser zusätzlich für Beschläge und Schloss 2 fl 12 kr erhält. Dieser zweiteilige, über Schubriegel zerlegbare Schrank steht heute im 1. Turmgeschoss. Er ist bemalt und hat auf beiden Türleisten zwei Blechtafeln mit den wichtigsten Daten zur Bruderschaftsgeschichte und den Privilegien bzw. Ablässen: Ein vollkommener Ablass am Fest des Namens Mariae, d. h. am Titular-Fest, am Einschreibungstag und *in der Lesten Sterbstundt* sowie sechzig Tage und 7 Quadragenen (7 x 40 Tage) an den Marienfesten wie Mariae Lichtmess, Mariae Verkündigung, Mariae Heimsuchung und Mariae Opferung.

Blechtafeln auf dem Bruderschaftskasten mit den Daten zur Geschichte und den Ablässen
(Foto: Steffan)

Das wichtigste Requisit stellen jedoch die heute noch erhaltenen 12 Bruderschaftsstäbe dar, die nach ihrer Restaurierung nun beiderseits des Hauptaltares aufgereiht stehen. Mitglieder haben diese Stäbe mit den Marianischen Emblemen bei Prozessionen getragen, manche sind noch mit den Namen ihrer Besitzer signiert. Theoretisch könnten einige Stäbe auch zur „Zufluchten-Bruderschaft" gehören, etwa jene mit eucharistischen Symbolen wie dem Kelch mit Hostie. Da aber eine derartige Bruderschaft mit keiner Zeile in den Unterlagen des Pfarrarchivs aufscheint, wird man von dieser Zuordnung Abstand nehmen. Der Schwund von einstmals 34 „Stängeln" auf heue 12 und einige Fragmente ist doch gewaltig.

Die Säkularisation mit ihren Verboten für unnötiges Wallfahrtlaufen und sonstige religiöse Übungen und Bräuche brachte wohl auch einen Niedergang der Bruderschaft. Gegen Ende des 19. Jahrhunderts erscheint die Mariae-Namen-Bruderschaft ohne Vermögen gewesen zu sein, während der Zufluchten-Liebesbund noch beträchtliche Mittel aufweist.[12] In den Akten des Pfarrarchivs finden sich keinerlei Unterlagen über den Zustand der Bruderschaft bis zur Mitte des 20. Jahrhunderts. Hier scheint es unter den Geistlichen Franz Xaver Kaindl (1950-1963) und Johannes Möderl (1963-1982) eine Wiederbelebung gegeben zu haben. Dazu wird ein neues Aufnahmeformular mit der bekannten *Formula votiva* aus der Barockzeit in einer Wasserburger Druckerei aufgelegt.[13] Möglicherweise hat Pfarrer Kaindl damals die noch vorhandenen Ansätze der Mariae-Namen-Bruderschaft mit den verbliebenen Gepflogenheiten der Sieben-Zufluchten-Verehrung bewusst oder unwissentlich vereinigt, sodass eine Mischform entstanden ist, die heute nur noch schwer auseinandergehalten werden kann.

Es existiert kein Aufnahmebuch in die Mariae-Namen-Bruderschaft im Pfarrarchiv, aber 1951 beginnen die Mitglieder- bzw. Beitragslisten für die „Zufluchten-Bruderschaft".[14] Der Versuch einer aussagekräftigen Statistik daraus scheitert an dem geringen Datenmaterial, da eigentlich nur die Bezahlung des Jahresbeitrages vermerkt wird. Immerhin lässt sich feststellen, dass es 1951 547 zahlende Personen gab, 1961 551 und 1971 553, d. h. die Mitgliederzahl war konstant. Bezieht man noch die Zahl von 2011 mit 495 Personen ein, so kann man von einer stabilen „Bruderschaft" sprechen, wenn etwa ein Viertel der Pfarrangehörigen sich zur Verehrung der Sieben Zufluchten bzw. des Namens Mariae bekennen.

---

12 Anton MAYER, Statistische Beschreibung des Erzbisthums München-Freising, Bd. I., 1874, 85. Die Mariae-Namen-Bruderschaft ist demnach 1874 ohne Kapital, während der Liebesbund zu den Hl. Zufluchten immerhin 3.463 fl aufweisen kann.
13 Druckerei Karl Neuburger, Wasserburg
14 Es wurde/wird lediglich ein geringfügiger Beitrag erhoben, der ab 1951 30 Pfennig betrug und nun auf 50 Cent umgestellt wurde.

Nachdem der ursprüngliche Bruderschaftsaltar zu Ehren des Namens Mariae spätestens bei der Regotisierung der Kirche (1857-65) entfernt und durch einen allgemeinen „Frauenaltar" ersetzt worden ist, dient heute das Zufluchtengemälde als Bezugsobjekt für beide Kulte. Und wenn alljährlich beim „Bruderschaftsfest" am 14. Sonntag im Jahreskreis im Anschluss an den Festgottesdienst die Prozession stattfindet, wird deutlich, dass die Stäbe (der Mariae-Namen-Bruderschaft) und die Fahne (des Liebesbundes zu den Hl. Sieben Zufluchten) keine bloße Dekoration des Gotteshauses sind, sondern beim Zug durch das Dorf z. T. von Nachkommen jener Personen getragen werden, die samt Datum auf den Stangen vermerkt sind. Dass es eigentlich die Stäbe der Mariae-Namen-Bruderschaft sind und im Gottesdienstanzeiger die beiden Feste miteinander vermischt werden, obwohl die Mariae-Namen-Bruderschaft angeblich seit langer Zeit schon nicht mehr besteht, spielt keine Rolle dabei. Im Totengedenken der Hl. Messe wird der verstorbenen Mitglieder der Bruderschaft gedacht, wobei erneut deutlich wird, wie problematisch die Bezeichnung „Bruderschaft" im konkreten Fall ist.

So scheinen barocke Frömmigkeitsformen nicht nur die Säkularisation zu Beginn des 19. Jahrhunderts überlebt zu haben, sondern auch dem Säkularismus der Gegenwart zu trotzen.

Vorder- und Rückseite einer der von der Zufluchten-Bruderschaft verwendeten, den Bildern nach aber der Mariae-Namen-Bruderschaft zuzuordnenden Stangen (Fotos: Steffan).

Die Konvente der südbayerischen Prälatenklöster in der zweiten Hälfte des 18. Jahrhunderts

Eine Statistik zu Herkunft und Altersstruktur

von Stefan Trinkl

Der altbayerische Raum beheimatete im 18. Jahrhundert eine blühende Klosterlandschaft. Dort finden sich vor allem die großen grundbesitzenden Prälatenorden der Augustiner-Chorherren, Benediktiner, Prämonstratenser und Zisterzienser mit insgesamt 63 Niederlassungen. Innerhalb der einzelnen Klöster bildeten die Konvente Zentren des kulturellen und wissenschaftlichen Lebens. Die folgende Untersuchung soll einen Blick auf diese Gemeinschaften ab der Mitte des 18. Jahrhunderts werfen. Hierbei soll der Versuch unternommen werden, Fragestellungen nach Herkunft, Altersstruktur und Lebenserwartung zu klären.

Mit den Konventen der altbayerischen Prälatenklöster im Zeitalter des Barock beschäftigte sich bereits Edgar Krausen in den 1960er Jahren in einem Aufsatz.[1] Darin stellt er fest, dass die Klostergemeinschaften der Zeit keinesfalls „Bauernkonvente" waren, sondern sich vor allem aus Personen zusammensetzten, die der städtisch-bürgerlichen Schicht entstammten. Die Arbeit von Krausen gilt es mit dieser Untersuchung fortzusetzen.

Hierzu wurden 14 altbayerische Prälatenklöster aus den alten Bistümern Augsburg, Freising und Salzburg herausgegriffen. Im Einzelnen sind dies die Augustiner-Chorherrenstifte Bernried, Dietramszell, Polling, Rottenbuch und Weyarn, die Benediktinerklöster Benediktbeuern, Ettal, Rott am Inn, Tegernsee und Wessobrunn, die Prämonstratenserstifte Schäftlarn und Steingaden und die Zisterzienserklöster Fürstenfeld und Raitenhaslach. Der bisherige Forschungsstand stellt sich höchst unterschiedlich dar. Existieren für Benediktbeuern, Bernried, Dietramszell, Raitenhaslach, Rott am Inn, Rottenbuch, Wessobrunn und Weyarn bereits fundierte Klostermonografien[2], so finden sich für Ettal, Fürstenfeld, Schäftlarn und Steinga-

---

1 Edgar KRAUSEN, Beiträge zur sozialen Schichtung der altbayerischen Prälatenklöster des 17. und 18. Jahrhunderts. Die Zusammensetzung der Konvente von Metten, Raitenhaslach, Reichersberg und Windberg, in: Zeitschrift für Bayerische Landesgeschichte 30 (1967) 355-374.
2 Zu Benediktbeuern: Josef HEMMERLE, Die Benediktinerabtei Benediktbeuern (Germania Sacra NF 28), Berlin/New York 1991; zu Bernried: Walburga SCHERBAUM, Das Augustinerchorherrenstift Bernried (Germania Sacra 3. Folge, Bd. 3), München 2011; zu Dietramszell: Edgar KRAUSEN, Das Augustinerchorherrenstift Dietramszell (Germania Sacra NF 24), Berlin/New York 1988; zu Polling Richard VAN DÜLMEN, Propst Franziskus Töpsl (1711-1796) und das Augustiner-Chorherrenstift Polling. Ein Beitrag zur Geschichte der katholischen Aufklärung in Bayern, Kallmünz 1967; zu Raitenhaslach: Edgar KRAUSEN, Die Zisterienserabtei Raitenhaslach (Germania Sacra NF 11), Berlin/New York 1977; zu Rott: Martin RUF, Profeßbuch des Benediktinerstiftes Rott am Inn, St Ottilien 1991; zu Rottenbuch: Hans PÖRNBACHER, Das Kloster Rottenbuch zwischen Barock und Auf-

den für das 18. Jahrhundert bisher nur Einzelstudien in Form von Aufsätzen[3], welche auswertbares Material zum hier zu behandelnden Thema liefern. Für die folgende Untersuchung wurde eine Personendatenbank erstellt, in die auf Grundlage der angeführten Literatur und weiterer Quellen[4] alle Religiosen erfasst wurden, die zwischen 1750 und 1803 Teil der Klostergemeinschaften der angeführten Klöster waren. Dabei wurde davon ausgegangen, dass die genannten Mönche mit der Profess Teil des Konvents wurden und bis zu ihrem Tod blieben. Der seltene Fall eines Klosteraustritts, der häufig keine Spuren hinterlassen hat, oder der Wechsel in ein anderes Kloster wurden hierbei nicht berücksichtigt.

Die Konventstärken 1750 und 1800

Die altbayerischen Prälatenklöster waren, wie auch das ganze Kurfürstentum Bayern, durch den Dreißigjährigen Krieg in Mitleidenschaft gezogen worden. Dies äußerte sich durch minimierte Konvente, die dann vor allem in der zweiten Hälfte des 17. und der ersten Hälfte des 18. Jahrhunderts einen starken Aufschwung erhielten. Die angeführten Klöster liefern hierzu anschauliche Beispiele: Benediktbeuern zählte 1672 insgesamt 23 Konventmitglieder, 1690 waren es dann 25 Personen, im Jahr 1758 bildeten die Klostergemeinschaft 34 Religiosen.[5]

Auch kleinere Klöster, wie das Augustiner-Chorherrenstift Dietramszell konnten Mitte des 18. Jahrhunderts ein sichtbares Wachstum verbuchen. Der Konvent umfasste dort 1655 insgesamt zwölf Mitglieder; die Klostergemeinschaft bleibt zahlenmäßig zunächst konstant, konnte jedoch ab der Mitte des 18. Jahrhunderts 15 bis

---

klärung (1740-1803) (Schriftenreihe zur Bayerischen Landesgeschichte 123), München 1999; Heinrich WIETLISBACH, Album Rottenbuchense. Verzeichnis aller Pröpste und Religiosen des Regular-Augustinerstifts Rottenbuch, welche seit der Stiftung bis nach der Aufhebung verstorben sind, München 1902; zu Wessobrunn: Irmtraud Freifrau von ANDRIAN-WERBURG, Die Benediktinerabtei Wessobrunn (Germania Sacra NF 39), Berlin/New York 2001; Wolfgang WINHARD, Die Benediktinerabtei Wessobrunn im 18. Jahrhundert, München 1988; zu Weyarn: Florian SEPP, Weyarn. Ein Augustiner-Chorherrenstift zwischen katholischer Reform und Säkularisation, München 2003.

3 Zu Ettal: Pirmin August LINDNER, Album Ettalense: Verzeichniß aller Aebte und Religiosen des Benediktinerstiftes Ettal, welche seit der Stiftung bis nach der Aufhebung verstorben sind, in: Oberbayerisches Archiv [OA] 44 (1887) 247-282; zu Fürstenfeld: Pirmin LINDNER, Beiträge zur Geschichte der Abtei Fürstenfeld, in: Cistercienser-Chronik 17 (1905) 225-243; zu Schäftlarn: Norbert BACKMUND, Profeßbücher oberbayerischer Prämonstratenserklöster, 3. Teil: Schäftlarn, in: Beiträge zur altbayerischen Kirchengeschichte 37 (1988) 43-95; zu Steingaden: Norbert BACKMUND, Profeßbücher oberbayerischer Prämonstratenserklöster, 2. Teil: Steingaden, in: Beiträge zur altbayerischen Kirchengeschichte 35 (1984) 135-190; zu Tegernsee: Pirmin LINDNER, Familia S. Quirini in Tegernsee. Die Äbte und Mönche der Benediktiner-Abtei Tegernsee von den ältesten Zeiten bis zu ihrem Aussterben (1861) und ihr literarischer Nachlaß, in: OA 50 (1898) 1-318.

4 Max LEITSCHUH, Die Matrikeln der Oberklassen des Wilhelmsgymnasiums München, Bd. 2 (1681/82-1739/40), München 1971; Max LEITSCHUH, Die Matrikeln der Oberklassen des Wilhelmsgymnasiums München, Bd. 3 (1740/41-1829/30), München 1973. Weiter wurde wiederholt auf die Totenrotelsammlungen der Klöster Ensdorf und St. Emmeram in Regensburg zurückgegriffen, die beide im Internet zugänglich sind.

5 HEMMERLE, Benediktbeuern (wie Anm. 2), 135.

18 Chorherren vorweisen.⁶ Eine wahre Blüte lässt sich unmittelbar nach dem Dreißigjährigen Krieg beim Konvent des Zisterzienserklosters Fürstenfeld feststellen. Dieser hatte 1640 bei Amtsantritt von Abt Martin Dallmayer eine Größe von 21 Personen, wuchs dann unter dessen Amtszeit auf 49 Religiosen im Jahre 1690 an.⁷ Für das Zisterzienserstift Raitenhaslach stellt Krausen fest, dass die Zahl der Konventualen im Lauf des 18. Jahrhunderts trotz der immer mehr erschwerten Aufnahmebedingungen zunahm.⁸ Wessobrunn konnte bis Ende des 17. Jahrhunderts 15 Konventualen aufweisen und wuchs im 18. Jahrhundert auf 28 bis 30 Mönche an.⁹ Viele altbayerischen Prälatenklöster erlebten somit in der Mitte des 18. Jahrhunderts eine Blütezeit.

Konventgröße und Altersstruktur im Jahr 1750
Angaben nach Personenanzahl und Alter in Jahren

Kloster	Gesamt	bis 19	20-29	30-39	40-49	50-59	60-69	ab 70	Altersdurchschnitt
Benediktbeuern	35	1	9	7	7	6	4	1	41,2
Bernried	13	-	2	7	2	2	-	-	38,0
Dietramszell	19	-	-	4	4	5	3	-	47,8
Ettal	38	-	10	9	11	5	3	-	40,1
Fürstenfeld	48	-	7	12	12	7	4	3	44,1
Polling	30	1	11	6	4	3	2	3	39,1
Raitenhaslach	30	1	5	13	7	3	-	1	37,8
Rott	30	1	9	5	4	8	3	-	39,8
Rottenbuch	42	-	10	9	7	6	1	5	42,8
Schäftlarn	28	1	6	8	5	3	3	2	41,4
Steingaden	44	2	9	6	16	5	3	1	40,6
Tegernsee	40	-	9	11	11	5	4	-	39,8
Wessobrunn	30	-	10	8	3	6	3	-	37,7
Weyarn	37	1	8	8	9	7	2	2	42,8
Gesamt	464¹⁰	8	105	113	102	71	35	18	
Prozent	100	1,7	22,6	24,3	22,0	15,3	7,5	3,9	

Die Konventgrößen Mitte des 18. Jahrhunderts stellten sich sehr unterschiedlich dar. Kleinere Klostergemeinschaften, wie in Bernried und Dietramszell, hatten 13 bzw. 19 Mitglieder. Mittlere, wie beispielsweise in Benediktbeuern, Ettal, Polling, Raitenhaslach, Rott, Schäftlarn, Wessobrunn oder Weyarn, umfassten 25 bis 38 Religiosen. Große hingegen hatten ungefähr 40 Personen aufzuweisen, wie dies in Rottenbuch, Steingaden oder Tegernsee der Fall war. Den mit Abstand größten Konvent bildete Mitte des 18. Jahrhunderts das Zisterzienserkloster Fürstenfeld mit 48 Religiosen. Das Durchschnittsalter der Konvente bewegte sich zwischen 37 und

---

6   KRAUSEN, Dietramszell (wie Anm. 2), 63.
7   Birgitta KLEMENZ, Das Zisterzienserkloster Fürstenfeld zur Zeit von Abt Martin Dallmayr 1640-1690, Weißenhorn 1997, 57-73.
8   KRAUSEN, Raitenhaslach (wie Anm. 2), 64.
9   ANDRIAN-WERBURG, Wessobrunn (wie Anm. 2), 121.
10 Da bei mehreren Personen kein Alter überliefert ist, weicht diese Gesamtzahl, von der Angabe der einzelnen Altersgruppen ab.

45 Jahren, wobei vor allem die Altersgruppen der 20 bis 49-Jährigen mit fast 70 Prozent die Klostergemeinschaft bildeten. Nur der Konvent von Rottenbuch sticht mit ungewöhnlich vielen hochbetagten Religiosen ins Auge. Diese bildeten hierbei fast 12 Prozent des Konvents.

Konventgröße und Altersstruktur im Jahr 1800
Angaben nach Personenanzahl und Alter in Jahren

Kloster	Gesamt	bis 19	20-29	30-39	40-49	50-59	60-69	ab 70	Altersdurchschnitt
Benediktbeuern	35	-	6	10	7	7	3	2	43,4
Bernried	17	-	2	4	5	2	3	1	45,9
Dietramszell	16	-	2	3	5	2	2	1	47,1
Ettal	28	-	3	6	7	7	3	2	47,0
Fürstenfeld	32	-	8	7	6	4	4	1	41,4
Polling	32	-	4	12	8	5	2	1	41,1
Raitenhaslach	41	1	11	13	10	5	-	1	37,4
Rott	34	-	5	9	5	7	4	4	46,5
Rottenbuch	39	-	8	10	8	2	6	5	45,1
Schäftlarn	23	-	3	6	8	4	2	-	42,6
Steingaden	27	-	7	3	9	6	2	-	42,2
Tegernsee	40	1	6	11	8	8	3	3	44,3
Wessobrunn	27	-	5	6	9	5	1	1	42,6
Weyarn	41	-	3	12	13	9	3	1	45,3
Gesamt	432	2	73	112	108	73	38	23	
Prozent	100	0,5	16,9	26,0	25,1	16,7	8,8	5,3	

Der Vergleich mit dem Jahr 1750 zeigt, dass viele der angeführten Klöster die Konventgröße von 1750 beibehalten konnten. Somit kann hier bereits festgestellt werden, dass viele Ordensgemeinschaften noch am Vorabend der Säkularisation in einer wahren Blüte standen. Abweichungen von bis zu fünf Personen innerhalb der unterschiedlichen Konvente stellen hierbei keine direkte Veränderung der Konventstärke dar, da dieses Intervall, das möglicherweise durch den Tod mehrerer Religiosen kurz nacheinander entstanden war, erst durch Klostereintritt beziehungsweise Profess neuer Kandidaten aufgefüllt werden musste, was in der Regel mehrere Jahre beanspruchte und die genannte Schwankung der Konventgröße verursachte.

Starken, ungewöhnlich großen Veränderungen zwischen 1750 und 1800 waren die Konvente von Ettal, Fürstenfeld, Steingaden und Raitenhaslach unterworfen. Bei den Erstgenannten kam es zu einem sichtbaren Rückgang der Klostereintritte, so sank die Konventstärke bei Fürstenfeld von 48 auf 32 Religiosen, in Ettal von 38 auf 28 und in Steingaden von 44 auf 27. Äußere Einflüsse, die zu diesen Entwicklungen beitrugen, sind nicht bekannt. Die Klostergemeinschaft von Raitenhaslach konnte hingegen für die zweite Hälfte des 18. Jahrhunderts ein starkes Wachstum von 30 auf 41 Religiosen verbuchen.

Eine markante Massenerscheinung, die auf nahezu fast alle der hier untersuchten Klostergemeinschaften zutrifft, ist das „Altern" der Konvente innerhalb der untersuchten 50 Jahre. Das durchschnittliche Alter stieg bei fast allen Klöstern an. Lag dieses im Jahre 1750 noch bei einem Höchstwert von 45 Jahren, so erhöhte es sich 1800 auf bis zu 47. Innerhalb der einzelnen Konvente lassen sich Steigerungen des Durchschnittsalters um bis zu 7 Jahren feststellen. Diese Entwicklung nach oben hängt vermutlich mit einer gestiegenen Lebenserwartung innerhalb des genannten Zeitraums zusammen. Diese Annahme wird durch eine nach oben veränderte Zusammensetzung der Altersgruppen innerhalb der einzelnen Konvente untermauert. Betrug die Zahl der Personen, die ein Mindestalter von 50 Jahren hatten, im Jahr 1750 noch durchschnittlich 26,1 Prozent der gesamten Klostergemeinschaft, so wuchs diese Gruppe im Jahre 1800 auf 30,8 Prozent an. Auch hier bildet Rottenbuch ein herausragendes Beispiel: Innerhalb des Augustiner-Chorherrenstifts finden sich im Jahr 1800 elf Chorherren, die ein Alter ab 60 Jahren aufweisen konnten und somit fast 30 Prozent des gesamten Konvents stellten.

Der Anteil der Fratres conversi

Eine besondere Gruppe bildeten in den Konventen der einzelnen Klostergemeinschaften die Laienbrüder, die Fratres conversi. Edgar Krausen hat sich dieser Thematik bereits in einer Untersuchung gewidmet und stellt darin unter anderem fest, dass die Konversen des 18. Jahrhunderts in gewisser Weise „Spezialisten" waren.[11] Das bedeutet, dass sie auf einen Beruf spezialisiert waren beziehungsweise ausgebildet wurden, darunter fallen beispielsweise Tätigkeiten als Apotheker, Maler, Goldschmied oder Buchdrucker. Auch hier stellen sich die Fragen nach dem Prozentanteil der Laienbrüder in den jeweiligen untersuchten Konventen und nach deren Tätigkeitsfeldern in den Klostergemeinschaften. Zu beiden Fragen kann hier nur bedingt Auskunft gegeben werden, weil die Quellen- und Literaturlage keine näheren Schlüsse zulässt. Häufig können Fratres nicht eindeutig als Konversen identifiziert werden.

Auf Grundlage der vorhandenen Daten ergibt sich folgendes Gesamtbild: Die erfassten Laienbrüder verteilen sich völlig unterschiedlich auf die untersuchten Konvente. Es finden sich 9 in Tegernsee, 8 in Benediktbeuern, je 7 in Ettal und Weyarn, 6 in Rottenbuch, 5 in Wessobrunn, je 4 in Fürstenfeld, Raitenhaslach und Rott und je 3 in Dietramszell, Polling und Steingaden. In Bernried und Schäftlarn konnten für die zweite Hälfte des 18. Jahrhunderts keine Konversen belegt werden. Bei den insgesamt 63 erfassten Laienbrüdern lag die Zahl pro Kloster im Durchschnitt bei 5 Prozent der Gesamtkonventstärke. Bei einem größeren Teil ist der im Kloster ausgeübte Beruf bekannt. 15 Personen arbeiteten in der Apotheke und der Krankenpflege, 6 in der Brauerei und 4 in der Schneiderei, 8 waren Buchdrucker und Buchbinder, 5 waren im Bereich der Klostermusik tätig. Weiter finden sich Gärtner, Goldschmied, Maler, Sattler und Uhrmacher. Wiederholt wurden Berufe in

---

11 Edgar KRAUSEN, Die Laienbrüder in den bayerischen Benediktinerkonventen des 17. und 18. Jahrhunderts, in: Studien und Mitteilungen zur Geschichte des Benediktinerordens [SMGB] 79 (1968) 122-135.

Personalunion ausgeübt. So war der Raitenhaslacher Laienbruder Bartholomäus Oeller beispielsweise Pförtner und Sakristan.[12] Die Konversen übten die ihnen übertragenen Aufgaben über Jahrzehnte aus. So war Florian Peirlacher, der 1731 seine Profess in Benediktbeuern gefeiert hatte, über 50 Jahre als Aufseher in der Brauerei tätig. Er starb am 5. April 1782 als Senior.[13] Laienbrüder wurden vom Kloster, in das sie eingetreten waren durchaus gefördert. So erhielt der Konverse Jakob Rosmayr, der 1748 seine Profess in Benediktbeuern abgelegt hatte, theologischen Unterricht. 1759 erfolgten seine Subdiakons- und Diakonsweihe, 1760 seine Priesterweihe. Er war vor allem als Musiklehrer im Kloster tätig.[14]

Die Herkunft

Edgar Krausen hat sich in seiner Studie der Fragestellung der sozialen Schichtung der altbayerischen Prälatenklöster in der Barockzeit gewidmet. Diese Untersuchung ist grundlegend für die Forschung geworden. Die zentrale Erkenntnis, zu der Krausen kommt, zeigt, dass die Konvente vor allem städtisch-bürgerlich geprägt waren. Nur wenige Mönche stammten demzufolge aus einem Bauernhof. Die folgende Betrachtung soll vor allem die lokale Herkunft in den Vordergrund stellen. Bei fast allen hier untersuchten Personen konnte die Heimat ermittelt werden. An erster Stelle steht hier die Haupt- und Residenzstadt München, die über 12 Prozent der Konventmitglieder stellte. Alle anderen Herkunftsorte fallen hingegen im prozentualen Anteil einstellig aus, wobei Salzburg mit über 2 Prozent noch einen Vorrang genießt. Der Herkunftsbereich verteilt sich vor allem auf die kleinen Städte im altbayerischen Raum, wie der folgende Abschnitt zu zeigen hat.

Haupt- und Residenzstadt München

Innerhalb der einzelnen Klostergemeinschaften stellt sich der Anteil der von München kommenden Religiosen unterschiedlich dar, so finden sich im Untersuchungszeitraum in den Konventen von Fürstenfeld, Polling, Schäftlarn, Tegernsee und Weyarn besonders viele Personen, deren Heimat die Haupt- und Residenzstadt war. Geringer hingegen fällt der Anteil an Münchnern in den übrigen Klöstern aus, Wessobrunn konnte in der zweiten Hälfte des 18. Jahrhunderts überhaupt keinen Religiosen von dort nachweisen. Die Anzahl der aus der Residenzstadt stammenden Personen stellt sich im Verhältnis zur Gesamtpersonenzahl der Konvente im Untersuchungsraum wie folgt dar:

---

12 KRAUSEN, Raitenhaslach (wie Anm. 2), 422.
13 HEMMERLE, Benediktbeuern (wie Anm. 2), 655f.
14 Ebd. 664.

Kloster, Entfernung	aus München	Anteil in Prozent
Benediktbeuern (55 km)	9	9,6
Bernried (43 km)	6	15,8
Dietramszell (33 km)	9	18,0
Ettal (83 km)	6	8,0
Fürstenfeld (27 km)	15	13,6
Polling (54 km)	12	15,8
Raitenhaslach (100 km)	8	8,3
Rott (47 km)	9	9,7
Rottenbuch (72 km)	9	9,7
Schäftlarn (19 km)	20	30
Steingaden (81 km)	6	6,5
Tegernsee (50 km)	19	18,6
Wessobrunn (58 km)	-	-
Weyarn (37 km)	15	15,6

Die angeführten Zahlen belegen, dass sich die aus München stammenden Mönche völlig unterschiedlich auf die untersuchten Klöster verteilten. Auffällig ist, dass bei den kleineren Konventen wie Bernried und Dietramszell der Anteil besonders hoch ausfällt. Das Prämonstratenserstift Schäftlarn steht hierbei mit 30 Prozent mit Abstand an der Spitze. Die Verteilung dürfte jedoch vor allem aus der Lage der jeweiligen Klöster und deren Distanz zur Haupt- und Residenzstadt zu erklären sein. Je weiter München entfernt ist, desto geringer ist der prozentuale Anteil von dort stammender Personen. Eine Entfernung bis zur 50 km brachte häufig einen Anteil von über 10 Prozent mit sich.

Die aus München stammenden Personen kamen wiederum aus unterschiedlichen sozialen Schichten. Hierbei lassen sich zwei große Gruppen einteilen, die dem Hof nahestehenden Familien und Familien aus dem handwerklich geprägten Bereich. Die folgenden Beispiele belegen dies anschaulich: Der Konventuale Ämilian Piesser aus Benediktbeuern kam aus einem Elternhaus, in dem das Oberhaupt Hofkammerrat war.[15] Der Vater von Martin Vallencour, der in das Augustiner-Chorherrenstift Bernried eingetreten war, hatte den gleichen Beruf.[16] Marian Woursten, der seine Profess in Benediktbeuern abgelegt hatte, stammte aus einer Familie, in welcher der Vater kurfürstlicher Protokollist war.[17] Der Vater des Dietramszeller Chorherren Benno Feyrabend war Hoflakei.[18] Diese Tätigkeit übten auch die Väter der ins Zisterzienserstift Fürstenfeld eingetretenen Alexander Cronabiter, und Korbinian Schelle aus.[19] Anian Hörnspucher, der im Kloster Rott

---

15 HEMMERLE, Benediktbeuern (wie Anm. 2), 644.
16 SCHERBAUM, Bernried (wie Anm. 2), 446f.
17 HEMMERLE, Benediktbeuern (wie Anm. 2), 662f.
18 KRAUSEN, Dietramszell (wie Anm. 2), 33.
19 LINDNER, Fürstenfeld (wie Anm. 2), 241f.; LEITSCHUH, Matrikeln (wie Anm. 4), Bd. 3, 55 Nr. 75; 148 Nr. 22.

am Inn seine Profess abgelegt hatte, stammte aus einem Elternhaus, in dem der Vater kurfürstlicher Kammerportier war.[20] Der Vater des in Schäftlarn eingetretenen Hermann Joseph Frey war hingegen Kammerdiener am Münchner Hof.[21] Eine genaue Zahl der in Hofnähe angesiedelten Elternhäuser lässt sich nicht errechnen, da wiederholt Angaben zur familiären Herkunft fehlen. Jedoch kann man insgesamt davon ausgehen, dass ungefähr ein Drittel der aus München stammenden späteren Konventualen aus der sozialen Umgebung des kurfürstlichen Hofes kam.

Die zweite große Gruppe der aus München stammenden Konventmitglieder bildete die aus Handwerkerfamilien. Die Väter waren dort Bader, Bäcker, Bierbrauer, Branntweiner, Gastwirt, Kaufmann, Metzger, Schäffler, Schneider, Schreiner, Schuster, Taschner, Weber oder Wirt. Jedoch finden sich auch ausgefallenere Berufsbezeichnunge: So war der Vater des Bernrieder Chorherren Augustin Bauweber Hüter vom Sendlinger Tor[22], der Vater des in Rottenbuch eingekleideten Anton Wittner hatte den Beruf Reifrockschneider[23], der Vater von Gottfried Holzinger, einem Religiosen im Prämonstratenserstift Schäftlarn, war als Salzkistenmacher tätig.[24] Es kann angenommen werden, dass über die Hälfte der untersuchten Konventualen aus München aus Elternhäusern kam, in denen der Vater handwerklich tätig war. Vereinzelt stammten Religiosen auch aus Künstlerfamilien, so der Bernrieder Chorherr Josef Steidl, sein Vater Melchior war Maler aus Innsbruck.[25]

Unter den aus der Haupt- und Residenzstadt stammenden Religiosen befanden sich auch mehrere Sprösslinge aus Adelsfamilien: Joseph Härtl von Hartenfels feierte seine Profess in Benediktbeuern.[26] Bernhard von Weinberg, legte im selben Kloster die Ordensgelübde ab.[27] Joseph Graf von Wackerstein trat in Ettal ein, Bernhard Graf von Eschenbach wurde dort ebenfalls eingekleidet[28]. In Raitenhaslach legte Theobald von Crönner seine Profess ab, in Rottenbuch findet sich aus München stammend Joachim von Paur.[29] In Schäftlarn waren Marian von Kuechl und Antonius von Schmid die wenigen Adeligen im Kloster.[30] In Tegernsee trat Benno von Reisenegger ein. Der Adelsanteil unter den aus München stammenden Religiosen betrug mit 8 Personen insgesamt 6 Prozent.

Somit kann zu den Konventualen aus München festgestellt werden, dass diese zu einem größeren Teil aus Handwerkerfamilien stammten, ein geringerer Teil kam aus dem Hof nahestehenden Elternhäusern, aus Münchner Adelsfamilien nur sehr wenige.

---

20 RUF, Rott (wie Anm. 2), 334f.
21 BACKMUND, Schäftlarn (wie Anm. 2), 59; LEITSCHUH, Matrikeln (wie Anm. 4), Bd. 2, 69 Nr. 55.
22 SCHERBAUM, Bernried (wie Anm. 2), 452f.
23 PÖRNBACHER, Rottenbuch (wie Anm. 2), 398; LEITSCHUH, Matrikeln (wie Anm. 4), Bd. 3, 10.
24 BACKMUND, Schäftlarn (wie Anm. 2), 66.
25 SCHERBAUM, Bernried (wie Anm. 2), 445.
26 HEMMERLE, Benediktbeuern (wie Anm. 2), 651.
27 Ebd. 653f.
28 LINDNER, Ettal (wie Anm. 2), 255, 275.
29 KRAUSEN, Raitenhaslach (wie Anm. 2), 426f.; PÖRNBACHER, Rottenbuch (wie Anm. 2), 395.
30 BACKMUND, Schäftlarn (wie Anm. 2), 80; LEITSCHUH, Matrikeln (wie Anm. 4), Bd. 2, 257.

Klosterorte

Einen besonderen Rang nahmen bei der Rekrutierung künftiger Konventmitglieder die Klosterorte selbst ein. Diese betrieben vor Ort Lehranstalten, die von Elementarschulen bis hin zu Gymnasien die gesamte Palette des damaligen Bildungswesens umfassten. Für die hier untersuchten Klöster seien einige Beispiele aufgeführt: In Benediktbeuern existierten sowohl eine Schule als auch ein Seminar. Die Zahl der sogenannten Alumnen schwankte im 18. Jahrhundert zwischen 54 und 44.[31] Neben der Klosterschule unterhielt Benediktbeuern Schulen in Laingruben, Kochel, Bichl, Heilbrunn, Nantesbuch, Sindelsdorf und in der Jachenau.[32] Auch kleine Klöster wie das Augustiner-Chorherrenstift Bernried betrieben eine eigene Schule. Besonders Rottenbuch zeichnete sich durch ein ausgebautes Schulwesen aus. Dort existierten drei verschiedene Schulen: Die größte war die sogenannte Normalschule für die Kinder der Hofmark. 110 bis 120 Schüler erhielten dort pro Jahr großteils kostenlosen Unterricht.[33] Weitere Schulen waren mit der Lateinschule beziehungsweise dem Klostergymnasium und dem Hausstudium gegeben. Letzteres war den Novizen und den Konventualen vorbehalten.[34] Diese beiden Beispiele geben den Normalfall wieder, wie er in vielen Klöstern gegeben war. Allein von Ettal, Polling, Benediktbeuern, Rottenbuch und Weyarn ist bekannt, dass dort jährlich 50 arme Landkinder unentgeltlich Unterricht erhielten.[35] Mit diesen Zahlen werden die Kapazitäten und Möglichkeiten deutlich, welche die Klosterschulen hatten, um ihren Nachwuchs zu rekrutieren.

Die Konvente der in dieser Untersuchung betrachteten Klöster bestanden mit insgesamt 112 Personen zu ungefähr 10 Prozent aus Religiosen, deren Heimat ein Klosterort war. Darunter finden sich Erling (Andechs), Au am Inn, Benediktbeuern, Bernried, Beuerberg, Bruck (Fürstenfeld), Dießen, Fürstenzell, Gars am Inn, Indersdorf, Osterhofen, Raitenhaslach, Rott, Rottenbuch, Schäftlarn, Schlehdorf, Steingaden, Tegernsee, Thierhaupten, Waldsassen, Wessobrunn und Weyarn.

Aus Polling stammen allein 24 Personen. Somit rekrutierten die Klöster gegenseitig ihren Nachwuchs.

Die dort ansässigen Elternhäuser standen häufig im engen Kontakt mit dem jeweiligen Kloster, indem dieses der Arbeitgeber war. So bei dem Benediktbeurer Konventualen Franz Seraph Wagner, dessen Vater die Tätigkeit als Klosterkoch in Polling ausübte.[36] Der in Bruck bei Fürstenfeld geborene Anselm Hirsch, der Sohn des örtlichen Klosterrichters Vitus Hirsch, trat wiederum ins nahe Zisterzienserstift ein[37]. Philipp Feuchtmayer, der in Polling seine Profess ablegte, war ebenfalls der

---

31 HEMMERLE, Benediktbeuern (wie Anm. 2), 268.
32 Ebd. 277f.
33 PÖRNBACHER, Rottenbuch (wie Anm. 2), 247.
34 Ebd. 248f.
35 Ebd. 248f.
36 HEMMERLE, Benediktbeuern (wie Anm. 2), 694.
37 LEITSCHUH, Matrikeln (wie Anm. 4), Bd. 2, 124; LINDNER, Fürstenfeld (wie Anm. 2), 241.

Sohn des örtlichen Klosterrichters.[38] Anselm Adelsreiter hingegen war der Sohn des Pollinger Klosterkochs; er trat ins Zisterzienserkloster Raitenhaslach ein.[39] Der Propst des Augustiner-Chorherrenstift Rottenbuch, Clemens Prasser (reg. 1740-1770), stammte auch aus Polling, er war der Sohn des Klosterschneiders Jakob Prasser.[40]

Künftige Konventualen, die aus Klosterorten stammten, erhielten dort nachweislich auch ihre erste Ausbildung. Der in Bruck geborene Sebastian Mall wurde im nahen Zisterzienserkloster Fürstenfeld unterrichtet.[41] Auch der Sohn des Pollinger Klosterkochs, Franz Seraph Wagner, erhielt seine humanistische Ausbildung im Seminar des Stifts.[42] Die Chorherren Remigius Resch und Nikolaus Hueber aus Bernried und Dietramszell, beide kamen aus Polling, besuchten ebenfalls das Seminar.[43] Der in Bichl bei Benediktbeuern geborene Cölestin Pfandler hingegen besuchte das dortige Gymnasium und trat ins Benediktinerkloster Rott am Inn ein.[44] Da häufig zu den Schülern von Klosterschulen keine näheren Quellen vorliegen, kann hier nur auf Einzelbeispiele zurückgegriffen werden. Jedoch kann davon ausgegangen werden, dass die im Klosterort geborenen späteren Mönche auch in ihrer Heimat die schulische Grundausbildung erhalten haben.

Die herausragende Stellung der Klosterorte bei der Rekrutierung des künftigen Ordensnachwuchses belegt weiter die Matrikel des Münchner Jesuitenkollegs. Hannelore Putz stellte hierzu bereits fest, dass besonders der sogenannte Pfaffenwinkel und seine nähere Umgebung bei der Rekrutierung neuer Zöglinge für das Münchner Jesuiteninternat eine wichtige Rolle gespielt haben. Ein hervorzuhebendes Beispiel bildet auch hier der Ort Polling, aus dem insgesamt 68 Knaben das Jesuitenkolleg in München besuchten.[45] Andreas Kraus machte zur Thematik der Klosterorte in Bezug auf den Ordensnachwuchs eine ähnliche Beobachtung. Er stellte fest, dass von den Schülern des Jesuitenkollegs in München, die in ein Prälatenkloster eintraten, insgesamt 35 dem Markt Bruck stammten, 31 aus Rottenbuch, 14 aus Polling, Wessobrunn und Weyarn und 10 aus Rott am Inn.[46] Auch diese Ergebnisse untermauern die herausragende Stellung der Klosterorte als Rekrutierungszentren für die altbayerischen Prälatenklöster.

---

38 VAN DÜLMEN, Polling (wie Anm. 2), 341; LEITSCHUH, Matrikeln(wie Anm. 4), Bd. 3, 122.
39 KRAUSEN, Raitenhaslach (wie Anm. 2), 417f.
40 PÖRNBACHER, Rottenbuch (wie Anm. 2), 42f.
41 HEMMERLE, Benediktbeuern (wie Anm. 2), 691.
42 Ebd. 694.
43 KRAUSEN, Dietramszell (wie Anm. 2), 340; SCHERBAUM, Bernried (wie Anm. 2), 449.
44 RUF, Rott (wie Anm. 2), 371.
45 Hannelore PUTZ, Die Domus Gregoriana zu München. Erziehung und Ausbildung im Umkreis des Jesuitenkollegs St. Michael bis 1773 (Schriftenreihe zur Bayerischen Landesgeschichte 141), München 2003, 82.
46 Andreas KRAUS, Das Gymnasium der Jesuiten zu München (1559-1773). Staatspolitische, sozialgeschichtliche, behördengeschichtliche und kulturgeschichtliche Bedeutung (Schriftenreihe zur Bayerischen Landesgeschichte 133), München 2001, 388.

Bischofstadt Salzburg

Die Bischofstadt Salzburg bot durch seine Universität bereits ein Sprungbrett in die benediktinische Ordenswelt; dies erklärt, warum Personen, deren Heimat Salzburg und dessen näheres Umland war, vor allem in den altbayerischen Benediktinerklöstern zu finden sind. Die folgenden Zahlen bestätigen diese Schlussfolgerung. In der zweiten Hälfte des 18. Jahrhunderts finden sich in Benediktbeuern 3, in Ettal 4, in Rott am Inn 3, in Tegernsee 7 und in Wessobrunn 5 Religiosen, deren Herkunftsort die Bischofstadt war. Nur noch im Zisterzienserkloster Raitenhaslach können 5 Konventualen aus Salzburg belegt werden. Dies lässt sich plausibel durch den Standort des Klosters, knapp 50 km von der Bischofstadt entfernt, erklären. Somit fiel die Stadt noch in den näheren Einzugsbereich von Raitenhaslach. Es kann vermutet werden, dass das Kontakt bringende Bindeglied zwischen dem jeweiligen altbayerischen Kloster und dem Studenten der an der Universität lehrende Professor war, der wiederum aus einem Benediktinerkloster stammte. Aus den betrachteten Klöstern lassen sich für die zweite Hälfte des 18. Jahrhunderts an der Universität und am Akademischen Gymnasiums Professoren aus allen fünf hier betrachteten Benediktinerklöstern belegen.[47]

Mit insgesamt 27 Personen liegt der Anteil der aus Salzburg stammenden Religiosen bei knapp 2,4 Prozent. Die soziale Herkunft findet sich hier vor allem in Familien, die im Bereich des fürstbischöflichen Hofes tätig waren. So stammte Emme-ram Huber, der in Benediktbeuern eingetreten war, aus einem Elternhaus, in dem der Vater fürstlicher Rechnungsbeamter war.[48] Der Vater des Benediktbeuerer Konventualen Placidus Wibmer war Bedienter beim erzbischöflichen Hof.[49] Der in Raitenhaslach eingekleidete Leopold Biechteler kam aus einer Familie, in der der Vater Magister an der erzbischöflichen Kapelle war, die Väter der Konventualen Johann Nepomuk Schnürer und Engelbert Stadler waren Kammerdiener und Hofsattler.[50] Salzburg spielt als Herkunftsort für die altbayerischen Prälatenklöster vielmehr eine Randrolle. Nur ordensintern bei den Benediktinern und bei den regional angrenzenden Klöstern kam die Bischofstadt als Einzugsbereich für den Ordensnachwuchs in Frage.

Freie Reichsstadt Augsburg

Angrenzend an den altbayerischen Raum kam es aus der Freien Reichsstadt Augsburg ebenfalls häufiger zu Klostereintritten in unterschiedliche altbayerische Klöster. Innerhalb der untersuchten Konvente finden sich insgesamt 26 Personen, deren Heimat die Handelsmetropole war. Diese verteilten sich auf 8 der untersuch-

---

47 Aegidius KOLB, Präsidium und Professorenkollegium der Benediktiner-Universität Salzburg 1744 bis zu deren Ende 1810, in: SMGB 83 (1972) 663-716.
48 HEMMERLE, Benediktbeuern (wie Anm. 2), 697f.
49 Ebd. 638f.
50 KRAUSEN, Raitenhaslach (wie Anm. 2), 41-416.

ten Klöster: Die meisten finden sich mit 7 in Steingaden (82 km), gefolgt von 5 in Rottenbuch (79 km) sowie Fürstenfeld (40 km) und Wessobrunn (63 km) mit jeweils 4. Benediktbeuern (97 km) war die Heimat von 3 Konventualen. In Dietramszell (90 km), Ettal (103 km) und Rott am Inn (112 km) ist jeweils 1 Religiose aus Augsburg zu finden. Somit kann festgestellt werden, dass Konventualen aus der Freien Reichstadt vor allem in Klöstern zu finden sind, die in einem Umkreis von bis zu 100 km lagen.

Zum Elternhaus der Mönche aus Augsburg konnten häufig keine näheren Informationen gefunden werden. Die wenigen überlieferten Berufe der Väter geben jedoch die großen Berufszweige wieder, für die die Freie Reichstadt in der Barockzeit bekannt war. So war der Vater des in Benediktbeuern eingetretenen Konventualen Romanus Maurer Goldschmied, Meinrad Wolf, der seine Profess im gleichen Kloster gefeiert hatte, war von Beruf Buchhändler.[51] Odilo Pelle und Simpert Schwarzhueber, die beide in Wessobrunn eingekleidet worden waren, stammten aus Kaufmannsfamilien.[52]

Bischofsstadt Freising

Die zentrale Bildungseinrichtung in der Bischofstadt Freising findet sich mit dem Freisinger Gymnasium und Lyzeum. Dieses hatte 1697 der damalige Bischof Johann Franz Eckher als Diözesanstudienanstalt ins Leben gerufen und es den Benediktinern anvertraut.[53] Somit übernahm die Bildungseinrichtung auch hier ähnlich wie die Universität in Salzburg eine Rekrutierungsfunktion für den Ordensnachwuchs. Diese Annahme wird durch die Zahl der von dort kommenden Religiosen untermauert: Insgesamt stammten hiervon 20 Personen aus Freising, somit 1,7 Prozent. Diese verteilten sich mit je 4 auf Benediktbeuern, Ettal, Rott und Tegernsee, 2 auf Weyarn und je 1 auf Fürstenfeld und Raitenhaslach. Wieder finden sich, wie auch in Salzburg fast nur Benediktinerklöster, in welche die aus Freising stammenden Religiosen eintraten. Auch hier kann der Kontakt zwischen dem in Frage kommenden Benediktinerkloster und dem aus Freising kommenden Novizen über das örtliche Gymnasium und Lyzeum entstanden sein, an dem wiederum Benediktiner aus den genannten Klöstern lehrten.

Altbayerische Landstädte

Weit stärker als auf die großen Städte wirkte der Einzugsbereich der untersuchten Klöster auf die kleineren südbayerischen Landstädte. Hier sei nur eine Auswahl genannt:

---

51 HEMMERLE, Benediktbeuern (wie Anm. 2), 661f., 674.
52 ANDRIAN-WERBURG, Wessobrunn (wie Anm. 2), 517f., 520f.
53 HEMMERLE, Benediktbeuern (wie Anm. 2), 275; Benno HUBENSTEINER, Die geistliche Stadt. Welt und Leben des Johann Franz Eckher von Kapfing und Liechteneck, Fürstbischofs von Freising, München 1954, 156ff.

Stadt	Personenzahl gesamt	Personenzahl in Prozent
Landsberg	18	1,6
Landshut	12	1,1
Mittenwald	12	1,1
Murnau	15	1,3
Schongau	23	2,0
Tölz	8	0,7
Weilheim	20	1,8
Wolfratshausen	9	0,8

Die angeführten Landstädte in der näheren Umgebung der untersuchten Klöster stellten 116 Personen für die Konvente, somit 10,3 Prozent. Die Einbeziehung der anderen altbayerischen Städte hätte eine Verdopplung dieser Zahl zur Folge. Somit kann davon ausgegangen werden, dass die untersuchten Klöster ihren Ordensnachwuchs zu ungefähr 20 Prozent aus den altbayerischen Landstädten rekrutierten.

Die Elternhäuser lagen dort vor allem im handwerklichen Bereich. Die Väter waren von Beruf Bäcker, Brauer, Drechsler, Färber, Fischer, Flösser, Gärtner, Glaser, Glockengießer, Hammerschmied, Hutmacher, Kaufmann, Korbflechter, Kupferschmied, Lederer, Maurer, Müller, Musiker, Posamentierer, Sattler, Schlosser, Schmied, Schneider, Seiler, Uhrmacher, Weber, Weißgerber, Wirt und Ziegelbrenner. Vereinzelt waren die Väter auch in Berufen im Bereich der Musikinstrumentenherstellung tätig. So war etwa der Vater des bekannten Benediktbeurer Konventualen Aegidius Jais namens Franz Sales Geigenbauer in Mittenwald.[54] Vereinzelt finden sich Elternhäuser, in denen der Vater Maler war, wie bei dem Pollinger Chorherren Gelasius Gaill aus Ailbling.[55] Auch Berufe im Bereich der Verwaltung sind vertreten. So zum Beispiel bei zwei Konventualen aus Ettal: Marcellin Reischl stammte aus Murnau, sein Vater war Marktschreiber; Dominikus Ziegler kam aus Starnberg, sein Vater war Buchhalter.[56]

Tirol

Einen weiteren Herkunftsschwerpunkt bildete der Tiroler Raum. Hierbei spielte vor allem die Grenznähe vieler Klöster die entscheidende Rolle, womit der Einzugsbereich derselben weit in diese Gegend wirkte. Insgesamt kamen 55 Religiosen, somit 4,8 Prozent, von dort, nämlich aus den Orten Achenkirch, Achenthal, Algund bei Meran, Berwang, Bozen, Breitenbach, Bruneck, Dorf, Ebbs, Grins, Hall, Heiterwang, Imst, Innsbruck, Kitzbühel, Jenbach, Latsch, Meran, Nauders, Obernberg, Rattenberg, Reutte, Scharnitz, Schwaz, St. Johann im Leukental, Silz, Sterzing, Thiersee, Zell am Ziller oder Zirl. Sie verteilten sich völlig unterschiedlich auf die verschiedenen Konvente: In Ettal kamen 13, in Steingaden und Tegernsee je 9, in

---

54 HEMMERLE, Benediktbeuern(wie Anm. 2), 675-678.
55 DÜLMEN, Polling (wie Anm. 2), 341.
56 LINDNER, Ettal (wie Anm. 2), 272, 276; LEITSCHUH, Matrikeln (wie Anm. 4), Bd. 2, 176, 239.

Benediktbeuern und Rott je 6, in Wessobrunn 4, in Fürstenfeld und Weyarn je 2 und in Dietramszell 1 Religiose aus dem Tiroler Raum. Auch hier lässt sich erkennen, dass die Klöster, die einen hohen Anteil an Personen aus Tirol aufweisen konnten, häufig unter 70 km von der Grenze entfernt lagen. Die Ermittlung des Elternhauses war hier nur bei den wenigsten Religiosen möglich.

Weiter entferntes Ausland

Vereinzelt finden sich in den betrachteten Konventen Personen, deren Heimat weit über 300 km entfernt lag. So kam beispielsweise der Benediktbeuerer Johann Baptista Chanotte aus Schlettstadt im Elsass, wo sein Vater Rittmeister war.[57] Bruno Parode, der in Ettal eingetreten war, kam hingegen aus Namur im heutigen Belgien, sein Vater war von Beruf Maultseltreiber.[58] Besonders Ettal hatte eine größere Anzahl von Konventualen aufzuweisen, deren Heimat sich im weiteren Ausland befand: So war Cölestin von Tige aus Hermannstadt in Siebenbürgen.[59] Das Elternhaus von Leopold Graf Firmian lag in Trient[60], aus Wien kamen Joseph Graf Gondola und Ferdinand Rosner.[61] Von dort stammte auch der Fürstenfelder Konventuale Franz Schnürer.[62] Ins selbe Zisterzienserkloster trat der bekannte Sänger Philippo Balatri aus Pisa ein, wo er den Ordensnamen Theodor annahm.[63] Kolumban Tauchmann, der in Rott am Inn seine Profess gefeiert hatte, wurde vermutlich in Prag geboren.[64] Aus dem späteren belgischen Raum kam Franz Joseph Vacarno, der in Steingaden eingetreten war.[65] Auch Weyarn hatte mehrere Konventualen aufzuweisen, die aus entfernteren Gegenden stammten: Brüssel war die Heimat von Laetus Egger, dessen Vater dort Leibkoch und Sekretär war, aus Lüttich hingegen kam der Sohn eines Hofrats, Augustin von Egker.[66] Die Heimat des Bauernsohnes Wilhelm Mathias war Weyersheim im Elsass.[67]

Der Einzugsbereich

Die jeweiligen Klöster rekrutierten ihren Ordensnachwuchs vor allem aus der näheren Umgebung, so lohnt auch hier die Fragestellung nach dem Einzugsbereich. Dazu wurde die Entfernung der jeweiligen Herkunftsorte der Religiosen zum Kloster gemessen, in das sie eintraten. Das Ergebnis stellt sich wie folgt dar:

---

57 HEMMERLE, Benediktbeuern (wie Anm. 2), 650.
58 LEITSCHUH, Matrikeln (wie Anm. 4), Bd. 2, 240; LINDNER, Ettal (wie Anm. 2), 272.
59 LINDNER, Ettal (wie Anm. 2), 276.
60 Ebd. 275.
61 Ebd. 274.
62 LINDNER, Fürstenfeld (wie Anm. 2), 239.
63 Ebd. 239.
64 RUF, Rott (wie Anm. 2), 301f.
65 BACKMUND, Steingaden (wie Anm. 2), 183.
66 SEPP, Weyarn (wie Anm. 2), 519, 560f.
67 Ebd. 547.

Kloster	Entfernung bis zu 50 km	Entfernung 50 bis 100 km
Benediktbeuern	36 = 38,3 %	25 = 26,6 %
Bernried	25 = 65,8 %	1 = 2,6 %
Dietramszell	27 = 57,4 %	9 = 19,1 %
Ettal	18 = 24,0 %	23 = 30,7 %
Fürstenfeld	62 = 56,4 %	25 = 22,7 %
Polling	33 = 43,4 %	27 = 35,5 %
Raitenhaslach	37 = 38,5 %	27 = 28,1 %
Rott am Inn	23 = 26,4 %	39 = 44,8 %
Rottenbuch	46 = 49,5 %	33 = 35,5 %
Schäftlarn	38 = 57,6 %	14 = 21,2 %
Steingaden	34 = 36,3 %	24 = 25,8 %
Tegernsee	46 = 45,0 %	27 = 26,5 %
Wessobrunn	24 = 35,3 %	16 = 23,5 %
Weyarn	55 = 57,3 %	25 = 26,0 %

Die hier betrachteten altbayerischen Prälatenklöster rekrutierten ihren Nachwuchs zu einem großen Teil aus der näheren Umgebung, wobei es unter den verschiedenen Klostergemeinschaften sichtbare Unterschiede gibt. Der Konvent des Augustiner-Chorherrenstifts Rottenbuch bestand in der zweiten Hälfte des 18. Jahrhunderts mit 85 Prozent aus Personen aus einem Umkreis von weniger als 100 km, die Hälfte der Religiosen war sogar aus Orten, die weniger als 50 km vom Stift entfernt lagen. In Ettal hingegen kam nur die Hälfte aus einem Umkreis von 100 km, gerade einmal 24 Prozent waren aus der unmittelbaren Gegend mit einer Entfernung von unter 50 km. Die angeführten Zahlen belegen deutlich, dass sich die hier untersuchten altbayerischen Prälatenklöster vor allem ihren Nachwuchs aus einem Umkreis von bis zu 100 km besorgten. Wiederholt stammte fast die Hälfte der Konvente aus einem Radius von unter 50 km. Der entscheidende Parameter, der bei der Herkunft der Religiosen eine große Rolle spielte, war somit die räumliche Entfernung zum Kloster.

Das Elternhaus

Zwar wurde in dieser Untersuchung bereits mehrfach punktuell auf das Elternhaus eingegangen, aus dem die jeweiligen Religiosen stammten. Eine breite Betrachtung ist hier jedoch noch nicht erfolgt. Edgar Krausen stellte bereits fest, dass die späteren Konventualen häufig aus Familien kamen, in denen die Väter ein Handwerk ausübten. Diese Festellung kann mit der hier durchgeführten Untersuchung nur bestätigt werden. Zwar liegen bei fast der Hälfte der betrachteten Personen keine näheren Informationen zum Elternhaus vor, jedoch kann auf Grundlage der über 550 erfassten Elternhäuser zumindest ein Überblick geschaffen werden.

Beruf	Anteil in Prozent
Verwaltung, Staatsdienst	11,8
Militärischer Dienst	1,7
Klosterdienst	4,0
Lehrer, Mesner, Organist	8,2
Kaufmann, Händler	6,8
Medizinischer Bereich	3,5
Musiker	3,1
Bauern	12,3
Wirt, Brauer	12,9
Bäcker, Müller	8,3
Koch, Metzger	1,7
Kunsthandwerk	2,6
Fischer, Jäger	2,1
Holzbe- und -verarbeitung	2,8
Lederbe- und -verarbeitung	4,5
Maurer	1,2
Metallbe- und -verarbeitung	3,1
Stoffbe- und verarbeitung	4,9

Die angeführte Tabelle gibt die großen Berufsgruppen wieder, in denen die Väter der betrachteten Konventualen tätig waren. Zunächst ist darin die Breite der sozialen Schichten erkennbar, aus denen die Prälatenklöster ihren Nachwuchs rekrutierten. Der Handwerkeranteil bildet hier die große Masse. Elternhäuser, in denen der Vater Bauer war, sind ebenfalls mit 12 Prozent gegeben. Mit jeweils 8 Prozent schlägt der Anteil der Wirts- und Brauerfamilien sowie Bäcker- und Müllerfamilien zu Buche, gefolgt von den Elternhäusern, in denen der Vorstand Lehrer, Mesner oder Organist war. Die Breite der Verwaltungsberufe im Stadt- und Staatsdienst nimmt bei den Familien fast 12 Prozent ein. Klöster waren bei 4 Prozent der Väter Arbeitgeber.

Verwandtschaftliche Verflechtungen

Innerhalb und zwischen den verschiedenen Konventen existierten durch deren Mitglieder verwandtschaftliche Beziehungen. Brüder traten in unterschiedliche, manchmal auch in dasselbe Kloster ein. Sowohl Edgar Krausen als auch Gerda Maier-Kren konnten verschiedene verwandtschaftliche Beziehungen auf der Ebene der Barockprälaten belegen. Eine Untersuchung innerhalb der einzelnen Konvente fehlt bisher. Für die hier betrachteten 14 Klöster konnten nachweislich 30 verwandtschaftliche Beziehungen belegt werden, die darin bestanden, dass Brüder oder Halbbrüder in dasselbe beziehungsweise in unterschiedliche Klöster eintraten. Darüber hinaus konnten weitere 46 Verbindungen herausgearbeitet werden, bei denen eine verwandtschaftliche Beziehung vermutet werden kann, wenn beispielsweise zwei Personen mit gleichem Familiennamen aus demselben Ort stammten. Tatsächlich müssen die familiären Verflechtungen weit größer gewesen sein, da wiederholt spätere Konventualen mit Hilfe eines Verwandten, der bereits Religiose einer Klostergemeinschaft war, in ein Kloster aufgenommen wurden.

Ins Augustiner-Chorherrenstift Rottenbuch traten beispielsweise die Brüder Alipius und Clemens Prasser. Sie kamen aus Polling und waren die Söhne des dortigen Klosterschneiders Jakob und seiner Ehefrau Agathe Prasser.[68] Clemens war von 1740 bis 1770 Propst des Stiftes. Auch bei den Weyarner Chorherren Franz Xaver und Herkulan Freisinger handelte es sich um Geschwister. Sie wurden beide in München geboren. Die Eltern waren der Schuster Joseph Freisinger und seine Frau Maria.[69] In unterschiedliche Klöster traten hingegen die drei Brüder Andreas, Cölestin und Columban Prälisauer aus Kötzing ein. Die Eltern hießen Joseph und Anna Maria, der Vater war von Beruf Mesner. Andreas wählte das Augustiner-Chor-herrenstift Polling, Cölestin Tegernsee und Columban Rott am Inn.[70]

In die Personengruppe, bei der eine Verwandtschaft vermutet werden kann, fallen mehrere Religiosen mit dem Namen Kleinhans. Diese stammten alle aus dem Ort Nauders in Tirol. Der älteste, Magnus Kleinhans, wurde 1746 geboren, der zweite, namens Willibald, 1757, der dritte, Veremund, 1760 und zuletzt Corbinian 1769. Willibald und Veremund wählten das Kloster Ettal, Corbinian trat in Tegernsee ein und Magnus in Benediktbeuern.[71] Inwieweit es sich bei den Genannten um Verwandte, möglicherweise sogar um Brüder handelt, muss offen bleiben.

Lebenserwartung

Die Lebenserwartung innerhalb der Konvente der altbayerischen Prälatenklöster stellt sich höchst unterschiedlich dar. Manche Mönche verstarben bereits unmittelbar nach ihrer Profess im jugendlichen Alter, andere wiederum konnten mit einem Alter über 80 Jahren ihre Jubelprofess feiern.

Die Lebenserwartung stellt sich für die hier betrachteten Klöster wie folgt dar:

---

68 LEITSCHUH, Matrikeln (wie Anm. 4), Bd. 2, 173, 214; PÖRNBACHER, Rottenbuch (wie Anm. 2), 395.
69 LEITSCHUH, Matrikeln (wie Anm. 4) Bd. 2, 285; LEITSCHUH, Matrikeln (wie Anm. 2), Bd. 3, 16; SEPP, Weyarn (wie Anm. 2), 533, 538.
70 LEITSCHUH, Matrikeln (wie Anm. 2), Bd. 2, 179, 199, 204; DÜLMEN, Polling (wie Anm. 2), 339; LINDNER, Tegernsee (wie Anm. 2), 138ff.; RUF, Rott (wie Anm. 2), 267ff.
71 LINDNER, Tegernsee (wie Anm. 2), 225; LINDNER, Ettal (wie Anm. 2), 277, 278; HEMMERLE, Benediktbeuern (wie Anm. 2), 674.

Lebenserwartung in der zweiten Hälfte des 18. Jahrhunderts

Kloster	Gesamt	bis 19	20-29	30-39	40-49	50-59	60-69	ab 70	durchschnittliche Lebenserwartung
Benediktbeuern	56	-	-	7	16	12	12	9	54,9
Bernried	20	-	2	3	2	6	3	4	56,7
Dietramszell	29	1	1	4	5	6	6	6	54,8
Ettal	49	-	-	2	5	10	17	15	63,3
Fürstenfeld	76	-	6	5	14	17	17	17	56,2
Polling	38	-	1	2	8	8	10	9	59,1
Raitenhaslach	57	-	2	6	21	12	11	5	51,9
Rott	55	-	6	7	10	11	12	9	52,0
Rottenbuch	58	-	-	5	5	9	18	21	62,8
Schäftlarn	37	-	3	6	5	9	6	8	54,6
Steingaden	62	1	2	4	13	11	19	12	57,0
Tegernsee	60	1	2	6	12	12	15	12	56,0
Wessobrunn	46	-	2	4	6	12	15	7	56,2
Weyarn	58	-	4	5	8	19	11	11	55,0
Gesamt	701	3	31	66	130	154	172	145	
Prozent	100	0,4	4,4	9,4	18,6	22,0	24,6	20,7	

Innerhalb des Betrachtungszeitraums verstarben in den untersuchten Klöstern über 700 Personen. Davon erreichten 20,7 Prozent ein Alter von über 70 Jahren, 24,6 Prozent starben zwischen 60 und 69 und 22 Prozent wurden zwischen 50 und 59 Jahre alt. Nur wenige verschieden noch in jungen Jahren im Alter unter 30, somit 4,8 Prozent.

Die durchschnittliche Lebenserwartung innerhalb der Konvente schwankte wiederum. Diese lag meist zwischen 51,9 und 57,0 Jahren. Nur wenige Konvente stechen mit einer besonders hohen Lebenserwartung heraus. So Ettal mit 63,3 und Rottenbuch mit 62,8 Jahren. Bei letzterem Stift fällt vor allem die hohe Zahl der über 70-Jährigen auf, die dort mit 36,2 Prozent die größte Gruppe bilden.

Zu den wenigen jung verstorbenen Mönchen ist kaum etwas bekannt. So beispielsweise von Dietram Jaud, Chorherr in Dietramszell, der im Alter von 19 Jahren noch als Kleriker dahinschied. Über dessen Todesumstände ist nichts überliefert.[72] Der Raitenhaslacher Konventuale Gero Hueber starb im Alter von 24 Jahren als Diakon. Auch hier sind keine genaueren Angaben zum frühen Tod gemacht.[73] Vom Weyarner Chorherr Ildephons Ertl ist hingegen bekannt, dass er während des Studiums in Weyarn erkrankte und 1754 im Alter von 24 Jahren verstarb.[74]

Weit größer ist die Anzahl der hochbetagten Mönche in den untersuchten Klöstern. Hier seien ein paar markante Beispiele herausgegriffen. Mit 80 Jahren und mehr erreichten vereinzelt Mönche ein Alter, das für das 18. Jahrhundert durchaus als hoch gewertet werden kann. Immerhin ist dies 36 Personen innerhalb der hier untersuchten Klöster gelungen. Die bekanntesten dieser hochbetagten Mönche

---

72 KRAUSEN, Dietramszell (wie Anm. 2), 342.
73 KRAUSEN, Raitenhaslach (wie Anm. 2), 418.
74 SEPP, Weyarn (wie Anm. 2), 540.

waren die beiden Pollinger Gelehrten Eusebius Amort, der 1775 im Alter von 82 verstarb, und Propst Franz Töpsl, der 1796 mit 84 Jahren verschied.

Drei für diese Studie erfasste Religiosen erreichten sogar ein Alter von über 89 Jahren: Am 1. Juni 1777 verstarb der Fürstenfelder Konventuale Anselm Hirsch. Seine Totenrotel weist für ihn ein Alter von 91 Jahren aus. Er war 1686 in Bruck geboren worden und 1706 ins nahe Kloster eingetreten.[75] Am 14. Januar 1779 verschied der Steingadener Chorherr Otto Ulmer mit 90 Jahren. Er war 1689 in Augsburg geboren und hatte bereits 1710 im Prämonstratenserstift die Ordensgelübde abgelegt.[76] Mit Joseph Filgertshofer schließlich verstarb am 24. Juli 1771 der älteste Chorherr Rottenbuchs. Er erreichte ein Alter von 93 Jahren. Geboren wurde er am 5. März 1678 in Peißenberg. Die Profess hatte er bereits 1698 abgelegt.[77]

Fazit

Obwohl jede der 14 hier betrachteten Klostergemeinschaft für sich betrachtet werden muss, so können doch Gemeinsamkeiten in Bezug auf die Entwicklung im 18. Jahrhundert festgestellt werden: Eine erste betrifft das Altern der Konvente in der zweiten Hälfte des 18. Jahrhunderts, das vermutlich mit einer gesteigerten Lebenserwartung zusammenhängt. Außerdem ist zu beobachten dass bei einem Großteil der Klostergemeinschaften die Mitgliederzahlen zwischen 1750 und 1800 konstant blieben, somit die Konvente unmittelbar vor der Säkularisation in einer Blüte standen.

Unterschiede finden sich zunächst in den Herkunftsschwerpunkten. Rekrutierten kleinere Konvente wie Bernried und Dietramszell ihren Nachwuchs viel stärker aus der näheren Umgebung, so finden sich in Ettal besonders viele Personen aus den weiter entfernten Orten und dem Ausland.

Die Lebenserwartung fällt zwischen den Klöstern auch völlig unterschiedlich aus. Ein besonders hohes Alter erreichten die Konventualen in Ettal und Rottenbuch.

Grundsätzlich sei zur Herkunft angeführt: Zentrales Element ist hier vor allem die Entfernung zum Kloster. Die altbayerischen Prälatenklöster erhielten ihren Nachwuchs vor allem aus einem Umkreis von bis zu 100 km. Eine Sonderstellung nahmen vor allem auch die Klosterorte selbst ein. Die dort betriebenen Schulen dienten auch als Rekrutierungszentren für den Ordensnachwuchs. So kamen 10 Prozent der Konventualen von dort. Eine ähnliche Funktion nahmen innerhalb der großen Städte wie Salzburg und Freising auch die von den Benediktinern geführten Bildungseinrichtungen, wie Gymnasium, Lyzeum und Universität, ein. Hier wurde der Ordensnachwuchs über die dort lehrenden Professoren rekrutiert.

---

75 LINDNER, Fürstenfeld (wie Anm. 2), 241.
76 BACKMUND, Steingaden (wie Anm. 2), 182.
77 WIETLISBACH, Rottenbuch (wie Anm. 2), 69.

Das Elternhaus lag auf dem Land und in den Landstädten vor allem im handwerklichen Bereich. Innerhalb der Haupt- und Residenzstadt München finden sich zwei große Gruppen aus denen spätere Mönche hervorgingen. Die erste stand durch das Elternhaus dem Hof nahe, in der zweiten, weit größeren, übte der Vater meist ein Handwerk aus. Die wenigsten Konventualen entstammten dem Adel.

„Der viel gedacht, und viel geschrieben"

Der Freisinger Hofmarschall und Geschichtsschreiber Ferdinand Wilhelm Freiherr von Bugniet des Croisettes (1726-1806)[1]

von Roland Götz

Abb. 1: Ferdinand Wilhelm Freiherr von Bugniet des Croisettes. Porträt um 1800, wohl von Ignaz Alois Frey d. Ä. (Foto: Diözesanmuseum Freising)

---

1   Der vorliegende Beitrag erwuchs aus zwei Vorträgen beim Historischen Verein Freising, zunächst im Asamgebäude am 13. März 2006 und dann bei der Präsentation der wieder an der Friedhofskirche angebrachten Inschrifttafel für Bugniet am 23. Juli 2011. Ein erster Überblick über Leben und Werk Bugniets erschien in: Roland GÖTZ (Hg.), Die Firm- und Kirchweihereise des Freisinger Fürstbischofs Ludwig Joseph von Welden ins bayerische Oberland 1786. Das Reisetagebuch des Hofkavaliers Ferdinand Wilhelm Freiherr von Bugniet des Croisettes und ergänzende Quellen als Grundlage für ein archivpädagogisches Projekt (Schriften des Archivs des Erzbistums München und Freising 2), Regensburg 2001, 19-29. – Folgende Abkürzungen werden verwendet: AEM (Archiv des Erzbistums München und Freising), BayHStA (Bayerisches Hauptstaatsarchiv), BMK (Bibliothek des Metropolitankapitels München), BSB (Bayerische Staatsbibliothek), DBF (Dombibliothek Freising).

Mit der „Historia Frisingensis" von P. Karl Meichelbeck OSB besaß das Bistum Freising zum 1.000-jährigen Jubiläum der Ankunft des hl. Korbinian (1724) eine monumentale Darstellung seiner Geschichte auf dem aktuellen Stand der Wissenschaft.[2] Auch wenn es im darauffolgenden Dreivierteljahrhundert bis zur Säkularisation zu keinem vergleichbaren Werk mehr kam, fehlte es in dieser Zeit in Freising doch nicht an Männern, die sich um die Geschichte und ihre Zeugnisse kümmerten.

Eine Episode vom März 1790 wirft ein Schlaglicht auf die Freisinger Historikerszene und ihre „Vernetzung" im späten 18. Jahrhundert[3]: Der neugewählte Fürstbischof Joseph Konrad von Schroffenberg ernannte den Domkapitular Franz Emanuel Graf von Törring zu Jettenbach[4] und den Hofkammerdirektor Johann Baptist Braun[5] zu Hochstiftarchivaren. Die eigentliche Arbeit der Neuordnung des

---

2   Karl MEICHELBECK OSB (1669-1734), Mönch und Archivar des Klosters Benediktbeuern, gilt als der größte Historiker des barocken Bayern. Auf Bitten des Freisinger Fürstbischofs Johann Franz Eckher verfasste er zur Jahrtausendfeier des Bistums Freising 1724 die erste wissenschaftliche Bistumsgeschichte mit Darstellung (in lateinischer Sprache) und Quellenedition. Die „Historia Frisingensis" erschien in vier Teilbänden 1724 und 1729, eine kurze deutsche Ausgabe für den *gemeinen Mann* 1724. – Benno HUBENSTEINER, Die geistliche Stadt. Welt und Leben des Johann Franz Eckher von Kapfing und Liechteneck, Fürstbischofs von Freising, München 1954, 177-192; Karl Meichelbeck 1669-1734. Festschrift zum 300. Geburtsjahr. Hg. von der Bayerischen Benediktinerakademie (Studien und Mitteilungen zur Geschichte des Benediktinerordens 80, Heft I-II), Ottobeuren 1969; Andreas KRAUS, Die benediktinische Geschichtsschreibung im neuzeitlichen Bayern, in: Andreas KRAUS, Bayerische Geschichtsschreibung in drei Jahrhunderten. Gesammelte Aufsätze, München 1979, 106-148, hier 118f.; Von Arbeo zum Internet. Geschichtsschreibung und Geschichtsforschung im Bistum Freising und im Erzbistum München und Freising. Ausstellung des Archivs des Erzbistums München und Freising anläßlich des 75-jährigen Gründungsjubiläums des Vereins für Diözesangeschichte von München und Freising (Ausstellungen im Archiv des Erzbistums München und Freising. Kataloge 4), München 1999, 16-23.
3   Martin RUF, Joseph Heckenstaller als Freisinger Hochstiftsarchivar. Ein Beitrag zur Geschichte des Freisinger Hochstiftsarchivs unter Fürstbischof Joseph Konrad von Schroffenberg, in: Beiträge zur altbayerischen Kirchengeschichte 33 (1981) 115-129, hier 115-118; wieder abgedruckt in: Roland GÖTZ (Hg.), Vom Domberg nach München. Beiträge und Quellen zu Geschichte und Beständen der Freisinger Archive vor, während und nach der Säkularisation (Schriften des Archivs des Erzbistums München und Freising 18), Regensburg 2014, 85-99, hier 85-89; Joachim WILD, Zur Geschichte der Archive von Hochstift und Domkapitel Freising, in: Hubert GLASER (Hg.), Hochstift Freising. Beiträge zur Besitzgeschichte (32. Sammelblatt des Historischen Vereins Freising), München 1990, 115-128, hier 121; wieder abgedruckt: ebd. 47-83, hier 61.
4   Franz Emanuel von Törring zu Jettenbach (1756-1828), 1775 Kapitular des Freisinger Domstifts, 1787 Domcustos, 1790 Hochstiftsarchivar. Zudem kümmerte er sich um das Archiv des Domkapitels. Zur Geschichte des Kapitels legte Törring eine Reihe von Sammlungen historischer Aufzeichnungen an. Zu einer Publikation kam es nicht. – Roland GÖTZ, Das Freisinger Domkapitel in der letzten Epoche der Reichskirche (1648-1802/03). Studien und Quellen zu Verfassung, Personen und Wahlkapitulationen (Münchener Theologische Studien. I. Historische Abteilung 36), St. Ottilien 2003, 458-462; Roland GÖTZ, Die Grabdenkmäler im Freisinger Dom und die Grabsteinbücher von Fürstbischof Eckher bis zum Ende des 18. Jahrhunderts, in: Hubert GLASER (Hg.), Das Grabsteinbuch des Ignaz Alois Frey. Ein Zeugnis Freisinger Geschichtsbewußtseins nach 1803 (Beiband zum 37. Sammelblatt des Historischen Vereins Freising), Regensburg 2002, 59-70, hier 70.
5   Lic. iur. utr. Johann Baptist Braun († 1808), Freisinger Hofrat (seit 1774) und Hofkammerrat, 1792 auch Schulkommissar, zum Zeitpunkt der Säkularisation 1802 Hofrats- und Hofkammerdirektor, danach in kurbayerischen Diensten weiter Hofkammerdirektor sowie Leiter des provisorischen Stadt- und Polizeikommissariats in Freising. – Norbert KEIL, Das Ende der geistlichen Regierung in

in der äußersten Verwirrung befindlichen Hochstiftarchives sollte der Geistliche Rat Joseph Jakob Heckenstaller[6] leisten. Als Kommissäre für diese Angelegenheit berief Schroffenberg seinen Hofrat und Hofmarschall Ferdinand Wilhelm von Bugniet und den Hofrat und früheren Archivar Franz von Paula Hoheneicher.[7] Vier der fünf Beteiligten forschten bzw. publizierten zur Freisinger Geschichte.

Freising. Fürstbischof Joseph Konrad von Schroffenberg (1790-1803) und die Säkularisation des Hochstifts Freising (Studien zur altbayerischen Kirchengeschichte 8), München 1987, 172 (mit Altersangabe von 70 Jahren für das Jahr 1803) u. ö.; Sebastian GLEIXNER, Von der fürstbischöflichen Residenzstadt zum bayerischen Behördensitz. Die Eingliederung Freisings in das Kurfürstentum Bayern 1802-1804, in: Hubert GLASER (Hg.), Freising wird bairisch. Verwaltungsgeschichtliche und biographische Studien zur Wende von 1802 (37. Sammelblatt des Historischen Vereins Freising), Regensburg 2002, 13-140 (Register); AEM Matrikeln 1990 (Freising-St. Georg, Sterbebuch 1803-1832, S. 851 (mit Altersangabe 70 Jahre).

6 Joseph Jakob von Heckenstaller (1748-1832), geboren in Regensburg, 1772 dort zum Priester geweiht, 1774 Sekretär am Reichsstift Obermünster, ab 1780 Registrator, Taxator und Expeditor beim Fürstbischöflichen Konsistorium in Regensburg, 1787 Promotion zum Dr. phil., 1787 Konsistorialdirektor in Regensburg, ab 1788 Geistlicher Rat und Sekretär der Geistlichen Regierung in Freising, ab 1789 Kanoniker des Stifts St. Andreas, 1798 Direktor des Geistlichen Rats, 1814 Leiter des Freisinger Generalvikariats, 1819 Apostolischer Vikar des Bistums Freising, 1821 Dekan des neuen Metropolitankapitels München. Aus in Freising nach der Säkularisation zurückgebliebenen Resten von Archiven und Registraturen trug er die heute so genannte Heckenstaller-Sammlung im Archiv des Erzbistums München und Freising zusammen. Seine Bemühungen um die Bewahrung des Andenkens an die Freisinger Bistumsgeschichte gipfelten 1824 in der Publikation: Dissertatio historica de antiquitate et aliis quibusdam memorabilibus cathedralis ecclesiae Frisingensis unacum serie Episcoporum, Praepositorum et Decanorum Frisingensium, München 1824 [Nachdruck in: Beyträge zur Geschichte, Topographie und Statistik des Erzbisthums München und Freysing 5 (1854) 1-62]. – Georg SCHWAIGER, Joseph von Heckenstaller (1748-1832), Leiter des Bistums Freising in bedrängter Zeit, in: Georg SCHWAIGER (Hg.), Christenleben im Wandel der Zeit, I: Lebensbilder aus der Geschichte des Bistums Freising, München 1987, 377-392; Hans-Jörg NESNER, Das Metropolitankapitel zu München (seit 1821), in: Georg SCHWAIGER (Hg.), Monachium Sacrum. Festschrift zur 500-Jahr-Feier der Metropolitankirche Zu Unserer Lieben Frau in München, I [Kirchengeschichte], München 1994, 475-608, hier 506f.; RUF, Joseph Heckenstaller als Freisinger Hochstiftsarchivar (wie Anm. 3); Michael VOLPERT, Freisinger Provenienzen im Archiv des Erzbistums München und Freising, in: GÖTZ, Vom Domberg nach München (wie Anm. 3), 399-422, hier 399-401.

7 Franz von Paula Hoheneicher (1758-1844), geboren in Freising als Sohn eines Hofkammerkanzlisten, Studium der Rechte in Ingolstadt, dort 1778 Mitglied des Illuminatenordens, 1780 Freisinger Hochstiftsarchivar, 1781 Hofkammerrat, 1782 Hofrat, 1791 Landrichter und Pflegskommissar zu Werdenfels, nach der Säkularisation bis 1811 weiter Landrichter in kurbayerischen bzw. königlich-bayerischen Diensten, danach reiche publizistische Tätigkeit zur bayerischen und Freisinger Geschichte in verschiedenen Zeitschriften, ab 1827 Katalogisierung der bayerischen Handschriften der Hof- und Staatsbibliothek. Eine Reihe von Freisinger Archivalien wurden aus seinem Besitz bzw. durch seine Vermittlung für das Archiv des Erzbistums München und Freising angekauft, in das auch sein handschriftlicher Nachlass gelangte. Eine als *Chronik* bezeichnete umfangreiche Dokumenten- und Notizensammlung zur Bistumsgeschichte wurde Teil der Heckenstaller-Sammlung (AEM, H 288-309). – Friedrich KUNSTMANN, Erinnerung an Franz von Paula Hoheneicher, ehemaligen fürstbischöflich Freisingischen Hofrath, in: Jahresbericht des historischen Vereines von und für Oberbayern 7 (1845) 60-77; Johann Baptist PRECHTL, Gelehrte und Schriftsteller aus Freising, in: Johann Baptist Prechtl, Beiträge zur Geschichte der Stadt Freising. Erste Lieferung, Freising 1877 [Nachdruck Freising 1980], 65-73, hier 73 (Nr. 28); Roland GÖTZ, Historische Beschreibungen der Heckenstaller-Sammlung und des Ordinariatsarchivs in München, in: GÖTZ, Vom Domberg nach München (wie Anm. 3), 337-397, hier 340f., 346, 358-361, 370, 392f.; VOLPERT, Freisinger Provenienzen (wie Anm. 6), 402, 404.

Abb. 2: Wappen (mit einem Löwen auf dem zentralen Schrägbalken), Lebenslauf und Titulatur Bugniets in einer von ihm veranlassten und 1788 dem Freisinger Rat gewidmeten Abschrift des Freisinger Stadtrechts von 1359 (Foto: Stadtarchiv Freising)

Unter diesen Männern war Ferdinand Wilhelm von Bugniet derjenige, dem man es sogar zutraute, zusammen mit dem berühmten bayerischen Geschichtsschreiber Lorenz von Westenrieder[8] eine *Verbesserung und Fortsetzung von Meichelbeks hist[oria]. Frising[ensis]. zu Stande* zu bringen.[9] Er selbst bezeichnete sich als einen *Verehrer der Alterthümer*[10], und als sein Bestreben, *den Liebhabern der Alterthümer etwas angenehmes zu unternehmen.*[11] Sicher war Bugniet zeitlebens ein Mann der zweiten Reihe. Er brachte auch nie das eine große Werk heraus. Und er betätigte sich häufiger als Chronist seiner eigenen Zeit denn als quellenforschender Geschichtsschreiber. Doch gerade so lieferte er viele wertvolle Beiträge zu einem Bild Freisings in der letzten Phase von Bistum und Hochstift.

Eine Höflings- und Beamtenkarriere im Ancien Régime

Zur Person:[12] Ferdinand Wilhelm Freiherr von Bugniet des Croisettes wurde in Neumarkt in der Oberpfalz als Sohn des kurbayerischen Infanterie-Hauptmanns Johann Evangelist Anton Freiherr von Bugniet des Croisettes und seiner Ehefrau Maria Adelheid von Lüzelburg geboren und am 14. Dezember 1726 in der

---

8   Lorenz von Westenrieder (1748-1829), geboren in München, 1771 Priesterweihe in Freising, 1773 Studienprofessor in Landshut, 1775 am Münchener Jesuitengymnasium, 1777 Mitglied der Bayerischen Akademie der Wissenschaften (ab 1779 Sekretär der Historischen Klasse), 1779 Mitglied des kurbayerischen Bücherzensurkollegiums (1799 dessen Vorstand), 1786 kurbayerischer wirklich frequentierender Geistlicher Rat, 1799 Landschulkommissar und Lokalschulkommissar für München, 1800 Chorherr am Stift Zu Unserer Lieben Frau in München, Verlust aller staatlichen Ämter und der Kapitelstelle durch die Säkularisation, 1821 Berufung in das neuerrichtete Metropolitankapitel München, gestorben in München, bedeutender Schriftsteller, Historiker und Volkskundler. – Florian TRENNER, Lorenz von Westenrieder (1748-1829), in: SCHWAIGER, Christenleben im Wandel der Zeit I (wie Anm. 6), 352-363; NESNER, Das Metropolitankapitel zu München (wie Anm. 6), 518f.; Wilhelm HAEFS, Aufklärung in Altbayern. Leben, Werk und Wirkung Lorenz Westenrieders, Neuried 1998.
9   Klement Alois BAADER, Das gelehrte Baiern oder Lexikon aller Schriftsteller, welche Baiern im achtzehnten Iahrhunderte erzeugte oder ernährte, I, Nürnberg-Sulzbach 1804 [Nachdruck Aalen 1988], 168.
10 [Ferdinand Wilhelm von BUGNIET,] Versuch einer Reihe Hochfürstlich-Hochstift-Freysingischer Suffragan-Bischöfen und General-Vikarien. Gesammelt von einem Verehrer der Alterthümer, Freising 1799.
11 So in der Widmung einer von ihm veranlassten Abschrift des Freisinger Stadtrechts von 1359 an Bürgermeister und Räte von Freising (wie Anm. 103).
12 Zur Biographie siehe: BAADER, Das gelehrte Baiern I (wie Anm. 9), 165-169 (mit Verzeichnis der gedruckten Schriften); Durafindens Binguet, in: Frigisinga 9 (1932) Nr. 15 (5. August 1932), 1f.; KEIL, Das Ende der geistlichen Regierung (wie Anm. 5), 167, 172f., 186, 226; Manfred HEIM, Ludwig Joseph Freiherr von Welden Fürstbischof von Freising (1769-1788) (Studien zur Theologie und Geschichte 13), St. Ottilien 1994, 239f., 286; GÖTZ, Die Firm- und Kirchweihereise (wie Anm. 1), 19-29; Johannes HASLAUER, „Errichtet um allen Nachbarn Verdruss zu machen". Die Rolle der Bayerischen Akademie der Wissenschaften im politischen Streit um die Grafschaft Werdenfels (1765-1768), in: Zeitschrift für bayerische Landesgeschichte 72 (2009) 399-459, hier 439-441. – Autobiographische Notiz vom 10. Juli 1799: AEM, H 128, S. 31.

Pfarrkirche St. Johannes getauft.¹³ Der Vater – aus einem in Savoyen beheimateten, vorwiegend im Militärdienst tätigen Adelsgeschlecht¹⁴ stammend – stand zunächst im Dienst des Maffei'schen Regiments, später in dem des Generals Morawitzki.¹⁵ Über die Familie von Lüzelburg kam wohl die Verbindung zum Freisinger und Regensburger Fürstbischof Johann Theodor von Bayern¹⁶ zustande; denn es war die Baronesse Maria Franziska von Lüzelburg, die am 4. Oktober 1727 dem damals 24-Jährigen, noch nicht zum Priester oder gar zum Bischof Geweihten in München eine Tochter (Maria Karolina) gebar.¹⁷

1739 – also mit 13 Jahren – kam Ferdinand Wilhelm als Edelknabe an den fürstbischöflichen Hof von Freising. Bis 1752 war er hier Edel- und fünf Jahre lang Kammerknabe.¹⁸ In dieser Zeit besuchte er zunächst die unteren Klassen des Freisinger Lyzeums und studierte dann in Lüttich – wo Kardinal Johann Theodor seit 1744 ebenfalls Fürstbischof war – Philosophie. An der Universität Löwen absolvierte er das Studium der Rechte. Dem Kardinal bewahrte Bugniet zeitlebens ein treues Andenken als einem *Vatter, der mich von dem 14ten Jahr meines Alters als Edlknab auferzohen und bies in die lezte Stund in seinen Diensten erhalten, dann mit aufgewend viellen Kösten zu Versehung anderer Schuldigkeiten mich fähig zu machen alles sich beeüferet hat.*¹⁹

Im November 1752 ernannte Johann Theodor auf dessen *gezimmendes Belangen* hin den nunmehr knapp 26-jährigen bisherigen Kammerknaben Bugniet – in Ansehung seiner geraume Zeit hindurch geleisteten Dienste und seines *besizenden gutten Studii* – zum Freisinger Wirklichen Hof- und Kammerrat mit Sitz und Stimme und einer Jahresbesoldung von 600 Gulden, wozu später noch eine *Pferdt portion von Haaber, Heu und Stroh* kam.²⁰ Seinem *bishero zu G[nä]di[g]sten Gefallen erfahrenen Dienst-*

---

13 Pfarrarchiv St. Johannes Neumarkt i.d. Oberpfalz, Matrikel Nr. 6 (Tauf-, Trauungs- und Sterbebuch 1717-1747), S. 157 (freundliche Mitteilung von Frau Anni Lang, Neumarkt i. d. Oberpfalz). Die Taufnamen waren nach diesem Eintrag *Ferdinand Wilhelm Xaver*, Pate war Ferdinand Wilhelm Freiherr von Lüzelburg, Festungskommandant und kurbayerischer Hauptpfleger im nicht weit entfernten Hartenstein an der Pegnitz.
14 Vgl. URL: <http://www.armorialdelain.fr/bugniet.html> (aufgerufen 23. August 2015).
15 Vgl. BAADER, Das gelehrte Baiern I (wie Anm. 9) 166.
16 Johann Theodor von Bayern (1703-1763), Sohn des Kurfürsten Max Emanuel, 1721 Fürstbischof von Regensburg, 1723 zum Koadjutor des Freisinger Fürstbischofs Johann Franz Eckher postuliert, 1727 Fürstbischof von Freising, 1743 zum Kardinal erhoben, 1744 Fürstbischof von Lüttich. – Manfred WEITLAUFF, Kardinal Johann Theodor von Bayern (1703-1763) Fürstbischof von Regensburg, Freising und Lüttich. Ein Bischofsleben im Schatten der kurbayerischen Reichskirchenpolitik (Beiträge zur Geschichte des Bistums Regensburg 4), Regensburg 1970.
17 Ebd. 182 u. ö.
18 Vgl. eigenhändige Aufzeichnung von 1763: AEM, H 34, S. 403. Eine beiläufige Erwähnung des Aufenthalts als Kammerknabe bei Kardinal Johann Theodor in Spa 1751 findet sich in Bugniets Beschreibung der Kirchweihe in Allershausen (wie Anm. 109). – Zu Lebensumständen und Ausbildung der Freisinger Edelknaben in dieser Zeit siehe: BayHStA, HL 3 Fasz. 42/3.
19 AEM, V 277, fol. 24v-25r.
20 BayHStA, HL 3 Fasz. 51/29.

Eifer hatte er 1756 die Gewährung der erbetenen Zulage von täglich 1 Maß *Werthamer Wein* zu verdanken.²¹ Wiederum vier Jahre später, 1760, erteilte der Kardinal seinem Kämmerer, Hof- und Kammerrat neben einer weiteren Zulage von jährlich 200 Gulden auch die Anwartschaft auf das fürstbischöfliche Pflegamt Werdenfels in der Weise, dass ihm dieses für den Fall der Erledigung ohne weiteres bereits verliehen sein sollte.²² Bis zur Erfüllung dieser Zusage vergingen jedoch noch Jahrzehnte, die mit vielfältigen Verwaltungsarbeiten im Dienst des Hochstifts ausgefüllt waren.

Schon früh zog Johann Theodor ihn auch zu politischen Missionen heran: Für ihn reiste er ins Hauptquartier König Ludwigs XV. von Frankreich zwischen Mechelen und Löwen. Auch nach Brüssel, Spa, Koblenz und Neuwied wurde er gesandt. 1757 ging er für die Hochstifte Freising und Regensburg zur Musterung des bayerischen Kreiskontingents nach Neumarkt und Fürth.

Nach dem Tod Johann Theodors betraute das regierende Domkapitel Bugniet im April 1763 mit dem Stadtpfleggerichts-Kommissariat, das er bis zum Januar 1764 verwaltete.²³ Durch den Freisinger Fürstbischof und Trierer Kurfürsten Clemens Wenzeslaus von Sachsen²⁴ erlangte er die Würde eines kurtrierischen Kämmerers. Fürstbischof Ludwig Joseph von Welden²⁵ ernannte ihn 1771 auch zum Freisinger Wirklichen Geheimen Rat.²⁶ Schwerpunkte seiner Tätigkeit waren Kriminal-, Bau-, Straßen- und Polizeiangelegenheiten.²⁷

Ihm war das *sämmtliche Malefizwesen*²⁸ übertragen, was auch einschloss, dass von ihm *processierte* Verbrecher *mit dem Schwerd hingerichtet* wurden.²⁹ Unter seiner *Direktion* wurden in den Jahren 1760-1775 alle Post- und Landstraßen des Hochstifts herge-

---

21 BayHStA, HL 3 Fasz. 51/7.
22 BayHStA, HL 3 Fasz. 432/57.
23 BayHStA, HL 3 Fasz. 212/10.
24 Clemens Wenzeslaus von Sachsen (1739-1812), 1763-1768 Fürstbischof von Regensburg und Freising, 1765 Koadjutor und 1768-1812 Fürstbischof von Augsburg, 1768-1801 Erzbischof und Kurfürst von Trier. – Heribert RAAB, Clemens Wenzeslaus von Sachsen und seine Zeit (1739-1812). I: Dynastie, Kirche und Reich im 18. Jahrhundert, Freiburg-Basel-Wien 1962; Hans-Jörg NESNER, Das späte 18. Jahrhundert, in: Georg SCHWAIGER (Hg.), Das Bistum Freising in der Neuzeit (Geschichte des Erzbistums München und Freising 2), München 1989, 469-494, hier 475-477; Roland GÖTZ, Clemens Wenzeslaus von Sachsen (1739-1812), in: Manfred WEITLAUFF/Walter ANSBACHER (Hg.), Lebensbilder aus dem Bistum Augsburg. Vom Mittelalter bis in die neueste Zeit (Jahrbuch des Vereins für Augsburger Bistumsgeschichte e.V. 39), Augsburg 2005, 189-205.
25 Ludwig Joseph Freiherr von Welden zu Hochaltingen und Laupheim (1727-1788), 1745 Domherr in Freising, Studium in Rom, 1757 Freisinger Geistlicher Rat, 1762-1766 Präsident des Geistlichen Rats, 1768 Dompropst, 1769 Fürstbischof von Freising. – HEIM, Ludwig Joseph Freiherr von Welden (wie Anm. 12).
26 BayHStA, HL 3 Fasz. 17/68.
27 Vgl. Wappenbeischrift und Vorwort der von Bugniet veranlassten Abschrift des Freisinger Stadtrechts (wie Anm. 103).
28 Zur Justiz im Hochstift siehe: Reinhard HEYDENREUTHER, Strafrechtspflege in den bayerischen Besitzungen des Hochstifts Freising, in: GLASER, Hochstift Freising (wie Anm. 3), 217-228.
29 Vgl. AEM, H 41, S. 62 (Eintrag zum 7. November 1777).

stellt, darunter die, die von Augsburg durch die Grafschaft Werdenfels nach Tirol, und die, die von Tirol nach Bayern führte. Sein historisch-juristisches Gutachten über den Straßenbau zwischen Freising und Zolling[30] ist erhalten. Ein weiteres Tätigkeitsfeld Bugniets war die Verteilung der Moosgründe an die Freisinger Bürger.[31] Bei diesem von Fürstbischof Clemens Wenzeslaus angestoßenen, doch erst unter seinem Nachfolger Welden realisierten, ebenso nützlichen wie umstrittenen und schwierigen Geschäft, durch eine Parzellierung die Kultivierung des Freisinger Mooses zu fördern, *besorgte er die geometrische Aufnahme, Trocknung und Vertheilung der Gründe.*[32] Nachdem er schon 1763 Mitglied einer freisingischen Kommission zur Feststellung der Grenze zwischen der Grafschaft Werdenfels und Tirol gewesen war (und bei dieser Gelegenheit die Huldigung der Werdenfelser Untertanen gegenüber dem neuen Fürstbischof Clemens Wenzeslaus mit entgegengenommen hatte), verbrachte er 1768 mehrere Wochen bei der Grenzmarkierung im Hochgebirge.[33] Ebenfalls 1768 und nochmals 1789 inspizierte er als Kommissär sämtliche Werdenfelser Wälder.

1778 erkrankte und verstarb schließlich der Freisinger Hofkanzler Joseph von Sedlmayer. Bugniet führte deshalb als Senior unter den Hofräten zeitweise das Direktorium im Hofrat. In seinen Aufzeichnungen zur Frage der Nachfolge gibt sich Bugniet betont zurückhaltend, sagt nur, viele hätten erwartet, dass ihm nach 26 Jahren im Hofrat und angesichts seiner Kenntnis der Hochstifts-Angelegenheiten das Hofkanzler-Amt zufallen würde; er selbst habe ganz still gehalten.[34] Es kam zu einem merkwürdigen Gespräch zwischen Bugniet und dem Ratskollegen Martin Degen, der schließlich das Rennen machte. Bugniet zeigte sich im Nachhinein zufrieden damit, dass ihm als Zeichen der fürstlichen Anerkennung die freie Wohnung im bisher von Degen bewohnten Hofhaus zukam. Ob er sich wirklich nicht mehr erhofft hat?

---

30 AEM, Pfarrbeschreibung Zolling Nr. 4: *Notata die von Freysing nach Zolling gehende Strassen betr.*
31 Zu den langwierigen Auseinandersetzungen um die Verteilung und Kultivierung der Freisinger Moosänger siehe: Anton BAUMGÄRTNER, Meichelbeck's Geschichte der Stadt Freising und ihrer Bischöfe. Neu in Druck gegeben und fortgesetzt bis zur Jetztzeit, Freising 1854, 273-281, 295.
32 BAADER, Das gelehrte Baiern I (wie Anm. 9), 167; vgl. Plan von 1795 (BayHStA, Plansammlung 6199): Gerhard LEIDEL, Karten und Pläne zur Geschichte des Hochstifts Freising im Bayerischen Hauptstaatsarchiv, in: GLASER, Hochstift Freising (wie Anm. 3), 147-215, hier 182 (Nr. 72).
33 Vgl. Joseph BAADER, Chronik des Marktes Mittenwald, seiner Kirchen, Stiftungen und Umgegend, Mittenwald ²1936, 74-78; Kurt BRUNNER / Thomas HORST, Eine Karte des Zugspitzgebiets (18. Jh.) und die Wirrnisse um die Erstbesteigung, in: Cartographia Helvetica 35 (Januar 2007) 3-7, hier 4 (mit Anm. 19).
34 Eigenhändige Aufzeichnungen hierüber: *Facti species yber jenes, was sich wegen der erledigten Hofkanzlers Stelle nach dem unterm 11. Septbr. 1778 erfolgten Absterben des Hochfürst. Freysing. geheimen Raths, Hofkanzlers und Obristlehenprobstens H. Joseph von Sedlmajr bis zu dessen Ersetzung anbegeben hat.* AEM, H 41, S. 107f., vgl. HASLAUER, „Errichtet um allen Nachbarn Verdruss zu machen" (wie Anm. 12), 440.

Als 1785 der bisherige Inhaber der Pflege Werdenfels verstorben war, wandte sich Bugniet unter Bezug auf die (inzwischen 25 Jahre alte) Zusage von 1760 an Fürstbischof Welden. Er verwies darauf, dass er nun 45 Jahre in hochfürstlichen Diensten stehe und die 33 Jahre als Hof- und Kammerrat *in allen zerschiedenen Criminal- und Civil-Fällen, Hochfürst. Deputationen zu Kreiß-Musterungen an den Münchner Hof, bey Gränzmarkungen, Wasser-, und Strassen-Directionen, Mooßvertheilung, dann dessen Acker- und Culturmässig-Machung, Herstellung der öfentlichen Ruhe und Sicherheit bey tumultuarischen Auftritten so anderen Gegenständen, als worüber mich auch die von mir ausgearbeitete und vielfältig vorhandene Acten, dann auf das unpartheyische Zeigniß deren Dicasterien und übrigen auch Conferenz Protocollen beziehe, mit aller Treu u. möglichen Fleiß, ohne alle Nebenabsicht nach gnädigster Zufriedenheit meiner höchsten Landesfürsten und Herrn Herrn, dann zum Nutzen des hiesigen Hochstifts und gemeinen Wesens als ein ehrlicher Mann verwendet hab.*[35] Zudem verfüge er über gute Kenntnis der bayerischen und tirolischen Amtsstellen, der Landesgewohnheiten und von Natur und Eigenschaften der Untertanen in der Grafschaft Werdenfels.[36] Zur wirklichen Erlangung der Stelle kam es auch jetzt nicht, doch übertrug der Fürstbischof Bugniet die Oberaufsicht beim Hofbauamt.[37]

Als im Sommer 1786 *ein mehrmaliges Hochwasser die Wiesen um Freysing überschwemmt und in der Nacht von dem 31ten July auf den 1ten August ein ganzes Joch von der dortigen Isarbrücke ausgehoben und gestürzt* hatte, teilte der Freisinger Hofrat seinem Mitglied Bugniet mit, kraft der Hofbauamts-Oberaufsicht unterstehe ihm auch das Stadtbauwesen; diesbezüglich solle er angesichts der Untätigkeit des Freisinger Magistrats besonders auf den *dringenden Isar-Brücken-Bau* achten.[38] Wiederholt versah er interimistisch auch das Oberstjägermeister-Amt.[39]

Die Ernennung zum Obersthofmarschall im September 1788 begründete der neue Fürstbischof Max Prokop von Törring[40] damit, dass Bugniet *bereits das fünfzigste Dienstjahre an dem Hochfürstlichen Hochstift Freysing angetretten und sich diese lange Zeit hindurch in allen Gattungen von Geschäften mit besondern Fleis, Rechtschafenheit, tiefen Einsicht und Erfahrung ausgezeichnet* habe, und er verband damit die Erwartung, *daß derselbe das Hofraths Collegium wie zuvor als wirklich arbeitender Rath mit dem Sitz nach den Domkapitu-*

---

35 BayHStA, HL 3 Fasz. 432/57.
36 Siehe hierzu auch die 15 Punkte umfassende Aufstellung: *Werdenfelsische Arbeiten, welche in Hinsicht auf das Cardinal Theodorische Pfleg-Erhaltungs Decret dem B. Bugniet besonders übertragen wurden.* BayHStA, HL 3 Fasz. 323/107. Vgl. HASLAUER, „Errichtet um allen Nachbarn Verdruss zu machen" (wie Anm. 12), 441f.
37 BayHStA, HL 3 Fasz. 17/30.
38 GÖTZ, Firm- und Kirchweihereise (wie Anm. 1), 98; BayHStA, HL 3 Fasz. 17/30.
39 So 1788 und 1796. BayHStA, HL 3 Fasz. 108/14 und 108/17.
40 Max Prokop von Törring-Jettenbach (1739-1789), 1787 Fürstbischof von Regensburg, 1788 Fürstbischof von Freising. – NESNER, Das späte 18. Jahrhundert (wie Anm. 24), 485-488; Friedegund FREITAG, Max Prokop von Törring-Jettenbach als Fürstbischof von Regensburg (1787-1789) und Freising (1788-1789) (Beiträge zur Geschichte des Bistums Regensburg. Beiband 16), Regensburg 2006.

laren frequentiren und das Beste des Hochstifts nach Pflicht und Kräften ferners zu befördern sich bestreben werde.[41] Stolz vermerkte Bugniet, dass der Fürstbischof ihn *in Höchsteigener Person dem gesamten Hof als Hofmarschall in dem Vorzimmer der Hochfürst. Residenz zu Freising vorgestellt* hat.[42] Als Oberthofmarschall war er für das hochfürstliche Hauswesen, ebenso für weltliches Zeremoniell und Reisen verantwortlich. Ihm unterstanden nun Küche und Keller, Kammerdiener und Hauspersonal, Kutscher und Hofmusik.[43]

Am 30. Dezember 1790 endlich löste – auf erneutes Bitten – Fürstbischof Joseph Konrad von Schroffenberg[44] die 1760 von Kardinal Johann Theodor gegebene Zusage ein und ernannte Bugniet zum Hauptpfleger der Grafschaft Werdenfels.[45] Das Ernennungsdekret, das Bugniet übrigens eigenhändig konzipiert hat, würdigt seine langjährige Erfahrung und große Kenntnis und verweist auf die dem Fürstbischof *von Zeit Höchstdero hiesig angetrettenen Regierung ununterbrochen geleistete angenehme Dienste*. Mit der Ernennung waren Titel und Rang eines Hauptpflegers dieses bedeutenden Hochstiftsterritoriums[46] sowie eine jährliche Besoldung von 600 Gulden verbunden; Bugniet hatte das Werdenfelser Land jedoch nur *von Zeit zu Zeit* – je nach Gutbefinden des Fürstbischofs – persönlich zu besuchen, die laufende Verwaltungsarbeit erledigte als Pflegskommissar Franz von Paula Hoheneicher. Damit hatte Bugniet im Alter von 64 Jahren den Gipfel seiner jahrzehntelangen Laufbahn im Dienst der weltlichen Verwaltung des Hochstifts Freising erreicht. Fürstbischof Schroffenberg berief ihn auch in das neu eingerichtete zentrale Regierungsgremium, die Hofkonferenz.[47]

Allerdings: Dieser letzte Aufstieg fiel in eine wenig angenehme Zeit, überschattet von einer katastrophalen Finanzlage des Hochstifts und geprägt von Unruhen im Vorfeld und im Gefolge des Französischen Revolution. Schon am 8. November

---

41 BayHStA, HL 3 Fasz. 16/9.
42 AEM, H 128, S. 31.
43 Einen Überblick über die insgesamt 63 beim Freisinger Hofmarschallamt zur Zeit der Säkularisation beschäftigten Personen und ihre Aufgaben gibt die Pensionsliste von 1803: KEIL, Das Ende der geistlichen Regierung (wie Anm. 5), 226-228.
44 Joseph Konrad Freiherr von Schroffenberg (1743-1803), 1780 Fürstpropst von Berchtesgaden, 1790 Fürstbischof von Freising und Regensburg. – KEIL, Das Ende der geistlichen Regierung (wie Anm. 5), 73-137.
45 BayHStA, HL 3 Fasz. 131/12; AEM, Realia 2126. – In seiner autobiographischen Notiz von 1799 (AEM, H 128, S. 31) spricht Bugniet von der *ihm so oft unterschlagen wordenen Hauptpflege der unmittelbaren Hochstift Freysingischen Reichsherrschaft Werdenfels*.
46 Vgl. Dieter ALBRECHT, Grafschaft Werdenfels (Hochstift Freising) (Historischer Atlas von Bayern. Teil Altbayern 9), München 1955; Josef OSTLER/Michael HENKER/Susanne BÄUMLER (Hg.), Grafschaft Werdenfels 1294-1802. Katalogbuch zur Ausstellung vom 30.7.-4.9.1994 im Kurhaus Garmisch (Mohr-Löwe-Raute. Beiträge zur Geschichte des Landkreises Garmisch-Partenkirchen 2), Garmisch-Partenkirchen 1994.
47 BAADER, Das gelehrte Baiern I (wie Anm. 9), 167. Zur Hofkonferenz: KEIL, Das Ende der geistlichen Regierung (wie Anm. 5), 37f.

1788 hatte Fürstbischof Törring von Donaustauf aus seine Geheimen Räte Bugniet und Ruprecht Ehrne damit beauftragt, gegen heimliche und verdächtige Zusammenkünfte vorzugehen.[48] 1795 schritt Bugniet als einer von zwei von Fürstbischof Schroffenberg bestellten Kommissare in der Grafschaft Werdenfels mit aller Schärfe gegen *eine Gesellschaft von ohngefehr 16 ungehorsamen, ausschweifenden Personen, die sich durch Drohungen, Raufereyen, und gefährliche Schlaghändel dem ganzen Ort [Garmisch] furchtbar machte, und ofentlich die französische Freyheit und Gleichheit anrühmte* und angeblich sogar Bugniets Ermordung geplant hatte, ein.[49] Bei der Festnahme eines verdächtigten Bediensteten der Hochstiftsverwaltung soll er *mit Pistolen behangen* aufgetreten sein. Letztlich aber konnte man den Beschuldigten trotz harter Untersuchungshaft und langer Verhöre nichts nachweisen. Seinen Fürstbischof Schroffenberg wie auch die kurpfalzbayerische Regierung unterstützte Bugniet im Vorgehen gegen die Illuminaten.[50]

Auch im *ehedem berühmten* fürstbischöflichen Lyzeum zu Freising, seiner alten Schule, deren *Wolfart* Bugniet *stets am Herzen* lag[51], herrschten nach seiner Ansicht seit dem Wechsel des Regens[52] unhaltbare Zustände, vor allem beim Lehrpersonal und dies in wissenschaftlicher wie in moralischer Hinsicht. So sah er sich 1794 veranlasst, *die gegenwärtige traurige Lage [...] dem H[errn] Präses, als welcher nur durch Falschheit und Lügen bisher hintergangen worden, mit ächten und lebendigen Farben zu schildern.*[53]

Als es galt, den Reichskrieg gegen das revolutionäre Frankreich vorzubereiten, vertrat Bugniet im Februar 1793 Schroffenbergs drei Stifte (Freising, Regensburg und Berchtesgaden) auf dem Kreistag des bayerischen Kreises in Wasserburg und war hier auch Bevollmächtigter des Hochstifts Passau.

---

48 BayHStA, HL 3 Fasz. 323/123; vgl. BayHStA, HL 3 Fasz. 184/6: Akteneinsendung durch Bugniet betreffend Illuminaten etc., 1788. Vgl. FREITAG, Max Prokop von Törring-Jettenbach (wie Anm. 40), 156.
49 OSTLER/HENKER/BÄUMLER, Grafschaft Werdenfels (wie Anm. 46) 151-154; AEM, H 44, S. 595-608. – Möglicherweise verdankte Bugniet diesen Ereignissen die von BAADER, Chronik des Marktes Mittenwald (wie Anm. 33), zitierte Bezeichnung *der rabiate Eisenfresser.*
50 Vgl. Michael SCHAICH, Staat und Öffentlichkeit im Kurfürstentum Bayern der Spätaufklärung (Schriftenreihe zur bayerischen Landesgeschichte 136), München 2001, 331, 378.
51 Vgl. zur Verbindung mit dem Lyzeum das im Jahr 1754 Bugniet als dem Präfekten der Marianischen Studentenkongregation gewidmete Schuldrama *Emericus Virgineae Matris Amator eximius.* AEM, H 131, S. 659-673.
52 Auf den verstorbenen Regens P. Ulrich Riesch OSB (Benediktbeuern) folgte 1794 P. Innozenz Förtsch OSB aus Weihenstephan. Vgl. [Martin von DEUTINGER,] Zur Geschichte des Schulwesens in der Stadt Freysing, in: Beyträge zur Geschichte, Topographie und Statistik des Erzbisthums München und Freysing 5 (1854) 209-598, hier 470.
53 Eigenhändiges Manuskript: AEM, H 131, S. 655-658. Vgl. Georg SCHWAIGER, Die altbayerischen Bistümer Freising, Passau und Regensburg zwischen Säkularisation und Konkordat (1803-1817) (Münchener Theologische Studien. I. Historische Abteilung 13), München 1959, 300.

Und als schließlich im September 1796 die Stadt Freising acht Tage lang Besetzung und Plünderung durch die französischen Truppen erleiden musste, kam auch der Hofmarschall nicht unbeschadet davon. Er wurde – so zeichnete es der Kanonikus von St. Andrä Dr. Georg Anton Weizenbeck auf – *total geplündert*.[54]

Soweit eine Höflings- und Beamtenkarriere im Ancien Régime. Jedoch: Das Verwaltungsmäßig-Juristische, Politisch-Kriminalistische war nur eine Seite von Bugniets Tätigkeit und wäre für sich wohl kaum hinreichend, heute an ihn zu erinnern.

„Verehrer der Alterthümer"

Der Freisinger Stiftskanoniker Klemens Alois Baader[55] schreibt aufgrund persönlicher Kenntnis in seinem Schriftsteller-Lexikon *Das gelehrte Baiern* über Bugniet: *In seinen geschäftsfreyen Stunden widmete er sich dem Studium der Geschichte und Diplomatik, und sammelte, ungeachtet aller – mir aus eigner Erfahrung bekannten – Schwierigkeiten, die sich besonders in Freysing wegen Mangel des freyen Zutritts in die Dombibliothek, der Benützung der Archive, und des literarischen Umgangs, dem literarischen Forscher entgegensetzten, ungemein brauchbare Materialien zur Freysingischen und überhaupt zur baierischen Geschichte, zur Topographie des Landes u.s.w. Es wäre zu wünschen, daß die wichtigsten seiner Manuskripte zur Vollkommenheit gebracht würden, im Drucke erschienen, und daß auch die von ihm schon 1775, in Gesellschaft mit dem würdigen Herrn geistlichen Rath [Lorenz von] Westenrieder zu München, vorgehabte Verbesserung und Fortsetzung von Meichelbeks hist[oria]. Frising[ensis]. zu Stande käme.*[56]

Letztere kam nicht zustande. Gleichwohl: Bugniets historiographische Tätigkeit konzentrierte sich auf die Geschichte des Bistums und Hochstifts Freising, insbesondere auf Stadt-Freisinger Ereignisse sowie Handlungen und Reisen der Fürstbischöfe seiner eigenen Zeit. Zu seinen Absichten äußerte er sich 1799 in der Widmung seiner Abhandlung über die Freisinger Weihbischöfe an Fürstbischof Schroffenberg: *Aus besonderm Hang zum historischen Fach schenkte ich ausser den mir*

---

54 AEM, H 44, S. 525-528, hier 527.
55 Dr. phil. Lic. theol. Klemens Alois Baader (1762-1838), geboren in München, Studium und Promotion an der Universität Ingolstadt, 1785 Priesterweihe in Freising, 1786 Ratsakzessist des Augsburger Ordinariats, 1786 Assessor beim Salzburger Konsistorium, 1787 Kanoniker des Stifts St. Andreas in Freising und Freisinger wirklich frequentierender Geistlicher Rat, 1797 Mitglied der Bayerischen Akademie der Wissenschaften, 1799 Mitglied der kurmainzischen Akademie nützlicher Wissenschaften in Erfurt, nach der Säkularisation vergebliches Bemühen um Laisierung, 1803 Oberschul- und Studienkommissar für Stadt und Regierungsbezirk München, 1805 Landesdirektionsrat in Ulm, Kreisschulrat im Oberdonaukreis (1808), in Salzburg (1811), Burghausen (1816) und München (1817), 1822 pensioniert. – KEIL, Das Ende der geistlichen Regierung (wie Anm. 5), 305f.
56 BAADER, Das gelehrte Baiern I (wie Anm. 9), 167f.

obliegenden Amtspflichten meine übrige Nebenstunden bisher dem ehrwürdigen Alterthum, und sammelte aus dem verworrnen Schutte desselben, so viel möglich war, eine Reihe der Hochstift Freysingischen Suffraganen oder Weihbischöfen, theils um derselben Andenken vor dem Moder der Vergessenheit zu retten, theils um hiedurch über die Geschichte dieses hochfürstlichen Hochstiftes ein nicht ganz unbedeutendes Licht zu verbreiten.[57]

Gedruckte Werke

Die gedruckten Werke Bugniets sind in der Mehrzahl ausführliche und detaillierte Festbeschreibungen. Vom Tod seines Mentors Kardinal Johann Theodor 1763 an fiel ihm in Freising die Aufgabe zu, denkwürdige Begebenheiten „umständlich" – d. h. mit allen Einzelheiten – festzuhalten und der Mit- und Nachwelt zu überliefern. Dies traf sich mit Bugniets offenkundigem Interesse für die Geschichte und für das Zeremoniell; letzteres wurde mit seiner Ernennung zum Hofmarschall ja auch eine seiner dienstlichen Aufgaben.

Die Reihe beginnt mit der *Beschreibung wie die vor Weyl. dem Hochwürdigst-Durchlauchtigsten Fürsten, und Herrn Herrn Joanne Theodoro [...] in dem hohen Dom-Stift der Hochfürstl. Residenz-Stadt Freysing von einem Hochwürdig- dermal regierenden Dom-Capitul anbefohlene Exequien gehalten worden den 16. 17. 18. und 19ten Februarii Anno 1763*, gedruckt im selben Jahr in der Freisinger Offizin von Philipp Ludwig Böck.[58]

Die Fortsetzung bildet die drei Jahre danach in Freising mit größter Feierlichkeit vollzogene Bischofsweihe des kurfürstlich-sächsischen und königlich-polnischen Prinzen Clemens Wenzeslaus: *Beschreibung Derer Bey vorgewest- unterm 10.ten August des Ein Tausend Siebenhundert Sechs- und Sechzigsten Jahrs Vollzogenen Consecration Des Hochwürdigst- Durchlauchtigsten Fürsten Und Herrn Herrn Clementis Wenceslai [...] Vorgegangenen Feyrlichkeiten. Verfaßt Von einem in tieffester Ehrforcht treu gehorsamsten Diener.*[59] In der Vorrede bekundete Bugniet seine Absicht, *eine ordentliche Verfassung von allen derer zu machen, was bey einer so seltenen als höchst-ansehnlichen Feyrlichkeit vorgegangen*, und dies in der *richtigen Ordnung*. Dieser Bericht wird ergänzt durch die *Sammlungen Deren in der Hochfürstl. immediaten Freyen Reichs-Stadt Freysing Vorgewesten Beleuchtung und Inschriften / Den 10.ten August 1766 Als den Tag der Consecration Ihro Königl. Hoheit / Dem Publico*

---

57 BUGNIET, Versuch (wie Anm. 10), 5.
58 Manuskript mit eigenhändigen Ergänzungen: AEM, H 34, S. 395-403. – In den Anfangsbuchstaben der lateinischen Schlussworte gibt sich der sonst nicht genannte Autor zu erkennen: *Beatae vitae gaudia Numen impertiatur Eminentissimo THEODORO*. – Druck: Freising (Philipp Ludwig Böck) (1763); vgl. Ernst Wilhelm SALTZWEDEL/Sigmund BENKER, Geschichte des Buchdrucks in Freising, Freising 1952, 129 Nr. 268; Exemplare: BMK, DBF, BSB.
59 Eigenhändiges Manuskript: AEM, H 35, S. 275-300. – Druck: Freising (Philipp Ludwig Böck) [1766]; vgl. SALTZWEDEL/BENKER, Geschichte des Buchdrucks (wie Anm. 58), 130 Nr. 286; Exemplare: BMK, DBF, BSB.

dargegeben durch den Verfasser der vorgehenden Beschreibung.[60] Gut zwei Jahre darauf wurde in Freising erneut gefeiert, und so erschien die *Kurz gefaßte Beschreibung der in der hochfürstlichen / bischöflichen Residenzstadt Freysing gehaltenen neuntägigen Heiligsprechungs-Feyrlichkeit des heiligen Johannes Cantius Oder Johannes von Kent in dem Königreich Pohlen Weltpriesters / der heil. Schrift Doctors und öffentlichen Lehrers auf der hohen Schule zu Krackau vom 7ten bis zum 15ten Jenner im Jahre 1769.*[61] Dann war die kurze Regierung des Prinzen Clemens Wenzeslaus zu Ende.

Mit dem neuen Fürstbischof kam die nächste Festbeschreibung, mit dem schönen Titel: *Die mehrmalen Frolockende Stadt Feysing bey der den 10.ten Septembris des ein tausend, sieben hundert neun und sechzigsten Jahrs vorgewesten Bischöflichen Einweihung des Hochwürdigsten Fürsten, und Herrn Herrn Ludwig Joseph [...] Da Höchst Se. Hochfürstliche Gnaden in der hohen Domkirche alhier zu allgemeinen Trost Dero untergebenen / und zum Vergnügen Dero anvertrauten Schäflein das Christcatholische Freysingische Oberhirtenamt auf sich zu laden übernommen. Zusamm getragen von einem in tiefester Ehrforcht unterthänig gehorsamsten Diener.*[62] Derselbe unterthänig gehorsamste Diener gratulierte 1771 dem Fürstbischof zum Wahltag mit einem lateinischen Gedicht, in dem er seine bei der Moosverteilung durchgestandenen Mühen schildert und auch die Freisinger Moosfrösche zu Wort kommen lässt.[63] Als knapp 50 Jahre nach der Jahrtausendfeier des hl. Korbinian Fürstbischof Welden 1772 den hl. Maximilian vom Pongau als angeblich allerersten Freisinger Glaubensboten vor 1.500 Jahren feiern ließ, lieferte Bugniet den *Kurze[n] Entwurf Aller der Feyerlichkeiten, Welche Bey Gelegenheit Des Zu Ehren Eines Heiligen Blutzeuges [!], und Bischofes Maximilian Als ersten hiesigen Glaubensverkündiger Gehaltenen fünfzehnten Jahrhundertes Die drey Ostertage hindurch In Freysing Angestellet wurden, Allen Verehrern dieses grossen Heiligen Zu Liebe Im Drucke vorgeleget.*[64]

---

60 Eigenhändiges Manuskript: AEM, H 35, S. 300-328; Druck: Freising (Philipp Ludwig Böck) 1766; Exemplare: BMK, DBF, BSB. Vgl. SALTZWEDEL/BENKER; Geschichte des Buchdrucks (wie Anm. 58), 130 Nr. 286. – Bugniet gibt sich in der Druckausgabe als Verfasser zu erkennen durch einen am Schluss des Werkes an den Leser gerichteten Zweizeiler, bei dem die großgedruckten Anfangsbuchstaben den Namen *Baro de Bugniet* ergeben: *Belle Author Rogat: Omnia Dele Errata, Benignum, / Undique Gratantem Neminem Is Esse Tenet.*

61 Vgl. HEIM, Ludwig Joseph Freiherr von Welden (wie Anm. 12), 240 Anm. 10. – Druck: Freising (Johann Karl Gran) [1769]; vgl. SALTZWEDEL/BENKER, Geschichte des Buchdrucks (wie Anm. 58), 132 Nr. 315; Exemplare: BMK, DBF, BSB.

62 Druck: Freising (Johann Karl Gran) [1769]; vgl. SALTZWEDEL/BENKER, Geschichte des Buchdrucks (wie Anm. 58), 132 Nr. 317; Exemplare: BMK, BSB.

63 *Vota Reverendissimo ac Celsissimo Sac. Rom. Imp. Principi ac Domino Domino Ludovico Josepho Episcopo Frisingensi ad annuam electionis diem facta ab humilimo servo F. W. B. B. D. C., cum post longam et gravem infirmitatem juridicam aliquam deductionem ad manus eadem die extraderet,* Freising [1771]. – Nicht verzeichnet bei SALTZWEDEL/BENKER, Geschichte des Buchdrucks (wie Anm. 58); Exemplare: BMK, BSB.

64 Eigenhändiges Manuskript: AEM, H 76, S. 581-592. – Druck: Freising (Sebastian Mößmer) 1772; vgl. SALTZWEDEL/BENKER, Geschichte des Buchdrucks (wie Anm. 58), 134 Nr. 337; Exemplare: DBF, BSB.

Etwas aus der Reihe dieser historiographischen Werke fällt die von Bugniet besorgte deutsche Übersetzung einer frommen Schrift des Obermarchtaler Prämonstratensers Sebastian Sailer *Marianischer Kempensis, oder einziges Büchlein von der Nachfolge Mariae, aus dem Lateinischen des Herrn Sebastian Sailer übersezt*.[65] Der Übersetzer bezeichnet sich in der Regensburger Ausgabe von 1765 als einen *unwürdigen Marianischen Sodale[n]*.

Das bis heute bekannteste und bis vor einigen Jahren immer noch benutzte, weil nicht vollständig ersetzte[66] historische Werk ist der eingangs schon zitierte *Versuch einer Reihe Hochfürstlich-Hochstift-Freysingischer Suffragan-Bischöfen und General-Vikarien. Gesammelt von einem Verehrer der Alterthümer*, erschienen 1799.[67] Der damals 72-jährige Autor beginnt seine Widmung an Fürstbischof Schroffenberg mit einer Anspielung auf sein Alter: *Nicht selten bringen auch die alten Bäume noch einige Früchte hervor [...]*. Es sollte sein letztes gedrucktes Werk bleiben.

Ungedruckte Werke

Neben diesen im Druck veröffentlichten Werken nennt Baader an ungedruckten Manuskripten Bugniets *kritische Verzeichnisse der Pröbste, Dechanten u.d.gl. von verschiedenen Kollegiatstiftern; Sammlung von Grabschriften zu Isen und an andern Orten, mit kritischen*

---

65 Nach BAADER, Das gelehrte Baiern I (wie Anm. 9), 168, war Bugniet der Übersetzer; vgl. auch Bugniets Brief an Heckenstaller von 1799 (wie Anm. 117). Drucke: Freising (Sebastian Mößmer) und Regensburg (Johann Michael Englerth) 1765, Freising (Sebastian Mößmer) ²1775; vgl. SALTZWEDEL/BENKER, Geschichte des Buchdrucks (wie Anm. 58), 130 Nr. 282, 135 Nr. 360; Exemplar: DBF (Regensburg 1765). – Vgl. Hans Albrecht OEHLER, Sebastian Sailer 1714-1777. Chorherr, Dorfpfarrer Dichter (Marbacher Magazin 76), Marbach 1996, 29, 53. – Im Jahr 1775 erschien in Freising auch eine deutsche Übersetzung der 1669 erstmals erschienenen *Pensées chrétiennes pour tous les jours du mois* des französischen Jesuiten Dominique Bouhours (1628-1702), die nach einem handschriftlichen Eintrag im einzigen nachweisbaren Exemplar (Bibliothek des Historischen Vereins von Oberbayern im Stadtarchiv München) von Bugniet stammt: Dominicus BOUHURß [!], Christliche Gedanken Auf alle Tage des Monats. Aus dem Lateinischen, Freising (Sebastian Mößmer) 1775. Vgl. SALTZWEDEL/BENKER, Geschichte des Buchdrucks (wie Anm. 58), 135 Nr. 361.

66 Inzwischen liegen Biogramme der Freisinger Weihbischöfe und Generalvikare in mehreren von Erwin GATZ herausgegebenen Lexikon-Bänden vor: Die Bischöfe des Heiligen Römischen Reiches 1198 bis 1448. Ein biographisches Lexikon, Berlin 2001; Die Bischöfe des Heiligen Römischen Reiches 1448 bis 1648. Ein biographisches Lexikon, Berlin 1996; Die Bischöfe des Heiligen Römischen Reiches 1648 bis 1803. Ein biographisches Lexikon, Berlin 1990; Die Bischöfe der deutschsprachigen Länder 1785/1803 bis 1945. Ein biographisches Lexikon, Berlin 1983.

67 Eigenhändiges Manuskript: AEM, H 59, S. 9-56; im selben Band weitere Textentwürfe und Materialien. – Druck: Freising (Joseph Mozler) 1799; vgl. SALTZWEDEL/BENKER, Geschichte des Buchdrucks (wie Anm. 58), 141 Nr. 451; Exemplare: BMK, DBF, BSB. – Der namentlich nicht genannte Autor ergibt sich aus den Anfangsbuchstaben des am Ende des Darstellungsteils (S. 48 der Druckausgabe) stehenden lateinischen Wunsches: *Benigne ut gesta nostra inspiciantur et tolerentur*.

Anmerkungen[68]; *Beyträge zur statistisch-topographisch- und historischen Beschreibung der Grafschaften Werdenfels, Ismaning u.s.w.*

Ein umfassendes Werkverzeichnis kann auch im Rahmen dieses Beitrags nicht geboten werden. Doch wurden die Bände der Heckenstaller-Sammlung im Archiv des Erzbistums München und Freising, nicht aber die umfangreichen Bestände des ehemaligen Hochstifts-Archivs im bayerischen Hauptstaatsarchiv, kursorisch auf die unverkennbare Handschrift Bugniets durchgesehen. Dabei ging es nur um im engeren Sinne historiographische Werke, nicht dienstliche Gutachten und Schriftsätze oder reine Notizensammlungen. Auf dieser Grundlage beruht der folgende Überblick ohne Anspruch auf Vollständigkeit.

Auch hier beginnt die Reihe wieder mit dem Tod Kardinal Johann Theodors, nämlich mit Aufzeichnungen über Ableben und Exequien des Fürstbischofs, 1763.[69] Gut 20 Jahre später verfasste Bugniet über ihn eine knappe Lebensbeschreibung.[70] Wahrscheinlich stammen auch die biographischen Beischriften unter den Bischofsporträts im Fürstengang von Kardinal Johann Theodor an aus seiner Feder.[71] Eine knappe Bischofschronik hat er jedenfalls verfasst.[72]

Ein bisher noch nicht gehobener Schatz sind Bugniets *Aufrichtige Bemerkungen*, eine Art Hoftagebuch, von dem Fragmente aus den Jahren 1768-1788 – also hauptsächlich aus der Regierungszeit Fürstbischof Weldens – erhalten sind.[73] Hier geht Bugniet weit über die bisher kennengelernte Verewigung herausragender Einzel-

---

68   Z.B. *Inscriptiones monumentis et lapidibus sepulchralibus in et extra Ecclesiam Cathedralem Frisingensem incisae.* Eigenhändiges Manuskript: AEM, H 76, S. 303-340. – Auch bei seinem Aufenthalt in Berchtesgaden 1791 sammelte Bugniet Grabinschriften; siehe Franz Anton SPECHT, Fürstbischof Joseph Konrad in Berchtesgaden 1791, in: Beyträge zur Geschichte, Topographie und Statistik des Erzbistums München und Freysing 8 (1903) 363-401, hier 397-400.

69   Z.T. eigenhändiges Manuskript: AEM, H 34, S. 377-403. Vgl. auch die gedruckte Beschreibung der Exequien (Anm. 58).

70   *Compendiosa vitae narratio Ser^{mi} ac Emin^{mi} D. D. Joannis Theodori e Ducibus Bavariae, S. R. E. Cardinalis, Episcopi Frisingensis Ratisbonensis et Leodiensis, S. R. I. Principis, Praepositi Oettingani etc. etc.*, 1786. Eigenhändiges Manuskript: AEM, H 55, S. 59-92; zur Veranlassung des Werkes siehe ebd. S. 3 und 59.

71   [Martin von DEUTINGER,] Kataloge der Bischöfe von Freysing, in: Beyträge zur Geschichte, Topographie und Statistik des Erzbistums München und Freysing 1 (1850) 1-209, hier 96-102; GÖTZ, Die Firm- und Kirchweihereise (wie Anm. 1), 45 Anm. 113. – Eigenhändige Niederschriften der Biogramme zu Ludwig Joseph von Welden und Max Prokop von Törring: AEM, H 200, S. 124 und 126f. – Einer bis einschließlich Clemens Wenzeslaus von Sachsen reichenden Abschrift der Texte, die Bugniet 1782 dem Prior von Benediktbeuern übersandte (Stadtarchiv München, Historischer Verein von Oberbayern, Manuskripte 26), sind eigenhändige Nachträge zu Kardinal Johann Theodor von Bayern, Clemens Wenzeslaus von Sachsen und Ludwig Joseph von Welden beigefügt (fol. 34^r-35^v).

72   *Dni. Di. Reverendissimi Episcopi Frisingenses.* Eigenhändiges Manuskript: AEM, H 8 a, S. 33-58.

73   Es handelt sich dabei um tagebuchähnliche Aufzeichnungen zur Regierungszeit Fürstbischof Weldens. Eigenhändige Manuskripte sind für folgende Jahre (z. T. unvollständig) erhalten: 1768 (AEM, H 40, S. 87f.), 1776 (AEM, H 41, S. 43-49), 1777 (AEM, H 41, S. 55-63), 1778 (AEM, H 41, S. 97-106), 1780 (AEM, H 41, S. 137-140), 1782 (AEM, H 41, S. 241-246), 1786 (AEM, H 41, S. 423-428), 1/87 (AEM, H 41, S. 445f.), 1788 (AEM, H 41, S. 455f.); dazu undatierte Fragmente in AEM, H 35, S. 51-58.

ereignisse hinaus. Er hielt vielmehr alle ihm irgendwie bemerkenswert erscheinenden Freisinger Hofereignisse fest – ob hohe Besuche, höfische Vergnügungen oder auch Gesundheitsprobleme des Fürstbischofs. So erfährt man, dass Welden 1786 am 23. März *wegen sehr übel geschwollenen Fuß* nicht zum Kastulus-Fest nach Moosburg reisen konnte und zu Weihnachten am *rechten Fuß mit sehr grosser brandartiger Entzindung bis über das Knie befallen* wurde, so dass er *in der Heiligen Nacht nichts vornehmen sondern nur das Hochamt um 9 Uhr an dem Hei. Tag ganz kurz halten* konnte.[74] Aus demselben Jahr gibt es auch noch etwas Hofklatsch: Zwei junge adelige Domherren (Dr. Franz Joseph von Stengel[75] und Karl Graf von Herberstein[76]), die als so genannte Domizellare erst die Anwartschaft auf ein vollberechtigtes Kanonikat besaßen, ließen sich die damals neu eingeführten Domizellar-Abzeichen auf eine besonders galante Art anlegen: *Sie brachten ihre Domicellarzeichen mit sich nach Hofe, wo abends Musike ware, übergaben selbe der Freyfrau von Freyberg*[77], *einer gebohrnen von Wengenheim, Oberstkuchenmeisterin [!], lutherischer Religion, und batten sie mit ihren Domicellarzeichen zu bezieren, welches auch würklich geschahe, da die belobte Freyfrau denen beeden Domicellarn mehrgedachte Zeichen in die Rok Knopflöcher mit einem rothen Band einflochte. Ein demüthiger Kus der schönen weiblichen Hand ware vermuthlich das Zeichen der ehrwürdigen Handlung. Was hierüber ich mir gedenkt hab und jeder noch denken will, das stelle ich allen frey. Mit dem Anhang noch, das S*^{r} *Hochfürst. Gdn. diesen Vorgang erst nach langer Zeit, aber nicht mit Zufriedenheit, vernohmen haben, massen Höchstihro noch ante actum hunc solemnem in dero Cabinet zurük waren.*[78] Der Fürstbischof hatte – so merkt Bugniet noch eigens an – nicht lange zuvor den beiden Stiftsdechanten von St. Andreas und St. Veit ihre Insignien persönlich und mit besonderer Feierlichkeit umgehängt. Auch kleinere fürstbischöfliche Reisen (etwa zu den Sommerschlössern im Freisinger Umland) sind in den *Aufrichtigen Bemerkungen* erwähnt.

---

74 AEM, H 41, S. 426f.
75 Dr.iur.utr. Franz Joseph von Stengel (1753-1822), 1770 auf Empfehlung von Fürstbischof Welden durch päpstliche Ernennung Domherr in Freising, 1773 Promotion in Heidelberg, 1781 Freisinger Geistlicher Rat, auch kurbayerischer Geistlicher und Geheimer Rat, 1788 Domkapitular, 1789 Koadjutor des Dompropstes, 1790 *canonicus a latere* des Fürstbischofs Schroffenberg, 1793 Priesterweihe, nach der Säkularisation Verhandlungsführer des Freisinger Domkapitels in Sachen Pensionsregelung, königlich-bayerischer Kommissar in den Verhandlungen zur Umsetzung des Konkordats von 1817, 1821 erster Propst des Metropolitankapitels München. GÖTZ, Das Freisinger Domkapitel (wie Anm. 4), 475-478.
76 Karl Joseph Graf von Herberstein (1763-1837), 1781 päpstliche Verleihung der von seinem Bruder Joseph Stanislaus resignierten Freisinger Domherrnstelle, 1781 auch Domherr in Osnabrück, 1786 Weihe zum Subdiakon und Freisinger Geistlicher Rat, 1793 Domkapitular in Freising, 1797 Hof- und Hofkammerrat, 1802 Freisinger Hofkonferenzrat und Domherr in Salzburg. Ebd. 496f.
77 Gemahlin des fürstbischöflichen Oberstküchenmeisters und Geheimen Rats Johann Baptist Willibald von Freyberg und Eisenberg. Vgl. Hochfürstlich-freysingischer Hof- und Kirchenkalender auf das Jahr […] D.DCC.LXXXVI. [!], Freising [1785], 21; HEIM, Ludwig Joseph von Welden (wie Anm. 12), 331.
78 AEM, H 41, S. 427f.

Eigenständige und überaus reizvolle Werke sind dagegen die von Bugniet verfassten Beschreibungen dreier großer Reisen, an denen er jeweils im Gefolge des Fürstbischofs teilnahm. Sie bieten farbige, kirchen- und kulturgeschichtlich gleichermaßen interessante Bilder einer versunkenen Epoche, des untergegangenen Fürstbistums Freising.

Die erste ist die *Reis Beschreibung, welche von Freysingen an, bies nacher Achen, und Spaa als denen berühmten zwey Gesundheits Bädern aufgezeichnet worden von 17ten Julii, bies 21. Sept. Anno 1771*.[79] Die Stationen der Reise, die Fürstbischof Welden zwar inkognito, doch mit standesgemäßem Gefolge unternahm, und der Aufenthalt in den noblen Badeorten gaben zahlreiche Gelegenheiten zu Begegnungen mit hochgestellten Personen. In Lüttich traf Bugniet auch *seer vielle gute Bekante* aus seiner Studienzeit an und besuchte das Grab Johann Theodors: *Da ich nun von diessen mir ehevor so angenehmen Lüttig und der hohen Domkirche eine kurze Erwehnung gemacht habe, so kann [ich] doch nicht mit undankbarem höchststräflichen Stillschweigen jene zärtlichste und zeitlebens nicht vergessliche Triebe und Wehemuthsseufzer umgehen, welche ich in Betrettung deren Steinen, worunter die durchleuchtigste Aschen meines gewest gnädigsten Fürsten, Vatters und Herrn begraben seynd.*[80]

Von besonderem Reiz ist das *Diarium Welches bey der von Ihro Hochfürst. Gnaden Ludwig Joseph, des hei. Röm. Reichs Fürsten als Bischofe zu Freysing nach Kloster Weyarn, Miespach, Fischbachau und in die hintere oder sogenannte Margarethen Zelle wegen Einweihung einiger Kirchen und Kapellen, dann Ertheilung des hei. Sacraments der Firmung, auch schließlich nach Kloster Tegernsee unternommen sehr beschwerlichen Reise geführt ist worden vom 28ten Julii bis 12ten August 1786*.[81] Das liegt u. a. daran, dass hier auch die pastorale Tätigkeit eines Fürstbischofs zum Gegenstand der Darstellung wurde. Große Pastoralreisen hat Fürstbischof Welden ja nur selten unternommen. Von einer regelmäßigen Firmtätigkeit außerhalb der Bischofsstadt kann – sehr im Unterschied zu Fürstbischof Eckher[82], auf den Welden sich in anderen Zusammenhängen gerne bezog – nicht die Rede sein; oft waren es „Gelegenheitsfirmungen". Auch die Reise ins Oberland 1786 war durch eine Kapellenweihe in Weyarn veranlasst, woran sich dann weitere Termine anschlossen.[83] Bugniet nahm daran als ranghöchster weltli-

---

79 AEM, V 277. Edition: HEIM, Ludwig Joseph Freiherr von Welden (wie Anm. 12), 239-316.
80 HEIM, Ludwig Joseph Freiherr von Welden (wie Anm. 12), 286.
81 Bugniets Autorschaft ist durch die eigenhändigen Unterschriften in zwei Handschriften (AEM, H 41, S. 417; Klosterarchiv Scheyern Aa 2,21, S. 84 und 94) gesichert. Vgl. auch den Eintrag in den *Aufrichtigen Bemerkungen* für das Jahr 1786 (AEM, H 41, S. 426): *Samstag den 29. [Juli 1786] gingen Ihro Hfrst. Gnaden nach Kloster Weiarn, sohinn auf Miesbach, Vischbachau, in die hinter oder Bajerische Zell, um einige Kirchen und Kapellen zu consecriren, endlich nach Tegernsee und wiederum anhero zurück. Ich beziehe mich disfahls auf meine Reisbeschreibung.* – Edition: GÖTZ, Die Firm- und Kirchweihereise (wie Anm. 1), 45-151.
82 Vgl. Roland GÖTZ, Die Pastoralreisen des Freisinger Fürstbischofs Johann Franz Eckher von Kapfing und Liechteneck, in: Beiträge zur altbayerischen Kirchengeschichte 54 (2012) 5-114.
83 GÖTZ, Die Firm- und Kirchweihereise (wie Anm. 1), 52; vgl. auch die Firmung beim Besuch auf dem Petersberg (ebd. 115f. Anm. 338) und die Weihe- und Firmbitte aus Berbling (Ebd. 196f. mit 552).

cher Begleiter des Fürstbischofs teil und hatte die Ehre, mit ihm allein in der ersten von drei Kutschen zu sitzen.[84] Er hatte die Aufgabe eines Reisemarschalls und zugleich Chronisten. Seine Augenzeugenschaft hebt er am Ende des Tagebuchs hervor.[85] Der Fürstbischof wusste natürlich von Bugniets Aufzeichnungen und sah es gern, dass seine Tätigkeit so verewigt wurde.

Dass es sich beim Tagebuch nicht einfach um persönliche Erinnerungen Bugniets handelt, zeigt schon der Umstand, dass er – im Unterschied zu den beiden anderen Reisebeschreibungen – von sich selbst in der dritten Person spricht. Im Mittelpunkt der Darstellung (mit Schilderung des Zeremoniells, der gottesdienstlichen Verrichtungen und der Tagesabläufe) steht eindeutig der Fürstbischof. Seine Frömmigkeit[86] und die Unermüdlichkeit in der Erfüllung seiner geistlichen Aufgaben auch unter widrigen Umständen[87] werden wiederholt hervorgehoben, ebenso seine *gnädigste Herablassung* im Umgang mit einfachen Leuten, wenn er etwa in Fischbachau und Bayrischzell bei Bauern einkehrt oder in Holzkirchen eine Kegelbahn einweiht.[88] Seine Leistungen werden in historischer Perspektive gewürdigt.[89] Die Begeisterung der Bevölkerung über den hohen Besuch wird allenthalben hervorgehoben. Kein Anflug von Kritik ist zu spüren, Konflikte (die es in Wirklichkeit sehr wohl gegeben hat) kommen nicht vor, die Stimmung des ganzen Tagebuchs ist überaus harmonisch. Es ist wohl berechtigt, mit Dietmar Stutzer die Reise als Beispiel gelungener „Öffentlichkeitsarbeit" zu bezeichnen.[90] Wenn es zu einer Publikation von Bugniets Tagebuch gekommen wäre, würde dies auch für ihre Darstellung gelten.[91]

Daneben ist aber auch Bugniets historisches, ökonomisches und volkskundliches Interesse hervorzuheben, das sein Tagebuch in eine Reihe mit gelehrten Reisebeschreibungen[92] und der aufgeklärten Landes- und Volksbeschreibung[93] seiner Zeit

---

84 Ebd. 45f.
85 Ebd. 144.
86 Ebd. 52. Vgl. auch die regelmäßige Messfeier und die persönliche Teilnahme an einer Prozession in Fischbachau (ebd. 108).
87 Vgl. die Beschwerden durch den angeschwollenen Fuß (ebd. 95) und gefährliche Wegverhältnisse (ebd. 97, 120) und die Firmung auch von Zuspätkommenden (ebd. 108, 115).
88 Vgl. ebd. 101, und die Besuche bei den Miesbachern Gerstl und Lackenbauer (ebd. 98, 101f.), die Besuche bei Fischbachauer Bauern (ebd. 108-111), das Frühstück in Bayrischzell (ebd. 114) und die Einweihung einer Kegelbahn in Holzkirchen (ebd. 142).
89 Siehe die Einordnung in die Leistungen früherer Freisinger Bischöfe für die Entwicklung Scheyerns (ebd. 120) und den Nachtrag, in dem Bugniet Weldens Reise als Tat für die Förderung des Christentums in eine aus heutiger Sicht reichlich gewagte Beziehung mit zeitgleichen venezianischen Kanonenangriffen gegen Tunis setzt (ebd. 150f.).
90 Dietmar STUTZER, Wohl gewachsen, munter von Gebärden. Leben in Churbaiern, Rosenheim 1979, 22-24, 43f.
91 Verbreitet wurde das Werk zumindest durch Abschriften für die Klöster Weyarn und Scheyern. Vgl. GÖTZ, Die Firm- und Kirchweihereise (wie Anm. 1), 34-36.
92 Vgl. ebd. 137 Anm. 423.

stellt. Mehrfach schaltet Bugniet in den Reiseablauf historisch-landeskundliche Exkurse ein[94], er schaut nach den Resten des Klosters Fischbachau[95], besucht das Tegernseer Klosterarchiv[96], beruft sich auf handschriftliche Quellen, zitiert eine Reihe historischer Werke[97] und verweist auch auf weiterführende Darstellungen. Zudem gibt er seinem Tagebuch in Nachträgen einen kurzen dokumentarischen Anhang. Bugniet – selbst ja in der Verwaltung eines kleinen Staatswesens tätig – interessiert sich auch für Zahl, Charakter und Lebensverhältnisse der Bevölkerung, für deren Tracht, für die Heiratschancen lediger Mütter (die damals im Oberland übrigens gut waren), überdies für die Landesprodukte und die Möglichkeiten der Wirtschaftsförderung sowie für technische Besonderheiten. Er würdigt nützliche Initiativen der Obrigkeit, zum Beispiel im Feuerlöschwesen.

Das Tagebuch gibt somit einen detaillierten Einblick in unterschiedliche Lebensbereiche einer Zeit, die man kulturgeschichtlich zwischen Rokoko und Aufklärung einordnen kann. Die höfisch-geistliche Sphäre der Besuche in den Klöstern Weyarn und Tegernsee steht neben den Beschreibungen des Volkslebens. Frömmigkeit wird in barocken Formen praktiziert, doch sind auch die Zeichen einer neuen Epoche zu bemerken, wenn etwa das kurfürstliche Verbot des Wetterläutens und die Verlegung des Portiunkula-Ablasses[98] erwähnt werden. Man erhält eine Vielzahl von Einzelinformationen zum kirchlichen Leben, zum fürstbischöflichen „Alltag" und ganz allgemein zu den Lebensverhältnissen der Zeit.

Und man erfährt auch etwas über die historische Leidenschaft des Tagebuchschreibers: Als der Fürstbischof mit seinem Leibarzt und dem Abt von Tegernsee einen Ausflug nach Wildbad Kreuth machte und das übrige Gefolge sich auf dem großen Klosterschiff amüsierte, war der *Reise Cavalier [...] nicht bey dieser Ergözlichkeit sondern besuchte mit dem bekannt vortrefflichen und in den Alterthümern der Geschichte sehr erfahrenen H. Superiore [...] den ebenfalls einsichtsvollen Kloster Cassier und Waldherrn [...], bey deme sie in die viertehalbe Stunde lang zerschiedene archivalische Urkunden und Insiegeln der ersteren Freysingischen Bischofe durchsuchten und dem Reiscavalier auch erlaubt wurde zwey*

---

93 Vgl. die etwas jüngeren Werke von Franz von Paula Schrank, Joseph Hazzi und Ignaz Joseph von Obernberg. – Allgemein hierzu: Henry SIMONSFELD, Zur Landeskunde Bayerns. Gesamtschilderungen und Reisewerke (Sonderabdruck aus dem Jahresbericht der Geographischen Gesellschaft in München für 1892/93), München 1894; Nina GOCKERELL, Das Bayernbild in der literarischen und „wissenschaftlichen" Wertung durch fünf Jahrhunderte. Volkskundliche Überlegungen über die Konstanten und Varianten des Auto- und Heterostereotyps eines deutschen Stammes (Miscellanea Bavarica Monacensia 51), München 1974.

94 Über die Reformationszeit in Miesbach, die Reichsgrafschaft Hohenwaldeck, die Anfänge des Klosters Scheyern und das Patronatsrecht über die Pfarrei Elbach.

95 GÖTZ, Die Firm- und Kirchweihereise (wie Anm. 1), 119.

96 Ebd. 134-136.

97 Siehe die Nachweise in den entsprechenden Anmerkungen der Edition; ebd.

98 Ebd. 68, 97.

Insiegeln, deren eines des Bischofen Enicho⁹⁹ vom Jahre 1286, das andere des Chunradi III[100] *ist, vom Jahr 1315 abzuzeichnen, welche Mühewaltung der H. Leibmedicus Sandner auf sich genommen hat*[101]*; ferners erhielte der Baron Bugniet auch eine uralte Handschrift, die Stadt Freysing betreffend, zum Abschreiben, für welche Freündschaftsbezeügungen er sich zeit lebens aüsserst verbunden zu seyn bekennt.*

Es handelte sich um einen 1441 geschriebenen Codex aus der Tegernseer Klosterbibliothek, der den Text des Freisinger Stadtrechts von 1359 enthält.[102] Bugniet fertigte die Abschrift 1787. Am 1. Juni 1788 übersandte er eine von einem Kanzlisten erstellte, mit seinem Wappen (Abb. 2) geschmückte Reinschrift als Geschenk den Bürgermeistern und Räten der Stadt Freising.[103] In der eigenhändig unterzeichneten Widmung heißt es u. a.: *Gleichwie aber von den älteren Gesezen, Gewohnheiten, Rechten und Befugnissen der hiesig hochfürst. Residenz Stadt und besonders des bürgerlich-löblichen Stadtraths und der Burgerschaft, so viel ich weis, sehr wenig, auch ob einstens ein allgemein- freysingisches Gesetzbuch vorhanden gewesen wäre, nichts bekannt ist, so glaubte ich wohl, und den Liebhabern der Alterthümer etwas angenehmes zu unternehmen, wenn ich mir die Mühe gäbe von einem, nicht von jedermann leßbaren, dem löblichen Kloster Tegernsee angehörigen Manuscript eigenhandig eine Abschrift und mit dieser einen nützlichen Gebrauch zu machen. Wem könnte aber meine Arbeit besser gewidmet werden, als jenen Männern, welche in die Stelle ihrer Vorfahrer im bürgerlichen Stadtrath nachfolgen und so wie diese aus Gnaden der hochfürstlich- höchsten Regenten am Hochstift ihre Gerichtsbarkeit ausüben und mit Fleiß und Eifer das gemeine Beste zu befördern sich bestreben, jenen Männern, bey welchen ich vom Anfang meines vierzehenden Jahr und vom Jahre 1739 bis gegenwärtig unter vier Hochwürdigsten Fürst Bischöfen in Diensten stehend mehrsten theils gelebt, in villen Gelegenheiten mit selben zu handeln und wandeln gehabt habe und hiebey ergraut bin. Nehmen sie also Ehrsame und Wohlweise Herren diese meine Mühewaltung als ein Angedenken von einem ihrer 49jährigen Mitbürger, 36jährig hochfürst. Hofraths und in dem 62ten Jahr seines Alters stehenden Mann, an deme das Bewustseyn die Wohlfart des hochfürstlichen Hochstifts und des Gesammten Publikums, so viel in seinen*

---

99 Emicho, 1283-1311 Bischof von Freising.
100 Konrad III. der Sendlinger, 1314-1322 Bischof von Freising.
101 Die Zeichnungen fanden Verwendung zur Illustration von Bugniets ungedruckt gebliebener Abhandlung über Vaterland und Adel des hl. Korbinian sowie über die Frage *Ob und warum das Wappen des Hohen Hochstifts einen Mohren vorstelle?*: AEM, H 8 a, S. 185-269, hier 254f. und 267 (Tafel II, Nr. 19 und 20); AEM, H 69, S. 199f. und 205 (Tafel II, Nr. 19 und 20). Vgl. Anm. 113 und Abb. 3.
102 BSB cgm 320. – Karin SCHNEIDER, Die deutschen Handschriften der Bayerischen Staatsbibliothek München. Cgm 201-350 (Catalogus codicum manu scriptorum Bibliothecae Monacensis V,2), Wiesbaden 1970, 320f.; Die Recht ze Freysing in der Stadt, bestätt von Bischoff Albrecht 1359 (ex Codice Tegernseensi), in: Max von FREYBERG, Sammlung historischer Schriften und Urkunden. Geschöpft aus Handschriften, Fünfter Band, Stuttgart-Tübingen 1836, 161-238.
103 Stadtarchiv Freising XXII,4. Vgl. Helmuth STAHLEDER, Hochstift Freising (Freising, Ismaning, Burgrain) (Historischer Atlas von Bayern. Altbayern 33), München 1974, 105f.; Durafindens Binguet (wie Anm. 12). Eine weitere Abschrift (von einheitlicher fremder Hand) von Bugniets Abschrift: BayHStA, HL 3 Fasz. 484.

wenigen Kräften stunde, besonders an das Herz gelegt zu haben, zu allen Zeiten ein Trost ist, und der noch dermalen das Vergnügen hat, sich mit ausgezeichneter Hochschäzung zu nennen Eines Ehrsamen und Wohlweisen Magistrats Ergebenster Freünd.

Die *Reisbemerkungen von Ferd. Wilh. B. Bugniet des Croisettes, Hfrst. Freysing. Oberhofmarschalln de ao. 1791 vom 24. April bis 2. August Monaths*[104] schildern einen Aufenthalt des letzten Freisinger Fürstbischofs Schroffenberg in seiner geliebten Fürstpropstei Berchtesgaden. Auch diese dritte der großen Reisebeschreibungen bietet vielfältige Einblicke in das Volksleben. Der Leser darf aber auch an einem hochzeremoniellen Treffen zwischen Schroffenberg und dem Salzburger Fürsterzbischof Hieronymus von Colloredo teilnehmen und er wird Zeuge von frühem Alpinismus: Denn der 3. Juni 1791 war *ein schwerer, zugleich aber angenehmer Tag. Um 6 Uhr früh gingen wir zur Salzhütte zu Fuß, etwas weiter davon setzten wir uns zu Pferd und ritten über zwei Stund immer bergan bis zur herunteren casa auf dem Kellstein.*[105] *Da mußten wir die Pferde verlassen und in gerader Linie einen hohen Hügel besteigen, was sehr beschwerlich war, allein, wer sollte zurückbleiben, da der gnädigste Herr selbst ungeachtet seiner äußerlich starken Leibeskonstitution unser Anführer und Aufmunterer war. Als wir die Schneide dieser Anhöhe erreicht, rasteten wir ein wenig und fingen dann an, weiter zu steigen und zwar durch lauter Steinwege, über sehr lang fortgehende, sehr schmale Steige, bis wir Schnee unter uns sahen, auf der andern Seite hingegen die Felsenklippen uns nicht verließen, bis wir an der zweiten casa oder Alpenhütte anlangten, allwo die herrlichste Aussicht bis weit über Salzburg hinaus und über einen großen Teil des allenthalben, auch auf den höchsten Bergen bewohnten und bebauten Landes zu Berchtesgaden zu haben ist. Um den andern Teil gegen der Schönau zu übersehen, mußte man eine halbe Stunde wieder höher und durchgehends über Steine und Schnee durch eine Felsenhöhle, welche die Landeseinwohner den Kamin nennen, hinaufklettern, sodann erst auf die obere Schneide gehen. Bis zu und in diesen Kamin bin ich gegangen, da mich aber der Schnee nicht trug und es zu regnen anfing, ging ich in die casa zurück. Nachdem wir über eine Stunde allda ausgerastet hatten, ging der Zug wieder abwärts, was gräßlicher war als das Aufsteigen. Als wir aber auf die Spitze des untern Bergteils herabkamen, hörte man unterhalb Sennerinnen jauchzen und ihren Alpengesang wiederholen. Seine hochfürstliche Gnaden setzten sich nun auf einen eigens herbeigebrachten*

---

[104] Eigenhändiges Manuskript: AEM, H 44, S. 293-352. Druck (in sprachlich modernisierter Form): SPECHT, Fürstbischof Joseph Konrad in Berchtesgaden (wie Anm. 68). Auszug: Paul Ernst RATTELMÜLLER (Hg.), Per Post und zu Fuß durch Oberbayern. Künstler entdecken eine Landschaft. Zeichnungen und Aquarelle, Berichte und Schilderungen, München 1968, 50-57 („Der Fürstpropst besucht das Salzbergwerk und besteigt den Hohen Göll").

[105] Im Druck bei SPECHT, Fürstbischof Joseph Konrad in Berchtesgaden (wie Anm. 68) 377, ist der Name des Berges als *Göllstein* wiedergegeben, was zu fälschlichen Identifizierungen mit dem Hohen Göll geführt hat. Vgl. Alfred LANG, Der Alpinismus im Gebiet der ehemaligen Fürstpropstei Berchtesgaden, in: Walter BRUGGER/Heinz DOPSCH/Peter F. KRAMML (Hg.), Geschichte von Berchtesgaden. Stift – Markt – Land. Band III: Berchtesgaden im Königreich und Freistaat Bayern von 1810 bis zur Gegenwart. Teil 1: Kirche – Kunst – Kultur. Alpinismus – Sport – Vereinswesen, Berchtesgaden 1999, 557-608, hier 561.

von vier Bauernburschen gezogenen und mit Kissen belegten Holzschlitten, einen gleichen erhielt auch ich, während Herr Graf Diesbach[106] *den dritten Schlitten anzunehmen Bedenken trug und zwar nicht ohne Ursach, da man jeden Stoß der Steine und Felsenstücke empfindet. Mit diesen Bergpostzügen erreichten wir nach einer halben Stunde die untere Alpenhütte, bei welcher auch die übrigen Herren Fußgänger sich mit uns vereinten. Endlich ging der Zug, der gnädigste Herr und ich unsere vorige Equipage habend, weiter abwärts durch Wasser, Stauden, Bergwiesen über Fels und Stein. Da wir aber bei dieser Spazierfahrt mehrere Lehen oder Bauernhöfe trafen, so ließen der gnädigste Herr allzeit halten, indem Eltern und Kinder ihrem gnädigsten Landesvater die Hand zu küssen und ihn zu sehen herbei eilten. Ganz erstaunt und gleichsam außer mir war ich, die große Bevölkerung und Menge der allenthalben schönen und wohlgewachsen freundlichen Kinder zu sehen, das Herz wurde mir gerührt, als ich die Herablassung meines besten Fürsten gegen seine Untertanen betrachtete, zugleich auch die Liebe und Ehrfurcht und das ungeheuchelte Betragen der getreuen Untergebenen bewunderte, so daß ich bei mir selbst dachte, wie glücklich ist ein Land, welches einen Regenten mit so gefühlvollem Herzen besitzt und in dessen Untertanen ein so edles Blut wallt! Nach solchergestalten zurückgelegten anderthalb Stunden trafen wir Nachmittag um 3 Uhr die Hofwagen an, in welchen wir in die Residenz zurückkehrten, willens, um 4 Uhr zum Mittagspeisen zu gehen. Aber inzwischen war der Freisinger Domdekan eingetroffen, mit dem sich der Fürstbischof eine geraume Zeit unterredete, so daß wir erst um halb 5 Uhr zur Mittagtafel gingen, nach welcher jeder Bergfahrer um die Nachtruhe sich umsah.*

Die Bergbegeisterung seines Herrn hat der Freiherr von Bugniet – damals immerhin knapp 65 Jahre alt – also nicht ganz geteilt. Da sah er sich lieber in der Stifts- und Pfarrkirche sowie im Stiftskreuzgang um und *sammelte verschiedene noch lesbare Grabschriften.*

Handschriftlich existieren von ihm auch Grabschriftensammlungen aus dem Freisinger Dom[107] und aus dem Stift St. Veit.[108]

Nur erwähnt sei, dass Bugniet die Geschichte der Pfarrei Allershausen und insbesondere die Weihe der neu erbauten Pfarrkirche durch Fürstbischof Welden 1783[109], bei der er *als cavalier im Dienste* fungierte, sowie die Hochzeit einer fürstbi-

---

106 Der nicht näher identifizierte Begleiter war wohl ein Verwandter des Fürstbischofs, dessen Mutter eine geborene Gräfin Diesbach war. Vgl. KEIL, Das Ende der geistlichen Regierung (wie Anm. 5), 76.
107 *Inscriptiones monumentis et lapidibus sepulchralibus in et extra Ecclesiam Cathedralem Frisingensem incisae.* Eigenhändiges Manuskript: AEM, H 76, 303-340.
108 AEM, H 126, S. 11-113. Vgl. Hubert GLASER, Beobachtungen zur Entstehungsgeschichte und zum Aufbau des Codex HV Ms. 318, in: GLASER, Das Grabsteinbuch (wie Anm. 4), 255-263, hier 259.
109 *Neu auflebendes Allershausen, da [...] des H.R.R. Fürst zu Freysing Ludovicus I. auf [...] Ansuchen des [...] Herrn Josephus I. [...] Probsten und lateranensischen Abbten des [...] Ordens der Regulierten Chorherrn [...] in der löblichen Kanonie zu Neustift nächst Freysing die bischöfliche Einweyhung der von Grund aus erneuerten Pfarrkirche in Allershausen am Sonntag [...] den 5ten Weinmonats [...] vorzunehmen geruheten im Jahr 1783. Zusam getragen von Ferdinand Wilhelm Freyherrn von Bugniët zu Croisettes [...] unter dem verdeckten Name Durafindens Binguet oder Ferdinandus Bugniet. Übergab es sohinn dem Hochw. Wohlgebohrnen H. Abbten zu Neustift nächst Freysing Josepho I.* Eigenhändiges Manuskript: BSB cgm 5610. Vgl. Joseph GRASSINGER,

schöflichen Nichte in Freising 1774[110] in eigenen Beschreibungen festhielt. Auf den 1803 verstorbenen letzten Fürstbischof Schroffenberg verfasste er einen kurzen Nachruf.[111]

Schließlich sind drei Abhandlungen zur Freisinger Hochstiftsgeschichte zu nennen: Zunächst *Die vier Erb-Hofämter des Hochfürstlichen Hochstifts Freysing. Zusammengetragen von einem Hochstiftischen Ministerialn im Jahr 1784*[112] und dann die Abhandlung über Vaterland und Adel des hl. Korbinian sowie über die Frage *Ob und warum das Wappen des Hohen Hochstifts einen Mohren vorstelle?*[113] Zu dieser bis heute umrätselten Frage stellte Bugniet eine eigene Theorie auf[114]: Der Mohr komme vom missverstandenen Bild des hl. Korbinian auf mittelalterlichen Freisinger Münzen. *Mir ist am wahrscheinlichsten, daß das heutzutage als ein Mohrenkopf gehaltene Wappen dereinst das Haupt des hl. Corbinianus selbst gewesen sey, welches aber ungestaltet gezeichnet war, daß man in den nachfolgenden Zeiten nicht mer wußte, was diese Bildnuß eigentlich bedeuten sollte.* Er bemerkt kritisch, dass *der mehrere Theil der Menschen auf die vergangene Zeit nicht zurücksiehet, und sich ganz wenig sorgt, ob dieses oder jenes mit der wahren Geschichte sich vereinbahre oder nicht, folglich alles für ein erwiesene Sache annimmt, was jedoch durch einen eingeschlichenen Irrthum fortgepflanzet ist worden.* Es ist allerdings zu befürchten, dass Bugniets Erklärungsversuch nicht die endgültige Lösung des Rätsels um den „Freisinger Mohren" ist.

Die Pfarrei Allershausen im königl. Bezirksamte Freising. Geschichtlich beschrieben, in: Oberbayerisches Archiv 27 (1866/67) 141-194, hier 160f.; Wolfgang H. KOOB/Andreas SAUER, Pfarr- und Kirchengeschichte der Gemeinde Allershausen (Chronik 3), Allershausen [2008], 28f.; Dieter KUDORFER, Die deutschen Handschriften der Bayerischen Staatsbibliothek München. Die neuzeitlichen Handschriften aus Cgm 5501-5800 (Catalogus codicum manu scriptorum Bibliothecae Monacensis VI,12), Wiesbaden 2011, 117f.; Durafindens Binguet (wie Anm. 12).

110 *Samlung Jenner Feyerlichkeiten, welche auf Gnädigste Anordnung Sr Hochfürstlichen Gnaden Ludovici Josephi [...] bey Vermählung der Hoch- und Wohlgebohrnen Fräulein Maria Anna des H.R.R. Freyin von Welden als Höchst ihro Hochfürst. Gnaden Fräulein Niece mit dem Hochgebohrnen Herrn Herrn Johann Nepomuk Grafen von und zu Edling gehalten worden zu Freysing von 7. bis [Lücke] Maii ao. 1774 nebst eingemischten anderen Ereignussen zusam getragen von dem gehorsamst ergebnisten Diener, und eine Zeithero gewöhnlichen beschriebene.* Z.T. eigenhändiges Manuskript mit beigelegten (z.T. gedruckten) Dokumenten: AEM, H 40, S. 407-487.

111 Eigenhändiges Manuskript dieser *Notamina*: AEM, H 44, S. 465-468. Auszüge: Georg SCHWAIGER, Die stillen Jahre Freisings und seines Doms, in: Joseph A. FISCHER (Hg.), Der Freisinger Dom. Beiträge zu seiner Geschichte. Festschrift zum 1200jährigen Jubiläum der Translation des hl. Korbinian (26. Sammelblatt des Historischen Vereins Freising), Freising 1967, 239-257, hier 244f.

112 Manuskripte: BSB cgm 1719; AEM, H 128, S. 37-126 (mit weiteren, z. T. eigenhändigen Notizen auf S. 5-35 und 127-146).

113 Mehrere, z. T. eigenhändige Manuskripte verschiedener Fassungen: AEM, H 8a, S. 185-269; AEM, H 69, S. 1-212. Abschrift aus dem Besitz des Rottenbucher Stiftschronisten Anselm Greinwald CRSA (1740-1803): DBF Hs. 8, fol. 102^r-123^r.

114 Vgl. Sylvia HAHN, Das Rätselraten um den Mohren, in: Der Mohr kann gehen. Der Mohr im Wappen des Bischofs von Freising und die Säkularisation 1803 (Diözesanmuseum für christliche Kunst des Erzbistums München und Freising. Kataloge und Schriften 30), Freising-Lindenberg i. Allgäu 2002, 17-26, hier 21f.; Adolf Wilhelm ZIEGLER, Der Freisinger Mohr. Eine heimatgeschichtliche Untersuchung zum Freisinger Bischofswappen, München ²1976.

Abb. 3: Freisinger Bischofssiegel als Illustration zu Bugniets Abhandlung über Vaterland und Adel des hl. Korbinian sowie über die Frage, *Ob und warum das Wappen des Hohen Hochstifts einen Mohren vorstelle*? (AEM, H 8 a, S. 267; Foto: Archiv des Erzbistums München und Freising)

Bugniets zweifellos bedeutendstes Werk zur Geschichte des Hochstifts ist seine *Geschicht der Hochstüfft Freysingischen ohnmittelbaren Grafschafft Werdenfels, und deren sich von Zeit zu Zeit mit ihren Nachbarn anbegebenen Strittigkeiten*.[115] Schon seit Erhalt der Anwartschaft auf das Pflegeramt war er bevorzugt mit Werdenfelser Angelegenheiten befasst gewesen. So veranlassten ihn 1765 die von Kurbayern erneut vorgetragenen, aus Kreisen der Bayerischen Akademie der Wissenschaften mit rechtsgeschichtlichen Argumenten gestützten Hoheitsansprüche auf die Grafschaft dazu, mit einer Gegendarstellung aus Freisinger Sicht zu beginnen. Nach einer ersten, wohl bis 1771 reichenden Abfassungsphase hat er die Darstellung 1776 bis 1779 erweitert und bis an die Gegenwart herangeführt. Dabei konnte er sich auf die Erfahrungen aus seiner Verwaltungspraxis ebenso stützen wie auf die umfassende Kenntnis der Quellen in den Freisinger Archiven und Registraturen. Aber auch ältere und neuere Literatur und Quellenausgaben hat er in großer Fülle und in kritischer, den wissenschaftlichen Maßstäben der Zeit entsprechender Weise verarbeitet. Das Ergebnis war ein umfangreiches historisch-juristisches Werk, *ein einzigartiges frühneuzeitliches Kompendium zur Geschichte der Grafschaft Werdenfels*[116], das den Stoff in vierzehn thematische *Abhandlungen* gliederte, um die reichsunmittelbare Freisinger Landesherrschaft zweifelsfrei zu belegen. Noch bis kurz vor seinem Tod hat Bugniet sich mit seinem historiographischen Hauptwerk beschäftigt, doch zum geplanten Druck ist es nie gekommen.

Ende eines Lebens und einer Epoche

Im Dezember 1799 teilte Bugniet in einem Schreiben dem Geistlichen Rats Kanzleidirektor und Zensor Heckenstaller mit, er habe sich bei seinen *immer näher zu den Tod anwachsenden Jahren* entschlossen, noch einmal ein geistliches Werk *von der Nachfolge zur Buß zu bearbeiten*.[117] Selbstironisch setzte der 73-Jährige seinem Brief den Spruch voran: *Als David kamm ins Alter, verfaste er nur Psalter*. Genaueres ist über diese geplante Schrift nicht bekannt.[118]

---

115 Eigenhändiges Manuskript: BayHStA, HL Freising 451. – Zu diesem Werk ausführlich: HASLAUER, „Errichtet um allen Nachbarn Verdruss zu machen" (wie Anm. 12), 437-450.
116 So das Urteil von HASLAUER, ebd. 444.
117 AEM, H 472, S. 317.
118 Ein derartiges Werk ist bibliographisch nicht nachweisbar; bei SALTZWEDEL/BENKER, Geschichte des Buchdrucks (wie Anm. 58) nicht verzeichnet.

Mit dem Alter kam jedenfalls auch eine hohe Ehre: Aufgrund seiner Verdienste als Historiker wurde Bugniet mit Urkunde vom 13. Mai 1800 von der Bayerischen Akademie der Wissenschaften als Ehrenmitglied aufgenommen.[119]

Die bayerische Zivilbesitznahme in Freising im November 1802 und die darauffolgende Säkularisation des Hochstifts bedeuteten das Ende von Bugniets bisheriger beruflicher Tätigkeit. Der Freisinger Hofrat wurde mit Beginn des Jahres 1803 aufgelöst.[120] Der kurpfalzbayerische Generalkommissär Johann Adam von Aretin hatte im vorausgehenden Dezember gegenüber Kurfürst Max IV. Joseph den Freisinger Hofrat als *so wenig besezt* und speziell Bugniet als dessen Kriminal-Referenten als *dazu so wenig geeignet* bezeichnet, dass mit Auflösung des Gremiums *keinen Augenblick gezögert werden sollte*. Bugniet – nunmehr 76 – erhielt fortan eine jährliche Pension von auskömmlichen 1.800 Gulden.[121] Es war wohl eine Ausnahme, dass er im Sommer 1803 den bayerischen Landrichter bei der Untersuchung eines Rinderseuchenfalls in der Schwaige Attaching vertrat.[122] Zeitlebens unverheiratet, lebte er als Pensionär weiterhin zusammen mit einer Haushälterin und einer Magd[123] in seinem Haus am Fuß des Dombergs.[124]

Wer wissen will, wie der Freiherr von Bugniet in seinen späteren Jahren ausgesehen hat, dem blickt er recht ernst aus einem Ölporträt im Diözesanmuseum Freising entgegen, das sich dort als Leihgabe des Historischen Vereins von Oberbayern befindet (Abb. 1).[125] Gemalt hat es um 1800 vielleicht der Freisinger Ignaz Alois Frey d. Ä.[126]

---

119 Ulrich THÜRAUF/Monika STOERMER, Gesamtverzeichnis der Mitglieder der Bayerischen Akademie der Wissenschaften 1759-1984 (Geist und Gestalt. Biographische Beiträge zur Geschichte der Bayerischen Akademie der Wissenschaften vornehmlich im zweiten Jahrhundert ihres Bestehens. Ergänzungsband, Erste Hälfte), München ²1984, 15; BayHStA, HL 3 Fasz. 16/9.
120 GLEIXNER, Von der fürstbischöflichen Residenzstadt (wie Anm. 5), 89.
121 KEIL, Das Ende der geistlichen Regierung (wie Anm. 5), 226.
122 GLEIXNER, Von der fürstbischöflichen Residenzstadt (wie Anm. 5), 96 Anm. 485.
123 KEIL, Das Ende der geistlichen Regierung (wie Anm. 5), 167.
124 Heute Untere Domberggasse 8, im Zwickel zwischen der Unteren Domberggasse und ihrer Abzweigung zur Fischergasse. – DBF, Hs. 116 (*Designation der in der Stadt Freysing numerirten Häuser, und Gebäude, so in 4 Vierteln eingetheilt worden ao. 1796*), fol. 12ᵛ Nr. 474; Stadtarchiv Freising X,3 (*Protocoll, So wegen Vertheillung des sogenanten Pförrer-Mooses abgehalten worden den 28ᵗᵉⁿ Aug. 1803*), Nr. 474; Plan des östlichen Teils des Dombergs vom 14. November 1803 (BayHStA, Plansammlung 6109), abgebildet in: Freising. 1250 Jahre Geistliche Stadt I (Diözesanmuseum für christliche Kunst des Erzbistums München und Freising. Kataloge und Schriften 9), München 1989, 217f. I.24, und in: Ulrike GÖTZ, Freising um 1800. Ansichten und Pläne. Begleitpublikation zum Bildwand-Rundgang in der Freisinger Innenstadt und zur Ausstellung im Museum des Historischen Vereins Freising, Freising 2003, 20f.; Wilhelm NEU/Volker LIEDKE, Oberbayern (Denkmäler in Bayern I.2), München 1986, 294; Freysinger neuer Stadt- und Addreß-Kalender auf das Schaltjahr 1804, 24.
125 Inv.-Nr. L 7737. – Freising. 1250 Jahre Geistliche Stadt I (wie Anm. 124), 234 I.47.
126 Gerhard R. KOSCHADE/Manfred FEUCHTNER, Zu Leben und Werk der Malerfamilie Frey, in: GLASER, Das Grabsteinbuch (wie Anm. 4), 75-134, hier 96 Anm. 116.

Bugniet starb am 19. Dezember 1806, kurz nach seinem 80. Geburtstag, in Freising an *Kartharfieber*[127] und wurde auf dem Ortsfriedhof begraben. Sein Bruder ließ ihm einen Grabstein mit folgender Inschrift[128] setzen:

Dem Hochwohlgebohrnen Freyherrn Ferdinand
von
Bugniet de Croisete:
Kurtrierischen Kämmerer, fürstlich
Freysingischen Hofmarschal,
Geheimen, Hof- und Kammerrath:
Einem Rechtsgelehrten und eifrigen
Criminallisten.

Der viel gedacht, und viel
geschrieben.
Fünf Fürstbischhöfen [!] zu Freysing rühmligst
gedient:
Und endlich den 19. November [!] 1806.
Im 81. Jahr seines Alters die
irdische Lebensbahne vollendet.
Zum
Andenken der brüderlichen Liebe:
von
Dem könig. bairi. Maior Joseph
Freiherrn v. Bugniet.
Friede seiner Asche!

Bis in die 1980er Jahre war die Inschriftplatte an der südlichen Außenwand der Freisinger Friedhofskirche zu sehen; dann „verschwand" sie wohl im Rahmen von Renovierungsarbeiten. 2005 auf Speicher der Kirche wieder entdeckt, wurde sie auf Initiative des Historischen Vereins Freising und in Zusammenarbeit mit der Pfarrei St. Georg restauriert und 2011 wieder an der Kirchenwand angebracht[129], so dass nun wieder eine öffentlich sichtbare Erinnerung an einen Mann besteht, der es wohl verdient hat, dass man ihn nicht vergisst.

---

127 AEM, Matrikeln 1990 (Freising St. Georg, Sterbebuch 1803-1832), S. 832; BayHStA, HL 3 Fasz. 244/15.
128 Ältere, leicht unterschiedliche Wiedergaben der Inschrift: Durafindens Binguet (wie Anm. 12); Josef SCHEUERL, Altfreisinger Grabdenkmäler erzählen, in: Freisinger Tagblatt Nr. 253 vom 30.10.1937, 6 (Nr. 3).
129 Vgl. Günther LEHRMANN, Vereinschronik 2004-2011, in: 42. Sammelblatt des Historischen Vereins Freising, Freising 2012, 315-355, hier 317, 344. Die Reinigung und Konservierung des Epitaphs wurde ausgeführt von Steinrestaurator Dietrich Schimpfle, Haimhausen.

„Nach Rom zu schreiben fühle ich oft ein wahres Bedürfniß"

Die Briefe des Germanikers Johann Baptist Huber (München) aus den Jahren 1870 bis 1886[1]

von Anton Landersdorfer

Nach Rom zu schreiben fühle ich oft ein wahres Bedürfniß. Es gibt ja in den gegenwärtigen Verhältnissen so vieles, was einen mit Betrübniß und Schmerz erfüllen muß, und da empfinde ich immer eine Erleichterung, wenn ich mein Herz an Personen ausleeren kann, von welchen ich keine Mißdeutung oder andere böse Folgen zu fürchten brauche[2], so brachte Johann Baptist Huber (1842-1886)[3], auf viele Jahre hin der letzte Geistliche des Erzbistums München und Freising, der in Rom seine gesamte wissenschaftliche und praktische Ausbildung erhalten hatte, treffend zum Ausdruck, warum er seit seiner 1870 erfolgten Rückkehr aus der Ewigen Stadt bis wenige Monate vor seinem frühen Tod 1886 regelmäßig Briefe dorthin richtete, und zwar namentlich an den langjährigen, von ihm überaus geschätzten Rektor des Collegium Germanicum et Hungaricum, P. Andreas Steinhuber SJ[4], einen gebürtigen Uttlauer (Bistum Passau), anfangs auch an den Spiritual des Kollegs, den aus München stammenden Jesuitenpater Franz Xaver Huber[5], und so manches Mal an seine ehemaligen „Confratres".

---

1 Unter diesem Titel erschienen im Verlag Karl Stutz, Passau 2013.
2 LANDERSDORFER, „Nach Rom zu schreiben ..." (wie Anm. 1), 69f.
3 Zu Huber: Dr. Johann Baptist Huber (Abriß eines Priesterlebens.), in: Beilage zum Amtsblatt für die Erzdiöcese München und Freising, Nr. 1, 25. Januar 1888, 1-16; Nr. 2, 21. Februar 1888, 17-34; abgedruckt auch in: Licht- und Lebensbilder des Clerus aus der Erzdiöcese München-Freising (1840-1890), zusammengestellt von Ernest ZELLER, München 1892, 215-248; Jakob SPEIGL, Die Münchner Germaniker zur Zeit des Vatikanums. Versuch einer Darstellung nach ihren Briefen ins Kolleg, in: Korrespondenzblatt für die Alumnen des Collegium Germanicum et Hungaricum, Mai 1957, 1-24, hier: 5, 18-24; Hans-Jörg NESNER, Das Metropolitankapitel zu München (seit 1821), in: Georg SCHWAIGER (Hg.), Monachium Sacrum. Festschrift zur 500-Jahr-Feier der Metropolitankirche zu Unserer Lieben Frau in München, Bd. I, München 1994, 475-608, hier 544f; Anton LANDERSDORFER, Johann Baptist Huber (1842-1886) – vom Mettener Absolventen und Konzilsstenographen zum Erzbischöflichen Sekretär und Domkapitular in München, in: Alt und Jung Metten 78, Heft 1 (2011/12) 64-77.
4 Zu Steinhuber (1825-1907), von 1867 bis 1880 Rektor des Germanikums, später Kurienkardinal und Präfekt der Indexkongregation: Herman H. SCHWEDT, Prosopographie von Römischer Inquisition und Indexkongregation 1814-1917, L-Z, Paderborn u. a. 2005, 1415-1418.
5 Zu Huber (1801-1871), SJ, von 1844 bis 1871 Spiritual des Germanikums: Manfred WEITLAUFF, Zur Entstehung des „Denzinger". Der Germaniker Dr. Heinrich Joseph Dominikus Denzinger (1819-1883) in den ersten Jahren seines akademischen Wirkens an der Universität Würzburg, in: Historisches Jahrbuch 96 (1978) 312-371, hier 312f.

Hubers Werdegang

Geboren wurde Johann Baptist Huber am 22. März 1842 in Massing, einer kleinen, zur Pfarrei Baumburg gehörigen Ortschaft, und zwar als letztes von elf Kindern der Müllerseheleute Ignaz und Salome Huber. Ab dem sechsten Lebensjahr besuchte „Hannes" zunächst die Pfarrschule in Altenmarkt, ehe er zu Ostern 1855 mit halbjähriger Verspätung in die Lateinschule und das Erziehungsinstitut der Benediktinerabtei Scheyern eintrat.[6] Von dort wechselte er im Herbst 1858 nach Metten über und absolvierte in der Studienanstalt der niederbayerischen Benediktinerabtei die vier Gymnasialklassen, am Ende auf dem II. Fortgangsplatz mit der Note I in allen Fächern.[7] Im Anschluss daran begab sich Huber, der ein *heiteres, joviales Wesen* besaß und die *Kunst des Mienenspieles* beherrschte[8], im Herbst 1862 nach Rom, um als 424. Alumne des Germanikums am Römischen Kolleg, der päpstlichen Universität Gregoriana, Philosophie und Theologie zu studieren.[9] Dieses Studium schloss er mit dem Dr. phil. und dem Dr. theol. ab. Inzwischen bereits in der Lateranbasilika zum Priester geweiht, musste Huber allerdings länger als ursprünglich geplant in der Ewigen Stadt bleiben. Grund hierfür war die Tatsache, dass er im Frühjahr 1869 wegen seiner schon in Metten erworbenen Kenntnisse in der Kurzschrift als Stenograph für das bevorstehende 1. Vatikanische Konzil (1869/70) ausersehen wurde. In Anbetracht dieser ebenso ehren- wie reizvollen Aufgabe erlebte Huber die am 8. Dezember 1869 von Papst Pius IX. im Petersdom feierlich eröffnete Kirchenversammlung aus nächster Nähe mit. Weil die Konzilsväter nach der Verkündigung der heftig umstrittenen Konstitution „Pastor aeternus" mit Primat und Unfehlbarkeit des Papstes am 18. Juli des darauffolgenden Jahres für einige Monate in ihre Sprengel zurückkehren durften, reiste auch der *beurlaubte Konzilsstenograph* kurzerhand über München, Scheyern und Metten nach Hause und feierte am 7. August in seiner Heimatgemeinde *so festlich als möglich* Nachprimiz, und zwar im Klosterhof von Baumburg. Ende des Monats fuhr er wieder nach Rom, diesmal allerdings nur noch für wenige Wochen. Denn nach der Einnahme der Ewigen Stadt durch die Italiener und dem Untergang des Kirchenstaates vertagte der Papst das Konzil auf unbestimmte Zeit. Das bedeutete, dass Huber bald darauf endgültig Abschied vom geliebten Germanikum nehmen musste. Seit Mitte Oktober 1870 in der Heimat zurück, wurde der junge *Doctor Romanus* umgehend bei Erzbischof Gregor von

---

6 Siehe dazu: Jahres-Bericht über die Lateinische Schule im Erziehungsinstitute des Benediktinerstiftes Scheyern im Studienjahre 1854/55; 1855/56; 1856/57; 1857/58.
7 Siehe dazu: Jahres-Bericht über die Studien-Anstalt im Benediktiner-Stifte Metten für das Studienjahr 1858/59; 1859/60; 1860/61; 1861/62.
8 Dr. Huber (wie Anm. 3), 3.
9 Näheres hierzu ebd. 7-22.

Scherr[10], dem ehemaligen Abt von Metten, vorstellig und erfuhr bei dieser Gelegenheit, dass er ab dem nächsten Monat den Posten eines Kaplans im Institut der Englischen Fräulein in Nymphenburg übernehmen solle, nicht zuletzt, um an der Theologischen Fakultät der Universität München bei Professor Isidor Silbernagl[11] die ihm noch fehlenden Vorlesungen im Kirchenrecht zu hören.

Was Huber daneben von Anfang an intensiv pflegte, war der Kontakt zu den beiden anderen in München wirkenden Germanikern: dem Hofprediger zu St. Michael, Franz Xaver Lierheimer[12], und dem Sekretär des Apostolischen Nuntius, Josef Weiser.[13] *Denn, aufrichtig gesagt, ich traue sonst Niemand, weil mir diese sagten u. ich selbst schon erfahren habe, daß andere einem Germaniker zwar im Gesichte schön thun, im Rücken aber ihn überall belauern und, wenn sie ihm ankönnen, gerne die Gelegenheit benützen.*[14] Vor diesem Hintergrund überrascht es nicht, dass er weiterhin in enger Verbindung mit Rektor Steinhuber, aber auch mit Spiritual Huber in Rom blieb, sie über sein augenblickliches Befinden unterrichtete und nicht selten um ihren Rat nachsuchte.

Erstmals schriftlich konsultiert wurden die beiden, als Huber im Frühjahr 1871 aus dem Munde von Dr. Paul Kagerer[15], dem Erzbischöflichen Sekretär, erfuhr, dass dieser ihn als seinen Nachfolger vorschlagen wolle. Erzbischof Scherr, der auf den ehemaligen Konzilsstenographen vermutlich wegen seiner wissenschaftlichen Qualifikation, der diversen Sprachkenntnisse sowie der engen Vertrautheit mit den römischen Verhältnissen ebenfalls schon ein Auge geworfen hatte, ließ sich mit der Entscheidung jedoch Zeit, zumal auch weitere Kandidaten ins Spiel gebracht wurden. Demzufolge sah sich Huber unverhofft mit einem anderen Problem konfrontiert. Ab Sommer 1871 bot ihm nämlich der Eichstätter Bischof Franz Leopold Freiherr von Leonrod[16], selbst Germaniker, zunächst die Stelle eines Beichtvaters

---

10 Zu Scherr (1804-1877), von 1840 bis 1856 Abt von Metten, dann Erzbischof von München und Freising: Anton LANDERSDORFER, Gregor von Scherr (1804-1877). Erzbischof von München und Freising in der Zeit des Ersten Vatikanums und des Kulturkampfes, München 1995.
11 Zu Silbernagl (1831-1904), seit 1870 o. Professor für Kirchenrecht an der Universität München: Karl HAUSBERGER, Art. Silbernagl, in: Biographisch-Bibliographisches Kirchenlexikon X (1995) 317-319.
12 Zu Lierheimer, von 1861 bis 1871 Hofprediger zu St. Michael/München, anschließend Benediktiner im Stift Muri-Gries (Bozen): SPEIGL (wie Anm. 3) 4, 11f.
13 Zu Weiser, von 1868 bis 1874 Sekretär von Nuntius Pier Francesco Meglia, anschließend Pfarrer und Dekan in Terlan (Bistum Trient): SPEIGL (wie Anm. 3) 4, 13-18.
14 LANDERSDORFER, „Nach Rom zu schreiben ..." (wie Anm. 1), 36.
15 Zu Kagerer (1833-1907), von 1860 bis 1872 Sekretär von Erzbischof Scherr, 1870 Domkapitular, 1895 Dompropst in Regensburg: Anton LANDERSDORFER, Wie ein erzbischöflicher Sekretär das Erste Vatikanum erlebte. Tagebuch Paul Kagerers (München) vom 22. November 1869 bis 31. März 1870, in: Beiträge zur altbayerischen Kirchengeschichte 44 (1999) 60-140, hier 61, Anm. 4.
16 Zu Leonrod (1827-1905), von 1846 bis 1848 Germaniker, von 1867 bis 1905 Bischof von Eichstätt: Jürgen STRÖTZ, Franz Leopold Freiherr von Leonrod (1827-1905), Bischof von Eichstätt (1867-1905). Diözese Eichstätt und bayerische Kirche zwischen Erstem Vatikanum und Modernismuskontroverse, St. Ottilien 2004.

bei den Franziskanerinnen in Ingolstadt, anschließend die eines Präfekten im Bischöflichen Seminar an – beide Male freilich ohne Erfolg. Trotzdem unternahm besagter Oberhirte Ende des gleichen Jahres einen neuerlichen Versuch; nunmehr sollte der junge Nymphenburger Kaplan Subregens und Professor für Kirchenrecht oder Moraltheologie in Eichstätt werden. Die Folge war ein monatelanger *förmlicher Federnkrieg* zwischen Leonrod und Scherr, mit dem Ergebnis, dass Huber letztlich nicht nach Eichstätt kam, sondern am 8. Mai 1872 zum Erzbischöflichen Sekretär in München ernannt wurde.[17]

Dass es ihm nicht leicht fiel, sich an seine neue Umgebung zu gewöhnen, brachte er einige Monate später unmissverständlich zum Ausdruck: *Heimisch fühle ich mich nicht […] und zwar nicht so fast wegen der persönlichen Launen des HH. Erzbischofs, wegen welcher ich mir kein graues Haar wachsen lasse, oder wegen der Unannehmlichkeiten, welche meine Stellung an und für sich mit sich bringt, sondern insbesondere weil ich mich mit manchen Herrn in den Prinzipien nicht einig weiß, weil ich Manches, was ich sagen möchte, nicht sagen darf und weil, wenn ich es auch sagen dürfte und würde, doch nichts ausrichten könnte. So muß ich manchmal alle natürlichen und übernatürlichen Gründe zusammennehmen, um nicht überdrüssig zu werden und den Muth nicht zu verlieren.*[18]

Im Hinblick darauf stellte der Erzbischöfliche Sekretär alsbald Überlegungen bezüglich seiner Zukunft an; allerdings sah er hier außer einer Tätigkeit als *einfacher Landpfarrer* kaum Möglichkeiten. Denn – so seine Begründung – eine *andere Anstellung als in der Seelsorge dürfte bei uns für einen Germaniker schwer zu finden sein, da das Lyceum in Freising kgl. ist u. die Religionslehrer an den Studienanstalten ebenfalls von der Regierung ernannt werden, ohne daß das Ordinariat auch nur einen Vorschlag zu machen hat. Einen Germaniker aber bei der Regierung mit Erfolg empfehlen zu wollen, wäre eitle Mühe; man sucht ja immer nach solchen, die möglichst liberal sind.*[19] Auf Grund derartiger Perspektiven bereitete er sich, sofern es seine überaus knapp bemessene Zeit erlaubte, sorgfältig auf den Pfarrkonkurs vor, den er schließlich im Sommer 1875 absolvierte. *Vieles habe ich gewußt, Einiges auch nicht, was übrigens durchaus nicht mir allein begegnet ist. Bis das Resultat festgesetzt ist, dürfte wenigstens ein Jahr vergehen. Es liegt mir auch nicht viel daran, der wie vielte ich werde, weil außer andern Gründen bei der Sache viel Schwindel getrieben wurde. Gefragt wurde nach Belieben u. aus Büchern herausgeschrieben unverschämt; wer also am meisten betrogen hat, konnte ein gutes Resultat erzielen, auch wenn er fast nichts wußte*, lautete sein Kommentar.[20] Gleichwohl war Huber, der inzwischen zur Aufbesserung seines bescheidenen Einkommens zwei kleine Benefizien in der Stadtpfarrkirche St. Peter

---

17 Siehe dazu: Erzbischöfliches Archiv München [EAM], Erzbischöfe 1821-1917, Kasten 2, Nr. 4; Bayerisches Hauptstaatsarchiv, MK 39045.
18 LANDERSDORFER, „Nach Rom zu schreiben …" (wie Anm. 1), 104.
19 Ebd. 179.
20 Ebd. 177.

erhalten hatte[21], mit dem erzielten Resultat *ganz zufrieden* – unter 35 Kandidaten wurde er immerhin Dritter!

Seinen ehemaligen Rektor wieder einmal um Rat fragen musste der Germaniker im Herbst 1877, als Erzbischof Scherr tödlich erkrankte und sich somit die Frage nach seiner künftigen Verwendung stellte. Er selber wollte am liebsten seine beiden Benefizien mit 500 Gulden Jahreseinkommen, von dem man in München nicht leben konnte, resignieren und „Landcooperator" werden. Damit zeigten sich indes weder Generalvikar Dr. Michael Rampf[22] noch sein Vorgänger Dr. Kagerer einverstanden, und so wurde ihm die gerade vakant gewordene Stelle eines Domvikars angetragen. Hieran hatte Huber freilich aus folgenden Gründen kein Interesse: *1.) wegen Haushalt, 2.) wegen Mangel an Seelsorge 3.) weil ich in der Curie als Schreiber oder dgl. Dienste leisten müßte u. so kaum wüßte, warum ich Priester bin; 4.) weil ich am Ende vielleicht wieder Secretär werden müßte, wozu ich besonders bei den muthmaßlichen Eigenschaften eines künftigen Erzbischofs gar keine Lust habe.*[23] Weil Scherr wegen seines sich rasch verschlechternden Zustandes allerdings nicht mehr in der Lage war, Hubers Ernennung zum Domvikar vorzunehmen, blieb dieser nach dem Ableben des Erzbischofs zum einen Benefiziat von St. Peter, zum anderen berief man ihn zum Sekretär des Kapitularvikariates.[24]

Bald darauf wurde bekannt, dass der bisherige Augsburger Dompropst und Bistumshistoriker Antonius Steichele [25]die Nachfolge Scherrs antreten werde, und da er den bisherigen Erzbischöflichen Sekretär beibehalten wollte, *wenn er mag*, nahm Huber nolens volens seine frühere Tätigkeit wieder auf. Jedoch gestand er bereits wenige Monate später ein, *daß es mir unter Erzbischof Gregor im Palais und was damit zusammenhängt besser gefallen hat als jetzt*[26], und Anfang 1880 konstatierte er sogar: *Die Verhältnisse unter dem neuen Erzbischof haben mir, wenn ich ihn auch Anfangs in Schutz*

---

21 Schematismus der Geistlichkeit des Erzbisthums München und Freising für das Jahr 1876, 4: „Riedler-Berghofer- u. Schobinger-Benefizium".
22 Zu Rampf (1825-1901), seit 1864 Domkapitular, von 1874 bis 1889 Generalvikar, dann Bischof von Passau: Franz X. BAUER, Das Bistum Passau unter Bischof Dr. Michael von Rampf (1889-1901), Passau 1997.
23 LANDERSDORFER, „Nach Rom zu schreiben ..." (wie Anm. 1), 239.
24 Kapitularvikar Rampf an Huber, München, 10. November 1877. EAM, Erzbischöfe 1821-1917, Kasten 2, Nr. 4.
25 Zu Steichele (1816-1889), von 1847/48 bis 1873 Domkapitular, von 1873 bis 1878 Dompropst in Augsburg, dann Erzbischof von München und Freising: Anton LANDERSDORFER, Antonius von Steichele (1816-1889), in: Manfred WEITLAUFF (Hg.), Lebensbilder aus dem Bistum Augsburg. Vom Mittelalter bis in die neueste Zeit (Jahrbuch des Vereins für Augsburger Bistumsgeschichte 39), Augsburg 2005, 323-338. – Vgl. auch DERS., Antonius von Steichele, Erzbischof von München und Freising (1878-1889), im Erleben seines Sekretärs Johann Baptist Huber, in: Sebastian HOLZBRECHER/Torsten W. MÜLLER (Hg.), Kirchliches Leben im Wandel der Zeiten. Perspektiven und Beiträge der (mittel-)deutschen Kirchengeschichtsschreibung. Festschrift für Josef Pilvousek, Würzburg 2013, 121-130.
26 LANDERSDORFER, „Nach Rom zu schreiben ..." (wie Anm. 1), 276.

genommen habe u. Alles möglichst gut zu interpretiren suchte, doch nie recht gefallen u. werden mir jetzt fast von Tag zu Tag unerquicklicher. ... Was meine Person insbesonders betrifft, so könnte ich zwar tuta conscientia nicht sagen, daß er positives Mißtrauen gegen mich hat; aber das Vertrauen wie unter Gregor scheint mir nicht vorhanden zu sein; überhaupt nicht jenes, wie es zwischen Bischof u. Sekretär nach meiner Ansicht herrschen soll; hiefür liegen auch positive Fakta vor, die ich mir nur sehr schwer anders erklären kann; ich komme mir mehr als nothwendiges Uebel vor.[27]

Folglich überlegte er ernsthaft, ob er nicht seinen Posten aufgeben und sich um eine Pfarrei bewerben solle: *1.) Wenn ich von München überhaupt fort will, so ist es Zeit, daran zu denken. Denn bereits trage ich die Last von 38 Jahren u. je länger ich warte, desto schwerer wird es mir sein, mich in eine ganz neue, ungewohnte Lage hineinzufinden. Die Priester meines Jahrganges haben theilweise schon Pfarreien, theilweise das s. g. Pfarrerfieber. 2.) Oder soll ich in München bleiben u. abwarten, was man mit mir thun will? Ich meine nicht. Zunächst könnte ich nichts als höchstens ein Domvicariat hoffen u. dabei mich mit der sehr wahrscheinlich eitlen Hoffnung tragen, nach so u. so vielen Jahren vielleicht ein Kanonikat zu erwischen. Zu einem Vicariat u. den damit verbundenen Geschäften im Ordinariat fühle ich keine Lust, abgesehen von dem sehr spärlichen Einkommen. Als Priester könnte ich wenig thätig sein. Ein Kanonikat hat für's erste für mich wenig Anziehungskraft u. dann nach meiner Ansicht fast keine Aussicht. Denn vom König bekomme ich als Germaniker sicher keines; dem HH. Erzbischof traue ich den Muth nicht zu – aus guten Gründen –, mir ein solches zu geben; das Capitel hat blos in 3 Monaten zu wählen, u. ob ein Domherr gerade in einem solchen Monat stirbt u. das Capitel dann gerade mich wählen würde, scheint mir sehr problematisch.*[28]

Deshalb glaubte Huber, der mittlerweile auch das anstelle des bisherigen „Pastoralblattes" eingeführte „Amtsblatt" für die Erzdiözese München und Freising zu redigieren hatte[29], aktiv werden zu müssen, als im Frühjahr 1880 die Pfarrei Chieming zur Wiederbesetzung anstand. Weil eine Bewerbung seinerseits von Erzbischof Steichele aber nicht gewünscht wurde, fungierte er weiterhin als dessen Sekretär. Erneut mit einem Wechsel seiner Tätigkeit liebäugelte Huber sodann im Sommer 1882; jetzt war es die Pfarrei Kay bei Tittmoning, welche eine *nicht geringe Anziehungskraft* auf ihn ausübte. Konkrete Schritte in dieser Richtung unternahm er jedoch nicht, nachdem ihm Steinhuber davon abgeraten hatte. Der frühere Rektor des Germanikums – er war inzwischen mit diversen Aufgaben an der römischen Kurie betraut worden – konnte allerdings nicht *ganz verstehen*, warum Huber das gleichzeitige Angebot seines Oberhirten zur Übernahme einer Domvikarie abgelehnt hatte. In Zukunft nicht mehr sträuben wollte sich Huber hingegen, falls die

---

27 Ebd. 295f.
28 Ebd. 295.
29 Ebd. 296. Vgl auch: Generalien-Sammlung der Erzdiöcese München und Freising, IV, München 1890, 63.

Aussicht auf ein Kanonikat im Metropolitankapitel bestünde, selbst wenn ein solches nicht das *höchste Ziel* seiner Wünsche sei.

Freilich, bis es dazu kam, sah sich der zunehmend mit gesundheitlichen Problemen, *vor allem im Bereich der Atemwege*[30], kämpfende Erzbischöfliche Sekretär und gleichzeitige Benefiziat, eine *lange, hagere, blasse Gestalt*[31], vor eine gewaltige, seine geistigen wie physischen Kräfte vollauf in Anspruch nehmende Herausforderung gestellt: die Erstellung eines neuen Lehrbuches der katholischen Religion für die bayerischen Gymnasien. *Das Religionshandbuch beschäftigt mich so, daß ich zum Essen und Schlafen kaum Zeit habe und mein Kopf voll von Religionshandbuch ist. Schon ein paarmal mußte ich mir piano! gebieten, sonst wäre der Körper nicht mehr mitgekommen. Auswärts habe ich als Kritiker meines Entwurfes die 7 Bischöfe mit ihren Unterkritikern; hier sitzen mir 5 auf dem Nacken. Es allen recht zu machen, ist keine leichte Aufgabe; ja, eine unmögliche, wie ich mich überzeugt habe, und ich dürfte mir gleich einen Strick kaufen und mich aufhängen, wenn ich die Zufriedenheit aller mir erwerben wollte. Indeß mag man meinetwegen nach Herzenslust kritisiren: ich benütze von den Bemerkungen, was mir brauchbar scheint, und im Übrigen behalte ich das Heft fest in der Hand. Empfindlich bin ich gegen die Kritiken nicht; nur das würde mich ärgern, wenn es Jemanden [!] gelingen sollte, einen theologischen Schnitzer mir nachzuweisen. Aber das soll keinem gelingen!*, tat er 1884 gegenüber Steinhuber kund.[32]

Ein Jahr später war das Opus[33] vollendet; es fand allseits eine derart positive Resonanz, dass sein Verfasser, nicht ganz ohne Stolz, vermeldete: *Die kühnsten Erwartungen sind weit übertroffen. Denn obwohl es eigentlich erst Ende September in die Öffentlichkeit drang, bin ich schon jetzt mit der 2. Auflage beschäftigt. Die öffentlichen Besprechungen, auch die nicht bestellten, lauten äußerst günstig u. finden nur wenig auszusetzen.*[34] Im Gegensatz dazu zeigte Huber sich alles andere als erfreut, als Erzbischof Steichele seine Verdienste um das „Religionshandbuch" mit der Ernennung zum Erzbischöflichen Geistlichen Rat würdigen wollte: *Ich habe diese Ehre sogleich abgelehnt u. werde mich nach Kräften dagegen sträuben. Es ist ein Titel ohne Mittel u. für solche ideale Dinge habe ich gar keinen Sinn; es ist mir ganz ‚Wurst', wie man mich nennt*, schrieb er damals ins Germanikum.[35] Zeit zu einer seit 1870 wiederholt geplanten, bis dato jedoch immer wieder aus unterschiedlichen Gründen verschobenen Romreise fand Huber, der mittlerweile sogar als künftiger Regens des Freisinger Klerikalseminars ins Gespräch gebracht worden war[36], aber weiterhin nicht, zumal er am 12. Dezember 1885 zu guter Letzt doch

---

30 NESNER, Metropolitankapitel (wie Anm. 3), 544.
31 Dr. Huber (wie Anm. 3), 29.
32 LANDERSDORFER, „Nach Rom zu schreiben ..." (wie Anm. 1), 375.
33 Lehrbuch der katholischen Religion zunächst für die Gymnasien in Bayern, München 1885.
34 LANDERSDORFER, „Nach Rom zu schreiben ..." (wie Anm. 1), 403.
35 Ebd. 392.
36 *Vor 3 Wochen starb der neue Regens v. Freising, ein wirklich sehr schwerer Verlust. Wer wird sein Nachfolger? Schon das letzte Mal hatte mich die fama unter die Candidaten gesetzt, dieses Mal scheint es aber schon ziemlich ‚si-*

einstimmig zum Domkapitular gewählt³⁷ und am 1. März des nächsten Jahres von Erzbischof Steichele, mit dem er in der Zwischenzeit übrigens, das *alter alterius onera portate* abgerechnet, *gut zusammenhauste*³⁸, auch zum Geistlichen Rat mit Sitz und Stimme im Allgemeinen Geistlichen Rat wie im Generalvikariat ernannt wurde.³⁹

Freilich, allzu lange konnte der langjährige Erzbischöfliche Sekretär und neue Domkapitular seine Arbeitskraft nicht mehr zur Verfügung stellen. Denn bereits Ende Mai 1886 musste er sich wegen seines sich seit Monaten deutlich verschlechternden Gesundheitszustandes auf dringenden Rat des Arztes zu einer sechswöchigen Kur nach Reichenhall begeben. Anschließend begleitete er seinen Oberhirten zwar noch auf einer Firmungsreise in die Dekanate Rottenbuch und Werdenfels, zur Erledigung weiterer Aufgaben sah er sich von diesem Zeitpunkt an aber außer Stande. Nachdem Huber, der erste Germaniker, *der es in München zum Domherrn gebracht hat*⁴⁰, am 21. September die 6787. hl. Messe seit seiner Priesterweihe, zugleich seine letzte, gefeiert hatte, konnte er das Krankenlager nicht mehr verlassen. Schneller als von seiner Umgebung erwartet, ist er schließlich am 16. Oktober 1886 im Alter von lediglich 44 Jahren an „Lungenschwindsucht" gestorben⁴¹ und drei Tage danach unter großer Anteilnahme von Klerus und Volk in der Gruft des Metropolitankapitels auf dem Südlichen Friedhof zu München beigesetzt worden.

Die Briefe und ihr Inhalt

Als Johann Baptist Huber im Sommer 1870, kurz nach der auf dem Ersten Vatikanum erfolgten Definition von Primat und Unfehlbarkeit des Papstes, zu einem Kurzurlaub in seiner Heimat weilte, schrieb er am 22. Juli sogleich einen ersten Brief an Rektor Steinhuber; ihm ließ er bis zu seinem Tode sechzehn Jahre später weitere 97 Schreiben folgen, auch nach dessen Weggang aus dem Germanikum. Trotzdem redete Huber ihn weiterhin mit P. Rector an, denn *für uns bleiben Sie, was Sie uns gewesen sind.*⁴² Darüber hinaus richtete er 1870/71 drei Briefe an seinen ehemaligen Spiritual Franz Xaver Huber sowie vier an die Kommunität des Kollegs, nämlich in den Jahren 1871, 1872 und 1876.

---

cher' zu sein. Es wurde mir bereits gratulirt u. gefragt wurde ich schon oft. Die Stimmen, die sich mir gegenüber äußerten, meinten natürlich alle, ich wäre der geeignetste Mann. Übrigens ist nichts zu befürchten, schon wegen des Religionshandbuches, das ich nothwendig aufgeben müßte. Ebd. 379.

37 Näheres in: Archiv des Erzbistums München und Freising [AEM], MK, XIII/21.
38 LANDERSDORFER, „Nach Rom zu schreiben ..." (wie Anm. 1), 357.
39 Steichele an Huber, München, 1. März 1886. EAM, Erzbischöfe 1821-1917, Kasten 2, Nr. 4.
40 LANDERSDORFER, „Nach Rom zu schreiben ..." (wie Anm. 1), 409.
41 AEM, Matrikeln 9334a (München, Unsere Liebe Frau, Sterbefälle 1885-1905), fol. 24.
42 LANDERSDORFER, „Nach Rom zu schreiben ..." (wie Anm. 1), 310.

Schriftprobe: Erste Seite des Briefes vom 17. November 1874 an Rektor Steinhuber in Rom

Mit Ausnahme der letztgenannten wurden diese insgesamt 105 Briefe, die zum einen von Hubers *geradezu kindlicher Anhänglichkeit, Verehrung und Dankbarkeit für das Germanikum*[43] zeugen, zum anderen deutlich machen, wie prägend und entscheidend die römischen Jahre unter der Leitung der Jesuiten für ihn gewesen sind, sowohl vom Rektor als auch vom Spiritual in der Regel beantwortet, jedoch liegen die Schreiben der beiden nicht mehr vor, weil ihr ehemaliger Zögling sie *der größeren Vorsicht wegen* allesamt *dem Feuertode*[44] übergeben hat.

Was nun den Inhalt der zumeist recht umfangreichen, fast durchgängig in *schöner Handschrift*[45] verfassten Briefe angeht, so erweisen sie sich in vielerlei Hinsicht als sehr interessant und aufschlussreich. Selbstredend informieren sie eingehend über Hubers persönliche Situation in der Heimat als wenig geliebter *Doctor Romanus*, seine mannigfachen Erfahrungen und Erlebnisse, zunächst als Kaplan in Nymphenburg und dann über vierzehn Jahre als Sekretär der Erzbischöfe Scherr und Steichele, und seine Kontakte zu anderen Germanikern, insbesondere zu den in München tätigen, mit denen er häufig *Kriegsrat*[46] hielt. Sodann schildern sie, was sich in Kirche und Staat hierzulande an Bedeutendem zugetragen hat, vor allem im Hinblick auf die Besetzung von Bischofsstühlen, den Altkatholizismus sowie die Auseinandersetzungen des bayerischen Episkopates mit der Regierung im Rahmen des Kulturkampfes, liefern wertvolle, zum Teil bislang nicht bekannte Hinweise zu einzelnen Persönlichkeiten – zu kirchlichen Amtsträgern[47] und Theologen[48] ebenso wie zu Mitgliedern des wittelsbachischen Herrscherhauses[49] und einzelnen Politikern[50] – und bieten schließlich eine Fülle von Nachrichten und Beobachtungen bezüglich einzelner Geistlicher wie Gläubiger, nicht nur im Erzbistum München und Freising, sondern auch weit über dessen Grenzen hinaus. Zu guter Letzt ist in ihnen vielfach davon die Rede, dass Huber Messstipendien nach Rom und anderswohin vermittelt

---

43 Franz Kordačs Briefe ins Germanikum (1879-1916). Herausgegeben und bearbeitet von A. K. HUBER, in: Archiv für Kirchengeschichte von Böhmen – Mähren – Schlesien 1 (1967) 62-184, hier 64.
44 LANDERSDORFER, „Nach Rom zu schreiben ..." (wie Anm. 1), 121.
45 Dr. Huber (wie Anm. 3) 2. Dort heißt es: ... *durch seine correcte schöne Handschrift, die in Folge seiner späteren Lebensstellung in so weiten Kreisen wohl bekannt geworden ist, und in der er merkwürdiger Weise vom 12. Lebensjahre an bis zu seinem Tode kaum einen Haarstrich merklich änderte – wohl ein Bild fest und solid angelegten Charakters.*
46 SPEIGL (wie Anm. 3), 19.
47 Namentlich zu Erzbischof Friedrich Schreiber von Bamberg sowie den Bischöfen Heinrich Hofstätter und Joseph Franz Weckert von Passau, Franz Leopold Freiherr von Leonrod von Eichstätt, Ignatius Senestrey von Regensburg, aber auch zu Kardinal Gustav Adolf Fürst zu Hohenlohe-Schillingsfürst, den jeweiligen Nuntien in München und diversen bayerischen Domkapitularen.
48 Neben Ignaz Döllinger und Johannes Friedrich insbesondere zu weiteren Mitgliedern der Theologischen Fakultät der Universität München wie Wilhelm Karl Reischl, Franz Xaver Reithmayr und Isidor Silbernagl.
49 Allen voran zu König Ludwig II., seinen Bruder Otto und ihre Mutter Marie von Preußen.
50 Beispielsweise Johann Freiherr von Lutz oder Alois Rittler.

und Priestern *Vollmachten der verschiedensten Art zum Zweck der Heiligung der Seelen*[51] verschafft hat.

Gar manches, bislang aus anderen Quellen nicht Bekanntes, wusste Huber natürlich über die beiden Erzbischöfe Scherr und Steichele zu berichten, bei jenem, einem gebürtigen Gastwirtssohn aus dem oberpfälzischen Neunburg vorm Wald, beispielsweise bezüglich des abendlichen Tarockspiels. *Dabei* – so Huber wörtlich – *geht es allerdings nicht richtig zu, aber man verliert doch nichts, weil am Ende wieder Alles vertheilt wird. Ein täglicher Mitspieler ist ein pens. Oberstabsarzt, ein alter Schulkamerad meines Herrn. Da der eine die Schliche des andern genau kennt, gerathen sie nicht selten in Streit u. ich mußte schon einige Male wieder vermitteln. Wenn mir die Sache zu bunt getrieben wird, rücke ich mit Moralprinzipien los [...] u. dann heißt es gewöhnlich: ‚Da sieht man wieder den Jesuiten' u. dgl. Als nun vorige Woche mein Herr wieder ganz auffallend einen Schlich gegen mich machen wollte, deckte ich ihn sogleich unbarmherzig auf, aber da bekam ich die Antwort: ‚Sie sind doch ein rechter Jesuitenbengel'. Mich hat das natürlich gar nicht genirt, weil ich dergleichen Liebenswürdigkeiten zu sehr gewohnt bin, u. ich war darum nicht wenig überrascht, als mir wegen dieses Ausdruckes am anderen Morgen privatim Abbitte geleistet wurde.*[52] Dementsprechend konnte Huber nach Scherrs Ableben auch resümieren: *Welche bittere Tage ich während der Krankheit u. beim Tode des HH. Erzbischofs durchgemacht, können Sie sich leicht vorstellen, u. namentlich nachdem der Herr ihn zu sich genommen, fühlte ich erst recht, daß wir innig zusammengewachsen waren. Zwar kamen wir hie u. da über's Kreuz und die rauhe Schalle [!] gab nicht selten viel zu ertragen; allein ersteres erreichte nie einen besonders hohen Grad u. erfolgte bald wieder Versöhnung, letzteres war zwar unangenehm, hat mir aber sicher nicht geschadet. Zudem macht die Gewohnheit Vieles leichter. [...] Bekämen wir als Nachfolger einen zweiten Gregorius, so dürften wir Gott auf den Knieen danken.*[53]

Dass Huber mit Scherrs Nachfolger Antonius Steichele, dem er weniger *Herz* und eine geringere *Rüstigkeit und Zähigkeit* als seinem Vorgänger attestierte[54], anfangs erhebliche Probleme hatte, belegen folgende Sätze mehr als deutlich: *In dem günstigen Urtheile über meinen R[everendissi]mus bin ich unterdessen bedeutend nüchterner geworden u. gar Manches will mir nicht mehr gefallen. Der Verkehr mit Lutz dauert mir bereits zu lange u. ist mir zu häufig, u. die Intimität mit dem Kanonikus Türk von St. Cajetan, einem Vertrauten des Lutz, gefällt mir auch nicht. Wenn ich dann bedenke, daß Erzbischof Gregor auch nicht ein einziges Mal zu Lutz ging, weil er es unter seiner Würde hielt, so steigen mir manchmal sehr trübe Gedanken auf. Nach ‚Schwaben' wird auch noch immer gar so oft gegangen u. ist dadurch bereits das bonmot entstanden, der HH. Erzbischof habe in München zwar ein Palais, aber keine Residenz. Das rege Interesse, welches Erzb. Gregor an allen Vorfällen in der Erzdiözese nahm, sowie*

---

51 Dr. Huber (wie Anm. 3), 16.
52 LANDERSDORFER, „Nach Rom zu schreiben ..." (wie Anm. 1), 141f.
53 Ebd. 241.
54 Ebd. 263, 300.

die Sorge u. Bemühung für eine gedeihliche Pastoration, die Gregor stets als wichtige Gewissensangelegenheit betrachtete u. behandelte, fehlt in hohem Grade. Mir scheint der gute Herr, der viele Jahre hindurch sich fast nur mit seiner Beschreibung der Diöcese Augsburg beschäftigte, dadurch das Interesse für andere Dinge großentheils verloren zu haben. Diese Beschreibung wird auch jetzt noch fortgesetzt. Das sind ungefähr meine Hauptschmerzen.[55] Gleichwohl blieb Huber auf ausdrücklichen Wunsch des Erzbischofs weiterhin dessen Sekretär. Die Konsequenz war, dass sich Ende des nächsten Jahres zwischen Steichele und ihm eine *Scene abspielte, die sehr ernst hätte werden können,* letztlich aber *große Wirkungen* zeitigte.[56] Was war geschehen? Unmittelbar vor Beginn einer am 18. Dezember 1882 in der Erzbischöflichen Hauskapelle stattfindenden Ordination *überraschte* der Oberhirte Huber mit der Anordnung, er müsse *in Zukunft bei allen Funktionen Handschuhe tragen, um die Mitra beim Aufsetzen und Abnehmen mehr zu schonen,* worauf dieser *opponirte, Handschuhe bei Funktionen gebühren sich einzig für den Bischof, u. ein Cäremoniar mit Handschuhen sei wie David in der Rüstung des Goliath.*[57] Obwohl der von Huber anschließend ins Vertrauen gezogene Generalvikar Rampf *große Angst* hatte, es könnte zwischen den beiden *zum Bruche kommen,* glaubte der Sekretär es im Hinblick *auf die fama u. das Ansehen* des Erzbischofs sogar *darauf ankommen lassen zu müssen,* wie er Steinhuber mitteilte.[58] *Ich spielte – u. war es auch in Wirklichkeit – den tiefbetrübten, redete nichts, antwortete nur mit ja u. nein u. machte dazu ein Gesicht, fast so lange wie die Frauenthürme hoch sind. Das, dachte ich, wird u. muß er merken, u. ich will sehen, wie lange er es aushält. Als nächste Wirkung erwartete ich, nicht daß er mich selbst fragte, sondern den H. Generalvicar, was ich denn eigentlich habe, weßhalb ich diesen ersuchte, in dieser delikaten Angelegenheit nicht den Vermittler der Antwort machen zu wollen, sondern ihm zu sagen, er solle mich selbst fragen. Am 18. u. 19. Dez. gingen wir bei Tisch rasch auseinander, weil mit mir absolut nichts zu machen war. Am 20. Vormittags wurde bereits H. G. Vicar gerufen u. über mich befragt. Der ließ sich in die Sache nicht ein, ,wußte nichts näheres', u. gab die Antwort, um die ich ihn gebeten. R[everendissi]mus sagte, so könne er es mit mir nicht mehr aushalten. Mittags bei Tisch war ich wieder traurig u. stumm, u. so brachte er es endlich am Abend eine Stunde vor Tisch über's Herz, an meiner Glokke zu ziehen. Als ich erschien, fing er bewegt u. in wohlwollendem Tone an, er habe bemerkt, daß ich seit einigen Tagen verstimmt u. traurig sei, nichts rede, was ich denn habe, ob mich die Handschuhe so schmerzen, er wolle nichts gegen mein Gewissen, ich solle aufrichtig Alles sagen. Meine Antwort war zunächst, nicht die Handschuhe an sich seien die Ursache, sondern was damit für seine Person zusammenhänge, u. das sei wiederum nur ein Glied an einer Kette. Auf die weitere Aufforderung, Alles zu sagen, erwiederte ich, das sei für mich sehr schmerzlich; auch fürchte ich, es könnten mir zu starke Ausdrücke entschlüpfen; ich wolle es deßhalb schriftlich sagen. Auf letzte-*

---

55 Ebd. 277f.
56 Ebd. 343.
57 Ebd. 343.
58 Ebd. 344.

res ließ er sich nicht ein u. so mußte ich denn mit der Sache herausrücken. Ich glaube die ganze u. volle Wahrheit gesagt zu haben, u. wie es aufgenommen wurde, können Sie daraus abnehmen, daß wir uns zum Schluß auf seine Aufforderung gegenseitig die Hand reichten u. er mich ermunterte, wieder fröhlich zu sein u. in Zukunft ihm ohne Umstände auch die unangenehmsten Dinge frei zu sagen. Er wolle von mir keine Schmeicheleien, sondern daß ich ihm die Wahrheit sage, die Andere ihm nicht sagen. Seither genoß ich Aufmerksamkeiten, die ich sogar als zu viel ablehnen mußte, u. als ich ihm zu Neujahr gratulirte, sagte er, er hoffe, daß wir noch lange beisammen bleiben; wenigstens ihn würde das freuen. Die Handschuhe sind natürlich abgethan; auch anderes, was ich angeführt, wurde geändert, u. die Almosen fließen jetzt in einem Grade reichlich, daß ich fast zurückhalten möchte. Es hat also, Gott sei Dank, gewirkt, wie ich es besser nicht wünschen könnte, u. ich bereue es keineswegs, diesen auch für mich unangenehmen Schritt gethan zu haben.[59] In der Tat scheint es fortan zu keinen nennenswerten Differenzen zwischen beiden mehr gekommen zu sein, jedenfalls ist in den Briefen davon nicht die Rede.

Aber nicht nur auf Scherr und Steichele kommt Huber wiederholt zu sprechen, auch zu den übrigen bayerischen Oberhirten finden sich zahlreiche Hinweise, etwa zu Ignatius von Senestrey[60], den langjährigen Bischof von Regensburg und maßgeblichen Protagonisten von Primat und Unfehlbarkeit des Papstes auf dem Ersten Vatikanum; sie machen zugleich deutlich, dass Huber durchaus brisante Themen ansprach: *Zur Bekräftigung u. Illustrirung des Gesagten theile ich Ihnen einen Fall mit, der an u. für sich sehr traurig ist, aber noch viel trauriger wird durch die Umstände, die ihn begleiten. Ich würde die Sache für eine Verläumdung halten, wenn sie leider nicht so gewiß wäre, daß sie bei mir jeden begründeten Zweifel ausschließt. Sie haben den Fall sicher in der Zeitung gelesen u. werden sich den Ausgang der Sache nicht haben erklären können. Sie betrifft die letzte Besetzung eines Canonicates in Regensburg. Der dortige Bischof ist bekanntlich eine persona ingratissima im höchsten Superlativ, u. offenbar nur um ihn zu ärgern wurde von der Regierung das erledigte Canonicat einem Pfarrer – Schmalzreich – verliehen, der, wie er in der Zeitung erklärte, sich darum nicht einmal beworben hatte; der in der ganzen Gegend, ja man darf sagen in d. ganzen Diöcese von jeher als unsittlicher Mensch bekannt war; der, wie sogar in Zeitungen ziemlich klar ausgesprochen wurde, mehr als einmal in Wirklichkeit Vater sein u. als solcher allen Grund haben soll, sich gerade von Regensburg möglichst ferne zu halten; gegen den vom dortigen Ordinariate schon dreimal Disciplinaruntersuchung eingeleitet wurde und dessen Personalakt hübsch umfangreich sein soll etc. etc. Ein solches Subject also wurde zum Domherrn befördert. Der Bischof u. das ganze Domcapitel haben natürlich dagegen protestirt u. zwar unmittelbar beim König. Nun kommt aber der zweite Theil dieser saubern Geschichte, der noch trauriger ist als der erste. Sie werden in d. Zeitung gelesen haben, was auch ich gelesen habe, nämlich nach genauerer Untersuchung der Sache habe sich herausgestellt, daß dieser Ernennung kein Hinderniß im Wege stehe. In*

---

59 Ebd. 344f.
60 Zu Senestrey (1818-1906), von 1858 bis 1906 Bischof von Regensburg: Karl HAUSBERGER, Geschichte des Bistums Regensburg, II, Regensburg 1989, 156-192.

Wirklichkeit war der weitere Verlauf dieser Angelegenheit folgender. Wegen dieser Eingabe beim König war man im Ministerium ungeheuer erbost u. wollte nun den Bischof zwingen, den Schmalzreich nicht nur als Domherrn anzunehmen, sondern ihn auch zum geistl. Rathe ganz wie die übrigen Capitularen zu machen. Darum ging ein Schreckschuß nach Regensburg ab: entweder möge der Bischof auf Alles eingehen, oder man werde seine, d. i. des Bischofs, Biographie veröffentlichen. Ich wußte dieß schon, bevor jene ‚genauere Untersuchung' angestellt wurde, u. war darum auf den Ausgang der Sache sehr gespannt. Was es mit jener Biographie für eine Bewandtniß hat, erzählte mir der HH. Erzbischof u. ich theile es Ihnen schweren Herzens mit. Es sind mehrere Punkte, die aber alle auf den punctum sexti hinauslaufen. Als Senestrey Pfarrer in der Augsburger-Diöcese war, gab es allerlei Geschichten, unter Anderm auch mit einer Somnambul, u. der Personalakt soll darum in Augsburg ziemlich angewachsen sein. Aber siehe da, eines Tages – als er, wenn ich nicht irre, schon Bischof war – war der ganze Akt aus d. Ordinariat verschwunden, man wußte nicht wie, ältere Domherrn dagegen wissen noch genau den Inhalt. Auch anderswo soll es sehr gespuckt haben u. ich selbst hatte schon Gelegenheit, für mich allerlei Vermuthungen zu machen, als nämlich im vorigen Jahre eine Wittwe hier einige Male an den HH. Erzbischof schrieb u. vom B. v. Regensburg, wie mir schien, Mehreres erpressen wollte. In diesen Vermuthungen wurde ich bestärkt, als ich wahrnahm, daß die Bemühungen dieser Frau nicht umsonst gewesen waren. Ich habe Ihnen, wenn Sie sich noch erinnern, schon einmal eine leise Andeutung gemacht. Da man nun dergleichen Aktenstücke auch im Ministerium zu haben scheint oder wenigstens sicher davon weiß, so konnte man diesen Schreckschuß abgehen lassen u. er hat seine Wirkung nicht verfehlt. Denn ungefähr 8 Tage darauf ‚stand kein Hinderniß mehr im Wege'. Das ist der Thatbestand u. ich wünschte nur, daß ich Ihnen hier eine Unwahrheit schriebe.[61]

Ein Blatt vor den Mund nahm sich Huber eben so wenig, wenn er über König Ludwig II.[62] berichtete. Hierzu drei besonders markante Kostproben: *Bald hätte ich vergessen, Ihnen zu berichten, wie in München mein werther Name oft mißbraucht wird. Es kommt nämlich oft vor, daß man dort über den König schimpft oder sich über seine dummen Streiche lustig macht. Da man aber leicht wegen crimen laesae majestatis angeklagt werden könnte, so nennt man ihn den Huber, weil viele so heißen, u. da wird nun über diesen Huber wacker losgezogen. Will Jemand wissen, wer der Huber sei, so erwiedert man ihm z. B.: nun der Huber da unten im Türkengraben Nr. 28 über 3 Stiegen.*[63] Wenig später schreibt er: *Nun noch Einiges über meinen Namenscollegen ‚Huber', den Sie aus früheren Briefen bereits kennen. [...] In seinem Wintergarten lustwandelt er schon um 4 Uhr Morgens, wobei immer eine Schauspielerin, hinter dem Gebüsche versteckt, ihren bezaubernden Gesang ertönen lassen muß. Ist das nicht schön? Bekanntlich ist er auch in den Baustyl Ludwigs XIV. ganz vernarrt und darum ließ er sich nicht blos einen prächtigen Wagen in diesem Style machen, sondern es mußte sich auch, als er*

---

61 LANDERSDORFER, „Nach Rom zu schreiben ..." (wie Anm. 1), 139f.
62 Zu Ludwig II. (1845-1886), von 1864 bis 1886 König von Bayern: Hermann RUMSCHÖTTEL, Ludwig II. von Bayern, München 2011.
63 LANDERSDORFER, „Nach Rom zu schreiben ..." (wie Anm. 1), 48.

noch nicht in München war, bei seinen Spazierfahrten eine Schauspielerin als Ludwig XIV. verkleidet auf den Weg hinstellen, vor der er dann beim Vorbeifahren die einem Ludwig XIV. gebührenden Complimente machte. Ist das nicht wieder schön? Ähnliche Stücke könnte ich Ihnen noch mehrere erzählen, aber Sie ersehen schon aus diesen zweien, welchen Namenscollegen ich habe.[64] Und schließlich: *In der Weihnachtswoche war der HH. Erzbischof zur Hoftafel geladen, und als nach derselben der König auch mit ihm sprach, erkundigte er sich sogar um den neuen Sekretär: ob er ein Bayer sei, ob er was tauge etc.! Da haben Sie wieder einen neuen Beweis, für wie wichtig man meine Persönlichkeit sogar in den höchsten Regionen hält. Der König scheint übrigens von einer completen [!] Narrheit nicht mehr sehr ferne zu sein. So war er z. B. ganz unglücklich, daß man den Prachtschlitten, welchen er sich für diesen Winter machen ließ, Andern sehen ließ, und jenen kostbaren Hochzeitswagen, der schon vor 2 Jahren gemacht wurde, ließ er jetzt einmauern, damit ihn gewiß Niemand sehen kann. Auf seinem Linderhof im Gebirge wollte er einen feuerspeienden Berg sehen, ließ deßhalb Feuerwerker kommen, und da diese ihre Sache nicht besonders gut machten, so soll er jetzt Italiener kommen lassen. Auch zieht er sich dort ganz aus, läßt sich den Leib bemalen und steigt dann als Indianerhäuptling mit Schild und Wurfspieß im Zimmer auf und ab ganz in Adamsfrack. Muß man da nicht sagen: qui se exaltat, humiliabitur?*[65]

Auch Ludwigs Bruder Otto[66], der wegen einer Geisteskrankheit regierungsunfähig und später in dem eigens für ihn umgebauten Schloss Fürstenried bei München untergebracht war, findet gelegentlich Erwähnung, so beispielsweise 1875, als sich im Münchener Liebfrauendom Folgendes ereignete: *Am Frohnleichnamsfest, als das Pontificalamt gegen Ende war, hörte ich am Altar hinter mir auf einmal ziemlich laut reden: Ich schaue um u. sehe ein jungen Menschen in grauem Ueberzuge knieend mit dem Stabträger sprechen. Ich meine, es sei Prinz Otto, kann es aber nicht glauben – u. doch ist er's. Weil ihm der Stabträger wenig Gehör schenkt, geht er zum Subdiacon vor und spricht mit ihm knieend längere Zeit. Der Inhalt des Gespräches war: kann ich mit der Procession gehen? Ich bin ein tief gefallener Sünder, habe 1868 unwürdig communicirt, muß deßhalb öffentliche Abbitte leisten, sonst kann ich bei Gott keine Verzeihung finden u. dgl. Man sucht ihn zu beruhigen u. in einen Chorstuhl zu bringen; aber plötzlich kehrt er wieder um, geht das Presbyterium zurück bis zu den Stufen, welche in das Schiff hinabführen, kniet sich dort nieder u. spricht gegen das Volk gewendet ganz laut: ich bitte die ganze Menschheit um Verzeihung, daß ich unwürdig communicirt habe. Zum Glück spielte noch die Orgel, sonst würde es die halbe Kirche verstanden haben. Von da aber war er nicht wegzubringen, bis der Kirchendiener von St. Peter den Einfall hatte ihm zu sagen, es helfe nichts, hier öffentliche Abbitte zu leisten, weil man wegen der Orgel nichts höre, er werde aber sorgen, daß nach beendetem Amte ein Geistlicher auf die Kanzel gehe u. seine Abbitte verkünde.*

---

64 Ebd. 84.
65 Ebd. 105.
66 Zu Otto (1848-1916): Alfons SCHWEIGGERT, Schattenkönig. Otto, der Bruder König Ludwig II. von Bayern, ein Lebensbild, München 1992.

Das half. Was hat aber den guten Prinzen so auseinander gebracht? Einerseits dieß, daß der König nicht mit der Procession ging u. so auch er nicht mitgehen durfte, andererseits die Meinung, daß er demnächst sterben müsse. Es war nämlich vorher die Prinzeß Alexandra u. die Königin v. Griechenland gestorben u. da existirt der Aberglaube, daß immer drei aus der kgl. Familie sterben. Er meinte nun, der dritte sei er. Die folgenden Tage führte er noch andere Narrheiten auf, bis eine mit Bayern verwandte Prinzessin in Anhalt starb, u. dann war es wieder gut. Sie können sich denken, welchen Eindruck dieser Vorfall in der Frauenkirche machte; von allen Gutgesinnten konnte man hören: o armes Haus Bayern![67]

Von diesen und zahlreichen weiteren Persönlichkeiten abgesehen, informierte Huber seine Adressaten in Rom nicht minder ausführlich über besondere Ereignisse des öffentlichen wie kirchlichen Lebens, etwa aus dem Jahre 1872, als er seinen „Confratres" schrieb: *Nehmen Sie also die wenigen Leckerbissen von Neuigkeiten, die ich zur bessern Verdauung Ihres pranzo Ihnen auftischen kann, allergeneigtest mit gutem Appetit hin. Zur bessern und sichern Erreichung dieses Zweckes beginne ich alsogleich mit einer ästhetischen Vorlesung über das pranzo, welches bei Gelegenheit der Jubiläumsfeier der hiesigen Universität von den Trägern der deutschen Wissenschaft im Odeumssaale dahier eingenommen wurde. Dieses pranzo war so ausgezeichnet u. brachte unter den Theilnehmern eine solche Begeisterung hervor, daß mehrere derselben vor lauter Trunkenheit von dieser Begeisterung den Saal gar nicht mehr verlassen konnten und am Abend unter den verschiedenartigsten Ergießungen im Odeum herumlagen. Sie glauben vielleicht, daß ich scherze, aber es ist pure Wahrheit. Noch am Morgen des andern Tages konnte man Festtheilnehmer am Boden herumliegen sehen, der Saal aber hatte ein Aussehen, daß man ihn am andern Tage gar nicht mehr gebrauchen konnte u. er einer gründlichen Reinigung dringend bedurfte.*[68]

Ein Thema, auf das Huber gerade in den siebziger Jahren des Öfteren zu sprechen kam, war der Altkatholizismus, der ja namentlich in München, aber auch in anderen Gegenden Bayerns Anhänger gefunden hatte. In einem Brief von 1872 heißt es hierzu: *Ueber den Altkatholicismus bemerke ich nur, daß jene Priester, die zu demselben abgefallen sind, schon voraus grandiose Lumpen gewesen zu sein scheinen namentlich in puncto sexti. Von mehreren derselben weiß ich das ganz gewiß und will, um von Bayern nichts zu sagen, nur bemerken, daß nach einer zuverlässigen Quelle dem österreichischen altkatholischen Pfarrer Anton, während er beim altkatholischen Concilium in München war, das sonderbare Glück zu Theil wurde, daß in Wien bereits die dritte Nachkommenschaft von ihm das Licht der Welt erblickte. Solche Beispiele sind für jeden Priester sehr lehrreich, und darum mache ich Ihnen diese Mittheilung.*[69] Drei Jahre später findet sich dann folgende Passage: *Weil ich gerade von Altkatholicismus rede, so muß ich Ihnen auch mittheilen, daß Renftle in Mering aus d. letztem Loche pfeift u. zwar aus einem höchst originellem Grunde, den der hiesige Regierungspräsident v.*

---

67 LANDERSDORFER, „Nach Rom zu schreiben ..." (wie Anm. 1), 178f.
68 Ebd. 96.
69 Ebd. 83f.

Zwehl dem Dompfarrer mittheilte, aus dessen Mund ich die Sache weiß. Der Grund ist der. Die ledigen Burschen um Mering herum haben sich das Wort gegeben, so lange dort diese Wirthschaft herrscht, keine aus Mering zu heirathen u. auch nicht, wie man sagt, hineinheirathen zu wollen. In Folge davon bleiben den Meringern ihre Töchter übrig u. da ihnen der Grund hievon bekannt ist, so muß der arme Renftle das Bad austrinken. Erst vor 1 oder 2 Wochen war deßhalb eine Deputation aus M. beim Lutz, um von R. befreit zu werden, ich weiß aber noch nicht, welchen Bescheid sie erhielten. In jedem Falle ist die Geschichte sehr nett. – Bei uns ist in Kiefersfelden wieder Alles katholisch u. der dortige Curat erzählte mir bei d. Firmung in Rosenheim, daß man bei ihm v. Altkath. so wenig mehr merke wie in jeder andern Pfarrei. Hoseman in Tuntenhausen hat ohnehin nie einen einzigen Anhänger gehabt.[70]

Nicht unerwähnt bleiben soll zu guter Letzt, dass an zahlreichen Stellen der Briefe Aussagen zum Klerus sowie zum religiösen Leben der damaligen Zeit gemacht werden, wie nachstehende zwei Beispiele belegen: *Von der wissenschaftlichen Bildung des Clerus im Seminar zu Freising läßt sich nach meiner Meinung auch nicht viel Gutes sagen. Die Dogmatik, welche ohnehin sehr wenig ist, wird diktirt, wörtlich auswendig gelernt u. beim Examen heruntergeleiert. Daß Manche das nicht verstehen, was sie sagen, gestand mir ein Theolog ganz aufrichtig. Die Obern verkehren mit den Alumnen so viel wie nichts, sondern es ist dort ein Generalpräfekt aus der Zahl der Alumnen, der übergibt seine Berichte über die einzelnen dem Regens u. nach diesen wird entschieden, ob sie für die Weihe würdig sind! Der gegenwärtige Regens, der die Pastoraltheologie gibt, ist in seinem Leben nie in der Seelsorge gewesen, der Subregens ein ganzes halbes Jahr! Von den möglichen u. wirklichen Verhältnissen in manchen Pfarrhöfen wird ihnen gar nichts gesagt, sondern nur Unterwürfigkeit unter die Pfarrer eingeschärft, und so kommen dann die neuen Priester ohne alle Kenntniß der Wirklichkeit hinaus. Da hat es der selige P. Huber anders gemacht. Darum, glaube ich, kann man sich nicht wundern, wenn manche Priester verkommen, weil sie weder die ihnen drohenden Gefahren noch die Mittel, sie zu meiden, kennen u. weil sie dann, wenn sie ihre Erwartungen in den Pfarrhöfen getäuscht sehen, nur zu leicht ihren Verdruß vertrinken wollen. Aus dieser Vorbildung erklärt es sich auch, daß Manche im Verkehr mit den übrigen Menschen sehr ungeschliffen sind und ihre Hauptbravour dareinsetzen, daß sie, anstatt in vorkommenden Fällen zu belehren, recht schimpfen.*[71] Oder: *Der Pfarrer von Sendling z. B. besucht das ganze Jahr die Schule von Neuhausen niemals, obwohl er Localschulinspector ist, und als er im vorigen Jahre 6 Monate keinen Coadjutor hatte, übertrug er den Religionsunterricht dem ganz fortschrittlichen Lehrer, der z. B. bei Gelegenheit der Parabel vom barmherzigen Samariter den Kindern sagte: da seht ihr, wie die Pfaffen sind! Sogar auf die erste Beicht u. Communion mußte er die Kinder vorbereiten, der Pfarrer aber ließ sie nur einmal zu sich kommen, um jene auszuschließen, welche den Catechismus nicht auswendig wußten. In den Beichtstuhl geht dieser Herr gar nicht, und wie er machen es auch manche andere wenigstens an den gewöhnlichen Sonnta-*

---

70 Ebd. 164.
71 Ebd. 66.

gen. Wie viel könnte ich hierüber noch schreiben! Ein Cooperator hat vor nicht langer Zeit Einigen, die gebeichtet hatten, ‚aus Vergessenheit' die Communion nicht gespendet, u. als sie sich darüber beklagten, geantwortet: ihr solltet ja wissen, daß die geistliche Communion gerade so viel gilt wie die wirkliche! Wie kann man sich unter solchen Verhältnissen wundern, wenn Gott eine Verfolgung gegen den Clerus schickt?[72]

Fazit: Hubers 105 Briefe stellen für alle, die sich mit der äußerst bewegten Zeit nach dem Ende des Ersten Vatikanums und während des Kulturkampfes im Königreich Bayern beschäftigen, eine wahre Fundgrube dar.

---

72 Ebd. 67.

„Bin Gott sei Dank gesund und glücklich im heiligen Beruf"

Barmherzige Schwestern im Lazarettdienst des Ersten Weltkrieges[1]

von Susanne Kaup

Fourmies, den 8. Januar 18.
Kindlich geliebte, Wohlehrwürdige Frau Mutter!
[...] Erlaube mir, lieben Wohlehrwürdigen Mutter unser neues Heim in Kürze zu schildern. Wir haben uns hier, Gott sei Dank, schon so ziemlich eingearbeitet. Die ersten Tage sind ja immer etwas schwer, bis man die Patienten kennt und die Quartiere in Ordnung sind. Unser Lazarett wird zum heiligen Peter genannt, war früher ein Priesterseminar und ist sehr schön eingerichtet. [...] Wir haben nur Nierenkranke und gab es wieder so manches zu lernen, da dieselben ganz genau nach Vorschrift gepflegt werden müssen. Liebe Wohlehrwürdige Mutter sollen nur sehen, wie notwendig wir es haben. Es muss nämlich für jeden Kranken täglich dreimal Brot und Butter abgewogen werden, für einige dann noch Salz, Zucker und Fleisch. Das nimmt viel Zeit in Anspruch, doch haben wir hier keine großen Säle, ist deshalb auch leichter zum Durchkommen. Seit ein paar Tagen haben wir auch im Lazarett heilige Messe, zuvor gingen wir in die Kathedrale, die eine halbe Stunde von uns entfernt ist.

Zu den Lazarett-Bewohnern gehören auch Ratten und Mäuse, die es hier in großer Menge gibt, wenig angenehm sind; doch muss man sich an alles gewöhnen, es ist eben Krieg. Meiner Wenigkeit geht es gut, bin Gott sei Dank gesund und glücklich im heiligen Beruf. [...]
In der Liebe Jesu und Mariä verbleibe ich
Ihrer Wohlehrwürden Frau Mutter dankbar gehorsame
geistliche Tochter Schwester M. Speranda.[2]

Dieser leicht gekürzt zitierte Brief einer Barmherzigen Schwester aus einem Kriegslazarett in Frankreich an ihre Generaloberin in München spricht mehrere Themen an, die sich in hunderten anderer Briefe sowie in schriftlichen Erinnerun-

---

1 Der Vortrag wurde am 25. November 2014 im Verein für Diözesangeschichte von München und Freising gehalten; für die Druckfassung wurde er leicht überarbeitet und mit Anmerkungen versehen; das abgedruckte Bildmaterial ist dem Kongregationsarchiv der Barmherzigen Schwestern in München entnommen (BSMüA). – Orthographie und Zeichensetzung der zitierten Quellen wurden der heutigen Rechtschreibung angepasst, Abkürzungen in der Regel aufgelöst.
2 BSMüA, 5.6/3, Nr. 17: Schwester M. Speranda Steeb an Generaloberin Schwester M. Osmunda Rummel.

gen von Barmherzigen Schwestern des Mutterhaus München, die während des Ersten Weltkriegs im Lazarettdienst in der Etappe tätig waren, finden: häufiger Wechsel der Standorte der Etappenlazarette, damit verbunden jeweils neue und beschwerliche Einarbeitungsphasen, mangelhafte hygienische Zustände, strenge Arbeitsbedingungen, große Vielfalt an verschiedenen Verwundungen und Krankheiten der Soldaten, aber auch kurze Reflexionen über die Wahrnehmung und Erfahrung der Kriegssituation, das geistliche Leben der Schwestern unter den Bedingungen des Krieges und ihre Motivation für den Lazarettdienst, die darin besteht, Helfen und Pflegen als „heiligen Beruf" zu begreifen. Ähnliche Themen kommen auch in den Dokumenten der Schwestern vor, die im Lazarettzug oder in Lazaretten in der Heimat arbeiteten.

Vorbemerkungen
Barmherzige Schwestern vom hl. Vinzenz von Paul

Auf ausdrücklichen Wunsch und mit persönlicher Unterstützung König Ludwigs I. waren im Jahr 1832 Barmherzige Schwestern vom hl. Vinzenz von Paul aus Straßburg nach Bayern geholt worden, um unter der Anleitung der Oberin Schwester Ignatia Jorth[3] im damaligen „Allgemeinen Krankenhaus" in München, das seit 1826 den Status einer Universitätsklinik hatte[4], die professionelle Krankenpflege einzuführen und eine Ordensgemeinschaft mit diesem Apostolat zu gründen.[5]

Rasch und kontinuierlich breitete sich die Gemeinschaft in Bayern aus: Im Jahr 1914 zählte die Kongregation 1722 Mitglieder (Professen, Novizinnen, Kandidatinnen)[6]; Mitte Juli 1918 waren es 1800 Mitglieder in 138 Filialen.[7] Während des Ersten

---

[3] Schwester Ignatia Jorth, Gründergeneraloberin der Barmherzigen Schwestern in Bayern, * 1780 in Schlettstatt/Elsass geboren, Eintritt in die Kongregation der Barmherzigen Schwestern im Bistum Straßburg, 1809 Profess, 1811 Oberin im Spital zu Hagenau/Elsass, 1823 Oberin im Bürgerspital zu Straßburg/Elsass, Assistentin der Straßburger Generaloberin und Novizenmeisterin, 1832 Ankunft in München, Aufbau der Kongregation der Barmherzigen Schwestern in Bayern, † 1845. Literatur: Emil Clemens SCHERER, Schwester Ignatia Jorth und die Einführung der Barmherzigen Schwestern in Bayern, Köln ²1933; Susanne KAUP, Ignatia Jorth. Die erste Generaloberin der Barmherzigen Schwestern in Bayern, in: Heute. Zeitschrift der Föderation Vinzentinischer Gemeinschaften 1 (2015) 9-13.

[4] Heutige Bezeichnung: Medizinische Klinik des Klinikum der Ludwig-Maximilians-Universität München (Campus Innenstadt).

[5] Allgemein zur Geschichte der Barmherzigen Schwestern in Bayern: Hildegard ZELLINGER-KRATZL, 175 Jahre Barmherzige Schwestern in Bayern 1832-2007, München 2007. Zur Gründungsgeschichte der Barmherzigen Schwestern in Bayern s. Emil Clemens SCHERER, Die Kongregation der Barmherzigen Schwestern von Straßburg. Ein Bild ihres Werdens und Wirkens von 1734 bis zur Gegenwart, Saaralben/Lothringen 1930, 201-217.

[6] Vgl. BSMüA, 2.9: Chronik 1897-1953, 106.

[7] BSMüA, 2.4/3: Generalkapitel Nr. 8.

Weltkrieges waren zeitgleich etwa 70 Schwestern im Lazarettdienst in der Etappe eingesetzt, zwei Schwestern im Lazarettzug und annähernd 320 Schwestern in Lazaretten in Bayern[8]; das bedeutet, dass ungefähr ein Viertel der Profess-Schwestern in der Lazarettpflege tätig war, während der reguläre Pflegedienst in Krankenhäusern und Altenheimen ebenfalls aufrecht erhalten werden musste.

Die Anrede „Wohlehrwürdige Frau Mutter" des eingangs zitierten Briefes gilt der Generaloberin Schwester M. Osmunda Rummel.[9] Zusammen mit dem Superior, – seit 1914 Prälat Johann Baptist Pfaffenbüchler[10] – als dem Stellvertreter des Erzbischofs von München und Freising bei den Barmherzigen Schwestern und den Schwestern des Generalrates bildete sie die höchste Leitungsinstanz der Gemeinschaft.

Ihren Sitz hatte die Generalleitung im 1839 bezogenen Mutterhaus in der Nußbaumstraße in München. Nicht nur aus diesem Grund bildete dieses Haus den zentralen Identifikationsort für alle Schwestern, vielmehr hatten sie hier in der Mutterhauskirche ihre Einkleidung und Profess gefeiert und sich hier wiederholt zu Exerzitien während ihres Ordenslebens eingefunden. So ist verständlich, dass das Mutterhaus der Ort ist, auf den die Schwestern, die in der Kriegskrankenpflege fern der Heimat tätig waren, ihr Heimweh und ihre Sehnsucht richteten.

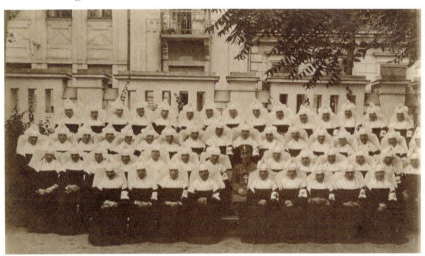

Die Barmherzigen Schwestern auf dem Weg an die Ostfront, Temesvar 1915

---

8   BSMüA, 5.6/2, Nr. 1: Beteiligung der kath. weibl. Ordensgenossenschaften Bayerns an der Lazarettpflege (Kopie).
9   Generaloberin Schwester M. Osmunda Rummel, * 1859, 1880 Profess, 1896 Oberin im Krankenhaus links der Isar/München, 1912-1924 Generaloberin, † 1924.
10 Johann Baptist Pfaffenbüchler, * 1874, 1899 Priesterweihe, 1914-1947 Superior der Kongregation der Barmherzigen Schwestern vom hl. Vinzenz von Paul, Mutterhaus München, † 1947.

Die Schwestern gingen beruflich gut vorbereitet in den Lazarettdienst. Da es bis in die 1920er Jahre hinein in Bayern keine staatlich normierte Ausbildung für Krankenschwestern gab, geschah die Ausbildung kongregationsintern und war in erster Linie praxisorientiert. Die jungen Schwestern lernten von den erfahrenen Schwestern im täglichen Krankenhausbetrieb. Bereits während Postulat und Noviziat waren sie in der Obhut von fachkundigen Schwestern an den Münchner Krankenhäusern eingesetzt, in denen Barmherzige Schwestern Dienst taten. Da es sich dabei fast durchweg um Universitätskliniken handelte, an denen medizinisch ein hoher Standard herrschte, hatten sich die Barmherzigen Schwestern diesem in pflegerischer Hinsicht anzupassen. Zudem war es immer wieder von den Ärzten gewünscht, dass die Schwestern auch an medizinischen Vorlesungen teilnahmen.

Ab 1904 verlangte der Stadtmagistrat von München eine Prüfung für die in den städtischen Kliniken arbeitenden Schwestern. Nachweislich seit 1910 haben die Barmherzigen Schwestern im Postulatsgebäude der Kongregation in der Blumenstraße theoretische Kurse für die neu eintretenden Frauen abgehalten, ebenso fanden im Mutterhaus Kurse für die Profess-Schwestern statt. Es waren Ärzte der renommierten Münchener Krankenhäuser, die diese theoretischen Kurse übernahmen.[11]

Quellen im Kongregationsarchiv

Grundlage für die folgenden Ausführungen bilden die Dokumente, die sich im Kongregationsarchiv der Barmherzigen Schwestern in München befinden. Die zentralen Quellen über den Lazarettdienst im Ersten Weltkrieg bilden hier die sogenannten „Ego-Dokumente", nämlich über 350 Briefe zahlreicher Schwestern an die Generalleitung im Mutterhaus, zwei ausführliche Erinnerungsberichte sowie ein exaktes Tagebuch. Hinzukommen ausführliche Übersichten über Tätigkeitsfelder der Schwestern, seien es die verschiedenen Lazarette in der Etappe, die Fahrten des Königlich bayerischen Lazarettzuges Nr. 2 oder die Liste der Lazarette in der Heimat. Ergänzend gibt es Fotos, chronikale Aufzeichnungen des Mutterhauses, einige Dienstakten sowie Rundbriefe der Generaloberin an die Niederlassungen der Gemeinschaft, in denen sie über die Einsätze der Schwestern in der Fremde berichtet.

Es steht eigentlich zu vermuten, dass die diversen Briefe und Berichte der Lazarettschwestern ein genaues Bild von der Praxis der Krankenpflege geben sollten. Doch genau das ist nicht der Fall. Über pflegerische Details wird kaum gesprochen. Das mag mit einer beruflichen Schweigepflicht zusammenhängen, aber auch mit der

---

11 Vgl. BSMüA, 0.1/6, Nr. 1: Mutterhaus der Barmherzigen Schwestern an das Staatsministerium des Innern in München, Brief vom 19.11.1920.

Zensur und militärischen Geheimhaltungspflicht bei Feldpostbriefen. Außerdem brauchten die Schwestern bei der Thematik „Krankenpflege" über das, was den Adressatinnen ihrer Briefe selbstverständlich war – nämlich die Pflege von internistisch, neurologisch oder chirurgisch Kranken – kein Wort zu verlieren.

Aus der Etappe und dem Lazarettzug stammt der überwiegende Teil der Briefe und Aufzeichnungen, weit weniger sind es aus Lazaretten in der Heimat. Die verschiedenen Dokumente geben einen facettenreichen Einblick in die vielfältigen Tätigkeiten und Erfahrungen, die Schwierigkeiten und Motivation der Schwestern.

Was die Interpretation der Fotos betrifft, die sich in den Beständen des Kongregationsarchivs befinden, so ist zu bedenken, dass es sich vor allem um gestellte Aufnahmen mit einem offiziellen Charakter handelt, aus denen das Grauen des Krieges nicht allzu offensichtlich hervortritt.

Freiwillige Kriegskrankenpflege im Ersten Weltkrieg

Die Barmherzigen Schwestern aus München waren – anders als das militärische Sanitätspersonal – Teil der sogenannten freiwilligen Krankenpflege. Diese war im Deutschen Reich in einer festen Weise organisiert und in die militärischen Strukturen integriert[12]; geregelt wurde sie für Bayern durch die „Dienstvorschrift für die freiwillige Krankenpflege".[13] Die Behördenstruktur sah so aus, dass in Bayern das „Landeskomitee für die freiwillige Krankenpflege" (für die übrigen Länder des Deutschen Reiches der „Kaiserliche Kommissar und Militär-Inspekteur") an der Spitze stand. Das Landeskomitee war organisatorisch dem Bayerischen Kriegsministerium angegliedert, das die Gesamtkoordination von militärischer und freiwilliger Krankenpflege zu bewerkstelligen hatte.

Darunter standen in hierarchischer Abfolge sogenannte Delegierte (von Territorial- bis zu Lazarett-Trupp-Delegierten); sie hatten die Aufgabe, die behördliche Ebene mit den Hilfsorganisationen und Verbänden der Krankenpflege, wie Rotes Kreuz oder Ritterorden, in Verbindung zu bringen, und bildeten demnach eine wichtige Schnittstelle.

---

12 Zur Organisation s. den Überblick von Astrid STÖLZLE, Kriegskrankenpflege im Ersten Weltkrieg. Das Pflegepersonal der freiwilligen Krankenpflege in den Etappen des Deutschen Kaiserreichs (MedGG-Beiheft 49), Stuttgart 2013, 28-55. – Zur Freiwilligen Krankenpflege s. auch Sanitätsbericht über das Deutsche Heer (Deutsches Feld- und Besatzungsheer im Weltkriege 1914/1918 (Deutscher Kriegssanitätsbericht 1914/1918), bearbeitet in der Heeres-Sanitätsinspektion des Reichskriegsministeriums. Bd. 1: Gliederung des Heeressanitätswesens im Weltkriege 1914/1918, Berlin 1935, 329-332.

13 Dienstvorschrift für die freiwillige Krankenpflege vom 21. März 1908. München 1908; für die übrigen Staaten des Deutschen Reiches galt die Dienstvorschrift für die freiwillige Krankenpflege vom 12. März 1907, Berlin 1907.

Die Hilfsorganisationen ihrerseits waren verantwortlich für Organisation, Ausrüstung und Begleitung derjenigen Freiwilligenverbände, die die praktische Krankenpflege ausübten, etwa katholische Ordensgemeinschaften wie die Barmherzigen Schwestern, evangelische Diakonissen oder zivile Verbände und Vereine.

Die Tätigkeit der Kriegskrankenpflege geschieht in drei verschiedenen Einsatzgebieten. Im Operationsgebiet der Front gibt es sich Verband- und Hauptverbandplätze; hier kommt Militärpersonal zum Einsatz. In der Etappe, d. h. im Gebiet hinter der Front, wo sich die militärische Logistik, wie Lazarett-Tross, Verwaltungs- und Instandsetzungseinheiten, aufhäkt, kommt auch die freiwillige Kriegskrankenpflege zum Einsatz. Hier befinden sich Feldlazarette als bewegliche Sanitätseinrichtungen und als festere, auf längere Dauer eingerichtete Unterkünfte die Kriegslazarette. In letzteren wird unter Umständen auch die Zivilbevölkerung versorgt. Die Barmherzigen Schwestern arbeiteten überwiegend in den Kriegslazaretten, doch kam es auch vor, dass sie in den Feldlazaretten Dienst taten.

Konnten die verwundeten und kranken Soldaten in den Feld- und Kriegslazaretten nicht ausreichend versorgt und wiederhergestellt werden, wurden sie in Lazarettzügen in die Heimat transportiert, wo sie in Lazaretten weiter versorgt wurden.

Im Folgenden soll der Dienst der Barmherzigen Schwestern in der Etappe, im Lazarettzug und in Heimatlazaretten vorgestellt werden, indem – ohne jeden Anspruch auf Vollständigkeit – lediglich einige zentrale Themen benannt werden, wie sie sich in den Dokumenten der Schwestern finden. Viel Raum wird Zitaten aus den Quellen gegeben, um die Unmittelbarkeit und Intensität der Erfahrungen und Erlebnisse der Schwestern einzufangen.

Lazarettdienst in der Etappe
Organisation und Ausrüstung

Die 68 Barmherzigen Schwestern vom Mutterhaus München, die am 24. August und 2. September 1914 in die Etappe nach Frankreich abreisten, standen unter Organisation und Schutz des Königlich Bayerischen Hausritterordens vom hl. Georg.[14] Der Georgiritterorden hatte mit mehreren katholischen Kongregationen, so auch den Barmherzigen Schwestern von München, vertraglich vereinbart, dass Schwestern für den Kriegsfall zur Verfügung gestellt würden.[15] Für sie über-

---

14 Zur Geschichte des Ordens s. Georg BAUMGARTNER/Lorenz SEELIG: Der Bayerische Hausritterorden vom Heiligen Georg, 1729-1979 Katalog zur Ausstellung in der Residenz München, 21. April bis 24. Juni 1979, hg. von der Bayer. Verwaltung der Schlösser, Gärten und Seen, München 1979.
15 Eduard SENFTLEBEN/Wolfgang FOERSTER/Gerhard LIESNER (Hg.). Unter dem Roten Kreuz im Weltkriege. Das Buch von der freiwilligen Krankenpflege, Berlin 1934, 124.

nahm der Georgiritterorden einen Teil der Kosten für Ausrüstung und Reiseproviant[16] und stellte den Lazarett-Trupp-Delegierten sowie den Trupp-Geistlichen.[17]

Das Mutterhaus scheint zwar Schwestern für diesen Dienst in der Etappe bestimmt, aber auch explizit um freiwillige Meldungen gebeten haben. Gut ausgerüstet mit Instruktionen, Kleidung, Verbandmaterial, geistlichen Utensilien wie dem Büchlein „Die Nachfolge Christi" und Sterbekreuz sowie Proviant gingen die Schwestern auf die Reise.[18]

Schwester M. Magdalena[19] berichtet in ihren Erinnerungen über die Tage vor der Abreise in die Etappe:

Ich durfte dann den 15. August am Feste Maria Himmelfahrt, nach München fahren, und so waren wir 42 Schwester[n], die sich vorbereiten zur Abreise. Wir waren aber noch 14 Tage im Mutterhaus, wo wir noch in vielen Sachen belehrt wurden. Es wurde auch für jede Schwester eine Verbandstasche gemacht, zum Umhängen, und mit Verbandmaterial gefüllt. Dann bekam auch jede Schwester eine Rotekreuzbinde an den linken Arm. Und so durften wir, mit allem gut ausgerüstet, für Leib und Seel, anfangs September mit unsern heiligen Schutzengeln, unsere Reise antreten. [...] Vor der Abreise hielt unser H.H. Prälat[20] uns noch eine Ansprache, dann wurde das Allerheiligste ausgesetzt und der Reisesegen gebetet, dann bekamen wir den Reisesegen mit dem Allerheiligsten, dann gingen wir paarweise dem Bahnhof zu. Hochw. Herr Prälat und der Thomas[21] gingen voraus. Am Bahnhof angelangt, erwartete uns noch Seine Königliche Hoheit, hat uns alles Gute gewünscht, hat uns gefragt, ob wir alle aushalten wollen, so lange der Krieg dauert. – Ja. Herr Oberzeremonialmeister Graf von Moy[22] und Herr Kanonikus Stippberger, Hofprediger[23], stiegen mit uns in den Zug ein und fuhren mit uns. Wir haben uns alle tapfer gehalten, wenig geredet, aber viel gebetet.[24]

---

16 BSMüA, 5.6/2, Nr. 1: Brief von Superior Johann B. Pfaffenbüchler an das Großkanzleramt des Königlich Bayerischen St. Georgsritterorden vom 7.6.1915.
17 Bayerisches Hauptstaatsarchiv, Abt. III Geh. Hausarchiv, Hausritterorden vom Hl. Georg, Akt „Sekretariat 126" (Feldgeistliche bei Lazaretttrupps, Laufzeit: 1914-1919 u. 1928) enthält Unterlagen zu den beiden Trupp-Geistlichen Stiftskanoniker Georg Stipberger (1914-1916) und P. Ludwig Becher CSsR (1916-1918).
18 BSMüA, 5.6/2, Nr. 1: Ausrüstung der Schwestern ins Feld.
19 Schwester M. Magdalena Haibel, *1878, Profess 1904, † 1954.
20 Superior Johann B. Pfaffenbüchler.
21 Thomas Wagner, Angestellter im Mutterhaus.
22 Max Graf Moy de Son (1862-1933), Delegierter des Lazarett-Trupps IV, Oberstzeremonienmeister, Oberhofmarschall; zur Biographie s. Hans-Michael KÖRNER (Hg.): Große Bayerische Biographische Enzyklopädie Bd. 2, 1343; Max Graf von MOY: Unser Rotes Kreuz im Felde. Vortrag gehalten ... am 29. Dezember 1914, München 1915.
23 Georg Stibperger (1881-1971), Geistlicher des Lazarett-Trupps IV; zur Biographie s. Hans Jürgen BRANDT/Peter HÄGER): Biographisches Lexikon der Katholischen Militärseelsorge Deutschlands 1848-1945, hg. im Auftrag des Katholischen Militärbischofsamtes Berlin, Paderborn 2002, 807f.
24 BSMüA, 5.6/2: Schwester M. Magdalena Haibel, Lazarettpflege im Krieg, 2f.

Die Schwestern waren dem Ersten Bayerischen Reserve-Korps zugeteilt, näherhin von 1914 bis Januar 1918 dem Lazarett-Trupp IV[25], ab Januar 1918 der Bayerischen Kriegslazarett-Abteilung Nr. 22.[26] Am 17.11. bzw. 21.11.1918 kehrten sie ins Mutterhaus zurück. Es waren stets etwa 70 Schwestern gleichzeitig in der Etappe. Durch Austauschen einzelner Schwestern waren es aber ca. 105 Schwestern, die die Erfahrungen der Kriegskrankenpflege gemacht haben.

Die Etappenschwestern waren an über 25 verschiedenen Orten in Frankreich/Belgien (1914-15, 1916-18) und Ungarn/Serbien (Mitte 1915 bis April 1916)[27] tätig. Ihre Verlegung stand immer im Zusammenhang mit den Einsatzorten der militärischen Einheit, zu der sie gehörten. Grundsätzlich ging die Formation des Lazarett-Trupps gemeinschaftlich auf Reisen. Vor Ort aber wurde der Trupp auf mehrere Lazarette verteilt, zuweilen sogar auf verschiedene Orte.

Verantwortlich für die Etappen-Schwestern war als Oberin Schwester M. Alma Mack[28]; sie war nicht nur die von der Kongregation bestimmte Vorgesetzte für die Schwestern, sondern auch Koordinatorin zwischen Delegiertem und Mutterhaus.

Arbeitsbedingungen

Vielfältig und beschwerlich waren die Arbeitsbedingungen, unter denen sich die Schwestern zurechtfinden mussten. Da war zunächst die ungewöhnliche Situation des häufigen Reisens, zum Teil verbunden mit der Ungewissheit über das Reiseziel. Am Bestimmungsort angekommen, war es nötig, sich zuerst einmal einen Überblick über den Zustand des vorgefundenen Lazaretts und der Schwesternunterkunft zu verschaffen und diese herzurichten (z. B. Stopfen von Strohsäcken, Putzen). Auf die Ausstattung wie Geschirr und Verbandmaterial warten die Schwestern zuweilen mehrere Tage, obwohl die Verletzten und Kranken sofortiger Hilfe bedurft hätten. Zudem hatten sich die Schwestern in neue Umgebungen, die Zusammenarbeit mit ihnen unbekannten Ärzten und neue Aufgabenbereiche einzufinden. Ferner war es

---

25 MOY, Rotes Kreuz (wie Anm. 22), 3, spricht von *zwei Geistlichen, ca. 70 Barmherzigen Schwestern und ca. 60 freiwilligen Krankenpflegern*, die ihm unterstellt waren, hinzu kamen einige adelige Damen sowie Laborantinnen.

26 Zu den Daten der Formationszugehörigkeit: BSMüA, 2.9: Chronik-Sammlung 1918 (Notiz aus dem Jahre 1935).

27 August 1914 bis September 1915: Dieuze, Saarburg, Zweibrücken, Cambrai, Französisch Comines, Belgisch Comines; September 1915 bis April 1916: Ungarisch Weißkirchen/Fehertémplom, Belgrad, Jagodina; April 1916 bis November 1918: Briey, Inor, Arlon, Montmédy, Piennes, Stenay, Longwy, Trelon-Glageon, Sein du Nord, Fourmies, St. Gilles bei Fismes, Sissonne, Florennes in Belgien, Malonne bei Namur, Vasseny bei Braisne, Sissonne, Dinant.

28 Schwester M. Alma Mack, * 1881, Profess 1906, danach Tätigkeit in der Medizinischen Klinik links der Isar/München, 1910 Oberin im Ordenspostulat in der Blumenstraße, 1911 Novizenmeisterin, 1914-1918 Oberin der Etappen-Schwestern, danach Oberin in der Kinderklinik Scheidegg, 1960 in den Ruhestand nach München-Berg am Laim, † 1970 (BSMüA, 4.8: Nekrolog Bd. 10, 202).

wichtig, wenigstens rudimentär die französische und ungarische Sprache zu erlernen, um sich mit der Zivilbevölkerung und kriegsverpflichteten Lazarettmitarbeitern verständigen zu können.

Oberin Schwester M. Alma Mack am Krankenbett, Briey 1916

Ein großes Problem stellte die mangelnde Hygiene dar. Schwester M. Alma berichtet aus Sissonne/Neues Lager 1918:

Die Aus- und Aufräumungsarbeiten ermöglichten keine sofortige Belegung – hier gab's Ungeziefer in Mengen (Ratten, Mäuse), namentlich Flöhe, dass z.B. eine Schwester 80 Flöhe abends in ihren Kleidern fand.[29]

Schwester M. Artolda[30] schreibt in ihren Aufzeichnung über ihre Ankunft in Vasseny 1918:

Es ist ungefähr noch 8 km nach Soisson. Wir bekommen unser vorläufiges Quartier in einer Baracke ohne Fußboden mit bloßer Erde. Die Betten sind schon hergerichtet. Wenn nur die Decken nicht gar so voll Blut und Schmutz wären, ganz steif vor Schmutz. Überzüge gibt es keine. Für wie viel sterbende Franzosen werden die schon benützt worden sein? Wir sehen uns das Laza-

---

29 BSMüA, 5.6/2, Nr. 1: Schwester M. Alma Mack, Einige Aufzeichnungen der Etappenschwestern, 15.
30 Schwester M. Artolda Burkard, * 1886, Profess 1913, † 1959.

rett noch etwas an und legen uns dann zur Ruhe. Doch mit den Schicksalsmächten ist kein ew'ger Bund zu flechten. Kaum sind wir eingeschlafen, werden wir durch unheimliches Pfeifen geweckt. Alles ist voll Ratten. Sie laufen grad so über uns rüber, kommen in die Betten hinein, es ist wirklich schrecklich, wie die umhausen, dann kommen noch feindliche Flieger. Eine schreckliche Schießerei über uns und so geht es fast alle Tage. Mit dem Schlafen wurde natürlich nicht viel.[31]

Neben den ohnehin schon schwierigen Arbeitsbedingungen in der Krankenpflege kommen – wie aus dem gerade zitierten Text ersichtlich – auch äußere Bedrohungen durch Fliegerangriffe, Bombeneinschläge, umherfliegende Splitter hinzu. Schwester M. Avellina[32] und Schwester M. Theodolinde[33] berichten aus Cambrai:

Liebe, Ehrwürdige Mutter, am 5. Oktober waren vier englische Flieger sichtbar, einer ganz über unsern Hof, und warf eine Bombe gleich neben dem Lazarett. Acht Fenster gingen in Scherben. Zwei Schwestern waren gerade im Saal, zwischen den zwei Schwestern fuhr die Bombe durch, ein Soldat war gleich tot, mehrere schwer verletzt, einem Verwundeten hat's die Lunge rausgerissen und an die Wand geschleudert. Der Pater gab sofort in jedem Saal die Generalabsolution. Den Schwestern ist Gott sei Dank nichts passiert, wir haben uns bald wieder von diesem großen Schrecken erholt und sind Gott sei Dank alle gesund und wohlauf.[34]

Durch Bomben oder Splitter wurde während des Krieges zwar keine Schwester verletzt, doch litten sie immer wieder an Krankheiten. In ihren Berichten werden diese durchaus thematisiert, aber Klagen finden sich nicht. So schreibt z.B. Schwester M. Magdalena:

Darf ich Hochw. Herrn Superior über mein Befinden etwas melden? Ich bin Gott sei Dank bis zur Stunde stets gesund und munter. Nur Kopf- und Zahnschmerzen, diese kleinen Kreuzpartikel, habe ich gar oft die Ehre zu tragen, auch habe ich mich vor einigen Wochen mit Kranken umbetten sehr überhoben, und ich spürte es in den ersten Tagen sehr gut, dass ich ein Kreuz habe, aber jetzt geht es mir wieder gut und es ist nur noch ein Kreuzlein, denn ich kann noch nicht schwer heben.[35]

Schwestern leiden an Grippe oder Gelbsucht, andere verletzten sich, so dass es nötig wird, sie gegen gesunde Schwestern auszutauschen. Drei Schwestern versterben in der Heimat an den Folgen von Erkrankungen, die sie sich im Etappen-Dienst zugezogen haben.

---

31 BSMüA 5.6/2: Schwester M. Artolda Burkard, Erinnerungsbericht, 49f.
32 Schwester M. Avellina Mayer, * 1878, Profess 1900, † 1938.
33 Schwester M. Theodolinde Doppelberger, * 1885, Profess 1911, † 1916.
34 BSMüA, 5.6/3, Nr. 5: Schwester M. Avellina Mayer an Generaloberin Schwester M. Osmunda Rummel aus Cambrai am 11.10.1914.
35 BSMüA, 5.6/3, Nr. 24: Schwester M. Magdalena Haibel an Superior Johann B. Pfaffenbüchler aus Französisch Comines am 15.8.1915.

Krankenpflege in den Lazaretten

Die Barmherzigen Schwestern sind in der Etappe vor allem in den Kriegslazaretten tätig, seltener in den Feldlazaretten hinter der Front. Die Lazarette sind in der Regel in Häusern (Internaten, Priesterseminar, Villen etc.), aber auch in Baracken und Zelten untergebracht. Die zu pflegenden Soldaten leiden an den verschiedensten Verwundungen, an internistischen Krankheiten (z. B. der Lunge, der Nieren), oder an Seuchen (Ruhr, Typhus, Malaria etc.).

Die Schwestern thematisieren die Umstände ihrer konkreten pflegerischen Tätigkeit immer wieder. Die Ausstattung der Lazarette lässt vor allem bei der Übernahme häufig sehr zu wünschen übrig. So berichtet etwa Schwester M. Artolda über die Situation, die sie 1914 in Dieuze vorfindet:

[...] Vormittag erhielt ich Anstellung im Feldlazarett. Die Kranken hatten schon mehrere Tage keine Pflege und Hilfe; sie weinten als wir kamen - fast lauter Schwerverwundete.

Wir hatten drei Säle mit je 20 Betten. Die Kranken bekamen in der Früh schwarzen Kaffee und Kommiss, Mittag Suppe und Fleisch. Wir haben für jeden Saal vier bis fünf Löffel, auch die Schüsseln reichen nicht, die Kranken müssen halt aufeinander warten mit dem Essen. Den Schwerkranken wird das Fleisch mit dem Taschenmesser geschnitten, anderes haben wir nicht, die leichteren nehmen das Fleisch in die Hand und beißen runter. Arbeit gibt es genug, bis die Kranken gewaschen sind, beim Verbinden helfen [...].[36]

Eine besondere Herausforderung stellen die hohen Zahlen der Kranken und Verwundeten dar, so schreibt Schwester M. Aquila[37] über die Situation in Glageon:

[...] Geht uns allen recht gut. Arbeit gibt es, kaum zu bewältigen. Haben in unserem Lazarett allein z. Zt. über 1100 Kranke – mit 18 Pflegeschwestern. Schon sind wieder 190 Zugänge gekommen und am Bahnhof steht seit heute Vormittag ein Lazarettzug mit 600 Schwerverwundeten, die bis Abend ebenfalls untergebracht werden müssen.[38]

Auch über die Art der Verletzungen finden sich in den Berichten der Schwestern immer wieder Äußerungen. Schwester M. Artolda schreibt über ihre bedrückenden Erlebnisse in Vasseny 1918:

Die schweren Bauchverletzungen dürfen gar nicht trinken. Mit aufgehobenen Händen bitten sie um einen Schluck Wasser – die jungen 17 und 18-Jährigen noch fast Kinder. Und beim Mundspülen muss man ihnen mit dem Sterben drohen, dass sie ja nicht schlucken. Die Familienväter wenn sie immer nach Frau und Kindern rufen. Es ist herzzerreißend, wenn sie fragen: ‚Schwester, vier, fünf, sechs kleine unversorgte Kinder hab ich; komm ich nicht mehr heim?', und so wenig Aussicht dazu. ‚Wenn ich doch sterben muss', sagte ein solcher Familienvater, ‚dann geben Sie mir

---

36 BSMüA, 5.6/2, Schwester M. Artolda Burkard, Erinnerungsbericht, 7f.
37 Schwester M. Aquila Adam, * 1884, Profess 1906, † 1960.
38 BSMüA, 5.6/3, Nr. 17: Schwester M. Aquila Adam an Generaloberin Schwester M. Osmunda Rummel aus Glageon am 23.4.1917.

doch zu trinken', und wir dürfen nicht, so schwer es uns ankommt, manchmal kommt doch einer durch. Kochsalzinfusionen müssen über den ärgsten Durst helfen. Die schweren Kopfverletzungen sterben fast alle, schrecklich, wie die oft aussehen. Wenn man schon Hoffnung hatte, einen durchzubringen, kommt noch Gehirnhautentzündung dazu und ist wieder vorbei. Die schweren Kieferverletzungen können nicht reden, nicht schlucken, kann man ihnen nur etwas Flüssiges mit dem Schlauch geben: etwas kondensierte Milch - frische haben wir keine -, etwas Wein und Suppe. Die schweren Rückenmarkverletzungen, die meisten gelähmt sind und alles unter sich gehen lassen. Die schweren Lungenverletzungen, die auch fast alle sterben.[39]

Eine besondere Herausforderung stellten auch die Nachtwachen dar, wie aus dem Bericht von Schwester M. Magdalena über ihren Einsatz in Longwy 1916/1917 hervorgeht:

[…] dann kam ich zu unsern Schwestern in ein großes Lazarett, wo ich dann ein halbes Jahr alleinigs durchgewacht habe. Zuerst war ich ganz allein, denn die Schwestern haben alle auswärts geschlafen. Es war kein Geistlicher, kein Arzt, kein Pfleger und keine Schwester im Haus, dies war mir unheimlich; wenn etwas war, musste ich telefonieren. Es konnte unmöglich so weitergehen. Dann durften zwei Operationsschwester[n], ein Arzt und ein Pfleger im Hause schlafen. Und wenn etwas zum Versehen war, durfte ich nur telefonieren, und in einigen Minuten war der Geistliche da. Ich habe einmal die Krankenräume zusammengezählt und es waren gerade 100, weil viele kleine Zimmer waren, mit zwei Betten, und überall musste man nachschauen; ganz unten waren nur Schwerkranke, im ersten und zweiten Stock lauter chirurgische, und im dritten Stock waren lauter bessere Herrn, Offiziere, Hauptmann, Inspekteur, Leutnant usw.; dann hatte ich noch eine Russenstation, es waren auch Franzosen in einem Saal; überall musste man nachschauen, und niemand konnte läuten, weil nichts eingerichtet war, ich war sehr froh, dass niemand läuten konnte, da hätte ich mich zu Tode laufen müssen. Die Hauptsache waren immer die Schwerkranken und so bin ich von einem Zimmer zum andern gegangen, die Nacht hindurch, kam selten zum niedersitzen und hat man sich einmal niedergesetzt, konnte man es nicht aushalten vor lauter Russen. … Wenn ich recht müde war, setzte ich mich immer auf die Stiege. Es durfte auch nirgends das Licht gemacht werden. Ich hatte eine eigene Wachlaterne mit fünf Gläsern, jedes Glas hatte eine andere Farbe. Das Licht durfte nur im Notfalle gemacht werden, im Operationssaal usw.[40]

Die Barmherzigen Schwestern waren nicht nur in der eigentlichen Krankenpflege eingesetzt, sondern auch in den Funktionsbereichen wie Operationssaal oder Röntgenraum. Häufig waren sie auch für die Wäscherei und Näherei sowie für die Küche zuständig. In Cambrai betreuten sie in den Jahren 1914/15 zudem eine Verpflegungsstation für verwundete und kranke Soldaten am Bahnhof:

---

39 BSMüA, 5.6/2: Schwester M. Artolda Burkard, Erinnerungsbericht, 51f.
40 BSMüA, 5.6/2: Schwester M. Magdalena Haibel, Lazarettpflege im Krieg, 21-23.

Mehrere unserer Küchschwestern mussten bei Tag und bei Nacht abwechslungsweis am Bahnhof kochen, im Freien bei jeder Witterung, denn bei jedem Transportzug wurden die Verwundeten verpflegt; die waren aber schon recht dankbar, wenn die barmherzigen Schwestern ihren Hunger und besonders ihren lechzenden Durst gestillt haben.[41]

Berufliche Kontakte

In Ausübung ihres Einsatzes in der freiwilligen Kriegskrankenpflege treffen die Barmherzigen Schwestern mit verschiedenen Menschengruppen zusammen, auf die sie sich bei dem häufigen Wechsel der Einsatzorte und Aufgaben stets neu einstellen müssen. Naturgemäß nimmt dabei der Kontakt zu den Patienten den größten Raum ein. Neben der professionellen Pflege ist es auch eine gewisse psychologisch-spirituelle Betreuung, die die Schwestern gewähren und emotional verarbeiten müssen.

Schwester M. Artolda etwa berichtet von einer Begebenheit in Vasseny 1918:

Zu einem jungen 18jährigen mit schwerer Lungenverletzung schickte ich gleich den Pater. Als ich hernach zu ihm hinkam, sagte er mit so großer Freude: ‚Schwester, ich habe auch die heilige Kommunion empfangen', er war so glücklich. Er sagte: ‚Jetzt kann ich sterben', und bei Nacht starb er. Halbe Kinder sind es noch mit einer unerfüllbaren Sehnsucht nach der Mutter. Sie hängen ja recht an den Schwestern und sind so dankbar für alles.[42]

In Florennes 1918 hatte sie folgendes Erlebnis:

Wir hatten hier interne Kranke, aber sehr schwerkranke, besonders Lungenentzündungen. Ein Kranker zeigte mir ein Zweipfennigstück, eingewickelt in ein Papier, auf dem geschrieben war: ‚Das gab mir mein Kind zum Heimfahren'. Er kam vom Urlaub und sorgte sich so um seine Frau und sein zweijähriges Kind. Er starb und das eingewickelte Geld wurde der Frau heimgeschickt.[43]

Die Fürsorge für die Verwundeten und Kranken setzte sich manchmal auch über ihren Tod hinaus fort, wenn Schwestern nämlich an Beerdigungen teilnahmen, wie es Schwester M. Magdalena von ihrem Einsatz in Weißkirchen in den Jahren 1915/16 schildert:

Wenn von unserm Haus ein Kranker gestorben ist, mussten immer zwei Schwestern mit der Beerdigung gehen, eine Stunde weit und zwar gleich nach dem Sarg; wir mussten die Trauer der Angehörigen ersetzen, dies war Befehl. Sie sind auch sehr schön beerdigt worden.[44]

Im Interesse der Patienten ist es wichtig, dass die Zusammenarbeit zwischen Schwestern und Ärzten gelingt. Auch hierüber äußern sich die Schwestern in ihren

---

[41] BSMüA, 5.6/2: Schwester M. Magdalena Haibel, Lazarettpflege im Krieg, 9.
[42] BSMüA, 5.6/2: Schwester M. Artolda Burkard, Erinnerungsbericht, 53.
[43] BSMüA, 5.6/2: Schwester M. Artolda Burkard, Erinnerungsbericht, 65.
[44] BSMüA, 5.6/2: Schwester M. Magdalena Haibel, Lazarettpflege im Krieg, 13.

Berichten immer wieder einmal und dann durchweg positiv. Schwester M. Euphrasia[45] schreibt:

Ärzte sind hier sehr gut und freundlich mit uns, besonders Herr Professor und Chefarzt, der diese Woche zur Schwester M. Alexandrine[46] bemerkte: ‚Ihr Schwestern müsst doch eine gute Schule durchgemacht haben, man kann Euch fragen was man will; können die Schwestern richtig Bescheid geben, was ich wirklich sehr bewundere.[47]

Und die Oberin Schwester M. Alma bemerkt erleichtert:

Sehr anerkannt hat Professor Mayer die Dienste der Schwestern, erwähnenswert, weil er als Preuße nur an preußisches Personal gewöhnt war.[48]

Die Zusammenarbeit mit Sanitäts- oder zivilem Pflegepersonal thematisieren die Barmherzigen Schwestern nicht, lediglich die Anwesenheit von Schwestern anderer Ordensgemeinschaften wird gelegentlich erwähnt. Auch das Verhältnis zu den Lazarettverwaltungen wird nur am Rande behandelt, etwa dann, wenn es einmal zu Unstimmigkeiten wegen der Nahrungsmittelzuteilung für die Patienten kommt, weil die Schwestern mehr fordern, als die Verwaltung gewährt.

Mit der Zivilbevölkerung kommen die Etappenschwestern sowohl im Westen wie auch im Osten immer wieder in Kontakt – etwa mit zivilem Hilfspersonal in einer Lazarett-Näherei oder mit den Bewohnern des örtlichen Umfeldes eines Lazaretts. So berichtet Schwester M. Artolda aus Trélon, ca. 1917:

Die Zivilbevölkerung ist hier sehr arm. Die alten Männer kommen immer ins Lazarett zu den Schwestern um übriggebliebene Suppe und dergleichen. Wie dankbar sind sie, wenn sie etwas bekommen. Wie es etwas besseres gibt, bleibt ja nichts übrig, aber Dörrgemüse und Graupensuppe bleibt ja leicht übrig und wie dankbar sind sie dafür. Es ist ja den Schwestern verboten, ihnen zu geben, aber die Kranken besorgen's schon: Wir richten's zusammen und die Kranken geben's dann denselben, wenn sie hinter den Türen und in versteckten Winkeln warten. Wenn nichts übrig bleibt, suchen sie noch bei den Fässern mit dem Schweinefressen, doch auch da dürfen sie sich nicht erwischen lassen. Die Asche suchen sie durch um Kohl[e]nreste und Brotrinden, die Armen.[49]

---

45 Schwester M. Euphrasia Jäger, * 1871, Profess 1893, † 1950.
46 Schwester M. Alexandrine Lackermeier, * 1883, Profess 1907, † 1965.
47 BSMüA, 5.6/3, Nr. 11: Schwester M. Euphrasia Jäger an Generaloberin Schwester M. Osmunda Rummel aus Inor am 9.7.1916.
48 BSMüA, 5.6/2, Nr. 1: Schwester M. Alma Mack, Einige Aufzeichnungen der Etappenschwestern (Einsatz in Arlon 1915/16), 11.
49 BSMüA, 5.6/2: Schwester M. Artolda Burkard, Erinnerungsbericht, 45f.

Krankenpflege im Lazarettzug

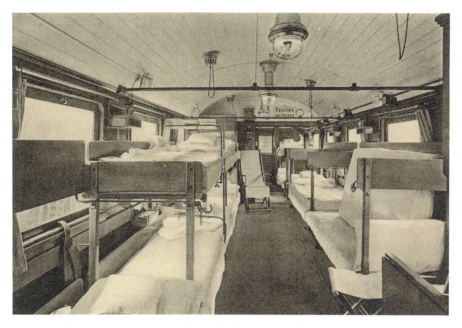

Kgl. Bayerischer Lazarettzug Nr. 2, Krankenwagen für Mannschaftsdienstgrade

Die kranken und verwundeten Soldaten, deren Beeinträchtigungen so schwer war, dass sie nicht in der Etappe geheilt werden konnten, wurden nach Deutschland transportiert. Das geschah mit Lazarettzügen. In einem von ihnen, dem Königlich Bayerischen Lazarettzug Nr. 2 „Deutsches Museum" waren auch zwei Barmherzige Schwestern als Stammpersonal im Einsatz. Dieser Militärlazarettzug war finanziell und technisch unter wesentlicher Beteiligung des Deutschen Museums München ausgerüstet worden. Er bestand aus 29 Wagen, hatte eine Stammbesatzung von 46 Personen (Ärzte, Sanitäter, Barmherzige Schwestern, Verwaltungs- und technisches Personal, Seelsorger). Der Zug verfügte über elektrisches Licht, Telefon in jedem Wagen, einen Operationswagen, Röntgenwagen, Desinfektionswagen, Küchenwagen und Wagen für Mannschaft, Offiziere und Personal.[50] Der bayerische König

---

[50] Detaillierte Informationen in: Der bayerische Lazarettzug Nr. 2: Welcher auf Befehl Sr. Majestät des Königs Ludwig III. v. Bayern unter Mitwirkung des Deutschen Museums ausgerüstet und Sr. Majestät dem Deutschen Kaiser zur Verfügung gestellt wurde, München 1915; Johannes-Geert HAGMANN, Vorbild und Vorführprojekt. Das Deutsche Museum und der Bayerische Lazarettzug No. 2, in: Kultur und Technik: Das Magazin aus dem Deutschen Museum 2 (2014), 22-25.

hatte den Zug dem deutschen Kaiser zur Verfügung gestellt, der aber seinerseits klug genug war, ihn der 6. bayerischen Armee zuzuteilen.

Ab dem 3. Februar 1915 absolvierte dieser Lazarettzug 111 Fahrten, bis er im Dezember 1918 außer Dienst gestellt wurde. Er fuhr vor allem nach Belgien und Frankreich; lediglich eine Fahrt ging zum Gefangenenaustausch in die neutralen Niederlande und gegen Ende des Krieges eine Fahrt nach Ungarn. Im Kongregationsarchiv finden sich das von Schwester M. Berchmana[51] begonnene und von Schwester M. Apronia[52] weitergeführte Zugfahrtenbuch, ein Tagebuch von Schwester M. Berchmana sowie etwa 150 Briefe, die sie und ihre Nachfolgerin Schwester M. Apronia zusammen mit Schwester M. Corsina[53] ins Mutterhaus sandten.

Verwundeten-Transport

Als Beispiel für die Art der Aufzeichnungen und Erlebnisse soll hier die 11. Fahrt des Zuges vorgestellt werden:

11. Fahrt.

Abfahrt von Hamm, den 15. Mai 1915.

Ankunft in Valenciennes, den 16. Mai 1915.

Eingeladen, den 16. Mai in Douai.

239 Mann, 17 Offiziere.

190 Schwerverwundete, die Übrigen leicht verwundet oder krank.

Über 180 Verbände erneuert.

Ausgeladen, den 17. Mai in Frankfurt nachts 11 h.

Der Zug wird zwei Stunden hinterstellt.[54]

Die nüchterne Eintragung im Fahrtenbuch wird durch einen Brief an Generaloberin Schwester M. Osmunda folgendermaßen präzisiert:

Liebe Ehrwürdige Frau Mutter!

Soeben sind wir wieder mit dem Ausladen fertig, es ist ½ 3h früh; möchte daher den ersten freien Augenblick benützen, um Sie, liebe, ehrwürdige Mutter recht herzlich zu grüßen. Gott sei Dank ist unser Zug wieder gut hier angekommen mit 239 Mann, 17 Offizieren, fast lauter Schwerverwundete. Alle kamen direkt von der Front, aus den Schützengräben, nur mit Notverband versehen, und in welchem Zustand, können Sie sich leicht denken: Das Verbinden dauerte von vorgestern früh ½ 8h bis gestern Morgen 3 ¼h mit kurzen Unterbrechungen ununterbrochen auch bei der Nacht.

---

51 Schwester M. Berchmana Sammer, *1874, Profess 1897, † 1924.
52 Schwester M. Apronia Diener, *1882, Profess 1908, † 1964.
53 Schwester M. Corsina Barthuber, *1888, Profess 1914, † 1957.
54 BSMüA, 5.6/2: Fahrtenbuch „Königlicher Militär-Lazarettzug", 11. Fahrt.

Die Kranken hatten grässliche Wunden, die Kämpfe im Westen sollen fürchterlich sein. Eingeladen wurde wieder in Douai: Flieger warfen wieder Bomben auf den Bahnhof, wurden aber diesmal bald vertrieben durch die deutschen Maschinengewehre, die auf den Dächern aufgestellt sind. Verwundete sollen noch sehr viele dort sein, unser Zug geht jetzt um 4h wieder weg. Verbandstoff herrichten, sterilisieren, putzen und dergleichen muss während der Leer-Fahrt geschehen.[55]

Was sich hinter „Schwerverwundeten" verbirgt, wird hier nicht näher ausgeführt, aber für andere Fahrten wird es eingehend geschildert. So teilt Schwester M. Berchmana der Generaloberin von der 51. Fahrt[56] mit:

Alle sehr schwer verwundet; darunter fünf Kieferschuss, vier Rückgratschuss, alle vier vollständig gelähmt (einer davon musste in Bingen wegen zunehmender Herzschwäche ausgeladen werden), elf Kopfschuss, wovon drei bewusstlos waren, sechs Bauchschuss, sehr viel mit Lungenschuss und ungefähr 20 - 25 Amputierte, Verbrennungen infolge Explosion, Verschüttete, Gas-Vergiftungen usw.[57]

Den Schwestern oblag während des Verwundeten-Transportes in erster Linie die Krankenpflege, wobei das Verbinden der vielfältigen Verletzungen einen Großteil der Arbeitszeit in Anspruch nahm. Gelegentlich wurde auch eine Schwester zur Operationsassistenz benötigt. Zeitweise wurde einer Schwester auch die Apotheke anvertraut. Während der Leerfahrten, d.h. der Fahrt von Deutschland in das Kriegsgebiet, waren die Schwestern damit beschäftigt, die notwendigen hygienischen Maßnahmen wie Sterilisieren und Desinfizieren, zu treffen, Verbandstoff herzurichten, aber auch die anfallenden hauswirtschaftlichen Aufgaben wie das Putzen des Zuges und das Flicken der Wäsche (Bettwäsche, Krankenwäsche, Küchenwäsche) zu erledigen.

Das Arbeitspensum der Schwestern lässt sich erahnen, wenn man bedenkt, dass der Zug allein im ersten halben Jahr seines Einsatzes 5000 Verletzte transportiert hat, teilweise bis auf 3 km an die Front herangefahren ist, um die Verwundeten einzuladen, was – um gleichzeitig möglichst viele Stationen anfahren zu können – mit einer Teilung des Zuges verbunden war, so dass in jedem Zugteil eine Schwester anwesend war. Erschwert werden die Einsätze durch Fliegerangriffe und explodierende Munitionszüge: Mehrmals kommen die Schwestern mit dem Leben davon, weil ihr Zug zufällig zu früh oder zu spät am Bahnhof eintrifft bzw. abfährt.

---

55 BSMüA, 5.6/4: Schwester M. Berchmana Sammer an Generaloberin Schwester M Osmunda Rummel aus Frankfurt am Main vom 18.5.1915.

56 BSMüA, 5.6/2: Fahrtenbuch „Königlicher Militär-Lazarettzug", 51. Fahrt: *Abfahrt von München, den 2. August 1916. Ankunft in Somain, den 4. August 1916. Eingeladen, den 9. August in Douai, Dorgés [Dourges], Henin-Liétard, Carvin, Gondecourt, Courrières. 201 Mann, 5 Offiziere. Alle sehr schwer verwundet, 1 Mann musste in Bingen ausgeladen werden wegen zunehmender Herzschwäche (Rückgrat-Schuss). Über 100 Verbände angelegt. Ausgeladen, den 10. August nachts in Bretten, Mühlacker, Vaihingen, Ludwigsburg, Cannstadt. Der Zug wird in Cannstadt hinterstellt.*

57 BSMüA 5.6/4: Schwester M. Berchmana Sammer an Generaloberin Schwester M. Osmunda Rummel aus Cannstadt bei Stuttgart vom 11.8.1916.

Wiederholt findet sich in den Aufzeichnungen die Klage der Schwestern, dass sie die Kranken nur über einen sehr kurzen Zeitraum vom Einladen bis zum Ausladen pflegen können.

Besonderheiten

Die Krankenpflege in einem Lazarettzug ist im Vergleich zur Arbeit in den Etappenlazaretten von einigen Besonderheiten geprägt.

Da der Lazarettzug „Deutsches Museum" ein Prestige- und Vorzeigeobjekt war, wurde er wiederholt von höchsten staatlichen und kommunalen Würdenträgern besichtigt. Über den Besuch der Kaiserin Auguste Viktoria am 15. Februar 1915 in Berlin, berichtete Schwester M. Berchmana dem Superior in München:

Heute besichtigte Ihre Majestät die Kaiserin in Begleitung ihrer Palastdame den Zug. Wir drei Schwestern[58] *wurden wieder im Operationswagen vorgestellt. Sie war sehr liebenswürdig; frug uns, wo unser Mutterhaus sei, wie es uns auf der Fahrt ergangen ist. Nach der Antwort darauf machten wir einen schönen Knicks und Handkuss; wir waren fertig. Ihre Majestät interessierte sich für alles, sprach sich Herrn Chefarzt gegenüber nur lobens- und anerkennenswert aus.*[59]

Nach absolvierter Fahrt wird der Zug in der Regel an einem Bahnhof hinterstellt, um auf den nächsten Einsatz zu warten und um dafür wieder hergerichtet zu werden. Diese Hinterstellungszeiten reichen von wenigen Stunden bis zu fast drei Wochen.

Sind die Hinterstellungszeiten zu kurz, kommen die Schwestern manchmal tagelang *nicht mehr aus den Kleidern*[60] oder – wie Schwester M. Berchmana lakonisch formuliert – *Schlaf hab ich mir bereits abgewöhnt, geht mir in dieser Beziehung recht gut.*[61]

Bei längeren Hinterstellungszeiten des Zuges war es möglich, ihn für einige Stunden zu verlassen. Die Schwestern nutzten diese Gelegenheiten vor allem dazu, um in einer nahe gelegenen Kirche zu beten; mehrmals wird von *Wallfahrten* auf das Käppele bei Würzburg gesprochen. Von Besichtigungsausflügen ist hingegen nur zweimal im Jahr 1915 die Rede. Bei der Hinterstellung des Zuges in Berlin sehen sich die Schwestern in Begleitung von Oskar von Miller Berlin und wenige Tage

---

58 Neben Schwester M. Berchmana und Schwester M. Corsina leistete auf den ersten Fahrten des Zuges auch Julia von Miller, die Tochter des Gründungsdirektors des Deutschen Museums, Oskar von Miller, als Rot-Kreuz-Schwester Dienst im Lazarettzug „Deutsches Museum".
59 BSMüA, 5.6/3, Nr. 24: Schwester M. Berchmana Sammer an Superior Johann B. Pfaffenbüchler aus Berlin vom 15.2.1915.
60 BSMüA, 5.6/4, Schwester M. Berchmana Sammer an Generaloberin Schwester M. Osmunda Rummel aus Dortmund am 14.5.1915.
61 BSMüA, 5.6/4: Schwester M. Berchmana Sammer an Generaloberin Schwester M. Osmunda Rummel aus Ludwigsburg am 24.5.1915.

später in Begleitung u.a. des Oberstabsarztes Postsdam und das Schloss *Ohne Sorg* an. Im August hatten sie die Möglichkeit, den Kölner Dom zu besichtigen:

Gestern durften wir zwei Schwestern mit gütiger Erlaubnis von Herrn Oberstabsarzt den Dom in Köln besuchen. Wir fuhren von Mülheim, einer Vorstadt von Köln, mit der Trambahn für jede zehn Pfennig hin, über die Hauptbrücke über den Rhein. Die Brücke ist bewacht, dürfen nur Militärpersonen selbe passieren. All die Herrlichkeit und Schönheit des Kölner Domes zu beschreiben, ist unmöglich. Da wir schon dort waren, besuchten wir auch den Domschatz. Wir hatten als Heeresangehörige Ermäßigung, jede musste 75 Pfennig bezahlen, und man führte uns in die Schatzkammer, zeigte und erklärte uns alle die Sehenswürdigkeiten. Eine Monstranz ist dort im Werte von zwei Millionen Mark; dann die kostbaren Kelche, die goldenen Bischofstäbe, die mit Smaragden, Rubinen und Edelsteinen besetzen Brustkreuze und Ringe ehemaliger Kölner Bischöfe; die ganz aus echten Gold und Silber gestickten Bischofshauben, Ornate und dergleichen lauter Handarbeit. Ferner der kostbare Reliquienschrein der heiligen drei Könige, des heiligen Kölner Bischofs ‚Engelbert' und vieles andere. Aus der Schatzkammer führte man uns in den Chor; die Stühle dort sind sehr kunstreich gearbeitet; auch die Gruften verstorbener Bischöfe zeigte und erklärte uns der Führer. Ich konnte dies alles auf einmal gar nicht fassen. Am Sakraments-Altar angelangt, war man am Ende der Schätze, welche man ohne Eintritts-Billet nicht sehen kann. Dort machten wir unsere Anbetung; schauten uns manches Schöne und Kostbare an und nach fast drei Stunden verließen wir das schönste Gotteshaus Deutschlands. Heimwärts fuhren wir mit dem Dampfschiff auf den Rhein, kostete nur 15 Pfennig für jede.[62]

Aber zu lange Hinterstellungszeiten bedeuten keinesfalls Tage der Erholung, sondern bieten ein anderes Problem: die Langeweile. Schwester M. Berchmana beschreibt eine derartige Situation im Mai 1916 in Bremen, wo der Zug vom 29. April bis 16. Mai Aufenthalt hat:

[…] unser Zug steht immer noch da und wartet auf Abruf. Es ist arg langweilig; wir zwei [Schwestern] haben ja immer Beschäftigung, dafür wird schon gesorgt, dessen sind wir froh; aber die Herrn werden geradezu oft unausstehlich. Nur gut, dass sie oft fort sind. Herr Oberstabsarzt wartet schon lange auf's Eiserne Kreuz, es kommt halt nicht; und da muss alles drunter leiden. Gegenwärtig hat die ganze Mannschaft bis auf zwei Feldwebel Arrest, d.h. sie dürfen den Zug nicht verlassen; weder in die Stadt, noch sonst wohin. Die Ursache ist, weil beim Inventarsturz im ganzen sieben Tassen und mehrere Gläser fehlen. […] Uns zwei Schwestern geht ja hier das alles nichts an, aber man leidet ja doch auch darunter, bald kommt ein Wärter und klagt, dann kommt ein Diener und jammert, und so geht's fort; sie müssen jemand haben, bei dem sie jammern können. Herr Oberstabsarzt und Herr Inspektor sind mit uns nur gut; aber was hilft dies, wenn sie an andern ihren Unwillen auslassen. Hoffentlich geht der Zug bald weg, dann ist's gleich wieder anders. Jetzt, liebe, Ehrwürdige Mutter, hab ich Ihnen auch unser Leid geklagt, aber machen Sie

---

62 BSMüA, 5.6/4: Schwester M. Berchmana Sammer an Generaloberin Schwester M. Osmunda Rummel aus Köln-Mülheim am 4.8.1915.

sich unsertwegen ja keine Sorgen, uns geht's gut; wir dürfen auch was sagen, aber der Soldat nicht.[63]

Wenn sie auch die vielfachen Anforderungen, die der Kriegskrankendienst an sie stellt, kompetent bewältigen, so fällt auf, dass mehr als bei den Etappen-Schwestern zwei Themen wie ein roter Faden die Briefe der Schwestern des Lazarettzuges durchziehen: das Heimweh nach dem Mutterhaus und die ernste Sehnsucht nach Frieden.

Lazarette in Bayern

Barmherzige Schwestern sind auch in Bayern in Lazaretten tätig. Etwa 320 Schwestern arbeiten in 73 Einrichtungen[64], die sich in Organisation und Zuständigkeit unterscheiden. Einige sind Militärlazarette, die sogenannten Reservelazarette, wie z. B. in Ingolstadt, andere befinden sich als Sonderabteilungen in regulären Krankenhäusern; auch in öffentlichen Gebäuden wie Schulen werden Lazarette eingerichtet. Schließlich gibt es die sogenannten Vereinslazarette; dabei handelt es sich um Gebäude, die bestimmten Vereinen oder den Ritterorden von privaten oder kirchlichen Eigentümern zur Einrichtung eines Lazaretts zur Verfügung gestellt und von den genannten Organisationen logistisch und verwaltungsmäßig betreut wurden.

Aus diesen Lazaretten in der Heimat sind im Vergleich zum Lazarettdienst in der Etappe und um Lazarettzug relativ wenige Dokumente im Kongregationsarchiv vorhanden. Das mag damit zusammenhängen, dass der Betrieb dort in den meisten Fällen in etwa so ablief wie in einem Krankenhaus, also keine Notwendigkeit bestand, Tätigkeit und Lebensumstände der Schwestern zu beschreiben, oder die Häuser in München lagen und deshalb vieles auch mündlich mit dem Mutterhaus geregelt werden konnte. Ausnahmen bilden lediglich Mitteilungen aus Grafenwöhr, wo drei Schwestern auf dem Gelände des Truppenübungsplatzes in einem Barackenlazarett für gefangene Franzosen und Russen eingesetzt waren, und aus den beiden Reservelazaretten in Ingolstadt.

---

63 BSMüA, 5.6/4: Schwester M. Berchmana Sammer an Generaloberin Schwester M. Osmunda Rummel aus Bremen am 13.5.1916.
64 BSMüA, 5.6/2, Nr. 1: Beteiligung der kath. weibl. Ordensgenossenschaften Bayerns an der Lazarettpflege (Kopie).

Reservelazarette Ingolstadt

Bereits seit 1908 waren drei bzw. vier Barmherzige Schwestern im Garnisonlazarett in Ingolstadt tätig. Mit dem Ausbruch des ersten Weltkriegs änderte sich seine Bezeichnung in „Reservelazarett I". Unter der Oberin Schwester M. Michaelina[65] arbeiteten etwa 10 Schwestern in diesem Lazarett, das während des Krieges aus dem eigentlichen Lazarettgebäude und weiteren Unterkünften bestand.

Zusätzlich zu dem bis 1921 bestehenden Reservelazarett I wurde bei Ausbruch des Krieges am Hauptbahnhof – in den Hallen des neuerbauten und noch nicht in Betrieb genommenen Ausbesserungswerkes – das Reserverlazarett II eingerichtet. Für die hier tätigen 14 Schwestern war ebenfalls Schwester M. Michaelina die Oberin. In diesem Lazarett konnten etwa 2500 Verwundete versorgt werden.[66]

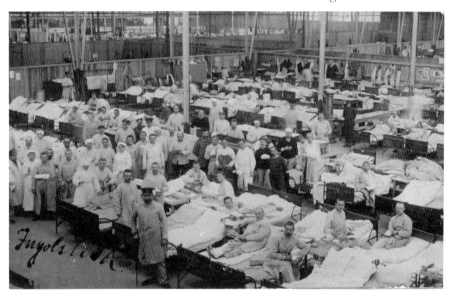

Ingolstadt, Reseverlazarett II, Blick in das Lazarett.

Über die Lazarettsituation in Ingolstadt gibt die Oberin dem Mutterhaus folgenden Überblick:

Was die Zusammenstellung der Soldaten anbelangt, so bin ich nicht in der Lage, hierin irgendwelche Mitteilungen machen zu können, denn 1.) führe ich keinerlei Statistik und könnte es gar nicht; das Reservelazarett I umfasst mit seinen Unterabteilungen noch Schulhaus, die 2 Fran-

---

65 Schwester M. Michaelina Dietrich, * 1877, Profess 1898, † 1948.
66 BSMüA, 5.6/5: Garnison-Lazarett Ingolstadt 1908-1921; BSMüA, 5.6/3 Nr. 21.

zosen- respektive Russenbaracken und die Isolierbaracken, besorgt von unsern Schwestern, und das Exerzierhaus mit Niederbronnerschwestern und das Reservelazarett II (unsre Schwestern), Unterabteilung Brückenkopf für Geschlechtskranke (keine Schwestern) [...] Die Hauptbelegungsstärke war in den ersten Monaten mit nahezu 5000, das wissen Sie ja selber; dann 2.) dürften ja von rein militärischen Häusern überhaupt keine näheren Mitteilungen gemacht werden. Wir sind ja überall in der Minderheit neben hunderten von Sanitäts-Personal und bedeuten nach meiner Anschauung wenig [...].[67]

In ihren Briefen an das Mutterhaus behandelt Schwester M. Michaelina schwerpunktmäßig Personalangelegenheiten, etwa Bitten um weitere Schwestern bzw. Übersichten über Zuständigkeitsbereiche oder Krankheiten von Schwestern; in diesen Zusammenhängen erwähnt sie zumindest beiläufig auch immer wieder das in den Reservelazaretten ebenfalls tätige Sanitäts- und Wärterpersonal, die Rot-Kreuz-Schwestern oder Privatpflegerinnen.[68]

Einmalig und Ausdruck des ihr vom Pflegepersonal entgegengebrachten Vertrauens ist die Aufgabe, die Schwester M. Michaelina in den Tagen der Revolution angetragen wird, da sie in den „Soldatenrat" gewählt wurde. Am 16.11.1918 berichtet sie ins Mutterhaus:

[...] wenn wir auch nicht denken konnten, dass schon in so kurzer Zeit so tief einschneidende Umwälzungen vor sich gehen würden, so war uns doch schon lange Zeit recht bang ums Herz, aber Gott sei Dank, hier verlief alles auffallend ruhig: An einem Abend zwei Versammlungen vor dem Rathaus und alles war rum – kein Demonstrationszug, keine Schießerei; wäre die Kinderei mit dem Kokarden-Abnehmen auf der Straße unterblieben, dann hätte man kaum etwas gemerkt.

Der Vorsitzende des Soldatenrates hielt vor einigen Tagen bei uns im Garten eine Ansprache für Kranke und Personal; ich war auch dort mit Schwester Antonina.[69] *Als er über die Pflegerinnen kam, bat er mich vorzutreten, weil Pflegerinnen ihm gesagt hatten, es sei ihnen mit dem Hauben-Abreißen gedroht worden am Abend vorher auf der Straße, und versicherte mir, an alle Sicherheitsbeamten sei bereits der Auftrag ergangen, die Schwestern und Pflegerinnen vor jeder Belästigung zu schützen, ich möchte ihm sagen, wenn ich noch was hätte, er freue sich, dass auch wir uns ihm unterstellt hätten. Und damit die Pflegerinnen zu ihrem Recht kommen, könnten sie ruhig noch zwei oder drei wählen, nachdem wir doch zweierlei sind. Da fingen die Pflegerinnen gleich zu schreien an: ‚Wir wollen keine andere als Frau Oberin, die hat immer unsere Interessen bewahrt'. Da musste er lachen und winkte ab: ‚Hab's ja heute früh schon gehört'. Liebe Ehrwürdige Frau Mutter, denken Sie sich einen höchstens 22jährigen Infantristen, das ist der Vorsitzen-*

---

67 BSMüA, 5.6/5: Schwester M. Michaelina Dietrich an Generaloberin Schwester M. Osmunda Rummel vom 21.11.1915.

68 Die Situation im Reservelazarett II aus der Perspektive eines verwundeten Soldaten ist beschrieben in: Dieter STORZ (Hg.), Wilhelm Heiders Erster Weltkrieg. Aufzeichnungen aus Feldzug und Lazarett (Veröffentlichungen des Bayerischen Armeemuseums 12), Essen 2014.

69 Schwester M. Antonina Krieg, * 1882, Profess 1905, † 1927.

de, und dann werden Sie sicher sein, dass ich nicht sehr demütig dorten stand; rings rum den Haufen Soldaten und Zivildienst, mich hat's wirklich deprimiert und ich musste unwillkürlich an die französischen Revolutions-Männer und ihre Gerichtssitzungen im 16.[!] Jahrhundert denken. Die Kranken hatten natürlich ein großes Halloh und erzählten überall: ‚Gut haben's Frau Oberin im Soldatenrat gewählt'. Unser Chef ist noch im Dienst, dann ist ein Wärter (mit dem wir sehr gut stehen die vier Jahr) und ein alter Sergeant zugewählt als Soldatenrat.

Bis jetzt geht es uns nicht schlecht, ich bitte um die Erlaubnis, den Versammlungen beiwohnen zu dürfen, um stets auf dem Laufenden zu sein, noch habe ich die Interessen der Pflegerinnen (85) zu wahren.[70]

Vereinslazarette in München

Im Erzbistum München und Freising waren ca. 156 Barmherzige Schwestern in 23 Lazaretten tätig, in der Stadt München waren es 113 Schwestern in zehn Lazaretten: Neben sieben Innenstadtkliniken und dem Heiliggeistspital handelte es sich um zwei vom Königlich Bayerischen Hausritterorden vom hl. Georg verwaltete Lazarette in nicht-öffentlichen Gebäuden, nämlich im Palais der Familie Arco-Zinneberg am Wittelsbacher Platz und in der Niederlassung „St. Michael" der Barmherzigen Schwestern in Berg am Laim.

Einen Eindruck über die Lazarett-Aufgaben im Arco-Palais vermittelt die folgende chronikale Aufzeichnung:

[…] Die Höchstzahl der Verwundeten war 47 in den letzten acht Wochen. In den ersten Jahren wurde öfters ein Unterhaltungsabend mit Konzert und Lichtbildervorträgen veranstaltet. Die meisten unserer Soldaten waren schwer verwundet und kriegsuntauglich. Es wurden über 80 Operationen gemacht. Gestorben ist bloß ein Soldat während der viereinhalb Jahre. Die Soldaten hatten täglich Erlaubnis, abends auszugehen, und zur Wahrung der Ruhe und Ordnung mussten die Schwestern bis Mitternacht wachen. Bei Schweroperierten musste die ganze Nacht gewacht werden […].[71]

Die Niederlassung der Barmherzigen Schwestern in Berg am Laim befindet sich in der Josephsburg neben der St.-Michaels-Kirche und beherbergte im südlich an die Kirche angrenzten Flügel ein Schwesternaltenheim und im nördlichen Flügel bis 1912 das Noviziat der Kongregation. Es steht zu vermuten, dass in diesem Gebäude das Vereinslazarett untergebracht war, über das sich im Kongregationsarchiv keine Unterlagen erhalten haben. Ein im Archiv des Erzbistums München und

---

70 BSMüA, 5.6/5: Schwester M. Michaelina Dietrich an Generaloberin Schwester M. Osmunda Rummel vom 16.11.1918.
71 BSMüA, 2.9: Chronik-Sammlung 1914.

Freising aufbewahrter Bericht des Beichtvaters der Schwestern, Kaspar Höck[72], gewährt für die Anfangszeit 1914/15 einen anschaulichen Einblick:

In den ersten Tagen der Mobilmachung hat auch das Altersheim der barmherzigen Schwestern dahier mobil gemacht und die klösterlichen Arbeits- und Speiseräume in ein Kriegslazarett umgewandelt. Die weiße Fahne mit dem roten Kreuz flattert auf dem Giebel der Josefsburg und verkündet Kriegshilfe der Charitas.

20 Betten wurden bereitgestellt – manch alte ehrwürdige Schwester hat dazu ihre Federkissen zum Opfer gebracht – auch Krankenwäsche und -kleidung wurden auf Kosten des Klosters hergeschafft.

So entstand eine Heilstätte nicht in modernem Stil, aber einfach, reinlich, zweckentsprechend. Am 14. September 1914 trafen die ersten 20 Verwundeten aus dem Garnisonslazarett ein. [...]

An Lesestoff, Spiel und Unterhaltung war kein Mangel. Ungeeignete Bücher, als Liebesgaben eingeschmuggelt, konnte die Schwesternklugheit schnell verschwinden lassen. [...]

Die Mannschaften waren durchwegs mit der aufopferungsvollen Pflege und Verpflegung recht zufrieden und dankbar dafür. Wiederholt hörte man bei ihrem Weggang: „So schöne Tage haben wir in der ganzen Kriegszeit nicht gehabt'. ‚So gut ist es mir mein Lebtag noch nie gegangen.' ‚Auf's Beste war für Leib und Seele gesorgt – aber brav musste man sein' [...][73]

Motivation

Die Motivation für ihren Dienst an den verwundeten und kranken Soldaten nahmen die Schwestern aus ihrer vinzentinischen Spiritualität, die sich durch den Leitsatz „Caritas Christi urget nos" – Die Liebe Christi drängt uns – charakterisiert. Die tätige Nächstenliebe, die Pflege der leidenden Menschen, wurzelt in der Gottesliebe, die sich in Gebet, Liturgie, Sakramentenempfang, geistlicher Lesung und geistlichen Übungen ausdrückt.

Deshalb ist es den Schwestern wichtig, gerade auch unter den erschwerten Arbeitsbedingungen der Kriegskrankenpflege das geistliche Leben zu pflegen. Die tägliche heilige Messe, zuweilen – je nach der Anzahl anwesender Geistlicher in den Lazaretten oder im Lazarettzug – können es auch mehrere sein, der tägliche Kommunionempfang, regelmäßige Beichte und die Orientierung an der Gebetsordnung des Mutterhauses, werden mit großer Treue und Selbstverständlichkeit gepflegt, auch wenn der Weg zur nächsten Kirche eine halbe Stunde dauern kann und der

---

72 Kaspar Höck, * 1845, Priesterweihe 1870, ab 1905 Beichtvater der Barmherzigen Schwestern, † 1928 (Schematismus des Erzbistums München und Freising 1929).
73 Archiv des Erzbistums München und Freising (AEM), Realia VN 3848 „Kriegsseelsorge im Ersten Weltkrieg – Seelsorge in den Münchner Lazaretten 1914-1919 (Teilakt 1915). Der vollständige Bericht findet sich im Anhang dieses Beitrags.

Besuch des Gottesdienstes vor Beginn der Arbeit zu erfolgen hat. Auch stille Zeiten der Anbetung werden eingehalten, sei es in der Kapelle, die im Etappenlazarett oder im Lazarettzug eingerichtet wurde, oder in einer Kirche, wenn sich dazu die Gelegenheit bietet. Ist es den Schwestern aufgrund der drängenden Arbeit nicht möglich, ihr geistliches Leben in gewohnter Weise zu führen, so bitten sie die Generaloberin um Dispens. Aufschlussreich ist z. B. die Schilderung von Schwester M. Berchmana über die Situation im Lazarettzug:

Liebe, ehrwürdige Mutter! Dass es uns immer so gut geht, und wir immer so gut durchkommen, verdanken wir nur dem Gebet unserer lieben ehrwürdigen Vorgesetzten und Mitschwestern. Tausendmal ‚Vergelt's Gott' dafür. Beten können wir jetzt kaum unser kurzes Morgen- und Abendgebet, bitten daher, jetzt uns zu dispensieren, solange es so viel zu tun gibt. Wenn Voll-Fahrt, haben wir auch keine heilige Messe. [...] Wenn wir jetzt auch viel Arbeit haben, wenn wir auch viel rum kamen, unsere Gedanken sind halt doch immer daheim im lieben Mutterhaus. Abgehen tut uns nichts, versehen sind wir noch gut mit allem.

Liebe, Ehrwürdige Mutter! Täglich gehen wir mit neuer Freude an unsere Arbeit, möge der liebe Gott seinen Segen dazu geben, damit wir unsern Beruf treu und gewissenhaft erfüllen können; dies ist das tägliche Gebet.[74]

Die Verbundenheit mit dem Mutterhaus gerade in geistlicher Hinsicht ist ein häufiges Thema in den Briefen der Schwestern: Die Bitte um bzw. der Dank für das Gebet der Mutterhausschwestern; die Bitte an den Superior in München, der in der Ferne weilenden Schwestern während der heiligen Messe zu gedenken; aber auch die Versicherung der auswärtigen Schwestern ihrerseits, bei den Feiern von Einkleidung, Profess und Gelübdeerneuerung oder dem Namenstag der Generaloberin mit den Gedanken im Mutterhaus zu weilen.

Kirchliche Feste – Weihnachten, Ostern, Fronleichnam oder das Vinzenzfest – werden stets gefeiert. Über die Kar-und Ostertage 1917 in Glageon berichtet Schwester M. Aquila:

Es geht hier ganz kriegerisch zu – ein Anfangen mit nichts. Aber trotz alledem feierten wir den schmerzhaften Freitag und die Kartage recht schön und würdig. Es wurden fast alle Zeremonien gehalten, bei denen die Schwestern selbst Diakon und Subdiakon ersetzen durften.

Und erst unser Rauchfass! – Das wurde auch von den Schwestern konstruiert und besteht aus einer Konservenbüchse und Scheerkette; aber es versah seinen Dienst ebenso, wie das schönste Rauchfass im Münchener Dom.[75]

In der Regel ist die Seelsorge für die Schwestern und die Soldaten durch Trupp-Geistliche bzw. Feldgeistliche in den Lazaretten und im Lazarettzug gesichert. Im

---

[74] BSMüA, 5.6/4: Schwester M. Berchmana Sammer an Generaloberin Schwester M. Osmunda Rummel aus Frankfurt am Main vom 18.5.1915.
[75] BSMüA, 5.6/3 Nr. 17: Schwester M. Aquila Adam an Superior Johann B. Pfaffenbüchler aus Glageon am 12.4.1917.

Gegensatz zu vielem Ungemach, das die Kriegskrankenpflege für die Schwestern mit sich bringt und das sie aushalten, steht das Verhalten der Schwestern, wenn für die Soldaten und sie selbst kein Seelsorger vor Ort ist. In diesem Fall wissen sie so lange durch Briefe an den Superior oder Appelle an andere, ihnen bekannte Geistliche nachdrücklich um Abhilfe zu bitten, bis endlich ein Seelsorger zugeteilt wird. Schwierigkeiten ergeben sich unter den Schwestern auch dann, wenn ein Seelsorger innerhalb der Gemeinschaft Polarisierungen herbeiführt.

Aus dem Leitspruch ihrer Kongregation „Caritas Christi urget nos" ziehen die Schwestern – wie erwähnt – ihre Motivation und formulieren immer wieder in den Briefen ihr daraus entspringendes Selbstverständnis, etwa:

Die Schwestern M. Belixenda[76], M. Altina[77], M. Melaria[78] und M. Solongia[79]: *Wir haben Gott sei Dank genügend zu schaffen und danken dem lieben Gott immer wieder für diese große Gnade, Dienerinnen seiner selbst sein zu dürfen.*[80]

Schwester M. Majella[81]: *So manches Interessante, Abwechslungsreiche, aber auch Opfervolle ist an uns vorübergegangen und wir haben mit Gottes Hilfe und Segen alles mitgemacht. Der Beruf, den wir stets zu erfüllen haben, unter Ärzten und militärischen Vorgesetzten, der macht uns wenig zu schaffen, denn wir brauchen nicht erst Gehorsam zu lernen, wir haben ihn ja selbst gelobt. Und mit einer neuen Freude schaffen und arbeiten wir in jedem Lazarett und an jedem Ort, wohin wir gerufen werden.*[82]

Schwester M. Theogonia[83] und Schwester Millesia[84]: *Es ist sehr schön, wenn wir hier in solcher Gnade die Werke der Barmherzigkeit verrichten dürfen, aber man sieht eben so viel Schreckliches und Trauriges, dass man nur den einen Wunsch im Herzen hat, Gott täglich um das eine bittet: Gib uns den Frieden.*[85]

Schwester M. Berchmana: *Wir können nie genug dankbar sein für unsern schönen Beruf. Mit der Gnade Gottes werden wir stets bemüht sein, unsern heiligen Orden Ehre und Freude zu bereiten.*[86]

---

76 Schwester M. Belixenda Kleber, * 1887, Profess 1909, Austritt 1930.
77 Schwester M. Altina Waldherr,* 1882, Profess 1913, † 1968.
78 Schwester M. Melaria Baumann, * 1892, Profess 1913, † 1916.
79 Schwester M. Solongia Scheidler, * 1891, Profess 1914, † 1953.
80 BSMüA, 5.6/3 Nr. 6: Schwestern aus Comines an Generaloberin Schwester M. Osmunda Rummel aus Belgisch Comines am 24.3.1915
81 Schwester M. Majella Knöpfle, *1873, Profess 1898, † 1940.
82 BSMüA, 5.6/3 Nr. 6: Schwester M. Majella Knöpfle und Mitschwestern an Superior Johann B. Pfaffenbüchler aus Comines am 28./29.4.1915.
83 Schwester M. Theogonia Senftl, * 1885, Profess 1908, † 1954.
84 Schwester M. Millesia Kraus, * 1879, Profess 1904, † 1965.
85 BSMüA, 5.6/3 Nr. 5: Schwester M. Theogonia Senftl und Schwester M. Millesia Kraus an Superior Johann B. Pfaffenbüchler aus Cambrai am 27.6.1915.
86 BSMüA, 5.6/4: Schwester M. Berchmana Sammer an Generaloberin Schwester M. Osmunda Rummel aus Blanc-Misseron am 8.2.1916.

Hunderte von Dokumenten im Kongregationsarchiv bezeugen die aufrichtige Frömmigkeit der Barmherzigen Schwestern, ihren zupackenden Dienst an den verwundeten und kranken Soldaten und das bewusste Aushalten zahlreicher unvermeidlicher Widrigkeiten (einschließlich der Gefahren für die eigene Gesundheit und das eigene Leben) während ihres Einsatzes in der Freiwilligen Kriegskrankenpflege. Treffend lässt sich diese Haltung mit den Worten zusammenfassen: *Bin Gott sei Dank gesund und glücklich im heiligen Beruf.*

Anhang[87]

Berg am Laim, den 4. Nov. 1915. Post München 52
Betreff: St. Georgi-Ritterordens-Vereinslazarett Berg am Laim 1914/15.
Euere Eminenz!
Hochwürdigster Herr Kardinal und Erzbischof!
In den ersten Tagen der Mobilmachung hat auch das Altersheim der barmh. Schwestern dahier mobil gemacht und die klösterlichen Arbeits- und Speiseräume in ein Kriegslazarett umgewandelt. Die weiße Fahne mit dem roten Kreuz flattert auf dem Giebel der Josefsburg und verkündet Kriegshilfe der Charitas.

20 Betten wurden bereit gestellt – manch alte ehrwürdige Schwester hat dazu ihre Federkissen zum Opfer gebracht – auch Krankenwäsche u. -kleidung wurden auf Kosten des Klosters hergeschafft.

So entstand eine Heilstätte nicht in modernem Stil, aber einfach, reinlich, zweckentsprechend.

Am 14. Sept. 1914 trafen die ersten 20 Verwundeten aus dem Garnisons-Lazarett ein. Dank der aufmerksamen Pflege waren sie bis Neujahr soweit hergestellt, daß sie teils zur Truppe, teils in Erholungsurlaub gehen konnten.

Weiterer Nachschub kam zumeist aus dem Reservelazarett Haar, wodurch die Gesammtzahl der Pfleglinge sich bis jetzt auf 114 erhöhte – wie buntes Gemisch aus allen Gauen des Reiches, aus Holstein u. aus dem Chiemgau, aus Westfalen u. den Rheinlanden, aus Ostpreußen u. Schlesien, aus dem Elsaß u. aus Sachsen – aus Haidhausen u. Trudering, Zamdorf u. Berg am Laim.

Der religiöse Grundton der Ordenspflege fand in den Kriegerherzen guten Anklang und erfreulichen Widerhall. Wenn die Glockenstimme der im Klostergang knieenden Pflegeschwester den Weckruf: Angelus Domini anhub, drang aus den halbgeöffneten Saaltüren wie Orgelklang der Kriegerchor, der einfiel: ‚Heilige Maria, Mutter Gottes, bitt für uns ...' Wie das Morgengebet waren auch Tisch- und Abendgebet gemeinsam. Die Verwundeten gingen täglich in die unmittelbar angebaute St. Michaelskirche zur hl. Messe u. an den Festtagen zu den hl. Sakramenten. Sie

---

87 Orthographie und Abkürzungen des Originals wurden belassen. AEM, VN 3848 „Kriegsseelsorge im Ersten Weltkrieg – Seelsorge in den Münchner Lazaretten 1914-1919, Teilakt 1915.

behaupteten ihren Platz bei den Kriegs-Andachten u. waren prächtige Himmelträger u. Ehrenwächter bei den Fronleichnams- u. Bruderschaftsprozessionen.

Ein seltsamer, ergreifender Anblick war es, wenn diese Kriegshelden, nicht wenige mit dem eisernen Kreuz geschmückt, einem Heldentum anderer Art die Ehre gaben. So oft eine Schwesternleiche zum Friedhof nach Baumkirchen hinunterbegleitet wurde – das war 30mal –, sah man diese Feldgrauen mit Armschlingen, Stöcken u. Krücken im Trauerzug sich mitschleppen.

An Lesestoff, Spiel u. Unterhaltung war kein Mangel. Ungeeignete Bücher, als Liebesgaben eingeschmuggelt, konnte die Schwesternklugheit schnell verschwinden lassen.

Nikolaus- u. Weihnachtsfeier u. schöne vaterländische Stunden bereitete das hiesige englische Institut, das sich, um nicht beim aufbrausenden Volkszorn ein unschuldiges Opfer seines Namens zu werden, schleunigst in Erziehungs-Institut St. Mariä ungetauft hatte.

Sonstige Liebesgaben von Außen waren gering.

War die Heilung vorgeschritten, suchte jeder nach Belieben eine nützliche Beschäftigung. Die einen lernten Gabelsberger-Stenografie, andere besuchten Schreibkurse für Linkhand, ein Kinomann besorgte Lichtspiele für Vereine, ein Zeichner fertigte den Entwurf für die elektrische Beleuchtung der Klostergebäude, die Landwirte arbeiteten wacker mit in den Gärten u. auf den Fluren. Noch nie hat das Kloster die Heu- u. Grummet u. Getreideernte so rasch u. gut eingebracht, als in diesem Kriegsjahr, obwohl der Hausmeister u. seine Knechte im Felde standen.

Von den hohen Besuchen sei nur des allerhöchsten gedacht, womit Ihre Majestät die allergnädigste Königin am 20. Febr. (47. Hochzeitstag) Lazarett u. Kloster huldvollst begnadigte.

Wie eine liebende Mutter erfreute Ihre Majestät jeden Einzelnen der Verwundeten mit Blumen, mit praktischen Geschenken, – bei keinem fehlte das Gebetbüchlein – mit den herablassendsten Worten der Anerkennung und des Trostes.

Das war auch ein königlicher Sonnentag der Freude für die Schwestern.

Die Mannschaften waren durchwegs mit der aufopferungsvollen Pflege und Verpflegung recht zufrieden u. dankbar dafür. Wiederholt hörte man bei ihrem Weggang: ‚So schöne Tage haben wir in der ganzen Kriegszeit nicht gehabt.' ‚So gut ist es mir mein Lebtag noch nie gegangen.' ‚Auf's beste war für Leib u. Seele gesorgt – aber brav mußte man sein.' Die Schwestern schätzen sich glücklich, von Gott zur Mitarbeit berufen zu sein, die schrecklichen Wunden, welche das mörderische Eisen gerissen, mit eisernem Fleiß u. sanfter Liebeshand zu verbinden u. zu heilen, und beten ohne Unterlass um Sieg und Frieden.

In tiefster Ehrfurcht geharrt
Eurer Eminenz
unterthänigst gehorsamster
Kaspar Höck,
Beichtvater der barmh. Schwestern in Berg a. Laim.

Zwischen neutraler Friedensvermittlung und vatikanischer Interessenspolitik

Die Münchener Nuntiatur in der Strategie Papst Benedikts XV. während des Ersten Weltkriegs

von Klaus Unterburger

Niemals war die von 1785/86 bis 1934 in München existierende päpstliche Gesandtschaft so bedeutend wie in den Kriegsjahren 1914 bis 1918; ihr kam eine zentrale Rolle zu in der Diskussion der Frage, wie die katholische Kirche zum Ersten Weltkrieg stand. Dieser Krieg bedeutete nicht nur eine „Urkatastrophe" für die Geschichte des 20. Jahrhunderts, er war auch Initiator und Katalysator zentraler kirchlicher Weichenstellungen. Dabei schienen zunächst, als vor 100 Jahren der Erste Weltkrieg ausbrach, alle Beteiligten zu wissen, was Ihnen in einem Krieg bevorstünde. Das 19. und beginnende 20. Jahrhundert kannte viele, meist zeitlich und örtlich begrenzte Kriege; die allgemeine Wehrpflicht und die Volksarmee hatten sich durchgesetzt. In Deutschland war der an sich grausame und relativ verlustreiche Krieg gegen Frankreich von 1870 verklärt durch die Reichsgründung und den nationalen Triumph. Auf dem Gedenkstein des 1909 verstorbenen, streitbaren katholischen Münchener Geschichtsprofessors und Görres-Schülers Johann Nepomuk Sepp (1816-1909) an der Bad Tölzer Franziskaner-Kirche kann man lesen: *Der Tod ist strenges Weltgesetz, doch leichter ist gestorben, seit Elsass-Lothringen mit Metz und Strassburg wir erworben.*[1] Mit der Vorstellung vom Krieg waren auch alte, auf die Antike zurückgehende moraltheologische Kriterien überliefert, wann dieser legitim und gerecht sein konnte, nämlich dann, wenn er von der legitimen Autorität angeordnet, letztes Mittel und notwendig zur Vermeidung noch schwererer Übel sei. Die Propaganda in beiden Kriegslagern erklärte 1914 voller Überzeugung, einen solchen Verteidigungskrieg zu führen. Auf allen Seiten gab es das Ziel, durch einen Blitzkrieg alte Erfolge zu wiederholen und einen langwierigen Stellungskrieg zu vermeiden: Deutschlands Schlieffen-Plan ist bekannt; Frankreich plante, durch eine schnelle Eroberung Lothringens und des Elsass und dann des Ruhrgebiets den Krieg zu entscheiden; Russland wollte über Ostpreußen auf Schlesien und Berlin vorrücken, Österreich blitzschnell Serbien niederwerfen, um Russland zu überraschen; Patriotismus sollte die Bevölkerung auf allen Seiten zusammenschweißen.[2]

---

1 Helmut STEINDORFER, Die Liberale Reichspartei (LRP) von 1871, Stuttgart 2000, 144.
2 Herfried MÜNKLER, Der Große Krieg. Die Welt 1914 1918, Berlin 2013, 107-213.

Im Folgenden soll gefragt werden: Welche Stellung bezog die katholische Kirche, die sich ja auf beiden Seiten befand, zum Kriegsgeschehen? Welche Interessen und welche Strategien verfolgte der Hl. Stuhl? Im Verlauf des Krieges ist aber dann vieles ganz anders gekommen, als zunächst erwartet. Die völlig neuen Dimensionen des Krieges haben Gewissheiten zerstört, Deutungsmuster delegitimiert, religionsgeschichtlich bislang unbekannte Prozesse ausgelöst oder beschleunigt. Wie agierte die Kirche hier? Schließlich hat sich vor diesem Hintergrund der Papst entschlossen, in die politisch-militärische Lage mit einem konkreten Plan und Vorschlag einzugreifen, mit der berühmten Friedensinitiative zum dritten Jahrestag des Kriegsausbruchs. Eine besondere Rolle kam hierbei eben der Münchener Nuntiatur zu, für die der junge päpstliche Spitzendiplomat Eugenio Pacelli (1876-1958) 1917 nach Deutschland gesandt wurde, was verbunden war mit einem erheblichen Zuwachs der Bedeutung des Nuntiaturstandorts München. Was waren die Gründe für das Scheitern dieser Mission? Indem versucht wird, auf diese Fragen eine Antwort zu skizzieren, wird ein Feld umrissen, das Weichen gestellt hat für das weitere 20. Jahrhundert.

Gerechter Krieg und göttliche Vorsehung

Im August 1914 sahen sich die beteiligten Staaten alle als Opfer und Angegriffene, denen ein gerechter Krieg aufgedrungen wurde. Martin Greschat spricht deshalb zu Recht von einer *weitgehend identischen Struktur des Empfindens, Denkens und Argumentierens*.[3] Über das Augusterlebnis, den Geist von 1914, der in allen Staaten, besonders in Deutschland geherrscht haben soll, ist viel geschrieben worden. Freilich wurden der Jubel und die Kriegsbegeisterung auch propagandistisch angeheizt und gelenkt, ja regelrecht inszeniert. Später wurde das Augusterlebnis mit seinem Burgfrieden zwischen den Parteien und Konfessionen und seinem Jubel über den Krieg, von dem man eine Reinigung und einen schnellen Sieg erwartet habe, Gegenstand der Legendenbildung.[4] Tatsächlich wird man hier differenzieren müssen; die Arbeiterschaft und die ländliche Bevölkerung waren wohl skeptischer und zurückhaltender als das städtische Bürgertum. Sorge und Angst werden sich auch bei denen eingestellt haben, die begeistert jubelten.

Die Kirchen legitimierten in allen europäischen Ländern den Krieg. Moralische Beurteilung und Sinndeutung wurden von ihnen ebenso erwartet wie die seelsorgli-

---

[3] Martin GRESCHAT, Der Erste Weltkrieg und die Christenheit. Ein globaler Überblick, Stuttgart 2014, 15.
[4] Christian GEINITZ, Kriegsfurcht und Kampfbereitschaft. Das Augusterlebnis in Freiburg. Eine Studie zum Kriegsbeginn 1914 (Schriften der Bibliothek für Zeitgeschichte NF 7), Essen 1998; Peter KNOCH, Erleben und Nacherleben. Das Kriegserlebnis im Augenzeugenbericht und im Geschichtsunterricht, in: Gerhard HIRSCHFELD/Gerd KRUMEICH/Irina RENZ (Hg.), „Keiner fühlt sich hier mehr als Mensch ..." Erlebnis und Wirkung des Ersten Weltkriegs (Schriften der Bibliothek für Zeitgeschichte NF 1), Essen 1993, 199-219, hier 202, 212.

che Betreuung der Soldaten, die ja zwangsrekrutiert wurden, dazu der Heimatfront. Überall war die Stellung der Kirchen in den Vorkriegsgesellschaften angefochten gewesen durch Liberalismus, Sozialismus und Ungläubige. Im patriotischen Dienst am Vaterland wurden sie wieder gebraucht, konnten ihre eigene Nützlichkeit erweisen.[5] Not lehrt beten, so hoffte man; die Not des Krieges werde zurück zu Christus und zur Kirche führen. So richtig diese grundsätzlichen Feststellungen für den Episkopat in Frankreich, Österreich-Ungarn, Deutschland und in anderen Nationen ist, so wird man doch nicht nur verschiedene Positionen und unterschiedliche Grade an national-patriotischer Gesinnung bei den einzelnen Bischöfen unterscheiden müssen, sondern auch verschiedene Bedeutungsebenen. Auf der Ebene der ethischen Bewertung und Legitimität des Krieges hat man überall zu treuer Pflichterfüllung aufgerufen, natürlich auch die deutschen und die bayerischen Bischöfe. Dennoch fällt in deren Augusthirtenbriefen eine gewisse Zurückhaltung auf; nationaler Überschwang zeichnete die Stellungnahmen des Episkopats damals nicht aus, anders als bei manchem katholischen Politiker. Man sah von Anfang an realistisch mit dem Krieg Not und Grausamkeiten verbunden.[6]

Grundüberzeugung war, dass Gottes Vorsehung die Geschichte lenke; man wusste aber natürlich auch, dass ein Krieg Not, Tod und Leid mit sich bringe. Auch wenn man nicht glaubte, die Ziele Gottes in der Geschichte sicher ableiten zu können, so versuchte man doch den Krieg zu deuten und ihm einen spezifischen Sinn zuzuschreiben. Für den deutschen Episkopat können hier drei Denkmuster unterschieden werden.

Der Krieg als direktes Instrument Gottes:
Zwar sei es legitim, für den Sieg des Vaterlands zu beten; in ihren öffentlichen Stellungnahmen haben die Bischöfe sich aber einigermaßen zurückgehalten, aus der Berechtigung der deutschen Sache auf den Willen Gottes zu schließen, der dieser zum Sieg verhelfen werde.[7] Gebete, Messen und Andachten galten einem gerechten und dauerhaften Frieden, nicht einfach dem deutschen Sieg. Erstmals im Bistum Paderborn, aber dann auch sonst, wurden aber doch die Glocken geläutet, als Nachrichten von deutschen Schlachtenerfolgen eintrafen.[8] Der Fuldaer Germaniker-Bischof Joseph Damian Schmitt (1858-1939) erklärte in seinem Hirtenschreiben, dass der Kaiser bis zum Ende den Frieden gewollt habe. Es sei aber gar

---

5 GRESCHAT, Der Erste Weltkrieg (wie Anm. 3), 16.
6 Hermann-Josef SCHEIDGEN, Deutsche Bischöfe im Ersten Weltkrieg. Die Mitglieder der Fuldaer Bischofskonferenz und ihre Ordinariate 1914-1918 (Bonner Beiträge zur Kirchengeschichte 18), Köln-Weimar-Wien 1991, 70-73. – Die Hirtenbriefe der österreichischen Bischöfe sind analysiert: Wilhelm ACHLEITNER, Gott im Krieg. Die Theologie der österreichischen Bischöfe in den Hirtenbriefen zum Ersten Weltkrieg, Wien-Köln-Weimar 1997.
7 *Obwohl die Bischöfe an den gerechten Krieg glaubten, sahen sie von Anfang an dessen Grausamkeiten. Sie waren sich darüber im klaren, daß er mit viel Blut- und Tränenvergießen verbunden sein würde. Die Bedeutung des Krieges versuchten sie meist in einen höheren Sinnzusammenhang einzuordnen.* SCHEIDGEN, Bischöfe (wie Anm. 6), 70f.
8 Ebd. 62.

nicht ausgemacht, dass Gott wirklich dem kriegstüchtigsten Volk den Sieg verleihe, so dass man zum Gebet seine Zuflucht nehmen müsse.[9] Am dritten Adventssonntag sprach der deutsche Episkopat auch in einem gemeinsamen Hirtenschreiben von den *Heilsfrüchten* und den *herrlichen, von Gott geschickten Erfolgen* des Krieges.[10] 1915 verfasste der Kölner Kardinal Felix Hartmann (1851-1919) einen Hirtenbrief an die Kinder seines Erzbistums. Sie sollten opfern und beten, besonders auf die Geschenke zur Erstkommunion verzichten, da der Kaiser Gold für den Krieg benötige.[11] Als führende französische Katholiken den Krieg als eine Auseinandersetzung zwischen romanischen Katholizismus und protestantischen Germanismus erklärten, antworteten die deutschen Katholiken und wiesen diese Inanspruchnahme des Katholizismus für die Entente entschieden zurück.[12]

Der Krieg als Mittel zur geistigen Wiedergeburt:
Hier lag die eigentliche, große Hoffnung der Bischöfe. Viele von ihnen sahen in der Vorkriegsgesellschaft Materialismus, Hedonismus und Genusssucht, Materialismus, Übermut und Unglaube am Werk. Der Krieg und dessen Ausgang war in dieser Sichtweise Mittel zum Zweck der sittlichen Besserung, der geistigen und geistlichen Reinigung.[13] Kardinal Hartmann von Köln deutete den Krieg als Strafgericht für die Sünden und Laster Europas. Er sah in der Tatsache, dass die ersten Kriegswochen von einer intensivierten religiösen Dynamik gekennzeichnet waren, bereits die ersten Früchte dieses göttlichen Plans.[14] Auch der Freiburger Erzbischof Thomas Nörber (1846-1920) sah im Krieg die Heimsuchungen Gottes zu einer geistigen Erneuerung der Völker, die seit der Französischen Revolution auf einen Irrweg geraten seien.[15] Die ganze ultramontane Geschichtserzählung vom allmählichen Abfall von Gott in der Neuzeit konnte hier zur Anwendung kommen; als der Krieg Ende 1914 besonders im Westen zu einem Stellungskrieg von ungewisser Dauer mutierte, dominierte diese spiritualisierte Sinndeutung immer mehr.[16] Dem Seelenheil und der Seelsorge, ihnen galt ohnehin das Hauptinteresse der Bischöfe.

Immer wichtiger wurde die konsolatorische Funktion der Hirtenschreiben:
Den Hinterbliebenen sprach man Trost zu; das Sterben der Christen im Krieg sei ein Eingehen in das Opfer Christi. Die katholische Kriegsdeutung war stark durch

---

9 Vgl. ebd. 72.
10 Vgl. ebd. 74.
11 So im Hirtenbrief Erzbischof Felix von Hartmanns vom 10. März 1915; vgl. ebd. 78 f.
12 Der deutsche Krieg und der Katholizismus. Deutsche Abwehr französischer Angriffe, hg. von deutschen Katholiken, Berlin 1915.
13 *Die Bischöfe sahen durch den Krieg die zeitgenössische Geisteskultur, die sie als widerchristlich und religionslos einstuften, vor Gericht gestellt. Der Krieg, so betonten sie in ihrem ersten gemeinsamen Hirtenbrief, habe die Hohlheit und Haltlosigkeit dieser Kultur sowie deren Schuldhaftigkeit aufgedeckt. ‚Wie ein Sturmwind', so schrieben sie, ‚fuhr der Krieg hinein in die kalten Nebel und die bösen Dünste des Unglaubens und der Zweifelsucht und in die ungesunde Atmosphäre einer unchristlichen Überkultur.* SCHEIDGEN, Deutsche Bischöfe (wie Anm. 6), 71.
14 So in seinem Zirkularschreiben vom 21. November 1914, vgl. ebd. 61 f.
15 Ebd. 75.
16 Vgl. ebd. 74-85.

den Opfer- und Sühnegedanken geprägt. Dieser sollte grundsätzlich helfen, dem Leiden und der Trauer einen Sinn zu geben. Er sollte Halt auch da geben, wo sich a) die Kriegserfolge und b) die geistige Erneuerung nicht einstellten. Bischof Franz Löbmann (1856-1920), der apostolische Präfekt für die Lausitz, wollte die Theodizee-Frage, warum Gott das Leid des Krieges zulasse, abwehren. Eine solche Frage könne man nur stellen, wenn irdisches Wohlleben der höchste Wert sei.[17] Bischof Johannes Poggenburg (1862-1933) von Münster erklärte wie viele andere, vermutlich war es gut, dass viele Soldaten gefallen seien, da sie in Ruhe und Frieden ihr Seelenheil wohl leichtsinnig verspielt hätten.[18] Kardinal Michael Faulhaber (1869-1952) verklärte, auch wenn er sich später von dieser These distanzierte, den Soldatentod als Märtyrertod und glaubte die Mittelmächte im hl. Kampf mit den Ungläubigen.[19]

Grundsätzlich waren weder Protestantismus noch Katholizismus in Deutschland in ihrer Kriegsdeutung völlig homogen und geschlossen; dennoch folgten die beiden Konfessionen in etwa demselben Muster, vielleicht mit dem Unterschied, dass die Katholiken stärker von Sühne und Opfer sprachen, die Protestanten hingegen eher an die überlegenen kulturell-zivilisatorischen und christlichen Werte der Deutschen glaubten. Zudem neigten die Katholiken 1917 eher zu den Plänen der gemäßigten Parteien, auch des Zentrums mit Matthias Erzberger (1875-1921), einen Kompromissfrieden zu schließen; die meisten protestantischen Geistlichen blieben hingegen dabei, dass alleine ein Siegfriede anzustreben sei.[20]

Papst Benedikt XV. und der Hl. Stuhl: Neutralität und spezifische Interessen

Welche Stellung sollte aber der Papst zu diesem Krieg einnehmen? Katholiken standen ja auf beiden Seiten der Front. Zwei Ansprüche konkurrierten hier miteinander, die in Grundzügen bereits das mittelalterliche Papsttum seit der Gregorianischen Reform ausgebildet hatte: Der Papst beurteilt alles nach dem Maßstab der Gerechtigkeit, erklärt also den Willen Gottes, definiert, was gerecht ist und was Sünde[21], und: Der Papst ist *pater omnium*, der Vater aller, der über den Völkern und Interessen steht und so überparteilicher Schiedsrichter sein kann; man denke etwa

---

17 Ebd. 81.
18 Ebd.
19 Johann KLIER, Von der Kriegspredigt zum Friedensappell. Erzbischof Michael von Faulhaber und der Erste Weltkrieg. Ein Beitrag zur Geschichte der deutschen katholischen Militärseelsorge (Miscellanea Bavarica Monacensia 154), München 1991, 184f.
20 Kurt NOWAK, Geschichte des Christentums in Deutschland. Religion, Politik und Gesellschaft vom Ende der Aufklärung bis zur Mitte des 20. Jahrhunderts, München 1995, 200-204.
21 Walter ULLMANN, Die Machtstellung des Papstes im Mittelalter. Idee und Geschichte. Übers. von Gerlinde Möser-Mersky, Graz u a. 1960, 415-418.

an den Vertrag von Tordesillas 1494 zwischen Spanien und Portugal über den Grenzverlauf in den neuen Ländern.[22] Beide Ansprüche mussten nicht im Gegensatz zueinander stehen, konnten aber eben durchaus konkurrieren. Damit verwoben war die theoretische Diskussion, ob und wenn ja welche *potestas* der Papst *in temporalibus*, also in weltlichen Dingen habe, eine Frage, die im Laufe des 19. Jahrhunderts auch mit den Diskussionen verknüpft war, ob der Papst einen Kirchenstaat brauche, um unabhängig von den Völkern zu sein, oder ob dieser Anspruch sich auch ohne Staat, als abstraktes Rechtssubjekt, als „Hl. Stuhl" verwirklichbar sei.[23] Etwas vereinfacht gesagt standen die beiden wichtigsten kirchenrechtlichen Fakultäten Roms hier für zwei unterschiedliche Auffassungen. Am „Collegium Romanum", das im 19. Jahrhundert den Namen „Universitas Gregoriana" annahm, lehrte man tendenziell integralistisch, dass der Papst im weltlichen Bereich definieren solle, was *iustitia* sei; ungerecht und unannehmbar sei es so, dass er von Italien seines Staates beraubt worden sei. Am „Seminarium Romanum", der späteren Lateranuniversität, wo vor allem der Nachwuchs für die römischen Kongregationen ausgebildet wurde, vertrat man hingegen eine gewisse Spiritualisierung. Die Kirche soll sich nicht so sehr mit ihrem Wahrheitsanspruch in die Politik einmischen, sondern die Interessen der Seelsorge sichern. Das galt auch für die Stellungnahme zum Verlust des Kirchenstaats. An der „Gregoriana" war also eher der Anspruch beheimatet, der Papst solle auch in Fragen der Kultur und Politik lehren, was recht und richtig ist; am „Seminarium Romanum", der Papst solle sich hier heraushalten und neutral sein, damit er besser den seelsorgerlichen Interessen dienen könne.[24]

Beim Ausbruch eines Kriegs, in dem jeder Beteiligte glaubte, die gerechte Sache zu vertreten, wurden natürliche vielfache Erwartungen an den Papst herangetragen. Durfte er schweigen zur Bedrohung der letzten katholischen Monarchie in Europa, des Habsburgerreiches, zum Überfall der Deutschen auf das neutrale Belgien und zur dortigen Besatzungspolitik, zu russischen Kriegsverbrechen in Ostpreußen, zum Einsatz von U-Booten und Giftgas, zur furchtbaren Hungerblockade, zu Streik, Aufstand und Desertionen, zu brutalen Vergeltungsmaßnahmen, am schlimmsten im osmanischen Reich gegen die Armenier, zum Beschuss der Kathedrale von Reims, zum Kriegseintritt Italiens, der die Unabhängigkeit des Hl. Stuhls gefährdete? Musste der Papst nicht das Gerechte und Wahre lehren? Oder wäre das eine

---

22 Hans WOLTER, Das Papsttum auf der Höhe seiner Macht, in: Hubert JEDIN (Hg.), Handbuch der Kirchengeschichte III: Die mittelalterliche Kirche, Vom kirchlichen Hochmittelalter bis zum Vorabend der Reformation, Freiburg/Basel/Wien 1973, 168-236, hier 180f. – Freilich besteht zwischen beiden Konzeptionen erst dann eine reale Distinktion, wenn eine gewisse Eigenständigkeit der weltlichen Sphäre gegenüber der päpstlichen Jurisdiktion angenommen wird, der Papst also höchstens eine *potestas indirecta in temporalibus* habe.

23 Carlo FANTAPPIÈ, Chiesa romana e modernità giuridica (Per la storia del pensiero giuridico moderno 76), Mailand 2008, 131-170, 252-261.

24 Klaus UNTERBURGER, In neuem Licht: Nuntius Pacelli – Papst Pius XII. und die deutschen Bischöfe. Fünfzig Jahre nach dem Tod des Papstes und fünf Jahre nach der Öffnung der vatikanischen Archivbestände, in: Jahrbuch des Vereins für Augsburger Bistumsgeschichte 43 (2009), 23-48, hier 26-31.

unkluge Parteinahme für eine Seite gewesen, die auf der anderen die Seelsorge gefährdet und das päpstliche Wort von Tagesaktualität und trügerischer Kriegspropaganda abhängig gemacht hätte? In diesem Dilemma stand das Papsttum beim Ausbruch des Ersten Weltkriegs. Pius X. (1903-1914) stand im 80. Lebensjahr und war bereits krank; er war schon länger von Kriegsahnungen erfüllt und rief zum Frieden und zum Gebet auf. Vor den Germanikern sagte er aber auch, sie sollten beten, dass Gott einen Sieg gegen die Ungläubigen herbeiführen möge. Die deutsche Presse kolportierte Äußerungen, als habe der Papst von einem *bellum iustissimum* Österreichs gesprochen, was sich aber nicht belegen lässt. Am 20. August starb Pius X.[25]

Bei der Wahl Benedikts XV. (1914-1922) war die Abkehr vom rigiden Integralismus und Antimodernismus seines Vorgängers ein dominantes Motiv. Er war ganz seinem Lehrer, dem Kardinalstaatssekretär Leos XIII. (1878-1903), Mariano Rampolla del Tindaro (1843-1913), und der diplomatischen Formung durch das Seminarium Romanum verpflichtet, mithin einem Kurs, der auf Spiritualisierung setzte.[26] Als sein erster Kardinalstaatssekretär, Domenico Ferrata (1847-1914) gleich nach seiner Ernennung starb, rückte der Kanonist Pietro Gasparri (1852-1934) in dieses Amt des obersten vatikanischen Außenministers auf. Auch er war vom Seminarium Romanum geprägt und vertrat den Standpunkt der politischen Überparteilichkeit im Dienst der Seelsorge.[27] Ferrata hatte als francophil gegolten und auch Gasparri hatte Kirchenrecht in Paris gelehrt; dennoch war der deutsche Botschafter mit letzterem zufrieden. Später ärgerte sich der Kölner Kardinal Hartmann aber über Gasparri, er sei zu frankreichfreundlich.[28] Am 8. September 1914 wandte sich Benedikt XV. erstmals an alle Gläubigen, verurteilte den Krieg als furchtbares Morden, benannte aber weder einen Schuldigen, noch einen Verantwortlichen.[29] So wurde die Antrittsenzyklika des Papstes von Allerheiligen desselben Jahres, „Ad beatissimi", bereits vorbereitet.[30] Dort verurteilte er das gegenseitige Abschlachten, bekannte sich zur moralischen Ordnung auch im zwischenstaatlichen Bereich, benannte aber keine konkreten Verantwortlichen. Auch den Überfall auf Belgien oder den Brand der Bibliothek der katholischen Universität in Löwen erwähnte er nicht, zum Ärger der Franzosen.

---

25 Josef SCHMIDLIN, Papstgeschichte der neuesten Zeit. III: Papsttum und Päpste im XX. Jahrhundert. Pius X. und Benedikt XV. (1903-1922), Regensburg 1936, 170f.; Antonio Scottà, Papa Benedetto XV. La Chiesa, la grande guerra, la pace (1914-1922) (Uomini e dottrine 51), Rom 2009, 16f.
26 Hubert WOLF, Der Papst als Mediator? Die Friedensinitiative Benedikts XV. von 1917 und Nuntius Pacelli, in: Gerd ALTHOFF (Hg.), Frieden stiften. Vermittlung und Konfliktlösung vom Mittelalter bis heute, Darmstadt 2011, 167-220, hier 169.
27 FANTAPPIÈ, Chiesa (wie Anm. 23), 347-377.
28 Nathalie RENOTON-BEINE, La Colombe et les tranchées. Benoit XV et les tentatives de paix durant la Grande Guerre, Paris 2004, 19.
29 BENEDIKT XV., Mahnruf an alle Katholiken des Erdkreises, 8. September 2014, in: Arnold STRUKER (Hg.), Die Kundgebungen Papst Benedikts XV. zum Weltfrieden. Im Urtext und in deutscher Übersetzung, Freiburg i. Br. 1917, 3-6 Nr. 1.
30 DERS., Ad beatissimi Apostolorum Principis, 1. November 2014, in: ebd. 6-28 Nr. 2.

Die bisherige Standardmeinung zur päpstlichen Politik im Weltkrieg hat Konrad Repgen in Hubert Jedins „Handbuch der Kirchengeschichte" zum Ausdruck gebracht: *Für den neuen Papst ist die Frage nach dem richtigen außenpolitischen Kurs offenkundig nie ein Problem geworden, für dessen Lösung es grundsätzlich Alternativen gegeben hätte. Seit der ersten Stunde bestimmten drei Orientierungspunkte seine Antwort auf die Herausforderung des Krieges: strikte Neutralität – caritative Überparteilichkeit – Ruf nach Frieden und Versöhnung.*"[31] Was für Repgen *offenkundig* ist, ist in zweifacher Hinsicht einseitig, und damit letztlich falsch: Wie gesehen, gab es eben doch die Alternative zwischen strikter Überparteilichkeit und konkreter Stellungnahme, Intervention oder Vermittlung. Zudem hat der Hl. Stuhl bei aller Neutralität durchaus Interessen verfolgt und deshalb politisch agiert. Der offizielle Standpunkt der päpstlichen Überparteilichkeit darf jedenfalls nicht so gedeutet werden, als hätte der Hl. Stuhl während des Kriegs nicht seine Konzepte und Präferenzen entwickelt und sich um deren Umsetzung bemüht. Diese herauszuarbeiten bedeutet, den Schlüssel zum Verständnis der damaligen päpstlichen Außenpolitik zu haben. Die päpstlichen Zielsetzungen und die darin implizierten ekklesiologischen und politischen Wertungen in ihrer nichtselbstverständlichen Kontingenz gilt es historisch zu rekonstruieren.

Als das die päpstliche Außenpolitik durchdringende Interesse erweist sich dabei die römische Frage, also der durch die italienische Einigung bedingte Verlust der staatlichen Selbständigkeit.[32] Um die ungehinderte, unabhängige und zentralistische päpstliche Kirchenregierung zu gewährleisten, war das Hauptziel nach Kriegsausbruch zunächst, Italien vom Kriegseintritt abzuhalten. Den Sitz inmitten einer kriegsführenden Partei zu haben, schien die Unabhängigkeit des Papstamtes trotz italienischer Zusagen zu bedrohen.[33] Nachdem dies gescheitert war, verfolgten Papst und Kurie bei aller Überparteilichkeit weiterhin eine katholische Interessenpolitik. Die päpstliche Diplomatie kämpfte dafür, dass die katholische Bevölkerung in ganz Europa nach Möglichkeit in ihren Rechten nicht oder künftig nicht mehr von andersgläubigen Regierungen bedrängt würde: abschreckendes Beispiel waren die russischen Zaren, die nicht nur die unierten Katholiken, sondern auch diejenigen lateinischen Ritus' in Osteuropa ihrer fundamentalen Rechte beraubten, wobei der Maßstab dieser Rechte durch die ultramontane Ekklesiologie der letzten Jahrzehnte geprägt war.[34] Dies führte dazu, dass man etwa in Osteuropa intensiv katholische Interessen verfolgte, den Sturz des Zaren 1917 begrüßte und vermeiden wollte, dass Polen und Litauen unter direkter orthodoxer oder protestantischer Herr-

---

31 Konrad REPGEN, Die Außenpolitik der Päpste in Zeitalter der Weltkriege, in: Hubert JEDIN (Hg.), Handbuch der Kirchengeschichte. VII: Die Weltkirche im 20. Jahrhundert, Freiburg u. a. 1979, 40.
32 RENOTON-BEINE, Colombe (wie Anm. 28), 67.
33 *Parmi les premières initiatives du Saint-Siège envers la paix, la tentative de Benoît XV d'empêcher l'entrée en guerre de l'Italie au début de 1915 mérite une attention particulière. Les mécanismes d'intervention du Vatican auprès des Empires centraux par l'intermédiaire de ses émissaires, la mise en place de rapports spéciaux avec Berlin dans le but d'exercer des pressions sur l'Autriche, et enfin la qualité des relations entre le Saint-Siège et les pays de l'Entente trouvent leurs origines dans ce dossier.* Ebd. 27.
34 Der russische Zar galt als schrecklicher Feind des Papstes und des Katholizismus. Vgl. ebd. 82, 84.

schaft stünden.³⁵ Weiter wollte man künftige Friedensverhandlungen mit der römischen Frage verknüpfen, was nur zu gelingen schien, wenn man selbst – und nicht andere – die Rolle des Vermittlers spielen konnte. Zwar kalkulierten katholische Kreise in Deutschland und Österreich, dass hier päpstliche Interessen lagen und so eine latente bis offene Gegnerschaft zwischen dem Hl. Stuhl und Italien und der Entente bestehe. Im päpstlichen Rom war man aber klug genug zu wissen, dass eine Lösung nur innerhalb eines Gesamtfriedenskonzepts und jedenfalls nicht gegen Italien durchgesetzt werden konnte.³⁶ Grundsätzlich war man in Rom der Überzeugung, dass ein Friede ohne Sieger wünschenswert sei.³⁷ So verfolgte man neben humanitären Anliegen in der Friedensdiplomatie eben auch die katholisch-politischen Interessen des Papsttums: Die entscheidende Friedensvermittlung musste vom Papst ausgehen. Zugleich musste dies aber zum richtigen Zeitpunkt geschehen, da voraussichtlich nur ein einmaliger Versuch blieb; alles kam so auf die politisch-diplomatische Lagebeurteilung an.

Die Maßstäbe der päpstlichen Außenpolitik prägen auch die grundsätzliche Beurteilung des Kriegs und die Kriegsschuldfrage. In der Instruktion des päpstlichen Staatssekretariats für Nuntius Pacelli und dessen Vorgänger Giuseppe Aversa (1862-1917) kann man lesen, der Krieg sei von der Freimaurerei geplant oder wenigstens angeheizt worden.³⁸ An dieser Stelle ist die massive weltanschauliche Gegnerschaft, wie sie sich im späten 19. Jahrhundert noch vertieft hat, zwischen Kirche und Loge in Erinnerung zu rufen. Die Regierungen der Entente, gerade auch die italienische, galten als ideologisch und personell eng mit der Freimaurerei verbunden.³⁹ Öffentlich stellte solche Zusammenhänge etwa der Jesuit Hermann Gruber (1851-1930) her. Nach diesem standen sich im Krieg die liberal-demokratischen Systeme und diejenigen mit monarchischer Autorität gegenüber, damit zugleich die Feinde der Kirche und deren Stützen. Besonders gegen die letzte katholische Monarchie, das österreichische Kaiserhaus, ziele die Loge.⁴⁰ Diese Sichtweise führte dazu, dass manche kuriale Kreise eher zu den Mittelmächten hielten und der Enten-

---

35 Ebd. 82-113, 299-309.
36 Dies auch das Ergebnis der *Congregatio particularis* der AES vom 19. März 1917, vgl. ebd. 232.
37 Ebd. 306.
38 *E ben devono essere grati alla Santa Sede gl'Imperi Centrali per la sua azione, tendente a far rimanere il Governo italiani in uno stato di completa neutralità, mentre facendo ciò non aveva soltanto in vista di tutelare i molteplici e svariati interessi della Religione e della Chiesa e di risparmiare all'Italia i mali senza numero della guerra, ma mirava altresì a salvaguardare la Monarchia degli Absburgo, contro del cui del pari che contro la Chiesa la massoneria europea, fomentando la guerra, tentava apportare la maggiore rovina.* Istruzioni per Mgr. Giuseppe Averso Nuntio Apostolico di Baviera, November 1916, ASV, ANM 257, fasc. 10, 99.
39 Vgl. SCOTTA, Papa Benedetto (wie Anm. 25), 164; Aldo A. MOLA, Storia della massoneria italiana. Dalle origini ai giorni nostri, Mailand ⁷2008, 391-446. Diese Sichtweise bestimmte auch noch Erzberger in seinem Rückblick auf den Krieg, der ja selbst einen enormen Einfluss auf die vatikanische Politik entfaltet hatte. Vgl. Matthias ERZBERGER, Erlebnisse im Weltkrieg, Stuttgart/Berlin 1920, 31f.
40 Hermann GRUBER, Der freimaurerische Untergrund des Weltkrieges, in: Theologie und Glaube 7 (1915), 652-672; DERS., Freimaurerei, Weltkrieg und Weltfriede, Wien/Leipzig ²1917.

te die Schuld am Ausbruch des Krieges gaben. Diese Sicht äußerte auch der bulgarische Zar bei seinem München-Besuch am 17. Juni 1917 gegenüber Pacelli in einer langen Unterredung, die der Nuntius für sehr bedeutsam hielt.[41] Auch Reichskanzler Bethmann Hollweg schlug zwei Wochen später bei den entscheidenden Verhandlungen zum päpstlichen Friedensvorschlag in Berlin diese Klaviatur an.[42] Die Haltung des Papstes und seines Kardinalstaatssekretärs wurde von allen Kriegsbeteiligten genau und überaus argwöhnisch beobachtet. Jedes Wort und jede Handlung wurde als Zeichen interpretiert, wobei Deutsche, Italiener und Franzosen immer wieder vermuteten, Benedikt XV. oder Gasparri stünden auf der Seite der Gegner. Aber auch in Wien gab es Misstrauen, weil das päpstliche Rom zu enge Drähte mit Berlin habe.[43] Bedeutete also Überparteilichkeit niemals, die eigenen katholischen und päpstlichen Interessen nicht zu verfolgen, so führte auch die Wirkung des Kriegs auf die Soldaten und die Bevölkerung zu erheblichem Druck, endlich einen gerechten Frieden zu erreichen.

Kriegserfahrung, Desillusionierung und Seelsorge

Die Hoffnungen, dass der Krieg die Bevölkerung wieder zu Glauben und Kirchen führe, dass Not beten lehre, haben sich nicht erfüllt. Leute, die vorher mit der Kirche gebrochen hatten, konnten in den seltensten Fällen zu ihr zurückgeführt werden. Die zahlreichen, oftmals systematisch erhobenen Berichte aus der Seelsorge belegen vielfach, dass die anfängliche Intensivierung des religiösen Lebens und des Sakramentenempfangs schnell wieder nachgelassen hat.[44] Schon im August 1914

---

41 Vgl.: *Der Krieg è stato da lunga mano segretamente preparato soprattutto da Poincaré (ignorando ciò il popolo francese, che sinceramente non voleva la guerra – e Sua Maestà ha affermato di conoscere bene la Francia –), come anche da Edoardo VII (la cui azione è stata a questo riguardo veramente fatale) e da Sig. Edward Grey in Inghilterra, da Isvolsky ed un poco anche dall'infelice ex-Czar di Russia. L'attuale guerra è opera della framassoneria, la quale ha trascinato nel conflitto anche l'Italia, violando apertamente il trattato d'alleanza che da tanti anni la stringeva agli Imperi Centrali. L'attuale Re Vittorio Emanuele III, a differenza di Vittorio Emanuele II e specialmente Umberto I, è ateo ed assolutamente ostile alla Chiesa. Una volta, ha narrato Sua Maestà, disse a me stesso che non poteva vedere un prete cattolico senza provare un profondo senso di disgusto.* Pacelli an Gasparri, 17. Juni 1917, Dokument Nr. 2057, in: Kritische Online-Edition der Nuntiaturberichte Eugenio Pacellis (1917-1929), URL: www.pacelli-edition.de/Dokument/2057, hier fol. 39v.
42 *Terminò col rilevare come attualmente fra la Santa Sede ed il Governo Imperiale non vi è nessuna questione o causa di dissenso, ma anzi l'una e l'altro debbono insieme lavorare per combattere la framassoneria, colpevole della guerra, e per il mantenimento dell'ordine contro la minacciante anarchia.* Pacelli an Gasparri, 30. Juni 1917, in: Kritische Online-Edition der Nuntiaturberichte Eugenio Pacellis (1917-1929), URL: www.pacelli-edition.de/Dokument/366, hier fol. 114r.
43 RENOTON-BEINE, Colombe (wie Anm. 28), 216.
44 *Auch das immer wieder zitierte beispiellose religiöse Revival des Herbstes 1914 (Generalbeichten, Kommunionen, Betandachten, sakramentaler Segen) wird in der jüngeren Forschung nicht geleugnet, aber in seiner dauerhaften Bindungswirkung in Frage gestellt. Nicht nur die Soldaten, sondern auch die Zivilisten gingen rasch zu einem religiösen Routineverhalten über, das dem der Vorkriegsmonate entsprach. Die religiöse Kriegsdeutung war nur für diejenigen ein*

war die Kriegsbegeisterung längst nicht so allgemein und ungetrübt, wie es die Propaganda hatte Glauben machen wollen. Spätestens, als die Pläne, eine schnelle Entscheidung herbeizuführen, scheiterten, setzte eine tiefgreifende Desillusionierung ein. Die grausame Realität, die man im zermürbenden Stellungskrieg, dessen Ende nicht abzusehen war, erlebte und die Sinnkategorien, mit denen man den Krieg auch religiös gedeutet hatte, gingen nicht mehr zusammen. Dieser Gegensatz lässt sich an vier desillusionierenden Antithesen deutlich machen:

a) Die Soldaten schienen zu wissen, was Krieg bedeutete, auch vorangegangene Kriege waren grausam. Im Ersten Weltkrieg wurden aber diese Dimensionen auf furchtbare Weise gesprengt. Ein Ende und die Rückkehr in die bürgerliche Existenz waren nicht absehbar. Die maschinelle Brutalität des Krieges machte die Grausamkeit zum System, das den einen traf und den anderen nicht, dabei aber jederzeit treffen konnte. Die Zahl der Gefallenen, Verwundeten und Versehrten nahm eine im Vergleich zu den vorangegangenen Kriegen unvorstellbare Dimension an, das damit verbundene Leid wurde allgemein und alltäglich.[45]

b) Die Alltagsreligiosität war, bei aller theologischen Problematik dieses Konzepts, lange Zeit von einem instinktiven Tun-Ergehens-Zusammenhang geprägt gewesen; verhalte Dich gut, dann wird Gott es Dir lohnen und mit Dir sein. Der Krieg schien diese tiefverwurzelte, wenn auch nicht von der Hochtheologie profilierte These, immer wieder evident zu widerlegen, zu wahllos fielen Katholiken und Atheisten, Agnostiker und Protestanten und Juden. Auch Sinnzuschreibungen, wonach Gott der gerechten Sache der eigenen Nation zum Sieg verhelfen werde, bewahrheiteten sich nicht. Die immer wieder propagierten Geschichtsdeutungen, die den Sinn der Geschichte, den in ihr waltenden Geist auszumachen suchten, brachen zusammen.[46]

c) Die soldatische Ethik und das damit verbundene Erfahrungswissen lebten von der Tatsache, dass Disziplin, Tapferkeit und Tugenden der Soldaten kriegsentscheidend seien. Die modernen Waffen und Kriegsmethoden anonymisierten und entpersonalisierten den Krieg; individuelle Tugenden wurden gegenüber Zufall und

---

Sinnangebot, denen es die Religion immer schon war; bei anderen haben die Schrecken des Krieges die Distanz und die Unfähigkeit zu glauben eher verstärkt. Andreas HOLZEM/Christoph HOLZAPFEL, Kriegserfahrung als Forschungsproblem. Der Erste Weltkrieg und die religiöse Erfahrung von Katholiken, in: Theologische Quartalschrift 182 (2002), 279-297, hier 288. – Frühzeitig sahen sich die Kirchen vielmehr mit den Schreckens des Kriegs und dessen Folgen konfrontiert, so dass Trost und Linderung gegenüber dem negativen Kriegserleben bald dominant wurden. GEINITZ, Kriegsfurcht (wie Anm. 4), 184-238.

45 Peter KNOCH, Gewalt wird zur Routine. Zwei Weltkriege in der Erfahrung einfacher Soldaten, in: Wolfram WETTE (Hg.), Der Krieg des kleinen Mannes. Eine Militärgeschichte von unten, München 1992, 313-323.

46 Lucian HÖLSCHER, Der Erste Weltkrieg – „Urkatastrophe des 20. Jahrhunderts" oder „Geschichtsbruch"?, in: Zur Debatte. Themen der Katholischen Akademie in Bayern 5/2014, 30-32.

Schicksal, wo welche Granate einschlug, immer bedeutungsloser, eine Tatsache, die demotivierende Konsequenzen haben musste.[47]

d) Der moderne Nationalismus hatte aus Gegnern Erbfeinde gemacht, diese dämonisiert und vielfach auch biologistisch zu Untermenschen erklärt.[48] Bei jedem Feindkontakt war es aber möglich, dass diese These durch die Empirie in Frage gestellt wurde. Waren es nicht Brüder, die sich bekämpften, die sich nur dadurch unterschieden, dass sie zufälligerweise ein Stück links oder rechts des Rheins geboren waren? Als man Weihnachten feierte, hielten die Soldaten nicht nur Waffenruhe, es kam kurzzeitig sogar zu Verbrüderungsszenen.

All dies hatte durchaus eine enorme religiöse Bedeutung. Indem die Sinnzuschreibungen fragwürdig wurden, war auch die Religion gefährdet, welche diese in Zusammenarbeit mit den militärischen Machthabern propagierte und diese stützte. Religiöse Pflichterfüllung und Moralität garantierten offenkundig in den Schützengräben auch kein Überleben; Gott schien auch der Sache der eigenen Nation nicht zum Sieg verhelfen zu wollen, stattdessen war man täglich mit Blut, Leid und Tod konfrontiert. Die religiösen Lageberichte bestätigen, was sich auch in der soldatischen Korrespondenz nicht selten widerspiegelt; die Gottesdienste und religiösen Rituale gaben oft keinen Halt mehr. Zynismus und Materialismus breiteten sich aus; die Soldaten drohten weltanschaulich ihren Halt zu verlieren.[49] Die alten Ordnungsmächte gaben einem Teil der Soldaten und ihrer Angehörigen keinen Halt mehr. Vielfach vertraute man Amuletten und bestimmten soldatischen Ritualen, griff auf religiöse Elemente zurück, die die Kirchen als Aberglauben ablehnten; besorgt zeigten sich die deutschen Bischöfe etwa über die aufkommenden Kettenbriefe.[50] Je länger der Krieg dauerte, umso mehr schien er die Soldaten nicht zu läutern und zu vergeistlichen, sondern religiös zu entwurzeln. Frieden und seelsorgliche Betreuung der Soldaten im und nach dem Krieg schienen den deutschen Bischöfen deshalb von fundamentaler Wichtigkeit zu sein. Eine kritische Neubesinnung auf die eigenen Deutungsangebote überstieg aber dann vielfach die eigenen Möglichkeiten.

---

47 Wolfram WETTE, Die unheroischen Kriegserinnerungen des Elsässer Bauern Dominik Richert aus den Jahren 1914-1918, in: WETTE, Krieg (wie Anm. 45), 127-135.
48 Sven Oliver MÜLLER, Die Nation als Waffe und Vorstellung. Nationalismus in Deutschland und Großbritannien im Ersten Weltkrieg (Kritische Studien zur Geschichtswissenschaft 158), Göttingen 2002; KNOCH, Erleben (wie Anm. 4), 209f.
49 *Die Depotenzierung überkommener Gottesbilder im Kriegsgeschehen konnte offenbar nicht mehr vollständig durch eine kirchen- und institutionengebundene religiöse Semantik aufgefangen werden. So ging aus beiden Weltkriegen letztlich eine breite Welle mentaler Säkularisierung, aber auch ein Umbau der religiösen Bezugssysteme hin zum Eklektizismus, zum Aberglauben oder zu ersatzreligiösen Formen hervor.* HOLZEM/HOLZAPFEL, Kriegserfahrung (wie Anm. 44), 290.
50 Claudia SCHLAGER, Kult und Krieg. Herz Jesu – Sacré Coeur – Christus Rex im deutsch-französischen Vergleich 1914-1925 (Untersuchungen des Ludwig-Uhland-Instituts der Universität Tübingen 109), Tübingen 2011, 78-91; SCHEIDGEN, Bischöfe (wie Anm. 6), 347f.

Die päpstliche Friedensinitiative und ihr Scheitern

Ein Friedensschluss lag somit schon aus religiösen Gründen im Interesse der katholischen Kirche. Die kriegsmüden Frontsoldaten und die hungernde Bevölkerung auf der einen Seite und die kirchliche Hierarchie mit ihren Allianzen mit Staaten und Autoritäten drohten sich zu entfremden. Auch die monarchisch verfassten Zentralmächte sahen die Gefolgschaft der Bevölkerung bedroht; Österreich-Ungarn löste sich von innen her auf; in Russland bestand kein Vertrauen zu den Offizieren, Desertionen und Überlaufen zum Feind bedrohten die Armee. Aber auch in Frankreich weigerten sich die Soldaten, neue Offensiven zu unterstützen. Sozialistische und pazifistische Strömungen wurden von den Regierungen gefürchtet.[51]

Das vatikanische Interessentableau stand fest: Wollte man nicht in völlige Abhängigkeit vom nationalliberalen Italien geraten, musste man versuchen, die Neuordnung Europas anlässlich eines Friedensschlusses für die Neuverhandlung der römischen Frage zu nutzen. Auch war es wichtig, dass ein dauerhafter Friede ohne Sieger erreicht würde, der den Katholiken in Osteuropa Religionsfreiheit brachte. Der richtige Zeitpunkt für eine Initiative musste zudem klug gewählt sein; scheiterte sie, würde es wohl keine zweite Gelegenheit dazu geben, zumal mit den USA und anderen neutralen Mächten wie Spanien weitere potentielle Friedensmittler bereit standen. Aus dieser grundsätzlichen Situationsbestimmung ergaben sich vier fundamentale Konsequenzen für die vatikanische Außenpolitik:

1.) Um Vermittler sein zu können, musste die päpstliche Diplomatie zunächst für Sondierungen akzeptiert sein. Das große Problem bestand nun darin, dass zu den Mächten der Entente keine diplomatischen Beziehungen (mehr) bestanden. Insbesondere zwischen Rom und der italienischen Regierung herrschte ein fundamentales Misstrauen, ebenso zum zaristischen Russland. Doch auch zu Frankreich waren seit der radikalen Trennung von Staat und Kirche 1905 die Kanäle weitgehend zum Erliegen gekommen, auch fürchtete Paris den vatikanischen Einfluss auf Madrid[52]; zum protestantischen England bestanden ebenfalls keine offiziellen Beziehungen. Im Herbst 1915 wurde beim Hl. Stuhl der Inhalt des Londoner Vertrags bekannt, in dem sich die Mächte der Entente als Bedingung für den italienischen Kriegseintritt sogar verpflichtet hatten, den Hl. Stuhl von allen künftigen Friedensverhandlungen auszuschließen.[53] So blieben als Ausgangspunkte nur die Mittelmächte. Da hier Österreich als der eindeutig schwächere, von den Deutschen abhängige Part galt, musste Berlin der Ausgangspunkt einer päpstlichen Friedensinitiative sein.

---

51 MÜNKLER, Große Krieg (wie Anm. 2), 593-619.
52 RENOTON-BEINE, Colombe (wie Anm. 28), 55-59, 162-167.
53 Ebd. 79-82.

2.) Aus diesem Grund brauchte man eine Vorleistung der Deutschen, die man dann in einem zweiten Schritt der Entente übermitteln konnte, um damit als Mittler im Geschäft zu sein. Für eine mögliche Vermittlertätigkeit drängte man immer wieder die deutsche Regierung, dem Hl. Stuhl (möglichst moderate) Kriegsziele zu präzisieren. Frühzeitig stand für den Papst und seinen Staatssekretär fest, dass dies der Verzicht auf Belgien sein müsse, das in Folge des Schlieffen-Planes besetzt war und jedenfalls so den offiziellen Anlass für den Kriegseintritt Englands dargestellt hatte.[54]

3.) Entscheidend für den Erfolg musste der richtige Zeitpunkt der Initiative sein, weshalb es umsichtiger Sondierungen in Deutschland über deren Erfolgschancen bedurfte. Dazu kam, dass Kaiser, Oberste Heeresleitung, Reichskanzler, Parteien und andere Politiker jeweils unterschiedliche Interessen und Ziele verfolgten, eine enge diplomatische Fühlung mit diesen Kreisen also notwendig war.[55]

4.) Dies war die Stunde, aber auch das Dilemma der Münchener Nuntiatur, deren Bedeutung enorm wuchs, als der deutsche Botschafter beim Hl. Stuhl nach dem Kriegseintritt Italiens in die Schweiz ausgewiesen wurde und auch der informelle deutsche Mittelsmann beim Papst, Kammerherr und Privatsekretär Rudolf von Gerlach (1886-1946), unter Spionageverdacht Rom verlassen musste.[56] München war nominell nur für Bayern zuständig, faktisch erstreckte sich bereits im Laufe des 19. Jahrhunderts der Radius der Münchener Nuntius aber durchaus auf ganz Deutschland. Niemals vorher war München als Nuntiaturstandort jedoch so bedeutsam, wie im Ersten Weltkrieg. Aber, so klagte Anfang 1917 Nuntius Aversa, die große Politik werde nicht in München, sondern in Berlin gemacht und so seien die päpstlichen Diplomaten von den wichtigen Kanälen weitgehend abgeschnitten bzw. auf Informanten angewiesen.[57]

Dies war nun die Stunde des Zentrumspolitikers Matthias Erzberger. Dieser hatte mit unglaublichem Eifer immer wieder den Kontakt zu Papst und Nuntius gesucht, schaffte es, den im Krieg zahlungsunfähigen Papst mit deutschen Geldern ebenso zu versorgen wie die Nuntien mit wertvollen Geschenken wie einem Automobil oder Mobiliar. Er war von einer Interessenkonvergenz zwischen Berlin und dem päpstlichen Rom überzeugt, indem er sich bemühte, die römische Frage mit einem möglichen Friedensschluss zu verbinden. Projekte wurden geschmiedet, dem Papst entweder die Leostadt in Rom, oder das Trentino, oder das Fürstentum

---

54 Ebd. 184-188.
55 Peter Graf KIELMANNSEGG, Deutschland und der Erste Weltkrieg, Stuttgart ²1980, 442-480.
56 Zu ihm: Detlev JENA, Spionage im Vatikan. Als der Papst in Liechtenstein regieren sollte, http://www.tlz.de/web/zgt/suche/detail/-/specific/Spionage-im-Vatikan-Als-der-Papst-in-Liechtenstein-regieren-sollte-269399811.
57 So seine Klage am 11. Februar 1917, vgl. RENOTON-BEINE, Colombe (wie Anm. 28), 237.

Liechtenstein als neuen Kirchenstaat zu überlassen, zeitweise waren auch Mallorca und Menorca im Gespräch.[58] Die fixe Idee des Zentrumsmannes war es, dass der Hl. Stuhl und nicht der „Freimaurer" Woodrow Wilson (1856-1924) der Friedensmittler sein müsse.[59] Dabei waren Erzbergers Informationen und Dossiers auf der einen Seite unverzichtbar, andererseits aber galten sie als utopisch oder zumindest als zu optimistisch. Kardinalsstaatssekretär Gasparri blieb vorsichtig und misstrauisch, Nuntius Aversa zweifelte sogar an dessen Aufrichtigkeit.[60] Am 12. Dezember 1916 präsentierte Deutschland sein Friedensangebot; dann einige Tage später, am 21., Wilson seinen Vermittlungsvorschlag.[61] Der Hl. Stuhl hielt sich zurück, ja war wohl gekränkt, vom deutschen Friedensvorschlag, den man ohne klare Verzichtserklärung auf Belgien ohnehin für aussichtslos hielt, übergangen worden zu sein.[62]

Für die ersten Monate des Jahres 1917 lässt sich eine regelrechte Vertrauenskrise zwischen den Zentralmächten und dem Vatikan konstatieren. Erstere waren enttäuscht über die mangelnde Unterstützung der Friedensbemühungen. Das päpstliche Rom hatte dagegen nur noch wenig Hoffnung, dass das Habsburgerreich den Krieg überstehen werde und war gegenüber deutschen Bitten zurückhaltend, eine Friedensinitiative zu lancieren: der Zeitpunkt schien für den Hl. Stuhl aussichtslos zu sein, da eine Offensive der Entente bevorstehe und so wohl keine Friedensbereitschaft bestehe.[63] In Berlin setzte sich die militärische Eskalationsstrategie des U-Boot-Krieges durch, mit dem man so durchschlagende militärische Hoffnungen verband, dass man selbst den etwaigen Kriegseintritt der USA in Kauf nehmen wollte.[64] Bei Gasparri herrschte eine resignative Stimmung; man war sogar der Meinung, Erzberger und die Deutschen sollten ablassen, sich um die Stellung des

---

58 Maximilian LIEBMANN, Der Papst – Fürst von Liechtenstein. Ein Vorschlag zur Lösung der römischen Frage aus dem Jahr 1916, in: Römische Quartalschrift 79 (1984), 93-108; Hubert WOLF, Verlegung des Heiligen Stuhls: ein Kirchenstaat ohne Rom? Matthias Erzberger und die Römische Frage im Ersten Weltkrieg, in: Rottenburger Jahrbuch für Kirchengeschichte 11 (1992), 251-270; DERS., Matthias Erzberger, Nuntius Pacelli und der Vatikan. Oder: Warum der Kirchenstaat nicht nach Liechtenstein verlegt wurde, in: Matthias ERZBERGER. Ein Demokrat in Zeiten des Hasses. Hg. vom Haus der Geschichte Baden-Württemberg in Verbindung mit der Landeshauptstadt Stuttgart (Stuttgarter Symposien. Schriftenreihe 15), Karlsruhe 2013, 134-157.
59 *Toujours est-il qu'en s'engageant pour la cause du pape, Erzberger à cette époque ne semble pas en mesure de distinguer sa position, celle de son parti, de celle du chancelier et des Afaaires étrangères allemandes. Is est aussi persuadé pouvoir convaincre Bethmann-Hollweg et Jagow. „A vous, je n'ai pas besoin de dire, écrit-il à von Gerlach le 14 juin, combine il est important que la paix vienne du pape et non du franc-maçon Wilson'.* RENOTON-BEINE, Colombe (wie Anm. 28), 136.
60 Ebd. 185.
61 KIELMANNSEGG, Deutschland (wie Anm. 55), 412-431.
62 RENOTON-BEINE, Colombe (wie Anm. 28), 145f.
63 Ebd. 141 f.
64 KIELMANNSEGG, Deutschland (wie Anm. 55), 385-396.

Hl. Stuhls und die römische Frage zu kümmern. Das sei eine Angelegenheit des Papsttums und Italiens.[65]

Eine große Wende brachte die russische Februarrevolution. Noch einmal schien es möglich, dass sich die militärischen Gewichte zugunsten Deutschlands durch einen Separatfrieden im Osten verschieben könnten. Bei einem Sieg der Entente mit Unterstützung der USA drohte hingegen in den Augen des Vatikans eine gefährliche russische Hegemonie in (Ost-)Europa. Der Sturz des Zaren bot für die Katholiken Chancen und Risiken.[66] Im März 1917 war ein Friedenskongress der sozialistischen Parteien in Stockholm geplant. Deutschland über Victor Naumann (1856-1927) und Matthias Erzberger und auch Österreich beschworen Rom durch das Drohgespenst eines sozialistischen Friedens, wenn der Hl. Stuhl nicht aktiv würde.[67] Auch der deutsche Kaiser sah diese beiden Alternativen.[68] Nun kippte die päpstliche Zurückhaltung. Am 1. Mai telegraphierte man an Naumann als Vertrauten des Reichskanzlers, der Papst werde einen Frieden zu vermitteln versuchen, wenn Deutschland endliche seine (moderaten) Kriegsziele nenne.[69] Am 25. Mai traf Eugenio Pacelli in München als neuer Nuntius ein.[70] Ihm war das Amt übertragen, mit diplomatischem Feingefühl dies mit der deutschen Regierung auszuhandeln, hing doch für den Hl. Stuhl und die Katholiken Europas viel am Gelingen dieses Plans. Pacelli hätte schon früher Nachfolger Frühwirths werden sollen; da die Familie aber in einen Skandal um die *Banco di Roma* verstrickt war, entschied man sich für den bisherigen Nuntius in Brasilien, Aversa, der dann im April überraschend starb.[71]

---

65 RENOTON-BEINE, Colombe (wie Anm. 28), 187; vgl. auch ebd. 233f.
66 Vgl. ebd. 218-225.
67 Ebd. 225-229; Johanna M. WELCKER, Zwischen Wirklichkeit und Traum. Die Stockholmer Friedenskonferenz von 1917, in: Evelin GRÖBL (Hg.), Arbeiterbewegung und Friedensfrage 1917-1939, Wien 1985, 33-69. Vgl. auch: *La numerosa agitazione dei socialisti per la pace ha pure originato confusione in parecchi cattolici. Si ode ripetere che soltanto i socialisti fanno qualche cosa per la pace. La conferenza socialista non condurrà ad alcun risultato positivo, anzi darà forse origine a nuove divergenze fra i socialisti medesimi; tuttavia la massa del popolo crede ancor troppo all'efficacia della loro propaganda per la pace.* Pacelli an Gasparri, 10. Juni 1917, in: Kritische Online-Edition der Nuntiaturberichte Eugenio Pacellis (1917-1929), URL: <www.pacelli-edition.de/Dokument/4229>, hier fol. 8r.
68 *Allora l'Imperatore mi parlò a lungo sui pericoli che presenta l'azione del socialismo internazionale per la pace e insisté moltissimo sulla necessità che il Santo Padre emani un Atto solenne, diretto non già ai Governi, ma al clero ed ai fedeli di tutto il mondo, nel quale comandi loro la preghiera ed il lavoro concorde in favore della pace. Egli non dubita dell'efficacia di tale prescrizione pontificia.* Pacelli an Gasparri, 30. Juni 1917, in: Kritische Online-Edition der Nuntiaturberichte Eugenio Pacellis (1917-1929), URL: www.pacelli-edition.de/Dokument/366, hier fol. 117v.
69 RENOTON-BEINE, Colombe (wie Anm. 28) 228.
70 Pacelli an Gasparri, 25. Mai 1917, in: Kritische Online-Edition der Nuntiaturberichte Eugenio Pacellis (1917-1929), URL: www.pacelli-edition.de/Dokument/4729.
71 *Le Vatican avait prévu de la remplacer par Mgr Pacelli. La crise de la Banque de Rome, dans laquelle un member de la famille Pacelli était impliqué, vint contrecarrer les projets du Saint-Siege et repousser finalement le depart du nonce. On nomma alors à ce poste, en novembre 1916, Mgr Aversa, diplomate de carrière.* RENOTON-BEINE, Colombe (wie Anm. 28), 39.

Pacellis Sondierungen in Berlin und Bad Kreuznach führten bekanntlich zur Überzeugung, Deutschland sei zu einem Vorausverzicht auf Belgien bereit.[72] Auf den 1. August 1917 datiert ging Benedikt XV. mit seiner berühmten Friedensnote nun in die Öffentlichkeit.[73] Ergebnis war ein für die vatikanische Kriegsdiplomatie furchtbarer Misserfolg. Was waren die Gründe?

Zum einen hatte Erzberger Anfang Juli die Friedenskundgebung der demokratischen Parteien im Reichstag durchgesetzt, was letztlich zum Sturz des Reichskanzlers Theobald Bethmann-Hollweg (1856-1921) und zur Einsetzung von Georg Michaelis (1857-1936) als dessen Nachfolger führte und einem weiteren Machtgewinn der nicht kompromissbereiten Militärs zur Folge hatte. Nicht einmal Deutschland ging auf den päpstlichen Vorschlag ein und unternahm lieber Geheimverhandlungen mit England.[74] Andererseits war Pacelli wohl in seiner Einschätzung der Situation im Juni 1917 zu optimistisch gewesen und hatte vage Zusicherungen als konkrete Zusagen genommen. Seine Lagebeurteilungen waren nicht selten auch durch eine ultramontane Brille bestimmt, die etwa den Protestanten misstraute, Katholiken aber einen Vertrauensvorschuss einräumte.[75] So musste sich der Nuntius im letzten Kriegsjahr dann weitgehend machtlos auf die humanitäre Vermittlung für Kriegsgefangene, auf Berichterstattung und auf innerkirchliche Fragen konzentrieren.

---

72 *Germania disposta restituzione Belgio però con garanzie assoluta indipendenza dominio politico, militare, finanziario Inghilterra e Francia. Disposta trattare convenzione Arbitrato e diminuzione armamenti condizione reciprocità. Quanto Alsazia-Lorena, non è impossibile qualche piccola rettifica confini, dietro compenso. In Russia, continua situazione caotica ed è possibile contro-rivoluzione con dittatura per ristabilire ordine.* Pacelli an Gasparri, 26. Juni 1917, in: Kritische Online-Edition der Nuntiaturberichte Eugenio Pacellis (1917-1929), URL: www.pacelli-edition.de/Dokument/6004, hier fol. 10r; Gasparri war daraufhin offensichtlich in Bezug auf die Erfolgschancen optimistisch: *Io non condivido il pessimismo del Sig. Bethmann Hollweg, che cioè la pace per ora è impossibile a causa della ostinazione dei Governanti dell'Intesa, particolarmente di Lord George"* Gasparri an Pacelli, 4. Juli 1917, in: Kritische Online-Edition der Nuntiaturberichte Eugenio Pacellis (1917-1929), URL: www.pacelli-edition.de/Dokument/804, hier fol. 52r.
73 BENEDIKT XV., Quarto ineunte bellorum anno, 1. August 1917, in: STRUKER, Kundgebungen (wie Anm. 29), 72-79 Nr. 12.
74 Reichskanzler Michaelis an Gasparri, 19. September 1917, in: Wolfgang STEGLICH (Hg.), Der Friedensappell Papst Benedikts XV. vom 1. August 1917 und die Mittelmächte. Diplomatische Aktenstücke des Deutschen Auswärtigen Amtes, des Bayerischen Staatsministeriums des Äußern, des Österreichisch-Ungarischen Ministeriums des Äußern und des Britischen Auswärtigen Amtes aus den Jahren 1915-1922, Wiesbaden 1970, 193-202 Nr. 140; vgl. WOLF, Papst (wie Anm. 26), 181-192; RENOTON-BEINE, Colombe (wie Anm. 28), 311-324.
75 Pacelli an Gasparri, 5. Oktober 1917, in: Kritische Online-Edition der Nuntiaturberichte Eugenio Pacellis (1917-1929), URL: www.pacelli-edition.de/Dokument/6062, hier fol. 50rv.

Schluss

In der Analyse des Verhältnisses der katholischen Kirche zum Ersten Weltkrieg sollten zwei Dinge gezeigt werden: Im Ersten Weltkrieg setzte auch bei den Katholiken eine große Desillusionierung ein, was Begriffe und Werte wie „gerechter Krieg", „Patriotismus", „Gehorsam gegen die Oberen", „Sinn" und „Tod" bedeuteten. Aus diesem Grund, für die Interessen der Katholiken in Europa und vor allem für die eigene Stellung und Unabhängigkeit war der Hl. Stuhl nicht nur um Neutralität bemühte, sondern verfolgte eine klare Interessenpolitik, die in der päpstlichen Friedensinitiative von 1917 gipfelte. Der Münchener Nuntiatur kam hier eine entscheidende Rolle zu. Das Ergebnis war einerseits ein Scheitern: Die römische Frage konnte erst mit Hilfe des römischen Faschismus gelöst werden, die Lage der Katholiken in Osteuropa gestaltete sich 1917-1989 tatsächlich die meiste Zeit eher noch schlimmer, als damals bereits befürchtet wurde. Dennoch legten Mediation und humanitäres Engagement in dieser Zeit den Grundstein dafür, dass das Papsttum im 20. Jahrhundert immer mehr auch bei Nichtkatholiken zur moralischen Autorität wurde. Der Besuch des amerikanischen Präsidenten Wilson am 4. Januar 1919 beim Papst ist hierfür ebenso ein Indiz wie die Neuaufnahme diplomatischer Beziehungen mit einer großen Zahl von Staaten nach 1918.[76] Immer mehr konzentrierte sich das katholische Christentum nun auf den Papst als spirituelle Instanz. Damit war freilich zugleich die Gefahr verbunden, Christsein und Kirche auf moralische Vorbildlichkeit zu verkürzen.

---

76 *Als Benedikt XV. am 22. Januar 1922 überraschend starb, war das außenpolitische Prestige des Heiligen Stuhls, gemessen an 1914, merklich gestiegen. Daß sich die Zahl der diplomatischen Vertreter beim Vatikan mehr als verdoppelt hatte, war dafür ein klares Zeichen.* REPGEN, Außenpolitik (wie Anm. 31), 51; SCOTTÀ, Papa Benedetto XV. (wie Anm. 25), 327-333.

„Kirchenglocke bleiben, nicht Kanone werden"

Michael von Faulhaber und der Erste Weltkrieg[1]

von Dominik Schindler

Wenn die Person Michael von Faulhabers im Hinblick auf den Ersten Weltkrieg analysiert wird, ist das Motto *Kirchenglocke bleiben, nicht Kanone werden*[2] zugegebenermaßen provokant. Nicht nur, wenn die Rolle der katholischen Kirche im Ersten Weltkrieg an sich betrachtet wird, sondern auch und vor allem, weil Bischof Michael von Faulhaber im Fokus steht. Was vielleicht noch nachdenklicher stimmt: Das Zitat stammt aus der Autobiographie des Bischofs, der in dem Krieg, den wir heute als den Ersten Weltkrieg bezeichnen, das *Schulbeispiel des gerechten Krieges*[3] erkannt zu haben glaubte.

Von 1911, als jüngster Bischof des Deutschen Reiches[4], bis 1917 stand der ehemalige Professor für Exegese des Alten Testamentes dem Bistum Speyer vor. Allein die Tatsache, dass der Erste Weltkrieg überwiegend in die Speyerer Zeit fiel, berechtigt neben zahlreichen anderen Argumenten dazu, Faulhaber nicht nur auf die Münchener Amtszeit zu reduzieren, sondern auch die erste Phase der Bischofszeit angemessen zu würdigen. Dass sechseinhalb Jahre nicht mit 35 Jahren zu vergleichen sind, steht außer Zweifel. Im Sinn des historischen Interesses und im Bewusstsein der menschlichen Entwicklung und Reifung darf jedoch eine entscheidende und von den Aufgaben her prägende Phase nicht unberücksichtigt bleiben.

Das Anliegen Faulhabers war es, gemäß seiner Wappendevise *Vox Temporis Vox Dei – Stimme der Zeit Stimme Gottes* die *aktuelle Glaubensverkündigung zur Mitte seines Lebens*[5] zu machen und in dem Ruf der Zeit, in der je konkreten und aktuellen Situation, den Anruf Gottes zu erkennen. Getreu seiner Amtsauffassung musste Faulhaber in seiner apostolischen Tätigkeit Bezug auf den Ersten Weltkrieg nehmen. Er

---

1 Vorliegender Beitrag beruht in wesentlichen Teilen auf dem Vortrag, den der Verfasser am 23.9.2014 im Dompfarrsaal, München, hielt.
2 Erzbischöfliches Archiv München [EAM], NL Faulhaber 9272, Michael FAULHABER, Autobiographie, 464.
3 Michael FAULHABER, Der Krieg im Lichte des Evangeliums, München [1915] (Glaube und Leben. Eine Sammlung religiöser Zeitfragen, Sonderheft 2), 4.
4 Siehe hierzu: Hans-Michael KÖRNER, Staat und Kirche in Bayern. 1886-1918 (Veröffentlichungen der Kommission für Zeitgeschichte [VdKfZG], Reihe B: Forschungen 20), Mainz 1977, 205-207.
5 Georg SCHWAIGER, Michael von Faulhaber. Bischof von Speyer (1911-1917), in: Hans AMMERICH (Hg.), Lebensbilder der Bischöfe von Speyer seit der Wiedererrichtung des Bistums Speyer 1817/21. Festgabe zum 60. Geburtstag SE Dr. Anton Schlembach, Speyer 1992, 245-255, hier 249.

versuchte, das Geschehen vor dem Hintergrund des Glaubens und der verinnerlichten Theologie zu deuten und als Hirt, nicht nur der Seelsorge, sondern auch der Fürsorge für die ihm anvertrauten Diözesanen und weit darüber hinaus gerecht zu werden.

Militärischer Zugang und die Zeit vor Speyer

In der Biographie liegen wichtige Eckpunkte, die Faulhabers Haltung zum Militär charakterisieren. Am 5. März 1869 im unterfränkischen Klosterheidenfeld geboren, sei Faulhaber, wie er in der Autobiographie festhielt, *mit innerer Sicherheit im allgemeinen geradlinig*[6] dem Berufsziel, Priester zu werden, entgegengegangen. Nach dem Abitur Anfang August 1888 entschloss sich der Franke, um das Hochschulstudium ohne Unterbrechung absolvieren zu können, als Einjährig-Freiwilliger den Militärdienst abzuleisten, und wurde dem Königlich Bayerischen 9. Infanterie-Regiment Wrede zugeteilt. Angehende Kleriker mussten bis zum Jahr 1890 Militärdienst leisten, die Befreiung davon erfolgte erst ab diesem Zeitpunkt. Die Aussage, dass Faulhaber als künftiger Theologe vom allgemeinen Wehrdienst in Bayern hätte befreit werden können, ist also nicht haltbar.[7] Aus dem Faktum, dass Faulhaber den Militärdienst dennoch verrichtet hat, eine Neigung zum Militärischen erkennen zu wollen, ginge fehl. Zudem meldeten sich alle künftigen Würzburger Priester, neben Faulhaber zehn weitere Seminaristen, zum militärischen Grunddienst.[8]

Bei Faulhaber kamen verschiedene Momente zusammen, zum einen eine Neigung zum Militärischen, zum anderen die Hochschätzung der Werte, die durch das Militär verkörpert wurden. *Zu der zeitgenössischen Hochschätzung des Wehrdienstes als einer rauhen, aber notwendigen Lebensschule trat bei Faulhaber als persönliche Komponente die Bejahung von Disziplin und Ordnung hinzu, wo diese sachlich geboten waren.*[9] Er selbst *brannte darauf, des Königs Rock zu tragen.*[10] Zu erwähnen ist, dass Faulhaber das Angebot erhielt, eine Kriegsschule zu besuchen und danach von seinem Hauptmann für die eigene Kompagnie angefordert zu werden, was ihn laut der eigenen Aussage durchaus zum Nachdenken über seinen Berufswunsch brachte. *Der Hauptmann ahnte nicht,*

---

6 EAM, NL Faulhaber 9271, Michael FAULHABER, Autobiographie, 61.
7 PILGER-KALENDER 1977, Kardinal Faulhaber, Speyer 1976, 18.
8 Vgl. Ludwig VOLK, Akten Kardinal Michael von Faulhabers. 1917-1945. Bd. I 1917-1934 (VdKfZG, A 17), Mainz 1975, XXXVIII, hier: Lebensbild.
9 Ebd. XXXIX; vgl. in diesem Zusammenhang auch den Leitartikel Faulhabers „Den Neunern zum Neuen Jahr" in: „Der Neuner" (Nachrichtenblatt für die ehemaligen Angehörigen des Kgl. Bayr. 9. Inf.-Regt. Wrede, Würzburg, 1.1.1930), wobei Faulhaber die Auffassung vertrat, dass die Militärzeit eine *Schule für das Leben* gewesen sei. Abdruck in: Josef WEISSTHANNER, Michael Kardinal Faulhaber. Erzbischof von München und Freising 1869-1952. Ein kurzes Lebensbild, Saarbrücken 1957, 5f.
10 EAM, NL Faulhaber 9271, Michael FAULHABER, Autobiographie, 68.

was für einen Sturm er in der Seele des Einjährigen mit diesem verlockenden Angebot entfesselt hatte.[11]

Dennoch beschritt Faulhaber den ursprünglich geplanten Weg weiter. Nach der Priesterweihe am 1. August 1892 durch Bischof Franz Josef von Stein im Dom zu Würzburg folgten Jahre, in denen er sich der Wissenschaft widmete und Forschungen auf dem Gebiet der Exegese des Alten Testamentes und der Patristik unternahm. Faulhaber war 35 Jahre alt, als Kaiser Wilhelm II. ihn per Dekret vom 24. Februar 1903[12] zum Professor an der neu errichteten Katholisch-Theologischen Fakultät in Straßburg ernannte, einem Amt, das er 15 Semester lang bekleidete.

Der Regelung des Bayerischen Konkordates von 1817 zufolge, wurde Faulhaber am 4. November 1910 offiziell zum Bischof von Speyer ernannt.[13] Mit der Bulle vom 7. Januar 1911 durch Papst Pius X. präkonisiert, empfing er am 19. Februar 1911 im Alter von 41 Jahren durch den gebürtig aus dem Bistum Speyer stammenden Münchener Erzbischof Franziskus von Bettinger die Bischofsweihe.

Rahmenbedingungen und Kriegsausbruch im Bistum Speyer

Neben der Kenntnis der Lebensstationen vor der Bischofszeit ist es ferner wichtig, einen Eindruck von den Rahmenbedingungen im Bistum Speyer zur Zeit des Ersten Weltkriegs zu gewinnen.

Mit der katholischen „Minoritätssituation" und der Identifikation des Staates mit dem Protestantismus ging einher, dass gegenüber den katholischen Bevölkerungsteilen häufig der Verdacht der Unaufrichtigkeit[14] gegenüber Staat und Nation gehegt wurde. Im Versuch, aus diesem „Ghetto" auszubrechen, galt der Krieg von 1914 als Bewährungsprobe, bei der die Katholiken ihre Gleichwertigkeit und nationale Integrität unter Beweis stellen konnten. Als Chance, die nationale Gleichwertigkeit zu demonstrieren, musste es auch verstanden werden, als Kaiser Wilhelm II. am Beginn des Krieges zu einem Bittgottesdienst aufrief; nicht nur die Protestanten, sondern explizit auch die Katholiken, alle, ohne Unterschied der Konfession.[15]

---

11 Ebd. 73f.
12 Vgl. VOLK, Akten Faulhaber I (wie Anm. 8), XLVII, hier: Lebensbild.
13 Unter den damaligen Diözesanbischöfen in Deutschland war eine auffällig hohe Zahl ehemaliger Universitäts- und Hochschulprofessoren (vgl. Erwin GATZ [Hg.], Die katholische Kirche in Deutschland im 20. Jahrhundert, Freiburg u. a. 2009, 22).
14 Vgl. Heinrich LUTZ, Demokratie im Zwielicht. Der Weg der deutschen Katholiken aus dem Kaiserreiche in die Republik 1914-1925, München 1963, 9.
15 Vgl. Christian GEINITZ, Der Weltkrieg als Weltgericht, in: Andreas HOLZEM (Hg.), Krieg und Christentum. Religiöse Gewalttheorien in der Kriegserfahrung des Westens (Krieg in der Geschichte 50), Paderborn 2009, 680-704, hier 682.

Neben der Tendenz, die Gleichwertigkeit der katholischen Bevölkerung unter nationalen Gesichtspunkten zu betonen, fällt in der zeitgenössischen katholischen Literatur die Hervorhebung des „Einheitsgedankens" auf, der impliziert, dass der Krieg das in Katholiken und Protestanten gespaltene Volk vereinigen könnte. Der Münsteraner Moraltheologe Joseph Mausbach, kam in dem bekannten Artikel über den *Gerechten Krieg* in der Zeitschrift „Hochland" vom Oktober 1914 zu sehr optimistischen Ansichten. Er hoffte auf ein *Aufflammen des ganzen Volkes*, das nicht nur der *Entzündung der Pulvermine* gleiche, sondern, wie das *Auflodern eines heiligen Feuers*, alle Herzen elektrisch durchglühe und heiß und treu zusammenschmiede.[16] Mausbach rechnete offenbar mit einem für längere Zeit anhaltenden Einheitsgefühl. Aus dem Beispiel geht hervor, wie von katholischer Seite die Situation vor Kriegsbeginn eingeschätzt und auf welch positive Veränderung hinsichtlich einer sich neu abzeichnenden Einheit im deutschen Volk zwischen den beiden großen christlichen Konfessionen gehofft wurde. Die optimistische Hoffnung schlug sich auch in der Interpretation des Krieges als solchem nieder. Ein Vergleich zwischen der Situation des Katholizismus im Deutschen Reich mit derjenigen im linksrheinischen Gebiet des Königreiches Bayern, dem Bistum Speyer, lässt keine wesentlichen Differenzen erkennen. Die konfessionellen Spannungen, die dazu führten, dass dem katholischen Bevölkerungsteil mangelnde Treue zu Staat und Nation nachgesagt wurde und in ein Gefühl des Unterdrücktseins mündeten, lassen sich auch für das Bistum Speyer nachzeichnen.[17]

Für das Bistum Speyer[18] und seinen Bischof brachte der Erste Weltkrieg große Einschnitte mit sich. Für die Pfalz wurde am 31. Juli 1914 das Standrecht angeordnet, was Bischof Faulhaber zum Anlass für einen oberhirtlichen Erlass unter der Überschrift „Verhalten im Kriegszustand betreffend" nahm, in dem er die Geistlichkeit dazu aufforderte, *die Armee des barmherzigen Samariters* zu sein, keine Wunden zu schlagen, sondern zu heilen. Neben der Empfehlung verschiedener Andachtsformen[19] verwies Faulhaber unter anderem auf das Gottvertrauen, das eine *siegreiche*

---

16 Joseph MAUSBACH, Vom gerechten Kriege und seinen Wirkungen, in: Hochland. Monatsschrift für alle Gebiete des Wissens, der Literatur und Kunst 12 (1914/15, Oktober 1914) 1-13, hier 2.
17 Vgl. Dominik SCHINDLER, Das Bistum Speyer in der Zeit des Ersten Weltkrieges, in: Archiv für mittelrheinische Kirchengeschichte 66 (2014) 209-278, hier 216-219.
18 Auch von Seite des bischöflichen Ordinariates stimmte man mit der zeitgenössischen Interpretation des Krieges überein (Schematismus der Diözese Speyer 1915, 243): *Er wurde uns aufgedrängt; denn Deutschlands Volk und Fürsten wollten den Frieden bewahren. Wenn wir auch alle fest auf die Hilfe Gottes und unsere gerechte Sache vertrauen, so sahen wir doch mit Besorgnis den ersten Kämpfen entgegen, weil es nicht ausgeschloßen schien, daß der Feind [...] auf einige Zeit wenigstens in die Pfalz eindringe.*
19 Es wurden auch Bittgottesdienste um einen *glücklichen Ausgang des dem Deutschen Reiche aufgezwungenen Krieges* angeordnet. Oberhirtliches Verordnungsblatt für das Bistum Speyer [OVB] 5.8.1914, 199f. Vgl. in diesem Zusammenhang den Erlass Kaiser Wilhelms II. zum „Landesbetgottesdienst" vom 5.8.1914, der von allen Kanzeln zu verlesen war; in: Karl HAMMER, Deutsche Kriegstheologie 1870-1918. Dokumente (dtv Wissenschaftliche Reihe 4151), München 1974, 204f.

Waffe, und das Gebet, das eine *vaterländische Tat* sei. Er forderte den Klerus zu besonderem Engagement in der Seelsorge auf. Außerdem wird deutlich, dass der Speyerer Bischof[20] in den ersten Stunden des Krieges diesen gemäß seinem Wahlspruch als *Gebot der Stunde* und als *Gebot Gottes* deutete.[21]

Die Stimmung, die unmittelbar nach Anordnung der Mobilmachung herrschte, fing Faulhaber in Tagebuchnotizen ein. Acht Tage nach dem *Königsmord von Sarajewo* sei das Ultimatum abgelaufen, das Österreich Serbien gestellt hatte. Am Sonntag, dem 1. August 1914, abends um ½ 6 Uhr habe daher Kaiser Wilhelm die allgemeine Mobilmachung angeordnet. Faulhaber hielt fest, dass die Kriegslage eine wesentlich andere als 1870 sei, *weil keiner vorerst den Krieg erklärt, aber alles mobilisiert [...] und faktisch herrscht Kriegszustand.*[22] Dass von einem *Kriegszustand ohne Krieg* gesprochen werde und die *Mobilmachung ohne Krieg* stattfinde, stifte nach Faulhaber viel Verwirrung. Die Speyerer Rheinbrücke wurde ab dem 30. Juli durch das Militär bewacht.

Die nicht zwingend negative Stimmung spiegelte sich auch bei den Kindern wider, die sich das weltgeschichtliche Ereignis auf ihre Weise zu eigen machten. *Die Kinder spielen Österreich und Serbien und hauen sich, weil keiner die Serben spielen will.*[23] Ähnliches brachte ein *Volkswort* zum Ausdruck, das Faulhaber im sogenannten Kriegstagebuch festhielt: *Mit jedem Stoß ein Franzos, mit jedem Schuß ein Ruß.*[24] Der Abend des ersten Mobilmachungstages glich eher einem Volksfest. Der Bischof von Speyer notierte, dass die Pionierkapelle *mit klingendem Spiel* durch die Straße zum Stadthaus zog. „Alles lebe hoch", die Nationalhymne und die „Wacht am Rhein" wurden gesungen. *Die ganze Nacht tönt von Begeisterung wider und früh wankt einer durch den Domgarten: ‚O Heimat, lieb Heimat'.*[25] Faulhaber jedoch brachte nicht nur die Hurra-Stimmung zu Papier, sondern auch die leiseren Töne. In Speyer liege die Mutter eines Offiziers, der in Metz stationiert sei, im Sterben, jedoch dürfe dieser das zukünftige Frontgebiet nicht verlassen. Der Offizier habe geschrieben: *Es bricht mir das Herz, aber ich darf nicht fort.* Und auch Faulhaber hielt die Ahnung fest, dass *großes Unheil* nahen könne.[26] Am Morgen des 4. August 1914 um 2 Uhr seien die ersten sechs schweren Schüsse in Speyer gefallen, die sich wohl gegen einen Flieger richteten.

---

20 Ein Vergleich der Haltung der bayerischen Bischöfe findet sich in: Helmut WITETSCHEK, Das Staatsverständnis des bayerischen Episkopates an der Wende von der Monarchie zur Republik im Lichte der Hirtenbriefe von 1918 bis 1920, in: Land und Reich, Stamm und Religion. Probleme und Perspektiven bayerischer Geschichte, Bd. III: Vom Vormärz bis zur Gegenwart, München 1984, 375-388, hier 378f.
21 OVB, 2.8.1914, 195-198.
22 EAM, NL Faulhaber 10117, Michael FAULHABER, Kriegstagebuch.
23 Ebd.
24 Ebd.
25 Ebd.
26 Ebd.

Für das Bistum Speyer war der Erste Weltkrieg aufgrund seiner grenznahen Lage von Anfang an eine wesentlich fassbarere und das Leben bestimmende Größe, als dies womöglich im rechtsrheinischen Bayern der Fall gewesen ist. Man schien mit allem rechnen zu müssen. Auch die Erfahrungen der Diözesangeschichte lehrten dies. Bischof Faulhaber reflektierte in seiner Autobiographie, dass der Bischof von Speyer wusste, *was für Ruinenfelder die Einfälle französischer Heere seit Ludwig XIV. in der Pfalz zurückgelassen hatten.* Aufgrund der Kenntnis der Geschichte wurde wahrgenommen, wie besorgniserregend der Kriegsausbruch war. Für die Pfalz als Grenzland sei die *Stunde der Mobilmachung doppelt ernst* gewesen. *Im Grenzland bekommt man im Allgemeinen vom Krieg mehr zu spüren als im Binnenland. In der Pfalz besonders musste man wenigstens zeitweise mit einem Einbruch der französischen Heere rechnen. Die deutsche Westgrenze war damals ohne starke Festung und so lag die Pfalz tatsächlich dem Einmarsch offen. Seit der Mobilmachung rollten durch die Pfalz in ununterbrochenen Wellen die deutschen Heere aller Waffengattungen gegen die französische Grenze.*[27] Der Bischof zweifelte dabei nicht an der Tapferkeit der deutschen Soldaten, die zum Schutz der Heimatgrenze ins Feld rückten gezweifelt.[28]

Bemerkenswert ist auch der Realismus, mit dem Faulhaber aus Anlass des Ausmarschs der Soldaten am 9. August 1914 bei der Predigt im Speyerer Dom den Soldaten den Ernst der Lage vor Augen stellte. Die Pfalz sei *wie alle Grenzländer des Reiches für die nächsten Wochen ein Land der unbegrenzten Möglichkeiten; gerade auf pfälzischem Boden ist also dem Roten Kreuze eine große Mission zugewiesen.*[29] Aufgrund der bedrohten Lage legte Bischof Faulhaber ein Gelübde ab, aus dem der Bau der „Gelöbniskirche Maria Schutz" in Kaiserslautern hervorgehen sollte.[30]

Mit dem Krieg war auch die Arbeit der Priester in der Seelsorge und der in Ausbildung befindlichen Theologen erschwert. Vielen Seelsorgern habe der Krieg die Arbeit *verdoppelt und verdreifacht, da die Zahl der Arbeiter immer kleiner und die Arbeit selber immer größer wurde.*[31] Nicht nur die mit Gefahren verbundene grenznahe Lage schuf eine besondere Konstellation, auch der Diözesanklerus sah sich vor die Aufgabe gestellt, die durch den Krieg geänderten Rahmenbedingungen im Allgemeinen und die Nöte und Sorgen der Gläubigen in seine Tätigkeit zu integrieren. Der Krieg selbst erforderte neben der regulären Seelsorge besondere Aufmerksamkeit, was

---

27 EAM, NL Faulhaber 9272, Michael FAULHABER, Autobiographie, 280; vgl. Ludwig BÖRST, Die Pfälzer Theologen im Weltkrieg 1914-1918. Ein Beitrag zur Geschichte des Bistums Speyer, Speyer [1937], 43, und OVB, 16.5.1916, 53.
28 EAM, NL Faulhaber 9272, Michael FAULHABER, Autobiographie, 283.
29 Michael FAULHABER, Waffen des Lichtes. Gesammelte Kriegsreden, Freiburg 1915. Hier: Ausmarsch unter dem Königsbanner. Predigt im Dom zu Speyer zum Ausmarsch der Soldaten in den Krieg am 9. August 1914, 1-20, 7.
30 Vgl. Festschrift Gelöbniskirche Maria Schutz u. Minoritenkloster Kaiserslautern, o. O. 1929.
31 OVB, 1.3.1916, 27, hier Hirtenbrief.

beispielsweise daran deutlich wird, dass Faulhaber in der Kriegszeit insgesamt 142 Verordnungen erließ, die auf die Ausnahmesituation Bezug nahmen.[32] Mit der Mobilmachung wurden 72 Priester der Diözese Speyer in den Heeresdienst verpflichtet, wobei diese nicht immer in direkt seelsorgerischer Weise wirken konnten. Die Geistlichen wurden auch als „Krankenwärter" eingesetzt.[33] Lediglich elf Priester wurden zu Feld- beziehungsweise Divisionsgeistlichen ernannt,[34] sechs zu Lazarett- und Sanitätsgeistlichen im eigentlichen Sinn.[35] Aus diesem Grund setzte sich Faulhaber ab September 1914 dafür ein, einige der zum Militärdienst verpflichteten Geistlichen nachträglich für unabkömmlich erklären zu lassen, vor allem die Neupriester sollten den Dienst innerhalb der Diözese verrichten können.

Ein anderes Licht wirft die Bitte von Kaplan Ludwig Vogt an Bischof Faulhaber. Vogt, der 1910 die Priesterweihe empfing, sollte vom Lazarett Germersheim in das Lazarett Homburg versetzt werden. In Germersheim habe ihn jedoch der Chefarzt für unabkömmlich erklärt. Daher äußerte der Generaloberarzt, dass das Ordinariat einen anderen Priester nach Homburg versetzen lassen sollte.[36] In einem weiteren Telegramm teilte Vogt Faulhaber sogar mit, dass ein Kaplan aus einem anderen Lazarett in Germersheim gerne nach Homburg ginge, der zudem abkömmlich sei.[37] Faulhaber hingegen scheint strikt die militärischen Anordnungen von den Erfordernissen der Seelsorge getrennt und den ergangenen Befehl daher vorbehaltlos akzeptiert zu haben. Er antwortete mit geradezu militärischer Prägnanz: *Wer kommandiert wird zu gehen, der geht; wer kommandiert wird zu bleiben, der bleibt – gern oder ungern. Bischof Faulhaber.*[38]

Stellvertretender Feldpropst der bayerischen Armee

Faulhaber musste im Ersten Weltkrieg eine doppelte Funktion wahrnehmen. Neben dem Amt als Speyerer Bischof wirkte er als stellvertretender Feldpropst der bayerischen Armee. Aus Sicht der Kirche lag die *Entscheidung über Krieg und Frieden bei der legitimen Obrigkeit.*[39] Insofern war es naheliegend, dass der Kriegseintritt des Deutschen Reiches 1914 von den kirchlichen Entscheidungsträgern zumindest akzeptiert wurde. Die Bevölkerung reagierte zum Teil mit Ratlosigkeit und Überraschung, aber

---

32 Schematismus der Diözese Speyer 1917, 245.
33 BÖRST, Pfälzer Theologen (wie Anm. 27), 43.
34 Ebd. 26.
35 Ebd. 28.
36 Archiv des Bistums Speyer [ABSp], ÄA 514, Vogt an Faulhaber, Telegramm vom 21.9.1914, 18 Uhr.
37 ABSp, ÄA 514, Vogt an Faulhaber, Telegramm vom 21.9.1914, 20.30 Uhr.
38 Antwort als handschriftliche Notiz Faulhabers auf dem zweiten Telegramm.
39 GATZ, Katholische Kirche im 20. Jahrhundert (wie Anm. 13), 55.

auch mit Begeisterung, was an den 185.000 Kriegsfreiwilligen, darunter auch Theologiestudenten, ersichtlich war und für eine Art patriotisches Hochgefühl bei Kriegsbeginn spricht. Die Siegesgewissheit Deutschlands leitete sich aus der *gerechten* Absicht des Krieges her, da Deutschland von *Neidern*[40] überfallen worden sei, woran kaum ein Zweifel bestand.[41] Mit geschichtlicher Distanz gilt es jedoch hervorzuheben, dass der „Große Krieg" *schon bevor er ausgebrochen war, […] den Charakter des herkömmlichen Kabinettskrieges, als der er entstanden war,* verlor.[42]

Mit dem Kriegsausbruch galt es, sich um die seelsorgliche Betreuung der im Feld Stehenden zu bemühen. Im Gegensatz zu der preußischen Militärseelsorge, die einen ständigen Feldpropst hatte[43], war die bayerische Feldseelsorge von ihrer Organisationsform her ein *Spezifikum ureigenster Art*[44], eine *Monstrosität, die ihresgleichen nirgendwo findet*.[45] In Friedenszeiten funktionierte die Militärseelsorge zwar optimal, doch war der Kriegsfall nicht vorgesehen. Der jeweilige Erzbischof von München und Freising sollte Feldpropst der bayerischen Armee werden.[46] Allerdings war der damalige Erzbischof von München und Freising, Franziskus von Bettinger, dieser Aufgabe gesundheitlich nicht mehr gewachsen, sodass der Speyerer Bischof Michael von Faulhaber zum stellvertretenden Feldpropst der bayerischen Armee, einem Generalvikar vergleichbar, ernannt wurde.[47]

---

40 Peter TAUBER, Dem Kaiser geben, was des Kaisers ist? Die Kriegszeitung des Priesterseminars Fulda als Spiegelbild des katholischen Selbstverständnisses im Ersten Weltkrieg, in: Archiv für mittelrheinische Kirchengeschichte 58 (2006), 215-240, hier 238.
41 GATZ, Katholische Kirche im 20. Jahrhundert (wie Anm. 13), 55.
42 Fritz FISCHER, Deutschland und der Ausbruch des Weltkrieges – In Erwartung des Blitzsieges, in: Erster Weltkrieg. Ursachen, Entstehung und Kriegsziele, hg. v. Wolfgang SCHNEIDER, Köln u. a. 1969, 29-70, hier 51.
43 Vgl. in diesem Zusammenhang: Johannes GÜSGEN, Die katholische Militärseelsorge in Deutschland zwischen 1920 und 1945. Ihre Praxis und Entwicklung in der Reichswehr der Weimarer Republik und der Wehrmacht des nationalsozialistischen Deutschlands unter besonderer Berücksichtigung ihrer Rolle in den Reichskonkordatsverhandlungen, Köln u. a. 1989. Dort ausführlicher Überblick zur Militärseelsorge seit der Antike. Zu den preußischen Feldpröpsten Heinrich Vollmar und Heinrich Joeppen s. ebd. 33 und 39.
44 Vgl. Arnold DÜNNWALD, Das katholische Militärkirchenrecht, unter besonderer Berücksichtigung der geschichtlichen Entwicklung des katholischen Militärkirchenwesens in Preußen und Bayern, Köln 1932, 20.
45 Joseph FREISEN, Das Militär-Kirchenrecht in Heer und Marine des Deutschen Reiches, Paderborn 1913, 208.
46 Vgl. GÜSGEN, Katholische Militärseelsorge (wie Anm. 43), 35-37; Michael BUCHBERGER, Die bayerische Feldseelsorge im Weltkriege, Kempten u. a. 1916, 1ff.
47 Vgl. Handbuch des Bistums Speyer, Speyer ²1991, 6. Zur genauen Vorgehensweise mit Korrespondenz s. Johann KLIER, Von der Kriegspredigt zum Friedensappell. Erzbischof Michael von Faulhaber und der Erste Weltkrieg. Ein Beitrag zur Geschichte der deutschen katholischen Militärseelsorge (Miscellanea Bavarica Monacensia 154), München 1991, 68, dort vor allem den Quellenanhang Nr. 1-4. Bei diesem Werk handelt es sich um eine recht umfassende Darstellung der Tätigkeit Faulhabers als stellvertretender und wirklicher Feldpropst, die vor allem den Wandel der Auffassung Faulhabers zum Krieg aufzeigt, sodass sich die Schilderung in diesem Beitrag auf die wesentlichen bzw. noch nicht genannten Fakten konzentrieren kann.

Am Abend des ersten Mobilmachungstages erreichte Faulhaber um ½ 11 Uhr ein dringliches Telegramm Kardinal Bettingers, der mit der Frage an den Speyerer Bischof herantrat, ob er bereit sei, sich als Feldpropst der Seelsorge in der bayerischen Armee anzunehmen. *Würden Eure bischöflichen Gnaden allerhöchste Designierung zum Feldpropst mit der Aufgabe, Seelsorge bei Armee zu organisieren, übernehmen? Mir persönliche Ausübung unmöglich.*[48] Um 11 Uhr habe Faulhaber geantwortet: *In Gottes Namen erkläre ich mich bereit, mich Maj[estät] zu Diensten zu stellen.*[49] Am darauffolgenden Tag wandte sich Faulhaber an Nuntius Frühwirth und unterrichtete ihn über den Entschluss Bettingers. Faulhaber verwies auf seine eigene Militärzeit und darauf, dass er sich bereits als Reservist mit der einschlägigen Literatur zur Feldseelsorge ausgestattet habe. Er bat um die Fakultät, *die gewöhnlich den Feldpröpsten im Heere* gegeben werde und darum, für den Verhinderungsfall einen Generalvikar ernennen zu dürfen. Die Sache sei eilig, *da erfahrungsgemäß die Truppe nicht wohl mit dem Ausmarsch aus den Garnisonen zur Beicht kommt, sondern eher in den Kriegstagen vor der 1. Schlacht.*[50]

Allerdings war der angestrebten Amtsübergabe Bettingers an Faulhaber kein Erfolg beschieden. Am 5. August 1914 teilte der Münchener Kardinal dies dem Speyerer Bischof mit. Er habe sowohl mit dem Kriegsminister als auch dem Nuntius gesprochen, beide sähen große Schwierigkeiten, obwohl sie davon überzeugt seien, dass Faulhaber sich mustergültig der Militärseelsorge annehmen werde. Die Probleme lägen einerseits darin, dass alle Gewalt an die Militärkommandos übergegangen sei und das Kriegsministerium nur Vorschläge unterbreiten könne. Das Außenministerium rate dazu, den *Plan fallen zu lassen, bis neue und dringlichere Gründe geltend gemacht werden können*. Andererseits vermutete Nuntius Frühwirth, dass von römischer Seite ein Votum der übrigen Bischöfe vorliege müsse, das verdeutliche, dass die *Änderung dringlich und besser sei, was sich schwer behaupten lasse, da der bevollmächtigte Bischof nicht selbst bei der Armee sein könne und während des Krieges die Korrespondenz der einzelnen Kriegsstationen mit München leichter zu bewerkstelligen sei als mit Speyer.*[51]

Bettinger bat Faulhaber darum, verzeihen zu wollen, was er mit seinem Telegramm angerichtet habe. Dass der koordinierte Ausbau der bayerischen Militärseelsorge und die Anpassung an die Kriegswirklichkeit dringend notwendig waren, unterstrich Bettinger. *Auch Offiziere beklagen sich bei mir, daß die bayerische Militärseelsorge hinter der preußischen weit zurückstehe. Da wir seit mehr als vier Jahrzehnten keinen Krieg mehr*

---

48 EAM, NL Faulhaber 4077, Bettinger an Faulhaber, Telegramm vom 1.8.1914.
49 EAM, NL Faulhaber 10117, Michael FAULHABER, Kriegstagebuch. Vgl. auch: KLIER, Von der Kriegspredigt zum Friedensappell (wie Anm. 47), Quellenanhang 1, 244, Telegramm Faulhabers an Bettinger vom 1.8.1914.
50 EAM, NL Faulhaber 6768, Faulhaber an Frühwirth, Brief vom 2.8.1914, stenographischer Entwurf; zit. nach KLIER (wie Anm. 47), Quellenanhang 2, 245.
51 EAM, NL Faulhaber 6768, Bettinger an Faulhaber, Brief vom 5.8.1914.

hatten, waren unsere Ordinariate in dieser Hinsicht leichtsinnig geworden.[52] Faulhaber fasste in der Autobiographie zusammen, dass der jeweilige Erzbischof von München durch päpstliches Dekret Feldpropst der bayerischen Armee war und *eine Änderung in dieser Stunde auf diplomatischem Wege zu umständlich geworden wäre.*[53]

Da eine vollkommene Vollmachtübertragung auf Faulhaber, sodass er ordentlicher Feldpropst der bayerischen Armee geworden wäre, sich als *unausführbar* herausstellte[54], wurde die Lösung forciert, Faulhaber zum Stellvertreter des Feldpropstes zu ernennen, ihn zum Generalvikar Bettingers für diesen Bereich zu ernennen. Diese Amtshandlung konnte Bettinger selbst vornehmen. Er habe damit den besonderen Auftrag verbunden, die bayerischen Truppen an der Front zu besuchen und dem Feldpropst in München Vorschläge für den weiteren Ausbau der Feldseelsorge zu machen, wozu sich Faulhaber ebenfalls bereiterklärt habe. *Nun war es mehr als ein stiller Segen für die ausmarschierenden Truppen, nun war ich kirchenrechtlich als Seelsorger mit diesen Männern verbunden.*[55]

Wie aus den Stationen des Lebenslaufes hervorging, verfügte Faulhaber über militärische Kenntnisse, was häufig zu der These verleitete: *Bischof Faulhaber war schon Feldpropst, ehe er Feldpropst wurde. Nicht Amt und Stellung machen ja den Feldpropst, sondern Geist und Herz. Beides aber besaß Bischof Faulhaber in außergewöhnlichem Maße, schon ehe er mit Amt und Würde des Feldpropstes bekleidet wurde.*[56] Als erster deutscher Bischof erhielt der stellvertretende Feldpropst der bayerischen Armee am 26. Mai 1915 das Eiserne Kreuz.[57]

Seelsorge und Fürsorge als Anliegen

Die regulären Aufgaben im Bistum Speyer ruhten nicht in der Zeit als Faulhaber Stellvertreter Bettingers war. Im Gegenteil, es bedurfte der vermehrten Zuwendung zu den Gläubigen und der Reaktion auf die Zustände, die mit dem Krieg einhergingen.

---

52 Ebd. Der Brief schloss mit der Bitte: *Gott segne Deutschland und Österreich! Wenn Rußland und Frankreich die Herren Europas werden, dann gute Nacht, katholische Kirche.*
53 EAM, NL Faulhaber 9272, Michael FAULHABER, Autobiographie, 281.
54 EAM, NL Faulhaber 4077, Bettinger an Faulhaber, Telegramm vom 9.8.1914.
55 EAM, NL Faulhaber 9272, Michael FAULHABER, Autobiographie, 281.
56 Balthasar MEIER, Kardinal Dr. Michael Faulhaber als bayerischer Feldpropst, in: Michael HARTIG (Hg.), Erntegarben. Gesammelt und dargeboten von Priestern der Erzdiözese München und Freising zur Feier des fünfundzwanzigjährigen Bischofsjubiläums Sr. Eminenz des hochwürdigsten Herrn Kardinals und Erzbischofs Dr. Michael Faulhaber, München 1936, 244-269, hier 244.
57 Vgl. Karl SPECKNER, Die Wächter der Kirche. Ein Buch vom deutschen Episkopat, München 1934, 21; PRIESTERVEREIN der Erzdiözese München-Freising (Hg.), Michael Kardinal Faulhaber. 25 Bischofsjahre, München 1936, 33.

Ein Beispiel hierfür ist die Flüchtlingsseelsorge und -fürsorge. Im Gebiet des Bistums Speyer fand die Zivilbevölkerung aus dem Elsass eine vorübergehende Heimat, als die Ortschaften wegen der sich nahenden Front verlassen werden mussten. Im Oberelsass wurden im Frühjahr 1915 99 Ortschaften in deutschem wie französischem Frontgebiet geräumt. In *besonderem Auftrag unseres Hochwürdigsten Herrn Bischofs* wurde der Klerus der Diözese Speyer auf die Seelsorge und Fürsorge an den aus dem Elsass Vertriebenen aufmerksam gemacht. Außerdem wurden Informationen an das bischöfliche Ordinariat von allen Pfarreien erbeten, wie viele Flüchtlinge sich im Pfarrgebiet befänden. Der Klerus wurde angewiesen, direkt mit der wirtschaftlichen Fürsorge der Vertriebenen unter Mitarbeit der örtlichen Vereine zu beginnen. Schließlich wurde am 11. Oktober 1915 ein Fürsorgetag in Neustadt abgehalten, der sich speziell dieser neuen Aufgabe der Seelsorge widmete.[58] Es ist sicherlich keine Fehlannahme, dass die besondere Sorge Bischof Faulhabers für die Flüchtlinge aus dem Elsass auch aus der Professorentätigkeit in Straßburg, durch die er mit dem Elsass in einer gewissen Verbindung stand, erwuchs. In diesem Sinn ist auch der Hinweis im Kontext der Landeskirchensammlung für die Bewohner des Oberelsass zu verstehen, dass es *ein besonderer Wunsch unseres Hochw. Herrn Bischofs [ist], daß unsere Landsleute, denen die härtesten Heimsuchungen des Krieges erspart blieben, ihrem Nachbarvolke helfend zur Seite stehen.*[59]

Eine weitere Gruppierung, die im Verlauf des Krieges im Gebiet der Diözese Speyer angesiedelt wurde, waren die *Gefangenen*, die seelsorglich und fürsorglich betreut werden sollten. Im Frühjahr 1915 waren in 68 Pfarreien in insgesamt 84 Ortschaften eine schwankende Zahl von jeweils 1 bis 120 *Franzosen, Russen und Polen, ihrem religiösen Bekenntnisse nach Katholiken, Protestanten, griechisch-Orthodoxe, Muhamedaner und andere Ungetaufte* untergebracht.[60] Die Betreuung dieser Gruppen bedeutete eine zusätzliche Belastung für die Seelsorger, zumal viele jüngere Priester beim Militär waren. Bei der Gefangenenfürsorge kamen in der Regel noch Sprachprobleme hinzu. Die Bedeutung der Betreuung der Gefangenen war offenbar dem bischöflichen Ordinariat bewusst, da im Dezember 1914 eine Erhebung in allen Pfarreien durchgeführt wurde mit besonderer Berücksichtigung der Art und Weise der seelsorglichen Betreuung unter dem Hinweis: *Bei der Wichtigkeit der Angelegenheit sehen wir der rechtzeitigen und gewissenhaften Berichterstattung entgegen.*[61] Hinzu kamen ab dem Jahr

---

58 Vgl. OVB, 21.9.1915, 389.
59 OVB, 5.12.1916, 107. Der Aufruf des Bischofs trug offenbar Frucht, da Faulhaber in dem Hirtenbrief zur Fastenzeit 1917 darauf einging, dass auch für das Elsass *freigiebig hohe Summen* gespendet worden seien (OVB, 14.2.1917, 154). Weiterführend: SCHINDLER, Das Bistum Speyer während des Ersten Weltkrieges (wie Anm. 17), 226-231.
60 Vgl. ebd. 245f.
61 OVB, 19.12.1914, 274. Erneuter Aufruf in: OVB, 15.4.1916, 49, und OVB, 20.11.1916, 103. Das Bemühen um aktuelle Informationen wird deutlich.

1917 noch eine nicht unbedeutende Anzahl von *in Arbeit tretenden Belgiern, Flamländern und Wallonen* in das Gebiet der Diözese Speyer, die ebenfalls so gut als möglich eine seelsorgliche Betreuung erfahren sollten, weshalb auch hier der Auftrag zur Berichterstattung an die Pfarrämter erging.[62]

Besondere Beachtung wurde der Soldatenseelsorge und -fürsorge geschenkt, die nicht nur in den Kriegsgebieten, sondern auch in der Heimat geleistet wurde. In der Pfalz waren zu Beginn des Jahres 1915 in 65 Pfarreien 166 Lazarette angesiedelt, in denen 8.600 Verwundete versorgt wurden. Ein eigener Frühgottesdienst wurde in 26 Lazaretten eingerichtet.[63] Unter Einbezug dieser Zahlen ist beachtenswert, dass nur im Gebiet von 34 der insgesamt 214 Seelsorgestellen des Bistums Speyer sich weder ein Lazarett noch ein Kriegsgefangenenlager befand. Ohne näher auf die Art und Weise der Soldatenseelsorge einzugehen, seien die Aspekte betrachtet, die in direktem Zusammenhang mit der Person Faulhabers und der Soldatenseelsorge im Feld stehen.

Es galt nicht nur die Verwundeten in den Lazaretten fürsorglich und seelsorglich zu betreuen, sondern auch die Soldaten im Feld, wobei die Versandstelle für Liebesgaben einen besonderen Rang einnahm. Dieses Büro wurde auf Anregung Faulhabers im Bischofshaus in Speyer eingerichtet und von dort aus wurden *ständig allerlei nützliche, gottesdienstliche und erbauliche Gegenstände an die Front gegeben.*[64] Aus diesem Grund ergingen bereits unmittelbar nach Kriegsausbruch zahlreiche Aufrufe an Klerus und Diözesanen, dieses Engagement zu unterstützen, wobei die Geistlichkeit selbst mit gutem Beispiel vorangehen sollte.[65] Auch die Dankesworte von Seiten des Bischofs fehlten nicht. Im Hirtenbrief des Jahres 1915 sprach er beispielsweise seinen Dank an die Diözesanen für die überaus zahlreich gespendeten Wollsachen aus.[66] Es wurden allerdings auch andere Gegenstände wie Gebetsbildchen, Lesestoff, Rosenkränze, Gesellschaftsspiele, Spielkarten, Zigarren und Wurst versandt. Insgesamt wurden bis zum 1. Dezember 1915 rund 30.000 Bücher, Broschüren und Zeitschriften in 2.160 Paketen im Wert von 4.866 Mark verschickt. Bis zum 21. August 1917 steigerte sich der Wert der versandten Gegenstände auf 11.455,50 Mark.[67] Insgesamt verließen zwischen Oktober 1914 und August 1917 10.000 Feldpostpakete das Speyerer Bischofshaus.

---

62 Vgl. OVB, 5.2.1917, 140f. Eine Zusammenfassung der Berichte aus den Pfarreien mit dem Vermerk „Vertraulich!" findet sich in OVB, 22.2.1917, 163. Hieraus ergibt sich ein relativ konkretes Bild, wie die seelsorgliche Betreuung vonstattenging.
63 Vgl. Schematismus der Diözese Speyer 1917, 245, und OVB, 22.2.1917, 161f. Dort Zusammenstellung der Lazarette als Ergebnis der in diesem Bereich ebenfalls durchgeführten Erhebungen.
64 Schematismus der Diözese Speyer 1917, 245.
65 Vgl. OVB, 14.8.1914, 216.
66 Vgl. OVB, 8.2.1915, 321.
67 Vgl. EAM, NL Faulhaber 6781, „Verzeichnis der Liebesgaben des Ordinariates Speyer an bayerische Militärgeistliche".

Frontbesuche

Das Engagement des Speyerer Bischofs erstreckte sich nicht nur auf die fürsorgliche und seelsorgliche Betreuung der Soldaten von der Heimat aus, sondern reichte bis in die Gebiete der Frontstellungen. Insgesamt unternahm Faulhaber in der Speyerer Zeit vier Besuche an der Westfront.[68] Vom 9. bis zum 14. März 1915 inspizierte er die Truppen in Lothringen, der Gegend um Metz und St. Mihiel. Einen Monat später, vom 22. bis zum 29. April folgte eine Reise an die flandrische Front. Der dritte Besuch führte nach Nordfrankreich, das Gebiet um Arras, wo Faulhaber vom 11. bis zum 26. Februar 1916 unterwegs war. Im Zusammenhang mit dem Hochschulkurs im Feld in Conflans-Labry stand der vierte Besuch in der ersten Novemberhälfte des Jahres 1916.[69]

Die Besuche nutzte Faulhaber vor allem, um mit den Feldgeistlichen in Kontakt zu treten, aktuelle Fragen der Feldseelsorge zu besprechen und Perspektiven zur Optimierung zu erarbeiten. Pastoralkonferenzen mit den Geistlichen des betreffenden Frontabschnittes fanden am 28. April 1915 in Lille[70] sowie am 21. Februar 1916 in Douai[71] und am 24. Februar 1916 in Charlesville statt.[72]

Insgesamt war Faulhaber bei den ersten drei Reisen an die Westfront 27 Tage unterwegs, wovon 10 Tage für die Reise und die Konferenzen subtrahiert werden müssen. In den verbleibenden 17 Tagen habe er *außer vielen Früh-, Fest- und Abendgottesdiensten mindestens 30 eigentliche Predigten gehalten, teilweise mit Festgottesdienst.*[73] Hieran wird das Bemühen um die seelsorgliche Betreuung der Soldaten vor dem Hintergrund des bischöflichen Hirtenamtes ersichtlich. Ferner ist zu beobachten, dass Faulhaber anscheinend ein ausgeprägtes Bestreben besaß, sich von der konkreten Situation der Soldaten ein Bild machen zu wollen. Auf diese Weise ist es zu erklären, dass er trotz Warnungen im Zusammenhang mit dem zweiten und dritten Frontbesuch wirklich bis an die vordersten Stellungen ging, bekleidet mit einer

---

68 Vgl. PRIESTERVEREIN, 25 Bischofsjahre (wie Anm. 57), 27-33, siehe auch: KLIER, Von der Kriegspredigt zum Friedensappell (wie Anm. 47), 97-112.
69 Faulhaber war vom 2.-25.11.1916 abwesend (vgl. EAM, NL Faulhaber 10000, Besuchstagebuch). Weiterführende Informationen: KLIER, Von der Kriegspredigt zum Friedensappell (wie Anm. 47), 97-112. Darstellung vor allem auf die Autobiographie gestützt.
70 EAM, NL Faulhaber 6776, Protokoll der Konferenz. Foohs begrüßte die 54 Teilnehmer. Faulhaber hielt einen allgemein gehaltenen Vortrag über die Feldseelsorge. Die Volksmissionen seien in der Heimat jetzt besonders wichtig, da die moralische Gefährdung sehr große sei.
71 EAM, NL Faulhaber 6776, Protokoll der Konferenz. Der katholische Seelsorger werde *herabgedrückt zum Diener am Wort*. Die Feldpredigten werden vom Militär als das *relativ Wichtigste angesehen*, das der Geistliche leiste. Faulhaber sprach sich gegen Soldatenfeiern aus, da diese zu einem *Wetterwinkel* werden können, *wo der Burgfriede in die Brüche geht*, man solle eher Abendandachten in der Kirche pflegen. Faulhaber empfahl, dass sich die Feldgeistlichen öfter (wöchentlich) treffen sollten, um aktuelle Probleme zu besprechen. *Der Bruder, der vom Bruder gehalten, wird oft eine ‚starke Festung'*.
72 Vgl. KLIER, Von der Kriegspredigt zum Friedensappell (wie Anm. 47), 103 und 111.
73 PRIESTERVEREIN (Hg.), 25. Bischofsjahre (wie Anm. 57), 31.

Uniform im Rang eines einfachen Soldaten. Für den Fall, dass ihm etwas zugestoßen wäre, hinterließ er vor dem Gang in die flandrischen Schützengräben eine Erklärung: *Ich gehe aus freiem Willen und auf meine eigene Verantwortung heute in die vordersten Stellungen. Von den Stabsoffizieren wurde ich aufmerksam gemacht, daß die Zugänge zur Stellung noch nicht ausgebaut und die Luft im allgemeinen geladen sei. Sollte es im Ratschluß Gottes liegen, daß ich nicht mehr zurückkomme, trage ich allein die Verantwortung und sonst niemand.*[74]

Am 26. Mai 1917 wurde Faulhaber zum Erzbischof der Diözese München und Freising ernannt, die Inthronisation erfolgte am 3. September. Verbunden mit dem Amtswechsel war der Umstand, dass er fortan ordentlicher Feldpropst der bayerischen Armee war. In dieser Funktion fanden auch die Frontbesuche eine Fortsetzung, die Präsenz weitete sich. Ein Kampfplatz im Ersten Weltkrieg, der in der heutigen Betrachtung oft vernachlässigt wird, ist die Ostfront.[75] Die Besuche Faulhabers in die östliche Kampfzone sind im Gegensatz zu denen an die Westfront außerordentlich gut dokumentiert. Michael Buchberger, der Referent des Feldpropstes, publizierte ein 182 Seiten starkes Buch, in dem er die Frontbesuche detailliert nachzeichnete und mit Fotos illustrierte. Im Vorwort schrieb Buchberger, dass Bettingers Nachfolger schon als Bischof von Speyer als ein *allgemein bekannter Freund und fürsorgender Vater der Soldaten* bekannt gewesen sei. *Aus seiner Residenz gingen Tausende von Liebesgabensendungen ins Feld, seine Vorträge und Schriften haben Tausende begeistert, für Krieger und Vaterland aus vollem Herzen und mit vollen Händen zu geben und zu opfern; seine Besuche im Felde mit den packenden Ansprachen und ergreifenden Gottesdiensten waren unvergeßliche Weihestunden für Offiziere und Mannschaften.*[76]

Die Besuche an der Ostfront waren schon von Kardinal Bettinger angekündigt, jedoch war es ihm aus gesundheitlichen Gründen nicht mehr möglich, diese durchzuführen. Wenige Wochen nach der Inthronisation besuchte Erzbischof Faulhaber in der zweiten Oktoberhälfte Lodz, Warschau, Brest-Litowsk und Galizien.[77] Eine ähnlich ausgedehnte Reise führte vom 29. Januar bis zum 19. Februar 1918 an die sogenannte Südfront. Durch Österreich-Ungarn gelangte Faulhaber nach Serbien, Bulgarien, Rumänien und das Gebiet der heutigen Türkei. Bei der letzten Reise als Feldpropst der bayerischen Armee besuchte Faulhaber vom 6. bis zum 26. Juli 1918 die in der Schweiz internierten Soldaten.

---

74 EAM, NL Faulhaber 9272, Michael FAULHABER, Autobiographie, 303.
75 Oliver JANZ, 14 – Der große Krieg (bpb Schriftenreihe 1395), Bonn 2013, 9f.
76 Michael BUCHBERGER, Frontbesuche des Erzbischofs und Feldprobstes M. von Faulhaber im Osten und auf dem Balkan, Regensburg 1918, 3f.
77 Die Reise dauerte vom 16. bis 30.10.1917.

Veröffentlichungen des Speyerer Bischofs

Zu den Besuchen an der Front, die ein wesentliches Merkmal der Tätigkeit Faulhabers als stellvertretender und wirklicher Feldpropst waren, kommen die zahlreichen Veröffentlichungen von Predigten, Reden und sonstigen Publikationen, die in einem kriegsbedingten Kontext stehen und durch die Faulhaber in seinem Engagement im Zuge des Krieges wahrgenommen wurde. Es können jeweils nur in exemplarischer Weise einige Charakteristika hervorgehoben werden, die einen Schlüssel zum Verständnis der Schriften bilden können, die nicht selektiv, sondern in Gänze rezipiert werden wollen.

Seelsorge und Fürsorge als Anliegen – „Trostgebet"

Neben der Seelsorge und Fürsorge für bestimmte Gruppen schien Faulhaber mit Ansprachen, Predigten und Veröffentlichungen den Gläubigen Zuspruch, Hoffnung und Trost spenden zu wollen. Insbesondere ist das von ihm verfasste „Trostgebet" zu nennen. Es richtet sich in Demut an Gott Vater und Gott Sohn, den Erlöser der Welt, dem die Verstorbenen zur Reinigung von Sünden und zur Lohnung der guten Taten empfohlen werden. Mit Blick auf die Auferstehung wird neue Hoffnung geschöpft. Im Anschluss wendet sich das Gebet an Gott, den heiligen Geist, um die Gaben des Trostes, der Stärke und der Liebe bittend. Schließlich werden die Toten der schmerzhaften Mutter empfohlen, in der Hoffnung, dass sich die *Trauer bald in Freude* verwandle.[78] Das Gebet ist frei von jeder nationalen Anspielung und bezieht sich rein auf religiöse Inhalte.

Theologische Reflexion des Krieges – „Der Krieg im Lichte des Evangeliums"

Einen ersten Vortrag zu einer biblisch begründeten Kriegsdeutung und -interpretation hielt Faulhaber am 18. Januar 1915 im Münchner-Kindl-Keller.[79] Am 19. März folgte auf Einladung des Akademischen Bonifatiusvereins in Berlin ein Vortrag unter dem Titel „Der Krieg im Lichte des Evangeliums". Die Speyerer Bistumszeitung „Der christliche Pilger" hielt fest: *Sowohl Thema als auch die Person des Redners hatten eine überaus große Anziehungskraft ausgeübt. Die Philharmonie, der größte Saal Berlins war ausverkauft.*[80] Wohl auch von der großen Resonanz dazu angeregt, er-

---

78 Abdruck in: OVB, 9.11.1914, 243-245.
79 EAM, NL Faulhaber 9272, Michael FAULHABER, Autobiographie, 292.
80 Der christliche Pilger, 1915, 153. Bericht unter Bezug auf einen Artikel aus der „Germania". Es wurde angekündigt, dass der Vortrag in Kürze in gedruckter Form erscheinen solle.

schien die Rede, die circa 90 Minuten dauerte, in gedruckter Form noch im gleichen Jahr.[81]

In der genannten Schrift stellte Faulhaber die Frage, ob Kriege zu führen vor dem Hintergrund des Evangeliums gerechtfertigt sei. Gleich zu Beginn wird deutlich, dass sich Faulhaber der Einzigartigkeit der Situation in weltgeschichtlichem Kontext bewusst war. Die *bewaffnete Völkerwanderung der Jahre 1914 und 15* werde ein *Stück alter Weltgeschichte zertrümmern* und ein *Stück neuer Weltgeschichte aufbauen*.[82] Er hob hervor, dass seiner Meinung nach *dieser Feldzug in der Kriegsethik für das Schulbeispiel eines gerechten Krieges*[83] eingehen werde. Bemerkenswert ist Faulhabers Definition von Krieg, die auf dem Boden der zeitgenössischen Theologie stand. Die *normale und kulturschaffende Weltlage* sei der Weltfriede. Der Krieg gelte als *Ausnahmezustand, der von Zeit zu Zeit zur Entspannung der politischen Lage* notwendig werden könne. Das Ziel des Krieges müsse immer sein, Frieden erlangen zu wollen, zudem dürfe der Krieg erst erklärt werden, wenn *alle Versuche, eine Streitsache auf friedlichem Wege beizulegen, gescheitert sind und der zuständigen höchsten Stelle kein anderes Mittel bleibt, ein Unrecht abzuwehren oder ein notwendiges Lebensrecht völkischen Daseins zu retten.*[84]

In diesem Zusammenhang unterschied Faulhaber zwischen einem von ihm so genannten *Martialismus*, der Kriege um der Kriege willen führe, und einem *Sabbatismus*, einer grundsätzlichen Forderung, nie zur Waffe zu greifen, und wog beide Positionen vor dem Hintergrund des Evangeliums ab. Er kam zu dem Schluss, dass weder die eine noch die andere Extremposition auftrete.[85] Insgesamt bestehe im Evangelium die Forderung zur Bruderliebe, und das Gewichtsverhältnis zwischen Krieg und Frieden stehe auf Grundlage der exegetisch ausgelegten biblischen Indizien zugunsten des Friedens.[86] Im Anschluss zeichnete Faulhaber den *Waffenpass des Krieges* im Licht des Evangeliums. In den Gleichnisreden des Lukasevangeliums, einer Perikope des Matthäusevangeliums und den Psalmen sei die Darstellung des Krieges keineswegs einseitig negativ konnotiert, und vor allem im Kontext einer Matthäusparabel sei *ein Krieg, der die Mordtat von Sarajewo sühnen will, […] als eine Rechtstat erwiesen.*[87]

Der dritte Teil der Schrift steht unter der heute missverständlichen Überschrift „Der Waffensegen des Krieges vor den Altären des Evangeliums", wobei Faulhaber

---

81 Michael FAULHABER, Der Krieg im Lichte des Evangeliums. München [1915]. Der Vortrag erschien in der Sammlung „Glaube und Leben. Eine Sammlung religiöser Zeitfragen" und erschien beim Verlag Leohaus in München.
82 Ebd. 3.
83 Ebd. 4.
84 Ebd. 7.
85 Ebd. 8-12.
86 Ebd. 13.
87 Ebd. 22f.

jedoch gleich klarstellte, dass *freilich nicht* von einem Waffensegen *im landläufigen Sinn der Gasse* die Rede sein werde, sondern eine Annäherung auf Grundlage des Evangeliums geschehe.[88] Insgesamt komme es auf *den Triumph des Guten* an, und auch im Hinblick auf den Staat als Gemeinwesen dürfe die *staatliche Obrigkeit* nicht *mir nichts dir nichts heilige Rechte des Volkes und des Landes ohne Schwertstreich* opfern, was insgesamt zu einer Art *indirektem Waffensegen* führe.[89]

Schließlich stellte der Speyerer Bischof die Frage nach der *Erntefrucht des Krieges*, wobei die *grausame Wirklichkeit des Krieges* nicht verschleiert werden solle. Im Vertrauen auf die göttliche Vorsehung wurde Gott als Kriegsherr und Richter dargestellt.[90] Schließlich führte Faulhaber aus, wie gut es sei, in den Zeiten des Krieges einen Glauben zu haben, ganz im Gegensatz zu atheistischen Strömungen, die *einen Mund, aber kein Trostwort, eine Hand, aber keine aufrichtende Kraft* hätten.[91] In diesem Zusammenhang erfolgte die häufig verkürzte und ohne den Kontext betrachtete metaphorische Aussage, die auf die erhoffte religiöse Erneuerung durch den Krieg zu beziehen ist: *Eisenpillen bringen Bluterneuerung, aber nur, wenn die Blutarmut oder Blutvergiftung nicht schon zu weit vorgeschritten ist.*[92] Abschließend nahm Faulhaber direkten Bezug auf die Lage der Katholiken in Deutschland, wobei man sich vor Augen halten muss, dass der Vortrag im überwiegend protestantischen Berlin gehalten wurde: *Gegensätze können gemildert werden, ohne daß Grundsätze verleugnet und Grenzsteine verschoben werden. [...] Vielleicht können unsere deutschen Brüder uns heute nachfühlen, wie bitter es für uns war, wenn in Friedenszeiten unter dem Vorwand, der Kampf gelte nicht den Katholiken, nur dem Ultramontanismus, unser ehrlicher Wille, dem Vaterlande zu dienen, immer wieder angezweifelt und unser nationaler Vollwert immer wieder in Mißkredit gesetzt wurde.*[93] Am Ende der Rede stand die Idee einer für die damalige Zeit sicherlich weitreichenden Vorstellung von einer internationalen Zusammenarbeit.[94]

---

88 Ebd. 25.
89 Vgl. ebd. 27-30.
90 Ebd. 36f.
91 Ebd. 41f.
92 Ebd. 43. Diese Aussage ist bei Rudolf REISER (Kardinal Michael von Faulhaber. Des Kaisers und des Führers Schutzpatron, München 2000, 14 und 16) in der für die Publikation typischen unwissenschaftlichen Arbeitsweise verkürzt „Eisenpillen bringen Bluterneuerung" zitiert. Nicht nur daher ist das Urteil Walter ZIEGLERs (Kardinal Faulhaber in der Geschichtsschreibung. In: Bayern. Vom Stamm zum Staat. FS für A. Kraus, hg. v. Konrad ACKERMANN u. a., Bd. II, München 2002, 561-585, hier 576) nachvollziehbar, dass mit Reiser zweifellos der „Tiefpunkt" in der Auseinandersetzung mit Faulhaber erreicht wurde.
93 FAULHABER, Der Krieg im Lichtes des Evangeliums (wie Anm. 3), 47.
94 *Die ehrliche Begeisterung für nationale Eigenart schließt aber nicht in sich, alle Gemeinschaftswerte der Völker zu entwerten, den Austausch der geistigen Güter in der Vergangenheit in Abrede zu stellen und für die gemeinsame Kulturarbeit der europäischen Zukunft alle Brücken abzubrechen. Man kann sein Volk lieben, ohne die anderen Völker zu hassen. Man kann die nationale Arbeit segnen, ohne der internationalen Kultur zu fluchen. Es muß nicht Nacht sein, wenn Deutschlands Sterne strahlen sollen* (48). Aus dem Kontext geht hervor, dass die „strahlenden

Gesammelte Kriegsreden – „Waffen des Lichtes"

Die Sammlung von Predigten, Vorträgen, kürzeren Betrachtungen und einem Hirtenbrief, die in den beiden ersten Kriegsjahren entstanden, erhielt ihren Titel in Anlehnung an den Römerbrief des Apostels Paulus (Röm 13,12) und erschien im Jahr 1915.

Daraus seien zwei Beispiele herausgegriffen. Den Anfang bildet die Predigt Faulhabers im Speyerer Dom anlässlich des Ausmarschs der Soldaten am 9. August 1914.[95] Unter Bezug auf den Hymnus „Vexilla regis" gestaltete Faulhaber im Geist drei Fahnenbänder mit symbolischer Bedeutung, die er den Fahnen der Soldaten zufügen möchte. Die Bänder behandelten den Geist der Liebe, der Kraft und des Vertrauens. Insgesamt scheint die Predigt Mut machen zu wollen, ohne das Gebiet der nationalen Parolen zu berühren.

Zu nennen ist ferner das „Kriegsgebet"[96], das von Faulhaber kurz nach der Erklärung der Mobilmachung, in der Nacht auf den 2. August verfasst wurde. Es ist an den *Herrn der Heerscharen*, den *Schirmherrn der gerechten Sache* gerichtet. Auch wenn implizit mit der *gerechte[n] Sache* wohl diejenige Deutschlands gemeint war, wurde dies nicht expliziert. Vielmehr spielte Faulhaber auf die Vorsehung an, wenn es heißt: *Öffne unserem Volke die Augen und gib ihm die Gnade, Deine heiligen Absichten in dieser Stunde der Prüfung zu erkennen.*[97] Bemerkenswert ist die realistische Vorstellung des Krieges, aber mehr noch, dass diese auch zum Ausdruck gebracht wurde: *Mit Deiner Gnade wollen wir vor den Massengräbern des Krieges wachsen in Gottesfurcht und Gottvertrauen.*[98] Schließlich wurden die Nächstenliebe und der Einsatz in der Fürsorge empfohlen. Den Abschluss bildete nicht die Bitte, dass Deutschland den Krieg gewinne, sondern die Bitte *Du wollest die Tage der Heimsuchung abkürzen und unser liebes Vaterland bald wieder die Segnungen eines ehrenvollen Friedens genießen lassen.* Das Kriegsgebet fand deutschlandweite Verbreitung.

Für die Praxis – „Feldpredigten" und „Das Schwert des Geistes"

Bei den Gottesdiensten im Feld durfte die Predigt nie fehlen.[99] In Anbetracht der wenigen Zeit, die zur Vorbereitung zur Verfügung stand und der Fülle von Predig-

---

Sterne" unter anderem eine Metapher für die deutsche Religiosität sind, „Nacht" kann als Metapher für den „Krieg" verstanden werden.
95 FAULHABER, Waffen des Lichtes (wie Anm. 29), 1-20.
96 Unser Kriegsgebet, in: Michael FAULHABER, Waffen des Lichtes (wie Anm. 29), 21f.
97 Ebd. 21f.
98 Ebd. 22.
99 Vgl. Hans-Josef WOLLASCH, Militärseelsorge im Ersten Weltkrieg. Das Kriegstagebuch des katholischen Feldgeistlichen Benedict Kreutz (VdKfZG A 40) , Mainz 1987, LXXVI.

ten und Ansprachen, die von den Feldgeistlichen zu halten waren, konnte häufig die gewünschte Qualität nicht erzielt werden. Offenbar war die Qualität der Predigt auch Bischof Faulhaber wichtig, denn am 14. Dezember 1915 trafen Bischof Keppler von Rottenburg-Stuttgart und Domprediger Donders aus Münster in Speyer zusammen und besprachen die Situation der Feldgeistlichen, deren Probleme Faulhaber bei den Pastoralkonferenzen im Feld mitgeteilt wurden. *In den Antwortschreiben auf die gesammelten Kriegsreden ‚Waffen des Lichtes' haben viele Feld- und Lazarettgeistliche ihre homiletische Not offen eingestanden.*[100] Bei diesem Treffen wurde der Entschluss gefasst, wöchentlich Predigten an die Geistlichen im Feld, zuerst unentgeltlich, zu versenden, wobei auch die Mitarbeiter keine Entlohnung erhielten und Faulhaber die Schriftleitung übernahm.[101] Die „Feldpredigten" erschienen in drei Jahrgängen von 1916-1918 in einer Auflagenhöhe von anfänglich 1.200 Exemplaren, die sich auf 2.000 steigerte. Die Predigtausgaben waren nur für die Feldgeistlichen bestimmt und nicht über den Buchhandel zu beziehen. Dennoch wurden einige dieser Predigten, die zwischen Januar 1916 und Ostern 1917 erschienen, unter dem Titel „Das Schwert des Geistes" (vgl. Eph 6,17) in teilweise veränderter Form publiziert.[102]

Die Not der Menschen – „Das Hohe Lied der Kriegsfürsorge"

Schließlich ist die Publikation „Das Hohe Lied der Kriegsfürsorge" aus dem Jahr 1916 zu nennen, die in der Schriftenreihe des „Kaiser-Wilhelm-Dank. Verein der Soldatenfreunde" erschien. Der kaiserliche Bibliothekar, Dr. Bogdan Krieger, wandte sich am 1. September 1915 an Faulhaber.[103] Wie aus dem Schreiben hervorgeht, ging der Impuls zur Anfrage bei Faulhaber für eine Publikation vom *Geheimen Oberregierungsrat und Vortragenden Rat im Kultusministerium Professor Dr. Norrenberg* aus. Das Thema sollte „Die charitative Fürsorge im Kriege" lauten.

Hierbei sind zwei Dinge bemerkenswert: Zum einen, dass Faulhaber als stellvertretender bayerischer Feldpropst um einen Beitrag gebeten wurde, wohingegen die preußischen Feldpröpste Vollmar und Joeppen nie einen Beitrag in dieser Reihe lieferten, was offenbar von der Bekanntheit und auch der Akzeptanz Faulhabers als Kenner der Kriegslage in kirchlicher Sicht Zeugnis gibt. Allerdings könnte die An-

---

100 EAM, NL Faulhaber 6767, Entwurf Faulhabers über die Bekanntgabe der Versendung von Feldpredigten, Abdruck in: KLIER, Kriegspredigt Friedensappell (wie Anm. 47), 257 (Quellenanhang, Nr. 9).
101 Ebd. Siehe auch das Vorwort zu der Druckausgabe von Pfingsten 1917, in: Michael FAULHABER, Das Schwert des Geistes. Feldpredigten im Weltkrieg in Verbindung mit Bischof Keppler und Domprediger Donders, Freiburg 1917, V-VII.
102 Vgl. hierzu die Untersuchungen in: KLIER, Kriegspredigt Friedensappell (wie Anm. 47), 152f. Von den insgesamt 137 abgedruckten Predigten und Ansprachen stammen 36 von Faulhaber, was einem Anteil von 26 % entspricht.
103 ABSp, A-XIV-3,17, Dr. Krieger an Faulhaber, Brief vom 1.9.1915.

frage bei Faulhaber auch auf eine als bekannt vorauszusetzende, patriotische Haltung deuten. Vielleicht wirkte noch der viel beachtete Vortrag in der Berliner Philharmonie aus dem Jahr 1915 nach. Zum anderen ist die Umwandlung des Titels von „Die charitative Fürsorge im Kriege" in „Das Hohe Lied der Kriegsfürsorge" für Faulhaber bezeichnend, vor allem da er häufig den Ausdruck „Hohes Lied" fern von alttestamentlichem Kontext gebrauchte.

Die weitere Analyse der Schrift will auf einige wesentliche Aspekte begrenzt bleiben. Es zeigt sich, dass Faulhaber zuerst bemüht ist, gleiche Ausgangsbedingungen bei den Lesern zu schaffen, indem er umfassend und klar definierte, was unter Kriegsfürsorge zu verstehen sei. Diese gelte als *die edelste Form heimatlichen Dabeiseins* und weiter: *Kriegsfürsorge in unserem Sinne ist planmäßige, großzügige, selbstlose Hilfstätigkeit, die nicht von Mitleidstimmungen des Augenblicks getragen wird und sich nicht in gelegentliche Stückarbeit und ichsüchtige Sonderbündelei verzettelt, die vielmehr auf dem Boden der gegebenen Versorgungsgesetze, unter Wahrung der Zusammenhänge mit bereits bestehenden Hilfsgemeinschaften, nach möglichst einheitlichen Richtlinien, in seelisch angemessenen und wirtschaftlich ausgerechneten Formen die Kriegsgeschädigten möglichst alle zu erreichen und nach dem Grade ihrer Hilfsbedürftigkeit zu entschädigen sucht.*[104]

Insgesamt fällt an der Publikation auf, dass sie sehr adressatenorientiert und durchstrukturiert scheint. Entgegen der sonstigen Eigenart Faulhabers blieben Bibelzitate eine Seltenheit, lediglich das ein oder andere Bild, wie das des barmherzigen Samariters, leuchtet auf. Außerdem besticht die Publikation durch eine augenscheinlich umfassende Quellenkenntnis, was aus der Vielzahl von einfließenden Statistiken[105] geschlossen werden kann und den sehr sachlich gehaltenen Ton unterstreicht. Faulhaber empfahl mit Nachdruck das Engagement in der Kriegsfürsorge, was sich auch in den übrigen Äußerungen zeigte.

Beitrag in der Abwehrschrift – „Unsere religiöse Kultur"

Schließlich erschien ein Betrag Faulhabers mit dem Titel *Unsere religiöse Kultur* in der sogenannten Abwehrschrift „Deutsche Kultur, Katholizismus und Erster Weltkrieg"[106] die auf die Publikation „La guerre allemande et le catholicisme" reagierte. Mitten im Ersten Weltkrieg, im April 1915, erhob die vom Generalvikar der Erzdiözese Paris, Alfred Baudrillart, herausgegebene Publikation den pauschalisierenden

---

104 Michael FAULHABER, Das Hohe Lied der Kriegsfürsorge (Kriegsschriften des Kaiser-Wilhelm-Dank. Verein der Soldatenfreunde, Heft 75), Berlin 1916, 3f.
105 Beispielsweise: FAULHABER, Das Hohe Lied der Kriegsfürsorge (wie Anm. 104), 7, 9, 10, 13, 18 u.v.a.
106 Georg PFEILSCHIFTER (Hg.), Deutsche Kultur, Katholizismus und Weltkrieg. Eine Abwehr des Buches „La Guerre Allemande Et Le Catholicisme", Freiburg 1916.

Vorwurf, dass die Deutschen schlechte Katholiken seien. *Deutschlands Intellektuelle und seine politische und militärische Führung betreiben einen Vernichtungskampf gegen Katholizismus und Christentum. Frankreich sei dagegen der Kirche treu geblieben.*[107] Von deutscher Seite stellte man dem französischen Buch im November 1915 eine grundsätzlich sachlich gehaltene Abwehrschrift entgegen, für die Faulhaber einen *in Ton und Inhalt überzeugenden Beitrag*[108] verfasste.

Zunächst stellte der Speyerer Bischof dar, dass von der deutschen Kirche die religiösen und kirchlichen Interessen im öffentlichen Leben kraftvoll vertreten würden.[109] Um der apologetischen Absicht gerecht zu werden, kennzeichnete Faulhaber in der Regel zuerst die Lage auf französischer Seite und setzte hiervon vergleichend die Situation in Deutschland ab. Vor allem unter Bezug auf die strikte Trennung von Staat und Kirche in Frankreich im Kontrast zur deutschen Situation wurde dies augenscheinlich.[110] Auch wenn Differenzen zum Protestantismus bestünden, lebe man in Deutschland in einem Nebeneinander, das die Zusammenarbeit nicht ausschließe.[111] Die Religiosität sei eine *deutsche Eigenart* genau wie die *Lust am Kritisieren, der Widerwille gegen alles gedankenlose Nachbeten, die Freude am eigenen Nachzählen und Nachprüfen, das Verlangen, mit kugelsicheren Beweisen überzeugt, nicht mit vielen Worten überredet zu werden.*[112] Weiterhin sei der Charakter des religiösen Lebens von den Priestern als *Wärmeleitern*[113] zwischen dem Volk und der transzendentalen Ebene bestimmt. Schließlich wies Faulhaber auf das Laienapostolat und die Studentenkorporationen als Segenskraft für das sittliche Leben hin, bevor er die Lage der konfessionellen Schule im Gegensatz zum französischen Schulkampf ansprach.[114] Er schloss ganz alttestamentlich mit dem Vers „Das Größte ist die Wahrheit, und die ist Siegerin" (3 Esr 4,41). Offenbar war er der Ansicht, dass die deutsche religiöse Kultur mit objektiven Maßstäben gemessen den von französischer Seite geäußerten Angriffen widersprach.[115]

---

107 GATZ, Katholische Kirche im 20. Jahrhundert (wie Anm. 13), 64.
108 Ludwig VOLK, Michael Kardinal von Faulhaber (1869-1952). Vortrag am 18.6.1976, in: Siegfried MURSCH, Sentire cum Petro et episcopo – vivere cum ecclesia. Eine Dokumentation des Kardinal Faulhaber-Kreises, München 1979, 35-49, hier 38.
109 Michael FAULHABER, Unsere religiöse Kultur, in: PFEILSCHIFTER, Deutsche Kultur, Katholizismus und Weltkrieg (wie Anm. 106), 451-475, hier 455.
110 Ebd. 458f. Faulhaber erinnerte an seine Rede auf dem Metzer Katholikentag 1913 zu dem Thema „Die Freiheit der Kirche".
111 Ebd. 460-463.
112 Ebd. 463.
113 Ebd. 466.
114 Ebd. 470f.
115 Unter Bezug auf die religiöse Praxis der französischen Kriegsgefangenen hielt Faulhaber fest: *Wir haben den Eindruck, der Herr Generalvikar von Paris würde sich besser mit dem praktischen Katholizismus des Franzosen befassen, statt gegen den Katholizismus der deutschen Katholiken Bücher zu schreiben* (EAM, NL Faulhaber 6785, handschriftliche Notiz Faulhabers vom 21.7.1916).

Ausblick: Erster und Zweiter Weltkrieg – Krieg oder Frieden?

25 Jahre nachdem der Erste Weltkrieg ausbrach, setzte in Europa erneut ein blutiges militärisches Treiben ein, das an Schrecken und Grausamkeit die Jahre von 1914 bis 1918 noch übertraf. Es stellt sich in einem schlaglichtartigen Ausblick die Frage, ob die Position Faulhabers in Bezug auf den Zweiten Weltkrieg mit der des Ersten Weltkrieges vergleichbar ist.

Im Vergleich zum Ersten Weltkrieg war die Rolle der katholischen Kirche in Deutschland unter der nationalsozialistischen Herrschaft eine andere. Ging es 1914 vor allem darum, die nationale Integrität und das volle Bürgerrecht des katholischen Bevölkerungsteils zu beweisen, um aus dem Ghetto heraus zu gelangen, war fünfundzwanzig Jahre später das Verhältnis der katholischen Kirche zum Staat ein ungleich anderes. Nach dem Abschluss des Reichskonkordats 1933 hoffte man, die Beziehungen auf ein sicheres Fundament gestellt zu haben. Doch der Schein trog, wie es sich nicht nur mit Blick auf die permanenten Konkordatsverletzungen zeigte, und es galt, einen modus vivendi zu finden.

Ohne den Themenkomplex katholische Kirche im nationalsozialistischen Staat an dieser Stelle in Gänze erörtern zu können, sei auf den Besuch Faulhabers bei Adolf Hitler am 4. November 1936 auf dem Obersalzberg hingewiesen, bei dem auch Rudolf Hess anwesend war.[116] Faulhaber stellte die Autorität der staatlichen Instanzen nicht in Frage, sondern erkannte in Reichskanzler Hitler aufgrund des Amtes, das er bekleidete, eine *gottgesetzte Autorität*, der er *im Gewissen* Ehrfurcht und Gehorsam schulde. Das Telegramm, das Faulhaber nach dem Anschlag auf Hitler im Münchener Bürgerbräukeller im November 1939 im Namen der bayerischen Bischöfe an diesen richtete, weist in die gleiche Richtung. An der Akzeptanz der staatlichen Autorität zweifelte Faulhaber nicht. Allem Anschein nach war die Loyalität Faulhabers im Jahr 1939 gegenüber den staatlichen Stellen mit der im Jahr 1914 vergleichbar.

Dennoch scheinen sich Faulhabers Position wie die Position der deutschen Bevölkerung gewandelt zu haben. Die patriotische Hochstimmung, mit der der Beginn des Ersten Weltkrieges überwiegend in Verbindung gebracht wird, war angesichts der Kenntnis der Kriegssituation beim Ausbruch des Krieges 1939 nicht auszumachen. Es finden sich auch keine Publikationen Faulhabers, die sich wie beim Ersten Weltkrieg an eine breite Öffentlichkeit richteten und die Sinnhaftigkeit und gerechte Absicht des militärischen Kampfes beschworen. Es stellt sich die Frage, was in der

---

116 Gesprächsprotokoll in EAM, NL Faulhaber 8203, Abdruck in: Ludwig VOLK, Akten Kardinal Michael von Faulhabers. 1917-1945. Bd. II 1935-1945 (VdKfZG A 26), Mainz 1978, 184-194 Nr. 70.

Zwischenzeit geschehen war, sodass Faulhaber seine Haltung zum Krieg an sich allem Anschein nach merklich modifiziert hatte.

In der Zwischenkriegszeit sind einige Äußerungen auszumachen, die sich eindeutig für die Sicherung des Friedens aussprechen. In der Schlussversammlung des Münchener Katholikentages am 30. August 1922, stellte Faulhaber seine Rede unter das Thema „Weltkirche und Weltfriede". Alttestamentlich fundiert, mit Bezug auf das Buch Kohelet, führte er aus, dass es eine Zeit des Krieges und eine Zeit des Friedens gebe (Koh 3,8).[117] Er schloss die Rede mit dem markanten Ausruf: *Gott im Himmel, zerbrich die Waffenrüstungen und laß Deinen Frieden über die Völker leuchten!*[118]

Ähnliches ist in der Silvesterpredigt des Jahres 1928 im Münchener Liebfrauendom zu bemerken. Allem Anschein nach durchlebte Faulhaber eine theologische Wandlung. Konnte er 1915 noch die Erlaubtheit des Krieges durch exegetische Ausführungen nachweisen, stellte er unter dem Titel „Vom Frieden auf Erden" deutlich fest, dass nur der Friede, nicht der Krieg vom Geiste Christi sei.[119] Faulhaber schuf einen direkten Bezug zum Großen Krieg, indem er sich selbst zitierte: *Jeder Krieg auch der notwendigste, auch der gerechteste, ist eine Wunde der christlichen Weltordnung.*[120] Jedoch zog er die gerechte Absicht, aus der heraus der Krieg damals geführt wurde, nach wie vor nicht in Zweifel. Mit der klassischen theologischen Lehre unterstrich er, dass Kriege eine gerechte Ursache haben könnten und hob hervor, dass er dies nach wie vor im Jahr 1914 gegeben sah. *Unsere Soldaten sind im Glauben an eine gerechte Sache ausgezogen.*[121] Jedoch scheint sich die Position Faulhabers im Blick auf die Zukunft deutlich geändert zu haben. Angesichts der Kriegserlebnisse appellierte er zum Einsatz für den Frieden. *Wir Zeitgenossen des Weltkrieges sind doppelt verpflichtet, die Gesinnungen des Friedens zu pflegen. Wir haben den Tränenstrom des Krieges gesehen. Wir haben die Klagelieder und die Flüche gehört. Wir haben den Leichengeruch des Krieges gerochen und die Totenlisten gelesen, die innen und außen mit Weh beschrieben waren. Wir haben miterlebt, wie unser Volk, wundgeschlagen von der Fußsohle bis zum Scheitel, den Becher des Zornweins bis zur bittern Hefe trinken mußte [...]. Wir von heute, wir, die Zeitgenossen des vierjährigen Krieges, sind doppelt verpflichtet, unsere Stimme gegen den Krieg zu erheben.*[122]

Schließlich ist aus der Zwischenkriegszeit auf die Ansprache hinzuweisen, die Faulhaber am 7. Februar 1932 in der Münchener Benediktinerabtei St. Bonifaz

---

117 In: Michael Faulhaber, Rufende Stimmen in der Wüste der Gegenwart. Gesammelte Reden, Predigten, Hirtenbriefe, Freiburg ²1932, 463-476, hier 465f.
118 Ebd. 476.
119 Ebd. 444-455, hier 448.
120 Ebd. 449; ähnlich in der 5. Fastenpredigt 1915 im Dom zu Speyer: *Denn der Krieg, auch der gerechteste und notwendigste bleibt für das Volk ein großes, schweres Kreuz* (EAM, NL Faulhaber 10271). Faulhaber formulierte in der Silvesterpredigt fünf „Friedensartikel" (450-452), die bislang einer eingehenden Erforschung und Rezeption harren.
121 Ebd. 450.
122 Ebd. 455.

anlässlich eines Gottesdienstes um den Völkerfrieden unter dem Titel „Auf dem Weg zu einer neuen Kriegsmoral" hielt. Der Gottesdienst fiel mit der Abrüstungskonferenz in Genf zusammen.[123] Der Silvesteransprache vergleichbar prangerte der Münchener Erzbischof den *Wahnsinn* [124] des neuzeitlichen Krieges an und sprach die Bitte aus, dass eine *solche Katastrophe wie der letzte Weltkrieg den Völkern erspart bleibe*[125], verbunden mit der Hoffnung, dass die Abrüstung des Krieges einen guten Schritt vorwärts tue. In der für Faulhaber charakteristischen, alttestamentlich geformten, metaphorisch ausdrucksstarken Sprache kam er zu dem Ergebnis, dass die *alten Kriegslieder […] ruhig zum alten Eisen im Kriegsmuseum gelegt werden*[126] könnten, denn das Heldentum der Waffen sei nicht die einzige Form heldischen Daseins.

In der Frage nach der Erlaubtheit, Kriege zu führen, forderte Faulhaber dazu auf, dass auch den neuen Tatsachen Rechnung getragen werden müsse, der Verkehrstechnik, der neuzeitlichen Kriegstechnik, die sowohl für den Sieger als auch den Besiegten große negative Nachwirkungen mit sich brächten. Insgesamt hat es den Anschein, dass für Faulhaber der Krieg kein Mittel war, das jederzeit eingesetzt werden konnte. Zu einem absoluten Verbot, Kriege zu führen, konnte er sich offenbar jedoch nicht durchringen. Vielmehr zeichnet sich der Spagat ab zwischen der theologischen Lehre von der Erlaubtheit des gerechten Krieges, mit der Faulhaber aufgewachsen war und die er verinnerlichte, und den Erfahrungen, die die Jahre 1914 bis 1918 lehrten. Sogar die theologische Sittenlehre werde eine *neue Sprache sprechen* müssen, sie werde *ihren alten Grundsätzen treu bleiben, in der Frage nach der Erlaubtheit des Krieges aber den neuen Tatsachen Rechnung tragen.*[127]

Dass Faulhaber von den Publikationen, die er im Zusammenhang mit dem Ersten Weltkrieg herausgab, Abstand nahm, zeigt die Korrespondenz mit dem schlesischen Divisionspfarrer B. Meier, dem er auf Anfrage mitteilte, dass er sich nicht mehr auf die Sammlungen „Waffen des Lichtes" und „Das Schwert des Geistes" berufen könne. Beide Publikationen seien damals aus pastoralen, nicht aus nationalen Gründen heraus entstanden.[128] Der Krieg habe *sinnlose Blutopfer* zugemutet und da sich das Wesen des Krieges änderte, habe sich auch das Urteil der Moraltheologie über den Krieg ändern müssen. *Nicht ich habe mich geändert, sondern der Krieg hat in seiner heutigen dämonischen Gestalt ganz andere Formen angenommen als der Krieg im Jahre 1914, der im Anfang keinen U-Boot-Krieg, keinen Hungerkrieg gegen die Zivilbevölkerung, keine Luftbomben, keine Giftgase kannte und noch nicht die Formen des barbarischen Maschi-*

---

123 In: Michael FAULHABER, Zeitrufe Gottesrufe. Gesammelte Predigten, Freiburg ²1933, 111-118.
124 Ebd. 111.
125 Ebd. 112.
126 Ebd. 113.
127 Ebd. 113.
128 Faulhaber an Meier, Brief vom 22.11.1932, in: VOLK, Akten Faulhaber I, Nr. 266.

nenkriegs angenommen hatte. [...] Ich halte es aber für eine Gewissenspflicht eines jeden katholischen Christen, allen offenen oder versteckten nationalistischen Versuchen neuer Kriegsrüstungen entgegenzutreten und die Friedensbewegung von heute zu unterstützen.[129]

Insgesamt zeigt sich also ein Faulhaber, der in der Zwischenkriegszeit die Folgen des Krieges von 1914 bis 1918 zum Anlass nahm, sich grundsätzlich zugunsten des Friedens zu positionieren. Er distanzierte sich explizit von den Äußerungen, die er in den Publikationen im Zuge des Großen Krieges tätigte, jedoch nicht vor einem größeren Auditorium, sondern in der Privatkorrespondenz mit einem Divisionsgeistlichen. Auch wenn in den Predigten zwischen 1918 und 1939, die auf den Themenkomplex Krieg und Frieden Bezug nahmen, auf den erlebten Schrecken hingewiesen und aus diesem Grund die Appelle eindeutig auf den Frieden hin ausgerichtet waren, macht es doch den Anschein, dass Faulhaber die Möglichkeit grundsätzlich nicht aufgab, Kriege aus einer gerechten Absicht heraus führen zu dürfen.

Mitten im Zweiten Weltkrieg, zu Silvester 1942 äußerte Faulhaber sich im Sendschreiben „Unser Abendgebet im vierten Kriegsjahr" in einer Formulierung, die inhaltlich ebenso gut im Zuge des Ersten Weltkrieg hätte verortet sein können: *Mit dem Jahre 1942 geht ein Jahr zu Ende, das ein Hohes Lied gesungen hat auf die heldenhaften Leistungen unserer Soldaten und auf die Opferbereitschaft unseres Volkes, ein Jahr, das aber auch vor den Massengräbern des Krieges ein Klagelied gesungen hat über zerbrochene Jugendkraft und zerbrochenes Familienglück.*[130]

Fazit

Als grundsätzliches Problem in der Bewertung der Haltung des Speyerer Bischofs und späteren Münchener Erzbischofs gegenüber dem Ersten Weltkrieg erscheint es, wenn Kategorien angelegt werden, die ihm selbst fremd waren. In erster Linie müssen die damals zeitgenössischen theologischen Implikationen aufmerksam beachtet werden, um zu wissenschaftlich haltbaren Schlüssen zu gelangen. Diese grundlegende Anforderung ist freilich dadurch erschwert, dass Denksysteme angelegt werden müssen, die der heutigen Zeit fremd sind, ja geradezu absurd erscheinen, zumal es heute niemand wagt, die zahlreichen Krisen- und Kriegsherde weltweit als „gerecht" zu bezeichnen. Für Faulhaber bestätigt sich indes das Bild eines Bischofs, der *ohne je einem unchristlichen nationalistischen Haß zu verfallen von der ‚gerechten', ja ‚heiligen*

---

[129] Faulhaber verwies explizit auf die Äußerungen der Silvesterpredigt 1928 und der Ansprache in St. Bonifaz im Februar 1932.
[130] Hektographie im Besitz des Verfassers.

Sache', für die die Soldaten kämpften[131], überzeugt war, und im Sinn dieser Impulse sein bischöfliches Wirken gestaltete. Um zu einem haltbaren Urteil zu gelangen, muss der Versuch unternommen werden, das Gedankensystem Faulhabers in seinem Facettenreichtum zu erschließen, um nicht der Gestalt Faulhabers selbst lediglich plakativ zu begegnen, sondern auch Raum für die feinen Nuancen zu lassen, die bei ihm zuhauf aufzuzeigen sind, wenn der Blick dafür geschärft ist.

Das Wirken des stellvertretenden und wirklichen Feldpropstes der bayerischen Armee zeigte sich als am Puls der Zeit orientiert, mit einem wachen Blick für die Nöte und Probleme der Diözesanen. Auch in den Feldbesuchen kann neben einer sicherlich vorhandenen nationalen Komponente die pastorale nicht geleugnet werden. Das Engagement für und das Interesse an den Soldaten wurde deutlich. Außerdem ist auf die Interpretation des Bischofsamtes als Lehramt in einem weiteren Sinn hinzuweisen, das in Form der Vorlesungen für die Akademiker-Soldaten Ausdruck fand. Es wird deutlich, dass Faulhaber nicht nur der Seelsorge Beachtung schenkte, sondern auch der Fürsorge zugetan war, wobei er den priesterlichen Akzent beider Bereiche hervorhob. Hier zwar in Bezug auf die Situation in der Heimat, in der Formulierung aber so treffend, dass alle Aspekte der Für- und Seelsorge umschlossen sein können: *Die Fürsorge für die Seele ist und bleibt die Seele aller Fürsorge; die Heimatseelsorge wird also die Krone der Heimatfürsorge bleiben.*[132]

Die Gestalt Faulhabers führt das Dilemma vor Augen, in dem sich der Christ in der Kriegszeit befand, hin- und hergerissen zwischen seinen Bürgerpflichten und der Treue zur christlichen Botschaft. Die im Vergleich zur Friedenszeit zahlreichen Publikationen spiegeln das Engagement Faulhabers wider, wobei sich die Linie fortsetzte, dass der Speyerer Bischof nicht zuletzt Exeget und Homilet blieb. Jedoch wird an den Veröffentlichungen auch der Wandel deutlich, den Faulhaber durchlebte. Der Erste Weltkrieg war nicht mit dem von 1870 zu vergleichen. Dies zeichnete sich in den ersten Tagen und Monaten der militärischen Auseinandersetzung ab und wurde bis 1918 überdeutlich. Vor diesem Hintergrund sind Faulhabers Äußerungen der Zwischenkriegszeit zu beachten und lässt sich für den Zweiten Weltkrieg ein Engagement für den Krieg in der breiten Öffentlichkeit nicht nachweisen. Neben der anderen Lage, in der sich die katholische Kirche Deutschlands befand, hatte sich der Krieg in den Augen Faulhabers derart drastisch verändert, dass er die Notwendigkeit erblickte, diesem Sachverhalt auch theologisch Rechnung zu tragen.

---

131 Georg SCHWAIGER, Kardinal Michael von Faulhaber. Vortrag bei der Gedenkfeier zum hundertsten Geburtstag, in: Zeitschrift für Kirchengeschichte 80 (1969) 359-374, hier 362.
132 OVB, 1.3.1916, 30, hier Letztes Hirtenwort.

Die Fragebögen zur nationalsozialistischen Verfolgung katholischer Laien von 1946

Einordnung eines bislang kaum erforschten Quellenkorpus[1]

von Johannes Kuber

Das „Super-Gedenkjahr"[2] 2014 mit seinen zahllosen Ausstellungen und Neuveröffentlichungen besonders zum Beginn des Ersten Weltkriegs[3] hat wieder einmal vor Augen geführt, wie groß das öffentliche Bedürfnis nach Vergangenheitsbezügen und historischer Sinnbildung ist. Ähnliches lässt sich auch für 2015 konstatieren, als sich das Ende des Zweiten Weltkriegs (zumindest in Europa)[4] zum 70. Mal jährte. Gerade auf lokaler Ebene bot dieses Jubiläum vielfach Anlass, die Ereignisse im Frühjahr 1945, aber auch die vorausgegangenen zwölf Jahre des Nationalsozialismus, genauer in den Blick zu nehmen.

Vor diesem Hintergrund rückt ein Quellenkorpus in den Blick, das bislang kaum erforscht wurde. Die Rede ist von den Fragebögen zur nationalsozialistischen Verfolgung katholischer Laien, die 1946 auf Initiative des Erzbischofs von München und Freising, Kardinal Faulhaber, an den gesamten bayerischen Klerus ausgegeben wurden, um Informationen über Widerstand und Verfolgung dieser Personengruppe während des „Dritten Reichs" zu sammeln. Obgleich die Zeit des Nationalsozialismus mittlerweile *zu den am besten erforschten Kapiteln kirchlicher Zeitgeschichte*[5] gehört,

---

[1] Die Arbeit basiert auf der Zulassungsarbeit zum Ersten Staatsexamen, die der Verfasser im Herbst 2012 unter dem Titel „Archivalien im Geschichtsunterricht. Die Fragebögen zur nationalsozialistischen Verfolgung katholischer Laien von 1946" an der Universität Regensburg bei Dr. Christian Kuchler einreichte. Für freundliche Unterstützung herzlich gedankt sei besonders Dr. Roland Götz vom Archiv des Erzbistums München und Freising.

[2] Vgl. z. B. Klaus WIEGREFE, Weltkriege und Mauerfall: Gauck muss das Super-Gedenkjahr retten, in: http://www.spiegel.de/politik/deutschland/gauck-bundespraesident-rettet-super-gedenkjahr-a-932405.html (9.11.2013, zuletzt abgerufen am 7.3.2015).

[3] Vgl. Christoph CORNELISSEN, „Oh! What a Lovely War!" Zum Forschungsertrag und zu den Tendenzen ausgewählter Neuerscheinungen über den Ersten Weltkrieg, in: GWU 5-6 (2014) 269-283; Nils FREYTAG, Neuerscheinungen zum 1. Weltkrieg. Einführung, in: sehepunkte 14 (2014), Nr. 7/8 [15.07.2014], http://www.sehepunkte.de/2014/07/forum/neuerscheinungen-zum-1-weltkrieg-178/ (zuletzt abgerufen am 16.4.2015).

[4] Am 2. September 1945 endete der Zweite Weltkrieg mit der Kapitulation Japans zwar offiziell auch in Asien; vielerorts gingen die Konflikte aber sofort nahtlos in andere militärische Auseinandersetzungen über. Vgl. RHEINISCHES JOURNALISTINNENBÜRO, „Unsere Opfer zählen nicht". Die Dritte Welt im Zweiten Weltkrieg, Berlin/Hamburg ⁴2012, 295-306.

[5] Karl-Joseph HUMMEL/Michael KISSENER, Vorwort, in: DIES. (Hg.), Die Katholiken und das Dritte Reich. Kontroversen und Debatten, Paderborn 2009, 9f., hier 9.

wurde diese Fragebogenaktion bisher nur unzureichend untersucht.⁶ Dabei bieten die in diesem Zusammenhang entstandenen Dokumente auf den ersten Blick einige Ansatzpunkte für die lokale und regionale Geschichtsschreibung: Sie sind gut erhalten und liegen – mit Ausnahme Augsburgs – in allen bayerischen Bistumsarchiven vor; sie wurden flächendeckend in allen katholischen Pfarrgemeinden Bayerns ausgegeben, und ihnen liegt eine einheitliche und strukturierte Fragestellung zugrunde, was eine formale und inhaltliche Kontrastierung ermöglicht. Auch wenn sich die Menge des belastbaren Materials dadurch reduziert, dass die Fragebögen in vielen Fällen nur kursorisch oder gar nicht ausgefüllt wurden: Diejenigen Geistlichen, die sich die Mühe machten zu antworten, wussten von allerlei kleineren und größeren Akten abweichenden Verhaltens, des Widerstands und der Verfolgung von Katholikinnen und Katholiken zu berichten, sodass die Erforschung des Korpus die Chance in sich birgt, sich auf lokaler und individuell-biografischer Ebene mit vielen verschiedenen Themenfeldern zu beschäftigen.

---

6   Am umfassendsten fanden die Fragebögen der Reihe B bisher Verwendung bei Bernhard HÖPFL, Katholische Laien im nationalsozialistischen Bayern. Verweigerung und Widerstand zwischen 1933 und 1945 (Veröffentlichungen der Kommission für Zeitgeschichte [VdKfZG] B 78), Paderborn u. a. 1997. Eine Sichtung und Edition für das Bistum Regensburg leistete Barbara MÖCKERSHOFF, Verfolgung katholischer Laien im Bistum Regensburg, in: 50 Jahre danach – Domprediger Dr. Johann Maier und seine Zeit. Ausstellung in der Bischöflichen Zentralbibliothek Regensburg 23. April bis 28. Juli 1995, bearb. v. Werner CHROBAK/Paul MAI/Barbara MÖCKERSHOFF (Bischöfliches Zentralarchiv und Bischöfliche Zentralbibliothek Regensburg, Kataloge und Schriften 12), Regensburg 1995, 81-109. Erwähnung fanden sie auch bei Ulrich von HEHL (Bearb.), Priester unter Hitlers Terror. Eine biographische und statistische Erhebung (VdKfZG A 37), Mainz 1984, XXVIIf., sowie bei Thomas FORSTNER, Zur Entstehung und Einordnung der Berichte katholischer Geistlicher über das Kriegsende 1945 und den Einmarsch der Amerikaner, in: Peter PFISTER (Hg.), Das Ende des Zweiten Weltkriegs im Erzbistum München und Freising. Die Kriegs- und Einmarschberichte im Archiv des Erzbistums München und Freising (Schriften des Archivs des Erzbistums München und Freising 8), Bd. 1, Regensburg 2005, 105-139, hier 109f. – Die im gleichen Zusammenhang entstandenen Fragebögen A zur Verfolgung katholischer Geistlicher hingegen wurden von Ulrich von Hehl umfassend analysiert und statistisch aufgearbeitet: VON HEHL (Bearb.), Priester, 1984 bzw. VON HEHL u. a. (Bearb.), Priester unter Hitlers Terror. Eine biographische und statistische Erhebung (VdKfZG A 37), 3., wesentl. veränd. u. erw. Aufl., Mainz 1996. Teilweise genutzt wurden sie auch bei Friedrich FREI, Nationalsozialistische Verfolgungen katholischer Geistlicher im Erzbistum München und Freising (Fragebogen 1946 und 1980), in: Georg SCHWAIGER (Hg.), Das Erzbistum München und Freising in der Zeit der nationalsozialistischen Herrschaft, Bd. 1, München und Zürich 1984, 402-488, sowie bei Helmut MOLL (Hg.), Zeugen für Christus. Das deutsche Martyrologium des 20. Jahrhunderts. 2 Bd.e, 4., verm. u. aktual. Aufl., Paderborn 2006. Auch für regionale Studien wurden sie herangezogen; vgl. zum Beispiel Christian FRIELING, Priester aus dem Bistum Münster im KZ. 38 Biographien, Münster ²1993. – Die Fragebögen C zu „antikirchlichen Maßnahmen sachlicher Art" aus derselben Reihe waren bisher ebenfalls selten Gegenstand historischer Arbeiten. Die Erträge aller drei Fragebögen aus der Diözese Würzburg sind eingeflossen in die Dissertation von Tobias HAAF, Von *volksverhetzenden Pfaffen* und *falschen Propheten*. Klerus und Kirchenvolk im Bistum Würzburg in der Auseinandersetzung mit dem Nationalsozialismus (Quellen und Forschungen zur Geschichte des Bistums und Hochstifts Würzburg 61), Würzburg 2005. Eine Untersuchung zum Bistum Bamberg, die auch die Fragebögen berücksichtigt, findet sich bei Thomas BREUER, Verordneter Wandel? Der Widerstreit zwischen nationalsozialistischem Herrschaftsanspruch und traditionaler Lebenswelt im Erzbistum Bamberg (VdKfZG B 60), Mainz 1992.

Angesichts der bislang nur punktuellen wissenschaftlichen Untersuchung des Quellenkorpus soll im Folgenden die Befragung des Jahres 1946 unter Einbeziehung aller einschlägigen Quellen und bisherigen Forschungsergebnisse in ihrem historischen Kontext verortet, das Zustandekommen, der Verlauf und die Auswertung der Aktion nachgezeichnet sowie der Quellenwert der dabei entstandenen Dokumente erörtert werden, bevor abschließend anhand einiger ausgewählter Quellen vorwiegend aus dem Erzbistum München und Freising gefragt wird, ob und inwiefern die Fragebögen für die Lokalgeschichte nutzbar gemacht werden können.

Die Fragebogenaktion im historischen Kontext
Historische Bedingungen

Nach dem Zusammenbruch der nationalsozialistischen Herrschaft prägten Zerstörung, Hunger und Wohnungsnot den Alltag in Deutschland; die große Menge an Gefallenen und Kriegsgefangenen, die Integration der Flüchtlinge aus dem Osten sowie die nur langsam anlaufende Verwaltung stellten die Bevölkerung vor zusätzliche Herausforderungen.

Wie aus persönlichen Aufzeichnungen des Kölner Erzbischofs Frings zur Vorbereitung auf die Fuldaer Bischofskonferenz Mitte August 1945 hervorgeht, war sich die katholische Kirche ihrer Ausnahmestellung in dieser unübersichtlichen Phase der Ungewissheit zwischen dem Ende der Diktatur und dem Aufbau einer neuen staatlichen Ordnung vollauf bewusst. Frings vermerkte: *Große Aufgabe. Fast einzige Organisation, die noch steht; Blicke aller richten sich in ihrer seelischen Not auf sie und erwarten von ihr Hilfe, vielfach geradezu Wunder. [...] Besatzung stand und steht der katholischen Kirche günstig gegenüber. Ist unbelastet bezüglich des Dritten Reiches.*[7]

Und tatsächlich: Nach der Niederlage Nazideutschlands existierten schlechterdings keine staatlichen Einrichtungen mehr; die Gewerkschaften waren zerschlagen, das Vereins- und Verbandsleben „gleichgeschaltet" geworden; und auch die politischen Parteien mussten erst wieder aufgebaut werden. Außer den beiden großen christlichen Kirchen gab es schlichtweg keine Institutionen, die arbeitsfähig waren und die Interessen der deutschen Bevölkerung gegenüber der Besatzungsmacht hätten vertreten können.[8] Zwar wurden die Alliierten von der katholischen Kirche

---

[7] Aufzeichnung Frings' (Köln, vor 21. August 1945), in: Akten deutscher Bischöfe über die Lage der Kirche 1933-1945. VI. 1943-1945, bearb. v. Ludwig VOLK (VdKfZG A 38), Mainz 1985, 668f. (Nr. 1029), hier 668.

[8] Vgl. Martin GRESCHAT, Kirche und Öffentlichkeit in der deutschen Nachkriegszeit (1945-1949), in: Armin BOYENS u. a., Kirchen in der Nachkriegszeit. Vier zeitgeschichtliche Beiträge (Arbeiten zur kirchlichen Zeitgeschichte B 8), Göttingen 1979, 100-124, hier 106.

bei weitem nicht als Befreier gefeiert;[9] doch trotz oder vielleicht gerade wegen ihres fortbestehenden nationalen Empfindens sahen sich die geistlichen Würdenträger verpflichtet, mit den Besatzungsmächten zu kooperieren, um für die deutsche Bevölkerung eintreten zu können.[10] So übernahmen gerade die Bischöfe rasch „eine Art von politisch-moralischer Sprecher- und Stellvertreterfunktion für ihre hilfsbedürftigen und rechtlosen Landsleute"[11], indem sie gegen Übergriffe auf die Zivilbevölkerung protestierten und die an sie herangetragene Kritik an die alliierten Militärregierungen weitervermittelten.[12]

Die amerikanische Militärregierung, die über eine eigene „Religious Affairs Section"[13] verfügte, wandte sich auch mit genuin politischen Fragen an die Kirche. Der Münchner Erzbischof Faulhaber hatte zwar erklärt, er könne „nur in religiösen und sozialen, niemals in politischen Fragen Auskunft geben oder in Verhandlungen eintreten"[14]; tatsächlich wurde jedoch auch auf seine Empfehlung hin der ehemalige

---

9   Bischof von Galen empfand den *Anblick der durchziehenden Truppen unserer Kriegsgegner hier in unserer Heimat, im deutschen Land* als *erschütterndes Erlebnis* (Erklärung v. Galens [Sendenhorst, 1. April 1945], in: Bischof Clemens August Graf von Galen. Akten, Briefe und Predigten 1933-1946, Bd. 2, bearb. v. Peter LÖFFLER [VdKfZG A 42], Mainz 1988, 1102 Nr. 446), und der Münchner Erzbischof Kardinal Faulhaber, der nicht etwa die zwölfjährige Diktatur, sondern vielmehr den Zusammenbruch des Deutschen Reiches als *schwerste[...] Stunde [der] Geschichte* des deutschen Volks betrachtete (Faulhaber an den Diözesanklerus [München, 2. Mai 1945], in: Akten Kardinal Michael von Faulhabers 1917-1945. II. 1935-1945, bearb. v. Ludwig VOLK [VdKfZG A 26], Mainz 1978, 1047-1050 Nr. 953, hier 1047), benannte die alliierten Truppen in seiner Gedenkrede für den verstorbenen Vorsitzenden der Bischofskonferenz Bertram ganz klar als *Feinde*, auch wenn er den *Zusammenbruch des nationalsozialistischen Regimes* als *Beseitigung einer ungeheuren Gefahr für die Kirche* erleichtert zur Kenntnis nahm (Protokoll der Plenarkonferenz des deutschen Episkopats]Fulda, 21.-23. August 1945], in: Akten deutscher Bischöfe VI (wie Anm. 7), 671-683 Nr. 1030/II, hier 672.

10 Vgl. z.B. Pastorale Anweisungen Faulhabers (München, nach 18. Juni 1945), in: Akten Kardinal Michael von Faulhabers 1917-1945 II (wie Anm. 9), 1065-1073 Nr. 959, hier 1065.

11 Rudolf MORSEY, Neubeginn in Trümmern. Der deutsche Katholizismus in der Besatzungszeit, in: ZENTRALKOMITEE DER DEUTSCHEN KATHOLIKEN (Hg.), Kehrt um und glaubt – erneuert die Welt. 87. Deutscher Katholikentag vom 1. September bis 5. September 1982 in Düsseldorf. Die Vortragsreihen: Gestalten des Glaubens – Zeugen des Glaubens. Fragen zur Zeitgeschichte nach 1945, Paderborn 1982, 248-263, hier 250.

12 Vgl. Heinz HÜRTEN, Die katholische Kirche im öffentlichen Leben Bayerns nach dem Krieg, in: DERS., Katholiken, Kirche und Staat als Problem der Historie. Ausgewählte Aufsätze 1963-1992, hg. v. Hubert GRUBER, Paderborn u. a. 1994, 241-256, hier 242. Dabei sah sich die katholische Kirche auch als Fürsprecherin jener Deutschen, die im Zuge der schnell einsetzenden Entnazifizierungsverfahren aus ihren Berufen entlassen oder in Haft genommen wurden; die Kritik galt hier aber nicht den Maßnahmen gegen Nationalsozialisten generell, sondern vor allem dem Vorgehen gegen die Masse der ehemaligen Parteimitglieder, das als zu rigoros empfunden wurde. Vgl. Damian VAN MELIS, Der katholische Episkopat und die Entnazifizierung, in: Joachim KÖHLER/Damian VAN MELIS (Hg.), Siegerin in Trümmern. Die Rolle der katholischen Kirche in der deutschen Nachkriegsgesellschaft (Konfession und Gesellschaft 15), Stuttgart u. a. 1998, 42-69, hier 46f.; Bernhard LEHMANN, Katholische Kirche und Besatzungsmacht in Bayern 1945-1949 im Spiegel der OMGUS-Akten (Miscellanea Bavarica Monacensia 153), München 1994, 152-159.

13 Armin BOYENS, Die Kirchenpolitik der amerikanischen Besatzungsmacht in Deutschland von 1944 bis 1946, in: BOYENS u. a., Kirchen (wie Anm. 8), 7-99, hier 36f.

14 Faulhaber an den Diözesanklerus (München, 2. Mai 1945) (wie Anm. 9), 1047.

Vorsitzende der Bayerischen Volkspartei (BVP), Fritz Schäffer, von der amerikanischen Militärregierung zum Ministerpräsidenten ernannt.[15] Auf lokaler Ebene verließen sich die Amerikaner bei der Suche nach möglichst unbelasteten Personen, die nach der Besatzung als Bürgermeister eingesetzt werden konnten, ebenfalls häufig auf den Rat der katholischen oder protestantischen Priester;[16] und auch in anderen politischen Angelegenheiten war das Wissen der Ortsgeistlichen gefragt.[17]

Mit ihrer eigenen Rolle im Nationalsozialismus ging die katholische Kirche äußerst defensiv um. Trotz des Bekenntnisses, viele auch christliche Deutsche hätten Schuld auf sich geladen, war die Bereitschaft zur Reflexion der eigenen Rolle relativ gering. Anstatt etwa zu fragen, ob sich die Kirche – gerade in Anbetracht ihrer starken Position als weltanschauliche Institution und organisierte gesellschaftliche Großgruppe – nicht offensiver auf die Seite der auch nicht-katholischen Verfolgten hätte stellen können oder müssen, wurde vor allem die eigene Opferrolle im „Dritten Reich" thematisiert. Die Kirche habe sich im Ringen mit der nationalsozialistischen Obrigkeit wacker geschlagen – *So viel Widerstand war nie wie im Rückblick vieler Zeitgenossen*[18], wie Karl-Joseph Hummel anmerkt – und gehe nun, so das Selbstbild, als *Siegerin in Trümmern*[19] hervor.[20]

---

15 Walter ZIEGLER, Bayern im Übergang. Vom Kriegsende zur Besatzung 1945, in: PFISTER (Hg.), Kriegs- und Einmarschberichte 1 (wie Anm. 6), 33-104, hier 65. Der Erzbischof sprach nicht nur Empfehlungen aus: Seine negative Einschätzung war mit Grund, dass die Mitglieder der „Freiheitsaktion Bayern" in der Neugestaltung der staatlichen Ordnung keinen Einfluss erhielten; vgl. LEHMANN, OMGUS-Akten (wie Anm. 14), 59 und 320, Anm. 26. Zur Rolle Kardinal Faulhabers vgl. auch Susanne KORNACKER, Michael Kardinal von Faulhaber in der Nachkriegszeit (1945-1952). Grundzüge seines Wirkens – dargestellt anhand seiner Predigten und Hirtenbriefe, in: Jörg KORNACKER/Peter STOCKMANN (Hg.), Katholische Kirche im Deutschland der Nachkriegszeit (THEOS – Studienreihe Theologische Forschungsergebnisse 59), Hamburg 2004, 87-109.

16 So schildert etwa Dr. Martin Mayr, Stadtpfarrer von Fürstenfeldbruck, in seinem Kriegs- und Einmarschbericht: *Als ziemlich erster wurde der Stadtpfarrer zur obersten amerikanischen Stelle in das Polizeigebäude gerufen. Es handelte sich um einen knappen Gesamtüberblick und um die Bürgermeisterfrage. Der Hinweis des Pfarrers im Sinn der Bevölkerung auf den 1933 abgesetzten Bürgermeister Uhl, einen der ersten Geschäftsleute und ein praktizierender Katholik, wurde sofort aufgegriffen und letzterer ernannt*. PFISTER (Hg.), Kriegs- und Einmarschberichte 1 (wie Anm. 6), 676.

17 LEHMANN, OMGUS-Akten (wie Anm. 12), 57-59.

18 Karl-Joseph HUMMEL, Kirche und Katholiken im Dritten Reich, in: DERS. (Hg.), Zeitgeschichtliche Katholizismusforschung. Tatsachen, Deutungen, Fragen. Eine Zwischenbilanz (VdKfZG B 100), Paderborn 2004, 59-81, hier 63.

19 Wolfgang WEISS, „Es ist wieder einmal die große Stunde des Christentums". Bischof Ehrenfried und Bistum Würzburg im Jahr 1945, in: Verena VON WICZLINSKI (Hg.), Kirche in Trümmern? Krieg und Zusammenbruch 1945 in der Berichterstattung von Pfarrern des Bistums Würzburg, Würzburg 2005, 49-74, hier 49.

20 Vgl. Georg DENZLER, Widerstand ist nicht das richtige Wort. Katholische Priester, Bischöfe und Theologen im Dritten Reich, Zürich 2003, 210-217; Christian SCHMIDTMANN, „Fragestellungen der Gegenwart mit Vorgängen der Vergangenheit beantworten". Deutungen der Rolle von Kirche und Katholiken in Nationalsozialismus und Krieg vom Kriegsende bis in die 1960er Jahre, in: Andreas HOLZEM/Christoph HOLZAPFEL (Hg.), Zwischen Kriegs- und Diktaturerfahrung. Katholizismus und Protestantismus in der Nachkriegszeit (Konfession und Gesellschaft 34), Stuttgart 2005, 167-201, hier 171-175.

Zustandekommen und Zielsetzung der Fragebogenaktion

Vor dieser Ausgangssituation ist das Zustandekommen der Fragebogenaktion zu verstehen. Wahrscheinlich auf Initiative des Kölner Erzbischofs Frings[21] beschloss die Fuldaer Bischofskonferenz, die vom 21. bis 23. August 1945 tagte und deren Vorsitz dieser gerade übernommen hatte, in allen deutschen Diözesen Umfragen zu Verfolgung und Widerstand der katholischen Kirche im „Dritten Reich" anzustellen.[22] Binnen kurzem wurde von Köln aus das hektographierte Formblatt „Vorläufige Erfassung der Verfolgungspolitik des Dritten Reiches gegen die Katholische Kirche" versandt[23], das bei den Ordinariaten allerdings kaum Beachtung fand, ebenso wenig wie ein daraufhin im Januar/Februar 1946 von der Generalstelle für kirchliche Statistik in Köln verschicktes, modifiziertes und gedrucktes Formular. Erst, nachdem der Kölner Generalvikar am 11. Dezember 1946, also über ein Jahr nach dem offiziellen Beginn der Umfrage, ein erneutes Mahnschreiben an die deutschen Bischöfe gerichtet hatte[24], kam die Aktion anscheinend tatsächlich ins Laufen.

In den bayerischen Kirchenprovinzen fand – nicht unabhängig von der deutschlandweiten Aktion, aber doch mit eigener Schwerpunktsetzung und auch mit (jedenfalls angedachter) eigener Auswertung – eine umfangreichere Befragung stattfand, die nicht nur die rein quantitativen Ausmaße der Verfolgung erfassen sollte, sondern auch die jeweiligen Gründe. Initiiert wurde sie von Erzbischof Faulhaber, der die Umfrage in einem Brief an den bayerischen Episkopat vom 24. April 1946 ankündigte.[25] Beigefügt waren zwei getippte Entwürfe: Im „Fragebogen A" sollte die Verfolgung der Geistlichen selbst dokumentiert werden; im „Fragebogen B"[26] wurde nach der politischen Verfolgung katholischer Laien sowie nach anderen antikirchlichen Maßnahmen gefragt. Faulhaber bat die übrigen bayerischen Bischöfe um Rückmeldung hinsichtlich der Durchführung in ihren Diözesen, der gewünschten Anzahl an Fragebögen sowie etwaiger Änderungs- und Ergänzungsvorschläge.

Dieses Schreiben beantworteten die bayerischen Ordinariate mit der Bestellung der Fragebögen[27] sowie anscheinend teilweise auch mit inhaltlicher Kritik, aufgrund

---

21 Vgl. Aufzeichnung Frings' (Köln, vor 21. August 1945) (wie Anm. 7), 669.
22 Protokoll der Plenarkonferenz des deutschen Episkopats (Fulda, 21.-23. August 1945) (wie Anm. 9), 673. Vgl. hierzu und zum Folgenden v. a. HEHL (Bearb.), Priester, 1984 (wie Anm. 6), XXVIIf.
23 Reimund HAAS, Zum Verhältnis von Katholischer Kirche und Nationalsozialismus im Erzbistum Köln. Stationen der Bewältigung und Erforschung in der Erzdiözese 1945-1981, in: Schul-Informationen 13 (1981), 57-73, hier 60f.
24 Kölner Generalvikar David an den deutschen Episkopat (Köln, 11.12.1946), in: Archiv des Bistums Passau (ABP), OA, NS, XVIII.3.
25 Faulhaber an den bayerischen Episkopat (München, 24. April 1946), in: Akten Kardinal Michael von Faulhabers. III. 1945-1952, bearb. v. Heinz HÜRTEN (VdKfZG A 48), Paderborn 2002, 149f. (Nr. 78).
26 Fragebogen B betreff Verfolgung der katholischen Kirche im 3. Reich, in: ABP, OA, NS, XVIII.3.
27 In Regensburg waren es beispielsweise 400 Exemplare des Fragebogens A und 700 Exemplare des

derer der zweite Fragebogen in einen um zahlreiche Fragen ergänzten „Fragebogen B. Nationalsozialistische Verfolgung kath. Laien" sowie in den „Fragebogen C. Nationalsozialistische Verfolgung – Antikirchliche Maßnahmen sachlicher Art" aufgeteilt wurde. Diese endgültige Version der Fragebögen A, B und C wurde schließlich von der Münchner Druckerei M. Greska produziert[28] und am 16. Juli 1946 von Generalvikar Buchwieser, der offenbar mit der Koordination der Aktion betraut worden war, an den bayerischen Klerus versandt.[29] In einem Begleitschreiben erläuterte er das gewünschte Prozedere:

Fragebogen B [...] und Fragebogen C [...] sind von jedem Leiter eines Seelsorgsbezirkes (Pfarrei, Kuratie, Expositur u.ä.) zu beantworten.

Für sämtliche Fragebögen ist doppelte Ausfertigung erbeten, damit ein Exemplar bei der oberhirtlichen Stelle hinterlegt, das zweite Exemplar der verarbeitenden Stelle übergeben werden kann.

Die Fragebögen sind bis 31. August d. J. an die Dekanalämter und von diesen bis 15. September an die oberhirtliche Stelle einzusenden.[30]

Welche Intention verfolgte Faulhaber mit der bayernweiten Umfrage? Hinweise darauf finden sich schon in seinem Schreiben vom 24. April 1946:

Immer häufiger und lauter wird zur Zeit im In- und Ausland auch die Haltung des katholischen Klerus gegenüber dem Nationalsozialismus in Zweifel gezogen, vereinzelt sogar mitverantwortlich gemacht für die mißlichen Folgen, welche jetzt katholische Laien ob ihrer Parteimitgliedschaft und ähnlichem zu tragen haben.

Um so notwendiger erscheint es darum, den starken und fast ausnahmslosen Widerstand des Klerus gegen nationalsozialistische Weltanschauung und Kirchenpolitik ein für allemal klar herauszustellen und mit Tatsachen zu belegen. Dazu ist eine allgemeine, eingehende, verlässige Statistik erforderlich (Fragebogen A).[31]

Fragebogens B (Barbara MÖCKERSHOFF, Nationalsozialistische Verfolgung katholischer Geistlicher im Bistum Regensburg (Fragebogen 1946 und 1980), in: Georg SCHWAIGER/Paul MAI (Hg.), Das Bistum Regensburg im Dritten Reich (Beiträge zur Geschichte des Bistums Regensburg 15), Regensburg 1981, 89-144, hier 89), im wesentlich kleineren Bistum Passau jeweils 800 Stück (Passauer Generalvikar Riemer an Kardinal Faulhaber (4.5.1946), in: ABP, OA, NS, XVIII.3).

28 Vgl. das kleine Impressum auf S. 4 des Fragebogens A beziehungsweise auf S. 2 der Fragebögen B und C.

29 Dass die Fragebögen A/B/C in dieser Form „in den meisten deutschen Diözesen" Verwendung gefunden hätten und *in den meisten Bistumsarchiven* vorliegen würden, wie bei Bernhard Höpfl zu lesen (HÖPFL, Laien [wie Anm. 6], 26), muss also als widerlegt gelten – diese Aufgliederung des Fragebogens war ein bayerisches Spezifikum.

30 Buchwieser an Klerus (München, 16.7.1946), in: Akten Kardinal Michael von Faulhabers III (wie Anm. 25), 171f. (Nr. 91). Wenige Tage später, am 25. Juli 1946, wandte sich Buchwieser ferner an die bayerischen Ordinariate, um sie genauer über die Fragebogenaktion und das vorausgegangene Schreiben an den Klerus zu informieren: Münchner Generalvikar Buchwieser an die bayerischen Ordinariate (München, 25.7.1946), in: ABP, OA, NS, XVIII.3.

31 Faulhaber an den bayerischen Episkopat (München, 24. April 1946) (wie Anm. 25), 149. Fast wörtlich dieselben Gründe führte auch Generalvikar Buchwieser in seinem Begleitschreiben an.

Es steht zu vermuten, dass auch der Fragebogen B zur Verfolgung der katholischen Laien diesem Ziel dienen sollte. Wie die katholischen Bischöfe spätestens 1945 feststellen mussten, gab es bei weitem keine uneingeschränkte Anerkennung für ihr Verhalten während der Diktatur. Um der Kritik, die auch seitens des internationalen Katholizismus aufkam[32], begegnen zu können, benötigte man nun Beweise für die Widerständigkeit und das Leiden der Christen in der NS-Zeit. Wie Faulhaber betonte, hatte selbst Papst Pius XII. *den dringenden Wunsch geäußert [...], auch eine Statistik über die politische Verfolgung katholischer Laien zu erhalten, um damit den Vorwurf der Kollektivschuld des deutschen Volkes noch kräftiger widerlegen zu können.*[33] Es ging also, wie Thomas Forstner treffend resümiert, vor allem um *die retrospektive Dokumentation der ‚gequälten Selbstbehauptung' der katholischen Kirche im Nationalsozialismus – vorwiegend als ‚Beweismittelsicherung' zur Abwehr von damals aufkommenden Schuldvorwürfen.*[34]

Dabei sorgten sich die Bischöfe nicht nur um das Image der Kirche: Sie hatten auch ein handfestes Interesse daran, ihre bedeutende gesellschaftliche Rolle in der Nachkriegszeit noch stärker zu legitimieren und die Kirche umso mehr als verlässlichen und seit jeher regimekritischen Verhandlungspartner erscheinen zu lassen. Wie Ulrich von Hehl schreibt, sollte den Alliierten *das Bild eines anderen, besseren Deutschland vor Augen geführt werden, um dem Vorwurf der Kollektivschuld wirksam begegnen und caritativ-politischen Anliegen entsprechenden Nachdruck verschaffen zu können.*[35] Dieser Wunsch kommt auch im Mahnschreiben des Kölner Generalvikars zum Ausdruck:

Die [...] Oberhirten der Kölner und Paderborner Kirchenprovinz waren sich darin einig, daß es für den Erfolg der Bemühungen des deutschen Episkopates um Behebung der gegenwärtigen vielgestaltigen Not des deutschen Volkes gegenüber dem In- und Auslande von Bedeutung wäre, wenn ziffermäßig genaue Angaben über den Widerstand der Kirche gegen die christentumsfeindliche Politik des Nationalsozialismus gemacht werden könnten.[36]

Maßgeblich für die Initiierung der Fragebogen-Aktion sowohl auf deutscher als auch auf bayerischer Ebene war also vor allem realpolitisches Kalkül und damit

---

32　Michael PHAYER, The Catholic Church and the Holocaust. 1930-1965, Bloomington 2000, 133f.
33　Faulhaber an den bayerischen Episkopat (München, 24. April 1946) (wie Anm. 25), 149f. Zur Kritik der katholischen Kirche an der Kollektivschuld-These vgl. auch Konrad REPGEN, Die Erfahrung des Dritten Reiches und das Selbstverständnis der deutschen Katholiken nach 1945, in: Victor CONZEMIUS/Martin GRESCHAT/Hermann KOCHER (Hg.), Die Zeit nach 1945 als Thema kirchlicher Zeitgeschichte. Referate der internationalen Tagung in Hünigen/Bern (Schweiz) 1985, Göttingen 1988, 127-179, hier 142-150.
34　FORSTNER, Entstehung (wie Anm. 6), 113.
35　VON HEHL (Bearb.), Priester, 1984 (wie Anm. 6), XXVII. Schon 1945 hatte sich Erzbischof Frings Gedanken zu entsprechenden PR-Maßnahmen gemacht, wie aus seinen privaten Aufzeichnungen für die Eröffnung der Fuldaer Bischofskonferenz hervorgeht: *Notwendig scheint [...] 3) Vorbereitung einer oder mehrerer Veröffentlichungen über die Verfolgung der katholischen Kirche durch das III. Reich. [...] ad 3) Fragebogen, teils sofort, teils von Hause [sic] aus auszufüllen. Veröffentlichungen in ausländischen Zeitungen.* Aufzeichnung Frings' (Köln, vor 21. August 1945) (wie Anm. 7), 669.
36　Kölner Generalvikar David an den deutschen Episkopat (Köln, 11.12.1946) (wie Anm. 24).

verbunden das Bestreben, die Rolle der katholischen Kirche im Nationalsozialismus in ein möglichst positives Licht zu rücken. Daneben spielte sicherlich auch der zeitlose Gedanke der historischen Dokumentation eine gewisse Rolle. Das Geschehene sollte verarbeitet, die katholischen Opfer des Nationalsozialismus sollten würdig geehrt und die Erinnerung an sie bewahrt werden. So forderte Generalvikar Buchwieser in seinem Brief vom 16. Juli 1946: *wie katholische Laien aller Stände unter schwierigsten Umständen, größten Gefahren und Leiden wider diese antichristliche Macht gekämpft haben, darf nicht unbekannt bleiben oder rasch der Vergessenheit verfallen*.[37]

Durchführung und Auswertung der Fragebogenaktion

Der Fragebogen B ist dreigeteilt. Zunächst sollen die *Personalien der Verfolgten* angegeben werden; unter Punkt II werden 24 Arten der Verfolgung unterschieden, die den Betroffenen zugeordnet werden sollen, von der Vorladung bis zur Hinrichtung; im dritten Teil schließlich soll der *Vorwand oder Anlaß der Verfolgung* beschrieben werden, wobei zur Orientierung ebenfalls verschiedene Punkte vorgegeben sind, die sich den Bereichen *Persönliche katholische Gesinnung und Betätigung*, *Apostolische Tätigkeit*, *Antinazistische Gesinnung oder Tätigkeit*, *Sippenhaftung* sowie *Geisteskrankheit* zuordnen lassen. Am Ende wird eine kurze Empfehlung zum Ausfüllen des Fragebogens gegeben und unter Hinweis darauf, dass *von vielen Seiten, insbesonders [sic] auch von höchsten kirchlichen Kreisen, eine möglichst genaue Untersuchung und Zusammenstellung des Anteils der Laien am Widerstand und Leid im Dritten Reich gewünscht wird*, um zuverlässige und detaillierte Beantwortung gebeten.

Wie im Rest Deutschlands ließ die Zuverlässigkeit jedoch auch in Bayern zu wünschen übrig; die Umfrageaktion lief eher schleppend an.[38] Zudem gaben bei weitem nicht alle Geistlichen Auskunft. Die Gründe hierfür mögen vielfältig sein – von Zeitmangel angesichts der herrschenden Umstände über Vergessens- und Verdrängungsmechanismen bis hin zum Unbehagen an der Rolle des Anklägers.[39]

---

37 Buchwieser an Klerus (München, 16.7.1946) (wie Anm. 30), 171.
38 MÖCKERSHOFF, Verfolgung katholischer Geistlicher (wie Anm. 27), 90.
39 Was ein Pfarrer aus dem Bistum Mainz in seinem Bericht für das Ordinariat feststellt, mag auch für manche seiner bayerischen Kollegen zutreffen: *Es widerstrebt wohl nicht nur dem Unterzeichneten, sondern auch den anderen Priestern, jetzt noch Ankläger zu sein, nicht nur, weil die Nazis jetzt doch von uns Barmherzigkeit erwarten, sondern auch aus Seelsorgsgründen. Es wäre doch erschütternd, wenn ein Seelsorgsamt Anwalt von natürlicher Gerechtigkeit würde. Selbstverständlich muß es eine Wiedergutmachung geben. Soll ich [aber] jetzt noch angeben, wenn ein Schuljunge oder ein Schulentlassener vielleicht mehr in Dummheit oder auch ohne persönliche Schuld mich vor die Gestapo brachte? Noch viel weniger kann man es tun, in Rücksicht auf die Angehörigen […]*. Pfarrer Michael Schäfer (Bechtheim) an Bischöfliches Ordinariat Mainz (24.2.1947), zitiert nach Ludwig HELLRIEGEL (Hg.), Widerstehen und Verfolgung in den Pfarreien des Bistums Mainz 1933-1945, Bd. 1: Rheinhessen, Teil 1: Dekanate Mainz-Stadt, Mainz-Land und Alzey (Aktuelle Information 54), Eltville am Rhein 1989, 11. Ähnliches gilt auch für manche betroffenen Laien selbst; so schreibt der

Diejenigen Ortsgeistlichen, die der Aufforderung Faulhabers folgten, füllten die Fragebögen üblicherweise selbst aus; der Fragebogen B wurde zur Beantwortung jedoch häufig auch an die betroffenen Laien selbst, seltener an nicht direkt beteiligte Zeuginnen und Zeugen, weitergegeben.[40] Aufgrund der fast nie vorhandenen Unterschriften oder Stempel ist allerdings oft nicht mit abschließender Sicherheit zu klären, von wem die Angaben tatsächlich stammen. Die Antwortschreiben variieren stark – nicht nur in der formalen und äußeren Gestaltung, sondern auch inhaltlich. Das Spektrum reicht von zahlreichen als solchen gekennzeichneten (angeblichen) „Fehlanzeigen" über bloße Ja-Nein-Antworten, Unterstreichungen der zutreffenden Punkte oder kurze, bürokratische Angaben unter Zuhilfenahme der im Fragebogen vorgegebenen Kennziffern bis hin zu extrem ausführlichen Berichten, teils unter Verwendung mehrerer Beiblätter und ohne Rücksichtnahme auf die vorgegebenen Kategorien.

Angesichts des großen Aufwands, der mit der Durchführung der Fragebogenaktion verbunden war, verwundert es umso mehr, dass das auf diese Weise zusammengetragene Material weder deutschlandweit noch für die bayerischen Bistümer zeitnah zentral ausgewertet wurde.[41] Auch in Bayern war zwar anfangs eine zentrale Erschließung angedacht, doch sah man schon Ende 1946 ein, dass es einfacher wäre, wenn die einzelnen Ordinariate die Antwortschreiben aus ihren Diözesen selbst aufbereiteten und die Ergebnisse in statistischer Form dem Münchner Ordinariat zukommen ließen, wo sie dann abschließend zusammengefasst werden sollten.[42] Soweit bekannt, ist dies jedoch nie geschehen. Zwar leitete zum Beispiel das Ordinariat Regensburg seine Auswertung des Fragebogens A im Februar 1947 nach München weiter[43], dort wurde jedoch aus unbekannten Gründen nicht einmal mehr die Auswertung der Fragebögen aus der eigenen Diözese zu Ende gebracht.[44]

Geistliche von Ampfing (Dekanat Mühldorf, Erzbistum München und Freising) über eine Haushälterin, die wegen Nichtgebrauch des Hitlergrußes u. a. vom Ortsgruppenführer vorgeladen und mit Dachau bedroht worden war: *Frl Th. W[...] hat dem Herrn Weber schon längst verziehen, um so mehr, als der Ortsgruppenführer ohnediess [sic] schon genug belastet ist.* Archiv des Erzbistums München und Freising (AEM) Fragebögen NS-Verfolgung B 28, Ampfing.

40 Diese und die folgenden Beobachtungen beruhen auf der Sichtung sämtlicher Fragebögen der Kategorie B aus den Bistumsarchiven Regensburg und Passau sowie ausgewählter Bestände des Archivs des Erzbistums München und Freising. Es ist nicht zu erwarten, dass sich die Dokumente in den anderen bayerischen Diözesen wesentlich von diesen unterscheiden, weswegen hier generalisierend auf die Umfrageaktion in ganz Bayern geschlossen wird.

41 HEHL (Bearb.), Priester, 1984 (wie Anm. 6), XXVIII. In einzelnen deutschen Bistümern wurden die Ergebnisse zumindest teilweise publiziert, hauptsächlich mit dem Fokus auf der Verfolgung des Klerus; vgl. z. B. Karl HOFEN, Das Bistum Speyer in den Jahren religiöser Bedrückung durch den Nationalsozialismus. Geschichtliche Notizen. Beilage zum Schematismus des Bistums Speyer 1947 (Schriften des Diözesan-Archivs Speyer), Speyer 1980 (Nachdruck).

42 MÖCKERSHOFF, Verfolgung katholischer Geistlicher (wie Anm. 27), 90.

43 Ebd.

44 FREI, Verfolgungen (wie Anm. 6), 403.

Auch in Passau wurden die über 300 Antworten ohne jegliche weitere Bearbeitung archiviert.[45] Bis heute haben sich die Fragebögen der Reihe B in fast allen bayerischen Bistumsarchiven (inklusive Speyer) erhalten; lediglich in Augsburg sind nur noch die Fragebögen der Reihe A zu ermitteln.[46]

Überlegungen zum Quellenwert der Fragebögen[47]

Wer sich mit einem ausgefüllten Fragebogen beschäftigt, arbeitet im Prinzip mit zwei verschiedenen Quellen gleichzeitig: Zum einen mit dem vom Ordinariat München verschickten Fragebogen selbst, zum anderen mit der entsprechenden Antwort.

---

45 Emil JANIK, Klerus und Klöster des Bistums Passau im Dritten Reich, Passau 1980, 9.
46 Schriftliche Mitteilung von Dr. Erwin Naimer, Leiter des Archivs des Bistums Augsburg (12.3.2012); von Susanne Schmidt, Archivoberinspektorin des Archivs des Erzbistums Bamberg (15.3.2012); von Dr. Bruno Lengenfelder, Diözesanarchivar des Diözesanarchivs Eichstätt (27.2.2012); von Prof. Dr. Hans Ammerich, Archivdirektor des Bistumsarchivs Speyer (27.2.2012); sowie von Thomas Wehner, Referent für Bestände und Benutzung des Diözesanarchivs Würzburg (27.2.2012). Die entsprechenden Bestände im Archiv des Erzbistums München und Freising (AEM, Fragebögen NS-Verfolgung B 21), im Bischöflichen Zentralarchiv Regensburg (BZAR, OA/NS, XII.9/550) sowie im Archiv des Bistums Passau (ABP, OA, NS, XVIII.3) hat der Verfasser selbst eingesehen.
47 Angesichts des überschaubaren Forschungsstandes zu den Fragebögen vor allem der Kategorie B verwundert es nicht, dass bisher auch zu ihrem Quellenwert nur wenige Überlegungen angestellt wurden; die umfangreichsten Gedanken finden sich bisher in Michael VOLPERTs nicht publizierten Vorbemerkungen zu den Fragebögen B und C im Findbuch „Fragebögen NS-Verfolgung A, B, C" des Archivs des Erzbistums München und Freising (2002). Vgl. außerdem BREUER, Wandel (wie Anm. 6), 348; HÖPFL, Laien (wie Anm. 6), 27f.

Fragebogen B.

Nationalsozialistische Verfolgung kath. Laien

Diözese München   Dekanat F'Bruck   Seelsorgsbezirk Fürstenfeldbruck

I.
Personalien der Verfolgten:
(Name, Stand, Adresse)

1. Die Namen mit den einzelnen näheren D e t a i l s
2. sind in der angehefteten A n l a g e I
3. aufgeführt

II.
Art der Verfolgung:

1. Zur Rede gestellt (z. B. von Amts- oder Betriebsleitung)
2. Vorgeladen (vor Polizei, Ortsgruppenleitung u. ä.)
3. Verhört
4. Verwarnt
5. Von Beförderung ausgeschlossen
6. Strafversetzt
7. Entlassen
8. Von Standesorganisation ausgeschlossen
9. Von Arbeitsfront ausgeschlossen
10. Von städtischen oder staatlichen Aufträgen ausgeschlossen
11. Von Wohlfahrtsunterstützung (Winterhilfswerk) ausgeschlossen
12. Von Schulgeldermäßigung ausgeschlossen
13. Von Lehrplatzzuteilung ausgeschlossen
14. Mißhandelt (z. B. von HJ., SA. usw.)
15. In Presse diskriminiert
16. Haussuchung
17. Geldstrafe oder Eigentumsberaubung
18. Verhaftet
19. Gerichtlich verhandelt (verurteilt? freigesprochen?)
20. Ip Gefängnis (wo? wielange?)
21. In Zuchthaus
22. In Konzentrationslager (wo? wielange?)
23. Verschleppt oder verbannt
24. Hingerichtet

A N L A G E I

III.
Vorwand oder Anlaß der Verfolgung

1. Persönliche katholische Gesinnung und Betätigung:
    a) Besuch des Gottesdienstes (Teilnahme an Standeskommunion, Fronleichnamsprozession, Wallfahrt, Einkehrtag, Exerzitien u. ä.)

    Bezug katholischer Zeitungen und Zeitschriften

    Ablehnung nazistischer Presse

    Konfessionelle Kindererziehung

    Katholische Trauung, Taufe von Kindern u. ä.

    b) Zugehörigkeit zu katholischen Vereinen, Kongregationen, Bruderschaften

    Mitgliedschaft der Kinder bei katholischen Jugendvereinen

    Kirchendienst der Kinder

    c) Mitgliedschaft oder Betätigung in rechtsstehender politischer Partei

    d) Verweigerung des Beitritts zur NSDAP, Gliederungen, Berufsorganisationen, NSV. u. ä.

    e) Verweigerung zur Teilnahme an Schulungen, Aufzügen, Beflaggung u. ä.

2. Apostolische Tätigkeit:
    a) Werbung für Konfessionsschule

    b) Verteilung religiösen Schrifttums (Hirtenbriefe, Enzyklika u. ä.)

    c) Mitwirkung bei Kirchenverwaltung, Kirchenchor, Caritassammlung, Missionsverein usw.

3. Antinazistische Gesinnung oder Tätigkeit:
    a) Angebliche Verfehlung gegen das „Heimtückegesetz"

    b) Kritik an Partei oder Parteipersonen, Regierungsmaßnahmen

    c) „Gerüchteverbreitung"

    d) „Wehrzersetzung"

    e) Weitergabe von Flugblättern

    f) Abhören fremder Sender

4. Sippenhaftung

5. Geisteskrankheit:
    Sterilisiert?
    Getötet? (ev. wo? wann?)

ANLAGE II

Bemerkung: Sehr wertvoll wäre auch die Angabe der Beziehung der Punkte untereinander, z. B. wenn bei II/12 („von Schulgeldermäßigung ausgeschlossen") noch 1/3 (Name des Betreffenden) und III/1a: Konfessionelle Kindererziehung bemerkt würde.

Ähnlich sollte dann bei III/1a (Konfessionelle Kindererziehung) beigefügt werden: 1/3, II/12.

Ganz verlässige und ausführliche Angaben sind um so notwendiger, als von vielen Seiten, insbesonders auch von höchsten kirchlichen Kreisen, eine möglichst genaue Untersuchung und Zusammenstellung des Anteils der Laien am Widerstand und Leid im Dritten Reich gewünscht wird.

Der Fragebogen

Als logische Konsequenz aus der oben geschilderten Zielsetzung der Erhebung wurde im Fragebogen B, wie schon sein Titel verrät, ausschließlich nach dem Schicksal katholischer Laien gefragt, die aufgrund ihres Glaubens oder darin begründeter Handlungsweisen belangt wurden; die Verfolgung anderer Gruppen und Einzelpersonen war von keinerlei Interesse.[48] Diese Selektivität manifestiert sich auch darin, dass ausschließlich *Widerstand und Leid* dokumentiert werden sollten; mögliche Fälle katholischen Stillschweigens, Mitläufertums oder gar kirchlicher Kollaboration mit dem Regime wurden von Anfang an ausgeklammert. Wie Tobias Haaf richtig bemerkt, kann durch diese eingeschränkte Fragestellung fälschlicherweise *der Eindruck eines permanenten Kirchenkampfes entstehen*[49], weshalb die schweigende Masse immer mitgedacht werden muss – die dokumentierten Einzelfälle waren sicherlich mehr Ausnahme denn Regel.

Ohnehin lässt der Fragebogen mit seinem engen Raster den Berichterstattern wenig Spielraum – so wird etwa durch das Fragebogen-Design genau definiert, was eine *katholische Gesinnung* ausmacht oder worin sich *antinazistische Gesinnung* äußert. Die Verfolgungsmaßnahmen und -gründe, die der Fragebogen auflistet, sind längst nicht vollständig; andererseits zogen bei weitem nicht alle als *Vorwand oder Anlaß der Verfolgung* aufgeführten Verhaltensweisen – wie etwa ein simpler Gottesdienstbesuch – automatisch immer Sanktionen nach sich.[50] Bemerkenswert ist auch, dass als möglicher Verfolgungsgrund *Mitgliedschaft oder Betätigung in rechtsstehender politischer Partei* vorgeschlagen wird; dass sich Katholiken auch in einer liberalen oder gar linken Partei engagieren könnten, wurde anscheinend schon a priori ausgeschlossen. Da die Parteimitgliedschaft nicht als eigener Punkt angeführt, sondern nur als Ausdruck von *Persönliche[r] katholische[r] Gesinnung und Betätigung* gewertet wurde, konnte eigentlich nur die BVP gemeint sein – die für einen guten Katholiken wohl als alternativlos betrachtet wurde. Interessant ist schließlich auch, welche Handlungsoptionen für *Antinazistische Gesinnung oder Tätigkeit* die Macher des Fragebogens sich vor-

---

48 Der einzige dokumentierte Fall einer als Jude verfolgten Person, der in den durchgesehenen Akten zu finden war, ist derjenige eines ehemaligen russischen Kriegsgefangenen, der aus Wurmannsquick (Diözese Passau) in verschiedene Konzentrationslager verschleppt und schließlich in Auschwitz ermordet wurde; doch selbst hier ist nicht sicher, ob der Pfarrer den Fall vielleicht nur deshalb erwähnt, weil der Mann in Deutschland katholisch getauft worden war (ABP, OA, NS, XVIII.3, Wurmannsquick).
49 HAAF, Klerus und Kirchenvolk (wie Anm. 6), 5.
50 Der Kirchenbesuch nahm während der Kriegsjahre ja vielerorts sogar zu, wie etwa der Geistliche der Expositur Adelshofen, Georg Dötsch, in seinem Kriegs- und Einmarschbericht recht zynisch vermerkt: *Seelsorglich betrachtet, war der Krieg für den Seelsorgsbezirk Adelshofen, von dem materiellen und seelischen Elend und Ängsten abgesehen, nicht einmal ungünstig: religiös-kirchliches Leben ist gestiegen, der Sakramentenempfang hat zugenommen, der pflichtgemäße Kirchenbesuch ist erfreulicher, der Gebetsgeist intensiver und extensiver [...].* PFISTER (Hg.), Kriegs- und Einmarschberichte 1 (wie Anm. 6), 664.

stellen konnten (oder für vertretbar hielten?). Gerade, wenn sich die katholische Kirche selbst als Hort des Widerstands verstand und sich in diesem Licht präsentieren wollte, nimmt es wunder, dass etwa die Unterstützung oder das Verstecken von Verfolgten, Sabotageakte oder andere Formen zumindest des gewaltlosen Widerstands überhaupt nicht aufgeführt wurden. Wurde ohnehin nicht damit gerechnet, dass sich Katholiken an derartigen Aktionen beteiligt hätten?

Die Antwortschreiben

Beim Studium ausgefüllter Fragebögen stellt sich als erstes die Frage nach dem Verfasser oder der Verfasserin. Wie bereits erwähnt, ist diese nicht immer eindeutig zu beantworten; in den meisten Fällen wurden die Angaben jedoch von den Ortsgeistlichen getätigt – also von einer lokalen Funktionselite, die zwar nicht als vollkommen homogene Gruppe gelten kann, deren Mitgliedern aber doch gewisse Merkmale gemein waren: Sie waren meist vor oder um 1900 geboren und somit bei Kriegsende zwischen 40 und 65 Jahren alt; sie stammten hauptsächlich aus dem unteren Mittelstand und hatten eine ähnliche, von strenggläubigem Katholizismus und Monarchie geprägte Sozialisation durchlaufen, und sie teilten dieselben konservativen religiösen und moralischen Werte. Häufig hatte diese Geisteshaltung vor 1933 auch Niederschlag in einer Mitgliedschaft in der BVP und einem engagierten politischen Katholizismus gefunden. In den meisten Fällen waren die Pfarrer schon seit vielen Jahren im selben Ort tätig und kannten die Mitglieder ihrer Gemeinde entsprechend gut.[51]

Natürlich ist dies trotzdem kein Garant für die Richtigkeit, Vollständigkeit – oft fehlen selbst grobe Zeit- oder Ortsangaben – und Objektivität ihrer Aufzeichnungen, die zudem allein schon durch die Gestaltung des Fragebogens beeinträchtigt wurden: Seine detaillierten Vorgaben lenkten und beschränkten die Beantwortung;[52] die Befragten konnten sich gleichsam an ihnen entlang hangeln und die einzelnen Punkte ohne große eigene intellektuelle Anstrengungen abhaken.

Trotz dieser präzisen Fragestellungen ergaben sich gewisse Interpretationsfreiheiten. Je nachdem, welche Bedeutung bestimmten Vorkommnissen zugemessen wurde oder wie einzelne Fragen aufgefasst wurden, fiel die Beantwortung von Pfarrer zu Pfarrer unterschiedlich aus: Während manche noch die kleinsten Ereignisse notierten, empfanden andere die erfolgten Strafen, Diskriminierungen und Verfol-

---

51 ZIEGLER, Übergang (wie Anm. 15), 69-71; FORSTNER, Entstehung (wie Anm. 6), 131-134. Vgl. dazu ausführlich auch Thomas FORSTNER, Priester in Zeiten des Umbruchs. Identität und Lebenswelt des katholischen Pfarrklerus in Oberbayern 1918 bis 1945, Göttingen 2014.
52 Vgl. dazu auch FORSTNER, Entstehung (wie Anm. 6), 110.

gungen anscheinend als so alltäglich, dass sie sich mit Formulierungen wie *Die getroffenen Maßnahmen decken sich mit den allgemein ergangene [sic] Maßnahmen*[53] oder *Keine Verfolgung von besonderer Bedeutung.*[54] begnügten. Während manche ausschließlich von Menschen berichteten, die explizit wegen ihres Glaubens und der daraus entspringenden Ablehnung des Nationalsozialismus verfolgt worden waren, nannten andere auch Fälle, die selbst auf den zweiten Blick nichts mit der (wenn überhaupt vorhandenen) christlichen Überzeugung der Opfer zu tun hatten.[55] Häufig wird also nicht klar, ob die betroffenen Personen tatsächlich wegen ihres Katholizismus oder aus anderen Gründen belangt worden waren. Eine klare Trennlinie zu ziehen ist ohnehin oft schwierig, da hier eine ganz grundsätzliche Frage berührt wird: Wenn sich ein katholischer Laie aufgrund seiner christlichen Überzeugungen gegen das Regime wandte und deswegen verhaftet wurde, liegt dann schon eine Verfolgung aus religiösen Gründen vor? Oder abstrakter: Wann werden katholische Personen zu genuin katholischen Opfern? Die unbefriedigende Antwort lautet wohl: Ab dem Zeitpunkt, an dem sie als Katholiken handeln und als solche verfolgt werden. Wann das der Fall war, ist jedoch in den seltensten Fällen nachzuvollziehen, da die Ausfüllenden oft darauf verzichteten, die genauen Hintergründe der getroffenen Verfolgungsmaßnahmen zu erläutern und damit auch die genaue Motivation der Verfolgten meist kaum vollständig rekonstruierbar ist. Es verwundert also nicht, dass sich eine entsprechende Differenzierung auch in den ausgefüllten Fragebögen äußerst selten findet.[56]

Eine gewisse Vorsicht ist auch bei den Fragebögen geboten, die von den betroffenen Laien selbst beantwortet wurden. Sie gefielen sich nicht selten – und teilweise sicher zu Recht – in der Rolle der unerschrockenen Regimekritiker.[57] Wie subjektiv

---

53 AEM, Fragebögen NS-Verfolgung B 21, Expositur Unterpfaffenhofen-Germering.
54 BZAR, OA/NS, XII.9/550, Seelsorgsbezirk Hohenburg.
55 Wenn etwa Pfarrer Matthias Lindner über seine Zeit in Neunburg vorm Wald (Diözese Regensburg) ohne weitere Angaben berichtet, *Hr. L.[...] senior war der erste, der als Kommunist verhaftet wurde 1933* (BZAR, OA/NS, XII.9/550, Neunburg vorm Wald), so geschah dies wohl eher weniger wegen dessen besonders katholischen Haltung – ganz im Gegensatz zum Fall des Landwirts Max T. aus Regendorf (Diözese Regensburg), der 1943 angezeigt wurde und seine Position als Ortsbauernführer *[m]angels echter nazistischer Gesinnung* verlor, nachdem er seinen Kuhstall hatte weihen lassen (BZAR, OA/NS, XII.9/550, Zeitlarn).
56 Eine Ausnahme bildet der Geistliche von Neukirchen-St. Christof (Diözese Regensburg), der in seinem Bericht über eine Katholikin, die wegen ihrer *Interesselosigkeit gegenüber der Frauenschaft* zweimal vorgeladen und bedrängt wurde, schreibt: *Diese Vorladungen dürften nicht direkt auf religiöse Verfolgung zurückzuführen sein. Frau K[...] ist allerdings schon immer sehr religiös eingestellt und tätig, worauf ihre Gleichgiltigkeit [sic] zurückzuführen ist.* BZAR, OA/NS, XII.9/550, Neukirchen-St. Christof.
57 So liegen etwa aus der Stadt Pfarrkirchen im Bistum Passau besonders viele Fragebögen vor, in denen Mitglieder der dortigen Kolpingfamilie über ihre *Kritik an Partei oder Parteipersonen, Regierungsmaßnahmen* berichten: *ohne Rücksicht immer geübt; immer bekritelt [sic], wo sich andere nichts zu sagen trauten* oder *es wird keiner so trocken über die nationalsozialistische Weltanschauunge [sic] gemasselt haben, als ich.* ABP, OA, NS, XVIII.3, Pfarrkirchen.

diese Angaben naturgemäß waren, zeigt das Beispiel Gröbenzell: In der Pfarrkurie im Dekanat Fürstenfeldbruck verfasste ein Buchhändler, der nach eigener Aussage wegen *Führerbeleidigung und Heimtücke* 57 Tage im Gefängnis verbracht hatte und auch sonst immer wieder bedrängt worden war, einen dreiseitigen Brief, in dem er seine Verfolgung schilderte und sich als äußerst gläubiger Katholik präsentierte. Ortspfarrer Josef Auer konnte diese Behauptung anscheinend so nicht stehen lassen und fügte dem Schreiben eine Anlage bei, in der er sich nicht besonders schmeichelhaft über den Charakter seines Gemeindemitglieds äußerte und betonte: *Man könnte sich freuen, wenn der Katholizismus des Herrn H[...] so echt wäre, wie er auf dem Papier erscheint.*[58]

Hinzu kommen schließlich – gerade bei einem zwölf Jahre langen Berichtzeitraum – lückenhafte oder verschwommene Erinnerungen seitens der Befragten oder auch schlichte Unkenntnis bestimmter Tatsachen. Selbst ein Priester, der seine Gemeinde gut kannte, musste nicht alles erfahren, was um ihn herum geschah.[59] Deutlich wird das am Beispiel der Deportation und Ermordung von Menschen mit Behinderung oder psychischer Krankheit. Zählt man beispielsweise alle Krankenmorde zusammen, über die die Geistlichen des Bistums Regensburg berichteten, so kommt man auf circa 34 Personen, die der „Aktion T4" zum Opfer fielen. Die tatsächlichen Zahlen dürften hingegen mindestens in die Hunderte, wenn nicht in die Tausende gehen.[60] Ähnliches gilt für Sterilisierungen; hier spielte sicherlich auch die Scham vieler Betroffenen eine Rolle.[61]

Doch nicht nur unbewusstes, auch bewusstes Verschweigen von Tatsachen ist denkbar. So vermerkte der Geistliche der Expositur Adelshofen (Dekanat Fürstenfeldbruck) auf dem Fragebogen: *Politisch-Verfolgte im strengen Sinn: Fehlanzeige. Kleinere Reibereien in der Dorfgemeinde mit vereinzeltem Verhör sind wohl vorgekommen, aber um des Friedens willen ist es besser, da nicht mehr nachzufragen.*[62] Auch angesichts der Tatsache,

---

58 AEM, Fragebögen NS-Verfolgung B 21, Pfarrkurie Gröbenzell.
59 So notierte etwa der zuständige Geistliche in Kelheim (Bistum Regensburg): *Den Bogen in der vorgeschriebenen Weise auszufüllen ist mir nicht möglich, da in dieser Hinsicht hier viel geschehen ist, was sich meiner Kenntnis entzieht. Nur allgemein kann ich berichten.* BZAR, OA/NS, XII.9/550, Kelheim.
60 Vgl. MÖCKERSHOFF, Verfolgung katholischer Laien (wie Anm. 6), 83; Clemens CORDING, Die Regensburger Heil- und Pflegeanstalt Karthaus-Prüll im „Dritten Reich". Eine Studie zur Geschichte der Psychiatrie im Nationalsozialismus (DWV-Schriften zur Geschichte des Nationalsozialismus 2), Würzburg 2000, 74.
61 So findet sich im Fragebogen aus St. Pius im Dekanat München Südost der Vermerk: *Sichere Ermittlungen wegen Sterilisierung konnten nicht gemacht werden, da die Angehörigen auch heute sich noch scheuen es zu sagen. Das Gerücht spricht allerdings von 3-5 Fällen.* AEM, Fragebögen NS-Verfolgung B 6, St. Pius.
62 AEM, Fragebögen NS-Verfolgung B 21, Adelshofen. Welche *Reibereien* gemeint sein könnten, wird aus dem Kriegs- und Einmarschbericht der Expositur vom 30. Juli 1945 ersichtlich, in dem Expositus Georg Dötsch – der wahrscheinlich später auch den Fragebogen ausfüllte – noch geschrieben hatte: *Dagegen ist arg ins Kraut geschossen das Denunziantenunwesen. Denunziert wurde von allen Seiten und nach allen Linien, wie es eben Brauch war seitens des korrupten Regierungssystems der vergangenen Zeiten. Dieses Denun-*

dass sich die katholische Kirche nicht in der Rolle der Anklägerin gefiel und dass viele Pfarrer ehemaligen Parteimitgliedern „Persilscheine" ausstellten,[63] stellt sich die Frage, wie wahrheitsgemäß und vollständig die Fragebögen beantwortet wurden.

Die Fragebögen als historische Quelle
Exemplarische Stichproben
Fürstenfeldbruck (Erzbistum München und Freising)[64]

Welche Potentiale die Fragebögen für die Lokalgeschichtsschreibung bieten, soll anhand des Beispiels Fürstenfeldbruck erörtert werden. Die Kleinstadt hatte Anfang der 1930er Jahre rund 6.000 Einwohnerinnen und Einwohner, von denen etwa 80 Prozent katholisch waren.[65] Das öffentliche Leben war stark von der katholischen Kirche geprägt; bei den Wahlen schnitt die BVP traditionell am besten ab.[66] So verwundert es nicht, dass der Nationalsozialismus in Fürstenfeldbruck die stärkste Ablehnung von Seiten der katholischen Kirche erfuhr (wenngleich sich die meisten Bürgerinnen und Bürger des Ortes im neuen NS-Staat schnell einrichteten und auch offen ihre Regimetreue zur Schau stellten[67]).[68] Hauptprotagonist des politischen Katholizismus war der Ortspfarrer Dr. Martin Mayr (1888-1959). Von 1925 bis zu seiner von der NSDAP erzwungenen Entlassung 1933 hatte er als Schriftleiter für die Beilage „Aus Welt und Kirche" des BVP-nahen Bayerischen Kuriers gearbeitet; nach einigen Jahren als Prediger in München-Hl. Geist war er schließlich 1939 nach Fürstenfeldbruck gekommen, wo er bis zu seinem Tod als Stadtpfarrer in der Pfarrei St. Magdalena tätig war. Mayr galt als empfindlich und streitbar und geriet des Öfteren mit den Nationalsozialisten aneinander. 1942 wurde er wegen *nationaler Unzuverlässigkeit* als Standortpfarrer des in Fürstenfeldbruck ansässigen Fliegerhorstes entlassen; nach eigenen Angaben sollte er zudem fünf Mal verhaftet werden, was

---

zierungsunwesen hatte beträbliche Streitereien unter den Familien zur Folge. PFISTER (Hg.), Kriegs- und Einmarschberichte 1 (wie Anm. 6), 664.

63 Michael FELLNER, Katholische Kirche in Bayern 1945-1960. Religion, Gesellschaft und Modernisierung in der Erzdiözese München und Freising (VdKfZG B111), Paderborn u. a. 2008, 42-44; BREUER, Wandel (wie Anm. 6), 357f.
64 AEM, Fragebögen NS-Verfolgung B 21, Fürstenfeldbruck.
65 Ferdinand KRAMER/Ellen LATZIN, Fürstenfeldbruck in der NS-Zeit – zur Einführung, in: DIES. (Hg.), Fürstenfeldbruck in der NS-Zeit. Eine Kleinstadt bei München in den Jahren 1933 bis 1945 (Fürstenfeldbrucker Historische Studien 1), Regensburg 2009, 9-23, hier 9.
66 Paul HOSER, Kommunalpolitik in Fürstenfeldbruck 1933-1945, in: KRAMER/LATZIN (Hg.), Fürstenfeldbruck (wie Anm. 65), 24-116, hier 24-27.
67 Gerhard NEUMEIER, Die Entnazifizierung der NS-Funktionsträger in Fürstenfeldbruck (1. Teil), in: Amperland 46.3 (2010) 111-114, hier 111; KRAMER/LATZIN, Einführung (wie Anm. 65), 19.
68 KRAMER/LATZIN, Einführung (wie Anm. 65), 18.

der Polizeichef, von dem noch zu sprechen sein wird, jedoch immer zu verhindern wusste.[69]

Bei der Beantwortung des Fragebogens B schrieb Mayr nicht direkt in das vorgegebene Formular, sondern verfasste als Anlage ein weder datiertes noch unterzeichnetes vierseitiges Schreiben, in dem er sich jedoch an der Struktur des Fragebogens orientierte.[70] In zwei zusätzlichen Anlagen berichten Polizeichef Johann Edin und ein Beamter der Stadt München jeweils mehrere Seiten lang selbst über ihr Schicksal im Nationalsozialismus.

Im Schreiben des Stadtpfarrers findet sich eine breit gefächerte Palette, was Geschlecht, Alter und soziale Schicht (vom Volksschüler über die Schneiderin bis zum Polizeichef), Verfolgungsgrund (vom einfachen Kirchenbesuch bis zum Beschimpfen von SA-Männern) und Verfolgungsmaßnahmen (von kleineren Gängelungen über KZ-Haft bis zum Krankenmord) angeht. Er berichtet von Denunziationen; von den alltäglichen Schikanen gegen Katholikinnen und Katholiken, die der NSDAP kritisch gegenüber standen und deshalb beruflich oder behördlich benachteiligt, öffentlich angeprangert oder verhaftet wurden; von Georg Gruber, Rektor der Volksschule und führender Nationalsozialist im Ort[71], der Beamte als Vaterlandsverräter beschimpfte, wenn sie nur die Sonntagsmesse besuchten; von einer *Gerbereibesitzersgattin*, die *wegen ihres Eintretens [...] für die katholische Schule, für die vertriebenen Engl. Fräulein, und wegen des Unterrichtsverbotes [sic] der hiesigen katholischen Geistlichen und Religionslehrer schikaniert* wurde.[72] Außerdem dokumentiert er sechs Fälle, in

---

69 AEM, Fragebögen NS-Verfolgung A 12, Fürstenfeldbruck; PFISTER (Hg.), Kriegs- und Einmarschberichte 1 (wie Anm. 6), 675f.; FREI, Verfolgungen (wie Anm. 6), 457f.; Thomas FORSTNER, Römisch-katholische und evangelisch-lutherische Kirche in Fürstenfeldbruck 1933-1945, in: KRAMER/LATZIN (Hg.), Fürstenfeldbruck (wie Anm. 65), 224-280, hier 228-230.

70 Die Datierung der von den Betroffenen selbst ausgefüllten Anlagen lässt vermuten, dass Mayr die Antwort zwischen Mitte August und Anfang September 1946 verfasste.

71 Er fungierte unter anderem als Kreisredner des Propagandaamtes, Leiter des Kreisamtes für Erzieher, Kreisschulungsleiter sowie Kreisbeauftragter des Rassenpolitischen Amtes. Vgl. Bernhard GOTTO, Die NSDAP in Fürstenfeldbruck, in: KRAMER/LATZIN (Hg.), Fürstenfeldbruck (wie Anm. 65), 117-173, hier 138f.

72 Ähnliche Vorkommnisse gab es in vielen Ortschaften, und fast immer waren es ausschließlich oder überwiegend Frauen, die sich an den – in diesem Fall tatsächlich eindeutig katholisch motivierten – Protesten beteiligten. In Fürstenfeldbruck unterzeichneten 1937 innerhalb von drei Tagen 205 Personen – fast nur Frauen – letztlich erfolglos eine Unterschriftenliste gegen das Lehrverbot für die Englischen Fräulein (FORSTNER, Kirche [wie Anm. 69], 249-254), und als 1941 sukzessive auch allen Geistlichen die Unterrichtserlaubnis entzogen wurde, legten laut Mayr 80 Mütter beim Landrat Protest ein (AEM, Fragebögen NS-Verfolgung A 12, Fürstenfeldbruck). In Mößling (Dekanat Mühldorf, Erzbistum München und Freising) wurden im November 1941 acht Frauen wegen *Teilnahme an der Aktion gegen Entfernung der Schulkreuze* verhört und teilweise zu Geldstrafen verurteilt (AEM, Fragebögen NS-Verfolgung B 28, Mößling), und auch in Holzkirchen (Dekanat Tegernsee, Erzbistum München und Freising) wurden drei Frauen *vor Ortsgr.Leiter geladen zuerst scheinbar belehrt dann streng verwarnt [...] wegen Protest und Versuch eines Massenprotestes gegen die Schulkreuzentfernung* (AEM, Fragebögen NS-Verfolgung B 35, Holzkirchen). Der Pfarrer von Burghausen (Bistum Passau), Alois Poschner, verbrachte 1941 sogar knapp vier Wochen im Gefängnis in München, weil er Burghauser

denen „Geisteskranke" unter ungeklärten Umständen in unterschiedlichen Anstalten gestorben (beziehungsweise mit großer Sicherheit im Rahmen der „Aktion T4" ermordet worden) waren.

Herausgegriffen seien hier nur einige ausführlichere Beispiele.

Da gibt es einen Maurer, der 26 Monate im KZ Dachau verbrachte, weil er 1933 zu SA-Männern gesagt hatte: *Ihr mit Euerm Scheißdreckgwand erst auch noch; Ihr dürft ganz stad sein.* Der Pfarrer verschweigt, dass der Mann nicht nur *treuer Katholik und eifriger Kirchenbesucher* war, sondern auch Sozialdemokrat[73] – was die Grundannahme des Fragebogens widerlegt, gläubige Katholiken könnten nur Mitglied in der BVP sein. Gleichzeitig wirft es die Frage auf, wieso Mayr die politische Überzeugung des Maurers nicht erwähnt. Vielleicht wusste er schlicht nicht davon; vielleicht war ihm aber auch bewusst, dass er ihn dann wohl nicht mehr als genuin katholisches Opfer hätte verbuchen können.

Da ist Polizeichef Johann Edin, Mitglied in der NSDAP und in der Nationalsozialistischen Volkswohlfahrt sowie Fördermitglied in der SA und Herbergsvater des HJ-Heims[74], der sich in seinem Schreiben als gläubiger Katholik und beharrlicher Nazigegner präsentierte. So habe er sich geweigert, aus den katholischen Vereinen auszutreten, sich wiederholt nicht an Befehle gehalten und unter Rücktrittsdrohungen gegen die öffentliche Demütigung einer Frau protestiert, die der Beziehung zu einem französischen Kriegsgefangenen bezichtigt wurde.[75] Außerdem berichtete er von zahlreichen persönlichen Gängelungen und von kirchenfeindlichen Äußerungen und Handlungen durch SS-Offiziere der örtlichen Polizeischule; so schreibt er etwa, dass *SS.-Offz. der Pol.-Schule im Juni 1938 in einem öffentlichen Gastlokal mit den Worten das Kruzifix von der Wand heruntergerissen: Herunter mit dem Judenbub, dem Hungerkünstler, es zerschlugen und in den Abort warfen.*

Mayrs Bericht bezeugt aber auch den Opportunismus auf beiden Seiten. Er erwähnt einen Werksleiter, der zahlreiche *Sticheleien und Krache zu erleben* hatte, *weil er nicht zur Partei ging und ein führemder [sic] Katholik war und ist.* Ersteres trifft nicht zu: Wohl aufgrund des Drucks von außen trat der Werksleiter der NSDAP 1938 bei.[76]

Mütter ermutigt hatte, sich beim Stadtrat über die Entfernung der Schulkreuze zu beschweren, woraufhin eine Demonstration beim Rathaus zustande gekommen war (ABP, OA, Deka Burghausen II, 12 II, Seelsorgsbericht St. Konrad 1945 [Poschner]).

73 Vgl. Elsbeth BÖSL/Sabine SCHALM, Der „andere" Teil der Bevölkerung? Verfolgte, Ausgegrenzte und Unangepasste in Fürstenfeldbruck im Nationalsozialismus, in: KRAMER/LATZIN (Hg.), Fürstenfeldbruck (wie Anm. 65), 281-343, hier 308.

74 Gerhard NEUMEIER, Die Entnazifizierung der NS-Funktionsträger in Fürstenfeldbruck (3. Teil), in: Amperland 47.1 (2011), 164-167, hier 164.

75 Im Entnazifizierungsverfahren wurde Edin tatsächlich von vielen Seiten bescheinigt, ein entschiedener Gegner der Nationalsozialisten gewesen zu sein oder sich zumindest nicht in ihrem Sinne betätigt, sondern sich stets korrekt und human verhalten zu haben. Vgl. ebd. 164f.

76 Vgl. HOSER, Kommunalpolitik (wie Anm. 66), 36f.

Und während der Direktor sich mit dem Regime arrangierte, um keine beruflichen Nachteile zu erfahren, trieben es die Nationalsozialisten ihrerseits mit ihren Gängelungen nicht allzu weit, weil sie seine Expertise dringend benötigten: *Verhaftet und abgesetzt wurde er nicht, weil man ihn zur Leitung des von ihm aufgebauten, für die Stadt entscheidend lebenswichtigen Werkes brauchte*, wie Mayr schreibt.

Schließlich machen die Antwortschreiben auch deutlich, welches Klima der Angst in der Fürstenfeldbrucker Volksschule unter dem Nazi-Rektor Gruber geherrscht haben muss. Mayr berichtet etwa, in dessen Klasse seien jeden Montag diejenigen Schülerinnen und Schüler, die tags zuvor die Messe besucht hatten, *namentlich festgestellt, verhöhnt und derart im Unterricht ausgefragt* worden, *daß eine gescheite Antwort [...] kaum möglich war und dann schwer bestraft*. Er fügt hinzu: *Der Kirchenbesuch in diesen Klassen war schließlich gleich null*.[77] Polizeichef Edin schildert in seiner Anlage zudem, wie Gruber und der Lehrer Heinrich Böck, Ortsgruppenleiter der NSDAP, ihre Schulklassen zur Teilnahme an der öffentlichen Demütigung einer jungen Frau nötigten, die am 26. Mai 1942 ohne vorherige polizeiliche Untersuchung auf Initiative von Parteifunktionären auf dem Marktplatz kahlrasiert und neben einem Schild mit der Aufschrift *Ich bin von Aich und ein Franzosenmenscherl* der Öffentlichkeit als abschreckendes Beispiel präsentiert wurde:[78]

Klassenweise wurden die Schulkinder durch die Lehrer Gruber und Böck an dem armen Opfer vorbeigeführt, wobei die Kinder ausspucken und rufen mußten: Du Franzosenhurr [sic], du Ehebrecherin u.s.w. Viele [sic] von den Müttern dieser Kinder blutete das Herz, weil sie von ihren Kindern zu Hause gefragt wurden: Mutti, was ist eine Franzosenhurr?

Auch in Fürstenfeldbruck müssen die Aussagen des Pfarrers natürlich auf ihre Vollständigkeit und Richtigkeit hinterfragt werden. Beim Vergleich mit den verbürgten Fakten, der durch die gerade in letzter Zeit intensiver betriebene Forschung zur Geschichte des Ortes im Nationalsozialismus erleichtert wird[79], fällt schnell auf, wie viel der Geistliche unerwähnt lässt. Wie kaum anders zu erwarten, litten in Fürstenfeldbruck nämlich nicht nur engagierte Katholikinnen und Katholiken unter der NS-Herrschaft.[80] So lebten während des „Dritten Reichs" auch 17 Personen in

---

77 Die Volksschule Fürstenfeldbruck war hier kein Einzelfall. So berichtet etwa auch der Expositus von Ebing (Dekanat Mühldorf), Johann Bapt. Heldwein, über die Kinder dreier Familien, die nicht in der Gemeinschaftsschule eingeschrieben waren: *wurden von Seiten des Herrn Hauptlehrers sehr gehunzt (ein anderer Ausdruck wäre zu gut)*. Weiter heißt es: *Verspottungen wegen des Kirchengehens, wegen Ministrantendienstes usw. waren an der Tagesordnung, an Prügeleien regnete es für diese Kinder*. AEM, Fragebögen NS-Verfolgung B 28, Expositur Ebing.
78 Vgl. BÖSL/SCHALM, Der „andere" Teil (wie Anm. 73), 321–325.
79 Vgl. etwa KRAMER/LATZIN (Hg.), Fürstenfeldbruck (wie Anm. 65); Reinhard JAKOB (Hg.), „... was Menschen fähig sind". Nationalsozialismus im Brucker Land, Fürstenfeldbruck 2010.
80 Und selbst hier ist mindestens ein weiterer Fall bekannt, den Mayr nicht aufführt: Die Vorsitzende des Katholischen Frauenbundes wurde aufgrund ihrer oppositionellen Haltung beobachtet und diskriminiert. Vgl. BÖSL/SCHALM, Der „andere" Teil (wie Anm. 73), 316f.

Fürstenfeldbruck, die als Juden galten und deswegen systematisch diskriminiert und verfolgt wurden; individuelle Schicksale sind nur wenige bekannt. Neben dem erwähnten Maurer wurden zudem etliche andere Sozialdemokraten und Kommunisten wegen ihrer politischen Haltung intensiv überwacht, in „Schutzhaft" genommen oder ins Konzentrationslager Dachau gebracht, und auch einzelne BVP-Mitglieder wurden festgenommen. Hinzu kamen Aktionen gegen sogenannte Zigeuner und Asoziale.[81] Letztlich zeigt die Antwort des Ortspfarrers somit auch die dem Fragebogen immanenten Grenzen auf. Dennoch gestatten die Dokumente in der Gesamtschau wenn nicht einen Über-, so doch einen Einblick in das bedrängte Leben in einer bayerischen Kleinstadt zwischen 1933 und 1945.

Stichproben an anderen Orten

Eine solche Selektivität zeigt sich vielerorts. Aus der Stadtgemeinde St. Peter im niederbayerischen Straubing (Bistum Regensburg) etwa, das mit einem katholischen Bevölkerungsanteil von 96 Prozent[82] und der BVP als vor 1933 mit Abstand bedeutendster politischer Kraft[83] Fürstenfeldbruck nicht unähnlich war, liegen bei einer Pfarreigröße von 12.392 Mitgliedern im Jahr 1946[84] lediglich Fragebögen von sieben Personen vor.[85] Dabei handelte es sich fast ausschließlich um Honoratioren und deshalb wohl um (dem Pfarrer) besonders bekannte Fälle.[86] Dennoch erlauben die Quellen neue Einblicke in ausgewählte Einzelschicksale; außergewöhnlich ist vor allem der Fall eines pensionierten Lehrers, der eine jüdische Familie als Mieter aufgenommen hatte und deswegen psychisch und ökonomisch bedrängt, in Schutzhaft genommen[87] sowie in der lokalen Presse als *Unverbesserlicher Judenfreund* diffamiert[88] und auch im „Stürmer" unter Nennung von Namen und Adresse angeprangert wurde.[89]

---

81 Vgl. ebd. 285-309.
82 Die Angabe bezieht sich auf das Jahr 1933. Baruch Z. OPHIR/Falk WIESEMANN (Hg.), Die jüdischen Gemeinden in Bayern 1918-1945. Geschichte und Zerstörung, München,Wien 1979, 71.
83 Gertraud SCHRAML, Die politischen Strömungen in Straubing zwischen 1920 und 1933 aufgrund der Straubinger Presse, Zulassungsarbeit (Universität Regensburg) 1979.
84 Schematismus der Geistlichkeit des Bistums Regensburg für das Jahr 1946 nach dem Stande vom 1. Juni 1946, Regensburg o. J., 9.
85 BZAR, OA/NS, XII.9/550, Straubing St. Peter.
86 Es liegen Antworten von einem Stadtrat, einem zweiten Bürgermeister, einem Bankdirektor sowie von zwei Lehrkräften, einem Schulleiter und einer Schulleiterin vor; alle Fragebögen wurden von den Laien wohl selbst ausgefüllt (bzw. in einem Fall von der Witwe des bereits verstorbenen Betroffenen).
87 Stadtarchiv Straubing, EAPL 212-4/396, Abschrift des Spruchkammer-Urteils.
88 Straubinger Tagblatt, 2.1.1939, 10.
89 Der Stürmer Nr. 5, Februar 1939, 10: *Der Studienrat a. D. S[…], wohnhaft in der […] Straße zu Straubing, hatte zu seiner Sylvesterfeier eine Judenfamilie aus Frankfurt (Main) eingeladen.* (Fettdruck im Original.)

Lenken wir den Blick wieder Richtung München, so finden sich selbst bei einer ersten stichprobenartigen Sichtung weiterer Dekanate zahlreiche Berichte von historischem Interesse. Die Fragebögen aus dem Dekanat München Nordost etwa bezeugen mehrere Widerstandskämpfer: Der als Mitverschwörer des 20. Juli hingerichtete Ludwig Freiherr von Leonrod lebte in der Gemeinde Hl. Blut; in der Pfarrei St. Augustin wohnten drei Mitgliedern des monarchistischen Harnier-Kreises (in den Fragebögen auch als *bayr. Wiederstandsbewegung* [sic] oder *B. W. B.* bezeichnet), die nach dem Auffliegen der Gruppe Anfang August 1939 mehrmonatige Haftstrafen absitzen mussten. Der Harnier-Kreis ist mittlerweile grundlegend erforscht;[90] die Antwortschreiben der ehemals politisch Verfolgten können somit höchstens noch Details zu deren individuellen Schicksalen zutage fördern. Ganz anders liegt der Fall bei Hermann und Hermina Zitzmann aus der gleichen Gemeinde. Laut den zwei vorliegenden Fragebögen wurde *Ing. Praktikant* Hermann Zitzmann am 31. März 1944 verhaftet, wegen *Herstellung v. Flugblättern gegen das nationalsoz. Regime u. die Kriegsführung* zum Tode verurteilt und schließlich bei einem Fluchtversuch erschossen. Die Kontoristin Hermina Zitzmann, die unter der gleichen Adresse lebte, wurde am 5. Oktober 1944 von der Gestapo verhaftet und saß wegen *Mithilfe* bei der Flugblattproduktion bis Kriegsende im Gefängnis. Über beide ist bisher nichts bekannt; hier könnten die Fragebögen Anlass zu weiteren Recherchen geben.

Fast schon wie eine Provinzposse mutet hingegen eine Episode aus Putzbrunn (Dekanat München Nordost) an, die im dortigen Antwortschreiben überliefert ist: Weil der dortige Burschenverein im Frühjahr 1935 einen weiß-blau gestrichenen Maibaum aufstellte, setzten *einige Herren der NSDAP*, die eigens aus München kamen, den Bürgermeister ab und für rund drei Monate einen *SA-Mann von Neubiberg* als kommissarischen Bürgermeister ein, der den Maibaum wieder umlegen ließ; der Vorsitzende des Burschenvereins musste mehrere Tage untertauchen.[91]

Zuletzt soll ein kurzer Blick auf die „Behindertenanstalt" Ecksberg bei Altmühldorf (Dekanat Mühldorf) geworfen werden, deren fast 300 Bewohnerinnen und Bewohner in den Jahren 1940 bis 1942 alle als „lebensunwert" deportiert und ermordet wurden.[92] Zwischendurch fungierte die Anstalt als Umsiedlerlager für

---

90 Vgl. v.a. Christina M. FÖRSTER, Der Harnier-Kreis. Widerstand gegen den Nationalsozialismus in Bayern (VdKfZG B74), Paderborn u.a. 1996.

91 AEM, Fragebögen NS-Verfolgung B 3, Expositur Putzbrunn.

92 Günter EGGER/Elke EGGER, Der Landkreis Mühldorf a. Inn im Nationalsozialismus, Berlin 2001, 137-148. Vgl. auch den Kriegs- und Einmarschbericht des Altmühldorfer Pfarrers Otto Gastager, der berichtet, im März 1938 hätten 255 Patienten in der Anstalt gewohnt, von denen *vom 30. September bis 4. November 1940 […] die Mehrzahl […] nach Eglfing-Haar verbracht und von dort in Abständen nach Hartheim bei Linz an der Donau etc. verfrachtet und in die Ewigkeit befördert* worden wären. Peter PFISTER (Hg.), Das Ende des Zweiten Weltkriegs im Erzbistum München und Freising. Die Kriegs- und Einmarschberichte im Archiv des Erzbistums München und Freising (Schriften des Archivs des Erzbistums München und Freising 8), Bd. 2, Regensburg 2005, 861.

Volksdeutsche aus Bessarabien und Slowenen, bevor sie im August 1943 als Außenstelle von Eglfing-Haar eingerichtet wurde.[93] Zwei Monate später, im Oktober 1943, wurden in Ecksberg laut Auskunft in den von ihnen selbst beantworteten Fragebögen fünf Caritasschwestern von der Gestapo verhaftet, nachdem Hirtenbriefe des Münsterer Bischofs von Galen bei ihnen gefunden worden waren.[94] Während vier von ihnen jeweils drei Wochen im Gefängnis Stadelheim absitzen mussten, wurde die fünfte Schwester nach zweieinhalb Monaten in Stadelheim ins Frauen-KZ Ravensbrück verlegt, wo sie erst von der Roten Armee befreit wurde. In ihrem Bericht schildert Maria S. die alltäglichen Grausamkeiten im Lager, u. a. medizinische Experimente an jungen polnischen Frauen, denen *Hautteile und ganze Fleischteile aus den Waden herausgenommen, die Füsse gebrochen und dann wieder zu heilen gesucht [wurden], jedenfalls zur Bereicherung der medizinischen Wissenschaft und Erfahrung in der Wundbehandlung verletzter Krieger.*

Das Antwortschreiben ihrer Mitschwester Maria B. ist aus anderen Gründen interessant. Von der Vernehmung durch den Gestapo-Beamten Grahammer berichtet sie: *Die Frage, ob sie von der Beseitigung der nach Hartheim verschleppten Geisteskranken gewusst hätte, bejahte die Schwester, konnte aber mit gutem Gewissen behaupten, dass sie gerade diesen im Hirtenbriefe des Bischofs von Münster scharf gegeisselten Frevel im 3. Reiche nicht weiters in die Öffentlichkeit tragen konnte, in der Erkenntnis, dass das Verbreiten dieser Wahrheit den Kopf koste.* Diese Ausführungen sind bemerkenswert in zweierlei Hinsicht. Zum einen scheint der Gestapo-Beamte erst gar keine Anstalten gemacht zu haben, die Existenz des „Euthanasie"-Programms zu leugnen. Zum anderen rechtfertigt die Schwester im Nachhinein ihre eigene Untätigkeit im Angesicht des ihr vollauf bewussten Verbrechens und offenbar damit das von Selbstvergewisserung geprägte Selbstverständnis, das so typisch war für die Nachkriegszeit: Sie war sich durchaus bewusst, dass es gegolten hätte, etwas gegen das herrschende Unrecht zu unternehmen (auch die Hirtenbriefe von Galens mussten ja auf irgendeinem Weg zu ihr gelangt sein); letztendlich konnte sie ihr Gewissen aber doch mit dem Gedanken beruhigen, jede Art von Widerstand hätte sie in Lebensgefahr gebracht.

Dass es dennoch Menschen gab, die dieser Angst trotzten – auch das ist den Fragebögen zu entnehmen.

---

93 Pfister (Hg.), Kriegs- und Einmarschberichte 2 (wie Anm. 92), 862.
94 AEM, Fragebögen NS-Verfolgung B 28, Altmühldorf.

Die Fragebögen als historische Quelle: Grenzen und Chancen

Die Untersuchung der Entstehungshintergründe und der historischen Reliabilität der Fragebögen und die exemplarische Sichtung von Dokumenten aus verschiedenen Pfarrgemeinden und Bistümern haben gezeigt, dass die im Rahmen der Fragebogenaktion von 1946 entstandenen Quellen klare Einschränkungen aufweisen. Sie dokumentieren fast ausschließlich Einzelschicksale katholischer Laien; und selbst hier ist keine Vollständigkeit zu erwarten, da die Berichte oft sehr selektiv beantwortet wurden und aus zahlreichen Orten auch gar nicht vorliegen. Als erschöpfende, repräsentative Quelle für die generelle Lage der katholischen Laien in Bayern während des Nationalsozialismus können die Fragebögen also sicherlich nicht dienen, zumal aufgrund der löcherigen Quellenlage auch keine überregional vergleichende Studie möglich ist.

Die vorgenommenen Stichproben zeigen aber auch, dass die Fragebögen B gerade zum Alltag in einem bedrängten katholischen Milieu und zu kleineren Akten des Widerstands und der Verfolgung, die sonst nirgendwo verzeichnet sind, viele Informationen bieten.[95] So können sie – eventuell unter Hinzuziehung der Fragebögen A und C – vor allem zur Ergänzung lokalhistorischer Forschungen nutzbar gemacht werden und zusätzliche Perspektiven eröffnen, gerade was individuelle Biografien betrifft, die bislang unbekannt waren und es verdienen, erinnert zu werden. Auch zu geschichtsdidaktischen und archivpädagogischen Zwecken bieten sich die Fragebögen an, gerade, wenn Antwortschreiben aus den Wohn- oder Schulorten der Schülerinnen und Schüler vorliegen.

Aussagekräftig ist das Quellenkorpus vor allem auch im Hinblick auf das Selbstverständnis der katholischen Würdenträger und des Gemeindeklerus in der frühen Nachkriegszeit. Die einengende Zielrichtung der Fragestellung zeigt deutlich, wie von offizieller kirchlicher Seite versucht wurde, die bayerischen Katholiken möglichst in ihrer Gesamtheit zu Gegnern und Opfern des Nationalsozialismus zu stilisieren. Die Antworten der meisten Ortsgeistlichen spiegeln das selektive Fragebogen-Design wider; dass sie aber anscheinend fast nie das Bedürfnis hatten, zusätzlich auch über die Verfolgung nicht-katholischer Menschen zu berichten, die es in vielen Seelsorgsbezirken durchaus gab, überrascht dennoch – gerade angesichts der Tatsache, dass sich viele Pfarrer im Erzbistum München und Freising auch beim

---

95 Besonders wertvoll erscheinen die Fragebögen B vor dem Hintergrund, dass von staatlicher Seite, etwa in den Regierungspräsidentenberichten, die gegen Laien ergriffenen Maßnahmen deutlich weniger dokumentiert sind als die gegen den Klerus gerichteten. Vgl. BREUER, Wandel (wie Anm. 6), 347f.

Verfassen der angeforderten Kriegs- und Einmarschberichte mit allgemeineren Ausführungen nicht zurückhielten.[96]

Insgesamt sollten künftig nicht nur die Fragebögen von 1946 stärker in den Blick genommen werden; auch andere Quellen katholischer Provenienz versprechen bei der Beschäftigung mit dem Themenkomplex Nationalsozialismus/Zweiter Weltkrieg/Kriegsende neue Erkenntnisse. Wünschenswert wäre etwa eine verstärkte Auseinandersetzung mit den zahlreichen Kriegs- und Einmarschberichten, die in einigen überwiegend bayerischen Bistümern erhalten sind.[97]

---

96 Walter ZIEGLER, Kriegsende 1945 und Neubeginn im Licht neuer Quellen. Die „Einmarschberichte" der Seelsorgestellen der Erzdiözese München-Freising, in: Historisches Jahrbuch 125 (2005) 273-299, hier 279.

97 Die Berichte aus dem Erzbistum München und Freising, aus der Diözese Würzburg sowie aus dem Bischöflichen Kommissariat Heiligenstadt in Thüringen liegen bereits vollständig oder zumindest teilweise ediert vor: PFISTER (Hg.), Kriegs- und Einmarschberichte (wie Anm. 6); VON WICZLINSKI (Hg.), Berichterstattung (wie Anm. 19); Thomas T. MÜLLER/Maik PINKERT (Hg.), Kriegsende und Neubeginn im Landkreis Eichsfeld. Eine zeitgenössische Dokumentation im Auftrag des Landkreises Eichsfeld, der Stadt Heilbad Heiligenstadt und des Bischöflichen Geistlichen Kommissariates Heiligenstadt (Beiträge aus den Archiven im Landkreis Eichsfeld 2), Eichsfeld 2003. Der Verfasser beschäftigt sich für seine Dissertation mit den Berichten aus dem Erzbistum Freiburg; an der Universität Passau arbeitet Claudia Schober, ebenfalls im Rahmen ihrer Promotion, an einer Edition der Berichte aus dem Bistum Passau. Ähnliches wäre auch für die Berichte aus der Diözese Eichstätt wünschenswert.

Das Konzil in den Pfarreien

Zur Umsetzung des II. Vatikanischen Konzils in Pfarreien des Erzbistums München und Freising

von Marion Höher

Wir befinden uns mitten im 50-jährigen Jubiläum des Zweiten Vatikanischen Konzils (1962-1965). Ein guter Anlass, um zurückzuschauen und zu fragen, was vom damaligen Konzil heute geblieben ist. Diese Frage wurde in den vergangenen 50 Jahren und aus den verschiedensten Blickwinkeln betrachtet.[1]

So berechtigt und notwendig diese Frage auch ist, es geht ihr jedoch eine andere – bisher kaum behandelte[2] – Frage voraus: Was kam vom Konzil überhaupt an? bzw. Welche Auswirkungen hatte das Konzil im konkreten Leben der Gläubigen? Mit der Verabschiedung der Liturgiekonstitution am 4. Dezember 1963 begann in und für die Kirche eine neue Phase: *Während das Konzil erst die Hälfte des Weges zurückgelegt hatte, eröffnete die endgültige Annahme der Liturgiekonstitution die Zeit der Rezeption und der Umsetzung der Konzilsentscheidungen.*[3]

Inwieweit diese Rezeption und Umsetzung in den Pfarreien des Erzbistums München und Freising bis zum Jahr 1967 bereits erfolgt waren, ob in den Gemeinden vom Konzil etwas zu spüren war, soll anhand der Seelsorgeberichte untersucht werden.

---

1 Vgl. z. B. Manfred BELOK, Volk Gottes im Aufbruch. 40 Jahre II. Vatikanisches Konzil, Zürich 2005; Franz Xaver BISCHOF/Stephan LEIMGRUBER, Vierzig Jahre II. Vatikanum. Zur Wirkungsgeschichte der Konzilstexte, Würzburg 2004; Gotthard FUCHS, Visionen des Konzils. 30 Jahre Pastoralkonstitution „Die Kirche in der Welt von heute", Münster 1997; Winfried HAUNERLAND, Unerledigte Reformimpulse der Konstitution „Sacrosanctum concilium", in: Peter HÜNERMANN (Hg.) Das Zweite Vatikanische Konzil und die Zeichen der Zeit heute, 2006, 243-252; Jürgen LIMINSKI, Die Stunde des Laien. Laie und Priester 20 Jahre nach dem Konzil, St. Ottilien 1987 und Josef SINKOVITS, Weltkirche und Weltreligionen. Die Brisanz des Zweiten Vatikanischen Konzils 40 Jahre nach „Nostra aetate", Innsbruck 2007.

2 Neben einer Arbeit von Verena Schmidt über die Rezeption des Konzils im Bistum Essen bis 1975 gibt es für das Erzbistum München und Freising einen Artikel von Wolfgang Steck, der die Umsetzung des Konzils auf Diözesanebene in den Jahren 1964 und 1965 untersuchte; vgl. Verena SCHMIDT, Das Bistum Essen und das Zweite Vatikanische Konzil. Eine Untersuchung zum Rezeptionsprozess in den Pfarreien, Münster 2011 und Wolfgang STECK, Der Beginn der Liturgiereform in der Erzdiözese München und Freising – Eine chronologische Spurensuche, in: Liturgisches Jahrbuch 57 (2007), 135-151.

3 Giuseppe ALBERIGO, Das Zweite Vatikanische Konzil (1962-1965), in: DERS. (Hg.), Geschichte der Konzilien. Vom Nicaenum bis zum Vatikanum II, Düsseldorf 1993, 413-470, hier 441.

Auswirkungen des Konzils im Erzbistum München und Freising[4]

Bereits mit der ersten Ausgabe nach der Verabschiedung der Liturgiekonstitution wurde sowohl diese als auch ein Pastoralschreiben der deutschsprachigen Bischöfe (datiert auf den 4. Dezember 1963) veröffentlicht. In dem Schreiben würdigten die Bischöfe die Vorreiter der liturgischen Erneuerung, brachten aber auch den Skeptikern bzw. Gegnern ihr Verständnis entgegen. Insgesamt versuchten sie Zustimmung für die Konstitution zu erreichen, auch indem sie die zentralsten Punkte zusammenfassend benannten. Abschließend wurde darauf hingewiesen, dass die Neuerungen erst nach und nach in Kraft treten und dass bis dahin die alten Regelungen gelten würden.[5] Die Veröffentlichung weiterer offizieller Verlautbarungen verschiedener Ebenen (gesamtkirchliche Entscheidungen aus Rom, Schreiben der deutschsprachigen Bischöfe sowie diözesane Richtlinien) trieben eine schrittweise Umsetzung der Konzilsbeschlüsse voran.

So verordnete Paul VI. mit dem Motu Proprio „Sacram Liturgiam" vom 25. Januar 1964, dass einige Artikel der Konstitution mit dem 16. Februar 1964 in Kraft treten sollten. Dazu gehören z. B. die Bestimmungen über die Einsetzung von liturgischen Kommissionen und die Vorschrift, an Sonn- und Feiertagen eine Homilie zu halten.[6]

Der erste Ausführungsbeschluss der deutschen Bischofskonferenz sah die Verkündigung der Schrifttexte in der Muttersprache und das Beten der Fürbitten mit dem Volk vor. Für das Erzbistum München und Freising wurde der Beschluss konkretisiert und das genaue Vorgehen im Gottesdienst beschrieben. Hervorzuheben ist dabei, dass die Lesung möglichst von einem Lektor gelesen werden sollte.[7]

Für die Kommunionspendung wurde durch Dekret der Ritenkongregation vom 25. April 1964 eine neue, bis heute (in Übersetzung) gültige Spendeformel („Corpus Christi" – „Amen") veröffentlicht.[8]

---

4 Dabei wurden die Verordnungen und Bestimmungen im Zeitraum vom 04.12.1963 (Verabschiedung der Liturgiekonstitution) bis 15.11.1967 (Letzter Abgabetermin der Seelsorgeberichte) berücksichtigt.

5 Vgl. Pastoralschreiben der deutschsprachigen Bischöfe an ihren Klerus, in: Amtsblatt für das Erzbistum München und Freising 1963, Nr. 17 (Beilage).

6 Vgl. Akten Sr. Heiligkeit Papst Paul VI., Motu proprio „Sacram Liturgiam". Papst Paul VI. zur Konzilskonstitution über die Liturgie, in: Amtsblatt 1964, Nr. 3, 37-41.

7 Vgl. Hirtenbrief der deutschen Bischöfe zur Veröffentlichung der Konstitution des II. Vatikanischen ökumenischen Konzils „Über die Heilige Liturgie", in: Amtsblatt 1964, Nr. 4, 50-55, und Erster Ausführungsbeschluß der deutschen Bischofskonferenz zur Konstitution über die Hl. Liturgie (Hofheim-Taunus 17.-19.2.1964), in: Amtsblatt 1964, Nr. 4, 55-57.

8 Vgl. Neue Kommunionspendeformel, in: Amtsblatt 1964, Nr. 8, 117f.

Außerdem wurde das Eucharistische Nüchternheits-Gebot nach mehrmaligen Lockerungen[9] im Dezember 1964 für alle einheitlich geregelt. Es besagte nun, dass bis zu einer Stunde vor dem Empfang der Kommunion keine feste Nahrung zu sich genommen werden darf.[10]

Aufgrund der vielfältigen Möglichkeiten für die Gottesdienstgestaltung wurden im März 1965 für das Erzbistum grundlegende, verpflichtende Leitsätze herausgegeben, die ein einheitliches Vorgehen garantieren sollten. So wurde für die Messen mit Volk die Kommunionausteilung, das Verlesen von Lesungen und Evangelium in Deutsch sowie der Dialog zwischen Priester und Volk vorgeschrieben. Am Sonntag mussten zusätzlich Fürbitten gebetet werden, und die Gläubigen durften nicht durch den Chor von den ihnen zustehenden Akklamationen ausgeschlossen werden.[11]

In der Folgezeit wurden die verpflichtende Homilie in den Sonn- und Festtagsgottesdiensten[12], die Präfation in deutscher Sprache[13] und die Notwendigkeit von Genehmigungen für Baumaßnahmen an Kirchen[14] behandelt.

In Bezug auf die Neugestaltung des Altarraumes wurden Richtlinien erlassen, die einen umsichtigen Umgang mit den bestehenden Räumen forderten und Bedingungen für Lösungen der Altar- und Tabernakelfragen nannten.[15]

Außerdem wurden die Sprachregelungen zugunsten deutscher Gesänge im lateinischen Hochamt sowie der Lossprechung in Deutsch weiter gelockert.[16] Die Verwendung der Muttersprache in der Liturgie war auch Thema im Schreiben der deutschen Bischöfe an die Geistlichen, in dem sie Dank, aber auch Ermahnungen bezüglich der Ausführung der Neuerungen aussprachen und ein besonderes Augen-

---

9   So wurde z. B. auch für die Priester festgelegt, dass der *Zeitpunkt, von dem ab die eucharistische Nüchternheit berechnet wird, der Empfang der hl. Kommunion ist und nicht mehr der Beginn der hl. Messe* (Erlasse des Heiligen Stuhles, Decretum SC Sancti Officii terminus ieiunii eucharistici pro sacerdotibus, in: Amtsblatt 1964, Nr. 4, 49f.), im April 1964 wurde die Zeit der Nüchternheit zunächst für Gläubige in Krankenhäusern, Internaten, Alters- und Jugendheimen etc. auf eine Stunde herabgesetzt (vgl. Erlasse des Hl. Stuhles, Eucharistische Nüchternheit für Kranke und Gläubige in Krankenhäusern, Internaten, Kasernen, Arbeitslagern, Alters- und Jugendheimen, in: Amtsblatt 1964 Nr. 6, 89f.).
10 Vgl. Eucharistische Nüchternheit, in: Amtsblatt 1964, Nr. 14, 248.
11 Vgl. Grundlegende Leitsätze zur Neuordnung des Gottesdienstes, in: Amtsblatt 1965, Nr. 4, 92-94.
12 Vgl. Homilien in den Sonn- und Festtagsgottesdiensten, in: Amtsblatt 1965, Nr. 12, 308.
13 Vgl. Vortrag der Präfationen in deutscher Sprache, in: Amtsblatt 1965, Nr. 14, 382f.
14 Vgl. Baumaßnahmen an Kirchen, in: Amtsblatt 1965, Nr. 15, 388.
15 In jedem Fall soll vermieden werden, dass sich der Priestersitz unmittelbar vor dem Tabernakel befindet; vgl. Richtlinien für die Neugestaltung des Altarraumes auf Grund der Neuordnung des Gottesdienstes, in: Amtsblatt 1966, Nr. 7, 178-180.
16 Vgl. Deutsche Gesänge im lateinischen Hochamt, in: Amtsblatt 1966, Nr. 7, 180, und Absolutionsform in deutscher Sprache, in: Amtsblatt 1966, Nr. 11, 251.

merk auf den Gebrauch sowohl der deutschen als auch der lateinischen Sprache legten.[17]

In einer eigenen Instruktion wurde die Musik in der Liturgie behandelt. Dabei wurde die gesungene Liturgie als vornehmste Form herausgestellt, wobei verschiedene Abstufungsformen möglich seien. Zentral sei, dass die Musik der Liturgie diene und daher nichts zur Liturgie Gehörendes zugunsten der Musik wegfallen dürfe. Die Musik sollte im (Mit-)Singen des Volkes eine Form der tätigen Teilnahme sein, weshalb eine Unterweisung darin notwendig sei und die Gemeinde nie ganz vom Gesang ausgeschlossen werden dürfe.[18]

Durch die Ernennung Weihbischof Neuhäuslers zum Bischöflichen Vikar, führte Kardinal Döpfner im Erzbistum München und Freising ein vom II. Vatikanum begründetes Amt ein.[19]

Außerdem wurde im Mai 1967 die Errichtung von Priesterrat und Seelsorgerat angeordnet, und bereits im Juni konnten von der erfolgten Wahl und Errichtung des Priesterrates berichtet und dessen Mitglieder bekanntgegeben werden.[20]

Zusammenfassend kann gesagt werden, dass die Diözesanleitung unter Erzbischof Julius Kardinal Döpfner eine stetige, aber umsichtige Umsetzung der Beschlüsse in Einheit (im Sinne des Konzils bzw. Pauls VI.) anstrebte.

Denn auffällig oft wurde in den Verordnungen darauf gedrungen, nicht über die bisher getroffenen Entscheidungen hinauszugehen. Aber ebenso wurde auch stets darauf hingewiesen, dass das bisher Verordnete umgesetzt werden müsse.

Des Weiteren lässt sich auch erkennen, dass in der Diözese vieles dafür getan wurde, alle Gruppen über die Neuerungen zu informieren und dafür zu gewinnen. Dazu dienten beispielsweise die von Kardinal Döpfner gefeierten Modellgottesdienste. Diese Pontifikalmessen mit Ansprache fanden im Februar 1965 jeweils in Verbindung mit einem Priestertag an neun verschiedenen Orten statt.[21] Beim ersten dieser Modellgottesdienste predigte Döpfner über die Erneuerung der Liturgie.[22] Darüber hinaus nutzte Döpfner viele Gelegenheiten, um das Konzil in seinen Predigten, Ansprachen, Hirtenbriefen etc. aufzugreifen und zu dessen Umsetzung zu

---

17 Vgl. Schreiben der in Fulda versammelten deutschen Bischöfe an die Geistlichen über gottesdienstliche Fragen, in: Amtsblatt 1966, Nr. 15, 345-348.
18 Vgl. Instruktion über die Musik in der Liturgie, in: Amtsblatt 1967, Nr. 8, 174-193.
19 Vgl. Ernennung Weihbischofs Neuhäusler zum Bischöflichen Vikar, in: Amtsblatt 1967, Nr. 8, 196.
20 Vgl. Errichtung des Priester- und Seelsorgerates im Erzbistum München und Freising, in: Amtsblatt 1967, Nr. 11, 258-262, und Errichtung des Priesterrates, in: Amtsblatt 1967, Nr. 15, 330f.
21 Diese Orte waren St. Ludwig und St Wolfgang in München, St. Martin in Landshut, St. Georg in Freising, St. Nikolaus in Mühldorf, St. Martin in Garmisch, St. Jakob in Dachau, St. Joseph in Holzkirchen und St. Nikolaus in Rosenheim; vgl. Pontifikalhandlungen Seiner Eminenz des Hochwürdigsten Herrn Erzbischofs Julius Kardinal Döpfner und Seiner Exzellenz des Hochwürdigsten Herrn Weihbischofs Dr. Johannes Neuhäusler im Jahr 1965 (Beilage zum Amtsblatt 1966, Nr. 3), 6.
22 Vgl. Julius DÖPFNER, In dieser Stunde der Kirche. Worte zum II. Vatikanischen Konzil, München 1967, 204-206.

ermutigen.[23] Auch in seinen jährlichen Briefen an die Priester seines Bistums griff er das Konzil mehrmals auf. So bezog er sich 1964 und 1966 direkt auf die Konzilstexte und empfahl den Geistlichen diese zu studieren.[24]

Daneben gab es für die unterschiedlichsten Zielgruppen Angebote, die die Umsetzung der Konzilsbeschlüsse fördern sollten. So wurde auf dem Dritten (deutschsprachigen) Liturgischen Kongress 1964 in Mainz zum Thema „Gottesdienst nach dem Konzil" hingewiesen, zu dem neben Geistlichen, Theologiestudenten und Ordensschwestern auch interessierte Laien eingeladen waren.[25]

Für die Priester der Erzdiözese gab es außerdem Priesterwerkwochen, die sich u. a. mit den Konzilsthemen befassten.[26]

Da die Bedeutung der Lektoren erkannt wurde, wurden für diese eigene Schulungen angeboten. Hierbei erwartete die Bistumsleitung, *daß alle verantwortlichen Geistlichen die Hilfen nützen und ihren Lektoren die Teilnahme ermöglichen bzw. dafür sorgen, daß sie aus ihren Jugendlichen und jungen – auch verheirateten – Männern solche gewinnen, die sie in der betr[effenden] Schulung zu Lektoren ausbilden lassen.*[27]

Ein Angebot des Ordinariates für alle Gläubigen stellte das Glaubensseminar „Kirche nach dem Konzil" dar, das in allen größeren Pfarreien stattfinden sollte. Dabei sollten an vier Abenden die Themen „Wird in der Kirche jetzt alles anders?", „Ist die Kirche ‚alleinseligmachend'?", „Dürfen die Laien jetzt auch mitreden?" und „Altar ohne Tabernakel oder Was ist denn jetzt mit dem Gottesdienst?" behandelt werden.[28]

Eine weitere Möglichkeit, auf die Gläubigen einzuwirken, stellte die wöchentlich erscheinende Bistumszeitung „Münchner Kirchenzeitung" dar. Da diese in der Diözese relativ gut verbreitet war[29], konnte man auf diesem Weg viele Gläubige erreichen. Nachdem die Kirchenzeitung nach anfänglich zurückhaltender Berichterstattung zunehmend die progressive Richtung unterstützte, wurde sie zu einem Mittel der Meinungsbildung. Sie veröffentlichte zahlreiche Artikel zum Konzil und zur beginnenden Umsetzung der Konzilsbeschlüsse. Außerdem erfüllte sie eine

---

23 Dies wird bereits an der Vielzahl seiner Reden zum Konzil in und außerhalb des Bistums deutlich. Davon sind Ansprachen in DÖPFNER, In dieser Stunde der Kirche (wie Anm.22), veröffentlicht.
24 Vgl. Julius DÖPFNER, Weggefährte in bedrängter Zeit. Briefe an die Priester, hg. von Ernst TEWES, München 1986, 45-57 und 73-82.
25 Vgl. Dritter Liturgischer Kongreß – Mainz, in: Amtsblatt 1964, Nr 4, 60f.
26 Vgl., Priesterwerkwoche über Liturgie und Jugendarbeit, in: Amtsblatt 1964, Nr. 5, 77.
27 Lektorenschulung im Bistum, in: Amtsblatt 1966, Nr. 3, 66f., 67.
28 Glaubensseminar „Kirche nach dem Konzil", in: Amtsblatt 1967, Nr. , 38.
29 Vgl. z. B. Seelsorgeberichte 71, St. Peter und Paul (Feldmoching); 107, Rosenkranzkönigin-Neubiberg; 230, Strub und 350, Grunertshofen; insgesamt bezogen die Kirchenzeitung nach Ausweis der Seelsorgeberichte etwa 7% aller Katholiken im Erzbistum. Hierbei ist allerdings zu beachten, dass es sich dabei um die Verkaufszahlen, nicht um die tatsächlich Leserzahl handelte, die weit höher gewesen sein dürfte, da die Kirchenzeitung in größeren Haushalten wohl von mehreren Familienmitgliedern gelesen wurde.

pädagogische und erzieherische Funktion, indem sie versuchte *mit verschiedenen pädagogisch durchdachten Serien [...] ihren Lesern die Konzilsbeschlüsse und die neue Denkweise näher [zu] bringen.*"[30]

Es ist also davon auszugehen, dass ein Großteil der Menschen in der Diözese über die Konzilsergebnisse informiert war.

Die Seelsorgeberichte

Geschichte und Bedeutung

Seelsorgeberichte sind *zumeist jährlich von der kirchlichen Oberbehörde eingeforderte Zustandsbeschreibungen aller selbstständigen Seelsorgestellen*[31]. In den meisten Fällen handelt es sich dabei also um einen Bericht des jeweiligen Pfarrers an den Bischof bzw. das bischöfliche Ordinariat, in welchem dieser die Situation der Seelsorge in der Pfarrei, für die er verantwortlich ist, beschreibt. Die dazugehörigen Generalseelsorgeberichte sind *von den Dekanen zu erstellende zusammenfassende Berichte*[32] über das ganze Dekanat. Nach bisherigen Erkenntnissen scheint es Berichte dieser Art nur in der Erzdiözese München und Freising gegeben zu haben.[33]

Ihre Anfänge sind wohl im späten 17. bzw. im frühen 18. Jahrhundert zu suchen.[34] Eine Instruktion über die Erstellung findet sich im Jahr 1846. In dieser wird darauf verwiesen, dass diesbezüglich bereits Verordnungen bestehen, diese aber vielen nicht bekannt seien. Laut dieser hatten die Seelsorgsgeistlichen jährliche Berichte jeweils über den Zeitraum von Ostern bis Ostern, daher auch Osterberichte genannt, abzugeben. Diese bestanden aus dem Seelsorgejahresbericht, der Seelenstandsbeschreibung, Auszügen aus den Tauf-, Trau- und Sterbematrikeln sowie den Anlagen Beichtzeugnisse der Geistlichkeit, Kirchenrechnungsextrakte, Anzeigen über die sogenannten diskohabitierenden Eheleute[35], Trauungen von Personen gemischter Konfessionen, Religionsübertritte und Übersichten der Religionsvorträge.[36]

---

30 Bettina HEIDRICH, Das Zweite Vatikanische Konzil in der Sicht der Münchener Katholischen Kirchenzeitung, in: Beiträge zur altbayerischen Kirchengeschichte 49 (2006) 255-303, hier 298.
31 AEM, Ordinariat Seelsorgeberichte. Repertorium der Seelsorgeberichte und Generalseelsorgeberichte 1940-1967, München 2003, Einführung von Michael Volpert, IV.
32 Ebd.
33 Vgl. ebd.
34 Vgl. ebd. IVf.
35 Darunter sind Ehepaare zu verstehen, die getrennt leben; vgl. Instruktion über die Behandlung der Paschal-Arbeiten, in: Generaliensammlung I, 622-642, 631; Die Anzeigen über discohabitierende Eheleute betreffend, ebd., 593f.
36 Vgl. Generaliensammlung I (wie Anm. 35), 622-642.

Bereits diese Berichte wurden von den Dekanen durch einen General-Seelsorgebericht ergänzt.[37]

Eine Änderung erfolgte im Jahr 1910, in dem eine einheitliche Statistik für das ganze Deutsche Reich eingeführt wurde. Zu diesem Zweck wurden Zählbögen ausgegeben, die die Seelenstandsbeschreibungen ersetzten. Im selben Zuge wurden die bisherigen Vorlagen neu geregelt. So sollten die Seelsorgeberichte nun zusammen mit den Zählbögen zu Beginn des Jahres abgegeben werden. Als sogenannte Neujahrsvorlagen erhielten die Seelsorgeberichte neue Vorgaben.[38]

Erstmals 1945 musste aufgrund der schwierigen Situation zu Kriegsende kein Bericht eingesandt werden. Stattdessen hatten die Verantwortlichen 1946 einen Doppelbericht abzugeben, der die Jahre 1944 und 1945 umfasste.[39]

Im Jahr 1949 gab es abermals eine neue Verordnung. Außerdem wurde jetzt besonderer Wert auf die Generalseelsorgeberichte gelegt. Der Dekan sollte die Berichte nicht nur zusammenfassen, sondern auch beurteilen und ggf. auf Probleme aufmerksam machen.[40]

Mit Rücksicht auf die ständig wachsenden Seelsorgsaufgaben und die durch den Priestermangel notwendig gewordene Überlastung des Seelsorgeklerus [wurde 1955 verordnet,] daß künftig nur mehr alle drei Jahre, erstmals wieder 1958, ein ausführlicher Seelsorgebericht zu erstatten ist. Die Zählbogen der kirchlichen Statistik aber sind jedes Jahr gewissenhaft und pünktlich zur Vorlage zu bringen. Besonders wichtige oder charakteristische Ereignisse im Pfarrleben des Berichtsjahres mögen am besten mit den Zählbogen gemeldet werden.[41]

Unter dem Einfluss des Zweiten Vatikanischen Konzils änderte sich das vorgegebene Schema 1967 grundlegend und wurde nun deutlich vom Geist des Konzils bestimmt.[42] Dieses Schema kam jedoch nur einmal – im Jahr 1967 – zur Anwen-

---

37 Ebd.
38 So sollten nun folgende Bereiche berücksichtigt werden: die Charakteristik des religiös-sittlichen Zustandes der Gemeinde mit Hervorhebung lokaler Umstände, außerordentliche Vorkommnisse und seelsorgliche Veranstaltungen, eine Mithilfe von Priestern, Orden, Vereinen etc., der Stand des Unterrichtes und der religiösen Erziehung (mit Datumsangabe der Quartals- und Osterbeichten), die Vereinigungen und deren Wirken, Mitgliederentwicklung und ggf. Beitragshöhe, der Zustand der Gebäude, des Vermögens, der Kirchenmusik und das Verhalten des Personals sowie für die Seelsorge relevante Wünsche und Anträge. Vgl. Die alljährlich zur oberhirtlichen Stelle einzusendenden Vorlagen betr., in: Amtsblatt 1910, Nr. 8, 59-63.
39 Vgl. Einsendung der Neujahrs- und Ostervorlagen sowie der Schulberichte, in: Amtsblatt 1945, Nr. 1, 5.
40 Diese Neuordnung umfasste eine Erweiterung um die Themenbereiche Familienleben, Jugend bzw. Jugendarbeit, Pfarrausschuss, caritative Tätigkeit und kirchliche Presse umfasste. Des Weiteren sollten besondere, wichtige Themen in den Predigten genannt werden, da die Predigtverzeichnisse aus den Vorlagen ausgegliedert wurden. Weggefallen sind die Fragen nach diskohabitierenden Eheleuten, Selbstmördern und Leistung der Absitzfristen. Vgl. Die Neujahrs- und Oster-Vorlagen, in: Amtsblatt 1949, Nr. 1, 4-8.
41 Seelsorgeberichte, in: Amtsblatt 1955, Nr. 14, 194.
42 Siehe unten, Abschnitt über die Laien.

dung. Die Neuorganisation der Seelsorge 1968 durch die Einrichtung von Seelsorgeregionen unter Leitung der Weihbischöfe zog das Ende der Seelsorgeberichte nach sich. Da die fünfjährigen Visitationen nun nicht mehr durch die Dekane, sondern durch die Regionalbischöfe bzw. Vertreter derselben durchgeführt wurden, hielt man die Berichte des Klerus nicht mehr für notwendig.[43] Im Amtsblatt findet sich hierzu unter einer Stellungnahme zu den Visitationen lediglich die Bemerkung: *Die bisher alle drei Jahre zu erstellenden Seelsorgeberichte entfallen in Zukunft.*[44]
Dennoch waren die Seelsorgeberichte über Jahrzehnte hinweg *für die oberhirtliche Stelle ein wesentlicher Behelf [...] für die Beurteilung des kirchlichen Lebens der Diözese und bildeten damit eine Hauptunterlage [...] für ihre hirtenamtlichen Maßnahmen.*[45] Sie *spiegeln zum einen die spezifische Sicht des Ortsgeistlichen auf seine Kirchengemeinde wider und was er davon seiner übergeordneten Stelle berichten wollte.*[46] Dabei reicht die Bandbreite von positiv dargestellten Berichten[47] bis hin zu polemisch vorgebrachten Notstandsbekundungen.[48]

Da die Berichte aus Sicht des jeweiligen Pfarrers geschrieben sind und somit eine persönliche Einschätzung der Pfarrsituation darstellen, sind sie nicht als objektive Fakten zu betrachten, aber in jedem Fall lassen sie Tendenzen erkennen.

Unter Berücksichtigung dieser Gesichtspunkte sind die Berichte zu lesen und zu interpretieren.

Seelsorgeberichte 1967

Da die Seelsorgeberichte von 1967 dieser Arbeit zugrunde liegen, möchte ich genauer auf sie eingehen. Ihr Berichtszeitraum begann 1964 und endete 1966, wobei viele Verfasser auch Ereignisse des Jahres 1967 bis zum Abgabedatum[49] berücksichtigten. Die Berichte nehmen nicht nur aufgrund der Tatsache, dass sie die letzten Berichte ihrer Art sind, eine besondere Stellung ein, sondern v. a. deshalb, weil sie

---

43 Vgl. AEM, Repertorium Seelsorgeberichte (wie Anm. 31), IX.
44 Vgl. Kanonische Visitation – Seelsorgeberichte, in: Amtsblatt 1969, Nr. 11, 240.
45 Die alljährlich zur oberhirtlichen Stelle einzusendenden Vorlagen betr., in: Amtsblatt 1910, Nr. 8, 59-63, hier 62.
46 AEM, Repertorium Seelsorgeberichte (wie Anm. 31), XIII.
47 Vgl. z. B. AEM, Seelsorgebericht 91, Hl. Engel.
48 Vgl. AEM, Seelsorgebericht 54, St. Benno. – Weitere Aussagen über die Berichterstatter lassen sich angesichts der Länge ihrer Berichte bzgl. ihrer Motivation machen. Während Pfarrer Fuchsreiter aus der Pfarrei Hl. Familie in Au die Fragen lustlos und äußerst knapp, wenn möglich sogar nur mit „ja" oder „nein" beantwortete, (Vgl. Seelsorgebericht 220, Au.) dehnte beispielsweise Stadtpfarrer Winkler aus der Pfarrei St. Nikolaus in Bad Reichenhall seinen Bericht auf 14 Seiten aus. (Vgl. Seelsorgebericht 227, Bad Reichenhall-St. Nikolaus.)
49 Diese waren für Fürstenfeldbruck: 1. Mai 1967, für Berchtesgaden: 15. September 1967, für die Dekanate Münchens: 15. November 1967. Vgl. Der Seelsorgebericht, in: Amtsblatt 1967, Nr. 6, 138-148, hier 138f.

die ersten nach dem Zweiten Vatikanischen Konzil waren. Dies wird bereits in dem neuen Schema deutlich, das inhaltlich stark vom Kirchenverständnis des Konzils bestimmt ist. Formal zeigt sich der Einfluss in den Einleitungen zu den Themenbereichen, in denen Konzilstexte zitiert werden.[50] Dabei wurden neben der Dogmatischen Konstitution über die Kirche die Dekrete über die die Pfarrei betreffenden Personengruppen, nämlich die Priester, die Bischöfe und die Laien verwendet. Das Berichtsschema ist in zwei Bereiche untergliedert: Zum einen waren allgemeine Angaben bezüglich der religiösen, der sozialen und soziologischen sowie der politischen Struktur der Pfarrei zu machen. Zum anderen sollte eine möglichst konkrete Darstellung der Seelsorge erfolgen. Dabei sollten die Themen Predigt, Lektoren, Haltung zu Glaube und Kirche, religiöse Erwachsenenbildung, Elternabende, Ehevorbereitung, Pfarrheim, Jugendarbeit, Umgang mit kirchlich nicht mehr Praktizierenden, Sorge um geistliche Berufe und Mission ebenso behandelt werden wie das Gottesdienstangebot, die Beteiligung daran, die Praxis vor Ort in Bezug auf Messformen, Sprache etc., die Einbeziehung des Kirchenchors, mögliche bauliche Veränderungen sowie die Sakramentenspendung und -vorbereitung. Außerdem wurde nach der Zusammenarbeit von Klerus, anderen kirchlichen Mitarbeitern, Ordensleuten und Laien, nach der caritativen Tätigkeit und nach dem Laienapostolat gefragt.[51]

Dabei wird deutlich, dass es zu einer Akzentverschiebung bezüglich der Fragestellung gekommen ist. *Sollte der Priester bis dato über den Zustand der Gemeinde und die der Seelsorge zu- und abträglichen Faktoren, insgesamt gesehen vor allem die äußere, statistische erfaßbare Wahrnehmung berichten, wurde nun vom Ordinariat stärker Wert auf das Leben hinter der Fassade der Kirchengemeinde gelegt.*[52] Dies sollte *die verantwortlichen Geistlichen (und Laien) veranlassen, die Lage in ihrem Seelsorgebezirk neu zu überdenken.*[53]

---

50 Vgl. AEM, Repertorium Seelsorgeberichte (wie Anm. 31), VIIIf.
51 Vgl. Amtsblatt 1967, Nr. 6, 138-148, 140-148: Der Seelsorgebericht. Der Fragebogen ist im Anhang zu finden.
52 AEM, Repertorium Seelsorgeberichte (wie Anm. 31), VIII.
53 Amtsblatt 1967, Nr. 6, 138-148, 138: Der Seelsorgebericht.

Auswahl und Lokalisierung der Pfarreien bzw. Dekanate[54]

Um herauszufinden, inwieweit das Konzil in den Jahren 1964 bis 1966/67 in den Pfarreien schon rezipiert wurde, sollen Seelsorgeberichte einzelner Dekanate untersucht werden. Mit der getroffenen Auswahl soll die Diözese möglichst gut repräsentiert sein. Deshalb wurde aus jeder der drei Seelsorgeregionen unserer Diözese (München, Nord, Süd) mindestens ein Dekanat ausgewählt. Außerdem sollten die unterschiedlichen Strukturen, wie z. B. Stadt und Land berücksichtigt werden.

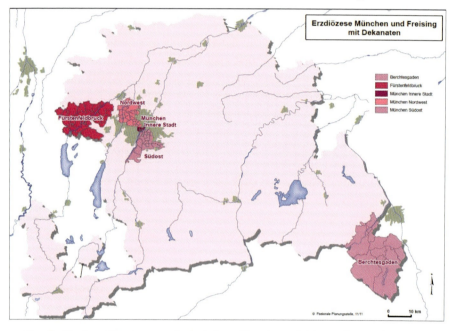

Da die Region Oberbayern ein beliebtes Touristenziel ist, sollte auch ein Dekanat, in dem der Tourismus eine bedeutende Rolle spielt, aufgenommen werden. Hier kristallisierte sich schnell der südlichste Teil des Bistums heraus, der zudem noch sehr ländlich geprägt war. Meine Wahl fiel schließlich auf das Dekanat Berchtesgaden.

Für die Region Nord empfahl sich nun ein z. T. noch ländliches Dekanat, das aber bereits städtisch geprägt bzw. von der Nähe zu München beeinflusst war.

---

54 Die Karte stammt von der Pastoralen Planungsstelle des Erzbischöflichen Ordinariates München.

Dabei fiel die Wahl auf das Dekanat Fürstenfeldbruck, das laut seinem Dekan Führer *in seiner Gesamtheit im wirtschaftlichen und kulturellen Einflussbereich Münchens*[55] lag.
In der Region München war es schließlich schwer, sich auf ein Dekanat festzulegen, da die Pfarreien in der Innenstadt ebenso berücksichtigt werden sollten wie jene am Stadtrand. Um dies zu gewährleisten, habe ich hier die drei Dekanate Innere Stadt, Nordwest und Südost ausgewählt.[56]
Somit sollen die ausgewählten Dekanate einen guten Querschnitt durch die Erzdiözese München und Freising darstellen.

Rezeptionsmomente des Konzils in den Pfarreien (anhand der Seelsorgeberichte von 1967)[57]

Bezüglich der zu behandelnden Themen liegen die Schwerpunkte auf den Themen Liturgie und Laien. Ersteres lag nahe, weil es als erstes auf dem Konzil behandeltes und verabschiedetes Thema schon den längsten Zeitraum zur Umsetzung aufweisen konnte und weil in der Liturgie die Auswirkungen des Konzils für die Gläubigen wohl am deutlichsten wurden. Da die meisten Katholiken in einer Pfarrei Laien sind und da sich deren Stand mit dem Vatikanum deutlich verändert hat, liegt es auf der Hand, auch dieses Thema genauer zu betrachten. Beide Themen dürften in den Pfarreien vor Ort am unmittelbarsten ihre Wirkung gezeigt haben.

Liturgie
Gottesdienste an Sonn- und Werktagen

In den meisten Pfarreien fanden am Sonntagvormittag im Zeitraum zwischen 6:00 Uhr und 11:30 Uhr mehrere Gottesdienste statt. Während es in den Dekanaten Berchtesgaden und Fürstenfeldbruck pro Pfarrei durchschnittlich zwei bis drei Messen waren, gab es in den Münchner Pfarreien im Durchschnitt vier Messen[58], wobei sechs Vormittagsmessen nicht unüblich waren. Im Dekanat Berchtesgaden stellte die Pfarrei St. Nikolaus in Bad Reichenhall mit sechs Messen dagegen eine

---

55 AEM, Generalseelsorgebericht 770, Dekanat Fürstenfeldbruck.
56 Im Folgenden werden die drei Dekanate weitgehend parallel zu den anderen beiden Dekanaten Berchtesgaden und Fürstenfeldbruck wie ein Dekanat behandelt.
57 Die in diesem Kapitel verwendeten Namen der Pfarrseelsorger und die Pfarreinamen der Dekanate Berchtesgaden und Fürstenfeldbruck sind den im Literaturverzeichnis angegebenen Ausgaben des Schematismus entnommen.
58 Die im Folgenden genannten Zahlen ergeben sich durch Berechnung des Mittelwertes in Bezug auf das behandelte Thema in den jeweils angegeben Pfarreien.

absolute Ausnahme dar. Hier war die hohe Zahl der Messen aufgrund der geringen Größe der Pfarrkirche vonnöten.[59]

Zusätzlich zu den Vormittagsgottesdiensten wurde in einigen Pfarreien auch eine Sonntagabendmesse gefeiert. An dieser Praxis beteiligten sich in den drei Dekanaten Münchens und in Berchtesgaden etwa dreiviertel der Pfarreien, während es im Dekanat Fürstenfeldbruck nur etwa die Hälfte war.[60] Mit einigen Ausnahmen[61] war aber in allen Pfarreien eine wöchentliche Abendmesse üblich.

Die Abendmessen fanden in der Regel zwischen 18:00 Uhr und 19:30 Uhr statt, wobei die Pfarreien St. Alto-Unterhaching mit einer Sonntag-Abendmesse um 20:45 Uhr (nach Ankunft des letzten Zuges aus dem Gebirge)[62] und Hl. Engel mit zwei Werktagsabendmessen um 17:00 Uhr (für Ältere) und 19:30 Uhr (für Berufstätige)[63] aus der Reihe fallen.

Als Erklärungen für den Verzicht auf eine Abendmesse wurde angegeben, dass in benachbarten Pfarreien Abendmessen gefeiert würden, die die Gläubigen besuchen könnten[64], oder dass die Abendmessen nicht erwünscht bzw. nicht nötig seien.[65] Bei den Werktags-Frühmessen dagegen gab es keine Pfarrei, die diese nicht pflegte. Die Zahl der Messen schwankte jedoch zwischen einer und vier pro Tag, wobei in München deutlich mehr, nämlich im Schnitt zwei bis drei Messen, gehalten wurden. In den ländlichen Pfarreien waren es durchschnittlich eine bis zwei Frühmessen.

Auch bei der Gottesdienstbeteiligung lässt sich ein Unterschied zwischen Stadt und Land feststellen: Während sich diese in München relativ eng um 21% bewegte, kamen die beiden anderen Dekanate auf 30% (Berchtesgaden) und 40% (Fürstenfeldbruck), wobei die Spanne zwischen den einzelnen Pfarreien deutlich größer war. Im Dekanat Fürstenfeldbruck lag sie beispielshalber zwischen 18% in Esting und 90% in Malching.[66] Ein allgemeiner, von Stadt und Land unabhängiger Trend ist, dass mehr Frauen als Männer die Gottesdienste besuchten.[67]

---

59 Vgl. Seelsorgebericht 227, Bad Reichenhall-St. Nikolaus.
60 Die folgenden Anteilsangaben und Prozentzahlen wurden jeweils aufgrund der gemachten Angaben errechnet.
61 Neben einigen Pfarreien, die keine Angaben zu den wöchentlichen Werktags-Abendmessen machten, gaben folgende Pfarreien an, keine zu halten: St. Mauritius (Dekanat M-Nordwest), St. Sebastian in Ramsau (Dekanat Berchtesgaden) und sechs Pfarreien im Dekanat Fürstenfeldbruck; vgl. Seelsorgeberichte 68, Mauritius; 226, Ramsau; 339, Adelshofen; 340 ‚Aich; 350, Grunertshofen 351, Jesenwang; 353, Maisach und 359, Puchheim-Ort.
62 Vgl. Seelsorgebericht 89, St. Alto-Unterhaching.
63 Vgl. Seelsorgebericht 91, Hl. Engel.
64 Vgl. Seelsorgebericht 353, Maisach.
65 Vgl. Seelsorgeberichte 339, Adelshofen, und 340, Aich.
66 Vgl. Seelsorgeberichte 343, Esting und 354, Malching.
67 Vgl. beispielsweise Seelsorgeberichte 6, St. Maximilian; 71, St. Peter und Paul (Feldmoching); 90, St. Bernhard; 230, Strub; 232, Winkl; 341, Eichenau; 353, Maisach, und 356, Olching.

Bemerkenswert sind in diesem Zusammenhang zwei Vorschläge zur Erleichterung der Erfüllung der Sonntagspflicht. So empfiehlt Pfarrkurat Siegl aus der Pfarrei Verklärung Christi in München, dass der Besuch eines Wortgottesdienstes für die Sonntagspflicht gelten solle.[68] Stadtpfarrer Kögl aus der Pfarrei St. Bernhard in Fürstenfeldbruck war der Meinung, dass die Samstagsabendmesse bereits für den darauffolgenden Sonntag gelten solle. Dadurch erhoffte er sich gut besuchte Wortgottesdienste am Sonntagabend.[69]

Bei den Messformen herrschten eine große Vielfalt und ein besonders starker Wechsel vor.[70] Es wurden vor allem Betsingmessen[71], Gemeinschaftsmessen[72] und deutsche Ämter[73] verwendet. Teilweise wurde zwischen deutschem und lateinischem Amt abgewechselt[74], ansonsten fanden lateinische Ämter meist nur noch in relativ großen Abständen, nämlich ein- bis dreimal im Monat statt.[75] Pfarrer Klöck aus Piding betonte zu diesem Thema: *Es gibt eine Gruppe von Kirchgehern, die es vermissen würden.*[76] Was allerdings auffällt, ist, dass für hohe Feiertage besonders in den ländlichen Pfarreien gerne noch auf das lateinische Amt zurückgegriffen wurde.[77] Die sogenannte Stille Messe[78] war dagegen kaum noch in Gebrauch.[79]

Im Zusammenhang mit den Messformen steht auch die Frage nach Verwendung der Sprachen. In den meisten Fällen konnten die Pfarrgemeinden sowohl die Responsorien[80] als auch das Vater Unser in Deutsch und Latein sprechen.[81] In einigen Gemeinden wurde allerdings, soweit erlaubt, nur deutsch geantwortet bzw. gebe-

---

68 Vgl. Seelsorgebericht 108, Verklärung Christi.
69 Vgl. Seelsorgebericht 345, Fürstenfeldbruck-St. Bernhard.
70 Vgl. u. a. Seelsorgeberichte 67, St. Martin (Untermenzing); 231, Unteralting, und 361, Schöngeising.
71 Vgl. z. B. Seelsorgeberichte 63, Leiden Christi; 224, Marzoll, und 355, Mammendorf. Die Betsingmesse ist eine *Gemeinschaftsmesse mit eingefügten Gesängen* (Rupert BERGER, Kleines liturgisches Wörterbuch, Freiburg i. Br. 1969, 60).
72 Vgl. z. B. Seelsorgeberichte 90, St. Bernhard; 228, Bad Reichenhall-St. Zeno, und 347, Gernlinden. Gemeinschaftsmesse meint eine gesprochene Messe mit tätiger Teilnahme der Gemeinde und unter Einbeziehung der verschiedenen Dienste; vgl. BERGER, Wörterbuch (wie Anm. 71), 148f.
73 Vgl. u. a. Seelsorgeberichte 58, St. Clemens; 229, Marktschellenberg und 361, Schöngeising. Unter Amt versteht man eine *Meßfeier, in der auch der Priester die ihm zustehenden Texte nicht spricht, sondern singt.* (BERGER, Wörterbuch [wie Anm. 71], 30). Je nachdem, ob er diese Texte in Deutsch oder Latein singt, handelt es sich um ein deutsches oder lateinisches Amt.
74 Vgl. z. B. Seelsorgeberichte 92, Hl. Familie; 227, Bad Reichenhall-St. Nikolaus, und 354, Malching.
75 Vgl. beispielsweise Seelsorgeberichte 70, Maria Himmelfahrt; 231, Unterstein, und 353, Maisach.
76 Seelsorgebericht 225 Piding.
77 Vgl. Seelsorgeberichte 229, Marktschellenberg; 339, Adelshofen; 345 Fürstenfeldbruck-St. Bernhard; 349, Gröbenzell und 357, Pfaffing-Biburg.
78 Als Stille Messe oder Stillmesse versteht man *eine Meßfeier, die der Priester ohne jedwede tätige Teilnahme allenfalls anwesender Gläubiger feierte* (Rupert BERGER, Pastoralliturgisches Handlexikon, Freiburg i. Br. 2009, 490).
79 Vgl. z. B. Seelsorgeberichte 106, St. Pius; 231, Unterstein, und 348, Gilching.
80 Mit Responsorien sind hier die Antworten des Volkes auf einen Zuruf des Vorstehers gemeint (auch Akklamationen genannt). Diese *sind für den Gottesdienst bedeutsam als einfachste und ausdrucksvollste Art der actuosa participatio* [tätigen Teilnahme] (BERGER, Wörterbuch [wie Anm. 71], 19f.).
81 Vgl. z. B. Seelsorgeberichte 6, St. Maximilian; 90, St. Bernhard; 224, Marzoll, und 342, Emmering.

tet.⁸² In der Pfarrei St. Nikolaus von der Flüe in Bayerisch Gmain wurde als einzige fast ausschließlich Latein verwendet. Hier wurden nur Epistel und Evangelium in der Muttersprache vorgetragen.⁸³ Dies hatte sich scheinbar flächendeckend durchgesetzt, denn keine einzige Pfarrei wies in diesem Punkt eine andere Praxis auf. Keine sichere Aussage kann hierbei allerdings über die sieben Pfarreien getroffen werden, die zur Frage der Sprache im Gottesdienst keine Angaben machten.⁸⁴

Dasselbe gilt für die Frage nach der Verwendung des Werktagsperikopenbuches⁸⁵, auf die 16 Berichterstatter nicht eingingen. In fünf Pfarreien wurde es ohne Angaben von Gründen nicht verwendet. Vier Pfarrer gaben an, stattdessen das Schott-Messbuch zu verwenden, zwölf benutzten es teilweise, und der Großteil von 42 Pfarreien hatte es regelmäßig im Gebrauch. Einige zeigten sich damit durchaus zufrieden und bewerteten es positiv⁸⁶, die Mehrheit war jedoch der Meinung, dass die Lesungen zum großen Teil zu lang und v. a. sehr schwer verständlich seien und daher vieler Erklärungen bedürften.⁸⁷ Pfarrer Klöck aus der Pfarrei Maria Geburt in Piding stellte zusammenfassend fest: *Die Auswahl ist nicht immer glücklich, doch ist der Gesamteindruck gut.*⁸⁸

Größere Umsetzungsschwierigkeiten scheint es mit der – inzwischen verpflichtenden – sonntäglichen Homilie gegeben zu haben. Es wurde zwar mit wenigen Ausnahmen, die meist die Früh- oder Abendmessen betrafen, in fast allen Sonntagsgottesdiensten gepredigt, und auch in anderen Messen, wie z. B. den Werktags-Abendmessen, den Messen für bestimmte Gruppen oder zu besonderen Anlässen, wurden zum Teil Predigten gehalten. Dennoch scheint sich die Form der Homilie noch nicht durchgesetzt zu haben. Bei der Beantwortung wird mehrmals die Formulierung der Frage *Wird auch die Homilie gepflegt?* aufgegriffen und mit *wird (auch) gepflegt* beantwortet.⁸⁹ Dies vermittelt den Eindruck, als wolle der Berichterstatter vermeiden, durch eine eigene Formulierung etwas zu schreiben, was ihm von der oberen Stelle negativ ausgelegt werden könnte. Auch andere wiederholt auftretende

---

82 Vgl. z. B. Seelsorgeberichte 52, St. Agnes; 67, St. Martin (Untermenzing); 69, St. Nikolaus; 105, St. Peter und Paul-Grünwald; 226, Ramsau; 230, Strub; 353, Maisach; 362, Unteralting.
83 Vgl. Seelsorgebericht 221, Bayerisch Gmain.
84 Vgl. Seelsorgeberichte 7, St. Paul; 72 St. Raphael; 91, Hl. Engel; 108, Verklärung Christi; 222, Berchtesgaden; 229, Marktschellenberg, und 340, Aich.
85 Perikope ist die Bezeichnung für einen im Gottesdienst zu verlesenden Abschnitt aus der Heiligen Schrift. Diese Perikopen wurden lange Zeit direkt aus der Heiligen Schrift vorgelesen, ehe man begann, die einzelnen Lesungen in eigenen Büchern, den Perikopenbüchern zu sammeln; vgl. BERGER, Wörterbuch (wie Anm. 71), 342f.
86 Vgl. beispielsweise Seelsorgeberichte 109, St. Wolfgang; 230, Strub, und 356, Olching.
87 Dazu zählten z. B. Stadtpfarrer Himmler von St. Laurentius, Pfarrer Betzl von Maisach und Pfarrer Vothknecht von Winkl; vgl. Seelsorgeberichte 57, St. Laurentius; 353, Maisach, und 232, Winkl.
88 Seelsorgebericht 225, Piding
89 U. a. Seelsorgeberichte 62, St. Laurentius; 223, Bischofswiesen, und 339, Adelshofen.

Formulierungen, wie *selten*[90], *hat Anteil*[91] oder Ähnliches, vermitteln den Eindruck, dass die Homilie in einem Großteil der Pfarreien noch nicht zur Hauptform der Predigt geworden war.[92] In einzelnen Pfarreien scheint sie sogar eher untergeordnet gewesen zu sein. So erklärte Pfarrer Hölzl aus der Pfarrei St. Peter und Paul in Grünwald, dass er seit Jahren thematische Predigtreihen durchführe, aber *Hilfspriester beschränken sich meist auf Homilie*.[93] In einzelnen Pfarreien wird die Homilie allerdings *meist*[94], *fast ausschließlich*[95] oder *häufig*[96] gepflegt und scheint somit schon gut eingeführt gewesen zu sein.[97]

Unabhängig von der Predigtform wurden – dort wo die entsprechende Frage beantwortet wurde[98] – vielfach die gleichen Predigtschwierigkeiten genannt. Dabei bereiteten vor allem der Wunsch nach Kürze[99] und die Bandbreite der Gottesdienstbesucher[100] den Predigern Probleme.

Weniger Probleme scheint die Wiedereinführung der Fürbitten gemacht zu haben. Diese wurden allem Anschein nach in allen Pfarreien gebetet.[101] Dabei ist das Verhältnis der Pfarreien, die die Fürbitten in allen Gottesdiensten beteten, und denjenigen, in denen Fürbitten in erster Linie an Sonn- und Feiertagen gebetet wurden, relativ ausgeglichen.[102] Bei besonderen Gottesdiensten waren Fürbitten wohl ebenfalls die Regel. In Kinder- oder Jugendgottesdiensten wurden sie z. T. von den Gottesdienstbesuchern selbst formuliert bzw. zusammengestellt.[103] Insgesamt kann man den Eindruck gewinnen, dass sie durchaus positiv angenommen wurden.[104] Allerdings tat sich die Mehrheit[105] schwer damit, unmittelbare Anliegen

---

90 Seelsorgebericht 221, Bayerisch Gmain.
91 Seelsorgebericht 61, St. Josef-Karlsfeld.
92 In diese Kategorie sind 17 Pfarreien einzuordnen.
93 Seelsorgebericht 105, St. Peter und Paul-Grünwald.
94 Seelsorgebericht 362, Unteralting.
95 Seelsorgebericht 104, St. Otto-Ottobrunn.
96 Seelsorgebericht 356, Olching.
97 In diese Kategorie sind 15 Pfarreien einzuordnen.
98 Etwas 30% machen dazu keinerlei Angaben.
99 Vgl. u.a. Seelsorgeberichte 6, St. Maximilian; 95 Königin des Friedens, und 356, Olching.
100 Vgl. beispielsweise Seelsorgeberichte 67, St. Martin (Untermenzing); 98, St. Magdalena-Ottobrunn, und 342, Emmering.
101 Unsicherheit herrscht hier lediglich bei den 8% der Berichterstatter, die sich nicht zum Thema äußerten; vgl. darunter Seelsorgeberichte 72, St. Raphael; 105, St. Peter und Paul-Grünwald, und 222, Berchtesgaden.
102 30 Pfarrer (darunter diejenigen von St. Anton, St. Theresia, Marzoll und Emmering) geben an, in jedem Gottesdienst Fürbitten zu beten, 31 Pfarreien (darunter St. Agnes, St. Bernhard, Unterstein und Gilching) beten diese in erster Linie an den Sonntagen. Vgl. Seelsorgeberichte 3, St. Anton; 52, St. Agnes; 73, St. Theresia; 90, St. Bernhard; 224, Marzoll; 231, Unterstein; 342, Emmering, und 348, Gilching.
103 Vgl. Seelsorgeberichte 227, Bad Reichenhall-St. Nikolaus; 346, Fürstenfeldbruck-St. Magdalena, und 350, Grunertshofen.
104 Vgl. beispielsweise Seelsorgeberichte 53, St. Anna-Karlsfeld; 225, Piding, und 346, Fürstenfeldbruck-St. Magdalena.

in die Fürbitten einzubringen. So wurden beispielsweise nur *gelegentlich*[106], *nach Bedarf*[107] oder *manchmal*[108] die Gemeinde direkt betreffende Bitten vorgebracht. Nur eine Minderheit griff sie *regelmäßig*[109], *oft*[110] oder sogar *immer*[111] auf. Dazu zählte die Pfarrei Puchheim-Bahnhof, in der namentlich für Neugeborene, Frischvermählte und Verstorbene gebetet wurde.[112]

Neben den Messfeiern wurden aber auch andere Gottesdienste gefeiert. Besonders beliebt scheinen dabei Maiandachten gewesen zu sein. Diese fanden oft täglich[113] oder wenigstens mehrmals die Woche[114] statt. Das Rosenkranzgebet wurde besonders im Rosenkranzmonat Oktober gepflegt, daneben aber auch meist während des ganzen Jahres. In 38 % der Pfarreien wurde es regelmäßig am Samstag[115], in 16 % sogar täglich gebetet.[116] Etwas zurückgegangen war dagegen die sonntägliche Nachmittags- oder Abendandacht.[117] Sie entfiel z. T. wegen der sonntäglichen Abendmesse[118], da nur wenige Pfarrgemeinden, darunter St. Agnes in München und St. Magdalena in Fürstenfeldbruck, sowohl eine Andacht als auch eine Messe feierten.[119]

Die Fastenzeit scheint eine besonders andachtsreiche Zeit gewesen zu sein. In dieser wurden regelmäßig Kreuzweg- und/oder Ölbergandachten etc., aber auch Bußandachten gefeiert.[120]

Nur vereinzelt wurden Heilige Stunden und/oder Feiern am Herz-Jesu-Freitag erwähnt.[121] Hier wäre es aber möglich, dass es weit mehr solcher Feiern gegeben hat, die jeweiligen Berichterstatter diese aber unter dem Punkt *Andere Gottesdienste*

---

105 Diese macht etwa 70% derjenigen aus, die sich dazu geäußert haben, ob sie unmittelbare Anliegen in die Fürbitten einbringen.
106 Seelsorgebericht 228, Reichenhall-St. Zeno, u.a.
107 Seelsorgebericht 356, Olching, u.a.
108 Seelsorgebericht 63, St. Laurentius, u.a.
109 Seelsorgebericht 94, St. Helena, u.a.
110 Seelsorgebericht 102, Maria Hilf, u.a.
111 Seelsorgebericht 230, Strub.
112 Vgl. Seelsorgebericht 360, Puchheim-Bahnhof.
113 Tägliche Maiandachten gab es in 27 Pfarreien; vgl. z. B. Seelsorgeberichte 98, St. Magdalena-Ottobrunn; 221, Bayerisch Gmain und 345, Fürstenfeldbruck-St. Bernhard.
114 15 Pfarreien halten mehrmals die Woche Maiandachten; vgl. beispielsweise Seelsorgeberichte 66, St Martin (Moosach); 230, Strub, und 361, Schöngeising.
115 Vgl. z. B. Seelsorgeberichte 108, St. Michael-Perlach; 226, Marktschellenberg, und 354, Malching.
116 Vgl. beispielsweise Seelsorgeberichte 109, St. Wolfgang und 349, Gröbenzell.
117 Wird noch in etwa 20 % der Pfarreien gehalten.
118 Vgl. z. B. Seelsorgebericht 70, Maria Himmelfahrt, und 225, Piding.
119 Vgl. darunter Seelsorgeberichte 52, St. Agnes, und 346, Fürstenfeldbruck-St. Magdalena.
120 Vgl. beispielsweise Seelsorgeberichte 53, St. Anna-Karlsfeld; 99, Maria Immaculata; 103, St. Michael-Perlach, und 229, Marktschellenberg.
121 Vgl. Seelsorgeberichte 6, St. Maximilian; 54, St. Benno; 60, Herz Jesu; 63, Leiden Christi, und 352, Kottgeisering.

nicht aufgeführt hatten. Da weder die Heiligen Stunden noch die Herz-Jesu-Freitage bei den Beispielen in der Vorlage aufgeführt waren, wäre dies durchaus denkbar.

Die Feier der neu eingeführten Wortgottesdienste scheint dagegen tatsächlich selten gewesen zu sein. Sie hatten wohl noch nicht ihren Platz gefunden, in Aich z. B. kamen sie bei den Leuten nicht an[122], in der Pfarrei Fürstenfeldbruck-St. Magdalena wurden sie *harter Kritik unterzogen*[123]. Ähnlich erging es wohl Vesper und Komplet, die ebenfalls nur sehr selten gebetet wurden. Nach Ausweis der Seelsorgeberichte wurden sie nur in den Münchener Pfarreien St. Christoph, Leiden Christi und Hl. Engel regelmäßig gebetet.[124] Oftmals wurden sie jedoch nicht[125], *kaum noch*[126] oder nur *dann und wann*[127] gefeiert.

Sakramentenempfang[128]

Beim Empfang von Kommunion und Beichte ist eine allgemeine Tendenz erkennbar. Insgesamt sank die Beichtbeteiligung, während der Kommunionempfang stieg.[129] Vorgebrachte Gründe hierfür gab es viele: Laut Geistlichem Rat Goldammer, der die Pfarrei St. Josef in Karlsfeld leitete, ergab sich dies *aus der vielen Propaganda [...], daß jeder nach seinem Gewissen handeln darf und sich nicht mehr vom Seelsorger in sein religiöses Leben hineinreden läßt*[130], und Pfarrer Baur von Gröbenzell beklagte, dass *auch von seiten der Priester allzu sehr gegen die häufige Beichte gestänkert*[131] wurde. Ein besonderes Problem tauchte in der Pfarrei St. Clemens auf. Denn dort wollten die Gläubigen zur Beichte gehen, allerdings, wie vor dem Konzil gebräuchlich, während der Messe.[132]

Die Steigerung des Kommunionempfangs erklärte sich Stadtpfarrer Kögl durch die zahlreichen Beichtgelegenheiten in seiner Pfarrei St. Bernhard in Fürstenfeldbruck und die Lockerung des Nüchternheitsgebots. Er hielt sogar eine weitere Steigerung des Kommunionempfangs für möglich, falls es eine Entscheidung der

---

122 Vgl. Seelsorgebericht 340, Aich.
123 Seelsorgebericht 346, Fürstenfeldbruck-St. Magdalena.
124 Vgl. Seelsorgeberichte 57, St. Christoph; 63, Leiden Christi, und 91, Hl. Engel.
125 Vgl. z. B. Seelsorgeberichte 97, Hl. Kreuz, und 362, Unteralting.
126 Seelsorgebericht 231, Unterstein.
127 Seelsorgebericht 350, Grunertshofen.
128 Da die Sakramente Krankensalbung und Priesterweihe in den Seelsorgeberichten nicht behandelt wurden, werden sie auch in dieser Arbeit nicht angesprochen. Ebenfalls nicht Teil dieser Arbeit sind die Äußerungen zum Thema der Sakramentenvorbereitung, da diese nicht im direkten Zusammenhang mit den Konzilsergebnissen stehen.
129 Vgl. beispielsweise Seelsorgeberichte 56, Christkönig; 232, Winkl, und 349, Gröbenzell.
130 Seelsorgebericht 61, St. Josef-Karlsfeld.
131 Seelsorgebericht 349, Gröbenzell.
132 Vgl. Seelsorgebericht 58, St. Clemens.

Kirche zugunsten der Geburtenbeschränkung gäbe.[133] Damit spricht er ein Problem an, das vom Konzil ausgeklammert wurde. Da die Geburtenkontrolle, die in den 1960er Jahren zunehmende Praxis wurde, als Sünde deklariert wurde und viele Gläubige Angst hatten, in Sünde zur Kommunion zu gehen, war dies wohl tatsächlich ein Grund, der die Gläubigen vom Kommunionempfang abhielt. Sein Kollege in der Nachbarpfarrei St. Magdalena machte dagegen – ebenso wie der Pfarrer von Olching – den Eucharistischen Weltkongress 1960[134] für die Aufwärtsbewegung verantwortlich.[135] Diese Meinung konnte Pfarrvikar Wahner von Puchheim-Bahnhof jedoch nicht teilen.[136] Er zählte damit zu den Seelsorgern, die die Entwicklung auch beim Empfang der Kommunion negativer sahen und einen allgemeinen Rückgang[137] bzw. keine Entwicklung[138] wahrnahmen. Dies sah auch Pfarrvikar Richter von Marzoll so und erklärte dies folgendermaßen: *Eine gewisse Scheu und vielleicht auch falsche Meinung über die Sünde hält viele von öfterem Kommunionempfang fern. Zu diesen Hemmungen gehört sicher auch das schwierige Problem des Ehelebens mit all seinen Fragen.*[139]

Meines Erachtens trafen diejenigen, die den Empfang der Sakramente nicht rein nach den Zahlen, sondern differenzierter betrachteten, den wahren Kern. Sie erkannten, dass der Kommunionempfang insgesamt stieg, dies aber durch den häufigeren Empfang einzelner Gruppen, wie den Älteren, den Frauen oder den Kindern, verursacht war.[140] Es stieg also die Zahl der häufig Kommunizierenden (z. T. bei jeder Messe), nicht aber die Zahl derjenigen, die überhaupt die Kommunion empfingen.[141]

Ähnlich könnte es nach Meinung des Münchener Stadtpfarrers Hochkirch aus der Pfarrei Hl. Engel auch bei der Beichte gewesen sein. Er erkannte keinen Rück-

---

133 Vgl. Seelsorgebericht 345, Fürstenfeldbruck-St. Bernhard.
134 Die Eucharistischen Weltkongresse gehen auf Laieninitiativen in der Mitte der 1870er Jahre zurück. Der erste Eucharistische Weltkongress fand 1881 statt, ab 1906 wurden sie im Namen des Papstes veranstaltet. Die Weltkongresse nach dem Zweiten Weltkrieg in den Jahren 1952, 1955 und 1960 standen bereits im Zeichen der Liturgischen Erneuerung. Daraus sticht der Eucharistische Weltkongress 1960 in München durch seinen Vollzug des bis dahin Erreichten, wie z. B. der Feier der Eucharistie zum Volk hin, hervor. Dabei rückte die Eucharistiefeier in den Mittelpunkt. Man kann den Eucharistischen Weltkongress in München in Bezug auf die Liturgie als Vorausgriff auf das Konzil verstehen; vgl. Franz Xaver BISCHOF, München als Treffpunkt der Kirche. Der 37. Eucharistische Weltkongress 1960, in: Münchner Theologische Zeitschrift 62 (2011) 101-118.
135 Vgl. Seelsorgeberichte 346, Fürstenfeldbruck-St. Magdalena, und 356, Olching.
136 Vgl. Seelsorgebericht 360, Puchheim-Bahnhof.
137 Vgl. z. B. Seelsorgeberichte 64, Maria Sieben Schmerzen; 89, St. Alto-Unterhaching, und 104, St Otto-Ottobrunn.
138 Vgl. z. B. Seelsorgeberichte 66, St. Martin (Moosach), und 69, St. Nikolaus.
139 Seelsorgebericht 224, Marzoll.
140 Vgl. Seelsorgeberichte 97, Hl. Kreuz; 94, St. Helena; 96, St. Korbinian-Unterhaching; 350, Grunertshofen; 352, Kottgeisering, 359, Puchheim-Ort; 225, Piding; 227, Reichenhall-Nikolaus.
141 Vgl. Seelsorgeberichte 109, St. Wolfgang; 95, Königin des Friedens.

gang bei den jährlichen Beichten, aber die Entwicklung, dass die Leute, die regelmäßig zur Beichte gingen, den Abstand zwischen den Beichten vergrößerten.[142] Es gab auch Versuche, dem Beichtrückgang entgegenzuwirken. So wurden in der Pfarrei St. Agnes beispielsweise zunehmend Bußandachten gehalten[143], und *4 mal im Jahr kommt* [in der Pfarrei St. Margareth in Malching] *die Pfarrgemeinde gemeinsam zu den hl. Sakramenten.*[144]

Damit wurde ein Prinzip angewendet, das sonst für Kinder und Jugendliche in Form der gemeinsamen Schülerkommunion und -beichte, auch Quartalsbeichten genannt, vorgesehen war. Auch nach dem Konzil war es noch in gut der Hälfte der Pfarreien üblich, dass die Schüler gemeinsam mehrmals im Jahr zu Kommunion und Beichte gingen.[145] In einigen Pfarreien gab es sogar einen monatlichen Rhythmus.[146] Eine singuläre Ausnahme bildete die Praxis in Olching, wo die Mädchen monatlich, die Buben aber quartalsweise zu den Sakramenten geführt wurden.[147] Worauf diese Praxis beruhte, wird jedoch nicht genannt. In der Pfarrei St. Raphael wurde der gemeinsame Gang zu Beichte und Kommunion mit einem Gottesdienst, den die Jugendlichen selbst mitgestalten konnten, verbunden.[148] In der Pfarrei Hl. Familie dagegen beschränkte man sich auf die Beichte, da beim Kommunionempfang zu wenig Disziplin vorherrsche.[149]

Es gab zunehmend auch Tendenzen, von einem gemeinsamen und mehr oder minder verpflichteten Sakramentenempfang für Kinder und Jugendliche abzuweichen. So versuchten einige Pfarreien diesen mehr auf freiwillige Basis zu stellen[150], andere gingen ganz von der Form des gemeinsamen Empfangs weg und boten verschiedene Möglichkeiten zum individuelleren Sakramentenempfang an.[151]

Beim Taufsakrament interessierte die Bistumsleitung v. a. der Zeitpunkt der Taufen und die Erfahrungen mit Taufen als Gemeindefeiern. Die bevorzugten Termine waren zum einen Samstag- bzw. Sonntagnachmittag, zum anderen Sonntag nach einer Gemeindemesse. Bisweilen wurde sich an den Wünschen der Familien orientiert.[152] Bei den Taufen nach der Sonntagsmesse kam es zunehmend vor, dass v. a.

---

142 Vgl. Seelsorgebericht 91, Hl. Engel.
143 Vgl. Seelsorgebericht 52, St. Agnes.
144 Seelsorgebericht 354, Malching.
145 In 20 der 79 untersuchten Pfarreien gab es diese noch klassisch vierteljährlich, in weiteren 25 kamen die Schüler zu besonderen Anlässen zu den Sakramenten. Besonders deutlich tritt Pfarrer Hölzl für die Quartalsbeichte ein: *Es wäre nicht einzusehen, warum sie abgeschafft werden sollte* (Seelsorgebericht 105, St. Peter und Paul-Grünwald).
146 Vgl. Seelsorgeberichte 339, Adelshofen, und 340, Aich.
147 Vgl. Seelsorgebericht 356, Olching.
148 Vgl. Seelsorgebericht 72, St. Raphael.
149 Vgl. Seelsorgebericht 92, Hl. Familie.
150 Vgl. Seelsorgeberichte 68, St. Mauritius; 91, Hl. Engel; 225, Piding, und 359, Puchheim-Ort.
151 Vgl. Seelsorgebericht 61, St. Josef-Karlsfeld, und 74, St. Vinzenz.
152 Vgl. z. B. Seelsorgeberichte 98, St. Magdalena-Ottobrunn; 225, Piding, und 360, Puchheim-Bahnhof.

Kinder, aber auch Erwachsene zur Taufe blieben.[153] Daneben war die Osternacht ein häufiger Ort für Taufen mit der Gemeinde.[154] Die Pfarrer, die Taufen als Gemeindefeiern hielten, machten damit oftmals gute Erfahrungen.[155] In vielen Pfarreien wurden allerdings keine Taufen als Gemeindefeiern gehalten.[156] Nur selten wurden sie in der Pfarrei Mariahilf in München gefeiert, da dies bei einer großen Pfarrei nicht regelmäßig möglich sei.[157] Und Pfarrer Pfaffinger (Pfarrei Maria Königin in Grünwald) sorgte sich, dass die Gemeindefeiern bei zu häufiger Anwendung an Bedeutung verlieren würden.[158]

Ein auf dem Land verbreitetes Problem schien die Taufe in den Krankenhäusern zu sein. Sieben Pfarrer der Dekanate Berchtesgaden und Fürstenfeldbruck klagten darüber, dass deshalb kaum Taufen in den Pfarreien stattfänden.[159]

Für die Tauffeiern selbst wünschten sich einige Priester einen neuen, geeigneten Ritus.[160]

Kirchenmusik

Zentral für die Neuordnung der Kirchenmusik war die Rolle des Kirchenchores und dessen Bereitschaft, sich an der erneuerten Liturgie zu beteiligen. Dies war meist von den Mitgliedern und insbesondere vom Chorleiter abhängig, weshalb sich die Zusammenarbeit in den verschiedenen Pfarreien sehr unterschiedlich gestaltete. So fanden manche Chöre keinen Zugang zu den Neuerungen[161], waren ihnen gegenüber skeptisch[162], oder es bestand *noch nicht große Lust dazu*.[163] In den Pfarreien St. Andreas, Leiden Christi (beide München) und St. Laurentius in Grunertshofen beklagten sich die Berichterstatter über veraltete Chöre, die sich kaum beteiligten bzw. sich weigerten, deutsch zu singen.[164] Auch der Chor von St. Clemens *beharrt[e] sehr im Überkommenen*[165], wogegen der konservative Chor aus Emmering den Neue-

---

153 Vgl. z. B. Seelsorgeberichte 93, St. Franziskus; 228, Bad Reichenhall-St. Zeno, und 355, Mammendorf.
154 Vgl. z. B Seelsorgeberichte 58, St. Clemens, und 227, Bad Reichenhall-St. Nikolaus.
155 Vgl. z. B. Seelsorgeberichte 94, St. Helena, und 347, Gernlinden.
156 Vgl. z. B. Seelsorgeberichte 56, Christkönig; 224, Marzoll, und 353, Maisach.
157 Vgl. Seelsorgebericht 102, Mariahilf.
158 Vgl. Seelsorgebericht 100, Maria Königin-Grünwald.
159 Vgl. Seelsorgebericht 222, Berchtesgaden; 223, Bischofswiesen; 229, Marktschellenberg; 231, Unterstein; 351, Jesenwang; 354 Malching, und 357, Pfaffing-Biburg.
160 Vgl. Seelsorgeberichte 91, Hl. Engel; 99, Maria Immaculata; 100, Maria Königin-Grünwald, und 106, St. Pius.
161 Vgl. Seelsorgebericht 220, Au.
162 Vgl. Seelsorgeberichte 223, Bischofswiesen, und 345, Fürstenfeldbruck-St. Bernhard.
163 Seelsorgebericht 354, Malching.
164 Vgl Seelsorgeberichte 1, St. Andreas; 63, Leiden Christi, und 350, Grunertshofen.
165 Seelsorgebericht 58, St. Clemens.

rungen durchaus aufgeschlossen gegenüber stand.[166] Eine Vorliebe für die lateinischen Messen war in einigen Chören noch vorhanden[167], aber insgesamt waren doch in knapp der Hälfte der Pfarreien die Chöre an der Neuordnung beteiligt[168], wobei sich im Dekanat Berchtesgaden der jeweilige Chor nur in zwei Pfarreien aktiv einbrachte.[169] Während die Umstellung in manchen Pfarreien zögerlich vonstattenging[170], waren die Chöre andernorts die tragende Säule der Neuordnung.[171] Stadtpfarrer Betzwieser hob hervor, dass der Chor in Herz Jesu den Neuerungen positiv gegenüberstand, aber trotzdem nicht mit den Traditionen brach.[172] Große Schwierigkeiten mit der Umsetzung hatten hingegen die Pfarreien, in denen es keinen bzw. keinen funktionsfähigen Chor gab. In diesen kam dem Volksgesang eine tragende Rolle zu.[173] Dieser war zwar keine Erfindung des Konzils[174], hatte aber durch die geforderte tätige Teilnahme der Laien und durch die Ermöglichung von deutschen Gesängen neue Impulse erfahren. Er wurde in sehr vielen Pfarreien gepflegt[175], wofür häufig das Diözesangesangbuch „Gottesdienst" verwendet wurde.[176] Manche Pfarreien verzichteten dabei auf neue Gesänge bzw. führten diese nur zögerlich ein.[177] Jedoch wurde besonders in den Münchener Pfarreien neben den Kirchenliedern auch neues Liedgut verwendet.[178] In Bayerisch Gmain wurde gerne gesungen, jedoch taten sich die Gläubigen dabei laut Pfarrer Preisinger sehr schwer.[179] Um solchen Problemen entgegenzuwirken, gab es in manchen Pfarreien Singproben vor

---

166 Vgl. Seelsorgebericht 342, Emmering.
167 Vgl. Seelsorgeberichte 92, Hl. Familie; 97, Hl. Kreuz, und 98, St. Magdalena-Ottobrunn.
168 Vgl. z. B. Seelsorgeberichte 52, St. Agnes; 105, St. Peter und Paul-Grünwald, und 348, Gilching.
169 Vgl. Seelsorgeberichte 226, Ramsau, und 230, Strub.
170 Vgl. Seelsorgeberichte 228, Bad Reichenhall-St. Zeno, und 341, Eichenau.
171 Vgl. Seelsorgeberichte 61, St. Josef-Karlsfeld; 67, St. Martin (Untermenzing); 69, St. Nikolaus; 99, Maria Immaculata; 104, St. Otto-Ottobrunn, und 107, Rosenkranzkönigin-Neubiberg.
172 Vgl. Seelsorgebericht 60, Herz Jesu.
173 Vgl. Seelsorgeberichte 57, St. Christoph; 62, St. Laurentius; 64, Maria Sieben Schmerzen; 68 St. Mauritius; 227, Bad Reichenhall-St. Nikolaus; 229, Marktschellenberg, und 232, Winkl.
174 In der Pfarrei St. Benno wird er z. B. schon seit 1895 gepflegt; vgl. Seelsorgebericht 54, St. Benno.
175 Keiner der 69 Berichterstatter, die sich zum Volksgesang in ihrer Pfarrei äußern, erweckt den Eindruck, dass dieser in ihrer Pfarrei nicht gepflegt würde. Einige berichten im Gegenteil von häufigem bzw. zunehmenden und durchaus beliebtem Gesang; vgl. beispielsweise Seelsorgeberichte 66, St. Martin (Moosach); 341, Eichenau, und 362, Unteralting. Lediglich in Piding ist die Beteiligung etwas schwach und in der Pfarrei St. Anna-Karlsfeld bräuchte er mehr Übung; vgl. Seelsorgeberichte 53, St. Anna-Karlsfeld, und 225, Piding.
176 Vgl. beispielsweise Seelsorgeberichte 71, St. Peter und Paul (Feldmoching); 227, Bad Reichenhall-St. Nikolaus, und 362, Unteralting.
177 Vgl. Seelsorgeberichte 89, St. Alto-Unterhaching; 97, Hl. Kreuz; 98, St. Magdalena-Ottobrunn; 221, Bayerisch Gmain., 228, Bad Reichenhall-St. Zeno, und 342, Emmering.
178 Vgl. z. B. Seelsorgeberichte 56, Christkönig; 107, Rosenkranzkönigin-Neubiberg, und 356, Olching.
179 Vgl. Seelsorgebericht 221, Bayerisch Gmain.

den Gottesdiensten.[180] Oftmals setzten die Seelsorger in diesem Punkt auf die Jugend und übten in der Schule oder in Jugendgruppen Lieder ein.[181]

Kirchenbau

Die Veränderungen, die das Konzil für den Kirchenbau mit sich brachte, dürften wohl als besonders einschneidend empfunden worden sein. Am wenigsten gravierend scheint dabei das Aufstellen von Ambo und Sedilien wahrgenommen worden zu sein. Nur so kann man sich Aussagen erklären, die besagen, dass keine Veränderungen vorgenommen wurden, aber Ambo und Priestersitz vorhanden seien.[182]

Schwerwiegend war dagegen die Verlegung des Tabernakels weg vom Hochaltar. Dieser Schritt wurde dennoch bereits von 13 Pfarreien in der Erzdiözese vollzogen. Elf davon waren Münchener Pfarreien, sodass hier ein Viertel der untersuchten Pfarreien ihren Tabernakel bereits in Seitenkapellen oder an anderen Orten untergebracht hatten. In Berchtesgaden und Fürstenfeldbruck galt dies jeweils für eine Pfarrei.[183] Dagegen gaben 16 Berichterstatter an, dass sich der Tabernakel in ihren Kirchen noch am alten Platz befinde.[184]

Eine weitere Maßnahme, die von 21 Pfarreien vorgenommen wurde, war das Aufstellen eines Volksaltares. Diesen fand man nun in 34 % der Münchener Pfarreien, in 14 % der Fürstenfeldbrucker Pfarreien und in 23 % der Berchtesgadener Pfarreien.[185] Dazu kamen noch sieben Pfarreien, die zu bestimmten Gottesdiensten einen Altar versus populum aufstellten.[186] Laut Pfarrer Schmid von St. Korbinian in Unterhaching wurde dieser *von der Gemeinde längst erwartet*[187]. Ein allgemeines Streben in diese Richtung zeigt auch die Tatsache, dass es in der Werktagskapelle der Pfarrei Königin des Friedens schon seit 1937 einen Altar versus populum gab und die Pfarrei St. Anna in Karlsfeld seit 1960 im Besitz eines solchen war.[188]

Außerdem gab es neun Pfarreien mit neu erbauten Kirchen. Diese wurden *mit sorgsamsten Bedacht so gebaut, daß alles voll und ganz den Forderungen der Neuordnung des*

---

180 Dies ist allerdings nur in sechs Münchener Pfarreien regelmäßig, in vier teilweise der Fall; vgl. darunter Seelsorgeberichte 1, St. Andreas; 90, St. Bernhard, und 102, Mariahilf.
181 Vgl. beispielsweise Seelsorgeberichte 60, Herz Jesu; 223; Bischofswiesen, und 352, Kottgeisering.
182 Vgl. Seelsorgebericht 225, Piding.
183 Vgl. beispielsweise Seelsorgeberichte 3, St. Anton; 90, St. Bernhard; 227, Bad Reichenhall-St. Nikolaus, und 341, Eichenau.
184 Vgl. z. B. Seelsorgeberichte 74, St. Vinzenz; 228, Bad Reichenhall-St. Zeno, und 353, Maisach. Der Prozentsatz der Pfarreien, die den Tabernakel weiterhin im Hochaltar haben, macht in allen Dekanaten etwa 20 % aus.
185 Vgl. darunter Seelsorgeberichte 96, St. Korbinian-Unterhaching; 224, Marzoll, und 356, Olching.
186 Hierbei handelt es sich um drei Pfarreien des Dekanats Fürstenfeldbruck und um vier Pfarreien aus München; vgl. z. B. Seelsorgeberichte 6, St. Maximilian, und 339, Adelshofen.
187 Seelsorgebericht 96, St. Korbinian-Unterhaching.
188 Vgl. Seelsorgeberichte 53, St. Anna-Karlsfeld, und 95, Königin des Friedens.

Gottesdienstes entspricht.[189] In sechs Kirchen wurden die Veränderungen zum Zeitpunkt des Berichts vorgenommen[190], und weitere neun Pfarreien planten bereits Umgestaltungen.[191] Dabei stellten sich v. a. zwei Probleme, die z. T. auch Veränderungen verhinderten. Dies war zum einen der in manchen Kirchen bestehende Platzmangel, der eine Umgestaltung erschwerte bzw. unmöglich machte[192], und zum anderen die hohen Kosten, die die Veränderungen verursachten.[193]

Insgesamt 17 Pfarreien hatten aus diesen oder anderen Gründen noch keine Veränderungen vorgenommen, wobei zwei Pfarrer diese auch nicht beabsichtigten, was Pfarrer Fuchsreiter aus der Pfarrei Hl. Familie in Au (Dekanat Berchtesgaden) besonders deutlich zum Ausdruck brachte: *Ich lasse meine Kirche nicht verunstalten.*[194]

Die Laien
Einbindung in die Liturgie

Im Gottesdienst traten die Laien als Ministranten, Lektoren, Mesner(in), Organist(in), im Kirchenchor und z. T. als Katechet(in) in Erscheinung. Dabei ist zu beachten, dass es diese Dienste mit Ausnahme des Lektors bereits vor dem II. Vatikanum gab, dass sie aber durch die Aufwertung der Laien bzw. deren neue Rolle im Gottesdienst ebenfalls stärkere Anerkennung erfahren hatten. Dies zeigt sich auch ganz deutlich darin, dass es in einigen Pfarreien üblich wurde, dass die Priester die Gottesdienste mit den am Gottesdienst beteiligten Laien besprachen. Während nur zwei Pfarrer angaben, keine derartigen Absprachen zu treffen[195], beantworteten 18 Pfarrer die Frage nicht, womit davon auszugehen ist, dass in ihren Pfarreien diese Praxis ebenfalls unüblich war.[196] In den übrigen Pfarreien scheinen gemeinsame Besprechungen durchaus üblich gewesen zu sein. Stadtpfarrer Zeilhofer (Pfarrei St. Raphael) erklärte sie für notwendig, und Stadtpfarrer Wiegele (Pfarrei St. Helena) betrachtete sie als selbstverständlich.[197] Sehr unterschiedlich war

---

189 Seelsorgebericht 109, St. Wolfgang; vgl. außerdem beispielsweise Seelsorgeberichte 68, St. Mauritius; 232, Winkl, und 347, Gernlinden.
190 Vgl. z. B. Seelsorgeberichte 66, St. Martin (Moosach); 227, Bad Reichenhall-St. Nikolaus, und 341, Eichenau.
191 Vgl. beispielsweise Seelsorgeberichte 107, Rosenkranzkönigin-Neubiberg; 230, Strub; 345, Fürstenfeldbruck-St. Bernhard.
192 Vgl. Seelsorgeberichte 67, St. Martin (Untermenzing); 226, Ramsau; 352, Kottgeisering; 361, Schöngeising; 362, Unteralting.
193 Vgl. Seelsorgeberichte 52, St. Agnes 70, Maria Himmelfahrt 95, Königin des Friedens, und 221, Bayerisch Gmain.
194 Seelsorgebericht 220, Au; vgl. auch Seelsorgebericht 54, St. Benno.
195 Vgl. Seelsorgeberichte 231, Unterstein und 362, Unteralting.
196 Vgl. beispielsweise Seelsorgeberichte 7, St. Paul; 222, Berchtesgaden, und 349, Gröbenzell.
197 Vgl. Seelsorgeberichte 72, St. Raphael, und 94, St. Helena.

dabei die Häufigkeit dieser Besprechungen. Während in einigen Pfarreien vor besonderen Festtagen bzw. außergewöhnlichen Gottesdiensten Besprechungen und teilweise auch Übungen stattfanden[198] und andernorts die Verantwortlichen nach Bedarf zusammenkamen[199], sprachen sich einige auch regelmäßig mit den Betroffenen ab.[200]

Der häufigste Gesprächspartner des Zelebranten war hierbei der Chorleiter, entweder allein[201] oder zusammen mit anderen.[202] Dies galt auch für die Pfarreien St. Mauritius in München und St. Valentin in Marzoll, allerdings lief die Kommunikation dort schriftlich ab, indem der Priester Anweisungen bzw. Pläne erstellte.[203] Pfarrkurat Schmid (Pfarrei Maria Sieben Schmerzen) hingegen besprach sich bei Gemeinschaftsmessen mit dem Organisten, bei einer Schulmesse mit dem Katecheten.[204] In der Pfarrei St. Nikolaus in München fanden hingegen keine Besprechungen statt, aber *[d]ie Gottesdienste werden von Fall zu Fall mit den Mitwirkenden vorbereitet.*[205] Besonders beachtenswert ist die Praxis, die Fragen der Gottesdienstgestaltung in den Pfarrausschuss[206] oder diesem vergleichbare Gruppierungen einzubringen, welche in sechs Pfarreien gepflegt bzw. anvisiert wurde.[207] So wurden auch Laien in die bis dahin ureigene Domäne des Priesters eingebunden.

Ebenso neu war, dass Laien im Gottesdienst als Lektoren Schriftlesungen vortrugen, wobei neben der Gemeinde auch der zelebrierende Priester zuhört, anstatt wie vor dem Konzil diese selbst in Latein zu lesen.[208] In den meisten Pfarreien gab es inzwischen Lektoren.[209] Nur sechs Berichterstatter gaben an, keine Lektoren zur Verfügung zu haben.[210] Zum Teil wurden die Lektoren allerdings nur in bestimmten Gottesdiensten, wie in den Sonntagsmessen[211] oder den Schulmessen, eingesetzt.[212]

---

198 Vgl. z. B. Seelsorgeberichte 91, Hl. Engel; 227, Bad Reichenhall, St. Nikolaus, und 355, Mammendorf.
199 Vgl. u. a. Seelsorgeberichte 104, St. Otto-Ottobrunn, und 350, Grunertshofen.
200 Vgl. darunter Seelsorgeberichte 52, St. Agnes; 230, Strub, und 361, Schöngeising.
201 Vgl. beispielsweise Seelsorgeberichte 71, St. Peter und Paul (Feldmoching); 228, Bad Reichenhall-St. Zeno, und 341, Eichenau.
202 Z. B. mit dem ganzen Kirchenchor, dem Organisten, dem Mesner; Vgl. darunter Seelsorgeberichte 54, St. Benno; 221, Bayerisch Gmain, und 352, Kottgeisering.
203 Vgl. Seelsorgeberichte 68, St. Mauritius, und 224, Marzoll.
204 Vgl. Seelsorgebericht 64, Maria Sieben Schmerzen.
205 Seelsorgebericht 69, St. Nikolaus.
206 Der Pfarrausschuss ist der Vorläufer des Pfarrgemeinderates; Näheres s. u.
207 Vgl. Seelsorgeberichte 6, St.Maximilian; 58, St. Clemens; 62, St. Laurentius; 90, St. Bernhard; 223, Bischofswiesen, und 360, Puchheim-Bahnhof.
208 Vgl. BERGER, Wörterbuch (wie Anm. 71), 261f.
209 Vgl. z. B. Seelsorgeberichte 57, St. Christoph; 232, Winkl, und 359, Puchheim-Ort.
210 Vgl. Seelsorgeberichte 64, Maria Sieben Schmerzen; 223, Bischofswiesen; 226, Ramsau; 354, Malching; 360, Puchheim-Bahnhof, und 361, Schöngeising.
211 Vgl. Seelsorgeberichte 93, St. Franziskus; 105, St. Peter und Paul-Grünwald; 225, Piding, und 231, Unterstein.
212 Vgl. Seelsorgebericht 350, Grunertshofen.

Mit Ausnahme der Pfarrei St. Johann Nepomuk in Winkl wurden die jeweiligen Laien auf irgendeine Weise für ihren Dienst geschult.[213] In Winkl war eine derartige Schulung bisher auf Grund von Terminschwierigkeiten nicht möglich.[214]

Betraut wurden mit der Aufgabe des Lektors meist Männer unterschiedlichen Alters[215], wobei junge Männer und v. a. Ministranten besonders häufig eingesetzt wurden.[216] Nur ein einziges Mal ist von einer Lektorin die Rede.[217] Hier bestätigt sich, dass es nach wie vor Vorbehalte gegen Frauen in liturgischen Diensten bzw. im Altarraum gab.[218] Daher war es auch selbstverständlich, dass nur männliche Personen ministrierten. In der Regel waren dies Schulbuben, es gab jedoch in vielen Pfarreien Bemühungen, dass auch junge Männer den Altardienst versahen. Dies war in 31 Pfarreien[219] und in weiteren neun Pfarreien am Sonntag oder zu besonderen Anlässen üblich.[220] Zum Teil verrichteten sogar Erwachsene diesen Dienst.[221] In der Pfarrei Hl. Familie in Au war es außerdem üblich, dass manchmal in Tracht ministriert wurde.[222] Die Ministranten wurden zum großen Teil geschult[223] bzw. erhielten eine Einführung.[224] Außerdem fanden in einigen Pfarreien regelmäßige Treffen[225] und Besprechungen oder Proben vor besonderen Festen statt.[226] In der Pfarrei St. Peter und Paul in Aich ersetzten die Ministranten sogar den Mesner und übernahmen auch dessen Aufgaben.[227]

---

[213] Dies reichte von Sprechübungen (Pfarrei St. Helena in München und St. Johannes der Täufer in Emmering) und Wort- und Sacherklärungen in der Pfarrei Maria Geburt in Piding über Schulungen auf Pfarrebene (z. B. in der Münchener Pfarrei Leiden Christi) bis hin zur Teilnahme an einen Lektorenkurs der Diözese durch die Lektoren von Hl. Kreuz und St. Agnes. Vgl. Seelsorgeberichte 52, St. Anna; 63, Leiden Christi; 94, St. Helena; 97, Hl. Kreuz; 225, Piding, und 342, Emmering.

[214] Vgl. Seelsorgebericht 232, Winkl.

[215] Vgl. beispielsweise Seelsorgeberichte 6, St. Maximilian; 94, St Helena; 227, Bad Reichenhall-St. Nikolaus, und 355, Mammendorf.

[216] Vgl. darunter Seelsorgeberichte 1, St. Andreas; 100, Maria Königin-Grünwald; 224, Marzoll, und 357, Pfaffing-Biburg.

[217] Vgl. Seelsorgebericht 351, Jesenwang.

[218] Vgl. dazu die Instruktion über die Musik in der Liturgie vom 05.03.1967, der zu Folge ein Kirchenchor, in dem Frauen mitsingen, einen Platz außerhalb des Altarraumes erhalten musste; vgl. Instruktion über die Musik in der Liturgie, in: Amtsblatt 1967, Nr. 8, 174-193, hier 180.

[219] Vgl. u. a. Seelsorgeberichte 63, Leiden Christi; 226, Ramsau, und 342, Emmering.

[220] Vgl. beispielsweise Seelsorgeberichte 98, St. Magdalena-Ottobrunn; 223, Bischofswiesen, und 347, Gernlinden.

[221] Vgl. Seelsorgeberichte 6, St. Maximilian; 90, St. Bernhard; 91, Hl. Engel; 95, Königin des Friedens; 102, Mariahilf; 356, Olching, und 360, Puchheim-Bahnhof.

[222] Vgl. Seelsorgebericht 220, Au.

[223] Vgl. z. B. Seelsorgeberichte 96, St. Korbinian-Unterhaching; 222, Berchtesgaden, und 351, Jesenwang.

[224] Vgl. beispielsweise Seelsorgeberichte 67, St. Martin (Untermenzing); 109, St. Wolfgang; 228, Bad Reichenhall-St. Zeno, und 347, Gernlinden.

[225] Vgl. Seelsorgeberichte 3, St. Anton; 57, St. Christoph; 61, St. Josef-Karlsfeld; 70, Maria Himmelfahrt; 232, Winkl; 342, Emmering; 345, Fürstenfeldbruck-St. Bernhard, und 353 Maisach.

[226] Vgl. Seelsorgeberichte 227, Bad Reichenhall-St. Nikolaus, und 355, Mammendorf.

[227] Vgl. Seelsorgebericht 340, Aich.

Rolle im Pfarrleben

Der oben bereits erwähnte Pfarrausschuss[228] bestand bereits in einem Großteil der Pfarreien. In München waren es etwa 57 % der Pfarreien, die dieses Gremium errichtet hatten, in Fürstenfeldbruck 41 % und in Berchtesgaden 54 %.[229] In zehn Pfarreien existierte er zwar, war aber nach Meinung des jeweiligen Pfarrers nicht funktionsfähig.[230] Besonders hervorzuheben ist hierbei die Begründung Pfarrer Veits aus Unterstein, der eingestand, dass ihm in dieser Sache möglicherweise die nötige Eigeninitiative fehlte.[231] In 14 Pfarreien gab es (noch) keine Pfarrausschüsse[232], in zweien waren sie im Entstehen.[233] Dort wurden die Aufgaben des Pfarrausschusses von einer erweiterten Kirchenverwaltung[234], von Vereinen[235] oder von einem Kreis von Verantwortungsträgern bzw. Vertrauenspersonen des Pfarrers übernommen.[236]

In den Pfarrausschüssen selbst waren meist auch Vertreter verschiedener Gruppen, Vereine oder Pfarrgebieten sowie z. T. Mitarbeiter wie Mesner oder Chorleiter aktiv.[237] Der Pfarrei Maria Himmelfahrt in München bescheinigte deren Pfarrer, dass ihr Pfarrausschuss einen guten Querschnitt der Pfarrei darstelle.[238] Stadtpfarrer Zeller von der Pfarrei St. Nikolaus in Bad Reichenhall hatte mit der Auswahl der Mitglieder besondere Probleme, denn *die geeigneten Laien ‚ziehen' nicht und die Ungeeigneten will ich nicht.*[239] Die Pfarrausschuss-Mitglieder waren in den meisten Fällen vom Pfarrer bestimmt worden. Nur in zwei Pfarreien wurde das Gremium gewählt.[240] In elf weiteren stand allerdings eine Wahl an.[241]

Die Erfahrungen mit dem Pfarrausschuss waren sehr unterschiedlich. Pfarrer Raubinger von Ramsau sah ihn von Anfang an als Fehlgeburt an. *Schuld daran ist die*

---

228 Der Pfarrausschuss war ein innerpfarrlicher Laienrat. Er sollte *der Ort freimütiger Diskussion der seelsorglichen Pläne des Pfarrers sein* (H[erbert] VORGRIMLER, Art. Pfarrausschuss, in: LThK² 8, 397).
229 Vgl. darunter Seelsorgeberichte 104, St. Otto-Ottobrunn; 229, Marktschellenberg; 349, Gröbenzell.
230 Vgl. beispielsweise Seelsorgeberichte 1, St. Andreas; 97, Hl. Kreuz; 228, Bad Reichenhall-St Zeno, und 341, Eichenau.
231 Vgl. Seelsorgebericht 231, Unterstein.
232 Vgl. u. a. Seelsorgeberichte 57, St. Christoph; 224, Marzoll, und 339, Adelshofen.
233 Vgl. Seelsorgeberichte 3, St. Anton und 53, St. Anna-Karlsfeld.
234 Vgl. Seelsorgeberichte 68, St. Mauritius; 100, Maria Königin-Grünwald; 342, Emmering, und 360, Puchheim-Bahnhof.
235 Vgl. Seelsorgeberichte 3, St. Anton; 58, St. Clemens, und 227 Bad Reichenhall-St. Nikolaus.
236 Vgl. Seelsorgeberichte 54, St. Benno, und 352, Kottgeisering.
237 Vgl. Seelsorgeberichte 104, St. Otto-Ottobrunn; 108, Verklärung Christi; 348, Gilching.
238 Vgl. Seelsorgebericht 70, Maria Himmelfahrt.
239 Vgl. Seelsorgebericht 228, Bad Reichenhall-St. Nikolaus.
240 Vgl. Seelsorgeberichte 90, St. Bernhard, und 91, Hl. Engel.
241 Vgl. darunter Seelsorgeberichte 72, St. Raphael; 222, Berchtesgaden, und 354, Malching.

Mentalität der Raumsauer.[242] Ebenfalls unzufrieden mit ihrem jeweiligen Pfarrausschuss waren die Pfarrer von St. Theresia in München und St. Magdalena in Fürstenfeldbruck, da diese kaum Positives bewirken würden.[243] In den Pfarreien Christkönig, St. Pius (beide München) und St. Jakobus der Ältere in Mammendorf wünschten sich die jeweiligen Pfarrer mehr aktive Mitarbeit der Laien.[244] Ebenfalls häufig bemängelt wurde, dass *[z]ur Beratung und Mitsprache [...] viele bereit [waren], nicht aber zur Mitarbeit.*[245] Als weitere Schwierigkeit wurde angegeben, dass sich viele gelegentlich zur Verfügung stellen, aber keine dauernde Verpflichtung eingehen wollten[246] und dass die Zusammenarbeit mit den Laien sehr viel Zeit des Pfarrers beanspruchte.[247] Geistlicher Rat Goldammer, Seelsorger der Pfarrei St. Josef in Karlsfeld, wünschte sich aufgrund von Konflikten im Pfarrausschuss eine Stärkung der Position des Pfarrers.[248]

Dennoch gab es auch einige positive Stimmen, die von guten Erfahrungen berichteten.[249] In diesem Zusammenhang wurde genannt, dass der Pfarrausschuss ein wichtiges Instrument für die Kontaktaufnahme mit der Bevölkerung sei.[250] Außerdem biete er die Chance, die Zusammenarbeit der Vereine zu verbessern.[251] Darüber hinaus schätzten einige Geistliche die Anregungen und Unterstützung, die sie von Seiten des Ausschusses erhielten.[252] Der Pidinger Pfarrer Klöck sprach sich trotz des seiner Meinung nach bestehenden Mangels an mündigen Laien für den Pfarrausschuss aus, *weil hier unsere besten Leute geschult werden können. In einiger Zeit ist schon manches zu erhoffen.*[253] In Schöngeising war laut Pfarrer Schäfer der Pfarrausschuss die einzig mögliche Form der Zusammenarbeit mit den Laien.[254]

In den meisten anderen Pfarreien[255] gab es allerdings weitere Laien, die bei verschiedenen Aufgaben mithalfen. So waren in 29 Pfarreien Laien im Wohnviertelapostolat

---

242 Seelsorgebericht 226, Ramsau.
243 Vgl. Seelsorgeberichte 73, St. Theresia, und 346, Fürstenfeldbruck-St. Magdalena.
244 Vgl. Seelsorgeberichte 56, Christkönig, 106, St. Pius, und 355, Mammendorf.
245 Generalseelsorgebericht Dekanat Au-Haidhausen; vgl. auch Seelsorgeberichte 67, St. Martin (Untermenzing); 72, St. Raphael; 94, St. Helena; 95, Königin des Friedens, und 99, Maria Immaculata.
246 Vgl. Seelsorgebericht 353, Maisach.
247 Vgl. Seelsorgebericht 53, St. Anna-Karlsfeld.
248 Vgl. Seelsorgebericht 61, St. Josef-Karlsfeld.
249 Vgl. Seelsorgeberichte 60, Herz Jesu; 91, Hl. Engel; 107, Rosenkranzkönigin-Neubiberg, und 356, Olching;
250 Vgl. Seelsorgebericht 52, St. Agnes.
251 Vgl. Seelsorgebericht 6, St. Maximilian.
252 Vgl. Seelsorgeberichte 91, Hl. Engel; 93, St. Franziskus; 108, Verklärung Christi, und 353, Maisach.
253 Seelsorgebericht 225, Piding.
254 Vgl. Seelsorgebericht 361, Schöngeising.
255 Nur in Aich und Grunertshofen sind keine tätig. Außerdem geben acht Berichterstatter zu diesem Punkt keine Auskunft. Vgl. Seelsorgeberichte 340, Aich; 350, Grunertshofen; 7, St. Paul; 96, St. Korbinian-Unterhaching; 223, Bischofswiesen; 229, Marktschellenberg; 339, Adelshofen; 342, Emmering; 345, Fürstenfeldbruck-St. Bernhard, und 354, Malching.

tätig, das eine aktive Einbindung von Laien bei Volks- bzw. Gebietsmissionen bewirken sollte.[256]

Daneben waren das Durchführen verschiedener Sammlungen (26 Nennungen)[257] und das Austeilen von Pfarrbriefen o. ä. mit 18 Nennungen[258] ebenfalls sehr häufige Laien-Tätigkeiten. Weitere Einsatzfelder waren die Caritas[259], die Mitarbeit im Pfarrbüro[260], in der Stadt die Alten- und Krankenbetreuung[261], das Melden von Kranken, Zuzügen etc.[262], Besuchsdienste[263] und auf dem Land das Schmücken der Kirche.[264]

Laut den Angaben der Berichterstatter standen als Laienhelfer zum einen v. a. Frauen zur Verfügung[265], zum anderen setzten sich Verbandsmitglieder, besonders häufig diejenigen der Legio Mariae[266], für das Gemeinwohl ein.[267] Aber auch Männer und Jugendliche, Alte oder Einzelne waren bisweilen dazu bereit.[268]

In den Pfarreien St. Franziskus in Untergiesing und St. Valentin in Marzoll wurde dafür gesorgt, dass die freiwilligen Helfer gut für ihren Dienst vorbereitet waren, indem Schulungen und Weiterbildungen angeboten wurden.[269]

---

256 Vgl. z. B. Seelsorgeberichte 63, Leiden Christi; 221, Bayerisch Gmain, und 356, Olching. *Durch das Wohnviertelapostolat soll die Verengung kirchlichen Lebens auf eine Kerngemeinde aufgebrochen werden. Die Pfarrei wird in überschaubare Wohnviertel eingeteilt, für die je ein Mitarbeiter des Wohnviertelapostolats die Verantwortung übernimmt. Ausgeübt wird das Wohnviertelapostolat durch Hausbesuche und die bewußte Gestaltung von Kontakten im Alltag aus christlichem Geist* (Markus LEHNER, Art. Wohnviertelapostolat, in: LThK³ 10, 1276). Im Erzbistum München und Freising wurde das Wohnviertelapostolat im Zusammenhang mit der Volksmission 1960 eingeführt und sollte auch weiterhin gefördert und lebendig gehalten werden. Wo es noch nicht bestand, sollte versucht werden, es einzurichten; vgl. Volksmission und Wohnviertelapostolat, in: Amtsblatt 1964, Nr. 1, 19f.
257 Vgl. beispielsweise Seelsorgeberichte 92, Hl. Familie; 228, Bad Reichenhall-St. Zeno, und 348, Gilching.
258 Vgl. darunter Seelsorgeberichte 1, St. Andreas; 102, Mariahilf; 225, Piding, und 352, Kottgeisering.
259 Vgl. z. B. Seelsorgeberichte 71, St. Peter und Paul (Feldmoching); 227, Bad Reichenhall-St. Nikolaus, und 343, Esting.
260 Vgl. Seelsorgeberichte 56, Christkönig; 95, Königin des Friedens, und 346, Fürstenfeldbruck-St. Magdalena.
261 Vgl. Seelsorgeberichte 72, St. Raphael; 74, St. Vinzenz; 100, Maria Königin-Grünwald; 103, St. Michael-Perlach, und 106, St. Pius.
262 Vgl. Seelsorgeberichte 52, St. Agnes; 92, Hl. Familie; 95, Königin des Friedens; 98, St. Magdalena-Ottobrunn, und 109, St. Wolfgang.
263 Vgl. Seelsorgeberichte 91, Hl. Engel; 94, St. Helena; 95, Königin des Friedens, und 97, Hl. Kreuz.
264 Vgl. Seelsorgeberichte 355, Mammendorf, und 359, Puchheim-Ort.
265 Vgl. beispielsweise Seelsorgeberichte 56, Christkönig; 231, Unterstein, und 353, Maisach.
266 Die Legio Maria ist eine internationale Laienbewegung, die 1921 in Dublin gegründet wurde. In Deutschland ist sie seit 1945 verbreitet. Ihre Mitglieder übernehmen apostolische Aufgaben; vgl. Marianne TIGGES, Art. Legio Mariae, in: LThK³ 6, 745.
267 Vgl. z. B. Seelsorgeberichte 52, St. Agnes; 67, St. Martin (Untermenzing); 90, St. Bernhard, und 97, Hl. Kreuz.
268 Vgl. Seelsorgeberichte 3, St. Anton; 58, St. Clemens; 66, St. Martin (Moosach); 72, St. Raphael; 73, Sr. Theresia, und 220, Au.
269 Vgl. Seelsorgeberichte 93, St. Franziskus, und 224, Marzoll.

Eine besondere Form des Laienapostolats stellte das Vereins- und Verbändewesen dar. Im Laiendekret wird festgestellt, dass man dabei *viel reichere Furcht erwarten kann, als wenn jeder einzeln für sich handelt* (Apostolica actuositatem 18). Allerdings gab es in 16 der untersuchten Pfarreien, wovon neun zum Dekanat Berchtesgaden gehörten, keinerlei Vertreter von Vereinen oder Verbänden.[270] Von den übrigen Pfarreien wirkte in sechs je ein Verein bzw. Verband[271], ansonsten bestanden meist mehrere nebeneinander. In 32 % der Pfarreien gab es zwei oder drei[272], in 34 % aller Pfarreien sogar mehr als drei Vereine und Verbände in einer Pfarrei.[273]

Gemessen an den Einschätzungen der Pfarrer scheinen die Auswirkungen der Vereine auf das Pfarrleben sehr unterschiedlich gewesen zu sein. Pfarrkurat Siegl von der Münchener Pfarrei Verklärung Christi förderte beispielsweise die Existenz von Vereinen *wegen der Gefahr eigensüchtiger und selbstherrlicher Eigenständigkeit*[274] nicht. Auch Fürstenfeldbrucks Stadtpfarrer Waxenberger (Pfarrei St. Magdalena) hielt *Überlegungen, ob Vereine echte Instrumente nach Art des Sauerteigs für die Pfarrgemeinde sind,*[275] für angebracht. Einig waren sich die beiden Priester darüber, dass ein Nebeneinander von vielen Vereinen und Verbänden schädlich sei.[276]

Während der Grunertshofener Pfarrer Altenburger in seiner Pfarrei Bruder Konrad keine Auswirkungen der Vereine und Verbände feststellen konnte[277], berichteten andere Pfarrer von guten Erfahrungen. Stadtpfarrer Winkler (Pfarrei St. Nikolaus in Bad Reichenhall) konnte beispielsweise immer auf die Vereins- und Verbandsmitglieder zählen, welche in den Münchener Pfarreien St. Raphael und St. Pius wiederum das Rückgrat der Gemeindearbeit und in der Pfarrei St. Johannes der Täufer in Emmering treue Helfer des Pfarrers darstellten.[278] Positiv äußerten sich außerdem die Seelsorger von St. Josef in Karlsfeld, St. Alto in Unterhaching, Zu den heiligen Schutzengeln in Eichenau und St. Peter und Paul in Olching.[279] Pfarrvikar Wahner von St. Josef in Puchheim lobte zwar ebenso die aktiven Mit-

---

270 Vgl. beispielsweise Seelsorgeberichte 68, St. Mauritius, 223, Bischofswiesen, und 359, Puchheim-Ort.
271 Vgl. Seelsorgeberichte 103, St. Michael-Perlach; 108, Verklärung Christi; 229, Marktschellenberg; 339, Adelshofen; 347, Gernlinden, und 361, Schöngeising.
272 Vgl. z. B. Seelsorgeberichte 53, St. Anna-Karlsfeld; 70, Maria Himmelfahrt; 222, Berchtesgaden; 231, Unterstein; 341, Eichenau, und 348, Gilching.
273 Vgl. u. a. Seelsorgeberichte 102, Mariahilf; 109, St. Wolfgang; 227, Bad Reichenhall-St. Nikolaus, und 353, Maisach.
274 Seelsorgebericht 108, Verklärung Christi.
275 Seelsorgebericht 346, Fürstenfeldbruck-St. Magdalena.
276 Vgl. Seelsorgeberichte 108, Verklärung Christi, und 346, Fürstenfeldbruck-St. Magdalena.
277 Vgl. Seelsorgebericht 350, Grunertshofen.
278 Vgl. Seelsorgeberichte 72, St. Raphael; 106, St. Pius; 227, Bad Reichenhall-St. Nikolaus, und 342, Emmering.
279 Vgl. Seelsorgeberichte 61, St. Josef-Karlsfeld; 89, St. Alto-Unterhaching; 341, Eichenau, und 356, Olching.

glieder seiner Pfarrei, beklagte aber, dass diese nur Wenige und daher zu sehr überlastet seien.[280]

Nur sehr vereinzelt vertreten waren Jugendverbände wie der BDKJ (Bund der katholischen Jugend) die KLJB (Katholische Landjugendbewegung), die KJG (Katholische junge Gemeinde), die CAJ (Christliche Arbeiterjugend). Nur Jungkolping- und Pfadfindergruppen gab es häufiger.[281]

Religiöse Praxis

In den Seelsorgeberichten wurde nach der Verbreitung des Familiengebets als einfachster Form der religiösen Praxis gefragt. Diese Frage ist ganz im Sinne des II. Vatikanischen Konzils, das die Familie als Kernzelle der Pfarrei bezeichnete.[282] Während 22 Berichterstatter dazu keinerlei Angaben machten[283], gaben weitere elf an, dies nicht einschätzen zu können.[284] Bei diesem Punkt halte ich eine Einschätzung der Pfarrer tatsächlich für schwierig, weshalb ungewiss ist, inwieweit die folgenden Einschätzungen der Tatsachen entsprachen. Von denjenigen Pfarrern, die eine Einschätzung machten, glaubte ein Großteil von 44 % (Dekanat Berchtesgaden) bis 61 % (Münchener Dekanate), dass das Familiengebet nur mehr schlecht gepflegt würde.[285] Als Ursachen wurden dabei zum einen Funk und Fernsehen, zum anderen die ungünstigen Berufs- und Schulzeiten angegeben.[286] In der Pfarrei St. Nikolaus in Bad Reichenhall versuchte man, dieser Entwicklung durch das Verteilen von Gebetskärtchen entgegenzuwirken.[287] Bemerkenswert ist, dass drei Pfarrer aus den ländlichen Pfarreien St. Michael in Strub, St. Margareth in Malching und St. Jakobus der Ältere in Mammendorf betonten, dass die schlechte Pflege des Familiengebets auch für die bäuerlichen Familien gelte.[288] Anscheinend herrschte die allgemeine Meinung vor, dass in diesen die Verhältnisse noch besser seien. Dies

---

280 Vgl. Seelsorgebericht 360, Puchheim-Bahnhof.
281 Vgl. z. B. Seelsorgeberichte 6, St. Maximilian; 60, Herz Jesu; 73, St. Theresia; 94, St. Helena; 107, Rosenkranzkönigin-Neubiberg; 227, Bad Reichenhall-St. Nikolaus; 231, Unterstein; 342, Emmering; 348, Gilching, und 356, Olching. Da auch in anderen Pfarreien von Jugendgruppen berichtet wird, ist daraus zu schließen, dass der Großteil der Jugendarbeit in verbandsunabhängigen Pfarrjugenden stattfand. Auf das Thema der Jugendarbeit im Allgemeinen kann in dieser Arbeit nicht näher eingegangen werden.
282 Vgl. AA 11.
283 Vgl. beispielsweise Seelsorgeberichte 103, St. Michael-Perlach; 222, Berchtesgaden, und 349, Gröbenzell.
284 Vgl. darunter Seelsorgeberichte 97, Hl. Kreuz; 102, Mariahilf; 231, Unterstein und 347, Gernlinden.
285 Vgl. z. B. Seelsorgeberichte 60, Herz Jesu; 100, Maria Königin Grünwald; 228, Bad Reichenhall-St. Zeno; 229, Marktschellenberg; 343, Esting, und 351, Jesenwang.
286 Vgl. Seelsorgeberichte 54, St. Benno, und 63, Leiden Christi.
287 Vgl. Seelsorgebericht 227, Bad Reichenhall-St. Nikolaus.
288 Vgl. Seelsorgeberichte 230, Strub; 354, Malching, und 355, Mammendorf.

wird durch die Aussage des Bischofwiesener Pfarrers Stöhr bestätigt, der davon ausging, dass in den bäuerlichen Familien noch zusammen gebetet wurde.[289]

Ähnlich wurde dies bei den regelmäßigen Kirchgängern eingeschätzt, von denen auch sieben Pfarrer vermuteten, dass sie das Familiengebet noch pflegten.[290] Insgesamt beurteilten die Pfarrer die Praxis auf dem Land besser als in der Stadt. Die positiven Einschätzungen zum Familiengebet insgesamt stammen mit Ausnahme derjenigen von Pfarrer Schmid (Pfarrei St. Korbinian in Unterhaching) alle von Pfarrern aus dem Dekanat Fürstenfeldbruck, wie z. B. von Pfarrkurat Benker von Gernlinden oder Pfarrkurat Hörberg von Pfaffing-Biburg.[291]

Ebenso unterschiedlich waren die Meinungen über die Art des Familiengebets. Während Kurat Düring aus der Pfarrei St. Michael in Adelshofen das Tischgebet in vielen Familien vermutete, glaubten die Münchener Stadtpfarrer Himmler (Pfarrei St. Christoph) und Keilhacker (Pfarrei St. Nikolaus), dass das Tischgebet selten war.[292] Wie seine Kollegen in den Pfarreien St. Otto in Ottobrunn und St. Martin in Untermenzing hielt Keilhacker das Abendgebet für das noch am häufigsten gemeinsam begangene Gebet.[293]

Religiöse Bildung

Vorkonziliar erfolgte die religiöse Bildung der Laien in erster Linie über die sogenannte Volksmission. In ihrer klassischen Form fand diese mittels Predigt, Katechese und Sakramentenempfang über zwei Wochen hinweg statt. In can. 1349 des CIC von 1917 wurde diese regelmäßig mindestens alle zehn Jahre vorgeschrieben. Dies sollte auf Wunsch des Erzbischofs auch weiterhin so gehandhabt werden, denn *[w]enn sich auch in unseren Tagen Zielsetzung und Methode der Volksmission einer Wandlung und Neubesinnung unterziehen, so können die Missionen gerade dadurch zu einer religiösen Erneuerung und Vertiefung der Seelsorge sehr viel beitragen.*[294] In München hatte die letzte Volksmission zur Vorbereitung auf den Eucharistischen Weltkongress 1960 stattgefunden. Im Dekanat Berchtesgaden war eine für November 1967 vorgesehen[295] und im Dekanat Fürstenfeldbruck für das Jahr 1969 geplant.[296] Dennoch waren bei weitem nicht alle Priester vom Nutzen dieser Maßnahme überzeugt.

---

289 Vgl. Seelsorgebericht 223, Bischofswiesen.
290 Vgl. Seelsorgeberichte 6, St. Maximilian; 90, St. Bernhard; 221, Bayerisch Gmain; 224, Marzoll; 225, Piding; 342, Emmering, und 345, Fürstenfeldbruck-St. Bernhard.
291 Vgl. Seelsorgeberichte 96, St. Korbinian-Unterhaching; 347, Gernlinden, und 357, Pfaffing-Biburg; außerdem Seelsorgeberichte 350, Grunertshofen; 352, Kottgeisering, und 356, Olching.
292 Vgl. Seelsorgeberichte 54, St. Christoph, und 69, St. Nikolaus.
293 Vgl. Seelsorgeberichte 67, St. Martin (Untermenzing); 69, St. Nikolaus, 104, St. Otto-Ottobrunn.
294 Volksmission und Wohnviertelapostolat, in: Amtsblatt 1964, Nr. 1, 19f.
295 Vgl. z. B. Seelsorgebericht 226, Ramsau.
296 Vgl. Generalseelsorgebericht 770, Dekanat Fürstenfeldbruck.

Angesichts der deutlichen Unterschiede zwischen Stadt und Land und v. a. aufgrund der verschiedenen Ausgangssituationen in den einzelnen Dekanaten, möchte ich dieses Thema je Dekanat separat behandeln.

Da die Volksmission im Dekanat Berchtesgaden unmittelbar bevorstand, ist es verständlich, dass sich dort kaum jemand gegenüber dem Ordinariat negativ darüber aussprechen wollte. Der Pidinger Pfarrer Klöck bemerkte dazu: *Da heuer im November Gebietsmission sein wird, wird zu dieser Sache hier nicht weiter Stellung genommen.*[297] In diesem Sinne ist davon auszugehen, dass auch die übrigen vier Pfarrer von Au, Berchtesgaden, Marzoll und Marktschellenberg, die sich nicht zu diesem Thema äußerten, dies bewusst taten.[298] Direkte Kritik kam lediglich von Pfarrer Vothknecht (Pfarrei St. Johann Nepomuk in Winkl), der zwei Wochen für eine Überforderung der Leute hielt.[299] Allerdings sind auch aus den Beschreibungen der Erwartungen Vorbehalte herauszulesen. Diese reichten von Angst[300] und Hoffnungslosigkeit[301] bis hin zu Spannung und Hoffnung.[302] Der Bad Reichenhaller Stadtpfarrer Winkler (Pfarrei St. Nikolaus), der seinen Bericht offensichtlich erst nach der Volksmission abgegeben hatte, resümierte, dass es zwar zu einer Vertiefung beim Kern der Gemeinde gekommen sei, aber zu keiner Breitenwirkung.[303]

Dieses Ergebnis erwarteten sich auch Pfarrer Ferstl von St. Johannes der Täufer in Emmering und Stadtpfarrer Kögl von St. Bernhard in Fürstenfeldbruck aus dem Dekanat Fürstenfeldbruck von der dort geplanten Mission.[304] Ihre Kollegen aus Adelshofen und Aich hielten diese für wichtig und notwendig[305], und Pfarrer Ritthaler aus Eichenau erhoffte sich eine Erneuerung.[306] Dagegen gingen der Maisacher und der Schöngeisinger Pfarrer davon aus, dass positive Folgen nicht langfristig wirken würden.[307] Keine Hoffnungen setzten Pfarrer Rinser (Pfarrei St. Michael in Jesenwang) und Pfarrer Hahn (Pfarrei Maria Himmelfahrt in Puchheim-Ort) in die Mission.[308] Auch der Fürstenfeldbrucker Stadtpfarrer Kögl aus der Pfarrei St. Nikolaus sah große Schwierigkeiten in Bezug auf die Beteiligung auf sich zukommen.[309] Auch sein Kollege Waxenberger (Pfarrei St. Magdalena) hielt eine Volks-

---

297 Seelsorgebericht 225, Piding.
298 Vgl. Seelsorgeberichte 220, Au; 222, Berchtesgaden; 224, Marzoll, und 229, Marktschellenberg.
299 Vgl. Seelsorgebericht 232, Winkl.
300 Vgl. Seelsorgebericht 221, Bayerisch Gmain.
301 Vgl. Seelsorgebericht 228, Bad Reichenhall-St. Zeno.
302 Vgl. Seelsorgeberichte 230, Strub, und 231, Unterstein.
303 Vgl. Seelsorgebericht 227, Bad Reichenhall-St. Nikolaus.
304 Vgl. Seelsorgeberichte 342, Emmering, und 345, Fürstenfeldbruck-St. Bernhard.
305 Vgl. Seelsorgeberichte 339, Adelshofen, und 340, Aich.
306 Vgl. Seelsorgebericht 341, Eichenau.
307 Vgl. Seelsorgeberichte 353, Maisach, und 361, Schöngeising.
308 Vgl. Seelsorgeberichte 351, Jesenwang, und 359, Puchheim-Ort.
309 Vgl. Seelsorgebericht 345, Fürstenfeldbruck-St. Bernhard.

mission im herkömmlichen Sinn nicht für sinnvoll[310], während die Seelsorger in Grunertshofen, Mammendorf, Olching und Puchheim-Bahnhof dieser, vorausgesetzt, sie würde richtig verstandenen werden, durchaus Chancen einräumten.[311] Neben diesen Einschätzungen sind außerdem sechs Berichterstatter zu verzeichnen, die keine Angaben bezüglich der Volksmission machten.[312]

Ebenso viele sind es in den Dekanaten Münchens.[313] Daneben gab es auch unter den Münchener Pfarrern sehr unterschiedliche Meinungen in Bezug auf die Volksmissionen. Während ein Teil ein richtiges Verständnis bzw. bestimmte Bedingungen als Voraussetzung für notwendig hielt[314], stand ein anderer einer neuen Volksmission durchaus positiv gegenüber.[315] Ebenso Stadtpfarrer Wolf (Pfarrei St. Pius in München), der sich angesichts der Erfolge der Mission von 1960 nun eine auf die verschiedenen Altersgruppen spezialisierte Stadtmission wünschte.[316] Die Seelsorger der Münchener Pfarreien St. Benno, Maria Sieben Schmerzen und St. Helena dagegen konnten keine Erfolge der Mission von 1960 erkennen[317], und Stadtpfarrer Brandmayer (Pfarrei Maria Himmelfahrt) war der Meinung, dass eine Volksmission nur einen bestimmten Teil der Gläubigen anspreche.[318] Der Münchener Stadtpfarrer Obermayer (Pfarrei St. Vinzenz) sah zwar, dass diese Form ihre Probleme habe, wusste aber keine bessere Lösung.[319] Eine Gruppe von 13 Priestern hielt die herkömmliche Volksmission keinesfalls mehr für die geeignete Form[320], und einige von ihnen boten durchaus Alternativvorschläge. Neben einer Hausmission[321] wurden dabei öffentliche Glaubensforen[322] und religiöse Wochen[323] genannt.

Solche Arten von religiöser Erwachsenenbildung schienen sich in dieser Zeit mehr und mehr durchzusetzen. Dies war nicht der Fall in acht Pfarreien, darunter

---

310 Vgl. Seelsorgebericht 346, Fürstenfeldbruck-St. Magdalena.
311 Vgl. Seelsorgeberichte 350, Grunertshofen; 355, Mammendorf; 356, Olching, und 360, Puchheim-Bahnhof.
312 Vgl. Seelsorgeberichte 348, Gilching; 349, Gröbenzell; 352, Kottgeisering; 354, Malching; 357, Pfaffing-Biburg, und 362, Unteralting.
313 Vgl. Seelsorgeberichte 1, St. Andreas; 7, St. Paul; 67, St. Martin (Untermenzing); 71, St. Peter und Paul (Feldmoching); 91, Hl. Engel, und 103, St. Michael-Perlach.
314 Vgl. Seelsorgeberichte 57, St. Christoph; 60, Herz Jesu; 66, St. Martin (Moosach); 99, Maria Immaculata; 100, Maria Königin-Grünwald, und 104, St. Otto-Ottobrunn.
315 Vgl. Seelsorgeberichte 3, St. Anton; 69, St. Nikolaus; 72, St. Raphael; 90, St. Bernhard, und 108, Verklärung Christi.
316 Vgl. Seelsorgebericht 106, St. Pius.
317 Vgl. Seelsorgeberichte 54, St. Benno; 64, Maria Sieben Schmerzen, und 94, St. Helena.
318 Vgl. Seelsorgebericht 70, Maria Himmelfahrt.
319 Vgl. Seelsorgebericht 74, St. Vinzenz.
320 Vgl. beispielsweise Seelsorgeberichte 62, St. Laurentius; 93, St. Franziskus, und 105, St. Peter, und Paul-Grünwald.
321 Vgl. Seelsorgeberichte 52, St. Agnes; 66, St. Martin (Moosach); 70, Maria Himmelfahrt, und 89, St. Alto-Unterhaching.
322 Vgl. Seelsorgebericht 96, St. Korbinian-Unterhaching.
323 Vgl. Seelsorgebericht 102, Mariahilf.

St. Martin in Untermenzing, Herz Jesu in Bischofswiesen oder St. Laurentius in Grunertshofen.[324] Auch in den Pfarreien Bruder Konrad in Gernlinden und St. Margareth in Malching wurde kein Bildungsangebot gemacht, weil die jeweiligen Berichterstatter die Pfarreien dafür für zu klein hielten.[325] Daneben befand sich das Bildungsangebot der Münchener Pfarreien St. Helena und St. Michael in Perlach noch in den Anfängen.[326] Insgesamt reichte das Angebot von Bibelabenden[327] über Bibelkreise[328] und Vortrags- bzw. Diskussionsabende[329] hin zu Familienkreisen[330] und Glaubensseminaren.[331] In 13 Pfarreien, unter ihnen Verklärung Christi in München, St. Valentin in Marzoll und Maria Himmelfahrt in Puchheim, wurde vor Ort nichts Derartiges angeboten, es wurde aber mit den Nachbarpfarreien zusammengearbeitet bzw. für deren Veranstaltungen Werbung gemacht.[332] Eine Minderheit stellten die Herren Maierhofer (Pfarrei St. Benno in München), Arnold (Pfarrei St. Peter und Paul in Aich) und Führer (Pfarrei St. Jakobus der Ältere in Mammendorf) dar, für welche die Bildungsarbeit in Predigten und Andachten ihren Platz hatte.[333]

Insgesamt kann man feststellen, dass die religiöse Bildung von Laien zunehmend als bedeutsam erachtet wurde und ein Großteil der Pfarreien in diesem Punkt aktiv war bzw. wurde. Probleme in Bezug auf die Erwachsenenbildung gab es zum einen in Form der Gleichgültigkeit und schlechten Beteiligung der Gläubigen[334], zum anderen wegen des fehlenden Personals[335], v. a. aber aufgrund Raummangels in den Pfarreien.[336] Als besonders wichtig kristallisierten sich die Themenfelder Ehe und Familie inklusive Geschlechtsmoral und -erziehung[337], Glaubenswahrheiten[338] und

---

324 Vgl. Seelsorgeberichte 67, St. Martin (Untermenzing); 223, Bischofswiesen, und 350, Grunertshofen.
325 Vgl. Seelsorgeberichte 347, Gernlinden, und 354, Malching.
326 Vgl. Seelsorgeberichte 94, St. Helena, und 103, St. Michael Perlach.
327 Vgl. Seelsorgeberichte 63, Leiden Christi; 73 St. Theresia; 74, St. Vinzenz; 90, St. Bernhard; 102, Mariahilf, und 225, Piding.
328 Diese fanden in 16 Pfarreien statt; vgl. darunter Seelsorgeberichte 91, Hl. Engel; 226, Ramsau, und 349, Gröbenzell.
329 Zu diesen luden 14 Pfarreien ein; vgl. u. a. 104, St. Otto-Ottobrunn; 220, Au, und 360, Puchheim-Bahnhof.
330 Vgl. Seelsorgeberichte 58, St. Clemens; 60, Herz Jesu; 90, St. Bernhard; 107, Rosenkranzkönigin-Neubiberg; 108, Verklärung Christi, und 349, Gröbenzell.
331 Vgl. z. B. Seelsorgeberichte 74, St. Vinzenz; 228, Bad Reichenhall-St. Zeno, und 346, Fürstenfeldbruck-St. Magdalena.
332 Vgl. Seelsorgeberichte 108, Verklärung Christi, 224, Marzoll, und 359, Puchheim-Ort.
333 Vgl. Seelsorgeberichte 54, St. Benno; 340, Aich, und 355, Mammendorf.
334 Vgl. Seelsorgeberichte 69, St. Nikolaus.
335 Vgl. Seelsorgebericht 58, St. Clemens, und 70, Maria Himmelfahrt.
336 Vgl. Seelsorgeberichte 57, St. Christoph; 67, St. Martin (Untermenzing); 68, St. Mauritius; 70, Maria Himmelfahrt; 74, St. Vinzenz; 96, St. Korbinian-Unterhaching; 340, Aich; 342, Emmering; 349, Gröbenzell, und 351, Jesenwang.
337 12 Nennungen; vgl. darunter Seelsorgeberichte 67, St. Martin (Untermenzing); 225, Piding, und 356, Olching.
338 Vgl. Seelsorgeberichte 71, St. Peter und Paul (Feldmoching); 95, Königin des Friedens; 106, St. Pius; 107, Rosenkranzkönigin-Neubiberg; 339, Adelshofen, und 343, Esting.

Glaubensfragen[339], ewiges Leben[340], Gewissensbildung[341] sowie biblische und Konzilsthemen heraus.[342]

Für die familienspezifischen Themen gab es neben den oben erwähnten Familienseminaren auch Elternabende. Diese fanden in einem großen Teil der Pfarreien statt, allerdings haben sieben Pfarreien keine Elternabende gehalten.[343] Pfarrer Krempl aus der Pfarrei St. Otto in Ottobrunn begründete dies mit dem Mangel an Beteiligung.[344] In der Pfarrei St. Margareth in Malching wurde zur Begegnung mit den Eltern ein Familienseminar gehalten.[345] Die meisten Elternabende, nämlich in 51 Pfarreien, wurden im Rahmen der Sakramentenspendung für die Eltern der Erstkommunikanten, der Erstbeichtenden und der Firmlinge gehalten.[346] Außerdem gab es jeweils in acht Pfarreien Informationsabende für die Eltern der Kindergartenkinder und der Schulanfänger.[347] Vereinzelt gab es auch Veranstaltungen für die Eltern der Ministranen und der Jugendgruppenmitglieder.[348] Zusätzlich zu den von der Pfarrei veranstalteten Elternabenden besuchten Vertreter der Pfarreien auch die Elternabende an den Schulen[349] bzw. veranstalteten diese mit.[350]

Nach der Thematisierung der Geschlechtserziehung gefragt, gaben 28 Priester an, diese auf den Elternabenden anzusprechen[351], in drei Pfarreien wurden dazu eigene Referenten eingeladen[352] und in vier weiteren Pfarreien wurde dieses Thema in den Familienseminaren aufgegriffen.[353] Pfarrer Maierhofer von der Pfarrei St. Benno sah keinen Anlass, eine Veranstaltung dazu anzubieten, denn *[f]ür die Einführung der Eltern in die Geschlechtserziehung ihrer Kinder gibt es genügend gute Literatur.*[354]

---

339 Vgl. Seelsorgeberichte 91, Hl. Engel; 92, Hl. Familie; 97, Hl. Kreuz, und 99, Maria Immaculata.
340 Vgl. Seelsorgeberichte 93, St. Franziskus; 95,Königin des Friedens; 102, Mariahilf; 232, Winkl, und 361,Schöngeising.
341 Vgl. Seelsorgeberichte 228, Bad Reichenhall-St. Zeno; 347, Gernlinden; 360, Puchheim-Bahnhof.
342 Vgl. Seelsorgeberichte 93, St. Franziskus; 97, Hl. Kreuz, und 225, Piding.
343 Vgl. z. B. Seelsorgeberichte 221, Bayerisch Gmain, und 361, Schöngeising.
344 Vgl. Seelsorgebericht 104, St. Otto-Ottobrunn.
345 Vgl. Seelsorgebericht 354, Malching.
346 Vgl. beispielsweise Seelsorgeberichte 7, St. Paul; 225, Piding, und 353, Maisach.
347 Vgl. darunter zum einen Seelsorgeberichte 94, St. Helena, und 342, Emmering, zum anderen Seelsorgeberichte 72, St. Raphael, und 102, Mariahilf.
348 Vgl. Seelsorgeberichte 62, St. Laurentius; 74, St. Vinzenz, und 99, Maria Immaculata.
349 Vgl. beispielsweise 3, St. Anton; 223, Bischofswiesen, und 353, Maisach.
350 Vgl. Seelsorgeberichte 6, St. Maximilian; 342, Emmering; 343, Esting; 345, Fürstenfeldbruck-St. Bernhard, und 352, Kottgeisering.
351 Vgl. z. B. Seelsorgeberichte 63, Leiden Christi; 231, Unterstein, und 346, Fürstenfeldbruck-St. Magdalena.
352 Vgl. Seelsorgeberichte 66, St. Martin (Moosach); 227, Bad Reichenhall-St. Bernhard, und 228 Bad Reichenhall-St. Zeno.
353 Vgl. Seelsorgeberichte 69, St. Nikolaus; 93, St. Franziskus; 95, Königin des Friedens, und 105, St. Peter und Paul-Grünwald.
354 Seelsorgebericht 54, St. Benno.

Weitere Neuerungen und Entwicklungen
Zusammenarbeit in Dekanat und Pfarrei

Der Kontakt zum Dekanat erfolgte v. a. über die Dekanatskonferenzen[355] und über den Dekan selbst.[356] Probleme in der Zusammenarbeit bereitete laut Stadtpfarrer Winkler von der Pfarrei Bad Reichenhall-St. Nikolaus der Individualismus vieler Pfarrer.[357] Außerdem würden, so Pfarrer Waxenberger von St. Magdalena in Fürstenfeldbruck, die unterschiedlichen Strukturen von Stadt- und Landpfarreien diese erschweren.[358] Dies galt ebenso für die – besonders auf dem Land - z. T. großen Entfernungen der Pfarreien zueinander.[359]

Eine echte Zusammenarbeit fand nahezu ausschließlich in gegenseitigen Aushilfen, insbesondere beim Spenden des Beichtsakramentes statt.[360] Die Pfarreien St. Laurentius in München und St. Jakobus der Ältere in Mammendorf sahen den Bereich der Jugendarbeit auf Dekanatsebene angesiedelt.[361]

In den Dekanaten in München war die Zusammenarbeit insgesamt noch eher gering, da diese im Juli 1967 erst neu strukturiert wurden.[362]

Einmalig schien der regelmäßige Gedankenaustausch Pfarrer Stöhrs von Herz Jesu in Bischofswiesen mit einigen Nachbarpfarrern gewesen zu sein.[363]

Solche Besprechungen waren ansonsten auf Pfarrebene vorgesehen. In zwölf Pfarreien trafen sich die Pfarrseelsorger tatsächlich regelmäßig[364], während in fünf Pfarreien nur unregelmäßig oder in besonderen Fällen Konferenzen abgehalten wurden.[365] Elf Berichterstatter hielten eigene Konferenzen aufgrund der Gemeinschaft im Pfarrhaus bzw. der gemeinsamen Mahlzeiten für überflüssig.[366] Weitere drei Pfarrer empfanden sie ebenfalls als unnötig[367], und vier Berichterstatter gaben – ohne Begründung – an, keine Besprechungen abzuhalten.[368] In weiteren 17 Pfarrei-

---

355 Vgl. z. B. Seelsorgeberichte 1, St. Andreas; 97, Hl. Kreuz, und 352, Kottgeisering.
356 Vgl. Seelsorgeberichte 224, Marzoll; 225, Piding; 228, Bad Reichenhall-St. Zeno, und 230, Strub.
357 Vgl. Seelsorgebericht 227, Bad Reichenhall-St. Nikolaus.
358 Vgl. Seelsorgebericht 346, Fürstenfeldbruck-St. Magdalena.
359 Vgl. Seelsorgeberichte 226, Ramsau; 232, Winkl, und 349, Gröbenzell.
360 Vgl. beispielsweise Seelsorgeberichte 69, St. Nikolaus; 231, Unterstein, und 356, Olching.
361 Vgl. Seelsorgeberichte 62, St. Laurentius und 355, Mammendorf.
362 Vgl. beispielsweise Seelsorgeberichte 62, St. Laurentius; 91, Hl. Engel; 102, Mariahilf, sowie Neueinteilung der Dekanate der Stadt München, in: Amtsblatt 1967, Nr. 15, 332-336.
363 Vgl. Seelsorgebericht 223, Bischofswiesen.
364 Vgl. darunter Seelsorgeberichte 6, St. Maximilian; 91, Hl. Engel, und 350, Grunertshofen.
365 Vgl. Seelsorgeberichte 1, St. Andreas; 3, St. Anton; 66, St. Martin (Moosach); 90, St. Bernhard, und 348, Gilching.
366 Vgl. beispielsweise Seelsorgeberichte 54, St. Benno; 102, Mariahilf, und 356, Olching.
367 Vgl. Seelsorgeberichte 64, Maria Sieben Schmerzen; 99, Maria Immaculata, und 231, Unterstein.
368 Vgl. Seelsorgebericht 96, St. Korbinian Unterhaching; 220, Au, 227, Bad Reichhall-St. Nikolaus, und 362, Unteralting.

en erübrigten sich diese, da der Pfarrer der einzige Seelsorger in der Pfarrei war.[369] Dies betraf v. a. die kleinen Pfarreien auf dem Land.[370]

Im Unterschied dazu wurde in 29 meist größeren Pfarreien das Pfarrteam sogar noch von Priestern, die im Pfarrgebiet wohnten, aber nicht mit der Pfarrseelsorge betraut waren, verstärkt.[371] In der Pfarrei Maria Himmelfahrt arbeitete sogar ein verheirateter Priester mit.[372]

Weitere Mithilfe erhielten Pfarreien gegebenenfalls von ansässigen Orden. Neben den Pfarreien St. Anton, St. Laurentius, St. Theresia, Maria Immaculata und St. Wolfgang, deren jeweiliger Pfarrer aus einer Ordensgemeinschaft stammte[373], waren in weiteren 29 Pfarreien Orden tätig.[374] Diese hatten meist eigene Aufgaben innerhalb der Pfarrei, wie die Betreuung des Kindergartens, die Krankenpflege etc.[375] Zum großen Teil machten die Pfarreien mit den Orden gute Erfahrungen[376], und es waren gute Beziehungen vorhanden.[377] In Grunertshofen gab es wenig Kontakt zwischen Pfarrei und Orden[378], in der Pfarrei St. Zeno in Bad Reichenhall gestaltete sich dieser zu den verschiedenen Klöstern sehr unterschiedlich[379], und in den Pfarreien St. Maximilian (München), St. Korbinian in Unterhaching und St. Magdalena in Fürstenfeldbruck wünschten sich die Pfarrer mehr Beteiligung der Ordensleute am Pfarrleben.[380] In der Pfarrei Christkönig herrschte allerdings z. T. Konkurrenz vor[381], und in Unteralting gab es sogar gravierende Probleme zwischen der Pfarrei und dem örtlichen Kloster, das zwar auf politischer Ebene zur Gemeinde, auf kirchlicher Ebene aber nicht zur Pfarrei gehörte, sondern sogar außerhalb der Diözese lag. Durch das Kloster war die örtliche Pfarrgemeinde gespalten. So ging etwa die Hälfte der Gläubigen in die nahezu parallel stattfinden Gottesdienste der Franziskaner. Diese Auseinandersetzungen belasteten Pfarrvikar Klimesch so stark, dass

---

369 Vgl. u. a. 61, St. Josef-Karlsfeld; 224, Marzoll; 232, Winkl; 342, Emmering, und 361, Schöngeising.
370 Von den 17 Pfarreien sind sechs aus dem Dekanat Berchtesgaden und sieben aus dem Dekanat Fürstenfeldbruck.
371 Vgl. beispielsweise Seelsorgeberichte 57, St. Christoph; 92, Hl. Familie; 227, Bad Reichenhall-St. Nikolaus, und 346, Fürstenfeldbruck-St. Magdalena.
372 Vgl. Seelsorgebericht 70, Maria Himmelfahrt.
373 Vgl. Seelsorgeberichte 3, St. Anton, 62, St. Laurentius, 73, St. Theresia, 99, Maria Immaculata, und 109, St. Wolfgang.
374 Vgl. u. a. Seelsorgeberichte 56, Christkönig; 228, Bad Reichenhall-St. Zeno, und 355, Mammendorf.
375 Vgl. z. B. Seelsorgeberichte 66, St. Martin (Moosach); 222, Berchtesgaden, und 349, Gröbenzell.
376 Vgl. beispielsweise Seelsorgeberichte 3, St. Anton; 70, Maria Himmelfahrt; 105, St. Peter und Paul-Grünwald, und 341, Eichenau.
377 Vgl. z. B. Seelsorgeberichte 1, St. Andreas; 60, Herz Jesu; 227, Bad Reichenhall-St. Nikolaus, und 355, Mammendorf.
378 Vgl. Seelsorgebericht 350, Grunertshofen.
379 Vgl. Seelsorgebericht 228, Bad Reichenhall-St. Zeno.
380 Vgl. Seelsorgeberichte 6, St. Maximilian; 96, St. Korbinian-Unterhaching, und 346, Fürstenfeldbruck-St. Magdalena.
381 Vgl. Seelsorgebericht 56, Christkönig.

er dem Ordinariat sogar vorschlug, die Seelsorge der Pfarrei dem Franziskanerkloster zu übergeben.[382]

Neben den Priestern und Ordensleuten gab es in den Pfarreien zunehmend auch weitere Mitarbeiter in Verwaltung und Seelsorge. Dies trifft auf die Münchener Pfarreien deutlich häufiger zu als auf die Pfarreien auf dem Land. So handelte es sich bei den elf Pfarreien, in denen nach Auskunft der Berichterstatter keine Mitarbeiter vorhanden waren, neben zwei Münchener Pfarreien um sechs Pfarreien des Dekanates Berchtesgaden und um drei des Dekanates Fürstenfeldbruck.[383] Pfarrer Schäfer von Schöngeising begründete diesen Mangel mit fehlenden finanziellen Mitteln.[384]

Eine Pfarrsekretärin, die den Pfarrer bei seiner Bürotätigkeit unterstützen sollte, war die am häufigsten vertretene Mitarbeiterin. Allerdings waren im Dekanat Fürstenfeldbruck gerade einmal drei Pfarrsekretärinnen[385], im Dekanat Berchtesgaden sogar nur eine einzige im Einsatz[386], während es in München 21 Pfarrsekretärinnen waren.[387] Nicht viel anders sah es bei den Bürohilfen aus. Diese waren in acht Münchener Pfarreien[388], in zwei des Dekanates Fürstenfeldbruck[389] und wieder nur in einer im Dekanat Berchtesgaden tätig.[390] Bemerkenswert in Bezug auf die Büroarbeit ist die Frage Pfarrer Waxenbergers von St. Magdalena in Fürstenfeldbruck nach einem Verwaltungsinspektor.[391]

Noch deutlicher ist der Unterschied zwischen Stadt und Land bei den Pfarrschwestern bzw. Seelsorgehelferinnen. Dabei handelte es sich um ehelos lebende Frauen, die aufgrund einer entsprechenden Ausbildung hauptamtlich die Seelsorge der Pfarrei unterstützten.[392] Diese gab es fast ausschließlich in den Pfarreien der Münchener Dekanate. Dort waren sie in 28 Pfarreien tätig.[393] Des Weiteren gab es in fünf Pfarreien Pfarrhelferinnen, die ohne spezielle Ausbildung im kirchlichen Dienst tätig waren.[394] Hinzu kam die Mesnerin der Pfarrei Zu den hl. Schutzengeln

---

382 Vgl. Seelsorgebericht 362, Unteralting.
383 Vgl. beispielsweise Seelsorgeberichte 96, St. Korbinian-Unterhaching; 224, Marzoll; 231, Unteralting, und 355, Mammendorf.
384 Vgl. Seelsorgebericht 361, Schöngeising.
385 Vgl. Seelsorgeberichte 346, Fürstenfeldbruck-St. Magdalena 349, Gröbenzell, und 353, Maisach.
386 Vgl. Seelsorgebericht 227, Bad Reichenhall-St. Nikolaus.
387 Vgl. darunter Seelsorgebericht 1, St. Andreas, 67, St. Nikolaus, und 102, Mariahilf.
388 Vgl. u. a. Seelsorgeberichte 54, St. Benno; 73, St. Theresia, und 91, Hl. Engel.
389 Vgl. Seelsorgeberichte 348, Gilching, und 356, Olching.
390 Vgl. Seelsorgebericht 230, Strub.
391 Vgl. Seelsorgebericht 346, Fürstenfeldbruck-St. Magdalena
392 Vgl. SCHWERDT, K., Art. Seelsorgehelferin, in: LThK² 9, 586f.
393 Vgl. beispielsweise Seelsorgeberichte 3, St. Anton; 52, St. Agnes; 64, Maria Sieben Schmerzen; 91, Hl. Engel, und 107, Rosenkranzkönigin-Neubiberg.
394 Vgl. Seelsorgeberichte 56, Christkönig; 70, Maria Himmelfahrt; 73, St. Theresia; 89, St. Alto-Unterhaching, und 90, St. Bernhard; K. SCHWERDT, Art. Seelsorgehelferin, in: LThK² 9, 586f., 587.

in Eichenau, die sich außerdem als Pfarrhelferin engagierte.[395] Eine weitere Mesnerin mit „Zusatzaufgabe" gab es in der Pfarrei St. Nikolaus von der Flüe in Bayerisch Gmain; hier erledigte diese auch kleine Büroarbeiten.[396]

Daneben gab es in einigen Pfarreien Katecheten[397], die in Pfarrei und/oder Schule Unterricht gaben. Dies war in den Münchener Pfarreien Maria Sieben Schmerzen und Hl. Kreuz sowie in den Pfarreien St. Nikolaus in Bad Reichenhall, St. Bernhard in Fürstenfeldbruck, Bruder Konrad in Gernlinden und St. Sebastian in Gilching der Fall, wobei es sich mit Ausnahme der Pfarrei Hl. Kreuz jeweils um eine Katechetin handelte.[398] Außerdem war in der Pfarrei St. Sebastian in Gilching eine Frau sowohl als Katechetin als auch als Seelsorgehelferin tätig.[399]

Da mit dem Zweiten Vatikanischen Konzil das Amt des ständigen Diakons wieder eingeführt worden war, stellte sich nun die Frage, wie und wo dieser eingesetzt werden könnte. Daher sollte im Seelsorgebericht eine Stimmungsabfrage über Interesse an einem Diakon und über dessen mögliche Aufgabenfelder erfolgen. Die Antworten darauf fielen sehr unterschiedlich aus. Die Bandbreite reichte von Kommentaren wie *Ich wüßte beim besten Willen nicht, was ich mit einem verheirateten Diakon anfangen sollte. Die Verantwortung für die Pfarrei wird auch in Zukunft dem Pfarrer nicht abgenommen*[400], bis hin zu dem Bekenntnis *Mein sehnlichster Wunsch wäre ein verheirateter oder lediger Diakon.*[401]

Dabei standen 13 Berichterstatter einem verheirateten Diakon eher ablehnend gegenüber. Auffällig ist, dass sieben davon aus dem Dekanat Berchtesgaden stammten.[402] Weitere 13 Pfarrer waren angesichts von vielen Unklarheiten noch unentschlossen.[403] Bedenken gab es vor allem in Bezug auf die Frage, wo ein verheirateter Diakon mit seiner Familie wohnen sollte.[404] Eine Ausnahme bildete dabei Pfarrer Betzl, in dessen Pfarrei St. Vitus in Maisach ein Haus für diesen Zweck zur Verfügung gestanden wäre.[405] Pfarrvikar Richter aus der Pfarrei St. Valentin in Marzoll befürchtete, *[w]ürde dann die Familie des Diakons nicht ganz vorbildlich sein, wäre der Scha-*

---

395 Vgl. Seelsorgebericht 341, Eichenau.
396 Vgl. Seelsorgebericht 221, Bayerisch Gmain.
397 *Der urspr[üngliche] u[nd] immer gültige Sinn des Katechetenamtes liegt in der Bildungs- und Erziehungshilfe zur Christusförmigkeit, in der Entfaltungshilfe an dem, was in der Taufe gnadenhaft grundgelegt wurde.* (G. FISCHER, Art. Katechet, in: LThK² 6, 33f.).
398 Vgl. Seelsorgeberichte 64, Maria Sieben Schmerzen; 97, Hl. Kreuz; 227, Bad Reichenhall-St. Nikolaus; 345, Fürstenfeldbruck-St. Bernhard; 347 Gernlinden, und 348 Gilching.
399 Vgl. Seelsorgebericht 348, Gilching.
400 Seelsorgebericht 221, Bayerisch Gmain.
401 Seelsorgebericht 90, St. Bernhard.
402 Vgl. darunter Seelsorgeberichte 109, St. Wolfgang; 223, Bischofswiesen; 231, Unterstein, und 361, Schöngeising.
403 Vgl. z. B. Seelsorgeberichte 54, St. Benno; 102, Mariahilf, und 346, Fürstenfeldbruck-St. Magdalena.
404 Vgl. Seelsorgeberichte 92, Hl. Familie; 94, St. Helena; 102, Mariahilf, 109, St. Wolfgang, und 348, Gilching.
405 Vgl. Seelsorgebericht 353, Maisach.

den größer als der Nutzen.[406] Auch für Stadtpfarrer Kögl von St. Bernhard in Fürstenfeldbruck hätte ein Diakon nur einen eingeschränkten Nutzen, da er viele priesterliche Funktionen nicht erfüllen könne.[407] Je zwei Priester sahen noch kein ausgefülltes Betätigungsfeld für einen Diakon[408] bzw. hielten es noch nicht an der Zeit, sich mit diesem Thema zu befassen.[409] Während weitere drei Berichterstatter sich noch nicht ganz festlegen wollten[410], bekundeten 17 Pfarrer v. a. aus den Münchener Pfarreien Interesse an einem Diakon.[411] Geistlicher Rat Goldammer von St. Josef in Karlsfeld erhoffte sich davon eine sehr große Hilfe.[412]

Als mögliches Aufgabenfeld wurde am häufigsten (17 Nennungen) die Alten- und Krankenbetreuung einschließlich Hausbesuche genannt.[413] Außerdem wurden Ein-sätze in der Jugendarbeit (10 Nennungen)[414], in der Schule[415], für liturgische Aufgaben (je 7 Nennungen)[416] sowie in der Pfarreiorganisation und -verwaltung (je 4 Nennungen)[417] vorgeschlagen. Für Pfarrvikar Klimesch von Maria Himmelfahrt in Unteralting wäre ein Diakon nicht nötig, wenn die Pfarrer keine Büroarbeit zu erledigen hätten[418], und Pfarrer Hoch von St. Sebastian in Gilching konnte sich erstaunlicherweise keine Aufgaben für einen Diakon vorstellen.[419]

Fremdenverkehr

Der Fremdenverkehr spielte in erster Linie im Dekanat Berchtesgaden eine Rolle. In den Seelsorgeberichten der anderen Pfarreien wird dieser daher mit Ausnahme der Pfarrei St. Elisabeth von Thüringen in Esting, wo Hinweisschilder und Gottesdiensteinladungen für die Fremden zu finden waren, nicht behandelt.[420]

---

406 Seelsorgebericht 224, Marzoll.
407 Vgl. Seelsorgebericht 345, Fürstenfeldbruck-St. Bernhard.
408 Vgl. Seelsorgeberichte 64, Maria Sieben Schmerzen, und 96, St. Korbinian-Unterhaching.
409 Vgl. Seelsorgeberichte 89, St. Alto-Unterhaching, und 93, St. Franziskus.
410 Vgl. Seelsorgeberichte 220, Au; 350, Grunertshofen, und 356, Olching.
411 Vgl. beispielsweise Seelsorgeberichte 70, Maria Himmelfahrt; 94, St. Helena; 228, Bad Reichenhall-St. Zeno, und 346, Fürstenfeldbruck-St. Magdalena.
412 Vgl. Seelsorgebericht 61, St. Josef-Karlsfeld.
413 Vgl. u. a. Seelsorgeberichte 72, St. Raphael; 227, Bad Reichenhall-St. Nikolaus, und 356, Olching.
414 Vgl. darunter Seelsorgeberichte 56, Christkönig; 100, Maria Königin-Grünwald, und 360, Puchheim-Bahnhof.
415 Vgl. z. B. Seelsorgeberichte 1, St. Andreas; 57, St. Christoph und 356, Olching.
416 Vgl. darunter Seelsorgeberichte 90, St. Bernhard; 228, Bad Reichenhall-St. Zeno, und 345, Fürstenfeldbruck-St. Bernhard.
417 Vgl. u. a. Seelsorgeberichte 97, Hl. Kreuz; 98, St. Magdalena-Ottobrunn; 227, Bad Reichenhall-St. Nikolaus, und 356, Olching.
418 Vgl. Seelsorgebericht 362, Unteralting.
419 Vgl. Seelsorgebericht 348, Gilching.
420 Vgl. Seelsorgebericht 343, Esting.

In den Pfarreien des Dekanats Berchtesgaden war der Großteil der Bevölkerung in den Sommermonaten vom Fremdenverkehr betroffen.[421] So ist es nicht verwunderlich, dass sich dieser dort auch auf das Pfarrleben auswirkte. Mit Ausnahme der Pfarreien St. Nikolaus und St. Zeno in Bad Reichenhall, wo ein eigener Kurseelsorger vorhanden war[422], waren die jeweiligen Pfarrseelsorger auch für die Gäste zuständig. Oftmals wurde dafür allerdings keine eigene Seelsorge betrieben, sondern die Gäste wurden eingeladen, am religiösen Leben teilzunehmen.[423] Pfarrer Raubinger bereitete sich angesichts der Gäste in Ramsau intensiver auf den Gottesdienst vor und war um eine gute Predigtvorbereitung und eine würdige Gottesdienstgestaltung bemüht.[424]

Das Angebot für die Urlaubsgäste erstreckte sich vom Auslegen der Gästebriefe, einem Willkommensbrief des Erzbischofs an die Gäste im Bistum[425], über Vorträge und eigene Predigten für die Fremden[426] bis hin zu einem Gottesdienst auf einem Campingplatz in Unterstein.[427] In Marktschellenberg wurde durch die Aktion 365 veranlasst, dass in den Hotels und Gaststätten Bibeln aufgelegt wurden.[428] In Winkl war geplant, Gottesdienst-Hinweisschilder anzubringen.[429]

Insgesamt scheinen die betroffenen Priester mit dem Fremdenverkehr gute Erfahrungen zu machen. So stellten einige einen guten Gottesdienstbesuch der Fremden fest.[430] Pfarrer Schüller konnte sogar positive Auswirkungen auf die Berchtesgadener Pfarrei St. Andreas erkennen. Er führte die Aufgeschlossenheit der Einheimischen für Neuerungen auf den guten Einfluss der Gäste zurück. Daher gebe es in Berchtesgaden keine Probleme bei der Einführung der neuen Liturgie.[431]

---

421 Vgl. beispielsweise Seelsorgeberichte 223, Bischofswiesen; 230, Strub und 232, Winkl.
422 Vgl. Seelsorgeberichte 227, Bad Reichenhall-St. Nikolaus, und 228, Bad Reichenhall-St. Zeno.
423 Vgl. Seelsorgeberichte 223, Bischofswiesen; 225, Piding, und 229, Marktschellenberg.
424 Vgl. Seelsorgebericht 226, Ramsau.
425 Vgl. Seelsorgeberichte 224, Marzoll, und 232, Winkl, und Amtsblatt 1963, Nr. 11, 153: Gästebriefe.
426 Vgl. Seelsorgeberichte 221, Bayerisch Gmain, und 224, Marzoll.
427 Vgl. Seelsorgebericht 231, Unterstein.
428 Vgl. Seelsorgebericht 229, Marktschellenberg.
429 Vgl. Seelsorgebericht 232, Winkl.
430 Vgl. Seelsorgeberichte 223, Bischofswiesen; 224, Marzoll, und 225, Piding.
431 Vgl. Seelsorgebericht 222, Berchtesgaden.

Resümee

Es ist festzustellen, dass die Bistumsleitung unter Erzbischof Kardinal Döpfner sehr bemüht war, die Ergebnisse des Konzils im Erzbistum zu kommunizieren, dafür zu werben und Schritt für Schritt umzusetzen. Es ist also davon auszugehen, dass ein Großteil der Priester und auch der Gläubigen über die Beschlüsse des Konzils informiert war.

Doch was wurde davon in den Pfarreien vor Ort auch tatsächlich umgesetzt? Zur Beantwortung dieser Frage stellten die Seelsorgeberichte eine gute Quelle dar, da darin – wenn z. T. auch etwas einseitig – aus Sicht des jeweiligen Pfarrers der Stand der Seelsorge dargestellt wurde. Daraus ließen sich einige Tendenzen erschließen.

So lag der Schwerpunkt bei der Umsetzung der Konzilsbeschlüsse in der „Anfangsphase" auf der Liturgie. In diesem Bereich wurde bereits vieles, was auf dem Konzil neu festgelegt worden war, ausgeführt. Hierbei ist allerdings zu beachten, dass einiges davon in Deutschland im Zuge der Liturgischen Bewegung bereits vor dem Konzil üblich war und durch das Konzil de facto nur eine amtliche Bestätigung erfuhr. Dies wird z. B. an der Praxis des Eucharistischen Weltkongresses 1960 in München deutlich.

Dennoch hat sich auf dem Gebiet der Liturgie viel verändert. Die 1967 bestehende Vielfalt an Messformen, die zunehmende Verwendung der deutschen Sprache in den Messen nahezu aller Pfarreien, die Etablierung der Fürbitten und die wachsenden Zahlen der Abendmessen zeugen davon. Schwierigkeiten gab es allerdings vielerorts noch mit der neuen Form der Wortgottesdienste. Sehr unterschiedliche Erfahrungen wurden mit den Neuerungen in der Kirchenmusik und in der Kirchenraumgestaltung gemacht.

Wie die Liturgische Bewegung, erfuhr auch die Laienbewegung im Zweiten Vatikanischen Konzil eine Anerkennung und Bestätigung. Auch davon war in den Pfarreien schon etwas zu erkennen. Mit Ausnahme der Einbindung in den Gottesdienst wirkte sich dies allerdings weniger im Wandel der Art der Beteiligung, sondern mehr im Wandel der Selbst- und Fremdwahrnehmung aus.

In Bezug auf den Gottesdienst zeigte sich die Aufwertung der Laien zum einen darin, dass in vielen Pfarreien Laien in die Besprechung von Gottesdiensten miteinbezogen wurden, zum anderen zeugen die fast überall vorhandenen Lektoren von einer Bereitschaft, die neue Rollenverteilung anzunehmen.

Dies galt auch im Pfarrleben, im dem sich die Laien auf vielfältige Weise einbrachten. Auch wenn es dabei wohl durch das Konzil noch zu keinen gravierenden Änderungen gekommen ist, kann man doch feststellen, dass es in den meisten Pfarreien Laiengremien in Form der Pfarrausschüsse gab. Diese wurden zum Teil sogar schon von den Gläubigen selbst gewählt. Dabei ist auffallend, dass die Erfahrungen der Pfarrer mit diesem Gremium sehr unterschiedlich waren und einzelne sich davon gar in ihrer Stellung bedroht fühlten. Wie z. B. Geistlicher Rat Goldammer aus der Pfarrei St. Josef in Karlsfeld, der sich wünschte, *daß die Rechte des Pfarrers von der obersten Kirchenbehörde genau festgelegt würden, um unnütze Auseinandersetzungen zu vermeiden.*[432]

Unterschiedliche Meinungen gab es auch in Bezug auf die Bildung der Gläubigen. Während einige Priester die Volksmissionen nach wie vor für sinnvoll erachteten, hatten mehrere Bedenken gegenüber der traditionellen Form. Stattdessen gewannen die neuen Formen der Erwachsenenbildung wie z. B. Glaubensseminare, Diskussions- und Bibelabende zunehmend an Bedeutung. Dabei wurden neben vielen anderen Themen auch Inhalte des Konzils behandelt und somit die Möglichkeit genutzt, die Laien an der Umsetzung der Konzilsergebnisse Anteil haben zu lassen.

Nach demselben Prinzip ging die Bistumsleitung vor, indem sie in den Seelsorgeberichten Stellungnahmen zum – vom Konzil neu wiedereingeführten – Amt des ständigen Diakons einholte und somit ein Stimmungsbild ihrer Priester zu diesem Thema erhielt. Aus diesem wurde ersichtlich, dass die Bereitschaft bzw. der Wunsch, einen verheirateten Diakon in der Pfarrei zu haben, in München besonders groß war.

Neben den durch das Konzil veranlassten Neuerungen waren die Pfarreien allerdings auch eingebettet in eine Entwicklung, wie sie in den 1950er Jahren ihren Anfang genommen hat.[433] Diese ist geprägt von einem Wandel des Lebensstils und einer zunehmenden Mobilität, die zu vermehrtem Pendlertum und einem veränderten Freizeitverhalten führte. Dies hatte wiederum sinkende Gottesdienstbesucherzahlen und eine rückläufige religiöse Praxis in den Familien zur Folge.

Besonders deutlich war diese Entwicklung in der Großstadt München, wo beispielsweise bereits ein beginnender Priestermangel zu erkennen war.

Hier setzten jedoch auch die ersten Maßnahmen wie der Bau von Kirchen, Pfarrheimen, Kindergärten etc. und *die Verdichtung der innerpfarrlichen Kommunikationsstrukturen*[434] z. B. durch Pfarrbriefe, Schriftenstände und Büchereien an. Dies erklärt auch einige Unterschiede zwischen Stadt und Land, da die Stadtpfarreien in diesen Punkten einen „Vorsprung" aufzuweisen hatten.

---

432 Seelsorgebericht 61, St. Josef-Karlsfeld.
433 Diese hatte Michael Fellner bei seiner Untersuchung der Katholischen Kirche in Bayern in den Jahren 1945-1960 bereits erkennen können. Vgl. Michael FELLNER, Katholische Kirche in Bayern 1945-1960. Religion, Gesellschaft und Modernisierung in der Erzdiözese München und Freising, Paderborn u.a. 2008, 100, 174f., 211 und 264-267.
434 FELLNER, Katholische Kirche (wie Anm. 433), 265.

Insgesamt ist 1967 allerdings kein überdeutlicher Stadt-Land-Unterschied mehr zu erkennen. Möglicherweise lässt sich das damit erklären, dass der in der Großstadt begonnene Wandel inzwischen weitgehend auch in den ländlichen Gegenden angekommen war.

Möglicherweise befinden wir uns auch heute noch im Einfluss dieses Wandels, was erklären würde, dass sich viele Probleme, die die Berichterstatter im Jahr 1967 nannten, auch in unseren heutigen Pfarreien wiederfinden. Darunter fallen beispielsweise die geringen Gottesdienstbesucher aufgrund von „attraktiveren" Alternativen (wie z. B. Ausschlafen oder Unternehmungen), der Priestermangel oder die zunehmenden Verwaltungs- und Schreibarbeiten für Pfarrer.

Zusammenfassend kann man also feststellen, dass die Pfarreien im Erzbistum München und Freising nach dem Zweiten Vatikanischen Konzil zum einen von den Ergebnissen und Beschlüssen des Konzils, zum anderen aber ebenso von allgemeinen Tendenzen und Entwicklungen geprägt waren und dies bis heute sind.

Vielleicht können die Rückschauen zum fünfzigsten Jubiläum des Zweiten Vatikanischen Konzils eine Hilfe sein, sich wieder mehr auf die Grundlage desselben zu besinnen.

Anhang

Vorlage für den Seelsorgebericht 1967[435]

I. Allgemeine Angaben

1. Die religiöse Struktur der Pfarrei.
    a) Zahl der Katholiken:
    Wie viele Protestanten etwa:
    Wie ist das Verhältnis zur evangelischen Nachbargemeinde, zum evangelischen Pfarrer?
    Sektenanhänger?   Welche?
    Ist besondere Aktivität der Sekten festzustellen?
    Sind Ungetaufte bekannt? (Zahl, Gründe)

    b) Ist eine Pfarrkartei vorhanden?
    Wird sie auf den gültigen Stand gehalten?
    Welche Hindernisse bestehen, eine brauchbare Pfarrkartei anzulegen?

---

435 Entnommen aus: Der Seelsorgebericht, in: Amtsblatt 1967, Nr. 6, 138-148, 140-14.

2. Die soziale und soziologische Struktur der Pfarrei.
   Angaben über den Anteil von
   Landwirtschaft:
   Gewerbe:
   Industrie:
   Pendler:
   Fremdenverkehr:
   Sind Wohnheime in der Pfarrei?   Welcher Art?
   Gibt es Industriebetriebe in der Pfarrei? Bestehen Kontakte dahin?
   Sind in der sozialen Struktur Ihrer Pfarrei besondere Verhältnisse, Veränderungen zu beachten? Entsprechen die Pfarrgrenzen den heutigen Verhältnissen? Wie ist die Altersschichtung der Pfarrei?

3. Politische Struktur.
   Wie ist das Verhältnis zwischen Pfarrei und politischer Gemeinde, zu Bürgermeister und Gemeinderat? Wie ist der ungefähre Prozentsatz der einzelnen politischen Parteien?

II.

„Diese Kirche Christi ist wahrhaft in allen rechtmäßigen Ortsgemeinschaften der Gläubigen anwesend, die in der Verbundenheit mit ihren Hirten im Neuen Testament auch selbst Kirchen heißen. In ihnen werden durch die Verkündigung der Frohbotschaft Christi die Gläubigen versammelt, in ihnen wird das Mysterium des Herrenmahles begangen, auf daß durch Speise und Blut des Herrenleibes die ganze Bruderschaft zusammengefügt werde."

(Vat. II, Dogmatische Konstitution über die Kirche, Nr. 26)

Diese Aussagen des Vatikanum II geben die Schwerpunkte der Seelsorge an.

1. „An erster Stelle wird das Volk Gottes durch das Wort des lebendigen Gottes zur Einheit versammelt ... Es ist das erste Amt des Priesters als Mitarbeiter des Bischofs, allen das Evangelium Gottes zu verkünden."

(Vat II, Dekret über Dienst und Leben der Priester Nr. 4)

   a) Bei welchen Gottesdiensten wird gepredigt?
      Wird in der sonntäglichen Abendmesse gepredigt?
      Wird auch die Homilie gepflegt?
      Welche Schwierigkeiten stellen sich in Ihrer Gemeinde der Predigt heute?
      Wie beurteilen Sie die Haltung zu Glauben und Kirche in Ihrer Pfarrei?
      Sind Lektoren in der Pfarrei?

Werden sie geschult?
Sind in der Gemeinde besondere Anlässe für Predigten?
(Fastenpredigten – Triduen etc.)
Religiöse Woche?
Wann war die letzte Volksmission?
Könnte eine richtig verstandene Volksmission zur religiösen Erneuerung der Gemeinde beitragen?
Haben sie diesbezüglich Wünsche?
Nehmen Pfarrangehörige an Exerzitien und Einkehrtagen teil?
Ist die Zahl bekannt?

b) Was wird für die religiöse Erwachsenenbildung außerhalb des Gottesdienstes getan?
Besteht ein Bibelkreis? Zusammensetzung.
Wird in den einzelnen Gruppen der Pfarrei Bibelarbeit getan?
Gibt es regelmäßig Glaubensstunden für die Erwachsenen der Pfarrei?
Glaubensseminare, Familienseminare etc.
Werden sie mit Nachbarpfarreien veranstaltet?
Welche Themen sind Ihrer Ansicht nach dringlich?
Stellen Sie Glaubensunsicherheiten fest?
In welchen Fragen?
Wie kann dem begegnet werden? Vorschläge.
Gibt es ein Kath. Bildungswerk?

c) Halten Sie Elternabende?
Zu welchen Anlässen und mit welchen Themen?
Werden die Eltern in die Aufgabe der Geschlechtserziehung ihrer Kinder eingeführt?
Was geschieht zur Vorbereitung auf Ehe und Familie?
Eheseminare. Wie ist die Teilnahme der Brautleute an Brautleutetagen etc.?
Gibt es einen Kreis junger Familien?

d) Haben Sie ein Pfarrheim, Jugendräume?
Welche Erfahrungen machen Sie damit?
Welche Jugendgruppen bestehen?
Was geschieht für die Jugend der **ganzen** Pfarrei, auch für die nichtorganisierte?
Bestehen rein religiöse Vereinigungen, welche?
(Bruderschaften etc.)
Ihre Betätigung, Zahl der Mitglieder?

e) Welche Versuche machen Sie, die kirchlich Gleichgültigen und nicht mehr Praktiziereden anzusprechen?
Werden Hausbesuche gemacht?
Welche Erfahrungen machen Sie dabei?
Geben Sie allen in der Pfarrei Pfarrbriefe, die nicht nur die Gottesdienstordnung veröffentlichen?
Wie oft?

f) Pastorale Sorge für geistliche Berufe in der Pfarrei.
„Berufe zu fördern, ist Aufgabe der gesamten Christengemeinde."
(Vat II, Dekret über Leben der Priester Nr. 2)

Was wurde in der Berichtszeit getan, um geistliche Berufe zu wecken und zu fördern?
Wie viele aus der Pfarrei sind gegenwärtig auf dem Weg der Vorbereitung?
Wie viele Berufe sind in den letzten zehn Jahren aus der Pfarrei hervorgegangen?
Wann war die letzte Primiz, die letzte Profeß?
Welchen Einfluß haben Ordensniederlassungen auf das Leben der Pfarrei?

g) Wie wird in der Pfarrei für die Missionen gesorgt?
Bestehen besondere Beziehungen zwischen der Pfarrgemeinde und bestimmten Missionsgebieten?

h) Was hindert die Sorge um geistliche Berufe und die Missionen?

2. „Die eucharistische Zusammenkunft, der der Priester vorsteht, ist die Mitte der Gemeinschaft der Gläubigen."
(Vat. II, Dekret über Dienst und Leben der Priester, Nr. 5)

„Beim Vollzug des Werkes der Heiligung sollen die Pfarrer dafür sorgen, daß die Feier des eucharistischen Opfers Mitte und Höhepunkt des ganzen Lebens der christlichen Gemeinde ist."
(Vat. II, Dekret über die Hirtenaufgabe der Bischöfe in der Diözese, Nr. 30)

a) Die Gottesdienstzeiten: sonntags?   werktags?
Entspricht die Gottesdienstordnung den heutigen Verhältnissen der Gemeinde?
Muß biniert oder triniert werden?[436]

---

[436] Bination meint die *zweimalige Zelebration der Messe an einem Tag durch denselben Priester aus liturgischen oder seelsorglichen Gründen* (M. KAISER, Art. Bination in: LThK² 2, 479).

b) Wie ist die Beteiligung am Gottesdienst?
   (Zählsonntag)
   Ungefähre Angaben über das Verhältnis von Männern und Frauen und die Altersstufen.
   Wie ist die Teilnahme beim Empfang der Sakramente? (Kommunion, Beichte)?
   Welche Entwicklungen stellen Sie in dieser Beziehung in Ihrer Pfarrei fest?

c) Welche Messformen werden hauptsächlich gewählt:
   an Sonn- und Festtagen,
   an Wochentagen?
   Singt (spricht) die Gemeinde die Responsorien lateinisch und deutsch?
   Das Vater unser?
   Wird in jeder Messe mit Gemeinde Epistel und Evangelium deutsch verlesen?
   Benützen Sie das Werktags-Perikopenbuch?
   Welche Erfahrungen machen Sie damit?
   Werden im Gottesdienst an Sonn- und Werktagen Fürbitten gebetet?
   Werden in diese auch unmittelbare Anliegen der Gemeinde aufgenommen?

d) Wird der Kirchenchor bei der Neuordnung beteiligt?
   Wird der Volksgesang gepflegt?
   Kirchenlieder und neue Gesänge?
   Ist eine Schola vorhanden?
   Was steht ihrer Einführung im Weg?
   Singt die Gemeinde auch ein lateinisches Choral-Ordinarium?

e) Sind mit der Neuerung des Gottesdienstes Veränderungen im Altarraum der Kirche vorgenommen worden?   Welche?
   Wurde an der Stellung des Tabernakels etwas geändert?
   Hat er einen würdigen, hervorgehobenen Platz, der auch die private Anbetung tagsüber ermöglicht?

f) Andere Gottesdienste:
   Andachten, zu welcher Zeit?
   Maiandachten, Fastenandachten, Rosenkranz?
   Wortgottesdienste, Vesper und Komplet?
   Bittgang, Flurprozession?
   Welches religiöse Brauchtum ist in Übung?
   Bestehen Wünsche zu den genannten Formen?
   Haben Sie Kenntnis, wie das Familiengebet gepflegt wird?
   Gibt es außer Schulkindern junge Männer für den Altardienst?
   Werden sie regelmäßig in den Dienst eingeführt; Ministrantenschulung?

Gibt es gemeinsame Besprechungen aller Verantwortlichen (Geistliche, Chorleiter etc.) über den Gottesdienst?
Zu welcher Zeit spenden Sie die Taufe?
Haben Sie Erfahrungen mit den Taufen als Gemeindefeiern?
Was ist zur Erstbeichte, Erstkommunion und Firmung zu sagen?

3. „… die ganze Bruderschaft zusammengefügt werde."
(Vat. II, Dogmatische Konstitution über die Kirche Nr. 26)

a) Besteht eine regelmäßige Konferenz der in der Pfarrei tätigen Geistlichen?
Beteiligen sich auch die übrigen Geistlichen, die im Bereich der Pfarrei wohnen, am Gottesdienst und dem sonstigen Leben der Pfarrei?
Befinden sich in Ihrer Pfarrei klösterliche Niederlassungen?
Welche?
Wie ist das Verhältnis zur Pfarrseelsorge und zu den Pfarrseelsorgern?
Besteht Zusammenarbeit mit den Nachbarpfarreien?
Mit dem Dekanat?
In welcher Weise?
Was müßte verbessert werden?
Wie ist der Kontakt mit der evangelischen Nachbargemeinde?
Wird die Weltgebetsoktav um die Einheit im Glauben gehalten? In welcher Weise?

b) Besteht in Ihrer Pfarrei ein Pfarrausschuss?
Erfahrungen.
Gibt es andere Formen der Zusammenarbeit mit Laien?
Haben Sie Laienhelfer?
Für welche Dienste?
Wohnviertelapostolat?
Ist eine Seelsorgehelferin – Pfarrhelferin – Pfarrsekretärin angestellt?
Würden Sie sich gegebenenfalls um einen verheirateten Diakon bemühen?
Welche Aufgaben würde er in Ihrer Pfarrei haben?

c) Gibt es in Ihrer Gemeinde Formen der organisierten Caritas?
Wie wird sonst der caritative Dienst getan?
Ambulante Krankenschwester? Familienpflegerin, Dorfhelferin?
Werden die Kranken besucht, vom Priester, von Helfern?
Wird ein Krankentag gehalten?
Haben Sie ein Krankenhaus in der Pfarrei?
Wie wird es betreut?

Werden Altentage gehalten?
Ist ein Altenklub vorhanden?
Haben Sie ein Altersheim in der Pfarrei?
Wie wird es betreut?
Beteiligt sich die Jugend (organisierte Pfarrjugend) an der Kranken- und Altenhilfe?
Wie steht es mit der Mütter- Alten- Jugenderholung in Ihrer Pfarrei?
Haben Sie Kindergärten?   (Kinderhort), Größe?
Seelsorgliche Betreuung.
Was wird für notwendige Fremdenseelsorge getan?

4. Laienapostolat

„Da es aber dem Stand der Laien eigen ist, inmitten der Welt und weltlichen Aufgaben zu leben, sind sie von Gott berufen, vom Geiste Christi beseelt nach Art des Sauerteigs ihr Apostolat in der Welt auszuüben."
(Vat. II, Dekret über das Apostolat der Laien, Nr. 2)

Gibt es katholische Vereine (Verbände) in Ihrer Pfarrei?
Welche?
Sonstige Gruppen?
Wie ist die Zusammensetzung und Tätigkeit, ihre Zusammenarbeit für die ganze Gemeinde?
Haben Sie einen Überblick über die Verbreitung der kath. Presse in Ihrer Pfarrei?
Verbreitung der Kirchenzeitung?
Sorgt sich jemand um einen guten Schriftenstand?
Wird religiöse Literatur angeboten?
Ist eine Pfarrbücherei vorhanden?
Wird sie gut betreut?
Wie wird sie benützt?
Werden Informationen über gute Sendungen von Rundfunkt und Fernsehen gegeben?
Können Sie Einfluß nehmen beim Auflegen von Illustrierten in Friseurstuben, Wartezimmern der Ärzte, Fremdenerholungsheimen etc.?

* * *

Außerordentliche Ereignisse in der Pfarrei. Notstände, Wünsche und Anregungen an die Bistumsführung bezüglich der Seelsorge.

Administrative Normalität
und pastoraler Ausnahmezustand

Niederer Klerus und Pfarrseelsorge während des Ersten Weltkriegs

von Johann Kirchinger

Die Forschung zur Geschichte des Katholizismus während des Ersten Weltkriegs konzentriert sich auf drei Schwerpunkte. Ein Teil beschäftigt sich mit den außenpolitischen Positionen des Heiligen Stuhls[1], ein anderer mit der Organisation der Feldseelsorge und ihrer Analyse als Instrument der Aufrechterhaltung von militärischer Disziplin.[2] In erster Linie aber beschäftigt sich die Forschung mit der Deutung des Kriegs vor allem in der Kriegstheologie, wie sie sich in wissenschaftlichen Abhandlungen, Hirtenbriefen, Predigten und sonstiger Kriegspublizistik äußerte. Die Kriegsdeutung in den Veröffentlichungen katholischer Laien steht demgegenüber im Hintergrund.[3] Methodisch bewegt sich diese Forschung zwischen ideenge-

---

1 Ralph ROTTE, Die Außen- und Friedenspolitik des Heiligen Stuhls. Eine Einführung, Wiesbaden ²2014; René SCHLOTT, Die Friedensnote Papst Benedikts XV. vom 1. August 1917. Eine Untersuchung zur Berichterstattung und Kommentierung in der zeitgenössischen Berliner Tagespresse (Studien zur Zeitgeschichte 57), Hamburg 2007; Klaus UNTERBURGER, Pacelli und Eisner. Die Münchener Nuntiatur in Revolution und Räterepublik 1918/1919, in: Beiträge zur altbayerischen Kirchengeschichte 54 (2012), 201-228.

2 Zur katholischen Militärseelsorge im Königreich Bayern vgl. Balthasar MEIER, Der bayerische katholische Klerus im Felde 1914/1918, Eichstätt 1937; Hans-Jörg NESNER, Das Erzbistum München und Freising zur Zeit des Erzbischofs und Kardinals Franziskus von Bettinger (1909-1917) (Münchener Theologische Studien. Historische Abteilung 28), St. Ottilien 1987, 178-185; Egon Johannes GREIPL, Am Ende der Monarchie: 1890-1918, in: Walter BRANDMÜLLER (Hg.), Handbuch der bayerischen Kirchengeschichte Bd. 3, St. Ottilien 1991, 263-335, hier 332; Konrad ZILLOBER /Peter HÄGER, Zu Recht und Organisation der katholischen Militärseelsorge, in: Biographisches Lexikon der Katholischen Militärseelsorge Deutschlands 1848-1945, hg. von Hans Jürgen BRANDT und Peter HÄGER, Paderborn 2002, XXV-LXXVIII, hier XXXVI-XXXIX und XLVI-L; Thomas FORSTNER, Priester in Zeiten des Umbruchs. Identität und Lebenswelt des katholischen Pfarrklerus in Oberbayern 1918 bis 1945, Göttingen 2014, 457-466. Zur protestantischen Militärseelsorge in Bayern vgl. Werner K. BLESSING, Gottlieb Volkert als bayerischer Divisionspfarrer im Westen. Zum Kriegsdienst der protestantischen Kirche 1914 bis 1918, in: Konrad ACKERMANN/Alois SCHMID (Hg.), Staat und Verwaltung in Bayern. Festschrift für Wilhelm Volkert zum 75. Geburtstag (Schriftenreihe zur bayerischen Landesgeschichte 139), 681-723.

3 Vgl. Heinrich MISSALLA, „Gott mit uns". Die deutsche katholische Kriegspredigt 1914-1918, München 1968; Karl HAMMER, Deutsche Kriegstheologie (1870-1918), München 1971; Antonia LEUGERS, Einstellungen zu Krieg und Frieden im deutschen Katholizismus vor 1914, in: Jost DÜLFFER /Karl HOLL (Hg.), Bereit zum Krieg. Kriegsmentalität im wilhelminischen Deutschland 1890-1914. Beiträge zur historischen Friedensforschung, Göttingen 1986, 56-73; Richard van DÜLMEN, Der deutsche Katholizismus und der Erste Weltkrieg, in: Richard van DÜLMEN, Religion und Gesellschaft. Beiträge zu einer Religionsgeschichte der Neuzeit, Frankfurt am Main 1989, 172-203; Johann

schichtlicher Deskription und Genealogie (immer noch), sozialgeschichtlichem Ideologieverdacht (immer weniger) und kulturgeschichtlicher Suche nach der Konstruktion der Kriegswirklichkeit (immer mehr). Dabei hat der cultural turn unter dem Einfluss religionswissenschaftlicher, anthropologischer und soziologischer Ansätze die Kriegsdeutung vor allem in Relation zur Kriegserfahrung gesetzt, welche auch als religiöse Erfahrung *im Rahmen eines sozialen Konstruktionsprozesses von Wirklichkeit* entsteht, wie der Tübinger Kirchenhistoriker Andreas Holzem im Anschluss an die bekannte wissenssoziologische Studie von Peter L. Berger und Thomas Luckmann formuliert.[4] Dadurch geriet die religiöse Kriegsdeutung der

---

KLIER, Von der Kriegspredigt zum Friedensappell. Erzbischof Michael von Faulhaber und der Erste Weltkrieg. Ein Beitrag zur Geschichte der deutschen katholischen Militärseelsorge (Miscellanea Bavarica Monacensia 154), München 1991; Heinz HÜRTEN, Die katholische Kirche im Ersten Weltkrieg, in: Wolfgang MICHALKA (Hg.), Der Erste Weltkrieg. Wirkung, Wahrnehmung, Analyse, München 1994, 725–735 (exkulpierend!); Erwin GATZ, Von der Beilegung des Kulturkampfes bis zum Ende des Ersten Weltkrieges, in: Erwin GATZ (Hg.), Der Diözesanklerus (Geschichte des kirchlichen Lebens in den deutschsprachigen Ländern seit dem Ende des 18. Jahrhunderts 4), Freiburg im Breisgau 1995, 125-146, hier 141-146; Wilhelm ACHLEITNER, Gott im Krieg. Die Theologie der österreichischen Bischöfe in den Hirtenbriefen zum Ersten Weltkrieg, Wien 1997; Christian GEINITZ, Kriegsfurcht und Kampfbereitschaft. Das Augusterlebnis in Freiburg. Eine Studie zum Kriegsbeginn 1914 (Schriften der Bibliothek für Zeitgeschichte. Neue Folge 7), Essen 1998, 184-238; Roland HAIDL, Katholizismus, in: Gerhard HIRSCHFELD/Gerd KRUMEICH/Irina RENZ (Hg.), Enzyklopädie Erster Weltkrieg, Paderborn 2003, 607f.; Stephan FUCHS, „Vom Segen des Krieges". Katholische Gebildete im Ersten Weltkrieg. Eine Studie zur Kriegsdeutung im akademischen Katholizismus (Contubernium. Tübinger Beiträge zur Universitäts- und Wissenschaftsgeschichte 61), Stuttgart 2004; Albert STEUER, Karfreitagsstimmung nach dem Augusterlebnis 1915. Katholische Presse und kirchliche Publizistik im zweiten Jahr des Ersten Weltkriegs, in: Communicatio socialis 38 (2005), 395-413; Bettina REICHMANN, „Die Seele des Krieges": Zur religiösen Kriegsdeutung des Ersten Weltkrieges. Bischof Ottokár Prohászka (Ungarn), in: Andreas HOLZEM (Hg.), Krieg und Christentum. Religiöse Gewalttheorien in der Kriegserfahrung des Westens (Krieg in der Geschichte 50), Paderborn 2009, 719-735; Theresia WERNER, „Gott mit uns". Die Deutung des Ersten Weltkriegs im deutschen Katholizismus, in: Heidrun ALZHEIMER (Hg.), Glaubenssache Krieg. Religiöse Motive auf Bildpostkarten des Ersten Weltkriegs (Schriften und Kataloge des Fränkischen Freilandmuseums 55), Bad Windsheim 2009, 68-91; Annette JANTZEN, Priester im Krieg. Elsässische und französisch-lothringische Geistliche im Ersten Weltkrieg (Veröffentlichungen der Kommission für Zeitgeschichte. Reihe B: Forschungen 116), Paderborn 2010; Oliver GÖBEL, Die Fuldaer Katholiken und der Erste Weltkrieg. Zur konfessionellen Spezifik nationaler Integration am Beispiel der fuldischen katholischen Publizistik 1914-1918 (Beiträge zur Kirchen- und Kulturgeschichte 23), Frankfurt am Main 2011; Ria BLAICHER, Gottes Strafgericht. Hirtenbriefe der deutschen Bischöfe während des Ersten Weltkrieges, in: Zeitschrift für Geschichtswissenschaft 62 (2014), 315-328 (ohne analytischen Anspruch!); Martin GRESCHAT, Der Erste Weltkrieg und die Christenheit. Ein globaler Überblick, Stuttgart 2014, 15-23; Bernhard LÜBBERS, „Segne die Waffen unserer Brüder." Die Hirtenbriefe des Regensburger Bischofs Antonius von Henle aus der Zeit des Ersten Weltkriegs, in: Bernhard LÜBBERS/Stefan REICHMANN (Hg.), Regensburg im Ersten Weltkrieg. Schlaglichter auf die Geschichte einer bayerischen Provinzstadt zwischen 1914 und 1918 (Kataloge und Schriften der Staatlichen Bibliothek Regensburg 10), Regensburg 2014, 105-118 (ohne analytischen Anspruch!); Lucia SCHERZBERG/August H. LEUGERS-SCHERZBERG, Der Ausbruch des Ersten Weltkrieges und die katholische Theologie in Deutschland, in: Concilium 50 (2014), 328-332.

4   Andreas HOLZEM/Christoph HOLZAPFEL, Kriegserfahrung als Forschungsproblem. Der Erste Weltkrieg in der religiösen Erfahrung von Katholiken, in: Theologische Quartalschrift 182 (2002), 279-297, hier 279f.

einfachen Soldaten in den Fokus der Forschung[5], was insgesamt eine Entwicklung der geschichtswissenschaftlichen Forschung weg von den Eliten bedeutet. Verschwinden die ohnehin bereits gut erforschten Feldgeistlichen genauso wie der höhere Klerus deshalb immer mehr aus dem Blickwinkel der Forschung, befand sich der reguläre Pfarrklerus samt der ordentlichen Seelsorge in der Heimat noch nie darin.[6] Er lag und liegt im toten Winkel zwischen Diplomatie-, Militär-, Sozial-, Ideen- und Kulturgeschichte. Die Handlungsoptionen, die sich dem Klerus in der Heimat in der Wechselwirkung mit klerikaler Kriegsdeutung und Sinnstiftung boten, stellen deshalb ein Desiderat der Forschung dar.

Eine Geschichte der Kriegskultur, ein methodisches Konzept, das in Frankreich entwickelt wurde, um den evidenten Zusammenhalt zwischen Soldaten und Bevölkerung besser zu verstehen[7], kann aber im Hinblick auf katholische Gebiete auf die Kenntnis priesterlichen Handelns nicht verzichten. Nur dadurch lässt sich die Forderung von Annette Becker, die Spiritualität des Kriegs *im Kontext des ständigen Austausches zwischen Front und Heimat* zu verstehen[8], umsetzen.

Diese Studie will einen Beitrag zur Behebung dieses Desiderats leisten, indem sie sich nicht in erster Linie mit der vom Pfarrklerus verbreiteten Kriegstheologie auseinandersetzt, sondern mit dessen Handlungsoptionen in den Beziehungen zur gläubigen Bevölkerung, kirchlichen und weltlichen Behörden. Bisher beschränkte sich die wenige geschichtswissenschaftliche Literatur, die sich mit der ordentlichen Seelsorge während des Ersten Weltkriegs beschäftigte, auf deskriptive Überblicksdarstellungen hauptsächlich auf Grundlage der oberhirtlichen Amtsblätter. Bereits

---

5 Vgl. dazu Norbert BUSCH, Katholische Frömmigkeit und Moderne. Die Sozial- und Mentalitätsgeschichte des Herz-Jesu-Kultes in Deutschland zwischen Kulturkampf und Erstem Weltkrieg (Religiöse Kulturen der Moderne 6), Gütersloh 1997, 94-104; Benjamin ZIEMANN, Katholische Religiosität und die Bewältigung des Krieges. Soldaten und Militärseelsorger in der deutschen Armee 1914-1918, in: Friedhelm BOLL (Hg.), Volksreligiosität und Kriegserleben (Jahrbuch für Historische Friedensforschung 6), Münster 1997, 116-136; Klaus SCHREINER, „Helm ab zum Ave Maria". Kriegstheologie und Kriegsfrömmigkeit im Ersten Weltkrieg, in: Rottenburger Jahrbuch für Kirchengeschichte 25 (2006), 65-98.

6 So analysiert Benjamin Ziemann in seiner grundlegenden Studie über ländliche Kriegserfahrung im südlichen Bayern, die weitgehend auf der Auswertung von Feldpostbriefen basiert, die Kriegserfahrung sowohl von Soldaten als auch von den Daheimgebliebenen des ländlichen Raumes. Seine Ausführungen zum Klerus konzentrieren sich aber auf die Feldgeistlichen, während die ordentliche Pfarrseelsorge ignoriert wird. Vgl. Benjamin ZIEMANN, Front und Heimat. Ländliche Kriegserfahrungen im südlichen Bayern 1914-1923 (Veröffentlichungen des Instituts zur Erforschung der europäischen Arbeiterbewegung. Schriftenreihe A: Darstellungen 8), Essen 1997. Auch die jüngste populärwissenschaftliche Kompilation zum Thema Katholizismus im Ersten Weltkrieg (Martin LÄTZEL, Die katholische Kirche im Ersten Weltkrieg. Zwischen Nationalismus und Friedenswillen, Regensburg 2014) beschreibt die Frontseelsorge, verzichtet aber auf die Behandlung der Heimatseelsorge.

7 Vgl. dazu Arnd BAUERKÄMPER/Elise JULIEN, Einleitung: Durchhalten! Kriegskulturen und Handlungspraktiken im Ersten Weltkrieg, in: Arnd BAUERKÄMPER/Elise JULIEN (Hg.), Durchhalten! Krieg und Gesellschaft im Vergleich 1914-1918, Göttingen 2010, 7-28, hier 12-14.

8 Annette BECKER, Religion, in: Gerhard HIRSCHFELD/Gerd KRUMEICH/Irina RENZ (Hg.), Enzyklopädie Erster Weltkrieg, Paderborn 2003, 192-197, hier 193.

1938 hatte sich Ludwig Börst auf diese Art und Weise mit der Heimatseelsorge im Erzbistum München und Freising beschäftigt[9], Oswin Rutz 1984 am Beispiel des Bistums Passau[10], Hans-Jörg Nesner auf äußerst knappem Raum am Beispiel des Erzbistums München und Freising.[11] Einen nahezu erschöpfenden Überblick, jedoch ohne analytischen Anspruch, bietet Hermann-Josef Scheidgen am Beispiel der oberhirtlichen Verordnungen der Ordinariate der Fuldaer Bischofskonferenz.[12] Rein deskriptiv ist auch Heinz-Ulrich Kammeiers Beschäftigung mit der Heimatseelsorge im protestantischen Kirchenkreis Lübbecke in Niedersachsen.[13] Demgegenüber zeichnet sich Werner K. Blessings Aufsatz über die Wirksamkeit der evangelischen Pfarrer Bayerns während des Ersten Weltkriegs durch analytische Schärfe aus.[14]

Im Folgenden werden die Handlungsoptionen des Pfarrklerus in seinen Beziehungen zu Bevölkerung, staatlichen und kirchlichen Behörden am Beispiel des Erzbistums München und Freising analysiert. Die Quellenlage dazu ist nicht besonders gut. Die einschlägigen Ordinariatsakten wurden während des Zweiten Weltkriegs fast vollständig vernichtet. Neben den Resten derselben basiert diese Studie deshalb vor allem auf der Auswertung der erzbischöflichen Amtsblätter. Eine wichtige Quelle stellt die Theologisch-praktische Monats-Schrift[15] dar, und dies nicht so sehr wegen ihrer wissenschaftlichen Abhandlungen, sondern wegen ihrer Beiträge zur praktischen Seelsorge. Obwohl sie in Passau erschien, war sie das *Zentral-Organ der katholischen Geistlichkeit Bayerns* und besaß deshalb auch Relevanz für das Gebiet des Erzbistums München und Freising. Dies wird vor allem daraus ersichtlich, dass das Erzbischöfliche Ordinariat seinem Klerus die Lektüre der Zeitschrift empfahl.[16] Schließlich erwies sich das Kriegstagebuch des Pfarrers Kaspar Wurfbaum (1872-1944)[17] aus Bruck bei Ebersberg als wichtige Quelle für die konkrete Seelsorge vor

---

9   Ludwig BÖRST, Die Theologen der Erzdiözese München und Freising im Weltkrieg 1914-1918. Ein Beitrag zur Geschichte der Erzdiözese München und Freising, München 1938, 102-107.
10 Oswin RUTZ, Obrigkeitliche Seelsorge. Die Pastoral im Bistum Passau von 1800 bis 1918 (Schriften der Universität Passau. Reihe Katholische Theologie 4), Passau 1984, 339-351.
11 NESNER, Erzbistum (wie Anm. 2), 185f.
12 Hermann-Josef SCHEIDGEN, Deutsche Bischöfe im Ersten Weltkrieg. Die Mitglieder der Fuldaer Bischofskonferenz und ihre Ordinariate 1914-1918 (Bonner Beiträge zur Kirchengeschichte 18), Köln 1991.
13 Heinz-Ulrich KAMMEIER, Der Erste Weltkrieg und seine Auswirkungen auf die seelsorgliche Arbeit evangelischer Pfarrer in ländlichen Gemeinden des Kirchenkreises Lübbecke, in: Jahrbuch für Westfälische Kirchengeschichte 92 (1998), 213-252.
14 Werner K. BLESSING, Kirchenwirkung zwischen pastoralem Auftrag und nationalem Einsatz. Die bayerischen Pfarrer im Ersten Weltkrieg, in: Jahrbuch der Gesellschaft für niedersächsische Landesgeschichte 93 (1995), 117-136.
15 Vgl. zu ihr Monika NICKEL, Die Passauer Theologisch-Praktische Monatsschrift. Ein Standesorgan des bayerischen Klerus an der Wende vom 19. zum 20. Jahrhundert (Neue Veröffentlichungen des Instituts für Ostbairische Heimatforschung der Universität Passau 53), Passau 2004.
16 Bekanntmachung vom 19. November 1915, in: Amtsblatt für die Erzdiözese München und Freising 1915, München [1915], 198f.
17 AEM, Personalia (alt) 6236: Personalakt Caspar Wurfbaum.

Ort und im Hinblick auf die handlungsorientierte Fragestellung als notwendige Ergänzung zu den Quellen normativen Charakters in den Amtsblättern und der Theologisch-praktischen Monats-Schrift. Die in drei Bänden veröffentlichten Aufzeichnungen Wurfbaums beginnen am 25. Juli 1914 und enden am 27. September 1915.[18] – Wegen der ungenügenden Quellenlage im Erzbistum München und Freising sind die folgenden Ausführungen trotzdem nur als Ansatzpunkte zukünftiger Forschung auf der empirischen Grundlage der Bestände anderer Bistumsarchive zu verstehen.

Kriegspropaganda von der Kanzel

Die zentrale Bedeutung des Klerus für die staatliche Durchhaltepropaganda im Ersten Weltkrieg ist in der Forschung unbestritten. Karl-Ludwig Ay meinte gar: *Die Propaganda in Bayern ruhte wesentlich auf seinen Schultern, er war die Feuerwehr des Staates bei besonderen Stimmungskrisen.*[19] Bereits 1937 hatte der ehemalige Wehrkreispfarrer und Weltkriegsveteran Balthasar Meier (1867-1951)[20] aus der Diözese Eichstätt die Ansicht vertreten: *Den einschneidenden gesetzlichen Maßnahmen wirtschaftlicher Art betreffs Ernährung, Kleidung, Zeichnung von Kriegsanleihen, Ablieferung von Gold, Kupfer, Zinn, Glocken usw. haben erst die bischöflichen Erlasse und die verständnisvolle Mitarbeit der Pfarrgeistlichkeit den Weg geebnet zu Geist und Herz des Volkes und so den von aller Welt bewunderten zähen deutschen Widerstand ermöglicht.*[21]

Die erzbischöflichen Amtsblätter sind voll von Übermittlungen staatlicher Wünsche nach Beeinflussung der Pfarrangehörigen. Am 5. Dezember 1914 wurde der Klerus auf Wunsch des Kultusministeriums vom Ordinariat aufgefordert, die Gläubigen von der Notwendigkeit der Ablieferung von Goldmünzen zu überzeugen.[22]

---

18 Kaspar WURFBAUM, Kriegs-Tagebuch eines Daheimgebliebenen Bd. 1, Bruck bei Grafing [1914]; Kaspar WURFBAUM, Kriegs-Tagebuch eines Daheimgebliebenen Bd. 2, Bruck bei Grafing o. J.; Kaspar WURFBAUM, Kriegs-Tagebuch eines Daheimgebliebenen Bd. 3, Bruck bei Grafing o. J. – Für die Bereitstellung von Kopien der nicht in öffentlichen Bibliotheken erhaltenen Bände 2 und 3 danke ich Bernhard Schäfer, Leiter des Museums der Stadt Grafing. Seiner Auskunft nach befinden sich die handschriftlichen Originale der Tagebücher, die Wurfbaum auch noch im Dritten Reich führte, im Pfarrarchiv Bruck.
19 Karl-Ludwig AY, Die Entstehung einer Revolution. Die Volksstimmung in Bayern während des Ersten Weltkrieges (Beiträge zu einer historischen Strukturanalyse Bayerns im Industriezeitalter 1), Berlin 1968, 90. So auch RUTZ, Seelsorge (wie Anm. 10), 342f.
20 Vgl. zu ihm Biographisches Lexikon der Katholischen Militärseelsorge Deutschlands 1848–1945, hg. von Hans Jürgen BRANDT und Peter HÄGER, Paderborn 2002, 520.
21 MEIER, Klerus (wie Anm. 2), 48.
22 Verordnung vom 5. Dezember 1914, in: Amtsblatt für die Erzdiözese München und Freising 1914, München [1914], 206f. Vgl. auch Verordnung vom 13. Juli 1917, in: Amtsblatt für die Erzdiözese München und Freising 1917, München [1917], 161.

Am 24. Januar 1915 rief das Ordinariat den Seelsorgeklerus auf, die Sammlung des *Kriegsausschusses für warme Unterkleidung* in Berlin zu unterstützen.[23] Am 2. Februar 1915 informierte es ihn von dem Wunsch des Kultusministeriums, die Kanzeln zur Ermahnung der Bevölkerung zur Sparsamkeit bei Lebensmitteln zu benutzen.[24] Damit der Klerus dieser Aufgabe nachkommen konnte, lag dem Amtsblatt ein Merkblatt mit dem Titel *Wie sollen wir während der Kriegszeit kochen im Haushalt?* bei, das von den Pfarrern in beliebiger Anzahl kostenlos vom *Bayerischen Landesausschuss zur Fürsorgetätigkeit* bezogen werden konnte.[25] Am 9. März 1915 ermahnte das Ordinariat die Pfarrvorstände, in der Kirche, in den Schulen und Vereinen *den Erlassen einer hohen Reichs- und Staatsregierung betreffend die wirtschaftliche Lage die gebührende Aufmerksamkeit zu schenken und auf das Volk aufklärend, beruhigend und ermunternd einzuwirken.*[26] Im September 1918 hatte der Klerus eine Ministerialentschließung wegen des Schleichhandels von den Kanzeln zu verlesen.[27] Der Benefiziat Leonhard Bobinger (1876-1962)[28] aus Schönebach (Bistum Augsburg) berichtete über seine Propagandatätigkeit in der Theologisch-praktischen Monats-Schrift: *Eine Sammlung reihte sich an die andere und verlangte eine hohe Opferwilligkeit von seiten des Volkes. Immer wieder und wieder mußte ein empfehlendes und aneiferndes Wort gesprochen werden. „Sie sollen einige Worte dazu sagen!" war die wiederholte Bitte des Bürgermeisters, wenn es für irgend einen Zweck zu werben galt. Das einemal war es das Rote Kreuz, das um Spenden bat, in Geld oder in natura, dann mußte man den Kriegsgefangenen in Ost und West eine Gabe schicken; Weihnachten mahnte; Ostpreußen und Polen hatten schwerste Not gelitten, überall mußte man lindern und geben.*[29]

Insbesondere im Rahmen der Werbemaßnahmen für die Kriegsanleihen hatte der Klerus nach Ansicht der staatlichen Behörden eine zentrale Stellung.[30] Das bayerische Kriegsministerium äußerte am 16. Juli 1916 die feste Ansicht, *daß die Geistlichkeit wohl auch zur Sicherung des Erfolgs der nächsten Kriegsanleihe, gegen die neuerdings insbesondere unter der Landbevölkerung Stimmung zu machen versucht wird, durch Aufklärung und Belehrung in hervorragendem Maße beizutragen vermöchte.*[31] Nach Ansicht des Innen-

---

23 Verordnung vom 24. Januar 1915, in: Amtsblatt 1915 (wie Anm. 16), 23.
24 Verordnung vom 2. Februar 1915, in: Amtsblatt 1915 (wie Anm. 16), 26f.
25 Verordnung vom 2. Februar 1915, in: Amtsblatt 1915 (wie Anm. 16), 26f.
26 Verordnung vom 9. März 1915, in: Amtsblatt 1915 (wie Anm. 16), 88.
27 Verordnung vom 31. August 1918, in: Amtsblatt für die Erzdiözese München und Freising 1918, München [1918], 155f.
28 Vgl. zu ihm Ludwig GSCHWIND, Pfarrer Leonhard Bobinger (1876-1962). Ein Geistlicher mit Pioniergeist, in: Klerusblatt 91 (2011), 8f.
29 Leonhard BOBINGER, Kriegsarbeit des Klerus in der Heimat, in: Theologisch-praktische Monats-Schrift. Zentral-Organ der katholischen Geistlichkeit Bayerns 27 (1917), 314-321, hier 318.
30 Zur Werbung für die Kriegsanleihen im Allgemeinen vgl. Steffen BRUENDEL, Vor-Bilder des Durchhaltens. Die deutsche Kriegsanleihe-Werbung 1917/18, in: Arnd BAUERKÄMPER/Elise JULIEN (Hg.), Durchhalten! Krieg und Gesellschaft im Vergleich 1914-1918, Göttingen 2010, 81-108. Zur klerikalen Werbung für die Kriegsanleihen vgl. SCHEIDGEN, Bischöfe (wie Anm. 12), 239-249.
31 BayHStA, MK 19288, Kriegsministerium an Kultusministerium, 16. Juli 1916.

ministeriums erfüllte die Geistlichkeit diese Aufgabe in hervorragender Weise. Am 20. Oktober 1916 schrieb es an das Kultusministerium: *Die Werbetätigkeit der Geistlichkeit und Lehrerschaft auf dem Lande hat, wie auch in den Wochenberichten der K. Regierungspräsidenten mehrfach dankbar anerkannt worden ist, zum Gelingen der Zeichnung auf die V. Kriegsanleihe wesentlich beigetragen, sodaß durch diese aufklärende Arbeit wenigstens ein Teil der unsinnigen Vorurteile und Einwände gegen die notwendigen Kriegskredite überwunden und beseitigt werden konnte.* Trotzdem gab das Innenministerium zu bedenken, dass die *allgemeine Volksstimmung auf dem Lande nach wie vor ernst und gedrückt* sei. Deshalb sei es notwendig, *daß es einer fortgesetzten planmäßigen Einwirkung der führenden Persönlichkeiten, insbesondere der Geistlichen und Lehrer auf dem Lande bedarf, um die Stimmung der Bevölkerung nicht noch weiter sinken zu lassen.*[32]

Gerade im ländlichen Raum war die Stimmung wegen der ungünstigen Relation zwischen Erzeuger- und Betriebsmittelpreisen im Besonderen und der Zwangswirtschaft im Allgemeinen, dem Arbeitskräftemangel und den Hamsterern bereits im zweiten Kriegsjahr schlecht.[33] Georg Heim (1865-1938), der führende Mann des Bayerischen Christlichen Bauernvereins[34], schrieb am 17. Februar 1916 an das Kriegsministerium, *daß die Stimmung im Landvolk Tag für Tag ungünstiger wird, zum Teil eine erbitterte ist*. Wegen der Höchstpreispolitik für landwirtschaftliche Produkte hatten ihn *aus dem Feld ganz erbitterte Briefe, besonders aus bäuerlichen Kreisen*, erreicht: *Das Schlimmste, was eintreten kann, ist eingetreten. Die bäuerliche Bevölkerung sagt, die Behörden hätten sie angelogen und das Vertrauen ist untergraben.* Er betonte, *daß eine Stimmung im Volke herrscht, die nicht schlimmer sein könnte.*[35] Für wie ernst die Lage von der Staatsregierung gehalten wurde, zeigt die Bitte des Kultusministeriums an das Erzbischöfliche Ordinariat, einen Aufruf zur Propaganda bei der Landbevölkerung vertraulich an die Pfarrvorstände weiterzuleiten, was am 2. April 1916 geschah: *Im Lande machen sich Anzeichen dafür geltend, daß in der Bevölkerung ein gewisser Mißmut um sich greift, der in Kritiksucht, Äußerungen der Unzufriedenheit über die bestehenden Zustände sowie des Mißtrauens gegenüber behördlichen Anordnungen an den Tag tritt.* Dagegen setzte das Kultusministerium vor allem auf den bewährten Einsatz der Priester vor Ort: *Die Geistlichkeit der christlichen Bekenntnisse hat sich in dem bisherigen Verlaufe des Krieges neben den außergewöhnlichen Opfern, denen sie sich persönlich unterzogen hat, besonders dadurch verdient gemacht, daß sie*

---

32 BayHStA, MK 19288, Innenministerium an Kultusministerium, 20. Oktober 1916.
33 Zur Stimmung auf dem Land vgl. AY, Entstehung (wie Anm. 19), 109-122; Willy ALBRECHT, Landtag und Regierung in Bayern am Vorabend der Revolution von 1918. Studien zur gesellschaftlichen und staatlichen Entwicklung Deutschlands von 1912-1918 (Beiträge zu einer historischen Strukturanalyse Bayerns im Industriezeitalter 2), Berlin 1968, 232-242; ZIEMANN, Front (wie Anm. 6), 308-328.
34 Vgl. dazu Hannsjörg BERGMANN, Der Bayerische Bauernbund und der Bayerische Christliche Bauernverein 1919-1928 (Schriftenreihe zur bayerischen Landesgeschichte 81), München 1986.
35 BayHStA, MK 19288, Heim an Kriegsministerium, 17. Februar 1916.

mit Trost und Rat wie durch Aufklärung und Aufmunterung die zuversichtliche Stimmung der Bevölkerung gestützt, Zweifel und Bedenken zerstreut und den sinkenden Mut aufgerichtet und neu belebt hat. Es erscheint notwendig, daß sie in diesem löblichen und vaterländischen Eifer nicht ermüdet und in ihrem Wirkungskreise unablässig die Erscheinungen im Auge behält, die eine ungünstige Einwirkung auf die Gesinnung und Stimmung der Bevölkerung ausüben könnten, und mit den ihr in so reichem Maße zu Gebote stehenden Mitteln solchen Erscheinungen entgegenzutreten trachtet.[36] Über die Propagandatätigkeit des Seelsorgeklerus urteilte das Ordinariat am 15. März 1918: *Mustergültig hat er in sieben bisherigen Anleihen gearbeitet und wir wenden uns mit vollstem Vertrauen an ihn und bitten ihn um seine bewährte tatkräftige Mitarbeit auch bei der neuen Kriegsanleihe, daß ihr ein großartiger Erfolg beschieden sei.*[37]

In dem Maß, in dem die wenigstens partielle Kriegsbegeisterung in Kriegsduldung, diese in Friedenssehnsucht umschlug, intensivierte sich die Inanspruchnahme der kirchlichen Kriegspropaganda durch die staatlichen Behörden.[38] Bobinger berichtete in der Theologisch-praktischen Monats-Schrift 1917: *Je länger der Krieg dauerte, je größer die Opfer wurden, um so mehr galt es, zu mahnen und anzueifern zum Aushalten und Durchhalten; Zweifel galt es zu lösen bei jenen, die an der göttlichen Vorsehung irre werden wollten, die die Greuel des Krieges unvereinbar glaubten mit der Güte Gottes usw.*[39] Wegen der gedrückten Stimmung wünschte das Kriegsministerium deshalb Vorträge von Frontseelsorgern in der Heimat, welche die Ortsgeistlichen organisieren sollten.[40] Immer mehr Bereiche des alltäglichen Lebens wurden wegen der mangelnden Ressourcen zum kriegswirtschaftlichen Problem und deshalb zum Gegenstand der klerikalen Durchhalteparolen. Als beispielsweise wegen des zunehmenden Misstrauens in die Währung immer mehr Metallgeld gehortet wurde, führte dies zu Münzmangel im Geldverkehr, zu dessen Behebung die Priester beitragen sollten. Die staatlichen und kirchlichen Behörden erwarteten, dass der Seelsorgeklerus *auch hier, wie in so vielen wichtigen Fragen einer ernsten und schweren Zeit, mit dem gewohnten Eifer und Verständnisse erklärend und ermunternd auf die Bevölkerung einwirke und ihr vorstelle, daß die Herausgabe von angesammeltem Bargelde zu den patriotischen Pflichten gehöre*, weshalb sie selbst auch die Opferstöcke regelmäßig leeren sollten, um die Münzen wieder dem Geldverkehr zuzuführen.[41]

---

36 BayHStA, MK 19288, Vertrauliche Verordnung des Erzbischöflichen Ordinariats, 2. April 1916.
37 Verordnung vom 15. März 1918, in: Amtsblatt 1918 (wie Anm. 27), 58f.
38 Vgl. dazu BLESSING, Kirchenwirkung (wie Anm. 14), 123.
39 BOBINGER, Kriegsarbeit (wie Anm. 29), 316.
40 Kriegsminister Philipp von Hellingrath an Erzbischof Faulhaber, 28. Juli 1917, in: Akten Kardinal Michael von Faulhabers 1917-1945 Bd. 1: 1917-1934, bearb. von Ludwig VOLK (Veröffentlichungen der Kommission für Zeitgeschichte. Reihe A: Quellen 17), Mainz 1975, 5f. Vgl. dazu KLIER, Kriegspredigt (wie Anm. 3), 82-91.
41 Verordnung vom 28. März 1917, in: Amtsblatt 1917 (wie Anm. 22), 88f. Vgl. dazu SCHEIDGEN, Bischöfe (wie Anm. 12), 233-239.

Immer mehr wurde der Klerus in die staatliche Propagandamaschinerie integriert. Als Bestandteil derselben sollte er sich möglichst eng an die staatlichen Vorgaben halten. Um für die sechste Kriegsanleihe Werbung machen zu können, wurde dem Klerus vom Erzbischöflichen Ordinariat die Schrift *Zur VI. Kriegsanleihe. Leitfaden und Nachschlageblätter zur Werbearbeit. Bearbeitet von einem Vertrauensmann* empfohlen.[42] Von der *Auskunftsstelle für Jugendaufklärung* im Kriegsministerium wurden die Geistlichen ab Mitte 1917 mit *Aufklärungsmaterial* versorgt, um *ihre Tätigkeit einheitlicher, umfassender und wirksamer gestalten zu können*.[43] 1916 wurden auf Bezirksamtsebene Propagandaausschüsse eingerichtet, deren Mitglieder vom Bezirksamtmann aus der Lehrerschaft, der Geistlichkeit, den Bürgermeistern und anderen Honoratioren ausgewählt wurden.[44] Dabei war die zunehmende Integration des Klerus in die Propagandamaschinerie Teil einer bewussten Strategie zur Koordinierung, Rationalisierung und Hierarchisierung mit dem Ziel der Effizienzsteigerung der Propagandaarbeit im Allgemeinen. Eine pyramidenförmig durchorganisierte Aufklärungsorganisation existierte allerdings dann erst seit Herbst 1917.[45]

Den sich öffnenden Spalt zwischen der klerikalen Kriegspropaganda und der Kriegsmüdigkeit der Bevölkerung in einen Glaubwürdigkeitsverlust jener resultieren zu lassen, lag nahe. Alfons Falkner von Sonnenburg (1851-1929)[46], der Pressereferent des Kriegsministeriums, berichtete im Oktober 1917 jedenfalls davon als *Folge des Verschleißes des Ansehens des Klerus durch die dauernde Verwendung als Propagandainstrument*. Deshalb riet er dazu, die Pfarrer *weniger in den Mittelpunkt der gesamten Aufklärung zu stellen, sondern sich die Geltendmachung ihres Einflusses mehr für besonders wichtige Aufklärungsgegenstände vorzubehalten*.[47] Auch das Erzbischöfliche Ordinariat hatte einen Glaubwürdigkeitsverlust des Klerus festgestellt, die Ursache dafür jedoch nicht bei seiner Instrumentalisierung für die Kriegspropaganda, sondern im religiösen Verfall aufgrund des Kriegs gesucht. In einer Verordnung vom 2. Oktober 1918 hieß es: *Wenn die pfarrliche Wirksamkeit in früherer Zeit hinreichte, als das ganze Leben des Volkes vom Christentume durchdrungen war, so ist dies jetzt, da vielfach das Gegenteil obwaltet, nicht mehr der Fall. Nicht zuletzt infolge der schrecklichen Kriegswirrnisse ist der religiöse Sinn in allen Kreisen der Bevölkerung vielfach geschwunden.*[48] Diese Beobachtung war zutreffend. War der Beginn des Kriegs durch steigende Gottesdienstbesuche gekennzeichnet, stellte

---

42 Mitteilung, undatiert, in: Amtsblatt 1917 (wie Anm. 22), 92.
43 Bekanntmachung vom 13. Juni 1917, in: Amtsblatt 1917 (wie Anm. 22), 141f.
44 ALBRECHT, Landtag (wie Anm. 33), 198-201.
45 ALBRECHT, Landtag (wie Anm. 33), 242-250.
46 Vgl. zu ihm ALBRECHT, Landtag (wie Anm. 33), 95f.; Paul HOSER, Die politischen, wirtschaftlichen und sozialen Hintergründe der Münchner Tagespresse zwischen 1914 und 1934. Methoden der Pressebeeinflussung (Europäische Hochschulschriften. Reihe III: Geschichte und ihre Hilfswissenschaften 447), Frankfurt am Main 1990, 51.
47 Zit. nach AY, Entstehung (wie Anm. 19), 92.
48 Verordnung vom 2. Oktober 1918, in: Amtsblatt 1918 (wie Anm. 27), 173-175.

sich mit seiner zunehmenden Dauer eine wachsende Diesseitsorientierung ein. Denn in dem Maß, in dem sich die Religion faktisch als unfähig zur Behebung der Leiden erwies, verlor nicht nur ihre Kriegsdeutung, sondern auch ihre Funktion zur Bewältigung von Kontingenz an sich an Plausibilität.[49]

Kriegstheologie

In der älteren Forschung herrschte die Ansicht vor, dass die katholische Kirche zumindest zu Beginn vorbehaltlos kriegsbegeistert gewesen sei. Richard van Dülmen behauptete, dass die *Verherrlichung des Krieges bei den Katholiken keine Grenzen kannte*.[50] Kriegsbegeisterung zeigte sich jedenfalls bei Pfarrer Wurfbaum in Bruck bei Ebersberg. Am 31. Juli 1914 fuhr er in der Hoffnung auf ein patriotisches Erlebnis nach München, da ihm im ländlichen Grafing zu wenig Kriegsbegeisterung herrschte.[51] Auf der Jagd nach Kriegsneuigkeiten hetzte er von der Kirche ins Wirtshaus. Enttäuscht schrieb er am 3. August 1914 ins Tagebuch: *Weder am Keller noch beim Wirte in Bruck waren sichere Neuigkeiten zu erfahren*.[52] Als sich Gerüchte über feindliche Anschläge häuften und ein angeblicher feindlicher Flieger über Rosenheim gesichtet wurde, setzte er sich mit dem geladenen Drilling auf die Altane seines Pfarrhauses, um ihn abzuschießen.[53] Zur Beförderung der Tapferkeit versprach er einem Bauern seiner Pfarrgemeinde 50 Mark im Fall der Verleihung des Eisernen Kreuzes.[54]

Wenn auch die Behauptung katholischer Kriegsbegeisterung mittlerweile einem differenzierteren Bild gewichen ist, welches die Unsicherheit über die pastoralen Auswirkungen des Kriegs betont[55], so war die katholische Kirche zweifellos darum bemüht, den Krieg zu legitimieren. Dies tat sie, indem sie die *Spannung zwischen*

---

49 Vgl. dazu ZIEMANN, Front (wie Anm. 6), 246-265 und 297-300; HOLZEM/HOLZAPFEL, Kriegserfahrung (wie Anm. 4), 288-290; WERNER, Gott (wie Anm. 3), 83f.
50 Zit. nach GEINITZ, Kriegsfurcht (wie Anm. 3), 204.
51 WURFBAUM, Kriegs-Tagebuch Bd. 1 (wie Anm. 18), 6. Am 2. September 1914 fuhr er abermals nach München, *weil ich vermute, daß der patriotische Gedenktag in München besonders gefeiert werden dürfte*. Vgl. WURFBAUM, Kriegs-Tagebuch Bd. 1 (wie Anm. 18), 50.
52 WURFBAUM, Kriegs-Tagebuch Bd. 1 (wie Anm. 18), 9.
53 WURFBAUM, Kriegs-Tagebuch Bd. 1 (wie Anm. 18), 10-12.
54 WURFBAUM, Kriegs-Tagebuch Bd. 1 (wie Anm. 18), 61f.
55 Vgl. GEINITZ, Kriegsfurcht (wie Anm. 3), 184-238; WERNER, Gott (wie Anm. 3), 69f. Auch die Ausführungen von BOBINGER, Kriegsarbeit (wie Anm. 29), 314f., drücken priesterliche Unsicherheit und Angst im Umgang mit seinen Parochianen angesichts des Kriegsbeginns aus: *Ich war wirklich froh, als das Abschiednehmen zu Ende war, denn jeder Abschiedsgruß machte mir das Herz schwer. Tränen in Männer- und Jünglingsaugen machen das Priesterherz erzittern.*

göttlicher Kriegshilfe und religiöser Friedenspflicht (Andreas Holzem)[56] in ihrer Kriegstheologie auflöste. Dazu stellte sie den Krieg in Übereinstimmung mit den staatlichen Behörden als gerechten Verteidigungskrieg dar. Eigenen institutionellen Interessen entsprach es, wenn sie den Krieg als Gelegenheit zur religiösen und moralischen Erneuerung, zur Überwindung der katholischen Inferiorität und zur Festigung ihrer Position in einem neuen, durch katholische Gebiete vergrößerten Reich wahrnahm. In Übereinstimmung mit katholischer Gnadenlehre stand es, wenn sie die Leiden des Kriegs als Buße für den in ganz Europa wahrgenommenen Abfall von Gott plausibilisierte und ihnen somit Sinn für die Erlangung des jenseitigen Heils verlieh, die staatlichen und militärischen Verantwortlichen aber von der Verantwortung für den Krieg entlastete, wodurch sich der Kreis zur Behauptung vom Verteidigungskrieg wieder schloss.[57] Mit dem Bemühen, dem Krieg Sinn zu verleihen und ihn dadurch zu legitimieren, entsprach die katholische Kirche einer gesamtgesellschaftlichen Notwendigkeit, die daraus hervorging, dass sich der Krieg nicht mehr auf eine kleine Berufsarmee stützte, sondern dass sich der Krieg durch Wehrpflicht und die Notwendigkeiten eines technischen Kriegs auf alle Bevölkerungsgruppen erstreckte und totalen Charakter annahm.[58] Dabei führte die Ausdifferenzierung der religiösen Aufgaben in der Moderne zu einer Positionierung der Religion zu Staat und Gesellschaft, *welche vielfache Verflechtungen und Verschmelzungen, aber keine einfache Symbiose mehr zuließ, bei welcher der militärisch engagierten Herrschaft Interessenleitung und Instrumentalisierung allein zukam*, so Holzem.[59] Das heißt mit anderen Worten, dass sich die katholische Kirche nicht nur darauf beschränkte, den Krieg mit ihrer Theologie zu legitimieren, sondern auch mit dem Krieg verbundene eigene Interessen verfolgen konnte.

Die Kriegstheologie des Pfarrklerus im Erzbistums München und Freising bewegte sich auch in diesem Rahmen der Kriegslegitimation, der von der Suche nach religiösem Nutzen des Kriegs, dessen Integration in katholische Theologumena und außerdem davon geprägt war, die staatlichen und militärischen Verantwortlichen von der Verantwortung für den Krieg loszusprechen.[60] Als Beispiel soll der Vortrag des Hirtlbacher Pfarrers Jakob Urban auf der Pastoralkonferenz des Landkapitels Sittenbach am 14. Juli 1915 dienen. Der Krieg war für ihn eine Folge der Sündhaf-

---

56 Andreas HOLZEM, Krieg und Christentum – Motive von der Vormoderne zur Moderne. Beobachtungen zur Einführung, in: Rottenburger Jahrbuch für Kirchengeschichte 25 (2006), 15-30, hier 25.
57 Vgl. die in Anm. 3 genannte Literatur.
58 Vgl. dazu Andreas HOLZEM, Geistliche im Krieg und die Normen des Kriegsverstehens. Ein religionsgeschichtliches Modell zu Ritual, Ethik und Trost zwischen militärischer Kulttradition und christlicher Friedenspflicht, in: Franz BRENDLE/Anton SCHINDLING (Hg.), Geistliche im Krieg, Münster 2009, 41-85, hier 84.
59 HOLZEM, Geistliche (wie Anm. 58), 43.
60 Vgl. dazu FORSTNER, Priester (wie Anm. 2), 457-466.

tigkeit der Menschen. Im ausdrücklichen Anschluss an den profilierten Moraltheologen Joseph Mausbach (1861-1931) bezeichnete er den Krieg als *Notwendigkeit*, solange es *hartherzige Ungerechtigkeit und Barbarei auf Erden* gebe: *Würde die Menschheit in vollkommener Weise die Grundsätze des Evangeliums des Friedens befolgen und die zu einem erträglichen Gemeinschaftsleben unbedingt notwendigen Tugenden der Wahrhaftigkeit, Gerechtigkeit und Liebe üben, so würde der Krieg niemals ein ‚nothwendiges Übel', sondern stets ein barbarischer Frevel an der Menschheit sein.* Gerade in den letzten Jahren vor dem Krieg habe sich die Menschheit aber von Gott entfernt: *In den letzten Dezennien war Friede und doch kein Friede. Die moderne Kulturentwicklung mit ihrer Emanzipation von den Idealen des Christentums führte weite Kreise nicht bloß der Gebildeten und Besitzenden, sondern auch der breiten Volksmasen zur praktischen Religionslosigkeit. Materialistische Gelüste und Begierden erstickten den Sinn für das Wahre, Gute und Rechte. Und je mehr sich der Bruch mit Gott vollzog, umsomehr wurde die Menschheit in sich selber zerrissen und zerspalten. Die sozialen und nationalen Gegensätze wurden immer schroffer, steigerten sich bis zur völligen Unverträglichkeit und mußten schließlich zu einem Ende mit Schrecken führen.* Nur der Krieg erschien ihm als Ausweg. Dieser sei *wie ein Sturmwind hineingefahren in die kalten Nebel und die bösen Dünste des Unglaubens und der Zweifelsucht und in die ungesunde Atmosphäre einer unchristlichen Überkultur.* In diesem Deutungsmuster ist es Gott selbst, der den Krieg verursachte: *Ja, Gott der Herr hält selbst seit Kriegsbeginn eine große Volksmission ab, in der er besonders eindringlich den Kriegern predigt. Und wen die Kriegserklärung und die Einberufung zum Heeresdienst noch nicht auf die Knie zwang, der wird durch die Kriegspredigten des göttlichen Missionärs im Kugelregen, im Granatenhagel sicherlich bekehrt, wenn noch ein Fünkchen Gottesglaube und Gottesliebe in seinem Herzen zu finden ist.* Der Krieg sei deshalb *eine herrliche Apologie des Gottesglaubens und Ewigkeitsdenkens.* Davon *beseelt eilten unsere wackeren Krieger gleich bei Kriegsbeginn in Scharen zum Gotteshause.* Freudig meinte er: *Welch weites und zugleich Dankbares Arbeitsfeld hat sich gerade durch den gegenwärtigen Krieg dem eifrigen Seelenhirten eröffnet!* Den Krieg nahm Urban nämlich als Möglichkeit einer engeren Bindung der Soldaten an die Kirche wahr. Der Seelsorger solle mit den Frontsoldaten kommunizieren und ihnen Devotionalien (Bildchen, Medaillen, Rosenkränze), Erbauungsliteratur oder Essbares schicken, da die *Soldatenherzen jetzt weich sind wie Wachs.*[61]

Nicht nur kirchliche Interessen und katholische Theologumena beeinflussten die Kriegsbejahung der Priester, auch ihre Sozialisation muss berücksichtigt werden. Alle Priester wurden während ihrer Gymnasialzeit im Paradigma des Neuhumanismus, der die ideellen Werte von Patriotismus und Pflichterfüllung betonte, erzogen.[62] Schon die Hoffnung auf eine moralische und religiöse Erneuerung durch den

---

61 AEM, Realia 3825, Protokoll der Konferenz des Landkapitels Sittenbach, 14. Juli 1915.
62 Zum Neuhumanismus vgl. Herwig BLANKERTZ/Kjeld MATTHIESSEN, Neuhumanismus, in: Dieter LENZEN (Hg.), Pädagogische Grundbegriffe, Reinbek bei Hamburg ⁶2001, 1092-1103.

Krieg erinnert viel zu sehr an die *im Umfeld des wilhelminischen Kulturpessimismus kursierende Vorstellung vom Krieg als Katharsis und Neuanfang* (Nikolaus Buschmann)[63], als dass sie als spezifisch religiös oder gar katholisch gewertet werden sollte. Zumindest dem bürgerlich sozialisierten Teil des Klerus waren patriotische und militaristische Werte wohl schon im Elternhaus vermittelt worden. Ein Beispiel dafür ist der als Landpfarrer tätige Münchner Bürgersohn Wurfbaum. Am 25. August 1914 schrieb er in sein Tagebuch: *Noch lebhaft erinnere ich mich, wie damals wir Münchner Buben uns auf diesen Tag freuten, denn da war ja Parade der Garnison. Großes militärisches Interesse herrschte damals schon in uns; [...]*.[64]

In dem Maß, in dem die Kriegstheologie der katholischen Kirche von institutionellen Interessen, spezifischen Theologumena und bürgerlichen Ideologemen geprägt war, musste ihre Wirksamkeit auf die bäuerliche Bevölkerung begrenzt sein. Der Pfarrer hatte zweifellos eine große moralische Autorität und dadurch eine wichtige meinungsbildende Funktion, die jedoch nicht nur von seinen Absichten, sondern auch von der Rezeptionsfähigkeit der Gemeinde abhängig war.[65] Obwohl nichts über die Wirksamkeit der Kriegstheologie auf die Zivilbevölkerung bekannt ist, gibt Benjamin Ziemann einen Anhaltspunkt. Die von ihm ausgewerteten Feldpostbriefe katholischer Soldaten zeigten ihm, dass nur eine kleine Minderheit bürgerlicher Soldaten, *die den Krieg durch die Brille der Metaphysik betrachtete*, derartige *Ressourcen ‚metaphysischer Art'* benötigten. Die ländlichen Soldaten, in deren Feldpostbriefen kaum Aussagen über Kampf und Sterben zu finden waren, blieben ihrer vertrauten Lebenswelt verhaftet und kämpften *nicht für etwas, sondern sie kämpften mit Blick auf etwas, also in Erwartung eines nahegelegenen Zeitpunktes, der ihnen zumindest vorübergehend Entlastung bringen würde*.[66] Bei Lichte betrachtet kann also überhaupt kein direkter Zusammenhang zwischen der klerikalen Propaganda und der evidenten Durchhaltebereitschaft der Bevölkerung behauptet werden, wodurch sich aber auch die Annahme eines zunehmenden klerikalen Glaubwürdigkeitsverlustes aufgrund überzogener propagandistischer Beanspruchung auflöst. Um Glaubwürdigkeitsverlust einerseits und die kriegswirtschaftlich sowie gesellschaftlich stabilisierende Bedeutung der Pfarrer andererseits möglichst präzise zu taxieren, ist deshalb der Blick auf die zahlreichen Hilfs- und Organisationsleistungen, die der Klerus für die

---

[63] Nikolaus BUSCHMANN, Der verschwiegene Krieg: Kommunikation zwischen Front und Heimatfront, in: Gerhard HIRSCHFELD u. a. (Hg.), Kriegserfahrungen. Studien zur Sozial- und Mentalitätsgeschichte des Ersten Weltkriegs (Schriften der Bibliothek für Zeitgeschichte. Neue Folge 5), Essen 1997, 208-224, hier 220.
[64] WURFBAUM, Kriegs-Tagebuch Bd. 1 (wie Anm. 18), 39.
[65] Das gibt GEINITZ, Kriegsfurcht (wie Anm. 3), 205 zu bedenken, ohne diese Anregung in seiner Forschung allerdings selbst aufzugreifen.
[66] ZIEMANN, Front (wie Anm. 6), 464. Vgl. dazu auch BUSCHMANN, Krieg (wie Anm. 63), 215-219.

Aufrechterhaltung alltäglicher kommunaler und wirtschaftlicher Abläufe erbrachte, zu richten.

Klerikale Hilfs- und Organisationsleistungen für die öffentliche Verwaltung

Grundsätzlich waren Geistliche zwar wehrpflichtig, wenn auch nicht im Dienst mit der Waffe, sondern als Militärseelsorger und Sanitäter. Es konnten jedoch Anträge auf Unabkömmlichkeit gestellt werden. Denn eine flächendeckende seelsorgliche Betreuung der Bevölkerung in der Heimat sollte aufrechterhalten bleiben.[67] Im Heeresdienst standen deshalb nur 6,5 Prozent der Weltgeistlichen des Erzbistums. Dabei stieg die Zahl der Priester zwischen 1914 und 1918 im Erzbistum von 1530 auf 1570. Wegen der stagnierenden Bevölkerungszahl verbesserten sich dadurch die Seelsorgeverhältnisse sogar. Traf 1914 ein Priester auf 725 Gläubige, war es 1917 ein Priester für 702 Gläubige. Ein Priestermangel stand wegen der Einberufung nahezu aller Studenten der Theologie und der darauf zurückzuführenden sinkenden Weihezahlen lediglich zu erwarten, war aber noch nicht eingetreten.[68] Während der Volksschulunterricht durch Einberufungen von Lehrern stark beeinträchtig war[69], galt dies für die Seelsorge nicht. Der Münchner Erzbischof Michael von Faulhaber (1869-1952)[70] sprach zwar im Herbst 1917 von einem Priestermangel wegen der vielen Einberufungen.[71] Davon ist aber nur im Hinblick auf den erweiterten administrativen und pastoralen Tätigkeitsbereich der Pfarrer im Ersten Weltkrieg zu sprechen. Nach Werner K. Blessing umfasste dieser vier Aufgabenbereiche: Neben die intensivierte herkömmliche Seelsorge und der Propaganda im eigenen Interesse oder im Dienst des Staates trat eine umfangreiche karitative Hilfe und Militärseel-

---

67 SCHEIDGEN, Bischöfe (wie Anm. 12), 113-122.
68 Zu den Zahlen vgl. NESNER, Erzbistum (wie Anm. 2), 137-139; FORSTNER, Priester (wie Anm. 2), 457.
69 Vgl. dazu Eckhard EMMINGER, Auswirkungen des Ersten Weltkriegs auf den Unterrichtsbetrieb an den Volksschulen der Stadt Augsburg, in: Max LIEDTKE (Hg.), Geschichte der Schule in Bayern von 1800 bis 1918 (Handbuch der Geschichte des bayerischen Bildungswesens 2), Bad Heilbrunn, 1993, 557–570.
70 Zu Faulhabers Wirken insbesondere während des Ersten Weltkriegs vgl. KLIER, Kriegspredigt (wie Anm. 3).
71 Protokoll der Konferenz des bayerischen Episkopats, 22./23. November 1917, in: Akten Faulhabers (wie Anm. 40), 10-17. Damit übereinstimmend: Michael BUCHBERGER, Krieg und Seelsorge i. J. 1915 (Beilage zum Amtsblatt für die Erzdiözese München und Freising 1916 1), München [1916], 13.

sorge in den Lazaretten.⁷² Hinzu kamen dann aber noch umfangreiche Hilfs- und Organisationsleistungen für die kommunale und staatliche Verwaltung.

Der Tätigkeitsbereich der Pfarrer in der öffentlichen Verwaltung erweiterte sich auf dreifache Weise. Erstens wurden die Pfarrer verstärkt zur Bewältigung von Aufgaben in der kriegsbedingt expandierenden staatlichen und kommunalen Verwaltung sowie der Kriegswirtschaft beansprucht. Zweitens füllten sie ein administratives Vakuum, das durch die Einberufungen von lokalen Autoritäten entstanden war. Drittens konnte es auch vorkommen, dass sie sich hoheitliche Funktionen anmaßten.

Die Grundlage für die Beanspruchung der Priester für staatliche und kommunale Hilfs- und Ordnungsleistungen war die Tatsache, dass sie als Vorsitzende der Armenpflegschaftsräte in den Landgemeinden bereits in die öffentliche Verwaltung integriert waren.[73] Gerade die Armenpflege expandierte aber angesichts zahlreicher gefallener, verwundeter und vermisster Soldaten und ihrer Angehörigen.[74] Dabei verschwamm die Grenze zwischen den Aufgaben, die die Pfarrer im Auftrag der Kirche bzw. des Staates und denjenigen, die sie freiwillig übernahmen.[75] Bereits zu Kriegsbeginn wurde der Pfarrklerus im erzbischöflichen Amtsblatt aufgefordert, Hilfsaktionen für die Familien von Soldaten zu initiieren.[76] Außerdem sollten die Pfarrer Familien für die Unterbringung von Kriegswaisen ausfindig machen,[77] die Errichtung von Kinderkrippen und Kinderhorten fördern, um den Kriegerwitwen Gelegenheit zur Erwerbsarbeit zu verschaffen,[78] und sich in der Stellenvermittlung für junge Mädchen engagieren.[79]

---

72 BLESSING, Kirchenwirkung (wie Anm. 14), 122-126.
73 Franz MAKOWICZKA, Königreich Bayern, in: Arwed EMMINGHAUS (Hg.), Das Armenwesen und die Armengesetzgebung in europäischen Staaten, Berlin 1870, 325-357. Vgl. dazu Horst HESSE, Die sogenannte Sozialgesetzgebung Bayerns Ende der sechziger Jahre des 19. Jahrhunderts. Ein Beitrag zur Strukturanalyse der bürgerlichen Gesellschaft (Miscellanea Bavarica Monacensia 33), München 1971.
74 Vgl. dazu Johannes FRERICH – Martin FREY, Von der vorindustriellen Zeit bis zum Ende des Dritten Reiches (Handbuch der Geschichte der Sozialpolitik in Deutschland 1), München 1993, 165-170; Michael GEYER, Die Vorboten des Wohlfahrtsstaates. Die Kriegsopferversorgung in Frankreich, Deutschland und Großbritannien nach dem Ersten Weltkrieg, in: Geschichte und Gesellschaft 9 (1983) 230-277; Ewald FRIE, Vorbild oder Spiegelbild? Kriegsbeschädigtenfürsorge in Deutschland 1914-1919, in: Wolfgang MICHALKA (Hg.), Der Erste Weltkrieg. Wirkung, Wahrnehmung, Analyse, München 1994, 563-580.
75 Zu den karitativen Tätigkeiten des katholischen Klerus während des Ersten Weltkriegs vgl. RUTZ, Seelsorge (wie Anm. 10), 347; NESNER, Erzbistum (wie Anm. 2), 185f.; SCHEIDGEN, Bischöfe (wie Anm. 12), 211-219.
76 Verordnung vom 17. August 1914, in: Amtsblatt 1914 (wie Anm. 22), 152f.
77 Fortunat IBSCHER, Seelsorge und Jugendfürsorge in der Kriegszeit, in: Theologisch-praktische Monats-Schrift. Zentral-Organ der katholischen Geistlichkeit Bayerns 26 (1916) 114-121, hier 116-118.
78 IBSCHER, Seelsorge (wie Anm. 77), 118f.
79 IBSCHER, Seelsorge (wie Anm. 77), 119.

Da die Umstellung von der Friedens- auf die Kriegswirtschaft Arbeitslosigkeit, etwa in der Baubranche, erzeugte[80], sollte der Klerus nach dem Willen der kirchlichen und staatlichen Behörden auch bei der Arbeitsbeschaffung mitwirken.[81] Vor allem sollte er Lehrstellen an Jugendliche vermitteln.[82] Vom Generalkonservatorium wurden die Pfarrer aufgefordert, Künstler und Kunsthandwerker zu beschäftigen, die seit Ausbruch des Kriegs ohne Aufträge waren.[83] Außerdem wurde den Pfarrvorständen vom Erzbischöflichen Ordinariat aufgetragen, Mesnerstellen mit Kriegsinvaliden zu besetzen.[84]

Auf Bitten des Innenministeriums waren die Ortsgeistlichen seit Kriegsbeginn an der Vermittlung von landwirtschaftlichen Arbeitskräften beteiligt. Sie sollten insbesondere bei der Erhebung des Arbeitskräftebedarfs mitwirken.[85] Dies ist die Grundlage, auf der Wurfbaum eine Genossenschaft zur Verwendung von Kriegsgefangenen in der Landwirtschaft gründete. Er hielt am 14. März 1915 darüber einen Vortrag im Wirtshaus und arbeitet am Entwurf der Statuten mit.[86] Bei der Gründungsversammlung der Genossenschaft wurde er am 5. April 1915 zum Schriftführer gewählt.[87] Obwohl er offiziell nicht an der Spitze der Genossenschaft stand, kümmerte er sich um die Herstellung des Lagers, die Zuweisung von Gefangenen und deren Transport vom Bahnhof zum Lager.[88] Offenbar stellten Wurfbaums Bemühungen um die Zuteilung von Kriegsgefangenen an seine Pfarrei keine klerikale Einzelaktion dar. Denn am 22. Juni 1915 bekam er Besuch vom Benefiziaten aus Pframmern, der die Arbeit der Gefangenen begutachten und sich über die Organisation der Genossenschaft informieren wollte, um selbst eine zu gründen.[89]

Darüber hinaus fungierten die Pfarrhäuser und Kirchen als Informationsdrehscheibe zwischen Bevölkerung und staatlicher Verwaltung. Vor allem die Gottesdienste wurden zur Information der Bevölkerung über öffentliche Angelegenheiten benutzt. Auf Bitten des Bürgermeisters gab Wurfbaum am Ende des Gottesdienstes bekannt, *daß die Gesuche der zuletzt Angemeldeten für die Kriegsbeihilfe erst durch das Kgl. Bezirksamt verbeschieden sein müssen, bevor Auszahlung erfolgen kann.*[90] Im Auftrag des Verkehrsministeriums hatten die Pfarrer die Todesnachrichten von gefallenen Sol-

---

80 ALBRECHT, Landtag (wie Anm. 33), 82-84.
81 Verordnung vom 17. August 1914, in: Amtsblatt 1914 (wie Anm. 22), 152f.; Mitteilung, undatiert, in: Amtsblatt 1917 (wie Anm. 22), 91.
82 Mitteilung, undatiert, in: Amtsblatt 1917 (wie Anm. 22), 95f.
83 Verordnung vom 29. Februar 1915, in: Amtsblatt 1915 (wie Anm. 16), 29.
84 Verordnung vom 22. Januar 1916, in: Amtsblatt für die Erzdiözese München und Freising 1916, München [1916], 17.
85 Bekanntmachung vom 10. August 1914, in: Amtsblatt 1914 (wie Anm. 22), 147f.
86 WURFBAUM, Kriegs-Tagebuch Bd. 3 (wie Anm. 18), 288.
87 WURFBAUM, Kriegs-Tagebuch Bd. 3 (wie Anm. 18), 304f.
88 WURFBAUM, Kriegs-Tagebuch Bd. 3 (wie Anm. 18), 351–354.
89 WURFBAUM, Kriegs-Tagebuch Bd. 3 (wie Anm. 18), 359f.
90 WURFBAUM, Kriegs-Tagebuch Bd. 1 (wie Anm. 18), 109.

daten an deren Angehörige zu überbringen[91], was sich nicht vorteilhaft auf die pastorale Stellung der Priester auswirkte.[92] Ab 1. Dezember 1914 wurden dann die Verlustlisten nicht mehr in den Zeitungen veröffentlicht, sondern an die Bezirksämter, Gemeindeverwaltungen und Pfarrämter versandt.[93] Ernst Harth (1869-1936)[94], Pfarrer in Mömlingen (Bistum Würzburg), ermahnte die Pfarrvorstände in der Theologisch-praktischen Monats-Schrift, immer genau informiert zu sein, welche Pfarrangehörigen im Feld, in Garnisonen, gefallen waren oder sich verwundet in Lazaretten befanden. Dies tat er aber nicht nur im Interesse der Seelsorge, denn: *Auch die weltliche Behörde erwartet ja vom Seelsorger, daß er sich dafür interessiert, sie schickt ihm die amtlichen Verlustlisten ins Haus.*[95] Dabei mussten die Priester schon deshalb an diesen Informationen interessiert sein, da sie wegen der im Vergleich zum staatlichen Eherecht rigideren kirchlichen Ehevorschriften vergleichsweise umfangreiche Nachforschungen anstellen mussten, wenn sich Ehefrauen von Vermissten wieder verheiraten wollten.[96] So erkundigte sich Wurfbaum tatsächlich in München über die Vermissten der Pfarrei und besuchte verwundete Pfarrangehörige in Lazaretten.[97]

Als Informationsdrehscheibe eigneten sich die Pfarrer schon deshalb, da sie im Umgang mit modernen Kommunikationsmitteln geübt waren. Pfarrer Wurfbaum war einer der wenigen im Dorf Bruck, die über ein Telefon verfügten. Zu Kriegsbeginn abonnierte er einen telefonischen Nachrichtendienst. Nachdem er über die jüngsten Ereignisse an der Front über Telefon informiert worden war, ließ er die Nachrichten beim Wirt anschlagen.[98] Bei Siegen der Mittelmächte zog er am Pfarrhaus eine deutsche oder österreichische Fahne auf.[99] Ansonsten übernahmen die Kirchenglocken nach dem Wunsch des Erzbischöflichen Ordinariats die Informati-

---

91 Verordnung vom 18. Dezember 1914, in: Amtsblatt 1914 (wie Anm. 22), 239f. Vgl. dazu BOBINGER, Kriegsarbeit (wie Anm. 29), 316f.; RUTZ, Seelsorge (wie Anm. 10), 346; NESNER, Erzbistum (wie Anm. 2), 185f.
92 BÖRST, Theologen (wie Anm. 9), 104: *Bald war es in vielen Gemeinden so, daß wenn der Pfarrer durch irgendeine Straße ging, die Mütter und Frauen hinter den Vorhängen bebten, mit sorgenvollen Blicken seinem Weg folgten und aufatmeten, wenn er an ihrer Türe vorbeiging.*
93 WURFBAUM, Kriegs-Tagebuch Bd. 2 (wie Anm. 18), 163.
94 Vgl. zu ihm: Die kirchliche Lage in Bayern nach den Regierungspräsidentenberichten 1933-1943, Bd. 6: Regierungsbezirk Unterfranken 1933-1944, bearb. von Klaus WITTSTADT (Veröffentlichungen der Kommission für Zeitgeschichte. Reihe A: Quellen 31), Mainz 1981, 79.
95 Ernst HARTH, Welche Aufgaben treten infolge der Kriegslage an den Seelsorger heran?, in: Theologisch-praktische Monats-Schrift. Zentral-Organ der katholischen Geistlichkeit Bayerns 25 (1915) 741-748, hier 742.
96 Vgl. dazu Martin LEITNER, Praktische Fälle aus dem Seelsorgerleben, in: Theologisch-praktische Monats-Schrift. Zentral-Organ der katholischen Geistlichkeit Bayerns 25 (1915) 272-277; Karl August GEIGER, Kriegsverschollenheit und Wiederverheiratung, in: Theologisch-praktische Monats-Schrift. Zentral-Organ der katholischen Geistlichkeit Bayerns 26 (1916) 149-158 und 233-244.
97 WURFBAUM, Kriegs-Tagebuch Bd. 2 (wie Anm. 18), 131.
98 WURFBAUM, Kriegs-Tagebuch Bd. 1 (wie Anm. 18), 35 und 47.
99 WURFBAUM, Kriegs-Tagebuch Bd. 1 (wie Anm. 18), 33.

on der Bevölkerung über deutsche Siege.[100] Wurfbaum war auch im Besitz einer *großen Karte des Kriegsschauplatzes*, welche zur Veranschaulichung des Frontverlaufs für die Dorfbevölkerung diente.[101] Überhaupt kam es vor, dass Priester auch außerhalb der Kirchen mit Vorträgen in Wirtshäusern über den Kriegsverlauf aufklärten und ihn interpretierten.[102]

Darüber hinaus gehörte es zu den Aufgaben, die die Pfarrer im öffentlichen Interesse wahrnahmen, die Angehörigen von gefallenen, verwundeten und gefangenen Soldaten über staatliche Hilfeleistungen (Familienunterstützung, Wöchnerinnenhilfe, Sterbegelder, Rotkreuzhilfe für Kriegsgefangene) zu informieren.[103] Derart als Experten der expandierenden Sozialpolitik installiert, wurde die ohnehin vorhandene administrative Erfahrung der Pfarrvorstände von der Bevölkerung zur Bewältigung der sozialen Probleme, die der Krieg mit sich brachte, genutzt. Kriegsgeschädigte nahmen die Dienste der Pfarrer in Anspruch, wenn es darum ging, finanzielle Unterstützung zu beantragen, nach Vermissten, Toten, Verwundeten und Gefangenen zu suchen oder die Formalitäten im Falle des Todes eines Angehörigen an der Front zu erledigen.[104] Wurfbaum setzte sich für die Unabkömmlichkeit des örtlichen Molkereiverwalters ein[105] oder beantragte für einen Pfarrangehörigen die Zuteilung eines Pferdes.[106] Vor allem aber Urlaubsgesuche für Frontsoldaten zur Erntearbeit waren eine *endlose und immer wiederkehrende Arbeit* für Bobinger: *Gesuche zur Frühjahrssaat, Gesuche zur Heuernte, zur Getreideernte, zur Herbstbestellung, für die Dreschzeit, Gesuche bei besonders dringenden Anlässen, z. B. bei Unglücksfällen in der Familie usw. Oft schrieb ich auch im Traume Urlaubsgesuche.*[107] Sein Fazit lautete: *Schreiberdienste mußte ich leisten und leiste sie zur Stunde noch wie noch nie in meinem Leben.*[108]

Schließlich organisierten die Pfarrer die verschiedensten Sammlungen. Wurfbaum beschreibt in seinem Tagebuch, wie er die Sammlung von Liebesgaben für die Frontsoldaten organisierte.[109] Bobinger leitete Kinder zur Sammlung von Nahrungsmitteln an, denn *es war niemand anderer da, der Lehrer stand im Feld*.[110] Die Pfarrvorstände wurden vom Erzbischöflichen Ordinariat schließlich aufgefordert, sich bei den Ortssammelausschüssen für Säuglings- und Kleinkinderwäsche zu beteili-

---

100 Verordnung vom 11. April 1916, in: Amtsblatt 1916 (wie Anm. 84), 89.
101 WURFBAUM, Kriegs-Tagebuch Bd. 2 (wie Anm. 18), 149.
102 WURFBAUM, Kriegs-Tagebuch Bd. 1 (wie Anm. 18), 137f. Vgl. dazu BLESSING, Kirchenwirkung (wie Anm. 14), 123.
103 HARTH, Aufgaben (wie Anm. 95), 742.
104 BOBINGER, Kriegsarbeit (wie Anm. 29), 317; HARTH, Aufgaben (wie Anm. 95), 742.
105 WURFBAUM, Kriegs-Tagebuch Bd. 2 (wie Anm. 18), 171.
106 WURFBAUM, Kriegs-Tagebuch Bd. 3 (wie Anm. 18), 269.
107 BOBINGER, Kriegsarbeit (wie Anm. 29), 319.
108 BOBINGER, Kriegsarbeit (wie Anm. 29), 318.
109 WURFBAUM, Kriegs-Tagebuch Bd. 1 (wie Anm. 18), 74.
110 BOBINGER, Kriegsarbeit (wie Anm. 29), 318.

gen.[111] Außerdem hatten die Pfarrer in den Vorstandschaften zahlreicher karitativer Organisationen tätig zu sein. Am 17. März 1916 wurden die Pfarrvorstände vom Erzbischöflichen Ordinariat aufgefordert, bei den lokalen Zusammenschlüssen der bayerischen Frauenvereinigungen, welche die hauswirtschaftliche Ausbildung der Mädchen organisieren sollten, gemeinsam mit Lehrern, Ärzten und Beamten mitzuarbeiten.[112] Außerdem sollte der Klerus die Kreisfürsorgerinnen des *Landesverbandes für Säuglings- und Kleinkinderfürsorge* bei der Errichtung und dem Ausbau von Einrichtungen zur Kinder- und Mutterfürsorge unterstützen.[113] Ein besonderes Aufgabenfeld war die Unterbringung von Stadtkindern auf dem Land. Diese diente der besseren Nahrungsmittelversorgung der Kinder, dem Auskurieren von Erkrankungen, der Einebnung der sich öffnenden Kluft zwischen Stadt und Land und der Behebung des Arbeitskräftemangels in der Landwirtschaft durch Übernahme leichter Arbeiten.[114] Bis zum ersten Halbjahr 1917 waren bereits 7.000 Stadtkinder durch das Engagement des Klerus auf dem Land im Erzbistum untergebracht worden.[115]

Auch in die administrative Umsetzung der Kriegsernährungswirtschaft waren die Pfarrer vor Ort eingebunden. Zunächst trugen sie durch die Erlaubnis der Sonn- und Feiertagsarbeit[116] zur Sicherstellung der Ernährungsversorgung bei – und zwar nicht so sehr durch die bloße Erlaubnis, sondern dadurch, dass sie diese zur Arbeitspflicht machten.[117] Am 2. Februar 1915 wurden die Geistlichen aufgefordert, die Bauern bei der staatlich angeordneten Aufnahme der Getreidebestände zu unterstützen, und zwar nicht nur von der Kanzel. Sie sollten *ihre Arbeitskraft und ihren Einfluß zur Verfügung stellen und den Meldepflichtigen bei Ausfüllung der Anzeigen an die Hand gehen.*[118] Wurfbaum nahm am 5. Februar 1915 in Grafing an einer Besprechung wegen der Beschlagnahme des Getreides teil.[119] In allen Gemeinden wurden Anfang 1917 nach Wunsch des Innenministeriums Ausschüsse zur Unterstützung

---

111 Verordnung vom 9. März 1918, in: Amtsblatt 1918 (wie Anm. 27), 53.
112 Verordnung vom 17. März 1916, in: Amtsblatt 1916 (wie Anm. 84), 83.
113 Verordnung vom 16. August 1917, in: Amtsblatt 1917 (wie Anm. 22), 182f.
114 KAMMEIER, Weltkrieg (wie Anm. 13), 219-226.
115 Mitteilung, undatiert, in: Amtsblatt 1917 (wie Anm. 22), 143. Vgl. dazu SCHEIDGEN, Bischöfe (wie Anm. 12), 229-232.
116 Verordnung vom 26. Februar 1915, in: Amtsblatt 1915 (wie Anm. 16), 77. Vgl. dazu SCHEIDGEN, Bischöfe (wie Anm. 12), 104.
117 Verordnung vom 3. Mai 1917, in: Amtsblatt 1917 (wie Anm. 22), 119f. Vgl. dazu auch die Verordnung vom 9. März 1915, in: Amtsblatt 1915 (wie Anm. 16), 88: *Desgleichen möge darauf hingewiesen werden, daß die auf dem Lande noch zur Verfügung stehenden ländlichen Arbeitskräfte willig und getragen vom ernsten Pflichtgefühl den Arbeiten der Feldbestellung und der Ernte, auch an Sonn- und Feiertagen nachmittags wenn nötig, sich unterziehen mögen. Auch da dürfte der Hinweis auf religiöse Motive nicht umsonst sein.*
118 Verordnung vom 2. Februar 1915, in: Amtsblatt 1915 (wie Anm. 16), 26f.
119 WURFBAUM, Kriegs-Tagebuch Bd. 2 (wie Anm. 18), 244.

der Sammlung von Lebensmitteln gebildet. Neben dem Bürgermeister, dem Lehrer und *einigen anderen erfahrenen Männern und Frauen* war der Pfarrer Mitglied derselben.[120]

Die Staatsregierung plante bereits zu Kriegsbeginn die Errichtung von Ortsausschüssen zur Durchführung der *Militärischen Jugenderziehung während des Krieges*. Die Pfarrvorstände wurden vom Erzbischöflichen Ordinariat am 5. Oktober 1914 aufgerufen, daran mitzuwirken und die Mitglieder kirchlicher Vereine *zur Teilnahme an den empfohlenen Übungen, zur Pflege der vaterländischen und königstreuen Gesinnung und zu Gottvertrauen in unserer ernsten Zeit zu ermuntern*.[121] Wenn es dem Ordinariat dabei auch nicht zuletzt darum ging, den Einfluss der Kirche auf die Jugend nicht zu verlieren[122], nahm ein Priester wie Wurfbaum den Aufruf des Ordinariats derart ernst, dass er selbst eine Jugendkompanie für Wehrübungen gemeinsam mit dem Bürgermeister gründete.[123] Die Übungen fanden im Hof der Pfarrökonomie statt.[124] Der Pfarrer selbst übernahm aus Mangel an Alternativen das Drillen der Jugendlichen. In seinem Tagebuch schrieb er: *Dazu reichen meine militärischen Fähigkeiten noch aus. Die Leute wurden nach der Größe in zwei Gruppen geteilt; dann wurde geübt: Haltung bei ‚Stillgestanden', ‚Augen rechts, richt Euch!' Abzählen. Lautes, kurzes Sprechen bei Nennung des Namens, der Jahresklasse. Beantwortung der gestellten Fragen mit: ‚Jawohl, Herr …', ‚Nein, H…'. – Dreimaliger Hurra-Ruf. ‚Rührt Euch!'' – ‚Links schwenkt, rechts schwenkt', ‚Abtreten – marsch!*[125]

Angesichts der zahlreichen klerikalen Hilfs- und Ordnungsleistungen für die öffentliche Verwaltung ist es nur konsequent, dass ein Pfarrer wie Wurfbaum an den nichtöffentlichen Sitzungen des Gemeindeausschusses teilnahm, ohne gewähltes Mitglied zu sein.[126] Dies weist auf den zweiten Aspekt klerikaler Tätigkeit in der öffentlichen Verwaltung hin. Über die offizielle Betrauung mit administrativen Aufgaben hinaus entstand durch die Einberufungen ein administratives Vakuum, dass der Pfarrer als einer der wenigen verbliebenen schreibgewandten Männer füllte – sei es aus eigenem Antrieb oder aufgrund von sozialem Druck, der von den Pfarrangehörigen explizit oder implizit ausgeübt wurde. Da sich in Schönebach kein Bürgermeister mehr fand, übernahm Benefiziat Bobinger die Aufgabe, ein Gemeindemitglied von der Übernahme des Amtes zu überzeugen. Dies gelang ihm nur, indem er dem neuen Bürgermeister seine Schreiberdienste zusagte: *Kaum war ein*

---

120 Verordnung vom 9. Januar 1917, in: Amtsblatt 1917 (wie Anm. 22), 3-5.
121 Verordnung vom 5. Oktober 1914, in: Amtsblatt 1914 (wie Anm. 22), 187.
122 Ludwig HEILMAIER, Die Heeresvorschule, in: Theologisch-praktisches Monats-Schrift. Zentral-Organ der katholischen Geistlichkeit Bayerns 26 (1916), 315-323. Zur militärischen Jugenderziehung während des Ersten Weltkriegs in Bayern vgl. ALBRECHT, Landtag (wie Anm. 33), 134-136.
123 WURFBAUM, Kriegs-Tagebuch Bd. 2 (wie Anm. 18), 136f.
124 WURFBAUM, Kriegs-Tagebuch Bd. 3 (wie Anm. 18), 294.
125 WURFBAUM, Kriegs-Tagebuch Bd. 2 (wie Anm. 18), 143.
126 WURFBAUM, Kriegs-Tagebuch Bd. 2 (wie Anm. 18), 207.

Bürger zu gewinnen, in der arbeitsreichen Kriegszeit dieses Amt zu übernehmen, zumal da die Abwesenheit des Lehrers auch die Führung der Gemeindeschreiberei bedingte. Ich mußte also in die Bresche springen. Nur weil ich dem Kandidaten für das Bürgermeisteramt meine Beihilfe und Mitarbeit in jeder Weise zusicherte, ließ er sich bewegen, Ja und Amen zu sagen.[127] Tatsächlich übernahm Bobinger dann die Aufgaben des Gemeindeschreibers: *Stunden und Stunden, Abende und Abende saßen nun der neue Bürgermeister und ich zusammen und schrieben und schrieben. [...] Heute eine Bestandsaufnahme über Getreidevorräte, morgen über Viehvorräte; das einemal fertigten wir Listen für Verteilung der Fleisch- und Brotkarten, ergänzten und vermerkten den Zugang und Abgang im Viehbestande usw., usw.*[128]

Die administrative Erfahrung der Pfarrvorstände war wegen der Einberufungen auch bei den Raiffeisenvereinen gefragt, die aufgrund ihrer monopolartigen Stellung im ländlichen Kreditverkehr als semiöffentliche Einrichtungen zu bezeichnen sind.[129] Wurfbaum berief für den 16. August 1914 eine Sitzung des Raiffeisenvereins Alxing ein, da der erste Vorsitzende an der Front stand.[130] Gerade die Funktionsfähigkeit der für den ländlichen Geld- und Kreditverkehr entscheidenden Raiffeisenvereine scheint während des Ersten Weltkriegs vom klerikalen Einsatz stark profitiert zu haben. Dass Bedarf an der Übernahme derartiger Aufgaben durch die Pfarrer und ihre Hilfsgeistlichen bestand, zeigt sich jedenfalls daran, dass den Geistlichen der Erzdiözese München und Freising am 20. Oktober 1914 eine auf drei Jahre befristete pauschale Erlaubnis zur Übernahme von Vorstands- und Rechneraufgaben von Raiffeisenvereinen gewährt wurde.[131] Dabei zeigt sich gerade hier, dass die Bedeutung der Priester für den Erfolg der Kriegsanleihen, wenn überhaupt, dann nicht so sehr in ihrer Kanzelrhetorik gründete. Denn die Funktionen, die sie als Rechner in den Raiffeisenkassen übernahmen, potenzierten die Möglichkeiten, die ihnen ihr Amtscharisma zur sozialen Kontrolle verlieh, durch die genaue Kenntnis über die angelegten Finanzmittel ihrer Parochianen. Das machte Bobinger deutlich: *Der Rechner ist seit Beginn des Krieges einberufen. Viele, viele Stunden mußte und muß ich auf die Führung dieser Rechnungsgeschäfte verwenden. So wie mir geht es natürlich vielen Kollegen auf dem Lande. Wer nur einigermaßen Einblick hat in das landwirtschaftliche Genossenschaftsleben, wird anerkennen, daß der Klerus hier eine ungeheuer wertvolle und mühereiche Kriegsarbeit geleistet hat und noch leistet. Ohne die Mitarbeit des Klerus wären zahlreiche Wirtschaftsvereine zum Stillstand gekommen; ohne unser blühendes Genossenschaftswesen wären aber die großen Erfolge der Kriegsanleihen undenkbar gewesen.* Sein Fazit lautete: *Zehntausende von*

---

127 BOBINGER, Kriegsarbeit (wie Anm. 29), 318f.
128 BOBINGER, Kriegsarbeit (wie Anm. 29), 319.
129 Vgl. Ludwig HÜTTL, 1893-1933 Genossenschaftsverband Bayern (Raiffeisen/Schulze-Delitzsch) e.V., München. Eine Chronik der landwirtschaftlichen und gewerblichen Genossenschaftsverbände in Bayern seit dem 19. Jahrhundert, München 1993.
130 WURFBAUM, Kriegs-Tagebuch Bd. 1 (wie Anm. 18), 27.
131 Verordnung vom 20. Oktober 1914, in: Amtsblatt 1914 (wie Anm. 22), 190f.

Mark gingen durch meine Hand.[132] Und auch Wurfbaum beschränkte sich nicht darauf, von der Kanzel dazu aufzurufen, Gold in Papierwerte umzutauschen. Er übernahm auch den Umtausch und den Transport zum Rentamt selbst. Am 14. Oktober 1914 freute er sich darüber, dass ihm *in den letzten Tagen mehr Gold zum Eintausch angeboten wurde, als ich Papierwert besaß.*[133]

Der Krieg rückte die Priester also in eine mit dem Vorkriegszustand nicht vergleichbare administrative Rolle bei der Bewältigung des alltäglichen Lebens, die weit über seinen normalen Geltungsbereich hinausreichte.[134] Sie spiegelte sich etwa darin wider, dass die Amtsräume der Pfarrvorstände bevorzugt mit Petroleum versorgt wurden[135] und sie auch auf Entgegenkommen der militärischen Behörden bei der Zuteilung von ausgemusterten oder erbeuteten Pferden stießen.[136] Dabei war die Grenze zwischen staatlicher Beauftragung und freiwilliger Übernahme von Leistungen fließend. Diese neue öffentliche Bedeutung mag manche Pfarrer veranlasst haben, sich hoheitliche Befugnisse anzumaßen, auch wenn kein Mangel an zuständigen staatlichen Autoritäten herrschte. Ein Beispiel dafür ist Wurfbaum, der zu Kriegsbeginn spontane Personenkontrollen durchführte.[137]

Die Beteiligung an der öffentlichen Verwaltung wurde von den Priestern positiv bewertet. Bobinger machte sie in der Theologisch-praktischen Monats-Schrift 1917 für die Aufrechterhaltung der öffentlichen Ordnung maßgeblich verantwortlich. Die Einberufung von Priestern habe zu *den geradezu beispiellosen Zuständen, die in Frankreich, zumal auf dem Lande herrschen, und die geradezu als Anarchie bezeichnet werden müssen,* geführt. Das Fehlen der Priester führte seiner Ansicht nach zu *Verzweiflung in allen Kreisen, Furcht vor schauderhaften Verbrechen, die kein Richter ahnden kann, Zuchtlosigkeit unter den Beamten, die keine Aufsicht fühlen, Verwahrlosung der Kinder, die hinleben wie die Tiere im Walde, Unsittlichkeit unter der heranwachsenden Jugend, die sich über die Nöte der Zeiten durch ein ausschweifendes Leben hinwegzusetzen sucht, Müßiggang, Energielosigkeit, Mißachtung der Familienbande, Verfall der Sitten, glühender Haß gegen die Städter, so stellt sich Frankreich auf dem Lande dar.* Denn: *Der Maire, der Lehrer und Pfarrer stehen entweder an der Front oder sind durch die Amtsgeschäfte, den unsagbaren Ärger und Verdruß, den Kummer über das zunehmende Elend, das sie stets vor Augen sehen, krank, an Leib und Seele gebrochen. Jetzt rächt sich an Frankreich bitter die Trennung von Staat und Kirche.* Bobingers Fazit lautete deshalb: *Frankreich büßt die Sünden, die es gegen den Klerus begangen hat, unser Va-*

---

132 BOBINGER, Kriegsarbeit (wie Anm. 29), 318.
133 WURFBAUM, Kriegs-Tagebuch Bd. 1 (wie Anm.18), 102f. Vgl. auch WURFBAUM, Kriegs-Tagebuch Bd. 2 (wie Anm. 18), 199.
134 Ohne die einzelnen Aufgabengebiete aufzuzeigen, kommt BLESSING, Kirchenwirkung (wie Anm. 14), 118 am Beispiel der protestantischen Pfarrer Bayerns zum selben Ergebnis.
135 Bekanntmachung vom 25. November 1915, in: Amtsblatt 1915 (wie Anm. 16), 199.
136 WURFBAUM, Kriegs-Tagebuch Bd. 2 (wie Anm. 18), 147f.
137 WURFBAUM, Kriegs-Tagebuch Bd. 1 (wie Anm. 18), 42-44.

terland erntet den Lohn dafür, daß der Geistliche eine geachtete Stellung unter dem Volke einnimmt.[138] Tatsächlich war die pastorale Situation in Frankreich wegen der Einberufungen, die mehr als ein Drittel des Klerus betrafen, im Gegensatz zur Situation im Deutschen Reich durch einen eklatanten Priestermangel und die *désertification des paroisses* (Xavier Boniface) gekennzeichnet. Die Übernahme von öffentlichen Hilfs- und Ordnungsmaßnahmen kam daher kaum in Frage.[139] Trotzdem dürfen die Ausführungen Bobingers nicht in erster Linie als Beschreibung des tatsächlichen Zustandes in Frankreich betrachtet werden, sondern vielmehr als Beweis dafür, wie wichtig die Hilfs- und Ordnungsleistungen der Priester im kommunalen Bereich für ihre Selbstsicht waren und wie zentral gerade diese Aufgaben für die priesterliche Kriegsidentität waren.

Im Hinblick auf die Zweifel, die oben an der Wirkung der priesterlichen Kanzelrhetorik auf die Durchhaltebereitschaft der Bevölkerung geäußert wurden, ist zu fragen, inwiefern der von Falkner von Sonnenburg und dem erzbischöflichen Ordinariat festgestellte Glaubwürdigkeitsverlust des Klerus während des Ersten Weltkrieges tatsächlich darauf zurückgeht, dass es ihm mit seinen administrativen Hilfs- und Ordnungsleistungen angesichts der zunehmend knapper werdenden Ressourcen immer weniger gelang, für kommunale Normalität zu sorgen. Dies ist allerdings eine Frage, die angesichts der schmalen Quellengrundlage des Erzbistums München und Freising auf ausreichender empirischer Basis nur am Beispiel anderer Bistümer beantwortet werden kann.

Klerikale Konstruktion der Heimatfront

Der Erste Weltkrieg war von einer bisher ungekannten materiellen und ideellen Inanspruchnahme der Bevölkerung gekennzeichnet, d.h. von der Überbrückung der lebensweltlichen Kluft zwischen Front und Heimat, von der Herstellung der Hei-

---

138 BOBINGER, Kriegsarbeit (wie Anm. 29), 320f. Er stützt sich bei seinen Ausführungen zur Seelsorge in Frankreich auf den Bericht eines neutralen Beobachters, der in der nationalkonservativen München-Augsburger Abendzeitung (Nr. 388/1916 und Nr. 392/1916) erschienen ist.

139 Zu den Einschränkungen der Seelsorge in Frankreich vgl. Xavier BONIFACE, Histoire religieuse de la Grande Guerre, Paris 2014, 114-118. Tatsächlich nennt er bei der Beschreibung der Situation der französischen Katholiken in der Heimat (113-170) keine öffentlichen Hilfs- und Organisationsleistungen seitens des französischen Klerus. – Insgesamt waren 32.699 Priester und Theologiestudenten in Frankreich einberufen. Kein anderer Klerus, der italienische ausgenommen, hat ein solches Schicksal erlitten. Von den einberufenen Priestern waren nur 1500 Militärpfarrer, etwas mehr als die Hälfte der einberufenen Priester (13.000) waren Sanitäter. Diejenigen, die nach der Trennung von Staat und Kirche 1905 geweiht worden waren, mussten dagegen Dienst mit der Waffe leisten. Vgl. dazu Jean-Marie MAYEUR, La vie religieuse en France pendant la Première Guerre mondiale, in: Jean DELUMEAU (Hg.), Histoire vécue du peuple chrétien Bd. 2, Toulouse 1979, 179-193, hier 181f.

matfront.¹⁴⁰ Die religiöse Sinndeutung des Kriegs war nach Annette Becker Teil dieser *kulturellen Totalisierung des Krieges*.¹⁴¹ Die Inanspruchnahme des Klerus für die Kriegspropaganda zielte genau darauf ab. Darüber hinaus war der Klerus noch auf zweifache Weise an der Herstellung der Heimatfront beteiligt. Erstens dadurch, dass er durch besondere kriegsspezifische liturgische Rituale¹⁴² die Wahrnehmung der kriegerischen Ausnahmesituation in der Heimat aufrecht erhielt; zweitens, indem er einen der hauptsächlichen Kommunikationskanäle zwischen Front und Heimat darstellte.¹⁴³

Die besonderen Kriegsgottesdienste begannen bereits zu Beginn der militärischen Auseinandersetzungen. Damit vollzogen die Priester nach Werner K. Blessing *ein Übergangsritual nach staatlichem Gebot und eigener Tradition. So halfen sie der Bevölkerung in die neue, die außerordentliche Lage.*¹⁴⁴ Die besonderen, oberhirtlich verordneten liturgischen Maßnahmen dauerten aber über die gesamte Länge des Kriegs an. In ihrem gemeinsamen Hirtenbrief vom 3. August 1914 ordneten die bayerischen Bischöfe an, dass für die Dauer des Kriegs das allgemeine Gebet nach der Hauptmesse laut gebetet, an allen Sonn- und Feiertagen vor dem ausgesetzten Allerheiligsten eine Betstunde mit Allerheiligenlitanei gehalten und das Messformular *missa tempore belli* verwendet werden sollte.¹⁴⁵ In diesem Formular wurde um die Wiederherstellung des Friedens durch die Niederlage der Feinde gebetet.¹⁴⁶ Durch Verordnung vom 15. März 1918 wurde die *oratio pro tempore belli* durch die *oratio pro pace* ersetzt,¹⁴⁷ was aber an der Stoßrichtung der Bitte nichts änderte. Am 9. August 1914 war ein feierlicher Bittgottesdienst vor ausgesetztem Allerheiligsten oberhirtlich angeordnet.¹⁴⁸ In der Allerseelenwoche wurden für die Gefallenen Seelenämter

---

140 Vgl. dazu Stig FÖRSTER, Totaler Krieg, in: Gerhard HIRSCHFELD/Gerd KRUMEICH/Irina RENZ (Hg.), Enzyklopädie Erster Weltkrieg, Paderborn 2003, 924-926; Richard BESSEL, Mobilizing German Society for War, in: Roger CHICKERING/Stig FÖRSTER (Hg.), Great War, Total War. Combat and mobilization on the Western Front, 1914–1918, Cambridge 2000, 437-451.
141 BECKER, Religion (wie Anm. 8), 193. Zurückhaltend gegenüber der Behauptung von der Totalisierung des Kriegs insbesondere auf religiösem Gebiet: Gerd KRUMEICH, „Gott mit uns"? Der Erste Weltkrieg als Religionskrieg, in: Gerd KRUMEICH/Hartmut LEHMANN (Hg.), „Gott mit uns". Nation, Religion und Gewalt im 19. und frühen 20. Jahrhundert (Veröffentlichungen des Max-Planck-Instituts für Geschichte 162), Göttingen 2000, 273-283, hier 282f.
142 Zu den besonderen Kriegsgottesdiensten vgl. RUTZ, Seelsorge (wie Anm. 10), 345f.; SCHEIDGEN, Bischöfe (wie Anm. 12), 128-131.
143 Zur Kommunikation der Seelsorger mit der Front vgl. auch KAMMEIER, Weltkrieg (wie Anm. 13), 228-237.
144 BLESSING, Kirchenwirkung (wie Anm. 14), 122.
145 Hirtenbrief der Erzbischöfe und Bischöfe Bayerns, 3. August 1914, in: Amtsblatt 1914 (wie Anm. 22).
146 Basilius GROEN, Die magische Kraft der Rituale und die lebendige Feier der Liturgie, in: Petrus BSTEH/Brigitte PROKSCH (Hg.), Spiritualität im Gespräch der Religionen Bd. 2, Wien 2010, 113-125, hier 120.
147 Verordnung vom 15. März 1918, in: Amtsblatt 1918 (wie Anm. 27), 57.
148 Verordnung vom 4. August 1914, in: Amtsblatt 1914 (wie Anm. 22), 143.

verordnet.[149] Spezielle Dank- und Bittgottesdienste gab es zu den verschiedenen kriegsbedingten Anlässen, etwa aus Anlass des Beginns des fünften Kriegsjahres[150] oder des Friedensschlusses im Osten.[151] Alljährlich wurde ein Kriegstriduum (d. h. besondere Kriegsgottesdienste in der Heiligen Woche zwischen Gründonnerstagsabend und Ostersonntag) abgehalten.[152] Darüber hinaus wurden die Gläubigen oberhirtlich aufgefordert, in Hausandachten der Kriegszeiten zu gedenken.[153] Auf päpstliche Anordnung wurde zu Sexagesimae (Sonntag in der Vorfastenzeit) 1915 eine Friedensbittandacht abgehalten, wurde in der Fastenzeit 1916 weltweit zu Buße aufgefordert und im Juni 1916 die Kommunion aller Kinder Europas dem Frieden gewidmet.[154]

Hinzu kamen besondere kriegsspezifische Gottesdienste, die nicht oberhirtlich verordnet waren, sondern aus dem Kontakt zwischen Pfarrer und Gemeinde entstanden. In Altenerding wurden regelmäßig Bittgänge veranstaltet. Es gab Bittgottesdienste, welche den Soldaten an der Front von Angehörigen gewidmet waren. Der Schützenverein ließ für jedes gefallene Mitglied ein Amt halten, der Krieger- und Veteranenverein sowie die Mitglieder der nächtlichen Anbetung, die Urlauber, die Burschen und die Schulkinder für jeden Gefallenen. Beim Seelengottesdienst für Gefallene gab es bei der Wandlung drei Böllerschüsse. *Bei allen Ansprachen, wie bei der Erstkommunion und der Firmung wurde auf den Krieg Bezug genommen*, so der Altenerdinger Pfarrer Felix Fischer.[155] In Ruhpolding wurden alle Sonn- und Feiertage nach der Predigt die Namen der Gefallenen verlesen.[156] Hinzu kamen bistumsweit spezielle Kriegswallfahrten.[157]

Mit zunehmender Dauer des Kriegs gewöhnte sich die Bevölkerung an ihn, zumal er im alltäglichen Leben weniger als lebensgefährliche Katastrophe denn als intensivierte Arbeit erlebt wurde. Diese Entwicklung wirkte sich auch auf die Religiosität der Bevölkerung aus. Denn die Kirche vermittelte in *ihrer strengen, über Jahrhunderte weitgehend unveränderten Liturgie* in einer *Periode von Hektik und mentalen Instabilitäten ein Gefühl des Normalen, des Unerschütterlichen und Bekannten*, womit Christian Geinitz sowohl den Anstieg der Gottesdienstbesuche zu Kriegsbeginn als auch den

---

149 Verordnung vom 20. Oktober 1914, in: Amtsblatt 1914 (wie Anm. 22), 189f.
150 Verordnung vom 29. Juli 1918, in: Amtsblatt 1918 (wie Anm. 27), 135f.
151 Verordnung vom 15. März 1918, in: Amtsblatt 1918 (wie Anm. 27), 57.
152 Z. B. Verordnung vom 2. Januar 1915, in: Amtsblatt 1915 (wie Anm. 16), 3; Verordnung vom 23. Januar 1917, in: Amtsblatt 1917 (wie Anm. 22), 13f.
153 Hausandachten für die Wochentage während der Kriegszeiten, München 1914. Diese Druckschrift findet sich in: AEM, Realia 3837.
154 RUTZ, Seelsorge (wie Anm. 10), 345f.
155 AEM, NL Felix Fischer 2, Kriegs-Chronik der Pfarrei Altenerding, 1918.
156 AEM, Realia 3826, Gruß aus der Heimat an die Ruhpoldinger Krieger, Woche vor Allerseelen 1915.
157 AEM, Realia 3837, Pfarramt Hohenpolding an Erzbischöfliches Ordinariat, 1. September 1915.

Rückgang derselben auf Vorkriegsmaß erklärt.[158] Während also die Bevölkerung mit zunehmender Dauer des Kriegs nach größtmöglicher Normalität strebte, weshalb sich die Beteiligung an religiösen Riten wieder auf Normalmaß reduzierte, zielten die spezifischen Kriegsrituale dagegen darauf ab, der Gewöhnung an den Krieg entgegenzuwirken, den lebensbedrohlichen Charakter desselben immer wieder ins Gedächtnis zu rufen und die religiöse Spannkraft der ersten Kriegstage dadurch zu erhalten. Dies zeigte sich besonders dort, wo sich die Bevölkerung anlässlich von Feiern Inseln vorkriegsähnlicher Normalität schuf, was der Klerus mit dem Argument der notwendigen kriegsbedingten Zurückhaltung unterbinden wollte. So ordnete das Passauer Ordinariat Zurückhaltung bei Leichenfeiern an. Leichenzüge und Grabgang wurden verboten, was allerdings ignoriert wurde.[159] Am 16. Februar 1916 informierte das Erzbischöfliche Ordinariat seine Priester bereitwillig über den Wunsch des Stellvertretenden Generalkommandos des I. Bayerischen Armeekorps, den Leichenschmaus zu unterlassen: *Der Aufwand, der bei dem in den ländlichen Gegenden eingebürgerten Brauche des Leichentrunks, besonders auch bei den Leichenfeierlichkeiten für gefallene Krieger getrieben wird, steht oft in gar keinem Verhältnisse zu den Mitteln der Beteiligten. Gleichwohl wagen es die Angehörigen vielfach lediglich deshalb nicht von einer Einladung zum Leichentrunk abzusehen, weil sie fürchten in den Ruf des Geizes zu kommen. Sie bedenken hiebei nicht, daß unsere Zeit gebieterisch ein Sparen und Haushalten fordert.*[160] Und am 20. März 1917 wurde der Klerus vom Erzbischöflichen Ordinariat aufgefordert, für Sparsamkeit bei Hochzeitsfeierlichkeiten auf dem Land zu sorgen: *Nach uns zugekommenen amtlichen Mitteilungen sind bei Hochzeiten mehrfach Festlichkeiten in ausgedehntem Kreise und mit einem Aufwande abgehalten worden, der für die Friedenszeit als übertrieben bezeichnet, für die schwere Kriegszeit aber ganz und gar mißbilligt werden muß und vor Allem in der Nachbarschaft von Städten und Industriebezirken mit der kümmerlichen Verpflegung der Versorgungsberechtigten die schädlichsten Folgen haben kann.*[161]

Dass diese Ermahnungen nicht nur vom kriegsbedingten Mangel her motiviert waren, sondern tatsächlich vom Bemühen zur Überwindung der Kluft zwischen Front und Heimat, zeigt sich daran, dass die Heimatseelsorge in den pastoraltheologischen Überlegungen zur Konzeption von Kriegsseelsorge ausschließlich an den Bedürfnissen der Front orientiert war. Spezifische Kriegsseelsorge umfasste für Michael Buchberger (1874-1961), damals Generalvikar im Erzbistum München und Freising[162], im Jahr 1916 lediglich Feldseelsorge, Seelsorge im Besatzungsheer, in

---

158 GEINITZ, Kriegsfurcht (wie Anm. 3), 226-228.
159 RUTZ, Seelsorge (wie Anm. 10), 347.
160 Bekanntmachung vom 16. Februar 1916, in: Amtsblatt 1916 (wie Anm. 84), 29.
161 Verordnung vom 20. März 1917, in: Amtsblatt 1917 (wie Anm. 22), 79.
162 Vgl. zu ihm Friedrich Wilhelm BAUTZ, Michael Buchberger, in: Biographisch Bibliographisches Kirchenlexikon Bd. 1, Hamm ²1990, 786.

der Heimat nur Lazarett- und Kriegsgefangenenseelsorge.¹⁶³ Damit übereinstimmend umfasste die Heimatseelsorge laut Faulhabers Aussage auf der Freisinger Bischofskonferenz am 7. und 8. April 1915 die Seelsorge in Lazaretten und Kriegsgefangenenlagern, die Versorgung der Front mit Liebesgaben und Literatur sowie die pastorale Betreuung von Kriegerfamilien.¹⁶⁴ Eine spezifische kriegsbedingte Heimatseelsorge gab es für die beiden nicht. Ganz anders der in München geweihte Mindelheimer Benefiziat und Heimatforscher Friedrich Zoepfl (1885-1973).¹⁶⁵ In einem Aufsatz in der Theologisch-praktischen Monats-Schrift aus dem Jahr 1915 verlieh er der Heimatseelsorge Sinn zwar ausschließlich von der Front her, ohne ihren Eigenwert aber zu vernachlässigen. Damit kam er der Realität der Seelsorge in den Dörfern und Städten der Heimat sicher näher als die Ignoranz Buchbergers und Faulhabers. Zoepfl vertrat die Ansicht, die Anforderungen an die *Seelsorge unter den Zurückgebliebenen* seien *schwerer vielleicht als die Anforderungen, welche die Seelsorge dem Feldgeistlichen auferlegt*. Denn *alle Nöte, die wir bisher nur im einzelnen zu fühlen und zu bekämpfen hatten, alle Nöte, von denen uns bisher oft jede einzelne schon so drückend erschien, alle Nöte und Drangsale sind jetzt gleichzeitig und allgemein verhängt über unser Land*.¹⁶⁶ Dabei sei Kriegsseelsorge nicht nur karitative Arbeit, sondern es gehe darum, die *seelischen Kräfte des Menschen mobil zu machen, nicht bloß Außenhilfe zu leisten, sondern den Uebeln von innen heraus zu begegnen, und sie auf solche Weise zu beheben*. Aufgabe des Seelsorgers sei es, *das zurückgebliebene Volk stark, heldenhaft, siegreich zu machen, dann leistet er auch auf dem abgelegensten Dörflein fruchtbare Kriegsarbeit*. Denn es sei *von allen anerkannt, daß die Kriegsoperationen wesentlich bedingt und beeinflußt sind von dem Verhalten der Zurückgebliebenen*.¹⁶⁷ Denn das Heer *schöpft seine Kampflust und Zuversicht nicht zum mindesten aus dem Bewußtsein, daß auch in der Heimat alle Kräfte froh zusammenwirken zum großen Siege. Und diese hohe Aufgabe, das Volk der Heimat seelisch groß zu machen und zu erhalten, ist zuallererst der Seelsorge zugeteilt und darin liegt auch ihr unschätzbarer Wert in gegenwärtiger Zeit*. Dabei banden sich Front und Heimat aus der Sicht Zoepfls doppelt nutzbringend im Krieg aneinander. Die Seelsorge entfaltete ihre Wirksamkeit für die Durchhaltekraft von Soldaten und Heimatbevölkerung, während der Krieg als Gelegenheit zur religiösen und sittlichen Erneuerung interpretiert wurde. Der Krieg, so Zoepfl, solle

---

163 BUCHBERGER, Krieg (wie Anm. 71).
164 Wolfgang VOGL, Die bayerischen Bischofskonferenzen 1850-1918 (Beiträge zur Geschichte des Bistums Regensburg 46), Regensburg 2012, 1136-1139.
165 Vgl. zu ihm Peter RUMMEL, Friedrich Zoepfl, in: Adolf LAYER (Hg.), Lebensbilder aus dem bayerischen Schwaben Bd. 11, Weißenhorn 1976, 380-414.
166 Friedrich ZOEPFL, Grundsätzliches zur Seelsorge während der Kriegszeit, in: Theologisch-praktische Monats-Schrift. Zentral-Organ der katholischen Geistlichkeit Bayerns 25 (1915) 1-7, hier 2.
167 ZOEPFL, Grundsätzliches (wie Anm. 166), 3f.

nämlich nicht nur als *Behinderung der Seelsorge* betrachtet werden, denn *auf der anderen Seite ist die Kriegsnot doch auch eine selten günstige Zeit der Saat.*[168]

Neben den besonderen Kriegsgottesdiensten, welche die Daheimgebliebenen immer wieder an die soldatischen Leiden erinnerten, war es die Kommunikation zwischen Pfarrern und Frontsoldaten, welche die Kluft zwischen Front und Heimat zu überbrücken und die Heimatfront herstellen half. Am 1. Dezember 1914 wurde die Geistlichkeit der Erzdiözese vom Ordinariat aufgefordert, den Kontakt mit den Pfarrangehörigen an der Front zu halten. Es sollten Literatur und Liebesgaben geschickt werden.[169] Bobinger rief den Klerus in der Theologisch-praktischen Monats-Schrift 1915 dazu auf, bei der Kommunikation mit den Frontsoldaten insbesondere aus der Heimat zu berichten und auch Heimatzeitungen an die Front zu senden.[170] Bobinger bezeichnete diese Korrespondenz als *wichtiges Stück Seelsorge*. Sie erfordere *viel Zeit und viel Mühe, bringt aber auch viel Freude und Anhänglichkeit. Ein gewaltiger Stoß von Briefen und Karten aus dem Felde liegt in meinem Arbeitszimmer.*[171] Auch Wurfbaum kam der Aufforderung nach. Er sandte Briefe und Zeitungen an die Front.[172] Bis zum 8. März 1915 hatte er bereits 300 Feldpostbriefe zurück erhalten.[173] Der Ruhpoldinger Pfarrer Josef Ficker (1869-1951)[174] bediente sich in der Kommunikation mit den zu seiner Pfarrei gehörenden Frontsoldaten sogar eines gedruckten und bebilderten Rundschreibens in Zeitschriftenmanier. Es trug den Titel *Gruß aus der Heimat an die Ruhpoldinger Krieger*. Es ging ihm bewusst darum, die Kluft zwischen Front und Heimat zu überbrücken: *Ich weiß, meine Lieben, wenn Ihr dies leset, dann denkt Ihr lebhaft heim an Eure schöne Pfarrkirche, Ihr seht den Pfarrer im schwarzen Meßgewand am Altare, in den Stühlen sind die Frauen und Kinder und was an Männern noch daheim ist; ihr geht dann im Geiste mit der betenden Schar in den Friedhof hinauf.* Deshalb umfasste der Rundbrief unter der Rubrik *Verschiedenes aus der Heimat* auch Berichte über Ereignisse aus dem gesellschaftlichen Leben der Heimat und landwirtschaftliche Angelegenheiten.[175] Dabei sollten diese Nachrichten nicht zuletzt die Kampfmoral der Frontsoldaten stärken. Denn angesichts der Unvorstellbarkeiten des

---

168 ZOEPFL, Grundsätzliches (wie Anm. 166), 5.
169 Verordnung vom 1. Dezember 1914, in: Amtsblatt 1914 (wie Anm. 22), 206.
170 Leonhard BOBINGER, Seelsorger, bleibt in Fühlung mit den Soldaten im Felde!, in: Theologisch-praktische Monats-Schrift. Zentral-Organ der katholischen Geistlichkeit Bayerns 25 (1915) 116-118.
171 BOBINGER, Kriegsarbeit (wie Anm. 29), 316.
172 WURFBAUM, Kriegs-Tagebuch Bd. 1 (wie Anm. 18), 36, 67 und 85f.
173 WURFBAUM, Kriegs-Tagebuch Bd. 3 (wie Anm. 18), 282.
174 Vgl. zu ihm Schematismus der Geistlichkeit des Erzbistums München und Freising für das Jahr 1950, München 1950, XXX, 96 und 188; Schematismus der Geistlichkeit des Erzbistums München und Freising für das Jahr 1953, München 1953, 336.
175 AEM, Realia 3826, Gruß aus der Heimat an die Ruhpoldinger Krieger, Woche vor Allerseelen 1915.

Kriegs symbolisierte die Heimat *nicht nur eine ‚heile', sondern überhaupt eine sinnhafte Welt*, wie Nikolaus Buschmann formulierte.[176]

Ein Teil der Kommunikation, welche Front und Heimat eng aneinander binden sollte, war die Übersendung von so genannten Liebesgaben an die Front. Diese dienten einerseits als Motivationsstrategie gegenüber den Frontsoldaten und andererseits als Maßnahme zur Mobilisierung der Heimat. Die Sammlung der Liebesgaben bedeutete nach Buschmann die Herstellung einer *symbolischen Gemeinschaftsfront* auf kommunaler Ebene. Dadurch wurden *die lebensweltlichen Gräben zwischen Front und Heimat transzendiert: Die Daheimgebliebenen reihten sich ein in die totale Front der Volksgemeinschaft gegen den äußeren Feind*.[177] Das taten die Priester durchaus in Erwartung einer günstigen Stimmung ihnen gegenüber, wie Bobinger schrieb: *Die Socken werden vom Seelsorger an die Soldaten der Heimatgemeinde geschickt, die sie selber benützen oder an arme Kameraden abgeben können. Das ist Arbeit fürs Vaterland und zugleich Seelsorgearbeit. Die Soldaten sehen, wie der Priester ihrer gedenkt und für sie besorgt ist und sie werden ein dem Seelsorger gut gestimmtes Herz mit nach Hause bringen*.[178]

Priesterliche Inferiorität

Dieses Zitat deutet gemeinsam mit anderen, bereits vorher referierten von Zoepfl und Urban, auf eine zentrale Motivation klerikaler Kriegsbegeisterung. In der Forschung ist die Annahme weitgehend unbestritten, dass der Krieg im Katholizismus als Ausweg aus der sozialen, ökonomischen und kulturellen Inferiorität im protestantisch dominierten Deutschen Reich[179], als Mittel zum Nachweis der eigenen nationalen Zuverlässigkeit gewertet wurde, womit die Kriegsbejahung im Katholizismus wenigstens teilweise erklärt wird. Christian Geinitz hat allerdings nachgewiesen, dass diese Motivation in einer Gegend mit dominierendem Katholizismus wie dem von ihm untersuchten Freiburg im Breisgau sekundär ist.[180] Wie ein roter Faden ziehe sich durch die oberhirtlichen Anweisungen zur Heimatseelsorge aber *das oberste Gebot der Nutzbarmachung des Krieges für die Ausdehnung und Selbstdarstellung der Kirche*. Kriegsfürsorge und Seelsorge erschienen *nicht um ihrer selbst willen wichtig, als christliches Gebot des Beistandes der Bedrängten, sondern eher als Bühne, auf der der Pfarrer um Anerkennung für den Katholizismus werben konnte*, wie Geinitz nicht ohne Widerspruch

---

176 BUSCHMANN, Krieg (wie Anm. 63), 218.
177 BUSCHMANN, Krieg (wie Anm. 63), 211-213.
178 BOBINGER, Seelsorger (wie Anm. 170), 118.
179 Vgl. dazu Manuel BORUTTA, Antikatholizismus. Deutschland und Italien im Zeitalter der europäischen Kulturkämpfe (Bürgertum. Neue Folge 7), Göttingen 2010.
180 GEINITZ, Kriegsfurcht (wie Anm. 3), 196.

zu seiner ersten Beobachtung formuliert.[181] Die Auflösung dieses Widerspruches liegt darin, dass es der Amtskirche in Regionen, wo der Katholizismus dominierte, offenbar nicht gelungen war, die kulturkämpferische Behauptung von der Benachteiligung des Katholizismus dauerhaft in der gläubigen Bevölkerung zu verankern. Die Inferioritätswahrnehmung blieb auf den Klerus beschränkt. Denn auch im katholischen Südbayern drücken die Quellen, die den Krieg rechtfertigen, nicht allgemeine katholische, sondern spezifisch klerikale Inferiorität aus. Zoepfl schrieb über den Krieg als Möglichkeit zur Überwindung der angeblichen gesellschaftlichen Inferiorität der Priester in der Theologisch-praktischen Monats-Schrift im Jahr 1915: *Dies ist auch die Zeit, in welcher der Priester des Priestertums Stellung im öffentlichen Leben kräftigen kann. Wir wissen ja und haben es alle erfahren, wie sehr wir in weiten Kreisen mißachtet waren, wie gering, wie schlecht man vielfach von uns dachte. Wenn der Priester jetzt durch teilnehmende Liebe persönliche Beziehungen knüpft, wenn er jetzt allen Freund, Berater, Tröster ist, wenn er jetzt groß und tatkräftig und vaterländisch gesinnt sich zeigt, wenn er jetzt zum Siege seines Volkes beiträgt, [...] dankbar wird ganz gewiß die Menschheit auch ferner seiner gedenken und ihm jenen Platz geben, den er sich verdient, jene Achtung die er sich erzwungen.*[182] Dagegen sah der priesterliche Pädagoge und Feldgeistliche Franz Xaver Eggersdorfer (1879-1958)[183] aus dem Bistum Passau den Krieg nicht als Gelegenheit zur Überwindung klerikaler Inferiorität, vielmehr mache er sie erst sichtbar. Vor allem beklagte er sich über die gesellschaftliche Inferiorität der altbayerischen Priester. Er bemerkte an der Front bei Offizieren häufig eine *Entfremdung gegenüber dem Geistlichen*, vor allem wenn diese aus Altbayern stammten: *Der bayerische Geistliche steht zumeist einsam und fremd unter den Gebildeten seines Landes und dies um so mehr, je weniger ihm Seminar und Beruf Lebensart und Sicherheit gegeben haben. Schauen wir um uns und seien wir wahr gegen uns selbst: Wo immer sich bei einem Seelsorger priesterliche Würde und Tüchtigkeit mit einer gewissen Weltgewandtheit paart, da gewinnt er mit dem Vertrauen der gebildeten Welt zugleich die gesteigerte Achtung des Volkes.* Dies sei der Fall beim protestantischen, aber auch beim *westdeutschen katholischen Geistlichen.* Dieser stehe *nicht selten nach Herkunft, Bildungsgang und Lebensart in enger Beziehung zu den Gebildeten seiner Heimat.* Deshalb fragte er sich: *Wenn aber jene Imponderabilien so gewichtige Mittel der Seelsorge sind, so verstehe ich nicht, warum unsere Seminarien nicht den Versuch unternehmen, – und sie zeigen nicht den geringsten Ansatz dazu, – sie ihren Zöglingen ins Leben mitzugeben.*[184]

---

181 GEINITZ, Kriegsfurcht (wie Anm. 3), 222.
182 ZOEPFL, Grundsätzliches (wie Anm. 166), 6.
183 Vgl. zu ihm Reinhold WEINSCHENK, Franz Xaver Eggersdorfer (1879-1958) und sein System der allgemeinen Erziehungslehre. Biographisch-systematische Untersuchung über Leben, Wirken und Fragen seiner wissenschaftlichen Pädagogik, Paderborn 1972.
184 Franz Xaver EGGERSDORFER, Felderfahrung und Heimatseelsorge, in: Theologisch-praktische Monats-Schrift. Zentral-Organ der katholischen Geistlichkeit Bayerns 27 (1917) 576-581 und 631-643, hier 639f.

Den Beweis der gesellschaftlichen Gleichrangigkeit des bayerischen katholischen Klerus mit dem (bürgerlichen) Protestantismus als der Leitkultur des Wilhelminismus sollten nach dem Willen der Ordinariate dessen Kriegsanstrengungen bringen. Die Aufgabe des Nachweises und der Dokumentation übernahm die kirchliche Kriegsstatistik. Auf der Freisinger Bischofskonferenz am 7. und 8. April 1915 wies Faulhaber, damals noch als Bischof von Speyer, auf die apologetische Bedeutung der kirchlichen Kriegsstatistik hin, woraufhin das Münchner Schema für alle bayerischen Diözesen zum Vorbild erhoben wurde.[185] In diesem dominierte das Interesse am Nachweis klerikaler Aktivitäten. Der Klerus des Erzbistums wurde vom Ordinariat am 1. Oktober 1914 aufgefordert, nach Kriegsende über die Seelsorge im Feld, den Lazaretten und der Heimat zu berichten und das einschlägige Material bis dahin zu sammeln, da *eine zusammenfassende Darstellung der seelsorglichen und caritativen Tätigkeit während der Dauer des Krieges von bleibendem historischen Interesse und apologetischen Werte sein wird*. Einzusenden waren Zahl und Namen der in der Armee dienenden Geistlichen. Von besonderem Interesse erschien vor dem Hintergrund des apologetischen Zwecks die Frage, welche Geistlichen sich *freiwillig gemeldet und ohne jeglichen Anspruch auf Vergütung zur Verfügung gestellt* haben. Desgleichen wurden Zahl und Namen der im Krankenwärterdienst tätigen Geistlichen, von den krankenpflegenden Schwestern nur die Zahl, abgefragt. Berichtet werden sollte, ob sich die betreffenden Geistlichen freiwillig gemeldet hatten und ob kirchliche Gebäude für Lazarette zur Verfügung gestellt wurden. Darüber hinaus verlangte das Erzbischöfliche Ordinariat Auskunft über die Anzahl der darin arbeitenden Krankenpflegepersonen und der gepflegten Verwundeten. Außerdem enthielt das Schema im zweiten Teil noch einige wenige Fragen ohne direkten klerikal-apologetischen Zug. Im Hinblick auf die Seelsorge in der Heimat war zu berichten über den Sakramentenempfang der Pfarrangehörigen sowie über Anzahl und Form der Kriegsgottesdienste. Außerdem wurde gefragt, ob *unpassende, dem Ernst der Zeit und der christlichen Sitte zuwiderlaufende Vergnügungen und Mißbräuche unterblieben* seien. Im Hinblick auf die Kriegsfürsorge interessierte die Höhe der Spenden in den Pfarrgemeinden. Abgefragt wurde, ob in der Pfarrei eine Organisation zur Unterstützung der Angehörigen von Soldaten bestand, ob sich Familien zur Aufnahme von kriegsgeschädigten Kindern bereit erklärten, ob solche bedürftige Familien dem Katholischen Jugendfürsorgeverein der Erzdiözese mitgeteilt wurden und welche karitativen Leistungen klösterliche Einrichtungen und kirchliche Organisationen wie Bruderschaften und Vereine erbrachten. Ein Exemplar dieses Fragebogens sollte ans Ordinariat gelangen, eines im Pfarrarchiv verbleiben.[186]

---

185 VOGL, Bischofskonferenzen (wie Anm. 164), 1138.
186 Verordnung vom 1. Oktober 1914, in: Amtsblatt 1914 (wie Anm. 22), 181-183.

Am 17. Oktober 1916 wurden die Pfarrämter im Erzbistum München und Freising abermals aufgefordert, nach einem festen Schema an das Ordinariat wegen der Feldseelsorge und der Lazarettseelsorge zu berichten. Neu hinzugekommen waren Fragen zur Kriegsgefangenenseelsorge und zu den Priestern, welche mit dem König-Ludwig-Kreuz ausgezeichnet wurden.[187] Die Aufforderung wurde am 26. November 1917 wiederholt.[188] Apologetischen Zwecken diente wohl auch die Aufforderung des Erzbischöflichen Ordinariats, Feldpostbriefe zu sammeln[189], was etwa der Altenerdinger Pfarrer Fischer äußerst gewissenhaft erfüllte.[190]

Zunehmender kirchlicher Zentralismus

Das Berichtsschema des Erzbistums vom Oktober 1914 zeigt bereits, dass die kirchliche Kriegsstatistik neben dem apologetischen Zweck auch den wachsenden Informationshunger der Ordinariate zu befriedigen hatte, wodurch sie zur Fortführung und Intensivierung der kirchlichen Zentralisierungs- und Bürokratisierungstendenzen des späten 19. Jahrhunderts beitrug.[191] Am 4. Januar 1916 wurde im erzbischöflichen Amtsblatt bekanntgegeben, dass die 1910 in Breslau errichtete provisorische Zentralstelle für kirchliche Statistik durch eine definitive Zentralstelle in Köln ersetzt wurde.[192] Im Frühjahr 1917 plante das Ordinariat eine neue Diözesanbeschreibung, zu deren Erstellung Fragebögen an die Pfarrämter versandt wurden. Der Klerus wurde ermahnt, dass die Anordnung *sofort zur Ausführung gebracht* werden müsse.[193] Die Notwendigkeiten der Kriegswirtschaft brachten einen weiteren Zentralisierungsschub. Wegen der Rohstoffknappheit sollten die Pfarrer ihren Jahresbedarf an Wachs und Öl im Ordinariat anmelden.[194] Ab 18. März 1918 war vor der Erteilung eines Bezugsscheines zum Erwerb von liturgisch benötigtem Leinen die *bischöfliche Bescheinigung über die Notwendigkeit der Beschaffung jedesmal zu erholen*.[195] Schließlich wurde die Gelegenheit der Glockenbeschlagnahmungen ergriffen,

---

187 Verordnung vom 17. Oktober 1916, in: Amtsblatt 1916 (wie Anm. 84), 172.
188 Verordnung vom 26. November 1917, in: Amtsblatt 1917 (wie Anm. 22), 267.
189 Verordnung vom 1. Oktober 1914, in: Amtsblatt 1914 (wie Anm. 22), 181-183.
190 Fischer füllte eine fünfbändige *Kriegs-Chronik* seiner Pfarrei mit Abschriften von Feldpostbriefen. Sie sind aufbewahrt in: AEM, NL Felix Fischer. Auch der Passauer Klerus bekam im Oktober 1914 den Auftrag, alle mit dem Krieg in Verbindung stehenden Ereignisse in die Pfarrchroniken einzutragen. Vgl. RUTZ, Seelsorge (wie Anm. 10), 344.
191 Vgl. dazu Michael N. EBERTZ, Herrschaft in der Kirche. Hierarchie, Tradition und Charisma im 19. Jahrhundert, in: Karl GABRIEL/Franz Xaver KAUFMANN (Hg.), Zur Soziologie des Katholizismus, Mainz 1980, 89-111.
192 Bekanntmachung vom 4. Januar 1916, in: Amtsblatt 1916 (wie Anm. 84), 1.
193 Verordnung vom 13. März 1917, in: Amtsblatt 1917 (wie Anm. 22), 68f.
194 Verordnung vom 8. Oktober 1915, in: Amtsblatt 1915 (wie Anm. 16), 184.
195 Verordnung vom 18. März 1918, in: Amtsblatt 1918 (wie Anm. 27), 67.

diese aus *wissenschaftlichen, künstlerischen, kultur- und lokalgeschichtlichen Gründen* nach einheitlichem Schema zu inventarisieren. Alter, Stifter, Inschriften, Ton und Gewicht waren festzuhalten und Bilder anzufertigen.[196] Außerdem wurde die Gestaltung von Kriegerdenkmälern zentral geregelt, damit sich die Gemeinden durch die *Aufstellung von Prunkdenkmälern* weder finanziell überlasteten, noch andererseits nur *Fabrik- und Schablonenware* bestellten.[197]

Immer mehr zentrale kirchliche Vereine sprossen während des Ersten Weltkriegs aus dem Boden. Zur *Gewinnung und Anleitung pflichttreuer kathol. Vormünder und Vormünderinnen* wurde bald nach Kriegsbeginn in München eine *Kathol. Vereinigung für Vormundschaften* gegründet.[198] Am 22. Januar 1918 wurden die Pfarrer vom Ordinariat nicht nur aufgefordert, zu ihren in Gefangenschaft geratenen Parochianen Kontakt zu halten, da deren Situation gekennzeichnet sei durch *wachsende Teilnahmslosigkeit gegen alles, auch gegen die Religion, religiöse Zweifel und Schwierigkeiten, ungläubige Kameraden, sittliche Gefahren*. Es wurde ihnen auch geraten, sich bei der Kontaktaufnahme der *Kirchlichen Kriegshilfe* in Paderborn, der Zentralstelle zum Versand von Literatur an kriegsgefangene Deutsche, zu bedienen, da die einzelnen Priester die Zensur der Entente nicht überwinden konnten. Deshalb sollten sie eine Liste mit den Namen der gefangenen Parochianen *mit genauer Adresse, Beruf und Bildungsgrad* sowie *alle Nachrichten, welche von den Gefangenen über ihre religiöse Lage in die Heimat gelangen, also über Gottesdienst, Sakramentenempfang, etwaige glaubensfeindliche Bestrebungen usw.*, nach Paderborn senden.[199] Darüber hinaus brachte der Erste Weltkrieg auch eine Stärkung des Katholischen Jugendfürsorgevereins.[200] Um die Pfarrer bei der Erledigung der Aufgaben in der Jugendfürsorge (Vormundschaft, Zwangserziehung, Unterbringung in Kindergärten und Kinderhorten, Berufsberatung, Stellenvermittlung, Errichtung von Fürsorgeanstalten, Betreuung von behinderten Kindern) zu unterstützen und die Jugendfürsorge effizienter zu gestalten, wurde die Geschäftsstelle des *Landesverbandes katholischer Jugendfürsorgevereine und Fürsorgeanstalten* ausgebaut.[201] Diese übernahm auch die Organisation der Unterbringung von Stadtkindern auf dem Land. Die Pfarrer sollten lediglich als lokale Agenten der Geschäftsstelle tätig sein und die Familien, welche zur *Unterbringung armer, würdiger Stadtkinder auf dem Lande* bereit waren, an die Geschäftsstelle melden und keinesfalls auf eigene Faust tätig werden,

---

196 Verordnung vom 12. Juli 1917, in: Amtsblatt 1917 (wie Anm. 22), 159f.
197 Verordnung vom 8. Oktober 1915, in: Amtsblatt 1915 (wie Anm. 16), 181f.
198 IBSCHER, Seelsorge (wie Anm. 77), 115f.
199 Verordnung vom 22. Februar 1918, in: Amtsblatt 1918 (wie Anm. 27), 41. Zur *Kirchlichen Kriegshilfe* in Paderborn vgl. SCHEIDGEN, Bischöfe (wie Anm. 12), 181-192.
200 Vgl. Paul MAI, 75 Jahre Katholischer Jugendfürsorgeverein im Bistum Regensburg, in: Beiträge zur Geschichte des Bistums Regensburg 21 (1987) 469-486.
201 Vorbericht zur Tagung der katholischen Jugendfürsorgevereine und Fürsorgeanstalten in München vom 6. bis 8. Juli 1915, in: Amtsblatt 1915 (wie Anm. 16), 128-130.

denn: *Dort wird für entsprechende Ausstattung der Kinder, für deren Unterbringung, für die nötigen Abmachungen mit den Eltern und auch für Haftpflichtversicherung gesorgt.*[202]

Zur Steigerung der Effizienz seiner karitativen Leistungsfähigkeit beschloss der Klerus darüber hinaus, sich nicht auf die unkoordinierte Leistung von Einzelspenden einzulassen, sondern gründete einen Fond beim Katholischen Jugendfürsorgeverein der Erzdiözese, der der Berufsausbildung der Jugend gewidmet wurde.[203] Außerdem sollten sich die karitativ tätigen katholischen Vereine nach dem Willen von Generalvikar Buchberger vor Ort in Arbeitsausschüssen zusammenschließen. Buchberger machte deutlich, dass die Industrialisierung und ihre Überspannung im technischen Krieg es waren, die die Notwendigkeit zur Effizienzsteigerung in kirchlichen Organisationen provoziert hatten: *Das moderne Leben verlangt nun einmal einerseits möglichst rationelle Arbeitsteilung, anderseits möglichst umfassenden, kraftvollen Zusammenschluß.*[204] Letztlich gründete dieses Bemühen um Effizienzsteigerung in der Furcht vor der Verstaatlichung bzw. Kommunalisierung der kirchlichen Fürsorgeeinrichtungen, wie sie auf der bayerischen Bischofskonferenz am 22. und 23. November 1917 geäußert wurde.[205] Durch Effizienzsteigerung sollte dieser Entwicklung vorgebeugt werden.

Anders als die infrastrukturellen Probleme des Kriegs erwarten lassen dürften, brachte der Krieg also keine Dezentralisierung kirchlicher Entscheidungswege. Vielmehr bedeutete er eine zunehmende Zentralisierung entsprechend der bürokratischen Tradition der ultramontanen Kirche und entsprechend dem bürokratischen Charakter der Kriegszwangswirtschaft.[206] Wenn sich auch in wenigen Bereichen die Kontrolle über die Priester lockerte, da etwa keine regelmäßigen Priesterexerzitien abgehalten werden konnten[207], war die Kriegsbilanz für den kirchlichen Zentralismus positiv.

---

202 Verordnung vom 21. Februar 1917, in: Amtsblatt 1917 (wie Anm. 22), 51.
203 Bekanntmachung vom 3. Dezember 1914, in: Amtsblatt 1914 (wie Anm. 22), 205.
204 Michael BUCHBERGER, Kriegs- und Zukunftsaufgaben der kathol. Caritas. Mit einem Rückblick auf ihre Geschichte (Beilage zum Amtsblatt für die Erzdiözese München und Freising 1915, 2), München [1915], 13.
205 VOGL, Bischofskonferenzen (wie Anm. 164), 1158f.
206 Zum bürokratischen Charakter der Kriegszwangswirtschaft vgl. Franz EULENBURG, Zur Theorie der Kriegswirtschaft, in: Archiv für Sozialwissenschaft und Sozialpolitik 43 (1916), 349-396; Gerald D. FELDMAN, Armee, Industrie und Arbeiterschaft in Deutschland 1914 bis 1918, Berlin 1985; Robert G. MOELLER, German Peasants and Agrarian Politics, 1914-1924. The Rhineland and Westphalia, Chapel Hill 1986.
207 Bekanntmachung vom 17. Juni 1915, in: Amtsblatt 1915 (wie Anm. 16), 131f.

Kriegsgefangenenlager

Ein Weltkriegsphänomen, das wesentlich zur Konstruktion einer Heimatfront beigetragen haben dürfte, waren die Kriegsgefangenenlager. Hier ließen sich die nationalistischen stereotypen Vorstellungen über die ansonsten fernen Kriegsgegner – vor allem über die Frivolität und dem Atheismus der Franzosen – überprüfen und für die Bevölkerung veranschaulichen. Am 6. Juni 1918 warnte das Ordinariat vor dem areligiösen und unsittlichen *Verhalten eines Teils der Kriegsgefangenen, insbesonders der Franzosen*. Deshalb wurden die Pfarrämter angewiesen, *ihre Gemeinden in kluger, takt- und liebevoller, aber auch entschiedener Weise zu mahnen, daß sie im Verkehre mit den Gefangenen ihren Pflichten gegen Gott, Kirche und Vaterland nichts vergeben, die notwendige Zurückhaltung beobachten, die Zucht und Sitte über alles hoch und heilig halten, daher einer Verletzung derselben aufs gewissenhafteste vorbeugen* sollten.[208] Der mittelfränkische Priester Georg Heidingsfelder (1887-1943)[209], Seelsorger in einem Lazarett für kriegsgefangene Soldaten, sprach im Hinblick auf die französischen Kriegsgefangenen von einer *zum weitaus größten Teil religiös durchaus gleichgültigen, teilweise sogar atheistischen Männerwelt*.[210] Um sich ein präzises Bild von der pastoralen Situation in und um die Kriegsgefangenenlager zu machen, forderte das Erzbischöfliche Ordinariat von seinen Pfarrämtern Berichte über die örtlichen Kriegsgefangenenlager ein. Über 200 (nicht erhaltene) Berichte liefen ein. Am 2. September 1917 fasste das Ordinariat die Ergebnisse in einem Schreiben an das Kriegsministerium zusammen. Vor allem die Franzosen wurden darin kritisiert. Im Gegensatz zu den Polen und Litauern besuchten sie die Gottesdienste schlecht: *Ein Teil derselben rühmt sich offen des Unglaubens, der meist mit völliger Unwissenheit in religiösen Dingen gepaart ist; ein Teil scheint sogar für seine sittlich verwerflichen Grundsätze (Libertinismus, Zweikindersystem u. dgl.) Stimmung & Propaganda zu machen*. Deshalb richtete es an das Kriegsministerium die Bitte, Anordnungen zu treffen, *daß wenigstens unser Landvolk durch antireligiöse und sittengefährdende Beeinflußung nicht Schaden nehme u. nicht französische Ansichten und Gewohnheiten sich aneigne*.[211]

Insbesondere also der Einsatz der Kriegsgefangenen in der Landwirtschaft rief Misstrauen hervor. Am 1. Februar 1916 hatte sich das Stellvertretende Generalkommando des I. Armeekorps in einem Schreiben an das Erzbischöfliche Ordinariat ebenfalls über die sittlichen Probleme, die gerade mit der notwendigen Freizügig-

---

208 Verordnung vom 6. Juni 1918, in: Amtsblatt 1918 (wie Anm. 27), 113f.
209 Vgl. zu ihm Ferdinand von WERDEN, Tagebücher zur Restaurierung des Domes zu Eichstätt 1938-1945, bearb. von Ludwig BRANDL und Claudia GRUND (Aus den Beständen der Universitätsbibliothek Eichstätt. I. Texte 2), Wiesbaden 1999, 62.
210 Georg HEIDINGSFELDER, Frankreichs Katholizismus in der Feuerprobe des Krieges. Erfahrungen aus der Kriegsseelsorge, in: Die christliche Schule. Pädagogische Studien und Mitteilungen. Organ des Landesverbandes der kath. geistlichen Schulvorstände Bayerns 7 (1916), 321-338, hier 321.
211 AEM, Realia 3828, Erzbischöfliches Ordinariat an Kriegsministerium, 2. September 1917 (Entwurf).

keit des Einsatzes von Kriegsgefangenen in der Landwirtschaft verbunden waren, geklagt. Es sei *zu befürchten, daß besonders auf dem Lande bei der bevorstehenden Frühjahrsbestellung und später bei den Erntearbeiten angesichts der Notwendigkeit, Gefangene einzeln oder in kleineren Gruppen an die Arbeitgeber und vor allem auch an alleinstehende Anwesensbesitzerinnen, deren Männer im Felde stehen, ohne ausreichende militärische Bewachung abzustellen, diese Mißstände wesentlich zunehmen werden*. Deshalb bat es das Erzbischöfliche Ordinariat, ein Rundschreiben an die Pfarrer zu versenden, das wegen der Brisanz nicht in den Amtsblättern veröffentlicht werden sollte: *Das geeignetste Mittel, einem unbefugten und ungehörigen Verkehr mit den Gefangenen entgegen zu wirken, wäre eine entsprechende Belehrung und Aufklärung durch die Organe der Seelsorge.*[212] Im Jahr darauf beklagte sich die Regierung von Niederbayern ebenfalls über Geschlechtsverkehr zwischen Kriegsgefangenen und Frauen auf dem Land. Außerdem werde den Gefangenen *eine viel reichere und schmackhaftere Kost zu teil, als die meisten deutschen Arbeiter erhalten können, und ihnen der Besuch von Wirtshäusern, das Umherschweifen an Sonntagen, das Glücksspiel und der Erwerb von Silber- und Goldgeld erleichtert*. Deshalb wurde das Erzbischöfliche Ordinariat am 16. April 1917 um Unterstützung durch die Pfarrer vor Ort gebeten.[213] Am 14. Juli 1917 rief das Erzbischöfliche Ordinariat den Seelsorgeklerus dann auf, *daß er bei jeder passenden Gelegenheit in nächster Zeit die Pfarrangehörigen belehre über die gefährlichen Pläne unserer Feinde und die Mittel, mit welchen diese ihr Ziel zu erreichen suchen, und über die großen Gefahren, welche dadurch unserer Volksernährung drohen*. Gemeint waren damit befürchtete Sabotageaktionen von Kriegsgefangenen, die in der Landwirtschaft tätig waren. Die Pfarrer sollten die Landwirte zur sorgfältigen Überwachung der Kriegsgefangenen ermahnen.[214]

Vor allem der Einsatz der Kriegsgefangenen im ländlichen Raum beunruhigte also die kirchlichen und weltlichen Behörden. Denn erstens war der dezentrale Einsatz der Kriegsgefangenen in der Landwirtschaft nicht derart kontrollierbar wie der massierte in den Industriebetrieben. Zweitens war die Landwirtschaft aufgrund ihrer im Krieg wachsenden existentiellen Bedeutung ein besonders sensibler Bereich der Kriegswirtschaft. Drittens traute man der ländlichen Bevölkerung schlichtweg den angemessenen Umgang mit Feinden nicht zu. Vor allem beunruhigte, dass die Kriegsgefangenen wie gewöhnliche landwirtschaftliche Arbeitskräfte behandelt wurden, weshalb Ziemann von einer *ungezwungenen Integration der Gefangenen* in die

---

[212] AEM, Realia 3828, Stellvertretendes Generalkommando des I. bayerischen Armeekorps an Erzbischöfliches Ordinariat, 1. Februar 1916.
[213] AEM, Realia 3828, Regierung von Niederbayern – Kammer des Innern an Erzbischöfliches Ordinariat, 16. April 1917.
[214] Verordnung vom 14. Juli 1917, in: Amtsblatt 1917 (wie Anm. 22), 160f.

ländliche Gesellschaft spricht, die sich auch auf den geschlechtlichen Bereich erstreckte.[215]

Dabei wurden die Kriegsgefangenenlager nicht nur wegen des angenommenen großen Einflusses der Pfarrer auf die ländliche Bevölkerung zur klerikalen Angelegenheit, sondern auch deshalb, da diesen die Seelsorge in den örtlichen Kriegsgefangenenlagern oblag.[216] Auf dieser Grundlage entwickelte sich ein Wahrnehmungsunterschied zwischen den staatlichen und kirchlichen Behörden einerseits und dem Seelsorgeklerus andererseits. Während die Kriegsgefangenenlager von ersteren als pastorale Problemzonen betrachtet wurden, waren letztere ja selbst darum bemüht, Kriegsgefangenenlager zur Arbeitsentlastung ins Dorf zu bringen.[217] Diese ökonomische Motivation spiegelt sich dann wiederum in der positiven Beurteilung der Franzosen durch Pfarrer Wurfbaum aus Bruck: *Die Arbeitsleistungen der Franzosen werden allgemein anerkannt.*[218] Somit war ein Priester wie Wurfbaum im Hinblick auf die Beurteilung der Kriegsgefangenen näher an seiner Pfarrgemeinde als an seinen Vorgesetzten. Auch die Kritik an der zu hochwertigen Kost der Kriegsgefangenen könnte eher weniger auf die tatsächlichen Verhältnisse als auf ein allgemeines obrigkeitliches Misstrauen gegenüber der Landbevölkerung zurückgehen, wie es sich auch im oben geschilderten Verdacht auf überzogene Feste äußerte. In Bruck jedenfalls beschweren sich die Franzosen über die schlechte Kost, weshalb der Pfarrer vermitteln musste.[219]

Zunehmendes Misstrauen der staatlichen und kirchlichen Behörden gegenüber dem niederen Klerus

Ganz unmerklich, da sich niemals in den öffentlichen Verlautbarungen widerspiegelnd, öffnete sich im Hinblick auf die Beurteilung des Kriegs eine kleine, aber deutlich bemerkbare Kluft zwischen den veröffentlichten Durchhalteparolen der staatlichen und kirchlichen Behörden einerseits und der schüchtern geäußerten Skepsis des Pfarrklerus gegenüber der Kriegsführung andererseits. Selbst ein loyaler und geradezu militärbegeisterter Pfarrer wie Wurfbaum wurde unsicher. So bezweifelte er in seinem veröffentlichten Tagebuch den Wahrheitsgehalt der Kriegsstatis-

---

215 ZIEMANN, Front (wie Anm. 6), 306f.
216 RUTZ, Seelsorge (wie Anm. 10), 348; SCHEIDGEN, Bischöfe (wie Anm. 12), 151-173.
217 Vgl. Anm. 87 bis 89.
218 WURFBAUM, Kriegs-Tagebuch Bd. 3 (wie Anm. 18), 356.
219 WURFBAUM, Kriegs-Tagebuch Bd. 3 (wie Anm. 18), 369f.

tik.²²⁰ Und das veröffentlichte Motiv für die Verlängerung der Hasenjagd im Januar 1915 überzeugte ihn ebenfalls nicht: *Daß hiezu der einzige Grund darin liege, – wie offiziell dargetan ward – weil zu viele Jäger einberufen sind, und deswegen zu wenig geschossen worden sei, glaube ich nicht recht und wohl auch – andere nicht.*²²¹ Viele Pfarrvorstände zögerten bei der dritten Kriegsanleihe im September 1915 im Gegensatz zu ihrer bisherigen positiven Haltung. Dabei äußerten sie ihre Skepsis nicht direkt. Vielmehr machten sie Bedenken geltend, ob sie überhaupt befugt seien, sich mit Geldern aus Kirchen- und Pfarrpfründestiftungen daran zu beteiligen. Die Beteiligung wurde jedoch von den kirchlichen Oberbehörden gewünscht und die Skepsis unterdrückt.²²² Während Erwin Gatz die Ansicht vertritt, dass die Bischöfe die Kriegslage zurückhaltender eingeschätzt hätten als der niedere Klerus²²³, ist deshalb doch wohl eher Nesner zuzustimmen, der bei der Beschreibung der Zustände im Erzbistum München und Freising zum entgegengesetzten Ergebnis kommt.²²⁴

Dass das Verhalten der staatlichen Behörden gegenüber dem Pfarrklerus nervös geworden war, zeigte sich an einem Zwischenfall in einem Kriegsgefangenenlager. So wurde der Dekan von Beuerberg bei der Ausübung der Seelsorge in einem Kriegsgefangenenlager im Sommer 1917 *in Untersuchung gezogen auf die Annahme hin, er könnte mit einem Gefangenen, der um ein Gebetbuch bat, gesprochen haben.*²²⁵ Vor allem seit den intensivierten päpstlichen Friedensbemühungen des Jahres 1917, darunter vor allem die päpstliche Friedensnote vom 1. August, waren sich die weltlichen Behörden der Loyalität des Pfarrklerus nicht mehr ganz so sicher, obwohl die päpstlichen Friedensbemühungen in den öffentlichen Verlautbarungen der Kirche zurückhaltend bis ablehnend aufgenommen wurden.²²⁶ Während der Pressereferent im Kriegsministerium im Augustbericht 1917 erleichtert darüber berichtete, dass Erzbischof Faulhaber sowie die bayerische Zentrumspartei und der Bayerische Christliche Bauernverein als die wesentlichen Akteure des politischen Katholizismus im Erzbistum die Friedensnote ablehnten, machte er sie doch dafür verantwortlich,

---

220 WURFBAUM, Kriegs-Tagebuch Bd. 2 (wie Anm. 18), 139: *Seit früh 6 Uhr surrt die Dampfdreschmaschine vor unserem Stadel. Das Druscherträgnis ist wenig erfreulich; bei Weizen und Sommerroggen kaum 60 Prozent des Normalertrages; da kanns doch sein, daß der Krieg den wirklichen Wert unserer landwirtschaftlichen Statistik und der darauf aufbauenden Wissenschaft der Volkswirtschaft enthüllt. Kundige werden dabei nicht überrascht werden.*
221 WURFBAUM, Kriegs-Tagebuch Bd. 2 (wie Anm. 18), 213f.
222 Martin LEITNER, Praktische Fälle aus dem Seelsorgerleben, in: Theologisch-praktische Monats-Schrift. Zentral-Organ der katholischen Geistlichkeit Bayerns 26 (1916) 60-62.
223 GATZ, Beilegung (wie Anm. 3), 141-146; vgl. dazu auch GREIPL, Ende (wie Anm. 2), 330-335, allerdings ohne Angabe der Grundlage seiner Behauptung.
224 NESNER, Erzbistum (wie Anm. 2), 178.
225 AEM, Realia 3828, Erzbischöfliches Ordinariat an Kriegsministerium, 2. September 1917 (Entwurf).
226 Vgl. dazu Günter BAADTE, Katholischer Universalismus und nationale Katholizismen im Ersten Weltkrieg, in: Albrecht LANGNER (Hg.), Katholizismus, nationaler Gedanke und Europa seit 1800 (Beiträge zur Katholizismusforschung. Reihe B: Abhandlungen), Paderborn 1985, 89-109, hier 101-105; BECKER, Religion (wie Anm. 8), 194.

dass *mehr und mehr Beamtenkreise und Geistliche sich als Sprachrohr ihrer Wünsche und Klagen der sozialdemokratischen Presse bedienen*.[227] Tatsächlich hatte sich ein Feldgeistlicher in der sozialdemokratischen Münchener Post bereits am 18. November und am 23. November 1916 über die Ungleichbehandlung unter den Feldgeistlichen beklagt. Am 2. Dezember 1916 druckte die Münchener Post die angebliche Zuschrift eines katholischen Pfarrers ab, der sich über den Ernährungsegoismus der Bauern beschwerte. Wenn es sich bei diesen anonym erschienenen Artikeln auch um vorgetäuschte Texte gehandelt haben kann bzw. dürfte, ist es doch bezeichnend für das Misstrauen gegenüber dem Pfarrklerus, dass Falkner von Sonnenburg sie für authentisch hielt. Und dafür, dass die Agitation des klerikalen Pazifisten Johann Baptist Wolfgruber (1868-1950) aus dem Bistum Augsburg in der sozialdemokratischen Presse im Seelsorgeklerus des Erzbistums nicht erfolgreich war, machte er im Septemberbericht 1917 nicht den Patriotismus der Pfarrer, sondern das Eingreifen der bischöflichen Behörden verantwortlich.[228]

Nahrung erhielt dieses Misstrauen der weltlichen und kirchlichen Behörden durch das Verhalten der Bevölkerung anlässlich der Beschlagnahmung aller Bronzeglocken mit Wirkung vom 1. März 1917.[229] Denn erstmals war es deshalb im ländlichen Raum zu kleineren Unruhen gekommen – und dies im Zusammenhang mit einer Aktion, die sich nach Ansicht des Pressereferenten im Kriegsministerium auf einen religiösen Gegenstand bezog, eben die Glocken. Im Juli 1917 berichtete er, dass auf dem Land neben der Arbeitsüberlastung und den Berichten der Kriegsheimkehrer vor allem *die Beschlagnahme der Kirchenglocken in den gläubigen Kreisen Bayerns außerordentlich verstimmend gewirkt* habe, *trotz der anerkennenswerten Aufklärungsarbeit der zivilen und kirchlichen Behörden; man hört vielfach die Äußerung, daß die Kirchenglockenbeschlagnahme das letzte sei, was zur Rohstoffbeschaffung geschehen könne*. Als Lösung schlug er weitere Aufklärungsarbeit vor. Dabei werde sich das Innenministerium *insbesondere der erhöhten Mitarbeit der Geistlichkeit bedienen, besonders da die Tätigkeit der zivilen Aufklä-*

---

227 BayHStA, MK 19289, Bericht des Pressereferats im Kriegsministerium, August 1917.
228 BayHStA, MK 19289, Bericht des Pressereferats im Kriegsministerium, September 1917. Zur pazifistischen Agitation Wolfgrubers vgl. AY, Entstehung (wie Anm. 19), 93; Monika NICKEL, „Jeder Krieg, auch der notwendigste, auch der gerechteste, ist eine Wunde in der christlichen Weltordnung". Kardinal Michael von Faulhaber und der „Friedensbund deutscher Katholiken", in: Beiträge zur altbayerischen Kirchengeschichte 50 (2007) 267-296.
229 Ausgenommen waren Glocken mit einem Gewicht von unter 20kg, Signalglocken und solche mit besonderem wissenschaftlichen, geschichtlichen und künstlerischen Wert. Auch für gottesdienstliche Zwecke wurden Glocken zurückgestellt. Vgl. dazu Ansgar HENSE, Das Schicksal der Kirchenglocken im Ersten und Zweiten Weltkrieg. Eine rechtshistorische Reminiszenz und zugleich ein Beitrag zum Rechtsstatus der sog. Leihglocken als aktuelles Rechtsproblem des Öffentlichen Sachenrechts, in: Stefan MUCKEL (Hg.), Kirche und Religion im sozialen Rechtsstaat. Festschrift für Wolfgang Rüfner zum 70. Geburtstag (Staatskirchenrechtliche Abhandlungen 42), Berlin 2003, 227-296, hier 230-235.

rungsorgane in den Zeiten erhöhter landwirtschaftlicher Arbeit notwendigerweise stark behindert ist.[230]

Tatsächlich ging der Widerstand der Bevölkerung gegen die Ablieferung der Glocken nicht nur und nicht in erster Linie auf eine Verletzung der religiösen Gefühle zurück. Das Glockengeläut diente ja nicht nur liturgischen Zwecken, sondern strukturierte den Tages- und Jahresablauf des Dorfes auf eine ganz spezifische Art und Weise, wodurch es zu einem Code wurde, den nur die Dorfbewohner verstanden. Wie Alain Corbin für das Frankreich des 19. Jahrhunderts untersucht hat, machte dies den Glockenturm zu einem zentralen Konfliktgegenstand zwischen kirchlichen und weltlichen Akteuren in den Dörfern.[231] Für die Dorfbevölkerung war die Glocke keine rein kirchliche Angelegenheit. Und gerade darin dürfte der Widerstand der Bevölkerung gegen die letztlich von den Klerikern vor Ort durchgeführte Glockenbeschlagnahmung begründet liegen. Umso bezeichnender ist es für das Misstrauen, dass in der staatlichen Verwaltung gegenüber dem Klerus herrschte, dass der Widerstand gegen die Ablieferung der Glocken als religiös motiviert wahrgenommen wurde.

Wenn es auch keine bekannten Fälle von klerikalem Widerstand gegen die Glockenbeschlagnahmung gibt, so ist es umso bezeichnender, dass es in den kirchlichen Behörden Unsicherheit und Misstrauen gegenüber dem niederen Klerus im Hinblick darauf gab. Dies drückte sich deutlich in einer erzbischöflichen Verordnung vom 28. Juli 1917 aus. Das Ordinariat gab zu, dass *die vielen Beschlagnahmen, besonders in letzter Zeit die Wegnahme der Kirchenglocken, die Gemüter in hohem Grade aufgeregt* hätten. Da das Ordinariat aber der Meinung war, dass die *öffentliche Stimmung für die gegenwärtige Zeit und noch mehr für den kommenden Herbst und Winter zu einer Frage von größter Bedeutung geworden* sei, wurde der Seelsorgeklerus dazu aufgerufen, *daß er in der nächsten Zeit auf der Kanzel, in Vereinsversammlungen, bei sonst sich bietenden Gelegenheiten und im persönlichen Verkehre Alles tue, um Mißstimmungen zu heben, Vorurteile zu zerstreuen, auf die Wichtigkeit des Durchhaltens hinzuweisen, zu festem Vertrauen und starker Zuversicht zu ermutigen und vor kleinmütiger Verzagtheit und falscher Friedenssehnsucht zu warnen.* Insbesondere wurden die Priester ermahnt, *wegen der Glockenablieferung nicht etwa den Widerstand der Gemeinden zu bestärken, sondern auch hier aufklärend und beruhigend zu wirken. Die Gefühle und Empfindungen einer Gemeinde, die ihr liebgewordenes Geläute abgeben muß, sind wohl zu verstehen und zu würdigen. Indessen möge darauf hingewiesen werden, daß der Verlust des*

---

230 BayHStA, MK 19288, Bericht des Pressereferats im Kriegsministerium, Juli 1917. Auch nach MEIER, Klerus (wie Anm. 2), 48 stieß die Ablieferung der Glocken *auf den größten Widerstand.* Zum Widerstand wegen der Glockenablieferungen vgl. auch HENSE, Schicksal (wie Anm. 229), 231 f.; SCHEIDGEN, Bischöfe (wie Anm. 12), 249-253.
231 Vgl. Alain CORBIN, Die Sprache der Glocken. Ländliche Gefühlskultur und symbolische Ordnung im Frankreich des 19. Jahrhunderts, Frankfurt am Main 1995.

schönsten Geläutes noch lange nicht soviel bedeutet wie der Verlust eines einzigen Menschenlebens. Denn *zu kriegerischen Waffen umgeformt* tragen die Glocken dazu bei, *unsere Soldaten und die Heimat zu schützen, die schwere Zeit des Krieges abzukürzen und einen baldigen glücklichen Frieden herbeizuführen.*[232]

Genährt konnte das Misstrauen der staatlichen Behörden gegenüber dem niederen Klerus auch dadurch werden, wenn sich Pfarrer in den zunehmenden Verteilungskonflikten um die knapper werdenden Ressourcen auf die Seite ihrer Parochianen schlugen. Welch hohe Wellen angesichts dessen selbst kleine Zwischenfälle schlagen konnten, zeigt sich an einem Schreiben, das das Innenministerium am 23. Februar 1918 an das Erzbischöfliche Ordinariat richtete, um sich über Wurfbaum zu beschweren, der in einem lokalen Streit die wirtschaftlichen Interessen seiner Pfarrgemeinde wahrgenommen hatte: *Da dieser Geistliche als selbsttätiger Landwirt und eifriger Vertreter auch der wirtschaftlichen Interessen seiner Gemeinde bekannt ist, wird ihm das Recht auch öffentlicher Kritik an vermeintlichen Schäden, die der Verwaltung des Fideikommisses Zinneberg anhaften, nicht abgesprochen werden können. Nach anliegender Niederschrift einer Rede, die Pfarrer Wurfbaum im vergangenen Spätjahre in einer Gemeinde gehalten hat, dürfte er aber in solcher Kritik doch die zulässigen Grenzen überschritten und auf das Gebiet persönlicher Verunglimpfung geraten sein.* Seine Rede habe *verhetzend* gewirkt und sei nicht geeignet, das *gerade jetzt so notwendige Einvernehmen zwischen Großgrundbesitz und kleinem bäuerlichen Besitz* herzustellen.[233]

Misstrauen oder zumindest Unsicherheit gegenüber der Loyalität des niederen Klerus zeigt sich auch in den oben geschilderten Bemühungen des Kriegsministeriums, die Propagandatätigkeit des Pfarrklerus stärker in die staatlichen Strukturen zu integrieren. Und dass sich die Unsicherheit nicht auf die gesamte Kirchenorganisation, sondern tatsächlich nur auf den niederen Klerus konzentrierte, zeigte sich an dem Bemühen des Innenministeriums, dessen Propagandatätigkeit zur besseren Kontrolle nicht nur stärker an die staatlichen Behörden, sondern auch an die kirchlichen Behörden zu binden. Am 11. September 1917 schrieb es an das Kultusministerium: *Ein sehr wirksames Mittel, um die Geistlichkeit von der Bedeutung der Aufklärungsarbeit zu überzeugen und sie zu regster Tätigkeit anzuspornen, wäre die Abhaltung mündlicher Besprechungen am Sitz der kirchlichen Oberbehörde mit den Dekanen des Bezirks. Die persönliche Aussprache des Bischofs mit den Dekanen wäre eindrucksvoller und nachhaltiger als alle schriftlichen Weisungen. In gleicher Weise hätten die Dekane die Unterweisung mündlich an die Pfarrer und die Hilfsgeistlichen ihres Dekanatsbezirks weiterzugeben.*[234]

---

[232] Verordnung vom 28. Juli 1917, in: Amtsblatt 1917 (wie Anm. 22), 172. Diese Verordnung stellte eine Wiederholung und Verschärfung einer Verordnung vom 3. Juli 1917 dar. Vgl. Amtsblatt 1917 (wie Anm. 22), 152-154.
[233] AEM, Personalia (alt) 6236, Innenministerium an Erzbischöfliches Ordinariat, 23. Februar 1918.
[234] BayHStA, MK 19289, Innenministerium an Kultusministerium, 11. September 1917.

Dabei handelte es sich bei diesem Misstrauen weniger um eine Spiegelung realer Verhältnisse, sondern um die Fortführung eines liberalen bürokratischen, antiklerikalen Misstrauens, das sich während des Kulturkampfes noch auf den gesamten Klerus bezog, nach dessen Ende aber auf den niederen Klerus beschränkte. Denn zunehmend hatten sich am Ende des 19. Jahrhunderts soziale und wirtschaftliche gegenüber den konfessionellen Auseinandersetzungen in den Vordergrund der Politik geschoben. Um Einfluss und Privilegien gegen die immer lauter werdenden sozial- und verfassungspolitischen Forderungen der Arbeiterschaft zu verteidigen, hatte sich der hohe Klerus den bisher bekämpften Bürokraten in der Reichs- und der bayerischen Staatsregierung angenähert, während der niedere Klerus stärker mit den Interessen von Bauern und Arbeitern verbunden war.[235] Wie sehr diese Koalition auch noch im Ersten Weltkrieg hielt, zeigt sich daran, dass sich die Unsicherheit der staatlichen Behörden auf den niederen Klerus konzentrierte, während etwa Faulhaber unbehelligt blieb, obwohl seine Siegeszuversicht ab 1917 wegen der Zerstörungen des Kriegs, des offenkundigen Ausbleibens der moralisch-religiösen Erneuerung durch den Krieg, der zunehmenden sozialen Spannungen und der Ablehnung der päpstlichen Friedensbemühungen einer deutlichen Verunsicherung wich.[236]

Kriegswirtschaftlicher Antiklerikalismus

Dass der niedere Klerus von den staatlichen und kirchlichen Behörden als Unsicherheitsfaktor wahrgenommen wurde, heißt noch lange nicht, dass er es auch tatsächlich war. Die bereitwillige Übernahme öffentlicher Hilfs- und Ordnungsleistungen zeugt genauso vom Gegenteil wie die klerikale Kriegspropaganda. Es ist darüber hinaus bekannt, dass die staatlichen Behörden von den Pfarrern über die Vorgänge in ihren Pfarreien, über die Stimmungslage und die Propagandaarbeit informiert wurden.[237] Nach Börst hatten die Geistlichen vor Ort – sei es aus Überzeugung, Pflichtgefühl oder Obrigkeitshörigkeit – die Anweisungen des Erzbischöflichen Ordinariats selbst dann noch befolgt, *als ein Großteil der Bevölkerung kriegsmüde,*

---

[235] Vgl. dazu Karl MÖCKL, Die Prinzregentenzeit. Gesellschaft und Politik während der Ära des Prinzregenten Luitpold in Bayern, München 1972, 228-349; Michael KÖRNER, Staat und Kirche in Bayern 1886-1918 (Veröffentlichungen der Kommission für Zeitgeschichte. Reihe B: Forschungen 20), Mainz 1977, 24-62; David W. HENDON, The Center Party and the Agrarian Interest in Germany 1890-1914, Ann Arbor 1984, 249-306.

[236] Vgl. dazu KLIER, Kriegspredigt (wie Anm. 3). Faulhabers Entwicklung entspricht derjenigen im übrigen Episkopat. Vgl. Roland HAIDL, La Première Guerre Mondiale au miroir des Lettres Pastorales de l'Episcopat allemand, in: 14-18 Aujourd'hui: Pour une histoire religieuse de la guerre, Paris 1998, 39-51.

[237] Vgl. dazu AY, Entstehung (wie Anm. 19), 92.

der Opferwilligkeit überdrüssig war und sich mehr oder minder offen den Anordnungen der Staatsbehörden widersetzte.[238] Die bereits im ersten Kriegsjahr einsetzende Kluft zwischen den wirtschaftlichen Interessen der ländlichen Parochianen und den Durchhalteparolen des Pfarrklerus spiegelt sich in einer Kriegspredigt Wurfbaums vom 14. März 1915 wider: *Die Landwirte haben ohne Widerspruch sich darein gefunden, daß durch Gesetz ihnen das Getreide beschlagnahmt wurde, aber ungern nahm man die Bestimmung hin, daß die Einschränkung mit dem Brote so stark werden mußte. Fügt euch, auch ihr Bäuerinnen, denen es freilich manchmal schwer werden wird, ihren Beruf auszuüben; fügt euch auch ihr Dienstleute! Und wenn ihr auf dem Gute des Königs oder des Kaisers Aufstellung finden könntet, keiner könnte für euch an Mehlquantum mehr geben als 240 Gramm! Fügt euch auch ihr Landwirte, werdet nicht mißmutig, sprecht nicht im Grolle über die Zukunft: 'Von mir aus …!' Nein, wir dürfen nicht im Unmute das Vaterland im Stiche lassen! Sprecht nicht im Zorne über's Vaterland, besonders in der Stadt in den großen Restaurationen. Wenn der Engländer die Gewißheit hätte, daß die deutschen Bauern auf dem Standpunkte stehen: 'Von mir aus…', der Krieg würde nicht aus werden, bis wir vor Hunger um den Frieden betteln. Das aber wird unsere Liebe, die Liebe des deutschen Bauern zu seiner Heimat, zu seinem Vaterlande zu verhindern wissen, dadurch, daß jeder sein Letztes tut zum Durchhalten. Wie wär's sonst, wenn unsere Krieger heimkehrten, nicht als Besiegte, aber auch nicht als Sieger – weil wir daheim erlahmt, weil wir daheim vielleicht dies oder jenes Opfer gescheut haben!*[239]

Dabei hatte der Pfarrklerus gegenüber den Parochianen nicht nur die Interessen des Staates, sondern auch der Kirche zu vertreten. Bald hatten die Pfarrer im kirchlichen Interesse, bald im staatlichen an die Freigiebigkeit der ihnen anvertrauten Seelen zu appellieren. So hatten die Pfarrvorstände trotz des Kriegs auf die Ablieferung des Petersphennigs zu drängen.[240] Im Frühjahr 1917 wurde eine Landeskirchensammlung zur Erbauung der Kirche Oberbach im unterfränkischen Bezirksamt Bad Brückenau und wenig später eine zugunsten des Roten Kreuzes angeordnet.[241] Eine Landeskirchensammlung für Kriegsgefangene wurde im Sommer 1915 veranstaltet.[242] Am 21. November 1915 galt es für Polen zu spenden[243], im Sommer 1917 für Litauen.[244] Im Herbst 1916 wurde die Landeskirchensammlung der *Nationalstiftung zugunsten der Hinterbliebenen der im Kriege Gefallenen* gewidmet.[245] Am 8. Februar 1918 wurde eine Landeskirchensammlung für die Kriegsgedächtniskirche St. Lud-

---

238 BÖRST, Theologen (wie Anm. 9), 107.
239 WURFBAUM, Kriegs-Tagebuch Bd. 3 (wie Anm. 18), 284–288.
240 Verordnung vom 14. April 1915, in: Amtsblatt 1915 (wie Anm. 16), 103.
241 Verordnung vom 28. März 1917, in: Amtsblatt 1917 (wie Anm. 22), 89; Verordnung vom 7. April 1917, in: Amtsblatt 1917 (wie Anm. 22), 94.
242 Verordnung vom 18. Juni 1915, in: Amtsblatt 1915 (wie Anm. 16), 133f.
243 Hirtenbrief der deutschen Bischöfe zum Fest Allerheiligen, in: Amtsblatt 1915 (wie Anm. 16), 191–193.
244 Verordnung vom 20. Juli 1917, in: Amtsblatt 1917 (wie Anm. 22), 163f.
245 Verordnung vom 24. Oktober 1916, in: Amtsblatt 1916 (wie Anm. 84), 174f.

wig in Nürnberg angeordnet. Dabei wurden die Gläubigen darauf hingewiesen, dass der Anlass eine *monumentale und geräumige Anlage* erfordere.[246] Am 26. März 1918 wurde der Klerus vom Ordinariat aufgefordert, die Sammlung für die Soldatenerholungsheime zu unterstützen.[247] Am ersten Sonntag im Mai 1918 sollten dann die Pflegeanstalten der St. Josefskongregation in Ursberg unterstützt werden.[248] Am 11. Juni 1918 wurden die Pfarrvorstände schließlich angewiesen, einen Aufruf zur Sammlung der sogenannten Ludendorff-Spende für Verwundete von der Kanzel zu verlesen.[249]

Darüber hinaus hatten die Pfarrer auch ihre eigenen wirtschaftlichen Interessen zu vertreten, für ihre eigene Existenz zu sorgen. Auch die Seelsorger selbst litten materielle Not, sie klagten über Geldmangel und waren auf Hamstern angewiesen.[250] Denn einerseits stieg die Lebenshaltung, andererseits gingen die Stolgebühren für Trauungen und Taufen zurück.[251] Um diese sich öffnende Schere ausgleichen zu können, bemühte sich das Ordinariat um eine Steigerung der finanziellen Einnahmen der Priester. Vom Kultusministerium erreichte es staatliche Teuerungszulagen zum Gehalt der Priester.[252] Am 3. April 1918 wurden die Messstipendien vom Ordinariat wegen der materiellen Notsituation der Priester erhöht.[253] Dabei griffen manche Priester auch zur Selbsthilfe. So kam es vor, dass Pfarrer unzulässigerweise das nur mehr in Südbayern übliche Mortuarium, eine Abgabe beim Ableben eines Gemeindemitglieds, beim Tod eines Frontsoldaten verlangten.[254] Bisweilen wurden auch die Pachtsummen für die Grundstücke der Pfarrpfründe erhöht.[255]

Den Ökonomiepfarrern des Erzbistums, die die Pfarrgründe in eigener Verantwortung bewirtschafteten, ging es im Hinblick auf die Nahrungsmittelversorgung besser. Aber auch sie hatten mit kriegsbedingten Problemen zu kämpfen. So wurden ihre Pferde (gegen Entschädigung) beschlagnahmt und ihre Knechte eingezo-

---

246 Verordnung vom 8. Februar 1918, in: Amtsblatt 1918 (wie Anm. 27), 35.
247 Verordnung vom 26. März 1918, in: Amtsblatt 1918 (wie Anm. 27), 68.
248 Verordnung vom 5. April 1918, in: Amtsblatt 1918 (wie Anm. 27), 76.
249 Verordnung vom 11. Juni 1918, in: Amtsblatt 1918 (wie Anm. 27), 112f.
250 Vgl. dazu AY, Entstehung (wie Anm. 19), 90; RUTZ, Seelsorge (wie Anm. 10), 348f.
251 Münchener Post vom 11. November 1916.
252 Bekanntmachung vom 20. April 1917, in: Amtsblatt 1917 (wie Anm. 22), 114-119; Protokoll der Konferenz des bayerischen Episkopats, 22./23. November 1917, in: Akten Faulhabers (wie Anm. 40), 10-17; Bekanntmachung vom 20. Februar 1918, in: Amtsblatt 1918 (wie Anm. 27), 37-39; Bekanntmachung vom 25. September 1918, in: Amtsblatt 1918 (wie Anm. 27), 166f. Für die Bistümer der Fuldaer Bischofskonferenz vgl. SCHEIDGEN, Bischöfe (wie Anm. 12), 111.
253 Verordnung vom 3. April 1918, in: Amtsblatt 1918 (wie Anm. 27), 73f.
254 Martin LEITNER, Eine Anfrage über das Mortuarium in den gegenwärtigen Kriegszeiten, in: Theologisch-praktische Monats-Schrift. Zentral-Organ der katholischen Geistlichkeit Bayerns 25 (1915) 53-55 und 120.
255 Münchener Post vom 11. November 1916.

gen.[256] Da sie entsprechend der vorherrschenden sazerdotalen priesterlichen Identität, welche die priesterliche Würde in strikter Abgrenzung von den Laien betonte[257], aber kaum selbst in der Landwirtschaft mitarbeiten konnten, waren sie abhängiger von Dienstboten als bäuerliche Familienbetriebe[258], die ihren Arbeitskraftbedarf wenigstens zeitweise durch Selbstausbeutung decken konnten. Die Dienstbotenlöhne stiegen auf dem Arbeitsmarkt wegen der vielen Einberufungen in Oberbayern während des Kriegs aber um 121 Prozent.[259] Somit sank auch das Einkommen der Ökonomiepfarrer. Dieses wurde darüber hinaus auch durch die Kriegszwangswirtschaft mit ihren Höchstpreisverordnungen eingeschränkt. So waren die Ökonomiegebäude der Pfarrei Kollbach bei Dachau zwar reparaturbedürftig, *ein Neubau ist jedoch mangels der erforderlichen Mittel für die nächste Zeit ausgeschlossen*, so der Text der Ausschreibung der Pfarrei im erzbischöflichen Amtsblatt 1915.[260] Bereits im Herbst 1914 war Wurfbaum gezwungen, einen Kredit in Höhe von 600 Mark zur Fortführung seines Betriebes aufzunehmen.[261] Angesichts dieser Situation setzte er sich für höhere Milchpreise ein.[262] Deshalb freute er sich am 5. Februar 1915 auch darüber, dass er für eine minderwertige Kuh wegen der Nahrungsmittelknappheit einen höheren Preis bekommen hatte als zu Friedenszeiten zu erwarten gewesen wäre.[263]

Dabei fühlten sich die Pfarrer auch selbst bedrängt von den kriegsbedingten finanziellen Forderungen von Staat und Kirche. Die Pfarrpfründe- und Kirchenstiftungen wurden von den Pfarrern mit Kriegsanleihen belastet,[264] auch persönliches Vermögen der Pfarrer wurde in Kriegsanleihen angelegt.[265] Wurfbaum beklagte sich am 11. Januar 1915 über die andauernde Beanspruchung durch Kriegsspenden angesichts zurückgehender landwirtschaftlicher Einnahmen. In Grafing war nämlich an diesem Tag *Clerus-Convent, was man auf deutsch auch Zahltag heißen kann: Krankenkassa, Jugendfürsorge, Brevier-Ergänzung; und dann will der Klerus der Erzdiözese eine eigene Stiftung errichten, deren Renten nebst dem in einer gewissen Zeit aufzuzehrenden Kapitale zur Erziehung verwaister Kriegerkinder verwendet werden sollen. Obwohl die Auslagen für den Krieg be-*

---

256 WURFBAUM, Kriegs-Tagebuch Bd. 1 (wie Anm. 18), 7-9; WURFBAUM, Kriegs-Tagebuch Bd. 3 (wie Anm. 18), 271f.
257 Vgl. dazu Ernst Ludwig GRASMÜCK, Vom Presbyter zum Priester. Etappen der Entwicklung des neuzeitlichen katholischen Priesterbildes, in: Paul HOFFMANN (Hg.), Priesterkirche (Theologie zur Zeit 3), Düsseldorf 1987, 96-131; NICKEL, Monatsschrift (wie Anm. 15), 207-303.
258 Das Ökonomiekreuz der Landpfarrer, in: Theologisch-praktische Monats-Schrift. Zentral-Organ der katholischen Geistlichkeit Bayerns 25 (1915) 268-272, hier 270.
259 ZIEMANN, Front (wie Anm. 6), 357.
260 Amtsblatt 1915 (wie Anm. 16), 80.
261 WURFBAUM, Kriegs-Tagebuch Bd. 1 (wie Anm. 18), 89.
262 Zum 15. Januar 1915 heißt es in WURFBAUM, Kriegs-Tagebuch Bd. 2 (wie Anm. 18), 225: *Abends ist Versammlung der hiesigen Milchlieferanten; Aufbesserung möchten wir.*
263 WURFBAUM, Kriegs-Tagebuch Bd. 2 (wie Anm. 18), 244.
264 BÖRST, Theologen (wie Anm. 9), 106f.
265 WURFBAUM, Kriegs-Tagebuch Bd. 1 (wie Anm. 18), 69f.

trächtliche Summen bei dem Einzelnen ausmachen, und insbesonders die Ökonomiepfarrer heuer mit den anderen Landwirten über geringe Einnahmen zu klagen haben, wird dem Vorschlage zugestimmt und hiebei eine gar nicht gering bemessene Summe als unterste Norm festgelegt.[266]

Die Priester waren also letztlich Partei in den Verteilungskonflikten zwischen Erzeugern und Verbrauchern, zu denen der Krieg mit zunehmender Dauer führte.[267] Dies verletzte ihre Glaubwürdigkeit in der veröffentlichten Meinung genauso wie die Tatsache, dass sie mit ihren Durchhalteparolen und ihren öffentlichen Hilfs- und Ordnungsleistungen für ein System Partei ergriffen, das für die Verteilungskonflikte verantwortlich war. Ein anonymer Geistlicher aus der Diözese Regensburg antwortete am 22. November 1916 im ultramontanen Neuen Münchener Tagblatt unter der Überschrift *Die Aufgabe der Geistlichen* auf Vorwürfe, die in der sozialdemokratischen Münchener Post insbesondere gegen den Landklerus erhoben worden waren. Die Münchener Post hatte dem Klerus zunächst vorgeworfen, in dem Verteilungskonflikt um die Nahrungsmittelversorgung bewusst die Partei der Landwirte ergriffen zu haben: *Das Sprechen über Lebensmittelwucher könnte sie (die Geistlichen) um ihre Beliebtheit oder gar die eigene Person in peinliche Verlegenheit bringen*. Der zweite Vorwurf hatte die *Kriegsgewinste der Geistlichen aus den Stolgebühren, die aus zahlreichen Seelengottesdiensten für die gefallenen Krieger anfallen*, betroffen. Darauf antwortete der anonyme Priester, dass die Stolgebühren so gering seien, *daß wohl kein Beamter mit der gleichen akademischen Bildung wie der Geistliche, oder der Redakteur der ‚Münchener Post' um dieser ‚Kriegsgewinste' wegen einen Tausch vornehmen würde*. Außerdem habe der Klerus ein Vielfaches der Stolgebühren gespendet. Die Münchener Post antwortete am 3. Dezember 1916 mit der Wiederholung ihrer Vorwürfe. Sie warf insbesondere den Ökonomiepfarrern vor, die hohen Preise zu begrüßen, *während andere in irgendeiner Form Eier, Butter, Schmalz u. dgl. auf gelinden Nachdruck oft unentgeltlich geliefert bekommen, so daß sie also auch von einer Kriegsnot und von Höchstpreisen wenig verspüren*.

Auch in den nationalliberalen Münchner Neuesten Nachrichten wurde die Landgeistlichkeit von einem anonymen Einsender wegen der mangelhaften Eierversorgung der Städte angegriffen. Nach Aussage der Erwiderung im Neuen Münchener Tagblatt vom 26. Oktober 1916 wurde es in den Münchner Neuesten Nachrichten als *Sünde* bezeichnet, dass *in Bauernhaushaltungen pro Woche 100 und mehr Eier verbraucht werden, während sich die Stadtleute mit 2 Stück in 3 Wochen begnügen müssen*. Außerdem wurde die Beschwerde geäußert, *daß die Geistlichen und die Ordinariate nicht in entsprechender Weise auf die bäuerliche Bevölkerung einwirken*. Das Neue Münchener Tagblatt wies die Vorwürfe mit dem Hinweis auf Umfang und Schwere der landwirtschaftlichen Arbeit zurück und hielt den Städtern seinerseits Verschwendung von Eiern

---

266 WURFBAUM, Kriegs-Tagebuch Bd. 2 (wie Anm. 18), 217.
267 Vgl. dazu ZIEMANN, Front (wie Anm. 6), 340-356.

vor. Der Angriff aber auf die *kirchlichen Stellen ist ein neuer Beweis für die Leichtfertigkeit, mit der gewisse städt. Kreise schwere Vorwürfe gegen die Geistlichkeit erheben. Im ganzen Deutschen Reiche haben die kirchlichen Oberbehörden wiederholt und eindringlich die Landbevölkerung ermahnt, zur ausreichenden und möglichst billigen Versorgung der Städte mit Lebensmitteln alles zu tun.*

Das Erzbischöfliche Ordinariat reagierte auf die Kritik, indem sie die Priester zur Ablieferung aller überschüssigen Nahrungsmittel drängte. Wo das *alte Herkommen* noch bestand, an Ostern den Pfarrern Eier zu geben, entschloss es sich in *Anbetracht der außerordentlichen, immer mehr zunehmenden Knappheit der Lebensmittel und insbesondere des Mangels an Eiern in den Städten,* am 27. März 1917 den *Seelsorgsklerus auf dem Lande dringend [zu] ermahnen, daß er die Eier, soweit solche in einer über den berechtigten Bedarf hinausgehenden Menge empfangen werden, an die örtlichen Sammelstellen um den Erzeugerpreis abgebe.*[268] Um der antiklerikalen Kritik wegen des Nahrungsmittelmangels zu entgehen, war das Erzbischöfliche Ordinariat darüber hinaus darum bemüht, den wertvollen Naturalanteil an der Entlohnung der Priester zu monetarisieren und durch immer wertloseres Geld zu ersetzen.[269] Gerade vor dem Hintergrund des zunehmenden Nahrungsmittelmangels dürfte der Klerus diese oberhirtliche Entscheidung nicht als sehr angenehm empfunden haben.

Dabei lag das klerikale Dilemma angesichts dieser Verteilungskonflikte darin begründet, dass die Priester eine Ethik zu proklamieren hatten, die sie selbst praktizieren sollten, was mit zunehmender Dauer des Kriegs immer schwieriger wurde.[270] Wenn auch das wirtschaftliche Gebaren der Pfarrer in der kriegsbedingten antiklerikalen Kritik im Vordergrund stand, wurden sie vor diesem Hintergrund auch dafür kritisiert, dass sie Propaganda für einen Krieg machten, für den sie sich nicht der Lebensgefahr im Dienst an der Waffe aussetzten.[271] Der Klerus spürte diesen Widerspruch. Wurfbaum bemühte sich beispielsweise in seinem Tagebuch immer wieder darum, seinen absichtlichen Verbleib in der Heimat zu rechtfertigen: *Wie ich aber heute den Besuch bei den männerlosen Frauen machte und den Eindruck der Trostbedürftigkeit solcher gewinnen mußte, habe ich mir gesagt, daß schließlich doch mein Platz zuhause ist und da auch reichlich Gelegenheit habe, Kriegswunden heilen zu helfen.*[272] Wie eine Kompensationsleistung für das schlechte Gewissen erscheint es da, dass Wurfbaum im Widerspruch zum sazerdotalen Priesterbild seiner Zeit begann, sich selbst hinter das Pferd zu stellen und zu pflügen. Am 19. März 1915 schrieb er in seinem Tagebuch: *Um der*

---

268 Verordnung vom 27. März 1917, in: Amtsblatt 1917 (wie Anm. 22), 87.
269 Bekanntmachung vom 17. Januar 1916, in: Amtsblatt 1916 (wie Anm. 84), 8.
270 Zu dieser Ambivalenz, die die Situation von Geistlichen im Krieg allgemein charakterisiert, vgl. HOLZEM, Geistliche (wie Anm. 58), 42f.
271 BOBINGER, Kriegsarbeit (wie Anm. 29), 319f.
272 WURFBAUM, Kriegs-Tagebuch Bd. 1 (wie Anm. 18), 15f.

argen Leutenot in der Landwirtschaft mit einem Schlage abzuhelfen, habe ich mich entschlossen, meine freie Zeit der landwirtschaftlichen Arbeit zu widmen; heute geht es an. Neben dem Stadel ackert der Baumeister mit den Ochsen; nach der vormittägigen Brotzeit offenbare ich schüchtern meine Absicht. Nun beginnt das Abrichten. Mit einem vertrauensvollen Blick zum Gespanne beginnt es: Habt ihr es gelernt, dann kann's bei mir doch auch noch gelingen!! Und das Vertrauen, gestützt von einem energischen Willen, siegte.[273]

Agrarisierung der Seelsorge

Der Erste Weltkrieg brachte je länger je mehr eine starke Konzentration der seelsorglichen Bemühungen auf den ländlichen Raum mit sich. Tatsächlich nahmen die Verlautbarungen in den erzbischöflichen Amtsblättern entweder Bezug auf die gesamte Bevölkerung oder speziell auf diejenige des ländlichen Raums. Ausdrücklich an die städtische Bevölkerung wandten sie sich nie. Dies lag erstens daran, dass die Landwirtschaft aufgrund ihrer existentiellen Bedeutung für das Überleben der Menschen angesichts des Nahrungsmittelmangels eine ihr in Friedenszeiten im weitgehend industrialisierten Deutschen Reich nicht mehr zukommende gesamtwirtschaftliche Bedeutung erhielt. Dies spiegelte sich im Hinblick auf den Klerus darin, dass die Ökonomiepfarrer als Objekt der antiklerikalen Kritik einen Stellenwert einnahmen, der ihrer marginalen quantitativen Bedeutung im Gesamtklerus des Erzbistums in keiner Weise entsprach.[274]

Zweitens erklärt sich der Schwerpunkt, den die Seelsorge während des Ersten Weltkriegs auf den ländlichen Raum legte, daraus, dass der Einfluss der Kirche auf die ländliche Bevölkerung als besonders groß galt. Seit der Aufklärung galt die ländliche Bevölkerung im städtischen Bürgertum als besonders rückständig und daher religiös.[275] Die staatlichen Behörden setzten vor dem Hintergrund dieses Stereotyps deshalb zur Beeinflussung der ländlichen Bevölkerung vor allem auf die katholische

---

273 WURFBAUM, Kriegs-Tagebuch Bd. 3 (wie Anm. 18), 292.
274 Präzise Aussagen über den Anteil der Ökonomiepfarrer am Gesamtklerus sind mangels Forschungen nicht möglich. Nach FORSTNER, Priester (wie Anm. 2), 320-323 stellten sie wegen der auf staatliche Grundlage gestellten Finanzierung der Priestergehälter bereits in der ersten Hälfte des 20. Jahrhunderts ein *Randphänomen* dar.
275 Zum Bayernbild der Aufklärungszeit vgl. Rainer BECK, Der Pfarrer und das Dorf. Konformismus und Eigensinn im katholischen Bayern des 17./18. Jahrhunderts, in: Richard van DÜLMEN (Hg.), Armut, Liebe, Ehre. Studien zur historischen Kulturforschung, Frankfurt am Main 1988, 107-143, hier 107-109; Nina GOCKERELL, Das Bayernbild in der literarischen und „wissenschaftlichen" Wertung durch fünf Jahrhunderte. Volkskundliche Überlegungen über die Konstanten und Varianten des Auto- und Heterostereotyps eines deutschen Stammes (Miscellanea Bavarica Monacensia 51), München 1974.

Kirche.²⁷⁶ Am 5. Februar 1916 wurde das Erzbischöfliche Ordinariat vom Kultusministerium gebeten, die Pfarrvorstände aufzufordern, die Bauern auf das weithin missachtete Verfütterungsverbot von Brotgetreide aufmerksam zu machen: *Unter diesen Umständen werden die kirchlichen Oberbehörden ersucht, auch jetzt wieder auf die Geistlichen, namentlich auf dem Land und in den kleineren Städten gefälligst einzuwirken, daß sie ihren bewährten Einfluß auf die Bevölkerung geltend machen und von der Kanzel und im Verkehre so schnell wie möglich dieser Verfütterungsgefahr entgegenwirken.*²⁷⁷ Spiegelt sich darin eher die (negative) aufgeklärt-rationalistische Sichtweise auf die ländliche Bevölkerung, zeigt sich in der Haltung der Kirche zur ländlichen Bevölkerung eher (positive) agrarromantische Großstadtfeindschaft, welche angesichts der religiösen und sozialen Herausforderungen der Industriegesellschaft im 19. Jahrhundert ebenfalls im Bürgertum entstanden war.²⁷⁸ Denn auch die kirchlichen Behörden gingen von einer besonderen Religiosität der ländlichen Bevölkerung aus, was ihrer Ansicht nach den Erfolg der klerikalen Durchhalteparolen verbürgte. In einer erzbischöflichen Verordnung vom 28. Juli 1917 hieß es deshalb: *Wer aber ist insbesondere in ländlichen Gemeinden mehr berufen als der Seelsorger, das Volk durch unermüdete Belehrung aufzuklären, die Gläubigen immer wieder darauf hinzuweisen, wie es um uns stehen würde, wenn die Feinde in unser Land gedrungen wären, was uns erwarten würde, wenn wir mutlos die Waffen strecken und durch einen voreiligen Frieden infolge von Kampfesmüdigkeit uns dem Feinde auf Gnade und Ungnade ausliefern würden.*²⁷⁹ Dagegen wurde die Stadt als areligiöser und unsittlicher Raum wahrgenommen. Als Gegengewicht dazu sollte die ländliche Bevölkerung gerade wegen ihrer Religiosität erhalten bleiben. Der Mettener Benediktiner Fortunat Ibscher (1869-1965)²⁸⁰ forderte deshalb in der Theologisch-praktischen Monats-Schrift den Einsatz pastoraler Mittel zur Bekämpfung der Landflucht während des Kriegs: *Sehr zu bedauern wäre es, wenn der Krieg eine Zunahme der Landflucht bei der Jugend im Gefolge hätte. Jeder Seelsorger weiß zur Genüge aus Erfahrung, von welchen Gefahren in religiös-sittlicher Beziehung dieselbe begleitet ist.*²⁸¹

Gemeinsam war der staatlichen und der klerikalen Perspektive auf den ländlichen Raum also die Wahrnehmung desselben als soziokultureller Gegensatz zur Stadt.

---

276 Zur Ernährungspropaganda der katholischen Kirche vgl. SCHEIDGEN, Bischöfe (wie Anm. 12), 219-225.
277 Kultusministerium an Erzbischöfliches Ordinariat, 5. Februar 1916, in: Amtsblatt 1916 (wie Anm. 84), 30.
278 Vgl. dazu Klaus BERGMANN, Agrarromantik und Großstadtfeindschaft (Marburger Abhandlungen zur politischen Wissenschaft 20), Meisenheim am Glan 1970; Rolf Peter SIEFERLE, Fortschrittsfeinde? Opposition gegen Technik und Industrie von der Romantik bis zur Gegenwart (Die Sozialverträglichkeit von Energiesystemen 5), München 1984.
279 Verordnung vom 28. Juli 1917, in: Amtsblatt 1917 (wie Anm. 22), 172.
280 Vgl. den Eintrag zu ihm auf der Homepage des Benediktinergymnasiums Metten: http://home.degnet.de/metten_gym/fortibsc.htm.
281 IBSCHER, Seelsorge (wie Anm. 77), 119.

Dabei gründete auch die kirchliche Sichtweise auf die ländliche Bevölkerung auf der bürgerlichen Annahme eines Rationalitätsdefizites. Denn der pastorale Schwerpunkt, den die katholische Kirche während des Ersten Weltkriegs auf den ländlichen Raum legte, erklärt sich drittens aus der Annahme dieses ländlichen Rationalitätsdefizites. Und dieses wenn schon nicht aufzuheben, so doch auszugleichen, sah sich in erster Linie die Kirche in der Lage. Dabei beinhaltete die Wahrnehmung des ländlichen Rationalitätsdefizites sowohl eine strukturelle als auch eine intellektuelle Dimension.

Die strukturelle Dimension sprach Buchberger an, als er Rationalisierungsbedarf bei der Jugendfürsorge in erster Linie im ländlichen Raum erblickte: *Die gemeindliche Waisenfürsorge, besonders die auf dem Lande, trägt noch fast ausschließlich den Charakter der Armenpflege und Armenunterstützung. Sie bedarf daher notwendig der Ergänzung nach der erziehlichen Seite. Und dazu sind die Jugendfürsorgevereine und deren Ortsgruppen berufen. Wird diese Aufgabe von ihnen übersehen, so wird sie, wie ein Pfarrer der Erzdiözese ganz richtig schreibt, in nächster Zeit von anderen Vereinigungen aufgegriffen oder ‚den politischen Gemeinden übertragen unter Beisetzung des Pfarrers und des religiösen Erziehungsmomentes'.*[282] Ebenfalls ein (infra)strukturelles Defizit sprach eine erzbischöfliche Verordnung am 9. März 1915 an, als der Klerus aufgerufen wurde, Werbung für die Zeichnung der zweiten Kriegsanleihe zu machen, was sich *besonders in den vom Verkehr abliegenden Gegenden als nützlich erweisen* werde.[283] Hier zeigt sich nochmals die oben anlässlich der klerikalen Hilfs- und Ordnungsleistungen gezeigte administrative Bedeutung des katholischen Pfarrklerus, welche nicht nur aus ihrer Zahl, sondern auch aus ihrer Verteilung im Raum resultierte. Während sich im Gebiet des Bezirksamts Ebersberg neben drei Richtern am Amtsgericht zu Kriegsbeginn lediglich acht staatliche Beamte ausschließlich am Hauptort des Bezirksamts befanden[284], amtierten dort 15 Pfarrer, 27 Hilfsgeistliche (Kooperatoren erster und zweiter Klasse, Koadjutoren, Expositi, Benefiziaten, Kommoranten) und ein Anstaltsgeistlicher, insgesamt also 43 Kleriker, gleichmäßig über das Gebiet verteilt, wobei sechs Stellen von Hilfsgeistlichen unbesetzt waren und ein Kooperator im Feld stand.[285]

Die meisten Belege für die klerikale Wahrnehmung eines Rationalitätsdefizits bezogen sich allerdings auf intellektuelle Rückständigkeit. Als sich während des Welt-

---

282 Michael BUCHBERGER, Die Kriegshilfeleistung des Klerus der Erzdiözese München und Freising und die Fürsorge für die Kriegerwaisen (Beilage zum Amtsblatt für die Erzdiözese München und Freising 1915 1), München [1915], 6.
283 Verordnung vom 9. März 1915, in: Amtsblatt 1915 (wie Anm. 16), 89f.
284 Dabei handelte es sich um zwei Beamte der inneren Verwaltung im Bezirksamt, einen Bezirksarzt, einen Bezirkstierarzt, den Rentamtmann für die Finanzverwaltung, einen Obergeometer im Vermessungsamt und drei Forstbeamte im Forstamt. Vgl. Hof- und Staatshandbuch des Königreichs Bayern für das Jahr 1914, München 1914, 177 und 306-320. Hilfspersonal ist nicht aufgeführt.
285 Schematismus der Geistlichkeit des Erzbistums München und Freising für das Jahr 1915, München 1915, 89f. (Dekanat Schwaben), 94-96 (Dekanat Steinhöring) und 120-123 (Feldgeistliche).

kriegs der Missbrauch von Ordenstrachten zum Hamstern und Betteln häufte,[286] sah das Erzbischöfliche Ordinariat von derartigen Betrügereien in erster Linie die ländliche Bevölkerung bedroht. Im Herbst 1915 vertrieb ein angeblicher Geistlicher in betrügerischer Absicht Gebetbücher. Er und sein Begleiter, so das Ordinariat, *drängen die Bücher namentlich der Landbevölkerung auf, was nachträglich bei ruhiger Überlegung zu vielen Anfragen und Klagen bei der Polizei Anlaß gibt.*[287] Dabei zeugen die andauernden kirchlichen Aufrufe, welche die Bauern an ihre Pflicht zu Arbeit, Ablieferung und Sparsamkeit aufriefen, von der kirchlichen Wahrnehmung der ländlichen Bevölkerung als einer der Erziehung dauerhaft bedürftigen minderverhünftigen Masse. Misstrauisch wurde der ländlichen Bevölkerung auch von Seite der kirchlichen Behörden Ignoranz gegenüber den Anforderungen der Kriegswirtschaft unterstellt. Nach Auffassung des Erzbischöflichen Ordinariats sollte der Klerus *die Landwirtschaft treibende Bevölkerung über die außerordentliche vaterländische Bedeutung umfänglichster Bebauung alles ertragsfähigen Bodens und die Erlaubtheit der Feldarbeit an Sonn- und Feiertagen unter den gegenwärtigen außerordentlichen Bedrängnissen in geeigneter Weise belehren*[288] – also nicht wie erwachsene Menschen mit Argumenten überzeugen, sondern wie Kinder unterweisen. Das Ordinariat rief den Klerus am 1. März 1917 dazu auf, *daß er gerne tut, was in seinen Kräften steht, um dem Vaterlande zu helfen, sowohl in der Sammlung von Lebensmitteln, als insbesondere in der Aufklärungsarbeit und in der bereitwilligen Förderung der Maßnahmen der k. Staatsregierung. Insbesondere sei es die Aufgabe des Klerus, bei jeder sich bietenden Gelegenheit, öffentlich und persönlich die landwirtschaftliche Bevölkerung aufzuklären, warum die Versorgungsregelung und die Sammlung von Lebensmitteln notwendig ist und das Vertrauen der Bevölkerung, sowohl der Landwirte als auch der Verbraucher, zu wecken und zu stärken.* Denn: *Während unsere todesmutigen Armeen auf den Kriegsschauplätzen den Feinden gegenüberstehen und als lebendige Wehr sie ferne halten von Heimat und Herd, muß im Vaterlande der Nährstand der Wehrstand sein. Und daß er es sei und freudig sei, daß wir durchhalten, draußen auf den Schlachtfeldern und in der Heimat: dazu wird die Arbeit, das Wort und das Beispiel unseres Hochwürdigen Klerus von Stadt und Land Außerordentliches beitragen.*[289] Am 27. März 1917 wurden die Pfarrämter dann darauf hingewiesen, *in ländlichen Gemeinden auf ihre Pfarrangehörigen nachdrücklich einwirken, daß die Landwirte den Osterverbrauch an Eiern insbesondere für Kinder und Dienstboten möglichst einschränken.*[290] Am 24. März 1918 wurde die Anordnung schließlich wiederholt: *Insbesondere wolle der Seelsorgsklerus in*

---

286 VOGL, Bischofskonferenzen (wie Anm. 164), 1167.
287 Bekanntmachung vom 20. November 1915, in: Amtsblatt 1915 (wie Anm. 16), 197f.
288 Verordnung vom 3. Mai 1917, in: Amtsblatt 1917 (wie Anm. 22), 119f.
289 Verordnung vom 1. März 1917, in: Amtsblatt 1917 (wie Anm. 22), 64-66.
290 Verordnung vom 27. März 1917, in: Amtsblatt 1917 (wie Anm. 22), 87.

*Landgemeinden auf die Pfarrangehörigen nachdrücklich einwirken, daß die Landwirte den Osterverbrauch an Eiern möglichst einschränken.*²⁹¹

Die oben im Zusammenhang mit den Bemühungen der Landbevölkerung zur Aufrechterhaltung von Normalität dargestellte Sorge der kirchlichen und weltlichen Behörden wegen des angeblich verschwenderischen Umgangs mit den vorhandenen Ressourcen anlässlich von Hochzeiten und Beerdigungen²⁹² gehört ebenfalls in diesen Zusammenhang. Dabei reicht das profan-klerikale, obrigkeitliche, sozialdisziplinierende Misstrauen gegenüber dem angemessenen Umgang der Landbevölkerung mit ihren Ressourcen tief in die Frühe Neuzeit zurück und ist überkonfessionellen Charakters. Bereits der frühmoderne Staat hatte sich im 16. Jahrhundert darum bemüht, der eigenen Furcht vor der angenommenen Verschwendungssucht der Landbevölkerung mit Mandaten zu begegnen und sich dabei der bereitwilligen Unterstützung der Kirchen bedient.²⁹³ Der spätabsolutistische Staat der Aufklärung tat es ihm gleich, wenn auch nun meist begrenzt auf katholisch-ländliche *Muße und Verschwendung*²⁹⁴ und wenn auch als Begründung für die Abwendung der ländlichen Unmäßigkeit im Feiern nun nicht mehr eine christliche, sondern eine utilitaristische Moral herangezogen wurde, um die Landwirtschaft zum Gegenbild aufgeklärt-bürgerlichen Maßhaltens zu stilisieren und das asymmetrische Machtgefälle zur Landbevölkerung zu stabilisieren.²⁹⁵ Erkennbar ist hier ein diskursiver Strang des obrigkeitlichen Umgangs mit der Landbevölkerung, dessen Grundkonstellation über die Jahrhunderte erhalten blieb.

Die Konzentration der Kriegsseelsorge auf die ländliche Bevölkerung ist auf jeden Fall keine Täuschung aufgrund einseitiger Auswahl der Quellen. Denn der Passauer Pädagoge und Priester Eggersdorfer kritisierte in einem Aufsatz in der Theologisch-praktischen Monats-Schrift im Jahr 1917 genau diese Konzentration. Er behauptete, *daß das Land auf die Dauer nicht gläubig und fromm erhalten werden kann, wenn die Städte einer Landschaft mehr und mehr dem Unglauben verfallen. Zuletzt wird in München um die Seele des Altbayern gerungen, und nicht bloß die Seelsorge der Stadt, sondern des ganzen Landes ist an diesem Kampfe interessiert.*²⁹⁶ Denn *sicher werden die religiösen Anschau-*

---

291 Verordnung vom 24. März 1918, in: Amtsblatt 1918 (wie Anm. 27), 67.
292 Vgl. Anm. 159 bis 161.
293 Vgl. Christine AKA, Bauern, Kirchen, Friedhöfe. Sachkultur und bäuerliches Selbstbewusstsein in der Wesermarsch vom 17. bis 19. Jahrhundert (Materialien & Studien zur Alltagsgeschichte und Volkskultur Niedersachsens 43), Cloppenburg 2012, 145f.
294 Nach Peter HERSCHE, Muße und Verschwendung. Europäische Gesellschaft und Kultur im Barockzeitalter, Freiburg im Breisgau 2006, Signum der katholischen Barockkultur.
295 Vgl. dazu Peter HERSCHE, Wider „Müßiggang" und „Ausschweifung". Feiertage und ihre Reduktion im katholischen Europa, namentlich im deutschsprachigen Raum zwischen 1750 und 1800, in: Innsbrucker Historische Studien 12/13 (1990) 97-122; für Bayern: Helmut RANKL, Landvolk und frühmoderner Staat in Bayern 1400-1800 (Studien zur bayerischen Verfassungs- und Sozialgeschichte. Arbeiten aus der Historischen Atlasforschung in Bayern 17), München 1999, 1065-1068.
296 EGGERSDORFER, Felderfahrung (wie Anm. 184), 636.

ungen und Gewöhnungen des Volkes umgeformt durch das Beispiel und den Einfluß der gebildeten Welt. Glaube und Unglaube, Gleichgültigkeit und Eifer sickern von oben nach unten in das uns anvertraute Ackerfeld.[297] Deshalb plädierte er dafür, die bei Gebildeten häufig bemerkbare *Entfremdung gegenüber dem Geistlichen* durch eine *Sonderseelsorge für Gebildete* zu überwinden.[298] Es gebe zwar *eine reiche Blüte von sozialen Vereinen für Lehrlinge, Gesellen, Arbeiter und Arbeiterinnen, Bauernburschen und Dienstboten, aber nicht für Akademiker*.[299]

Vom Stand zur Klasse?

Wirkung und Zeichen der Bedeutungssteigerung der Landwirtschaft aufgrund ihrer existentiellen Bedeutung ist letztlich auch die Errichtung des *Verbandes katholischer Ökonomiepfarrer* am 15. Februar 1917 in Regensburg unter Beteiligung von sieben Gründungsmitgliedern aus dem Erzbistum München und Freising. Die neue Organisation war eine Kreditgenossenschaft, deren Zweck in erster Linie darin bestand, Priestern die Finanzmittel zur Verfügung zu stellen, um sie überhaupt erst in die Lage zu versetzen, eine Ökonomiepfarrei zu übernehmen.[300] Dies war aber einerseits deshalb ein Problem, da auch die klerikalen Finanzmittel während des Weltkriegs schrumpften. Zur Übernahme der Ökonomiepfarrei Palling bei Trostberg mit 167 Tagwerk war 1917 aber *ein größeres Kapital* nötig, wie es in der Ausschreibung hieß.[301] Und der Betrieb der Ökonomie der erledigten Pfarrei Aufkirchen bei Erding, *welcher dringend wünschenswert wäre*, erforderte 1918 nicht nur 12 Dienstboten, sondern auch ein Übernahmekapital von 25.000 Mark.[302] Diese Ausschreibung verweist bereits auf den anderen Grund, der zur Gründung einer Kreditgenossenschaft der Ökonomiepfarrer führte. Die kirchlichen Behörden wollten aus Angst vor Vernachlässigung der Pfarrgründe bei Verpachtung die Selbstbewirtschaftung fördern, wie ein anonymer ehemaliger Ökonomiepfarrer in der Theologischpraktischen Monats-Schrift 1915 beklagte: *Ja, die Selbstführung der Ökonomie ist für den Pfarrer ein großes schweres Kreuz. An hoher und höchster Stelle freilich will man das vielfach nicht einsehen; im Gegenteil dringt man bei Vergebung von Ökonomiepfarreien darauf, daß die Ökonomie nicht verpachtet, sondern in eigener Regie betrieben werde und bevorzugt Bewerber, die die Führung der Ökonomie zusichern. [...] Man ergreift förmliche Maßregeln, um die Ökonomiefüh-*

---

297 EGGERSDORFER, Felderfahrung (wie Anm. 184), 638.
298 EGGERSODRFER, Felderfahrung (wie Anm. 184), 639f.
299 EGGERSDORFER, Felderfahrung (wie Anm. 184), 640.
300 Zur Gründung des *Verbandes katholischer Ökonomiepfarrer*, der späteren *Liga-Bank*, vgl. Margarete WAGNER-BRAUN/Alfons HIERHAMMER, 75 Jahre Liga. Vom „Verband katholischer Ökonomiepfarrer" zur größten Genossenschaftsbank Bayerns, München 1991, 12f.
301 Bekanntmachung vom 8. August 1917, in: Amtsblatt 1917 (wie Anm. 22), 176.
302 Bekanntmachung vom 15. Mai 1918, in: Amtsblatt 1918 (wie Anm. 27), 94.

rung seitens des Klerus zu erzwingen. Dabei unterstellte er den kirchlichen Behörden auch, Nachteile bei der Seelsorge als der eigentlichen Aufgabe der Pfarrer in Kauf zu nehmen. Denn nicht die pastorale Eignung, sondern die Bereitschaft zur Selbstbewirtschaftung sei für die Vergabe dieser Pfarreien entscheidend. Tatsächlich bestehe dann die Gefahr der Vernachlässigung der Seelsorge: *Von manch einem Priester, der sich in erster Linie um seine Ökonomie kümmert und – auch das ist ja schon vorgekommen – gleich selber mit Hand anlegt bei den Ökonomie-Arbeiten, wird man sagen müssen, er treibe wohl die Ökonomie musterhaft, aber die Seelsorge habe er ‚verpachtet'.* Sarkastisch urteilte er: *Hut ab vor dem hochwürdigen Herrn, der das alles tadellos bewältigen, der Musterökonom und Seelsorger, Ochsenhändler und Vereinsorganisator, Pferdezüchter und ein in litteris wohl bewanderter Mann zu gleicher Zeit sein kann.*[303]

So ist es vor dem Hintergrund kriegsbedingt geringer werdender Finanzmittel bei gleichzeitig ebenfalls kriegsbedingtem Druck zur Selbstbewirtschaftung der Pfarrgründe durch die Priester kein Zufall, dass sie, die nur mehr ein klerikales Randphänomen darstellten, einen wichtigen Schritt zur Modernisierung der klerikalen Lebenswelt unternehmen. Die Errichtung des *Verbandes katholischer Ökonomiepfarrer* als überdiözesaner wirtschaftlicher Interessenverband bedeutete für den Klerus die Anerkennung seiner Integration in die Industriegesellschaft bzw., dass er etwas weniger sozialer Stand und etwas mehr ökonomische Klasse geworden war.[304] Außerdem stand er für eine wenn auch geringe, so doch immerhin bemerkbare, auf ökonomischer Grundlage stehende Emanzipation des niederen Klerus von den Bischöfen. Der *Verband katholischer Ökonomiepfarrer* stellte nämlich den ersten überdiözesanen Zusammenschluss des niederen Klerus in Bayern dar. Die Herausforderungen der Moderne (Verunsicherung der priesterlichen Identität, hohe Anforderungen an die Arbeitskraft, insbesondere auch wegen des Bedeutungsgewinns der sozialen Frage) hatten im Klerus seit dem ausgehenden 19. Jahrhundert zu Bemühungen geführt, sich in einem Verband zur Interessenwahrung zusammenzuschließen. Im Jahr 1900 war deshalb in Nürnberg der *Katholische Seelsorgerverein für Bayern* gegründet worden. Da bei den Bischöfen herrschaftsbedingte Skepsis gegenüber derartigen überdiözesanen Einrichtungen bestanden hatte, hatten die Ordinariate von Regensburg, Eichstätt, Passau und Bamberg allerdings Beitrittsverbote erlassen, was das Vorhaben letztlich scheitern hatte lassen.[305] Die Tatsache aber, dass der erste erfolgreiche Zusammenschluss von Klerikern auf überdiözesaner Ebene von

---

303 Ökonomiekreuz (wie Anm. 258), 268f.
304 Max WEBER, Wirtschaft und Gesellschaft. Die Wirtschaft und die gesellschaftlichen Ordnungen und Mächte Bd. 1: Gemeinschaften, hg. von Wolfgang J. MOMMSEN (Max Weber Gesamtausgabe 22/1), Tübingen 2001, 268 unterscheidet zwischen ökonomisch bestimmten Klassen und sozial bestimmten Ständen.
305 Vgl. dazu NICKEL, Monatsschrift (wie Anm. 15), 291-303.

den Ökonomiepfarrern ausging, darf als Zeichen und Wirkung der Bedeutungssteigerung der Landwirtschaft während des Ersten Weltkriegs gedeutet werden.

Ekklesiologische Erneuerung

Der Rohstoffmangel, den der erste Weltkrieg von Beginn an, aber mit zunehmender Dauer immer deutlicher spürbar mit sich brachte, bedeutete auch Einschränkungen für die Liturgie.[306] Bereits im ersten Kriegsjahr wurde die Versorgung der Hostienbäckereien mit ungemischtem Weizenmehl problematisch, da eine Bekanntmachung des Reichskanzleramtes vom 5. Januar 1915 dessen Verwendung verbot. Deshalb erlaubte das Erzbischöfliche Ordinariat die Verwendung von ungemischtem Weizenauszugsmehl.[307] Am 23. Januar 1917 wurden die Pfarrämter vom Ordinariat aufgefordert, sich einen Vorrat von *echtem unverfälschtem Wein* für das Messopfer anzulegen, da die Weinversorgung nicht gesichert sei und der erhältliche Wein gestreckt werde.[308] Am 21. Februar 1918 wurden die Pfarrer dann ermahnt, *sich rücksichtlich des Messweins der größten mit den liturgischen Vorschriften vereinbarlichen Sparsamkeit zu befleißen, da es in den kommenden Jahren nicht blos kostspielig, sondern auch schwierig sein kann, den Bedarf an Wein zu decken.*[309] Am 10. Mai 1916 wurden die Pfarrer darauf hingewiesen, dass beim Wachsverbrauch *das durch die liturgischen Vorschriften bestimmte Mindestmaß nicht überschritten* werden dürfe. Vor allem das *Verbrennen von Opferkerzen und Kerzlein auf Kerzenständern und dergleichen, das teilweise ausgeartet ist, hat während der Kriegszeit ganz zu unterbleiben.*[310] Am 25. März 1917 schließlich wurde angeordnet, *daß bei gewöhnlichen Ämtern an Werktagen nur 2 Kerzen, bei Aussetzung des Allerheiligsten im Ciborium 4 Kerzen und bei Aussetzung des Allerheiligsten in der Monstranz nur 6 Kerzen gebrannt werden.*[311] Das Gewicht von Kommunionkerzen wurde am 10. Februar 1918 vom Ordinariat auf 250 Gramm begrenzt.[312] Petroleum für das Ewige Licht stand seit Sommer 1918 nicht mehr zur Verfügung[313], deshalb genehmigte das Ordinariat die Verwendung von elektrischem Licht.[314] Bereits vorher war aber ab November 1917 der Gebrauch elektrischen Lichts in den Kirchen wegen Kohlemangels einge-

---

306 Einen Überblick bietet SCHEIDGEN, Bischöfe (wie Anm. 12), 174-180. Vgl. auch RUTZ, Seelsorge (wie Anm. 10), 348f.
307 Bekanntmachung vom 2. Februar 1915, in: Amtsblatt 1915 (wie Anm. 16), 25f.
308 Verordnung vom 23. Januar 1917, in: Amtsblatt 1917 (wie Anm. 22), 16f.
309 Verordnung vom 1. Februar 1918, in: Amtsblatt 1918 (wie Anm. 27), 30.
310 Verordnung vom 10. Mai 1916, in: Amtsblatt 1916 (wie Anm. 84), 104.
311 Verordnung vom 25. März 1917, in: Amtsblatt 1917 (wie Anm. 22), 86.
312 Verordnung vom 10. Februar 1918, in: Amtsblatt 1918 (wie Anm. 27), 34f.
313 Bekanntmachung vom 2. September 1918, in: Amtsblatt 1918 (wie Anm. 27), 155.
314 Verordnung vom 21. Oktober 1918, in: Amtsblatt 1918 (wie Anm. 27), 180f.

schränkt worden.³¹⁵ Im November 1917 wurden die Pfarrer von der Reichsbekleidungsstelle darum gebeten, Textilien zu sparen und bei Erstkommunionen auf den Verzicht der weißen Kleider hinzuwirken.³¹⁶ Beeinträchtigt wurde die Liturgie auch durch die Beschlagnahme der Glocken wegen der Bronze und der Orgelpfeifen wegen des Zinns im Frühjahr 1917.³¹⁷ Selbst das Gras, das an Fronleichnam zum Ausstreuen des Prozessionsweges verwendet wurde, wurde als Mangelware empfunden, denn: *Die Menge des jeweils für diesen Zweck verwendeten und dadurch dem Verbrauch als Futtermittel entzogenen Grases darf für das ganze Königreich Bayern als nicht unbeträchtlich angenommen werden.*³¹⁸

Die Folge war eine Vereinfachung der Liturgie. Diese bedeutete aber auch eine Konzentration auf die Eucharistie und entsprach damit den liturgischen Reformbestrebungen der Eucharistischen Bewegung, die am Ende des 19. Jahrhunderts entstanden war.³¹⁹ Deshalb nahmen zumindest manche Kleriker den Ressourcenmangel des Ersten Weltkriegs als Gelegenheit zur Bereinigung der Liturgie von brauchhaften Frömmigkeitsformen wahr. Neben der Angst vor dem unkontrollierten Ressourcenverbrauch und dem Bestreben zur Stabilisierung der obrigkeitlichen Position der Kirche gegenüber der Landbevölkerung kam nun als drittes Element in den kirchlichen Sparaufrufen die liturgische Reinheit in den Diskurs. Das Erzbischöfliche Ordinariat nahm den Krieg zum Anlass, die mit der Firmung *verbundenen Äußerlichkeiten möglichst einfach* zu gestalten. Es hätten sich *äußerliche Gebräuche eingebürgert, die keineswegs im hl. Sakrament auch nur irgendwie begründet sind und nicht bloß für die Kriegszeit sich nicht schicken, sondern auch in der Friedenszeit als unpassend bezeichnet werden müssen, da sie die Firmpathen über Gebühr belasten und die religiöse Bedeutung des Tages zu verschleiern oder ganz in Frage zu stellen geeignet sind.*³²⁰ Wurfbaum rief am 18. Oktober 1914 dazu auf, an Kirchweih wegen des Ernsts der Lage das Tanzen zu unterlassen.³²¹ Der Engelsberger Pfarrer Michael Fürstberger (geb. 1863) bezeichnete den Krieg in einem Schreiben an das Erzbischöfliche Ordinariat bereits am 1. September 1914 als *Hinführung Gottes, welche die Gläubigen zur Buße und Besserung mahnt* und daher geeignet sei, *bestehende und sonst jeder Abmahnung trotzende Aergernisse aufzuheben.*

---

315 Verordnung vom 9. November 1917, in: Amtsblatt 1917 (wie Anm. 22), 265.
316 Verordnung vom 9. November 1917, in: Amtsblatt 1917 (wie Anm. 22), 263.
317 Die Beschlagnahme des Orgelzinns wurde durch Verordnung vom 2. Februar 1917 bekannt gegeben. Vgl. Amtsblatt 1917 (wie Anm. 22), 24-26. Vgl. dazu SCHEIDGEN, Bischöfe (wie Anm. 12), 253-255.
318 Verordnung vom 29. Mai 1915, in: Amtsblatt 1915 (wie Anm. 16), 120.
319 Vgl. dazu Oskar KÖHLER, Veräußerlichung und Verinnerlichung der Spiritualität des 19. Jahrhunderts. Die Anfänge der Eucharistischen Kongreßbewegung. Die Verehrung der heiligen Therese von Lisieux, in: Hubert JEDIN (Hg.), Handbuch der Kirchengeschichte Bd. 6/2, Freiburg im Breisgau 1973, 265-278.
320 Verordnung vom 26. Februar 1915, in: Amtsblatt 1915 (wie Anm. 16), 78.
321 WURFBAUM, Kriegs-Tagebuch Bd. 1 (wie Anm. 18), 110.

Solche sind z. B. in meiner Pfarrei: das Ausschenken geistiger Getränke an Pfarrleute während der Gottesdienste, nächtliches Schießen vor Hochzeiten; bei uns wird an Hochzeiten in der Nähe der Braut von 2 Uhr nachts an bis Sonnenaufgang 100 mal u. öfter geschossen, sogar bei Eheschließungen während der verbotenen Zeit, womit oft Trinkgelage verbunden sind, die bis zu großer Berauschung fortgeführt werden; ferner die Freitänze nach den Hochzeiten, fast die ganze Nacht hindurch; die kurzen Mädchenkleider und andere Mode-Unsittlichkeiten. Gerade *jetzt im Kriege, wo die Leute doch etwas besser gewillt sind und wo sie selbst fühlen, daß Aergernisse, die ein Krieg mit Gott sind, Gott antreiben zu einem Kriege mit den Sündern,* sollte die Gelegenheit zu Reinigung der religiösen Riten von profanen Bräuchen ergriffen werden. Dabei graute es ihn auch bereits vor den Siegesfeiern nach Kriegsende: *Nach dem Kriege, der, wie wir von Gott hoffen, für uns siegreich werden wird, werden wahrscheinlich die Veteranenvereine ganz festnärrisch werden einerseits durch Stolz anderseits in Folge Zuredens habsüchtiger Wirte, und daher sich kaum begnügen mit einem allgemeinen kirchlichen Siegesfeste, sondern mit eigenen Vereinssiegesfesten viele Sonntage verderben wollen.*[322]

Gleichzeitig mit der Gelegenheit zu wenigstens leichten liturgischen Reformen brachte der Krieg schon wegen der Arbeitsüberlastung der Priester die Entdeckung der Laien für die kirchliche Arbeit. Balthasar Meier äußerte 1937 die Ansicht, dass es vor allem der Umfang der karitativen Aufgaben war, welcher den Klerus aus Arbeitsüberlastung immer mehr auf die Mitarbeit von Laien zurückgreifen ließ.[323] Der Würzburger Diözesanpriester Gottfried Eder (geb. 1884)[324] rief in der Theologisch-praktischen Monats-Schrift zur Ausbildung der Frontsoldaten zu Laienaposteln auf: *Machen wir die Männer und Jünglinge unserer Gemeinde zu Aposteln! Wirken wir auf sie seelisch ein und durch diese wieder auf andere! Manchen wissen wir draußen, der daheim als charaktervoller und gewürfelter Mann das Vertrauen der anderen hatte in der Gemeinde oder im Verein, der mit aufmunterndem Wort und herzhafter Tat voranging, wenn es galt, eine gute Sache zu fördern. Das ist der berufene Apostel für seine Kameraden. An uns ist es, unsere Männer geistig zu rüsten, mit kurzen und packenden, populär-apologetischen, religiösen und auch unterhaltenden Schriften zu versehen.*[325] Die extremen pastoralen Anforderungen der Frontseelsorge bedeuteten also einen Schritt in Richtung der Überwindung des sazerdotalen Priesterbildes. Nach Aussage von Monika Nickel führte der Erste Weltkrieg zu einer *Umakzentuierung der Priesterrolle,* da während seines Verlaufs der *Dienst des Seel-*

---

322 AEM, Realia 3837, Fürstberger an Erzbischöfliches Ordinariat, 1. September 1914.
323 MEIER, Klerus (wie Anm. 2), 48.
324 Vgl. zu ihm Tobias HAAF, Von volksverhetzenden Pfaffen und falschen Propheten. Klerus und Kirchenvolk im Bistum Würzburg in der Auseinandersetzung mit dem Nationalsozialismus (Quellen und Forschungen zur Geschichte des Bistums und Hochstifts Würzburg 61), Würzburg 2005, 430-432.
325 Gottfried EDER, Seelsorger in der Heimat und Laienapostel im Kriege, in: Theologisch-praktische Monats-Schrift. Zentral-Organ der katholischen Geistlichkeit Bayerns 28 (1918) 367-370, hier 367. Vgl. dazu auch Gottfried EDER, Laienapostel im Weltkriege. Feldgabe einer Studenten-Kongregation, Vallendar 1918.

sorgers am Menschen immer stärker betont wurde. Dabei erkennt Nickel *in enger Wechselwirkung mit der eucharistischen Feier und der Wiederentdeckung ihres Gemeinschaftscharakters* Bemühungen um die Vermittlung von liturgischen Kenntnissen an Laien.[326] Dementsprechend äußerte der Passauer Arbeiterseelsorger Franz Riemer (1884-1965)[327] 1916 in der Theologisch-praktischen Monats-Schrift: *Wenn die Katholiken einmal wieder nicht bloß das Recht des ‚Anhörens', sondern auch des Mitbetens und Mitsingens bei der hl. Messe haben, wird das gewiß auf den Besuch der Gottesdienste den günstigsten Einfluß ausüben.*[328]

Auch Eggersdorfer plädierte für eine stärkere liturgische Einbindung der Laien, als er die Unkenntnis über die gottesdienstlichen Abläufe in der Theologisch-praktischen Monats-Schrift im Jahr 1917 für den zurückgehenden religiösen Eifer verantwortlich machte. *Krieg und Feldleben*, so Eggersdorfer, sind *die unerbittlichen Offenbarer bestehender Mängel.* Denn: *Wir sind nicht eigentlich besser oder schlechter geworden durch den Krieg, nur treten alle Eigenschaften schärfer in Erscheinung.*[329] Er beklagte vor allem *die materielle, diesseitige Auffassung der Religion* bei den altbayerischen Soldaten: *Und wie das Gebet, so erscheint auch die übrige religiös-sittliche Betätigung zu leicht als ein Mittel irdischen Erfolges. Brav sein, fromm sein, Gottesdienste besuchen und abhalten lassen, um Glück zu haben, ist für gewöhnlich ohne Bedenken. In dieser Kriegszeit aber führt es nicht selten zu dem Verzweiflungswort: ‚Es ist alles umsonst; das Beten hält die englischen Granaten nicht auf, und die Frömmsten fallen zuerst'.* Deshalb müsse die *hl. Kommunion nicht bloß als Lebensversicherung fürs Jenseits empfangen* werden, sondern *als Brot der Stärke, um den Gnadenstand zu erhalten und immer wieder aufs neue zu erwerben.*[330] Dazu bedürfe es einer Reform der Liturgie: *Das laute gemeinschaftliche Gebet, die teilweise verdeutschte Liturgie, die Teilnahme der Gläubigen am heiligen Opfer, wie sie sich im gemeinschaftlichen Gesang der Responsorien ausspricht, der wirkliche Volksmassengesang sind wichtige Fragen der Männerseelsorge [...].*[331] Derartige liturgische Maßnahmen würden aber insbesondere in Bayern nicht gepflegt, so Eggersdorfer. Er beklagte, *daß der Bayer nicht wie der Badener und Franke, und fast jeder andere deutsche Stamm, einigen Anreiz zur aktiven Beteiligung am Gottesdienst mitbringt. Er singt nicht, er fühlt sich von sich aus nur selten zum Schmuck des Kirchenraumes*

---

326 NICKEL, Monatsschrift (wie Anm. 15), 321f. So auch Heinz HÜRTEN, Deutsche Katholiken 1918-1945, Paderborn 1992, 48.
327 Vgl. zu ihm Franz MADER, Dr. Franz Seraph Riemer – Dompropst und Generalvikar, in: Egon BOSHOF u. a. (Hg.), Ostbairische Lebensbilder Bd. 2 (Neue Veröffentlichungen des Instituts für Ostbairische Heimatforschung der Universität Passau 54/2), Passau 2005, 119-134.
328 Franz RIEMER, Die Hebung des religiösen Eifers im katholischen Volke. Unmaßgebliche, aber wohlerprobte Fingerzeige für die Seelsorge, in: Theologisch-praktische Monats-Schrift. Zentral-Organ der katholischen Geistlichkeit Bayerns 26 (1916) 505-516, hier 509.
329 EGGERSDORFER, Felderfahrung (wie Anm. 184), 578.
330 EGGERSDORFER, Felderfahrung (wie Anm. 184), 634.
331 EGGERSDORFER, Felderfahrung (wie Anm. 184), 642. Zur Bedeutung des Volksgesangs innerhalb der liturgischen Reformbemühungen im 20. Jahrhundert vgl. Angela SAUER, Pastorale Bemühungen im Bistum Regensburg um den Gemeindegesang in der Meßfeier im 20. Jahrhundert, in: Beiträge zur Geschichte des Bistums Regensburg 20 (1986) 543-581.

verpflichtet, er ist zunächst passiv, Zuschauer, Zuhörer beim opus divinum. Darin sah er eine *in Jahrzehnten gehäufte Seelsorgsschuld*: *Wir haben eine Kluft sich auftun lassen zwischen dem handelnden Priester am Altar und dem zuschauenden Volk, wir haben den Vorhang am Allerheiligsten zu wenig entschieden zurückgeschlagen. Indem wir den kunst- und prachtliebenden Sinnen unseres Volkes herrliche Gottesdienste boten, haben wir seine liturgische Selbsttätigkeit verkümmern lassen. Draußen, wo eine andere Ausstattung des Gottesdienstes als eine solche durch die Soldaten schwer möglich ist, hat sich gezeigt, daß die liturgische Entfremdung zugleich eine solche von den Sakramenten ist. Das ist die zweifellose Erfahrung: je mehr ein Stamm durch das religiöse Volkslied und sonst für den Gottesdienst interessiert ist, desto größer ist auch seine Kommunionfrequenz.*[332]

Monika Nickel behauptet, dass *das Versagen der Vorkriegspastoral, das aus dem ängstlichen Festklammern an dem klerikalen und ekklesiologischen Ideal des 19. Jahrhunderts resultierte,* an *kaum einer anderen Stelle so scharf kritisiert worden sei wie bei Eggersdorfer.*[333] Das mag stimmen. Wirkung entfaltete seine Kritik aber sehr wohl. Das Erzbischöfliche Ordinariat griff sie auf, als es in einer Verordnung vom 4. April 1918 berichtete, dass sich Feldgeistliche darüber beklagten, dass *Sangeskundigkeit und Sangesfreudigkeit der altbayerischen Soldaten nicht auf gleicher Höhe stehen wie bei den Soldaten anderer deutscher Stämme.* Dieser Mangel wurde darauf zurückgeführt, *daß in Altbayern der Volksgesang beim Gottesdienst nicht genügend gepflegt werde.* Bemerkenswert an dieser Verordnung ist indes, dass sie Eggersdorfers ekklesiologische Reformfreudigkeit umwandelte in kirchlichen Zentralismus. Denn die angesprochenen Mängel führte die Verordnung darauf zurück, dass die Gottesdienste mancherorts nicht nach *den Anordnungen und Wünschen der oberhirtlichen Stelle eingerichtet* seien und deshalb keine Gelegenheit zum Gesang böten. Angesichts des *mancherorts bedauerlich tief stehenden und sogar unkirchlichen Chorgesangs* und auf der Grundlage der Vermutung, dass die Gläubigen nur dann *gern und zahlreich in den Gottesdienst kommen, wenn derselbe würdig und feierlich gestaltet wird,* wurde die *Pflege des religiösen Volksgesanges den Pfarrämtern neuerdings zur Pflicht* gemacht und angeordnet, *daß der Stand derselben in den Paschalberichten mit einbezogen wird.*[334]

Verstärkt wurden die ekklesiologischen Reformbemühungen, welche auf die Integration von Laien in kirchliche Strukturen abzielte, durch den Jugendkult des Ersten Weltkriegs, hervorgerufen durch die zahlreichen freiwilligen Meldungen und zunehmenden Einberufungen immer jüngerer Soldaten, die physischen Kraftanstrengungen der Front und den Tod vieler Jugendlicher.[335] Gegenüber der neuen Bedeutung der Jugend musste diejenige des Klerus ekklesiologisch und liturgisch

---

332 EGGERSDORFER, Felderfahrung (wie Anm. 184), 632f.
333 NICKEL, Monatsschrift (wie Anm. 15), 427.
334 Verordnung vom 4. April 1918, in: Amtsblatt 1918 (wie Anm. 27), 75f.
335 Vgl. Stéphane AUDOIN-ROUZEAU, Kinder und Jugendliche, in: Gerhard HIRSCHFELD/Gerd KRUMEICH/Irina RENZ (Hg.), Enzyklopädie Erster Weltkrieg, Paderborn 2003, 135-141.

zurücktreten, zunächst noch ganz zaghaft, aber unaufhaltbar.[336] Deshalb prognostizierte Ibscher in der Theologisch-praktischen Monats-Schrift, dass sich der Jugendkult des Ersten Weltkriegs verstetigen werde: *Das 20. Jahrhundert wird nach dem Kriege noch mehr als bisher das ‚Zeitalter des Kindes' sein. Alle Geistesrichtungen werden mit noch viel größerer Zähigkeit das Kind, die Jugend in Beschlag zu nehmen suchen. Darum gilt es für den Seelsorger, jetzt alle seine Kraft in den Dienst des Kindes und der Jugend zu stellen, ein wahrer Apostel des göttlichen Kinderfreundes zu werden, um die Jugend zu retten für Christus und dadurch auch dem Vaterlande eine zuverlässige, hoffnungsvolle Generation zuzuführen, welche sich den ernsten Aufgaben, die unserem Volke in der kommenden Friedenszeit obliegen werden, vollkommen gewachsen zeigt.*[337] Wie sehr der Jugendkult bereits während des Ersten Weltkriegs auf die katholische Kirche wirkte, zeigte sich, als Buchberger in seinem Referat auf der Mitgliederversammlung des Jugendfürsorgevereins des Erzbistums am 20. April 1915 bereit war, das traditionelle katholisch-sozialethische Prinzip der Familie als Grundbaustein der Gesellschaft[338] im Interesse der Jugend zu verletzen. Er forderte eine *Erziehungspolizei, die das leider allzu sakrosankte Elternrecht mit dem Kinderrecht und Kinderglück in Einklang brächte. Wenn ein so hohes Gut gefährdet ist, muß man es in Sicherheit bringen.*[339]

Fazit

Der Erste Weltkrieg brachte eine intensive Beanspruchung kirchlicher Ressourcen durch die staatlichen Behörden. Nicht nur die moralische Autorität der Kirchen wurde vom Staat beansprucht, sondern auch ihre finanziellen und organisatorischen Ressourcen vor Ort. Aufgabenbereich und gesellschaftlicher Handlungsspielraum des niederen Klerus erweiterten sich während des Ersten Weltkriegs auf der Grundlage bereits ausgeübter hoheitlicher Aufgaben im Armenwesen massiv. Insbesondere in den Landgemeinden übernahm er eine Fülle von öffentlichen Hilfs- und Ordnungsleistungen angesichts einer durch Einberufungen dezimierten kommunalen Verwaltung. Diese öffentlichen Hilfs- und Ordnungsleistungen sind auch maßgeblich verantwortlich für den gesellschaftlich und kriegswirtschaftlich stabilisierenden Effekt der priesterlichen Tätigkeit in der ordentlichen Seelsorge. Denn in dem Maß,

---

336 Zum Zusammenhang zwischen katholischer Jugend- und liturgischer Reformbewegung vgl. Johannes BINKOWSKI, Jugend als Wegbereiter. Der Quickborn von 1909 bis 1945, Stuttgart 1981; Paul HASTENTEUFEL, Katholische Jugend in ihrer Zeit Bd. 1: 1900-1918, Bamberg 1988.
337 IBSCHER, Seelsorge (wie Anm. 77), 120.
338 Vgl. dazu Albert STÖCKL, Familie, in: Joseph HERGENRÖTHER/Franz KAULEN (Hg.), Wetzer und Welte's Kirchenlexikon oder Encyklopädie der katholischen Theologie und ihrer Hülfswissenschaften Bd. 4, Freiburg im Breisgau ²1886, 1217-1227.
339 BUCHBERGER, Kriegshilfeleistung (wie Anm. 282), 4.

in dem die klerikale Kriegstheologie von kirchlichen Interessen und bürgerlichen Werten geprägt war, war ihre Wirkung auf die bäuerliche Bevölkerung begrenzt. Die Übernahme von öffentlichen Hilfs- und Ordnungsleistungen stattete die Pfarrvorstände dagegen mit zusätzlicher – staatlicher – Autorität aus, verschaffte ihnen umfangreichere Möglichkeiten sozialer Kontrolle und stützte die Wahrnehmung der Kirchen als Residuen von Vorkriegsnormalität.

Als solche wurden sie von der Bevölkerung während des Ersten Weltkrieges wahrgenommen und genutzt. Deshalb wurden auch ihre Bemühungen, den religiös belebten und belebenden pastoralen Ausnahmezustand zu Kriegsbeginn zu perpetuieren, in der breiten gläubigen Bevölkerung nicht akzeptiert. In diesem Spannungsverhältnis zwischen dem Streben nach administrativer Normalität und pastoralem Ausnahmezustand bewegte sich das priesterliche Wirken in der Beziehung zu den Pfarrgemeinden, daraus erhielt es seine Möglichkeiten, davon war es begrenzt. Dabei musste der Übergriff des Klerus auf die öffentliche Verwaltung die Wahrnehmung der Kirche als Hort der Vorkriegsnormalität noch stützen und ihre Bemühungen zur Perpetuierung des pastoralen Ausnahmezustandes konterkarieren. Gerade deshalb konnte sie aber angesichts des Abbaus kriegsbedingter Religiosität trotzdem gesellschaftlich und kriegswirtschaftlich stabilisierend wirken. Und deshalb verlor sie auch in der gläubigen Bevölkerung insbesondere auf dem Land zwar an Glaubwürdigkeit als Institution zur religiösen Bewältigung spezifisch kriegsbedingter, nicht jedoch von Kontingenz an sich.[340] Diese Beobachtung trägt dazu bei die Bedeutung des Klerus für die evidente Durchhaltebereitschaft der Bevölkerung angesichts zunehmender Kriegsmüdigkeit zu bewerten.

Im Hinblick auf die Beziehungen zu den staatlichen Behörden bewegte sich der niedere Klerus während des Kriegs im Spannungsfeld zwischen der Hoffnung auf den Krieg als Möglichkeit zur Überwindung klerikaler Inferiorität und dem bis ins 19. Jahrhundert zurückreichenden, am Ende des Kriegs neu ausbrechenden antiklerikalen Misstrauen in der staatlichen Bürokratie. Dieses war das Spiegelbild der Wahrnehmung von Inferiorität beim Klerus selbst. Denn es herrschte bei den staatlichen Behörden Unsicherheit darüber, ob der niedere Klerus eher dem als zuverlässig angesehenen höheren Klerus oder eher der immer skeptischer betrachteten, da letztlich immer unverständlich gebliebenen ländlichen Bevölkerung zuzuordnen war. Die Übernahme von öffentlichen Hilfs- und Ordnungsleistungen sollte aus Sicht des Klerus zur Klärung der Frage beitragen, wie die zentrale Bedeutung der-

---

[340] Nach ZIEMANN, Front (wie Anm. 6), 468f. war die Heimkehr für ländliche Veteranen eine Rückkehr zur Normalität. Die Religion, die keine hinreichende Erklärung für die Belastungen des Kriegs geboten und deshalb an Glaubwürdigkeit verloren hatte, habe ihre ehemalige Bedeutung für das Leben der Veteranen wieder erhalten. Die Kriegserfahrungen brachten keinen Bruch mit traditionellen Wertvorstellungen und Wahrnehmungsmustern.

selben für die Selbstwahrnehmung des niederen Klerus während des Weltkriegs zeigt. Sie konnte es aber in dem Maße nicht, als sie ihn in unentwirrbare und mit zunehmender Dauer des Kriegs sich verschärfende Verteilungskonflikte involvierte.

Im Hinblick auf die Kirchenhierarchie bewegte sich der Klerus schließlich im Spannungsfeld zwischen der zunehmenden Öffnung von Liturgie und Ekklesiologie gegenüber den Laien sowie zunehmender kirchlicher Zentralisierung und Bürokratisierung. Dabei liegen die Bemühungen der kirchlichen Behörden zur Disziplinierung des (Land-)Klerus ebenfalls an dem obrigkeitlich/bürgerlich geprägten und empfundenen Unverständnis gegenüber der Landbevölkerung. Denn es herrschte in den kirchlichen genauso wie in den staatlichen Behörden Unsicherheit darüber, ob der niedere Klerus, der in den Landgemeinden tätig war, in soziokultureller Hinsicht nicht doch eher der Landbevölkerung zuzurechnen war.

Diese Beziehungen bewegten sich auf der theologischen, ökonomischen, sozialen, kulturellen und verfassungspolitischen Grundlage der Vorkriegszeit im Rahmen der Erfordernisse des technischen Kriegs, der den Einsatz von Massen an Material und Menschen mit sich brachte. Deshalb sind sie auf der einen Seite geprägt von zunehmender Rationalisierung in Form von Bürokratisierung und Zentralisierung, gefördert von der zunehmenden Bürokratisierung des sozialen und ökonomischen Lebens, mit der die Materialschlachten und der Mangel bewältigt werden sollten. Auf der anderen Seite und nicht ohne Widerspruch dazu sind sie geprägt von einer zunehmenden Einbeziehung von Laien – eine Entwicklung, die ihre Parallele in den Bemühungen zur Parlamentarisierung findet.

Als Entwicklungen, die zu mehr (technischer) Rationalität in den menschlichen Beziehungen einerseits und größerer menschlicher Autonomie führten, sind sie als modernisierend zu bezeichnen.[341] Kriegsphänomene, welche wie die Beauftragung des Pfarrklerus mit öffentlichen Hilfs- und Ordnungsmaßnahmen oder die Agrarisierung der Seelsorge der Ausdifferenzierung gesellschaftlicher Subsysteme als Charakteristikum der Moderne entgegenliefen und sich in der Vorkriegszeit bereits reduziert hatten, erwiesen sich nicht als dauerhaft. So zeigt sich der Erste Weltkrieg im Hinblick auf den Pfarrklerus als Katalysator bereits vorhandener Modernisierungsansätze.[342]

---

341 Zum Modernisierungsbegriff vgl. Niklas LUHMANN, Einführung in die Systemtheorie, Heidelberg 2002. Vgl. dazu aus geschichtswissenschaftlicher Sicht kritisch Lutz RAPHAEL, Ordnungsmuster der „Hochmoderne"? Die Theorie der Moderne und die Geschichte der europäischen Gesellschaften im 20. Jahrhundert, in: Ute SCHNEIDER/Lutz RAPHAEL (Hg.), Dimensionen der Moderne. Festschrift für Christof Dipper, Frankfurt am Main 2008, 73-91.

342 Zum Ersten Weltkrieg als Katalysator gesellschaftlichen Wandels vgl. Philipp BLOM, Der taumelnde Kontinent. Europa 1900-1914, München 2009, 264; ferner Frank-Lothar KROLL, Geburt der Moderne. Politik, Gesellschaft und Kultur vor dem Ersten Weltkrieg (Deutsche Geschichte im 20. Jahrhundert 1), Berlin 2013, 160.

Buchbesprechungen

Joachim EHLERS, Otto von Freising. Ein Intellektueller im Mittelalter. Eine Biographie, München (C. H. Beck) 2013, 382 S., ISBN 978-3-406-65478-7.

Der emeritierte Berliner Mediävist Joachim Ehlers legt in diesem Werk eine Gesamtdarstellung von Leben und Werk des Freisinger Bischofs vor, die konsequent eine spezifische These verfolgt: Als Verfasser der „Chronica" und der „Gesta Friderici" war Otto nicht nur Geschichtsschreiber, als welcher er seit dem 19. Jahrhundert hohes Ansehen genießt. Der historische Positivismus hatte dabei nämlich zahlreiche eingestreute Ausführungen und Exkurse als Geschichtsphilosophie nicht sonderlich ernst genommen; sie bilden aber, so Ehlers, den Schlüssel zum Verständnis seines Werks, indem die Geschichte das Elend des Menschen in seiner Sterblichkeit und Sündhaftigkeit deutlich macht und damit die unabdingbare Notwendigkeit für den Weisen, sich von der Unbeständigkeit und Verdorbenheit des Diesseitigen, das in allen Epochen der Geschichte zum Vorschein komme, abzuwenden und kontemplativ das Göttliche zu betrachten und sich dem Ewigen zuzuwenden. Motiv der Abfassung der Werke war zudem die Sorge um seine Freisinger Bischofskirche, die er Friedrich Barbarossa, dem Kaiser und Neffen, empfehlen wollte, damit sie nicht an die Welfen und Wittelsbacher und andere mächtige Nachbarn noch mehr Privilegien und Rechte verliere. Der Sinn seiner Geschichtsschreibung lässt sich so nur aus seiner Biographie erhellen. Otto erweist sich als sensibler, auf der Höhe der Zeit stehender Intellektueller, der doch einer im Grunde konservativen Frömmigkeit treu geblieben ist und Harmonie und Ausgleich suchte.

Otto wurde 1112/13 als fünfter Sohn des Babenbergers Leopold III. von Österreich geboren; seine Mutter war Agnes, die Tochter des Salierkaisers Heinrich IV., die in erster Ehe mit dem Staufer Friedrich I. von Schwaben verheiratet war; König Konrad III. war so sein Halbbruder und Barbarossa sein Neffe. Die Verdorbenheit der Welt konnte man nach Meinung Ottos auch an der Erhebung Heinrichs V. gegen dessen Vater Heinrich IV. sehen; Ottos eigener Vater, der Stifter Klosterneuburgs und dann von Heiligenkreuz, hatte hier zugunsten des Sohnes die Seite gewechselt. Die Familie, die Otto in seinem Werk distanziert beschreibt, plante für ihn die kirchliche Karriere als Reichsbischofs, wofür Studien wenigstens nützlich waren und wegen der vielfachen Verwaltungsaufgaben zur Zeit Ottos immer wichtiger wurden; Frankreichfahrten nahmen zu. Otto studierte dabei lange und ernsthaft (1126-1132) in Paris, dessen Bedeutung in jenen Jahrzehnten massiv zunahm; das Westfrankenreich war ja seit Langem der Schauplatz der wichtigen theologischen Debatten, etwa um Berengar und dessen Diktum, dass der Mensch die Dialektik studieren müsse, da ihn die Vernunft zum Ebenbild Gottes mache und deshalb zu Studien verpflichte. Neben der Kathedralschule und der der Kanonikerstifte boten freie Magister, wie Gilbert von Poitiers auf dem Hügel von Ste-Geneviève, ihr Wissen den Scholaren an. Curricula wurden immer professioneller institutionalisiert. Bei Hugo von St. Victor konnte Otto lernen, dass die empirische Geschichte ein geeignetes Demonstrationsobjekt für den heilsbedürftigen Zustand der Welt sein könne; in dessen Schülernetzwerk scheint Otto eingebunden gewesen zu sein. Hinzu kam der Einfluss Gilberts, der nach begrifflicher und logischer Präzision strebte, und wohl auch des Theoderich von Chartres mit seiner „Neuen Logik" und Wilhelms von Conches mit seiner physikalischen Interpretation des Schöpfungsberichts. Ottos Werk duchzieht die Überzeugung von der Unbeständigkeit alles Irdischen; der Weise finde deshalb Trost in der Philosophie. Dies wollte er nicht argumentativ in einer Disputation erweisen, sondern an der Geschichte und damit der Erfahrung der Menschen anschaulich machen. Gegen menschlichen Stolz hilft die Betrachtung, wie schnell und beständig die Dinge sich wandeln und vergehen. Otto selbst muss während seines Studiums den Entschluss gefasst haben, zum monastischen Leben zu konvertieren und in die junge zisterziensische Stiftung Morimond einzutreten, wo damals viele deutsche Adelige lebten, so dass Otto über sein Pariser Netzwerk auf das Kloster aufmerksam geworden sein dürfte. Bernhards Einfluss wird es kaum gewesen sein; zu ihm war Otto auf Distanz; er bezeichnet ihn einmal sogar als leichtgläubigen Fanatiker (*zelotipus*). Deutsche Antidialektiker wie Gerhoch von Reichersberg umwarben Otto dann zwar später für ihre Ziele, ohne dass er sich auf deren Seite hat ziehen lassen.

Rahewin charakterisiert in seiner Fortsetzung der „Gesta" Ottos Wirken als Bischof, der unter seinen deutschen Mitbrüdern an Gelehrsamkeit einsam hervorragte, in Freising, etwa die Modernisierung der Domschule. Dort habe er nach seiner Wahl 1138 seine Kirche fast aller Besitzungen beraubt in einer verzweifelten Lage vorgefunden; zu ihr habe er eine innige geistige Liebe empfunden. Den Domberg hat Otto bei der Beschreibung seines Vorgängers Korbinian als *amenissimus locus* gepriesen. Der Versuch, die bischöfliche Jurisdiktion über die Diözese auszubauen, lässt sich nachweisen; die Güter der Freisinger Kirche konnte er vermehren; freilich war die sich konsolidierende Herrschaft durch die mächtigeren Welfen und Wittelsbacher bedroht. Otto setzte eigenständige Reformimpulse, etwa indem er in Weihenstephan einen Admonter Mönch als Abt einsetzte oder indem er die Prämonstratenser förderte. Zu Tegernsee bestand ein Spannungsverhältnis; das Domkapitel widersetzte sich Reformen.

Die „Historia de duabus civitatibus" hatte Otto auf Bitten seines Freisinger Freundes Isingrim verfasst, der, wie sein Kaplan Rahewin, einer dortigen Ministerialenfamilie angehörte und über den man nicht viel weiß. Sie umfasst die

Geschichte von der Weltschöpfung bis zur künftigen Auferstehung der Toten. Auch dem Kaiser hatte Otto ein Exemplar gewidmet: Rainald von Dassel möge Friedrich, der nach ihr verlangt habe (wohl um ein chronistisches Referenzwerk zu besitzen), die „Historia" als Philosoph erklären. Ottos Eigenleistung sind die Prologe und eingestreuten Kommentare; dazu die Schilderung der Zeitgeschichte ab 1. VII, c. 12. Otto sah sich als Fortsetzer des Augustinus und des Orosius; letzter wollte ja im Auftrag des Augustinus zeigen, dass das Elend die Menschen schon immer geplagt habe, also nicht erst die Christen daran schuld seien. So beabsichtige Otto eine schonungslose Schilderung der Geschichte; auch ehrwürdige Traditionen wie der angebliche Besitz der Dionysius-Reliquien durch das Regensburger Kloster St. Emmeram wurden kritisiert. Die Kirche, der Gottesstaat, existiert seit Anbeginn der Welt; die (vier) Weltreiche seien wie das Wissen von Ost nach West gewandert, wobei in der Gegenwart das letzte, römische, bereits altersschwach sei. Unter Konstantin wurde die Kirche zur Weltherrschaft erhöht, eine *civitas permixta* entstand: Otto lehnte diese Entwicklung nicht ab, obwohl er mit ungutem Gefühl auf sie blickte. Der Kampf der Salier mit den Päpsten war dann ein Konflikt in diesem gemischten Staat: Gerade an der Exkommunikation Heinrichs IV. offenbare sich das menschliche Elend, die gregorianischen Vorstellungen sah er negativ als Bedrohung der Unabhängigkeit des Königtums. Ob Gott die Erniedrigung des Reiches gewollt habe, dies zu beurteilen übersteige seine Kräfte. Die Betrachtung der Geschichte könne so *ad contemptum mundi* führen und zur Sehnsucht nach dem himmlischen Vaterland. Mit der Überschickung der „Historia" an Barbarossa hat Otto angeboten, auch die Taten des Kaisers selbst aufzuzeichnen. Angesichts des nahen Todes wollte er damit seine Freisinger Kirche dem Schutz des Kaisers empfehlen; er sollte nur noch die ersten beiden Bücher abschließen können, Rahewin ergänzte das Fehlende. Die Freisinger Kirche war von ihren Vögten, den Wittelsbachern, die Otto als räuberisches Geschlecht betrachtete, bedrängt; der Welfe Heinrich der Löwe hatte seinerseits die Isarbrücke zerstört, um sie in *Munichen* südlich auf eigenem Territorium neu zu errichten. Otto beginnt dann mit seiner Schilderung doch ab 1076 (wohl seine Vorarbeiten für die Überarbeitung des VII. Buches der „Historia", die eigentlich quer zu seinem Auftrag lagen). Obwohl er die *fortuna* seines kaiserlichen Neffen preisen will und die *pax* als leitenden Maßstab wählt, kann kaum von einem Perspektivenwechsel im Vergleich zu seinem ersten Werk gesprochen werden. Für das Buch II hatte Otto einen Bericht der Reichskanzlei zur Verfügung. Es folgt der literarischen Tradition der Lobrede auf den Kaiser. So deutete er Friedrichs Regierung als Heilung des Bruches zwischen *imperium* und *sacerdotium*, also als allgemeine *pax*, die zur Abfassungszeit aber schon brüchig war. Eingestreut sind drei philosophische Exkurse, die wiederum nicht nur schmückendes Beiwerk seien. Hier schilderte er Bernhards Agieren gegen die Trinitätslehre Gilberts; im Angesicht des Todes bekennt er sich dann aber zur Lehre der römischen Kirche und bittet um Korrektur, falls er zugunsten Gilberts Anfechtbares geschrieben habe. – Die gut lesbare und schlüssige Studie von Ehlers kommt zwar nicht ohne einige Wiederholungen aus, belegt aber eindrücklich, dass von Beginn an bis in die Gegenwart hinein Ottos Werk als vielfach reine Chronistik verkannt wurde. Er wollte aber als Moralist das menschliche Elend aufzeigen, zur Abkehr von der Welt führen, damit der Leser wie er Trost finde in der Philosophie.

Klaus Unterburger

Die Regesten der Bischöfe von Passau Band IV 1283-1319. Bearbeitet von Egon BOSHOF und Thomas FRENZ, München (C. H. Beck) 2013, 330 S., ISBN 978-3-406-64782-6.

Der vorliegende vierte Band der „Regesten der Bischöfe von Passau" – Reg. 2913-3900, Nachträge, Register sowie Quellen- und Literaturverzeichnis – deckt die Epoche des Übergangs vom Hoch- zum Spätmittelalter in der Geschichte der Diözese Passau mit 92 Regesten zu den Handlungen Bischof Gottfrieds I. (1283 Februar 10 – 1285 April 16) und 882 Regesten für die Regierungszeit Bischof Wernhards von Prambach (1285, nach April 16 – 1313 Juli 28) ab. Es ist dies die Zeit der Herzöge und Könige des Hauses Habsburg in Österreich, König Rudolfs I., der seit 1278 als König ohne Konkurrenz durch den böhmischen König Ottokar Přemysl regierte und im Sommer 1291 verstarb, und König Albrechts I. (Sohn Rudolfs I.), der 1308 ermordet wurde. Ferner regierten König Adolf von Nassau (1292-1298) und Heinrich VII. aus dem Haus Luxemburg, seit 1308 als König und ab 29. Juni 1312 als Kaiser, der am 24. August 1313 an der Malaria verstarb. Aber auch die großen Päpste Martin IV. (1281-1285), Bonifatius VIII. (1294-1303) und Clemens V. (1305-1314), der seinen Sitz nach Avignon verlegte, sind Zeitgenossen der beiden Passauer Bischöfe. Von ihnen, insbesondere von Bischof Wernhard von Prambach, der einem passauischen Ministerialengeschlecht angehörte und vor seiner Ernennung zum Bischof von Passau die für eine geistliche Karriere als „Sprungbrettstelle" geltende Pfarrei von St. Stephan in Wien innehatte, musste die Großdiözese Passau durch eine schwierige Zeit gelenkt werden.

Angrenzend im Osten an Oberungarn – es wurde hier die Inkorporation der Kirche in Bruck an der Leitha noch 1284 von Bischof Gottfried I. dem Stift St. Pölten versprochen (Reg. 2975) und 1298 von Bischof Wernhard von Wien aus durchgeführt (Reg. 3402 und 3447) –, war von Seiten der Bischöfe im Interesse der Diözese Passau ein einvernehmliches Handeln nicht nur mit den Habsburger Herzögen und Königen und der Ritterschaft in Wien und Niederösterreich erforderlich, sondern auch mit den ungarischen und böhmischen Nachbarn (so etwa in der Quelle zu Reg. 3232, die Bischof Wernhard als Unterhändler Herzog Albrechts I. von Österreich belegt) und mit den politisch ambitionierten bayerischen Herzögen aus dem Haus der Wittelsbacher, etwa mit Otto III. von Niederbayern, der auch für einige Zeit König von Ungarn war (Reg. 3380, 3754, 3760). Die Regesten vermitteln aber ebenso ein eindrucksvolles Panorama der geistlich-seelsorgerischen und kirchenpolitisch-organisatorischen Tätigkeit der beiden Bischöfe. Bischof Wernhard befand sich zeit seines Lebens auf Reisen durch seine Diözese oder zu Hoftagen und Synoden. Kirchbauten, Einweihungen von Kirchen, neuen Kapellen und Altären, Besetzung von vakanten Pfarreien nach den Patronatsrechten nehmen einen bedeutenden Raum ein. Neubauten, Wiederaufbau, Erweiterungsbauten, insbesondere im Chor am Dom in Passau (z.B. Reg. 3754 und 3883), wurden durch Verleihung von Ablässen an den Kirchweih- und anderen speziellen Festtagen refinanziert (so Reg. 3202, ein Ablass zugunsten des Klarissinnenklosters in Dürnstein). Die zahlreichen Ablassbriefe aus der Zeit Bischof Wernhards, die er allein oder auch mit anderen Bischöfen und päpstlichen Legaten den neu errichteten Kirchen gewährte, zeugen aber auch von der zunehmenden Volksfrömmigkeit in dieser Zeit und einem Anstieg der Bevölkerung (so explizit in der Quelle zu Reg. 3735). Die wirtschaftliche Sorge Bischof Wernhards für die Stifte, die vielen neu errichteten und von ihm geförderten Spitäler (etwa das Leprosenspital St. Ägid oder das Johannesspital, beide Passau Reg. 3254 und 3255) und für die Pfarreien seiner Diözese kann anhand der Regesten und über das Verzeichnis der im Band genannten Orte und Personen gut erschlossen und nachvollzogen werden, etwas am Beispiel des in wirtschaftliche Not geratenen Wiener Schottenstifts während der Jahre 1289 bis 1291 (Reg. 3157, 3158, 3221, 3245).

Häufig wird den Stiften auch das zollfreie Führen von Salz und anderen Waren auf Donau und Inn zugestanden und der Saline in Hallstatt Dispens für die unumgängliche Feiertagsarbeit auf Veranlassung der Königin Elisabeth, Witwe König Albrechts I., gewährt (Reg. 3841-3856). Als Gegengabe für die Dispens rät Bischof Wernhard ihr zur Stiftung einer Memoria für ihren ermordeten Mann von jeweils 30 Fudern Salz aus der Saline an die Johanniter in Wien, das vom Bischof errichtete Kloster Engelszell und an die Klöster Lambach, Kremsmünster, Seitenstetten, Baumgartenberg, Gleink, Wilhering, Garsten, Melk, Ybbs und St. Florian sowie an das Spital zu Steyr, das Dominikanerinnenkloster in Tulln und an den Pfarrer von Ohlsdorf. Im Streit um die Patronatsrechte der St. Stephanskirche in Wien sowie im „Dauerkonflikt" zwischen Österreich und dem Salzburger Erzbischof (vgl. etwa Reg. 3159, 3165, 3270, 3336) sowie im Streit um Pfarrrechte (etwa Reg. 3483) und bei der schwierigen Besetzung der Pfarre Hollabrunn, seit 1135 eine Pfarrei des Passauer Domkapitels, die aber erst im Sommer 1307 von Papst Clemens V. entschieden wurde (Reg. 3457-3460, 3462, 3878), bewies Bischof Wernhard Durchhaltevermögen. Die Anwendung der geistlichen Schiedsgerichtsbarkeit als Instrument der Regulierung von Streitfällen sowie die Entscheidung beim Tauschen von Kirchen (vgl. Reg. 3534) zwischen Geistlichen oder mit einer weltlichen Person behielt er sich ebenso vor wie die Genehmigung und Finanzierung einer Wasserleitung im Stift Klosterneuburg 1304, deren Bau in der Urkunde genau festgelegt wurde und die er letztlich durch Schenkung von 120 Talenten aus seinem Privatvermögen mitfinanzierte (Reg. 3585 und 3879). – Was die Leitung der geistlichen Stifte durch Bischof Wernhard anbelangt, so wurden beispielsweise von ihm 1312 die früher erlassenen Reformstatuten für Klosterneuburg wieder aufgehoben, da das Kloster wieder zu neuer Blüte gelangt sei (Reg 3835), und auch unter den Mitbrüdern des Stiftes St. Florian war nach Verhängung von Strafen über Unruhestifter im Konvent wieder Ordnung eingekehrt (vgl. Reg. 3435). Seine eigene Stiftung Engelhartszell/Engelszell hat Bischof Wernhard sehr gefördert; sie sollte zur Befriedung der Gegend, der Gastung von Reisenden und zur Verehrung Gottes dienen (Reg. 3265). Bereits erkrankt und altersschwach vermachte er Engelszell in seinem Testament die Abgaben der jüdischen Schule in Passau von jährlich sechs Pfund Pfennige Passauer Münze. Zeitweise aus der Stadt Passau von der aufständischen Bürgerschaft vertrieben (Reg. 3390 und 3405), gelang es ihm, seine Position des bischöflichen Stadtherrn zu behalten und der Stadt am Tag Mariä Himmelfahrt 1299 ein Stadtrecht zu geben (Reg. 3438) und den Bäckern in der Ilzstadt von Passau 1311 eine Bäckerordnung (Reg. 3758). Das nicht immer konfliktfreie Verhältnis zur Bischofsstadt Regensburg schützte der Pfalzgraf bei Rhein und bayerische Herzog Stephan, indem er Wernhard zollfrei den Export von Wein nach Regensburg und die Fracht von Baumaterial auf denselben Schiffen von Regensburg zurück nach Passau bewilligte (Reg. 3646). Der Judenpogrom in St. Pölten (Reg. 3694) und das Vorgehen gegen Ketzer in Österreich (etwa Reg. 3885) sowie die Durchsetzung des Gebots für Geistliche, sich von ihren Konkubinen zu trennen, in einer eigens dazu einberufenen Kapitelsitzung am 30. April 1310 (Reg. 3740) waren Probleme der letzten Jahre Bischof Wernhards, aber auch die Aussöhnung der Wittelsbacher mit den Habsburgern, die ihm 1311 im Frieden von Passau gelang (Reg. 3760 und 3767), auch wenn der Einfluss des bischöflichen Stadtherrn auf die in Passau erfolgten Verhandlungen in den Quellen keine Erwähnung findet.

Nach der Lektüre dieses Regestenbandes hat man einen Eindruck gewonnen von den vielfältigen Aufgaben der beiden Passauer Bischöfe und insbesondere von Wernhard von Prambach, der unermüdlich auf Reisen bemüht war, die wirtschaftlichen Belange und die Seelsorge in seiner großen Diözese zu fördern, vielleicht mehr Zeit außerhalb als in der Bischofsstadt verbrachte, in Zeiselmauer regelmäßig Gericht hielt, über die „strata regia" von St. Pölten nach Melk zog, das Netz der Pfarreien und Hospitäler in der Diözese enorm vergrößerte, im Rechtsstreit zwischen Zisterzen – etwa zwischen Aldersbach und Zwettl – tätig wurde, in der Stadt Wien nicht nur die Belange der Pfarrei von St. Stephan regelte und vieles mehr. Auch persönliche Eigenheiten dieses Bischofs außerhalb seiner Amtstätigkeit überliefern einige Dokumente, so wenn er seinem Küchenmeister die Erblichkeit dieses Hofamtes zusichert (Reg. 3830).

Abschließend bleibt noch zur Technik der Regesten zu bemerken, die im Übrigen auch die Zeiten der Sedisvakanzen erfassen, dass sie alle souverän und von großer Praxis und Quellenkenntnis gefertigt wurden. Quellenkritische Hinweise auf mögliche Stilübungen bei Texten aus Briefsammlungen mahnen den Benutzer zum vorsichtigen Gebrauch des Zitats, und überhaupt ist es bemerkenswert, wie viele für die behandelte Epoche relevante Quellentypen in den Texten verwoben wurden. Den beiden Bearbeitern ist daher nicht nur eine gründliche Aufarbeitung der Quellen zur Geschichte der Bischöfe Gottfried I. und Wernhard von Prambach von Passau geglückt, sondern ein Band, der einen fundierten Einblick in die Geschichte der Diözese Passau und des Herzogtums Österreich von 1283 bis 1319 gibt und diesen den Lesern vermittelt.

Adelheid Krah

Anton LANDERSDORFER (Hg.), „Nach Rom zu schreiben fühle ich oft ein wahres Bedürfniß". Die Briefe des Germanikers Johann Baptist Huber (München) aus den Jahren 1870 bis 1886, Passau (Verlag Karl Stutz), 2013, 435 S., ISBN 978-3-88849-159-7.

Der zu besprechende Band bietet 105 Briefe des Germanikers und erzbischöflichen Sekretärs Johann Baptist Huber (1842-1886, am Ende seines Lebens auch Domkapitular) unter den Erzbischöfen Gregor Scherr (1804/1856-1878) und Anton Steichele (1816/1878-1889), überwiegend an den Rektor des „Collegium Germanicum und Hungaricum", Andreas Steinhuber (1825-1907). Einige der Briefe sind auch an alle Confratres im römischen Kolleg adressiert, dazu kommen einige wenige an den Jesuiten Franz Xaver Huber (1801-1871), seinem Spiritual, der aber bald verstorben ist. Die Briefe aus dem Germanikum an Johann Baptist Huber müssen hingegen als verschollen und wohl vernichtet gelten. Es ist ohne weiteres klar, dass diesen Schreiben erhebliche Brisanz zukommt: Als Sekretär eines Erzbischofs hat man eine Vertrauensstellung inne, in der man beinahe automatisch über viele, auch streng vertrauliche Dinge der bischöflichen Amtsführung Informationen erhält. Der Erzbischof muss sich deshalb auf die Verschwiegenheit und die Loyaliät seines Sekretärs unbedingt verlassen können. Dennoch mag die Versuchung nahegelegen haben, nach Rom Dinge zu berichten, an denen man dort Interesse zeigte. Der erzbischöfliche Sekretär war, indem er diese Berichterstattung pflegte, gleichsam ipso facto zu einer Art Balanceakt verdammt. Dass Germaniker als römische Jesuitenschüler in Deutschland ihren Diözesanbischöfen, ihren Mitklerikern und den staatlichen Autoritäten gegenüber illoyal seien, wurde bereits zeitgenössisch vielfach gemutmaßt. Huber beklagte sich deshalb vielfach (vgl. etwa S. 41) über das Misstrauen, das ihm als Germaniker entgegenstoße, ohne dies mit der eigenen Korrespondenz nach Rom irgendwie in Verbindung zu bringen. Dabei berichtet er zwar einerseits selbst unter den Schauergeschichten, die der Altkatholik Johann Friedrich den Germanikern zuschreibe, dass sie alles nach Rom berichten und denunzieren (163); dennoch tat er es selbst. Dass dahinter System war, ist ja auch an den bekannten Briefen der Würzburger Germaniker an die Germanikumsleitung zu erkennen. Vor allem berichtete Huber umfassend und durchaus im Auftrag über alle anderen Germaniker, dann aber auch über Fragen der bischöflichen Amtsführung, die in Rom offenbar durchwegs auf Interesse stießen. Dazu scheint er immer mehr für den Münchener Nuntius Angelo Bianchi (Nuntius 1874-1877) ein unverzichtbarer Informant geworden zu sein (vgl. v. a. 261f.). In der Nuntiatur hatte man stets das Problem, die deutsche Sprache nicht oder kaum zu beherrschen. Man war so von vielen Informationen abgeschnitten und war Huber schon aus diesem Grund überaus dankbar. Erst Steichele hat ihm dann diese Informantenrolle verboten (vgl. 283f.).

In inhaltlicher Hinsicht erfährt man zunächst einmal viel über das Karrierestreben Hubers, der das Gemeranikernetzwerk für sich einzusetzen suchte und den zeittypischen Spagat vollziehen musste, einerseits erklären zu müssen, eigentlich nur ein einfacher Landpfarrer sein zu wollen, und andererseits keine Möglichkeit zu verpassen, eine einflussreiche kirchliche Position zu erlangen. Dann erfährt man auch sehr breit von den umfassenden finanziellen Interessen und Bedürfnissen Steinhubers bzw. der Kollegleitung, die Huber vor allem durch viele zehntausende von Messintentionen, die nach Rom gesandt wurden, zu stillen suchte. Zu welchen wichtigeren Themenbereichen bringt die Korrespondenz nun aber darüber hinaus gehend vertiefte Einblicke, die eine Auswertung als lohnend erscheinen lassen? Drei Fragenkomplexe sollen kurz berührt werden:

1.) Was den bayerischen Episkopat angeht, so überrascht es nicht, dass Huber grundsätzlich den ultramontan-konservativen Flügel unterstützte, von dem er glaubte, er kämpfe für das „Gute". Die eher auf den Kompromiss und die Einheit im Klerus zielenden Oberhirten, etwa Friedrich Schreiber (1819-1890) in Bamberg oder Josef Franz Weckert (1822-1889) in Passau, werden deshalb kritisch gesehen. Persönlicher Umgang wie mit Schreiber, der zu Sitzungen des Reichstags im erzbischöflichen Palais weilte, können die Sichtweise aber dann mildern; die Gesinnung solcher Bischöfe sei gut, sie seien aber zu wenig mutig oder hätten falsche Ratgeber usf. Trotz prinzipieller Nähe ist Huber freilich zwar ein Anhänger Leonrods in Eichstätt, der ihn auch für das dortige Seminar als Professor hatte abwerben wollen, nicht aber von Senestrey in Regensburg. Dieser sei wegen seines amoralischen Lebenswandels von Minister Lutz erpressbar geworden. Huber habe dies anfangs nicht glauben wollen, es bestehe aber an der Tatsächlichkeit keine Möglichkeit zu zweifeln. *Es sind mehrere Punkte*, so versicherte ihm auch Erzbischof Scherr, *die alle auf den punctum sexti hinauslaufen*. In der Zeit, als er sich in Augsburg mit einer *Somnambul* eingelassen habe, sei dessen Personalakt dort *ziemlich angewachsen* (140). Eine Witwe habe vom Regensburger Germanikerbischof dann *Mehreres erpressen* wollen und auch deshalb an das erzbischöfliche Ordinariat geschrieben. Auch Lutz wisse von all diesen Dingen. Als Steinhuber seinen rechten bischöflichen Gesinnungsgenossen verteidigen wollte, versicherte Huber noch einmal, dass es sich bei all dem leider nicht um *Klatsch* handle. (146f.). In München werden auch sonst einige Frontlinien deutlich, v. a. Hubers Gegnerschaft gegen Domdekan Georg Karl Reindl (1803-1882). Was die eigenen Erzbischöfe angeht, so galt ihm Scherr als grob, ungebildet, mit schlechten Manieren. Anfangs fühlte er sich als sein Sekretär sehr unwohl; mit der Zeit besserte sich dieses Verhältnis aber immer mehr, und Huber trauerte dann durchaus ernsthaft um seinen verstorbenen Dienstherrn, der ein *gutes Herz* gehabt habe. Gegenüber Steichele war Huber erst abwartend, aber dann durchaus positiv eingestellt, gerade als er in seiner Stellung bestätigt wurde. Mit der Zeit wurde seine Sicht aber kritischer: Steichele kümmere sich zu sehr um die Meinung des Staates, sei zu viel in seiner schwäbischen Heimat und zu wenig in München präsent usf. (277). Das Verhältnis verschlechterte sich (vgl. 295f.), um sich dann wieder zu entspannen.

2.) Immer wieder beschäftigte sich Huber mit der Münchener Theologischen Fakultät. Natürlich ist hier seine Sichtweise eine überaus kritische, zum einen, was Döllinger und Friedrich angeht, dann aber auch auf die anderen Fakultätsmitglieder, die sich nicht hinreichend abgrenzen würden. Zum Exegeten Reithmayr weiß er zu berichten, er habe *gemein* über das Vatikanische Konzil geschimpft (40); zum Tod des Moraltheologen Wilhelm Reischl bemerkt er etwa: *Daß Prof. Reischl gestorben ist, wissen Sie. Man sagte hier, Gott habe ihn aus den Händen der Altkatholiken befreit, weil er sich davon nicht losmachen konnte. Die ganzen Ferien hatte er in Gesellschaft von altkath. Professoren … zugebracht u. starb dann einige Tage nach der Rückkehr an d. Cholera. Prof. Thalhofer und Antiquar Zipperer sollen einen ganzen Tag mit Durchmusterung von Briefen zugebracht u. sehr viele verbrannt haben, weil sonst hohe Personen sehr compromittirt worden wären. Es soll bei R. auch in Bezug auf die Immac. Conceptio sehr gespuckt haben* (126f.). Über den Kirchenrechtler Isidor Silbernagl wird hingegen mehrfach berichtet, er sei von seinen anfänglichen Sympathien für den Altkatholizismus inzwischen gründlich geheilt. (vgl. etwa 114, 151 u. ö.). Silbernagl scheint in der Folgezeit stark bayerisch-partikula-ristische, ultramontane Tendenzen entwickelt zu haben. Zum Neutestamentler Peter Schegg berichtet er zwar zunächst, *er macht nichts u. bricht nichts* (135). Als dessen „Leben Jesu" 1875 indiziert wurde, wusste zunächst niemand in München, weshalb, schon gar nicht Erzbischof Scherr, der es gerade als seine Betrachtungslektüre verwendete. Huber las es nun und fand dann als Germaniker doch Stellen, in denen Scheggs Bibelauslegung nicht mit seiner römischen Dogmatik übereinstimmte (190-192, 194f.); seine Vermutungen wurden dann durch Mitteilungen der römischen Indexkongregation bestätigt; etwa habe Schegg bei der Auslegung der Evangelien vergessen, das Jesus aufgrund der *scientia beatifica* und der *scientia infusa*, die er gehabt haben müsse, bereits seit Säuglingsalter absolut allwissend war und deshalb von einer Zunahme an Wissen nicht die Rede sein könne! (216).

3.) Recht interessant sind auch die Selbstidentifikationen (*wir* als die *Guten*, die *Gutgesinnten* usf.), die Huber vornimmt, und damit auf der anderen Seite die stereotyphaft gebrauchten Feindbilder. Die bayerische Ministerialbürokratie galt ihm als die *ministeriellen Freimaurer* (163), die Altkatholiken waren ihm die *Neuprotestanten* (68), von denen er immer wieder schadenfroh berichtete, wie bei deren Gottesdiensten kaum Volk vorhanden sei, die Juden *beherrschen* hingegen – so sich als Antisemit erweisend – *schon so ziemlich Alles* (189, vgl. auch 96). So erweist sich Huber von typisch ultramontanen Stereotypen und Feindbildern massiv geprägt. Ein besonderer Bezugspunkt war ihm Josef Kleutgen (1811-1883); die neuthomistische Wende unter Papst Leo XIII., die damit verbundenen Purgierungen am „Collegium Romanum" und die neuen Professorenaufgaben Kleutgens begrüßte er. Hinweise der Altkatholiken auf dessen Lebensführung – hier war offenbar doch damals einiges bekannt – tat er ab (262). Dennoch war Huber in gewisser Weise durch den Kontakt mit der Praxis der Diözesanleitung auch kritisch gegenüber extrem rechten Scharfmachern, etwa dem Germaniker Alois Rittler (1839-1890) und Senestrey, die eine gewisse Nähe in Gesinnungs und Lebenswandel verband, dazu gegen Johann Baptist Sigl (1839-1902) und seine extrempartikularistische Presse- und Parteiarbeit.

Anton Landersdorfer hat mit den Briefen Hubers so dankenswerterweise eine in vielfacher Hinsicht interessante und noch auszuwertende Quelle nicht nur für die Diözesangeschichte und die Geschichte der Freisinger Bischofskonferenz zur Verfügung gestellt, sondern auch für das Verhältnis der Ortskirchen zu Rom, für die Fragen nach Informationsgewinnung in der Kirche und nach dem Verhältnis von formellen und informellen Kanälen.

Klaus Unterburger

Antonia LEUGERS (Hg.), Zwischen Revolutionsschock und Schulddebatte. Münchner Katholizismus und Protestantismus im 20. Jahrhundert (theologie.geschichte Beiheft 7), Saarbrücken (universaar) 2013, 313 S., ISBN 978-3-86223-059-4.

Der Sammelband vereinigt Beiträge zum Münchener Katholizismus und Protestantismus, die den Zeitraum von den revolutionären Ereignissen 1918/19 bis zur Aufarbeitung und Erinnerungsgeschichte der Rolle im III. Reich nach 1945 umfassen. München war ja nicht nur Schauplatz der Revolution in Bayern und deren Niederschlagung 1918/19, sondern auch Sitz der Nuntiatur bis 1934; es bot als Sammelbecken rechter Bewegungen und Gruppen auch jenes Milieu, aus dem sich die NSDAP in ihrer Frühzeit formierte. Der dortige Mehrheitskatholizismus hat Milieustrukturen vergleichsweise spät oder unvollständig ausgebildet.

Nach einem Einleitungskapitel der Herausgeberin, das die Spezifika der konfessionellen Münchener Situation skizziert, untersucht Angela HERMANN erstmals vergleichend, wie sich die revolutionären Ereignisse 1918/19 in den Gesandtschaftsberichten der Vertreter auswärtiger Mächte spiegeln. In München unterhielten außer dem Hl. Stuhl auch Preußen, Österreich-Ungarn, Baden, Württemberg und Sachsen diplomatische Vertretungen. Obwohl die Gesandten meist einen aristokratischen Hintergrund hatten und von der ganzen Formung dem alten Regierungssystem verhaftet waren, fiel die Berichterstattung über die Novemberrevolution, die man vorher schon kommen sah, doch zunächst eher pragmatisch und sachlich aus. Eine Sonderrolle nahm hier Nuntius Pacelli ein: Er vermied grundsätzlich Kontakte zur Regierung Eisner. Auch bei den Vertretern der Staaten wich die anfängliche Zurückhaltung diesem gegenüber aber bald offener Abneigung: Eisner sei angeblich ein galizischer Jude und volksfremd. Gesteigert wurden diese Stereotype durch regelrechte *infame Behauptungen* über ihn durch Pacelli (44); überall scheint die Realitätswahrnehmung durch stark negative Projektionen verzerrt gewesen zu sein, ganz besonders natürlich während der beiden kurzzeitigen Räterepubliken im April 1919. Der Berichte Pacellis reproduzierten hier *antisemitische Stereotype ... in einer unvergleichlichen Schärfe* (55). Antonia LEUGERS analysiert die Deutung der Ereignisse 1918/19 im Tagebuch Erzbischof Faulhabers, für den die Nacht auf den 8. November 1918 die *schrecklichste* seines Lebens gewesen ist. Die Narren jubeln, eine ganze Gesellschaft sei *meineidig* geworden, Faulhaber ging daran, die Personalakten seiner Priester zu purgieren. Bedrohungsängste und Vorurteile ließen ihn glauben, Eisner mache sich nunmehr daran, nach dem Thron nun die Altäre zu stürzen; auf reale Tatsachen konnten sich diese Aversionen nicht stützen. Der BVP-Wahlkampf schürte dann Anfang 1919 ähnliche Ängste, um die Bevölkerung zu mobilisieren. Rupert Mayer fragte damals an, ob Bauernbündlern und MSPD-Wählern die Lossprechung bei der Beichte verweigert werden solle. Bei der Ermordung Eisners lehnte Faulhaber eine Stellungnahme ebenso ab wie die herkömmliche Trauerbeflaggung und das Trauergeläut. Dessen Mörder Graf Arco verklärte er später gegenüber der amerikanischen Militärregierung als volksverbundenen radikalen Nazi-Gegner (88). Die Verbrechen der Revolutionäre wurden für Faulhaber überbetont, die der Konterrevolutionäre, die wohl deutlich mehr Blut vergossen haben, hingegen heruntergespielt und im Interesse der Wiederherstellung der *Ordnung* verharmlost (106-114). Pfarrhäuser und Klöster dienten den Konterrevolutionären als Munitionslager mit seiner Billigung. Immer wieder findet sich in den Tagebüchern Faulhabers ein penetranter Antisemitismus (89f., 93-99 u. ö.), wobei aber auch der inzwischen seliggesprochene Rupert Mayer meinte, die rote Fahne gehöre an die Synagoge. Die Lektüre dieser auch später immer wiederkehrenden Äußerungen des Kardinals ist bedrückend. Gewiss war Faulhaber im November 1923 auf Bitten Stresemanns für das Lebensrecht der Juden eingetreten und hatte 1933 dann in den Adventspredigten das Alte Testament als integralen Bestandteil der christlichen Bibel bezeichnet. Immer war dies aber eingebettet in die theologische Substitutions- und Verstocktheitsthese, in die Anschauung, dass der jüdische Wirtschaftseinfluss zu beschneiden sei, ja auch, dass die Ausweisung und Deportation der Ostjuden angeraten sei. Auch im späteren Rekurs auf die Revolution flossen für Faulhaber Judentum, Bolschewismus, tierisches Barbarentum und Gottlosigkeit ineinander. Dies führte zu einer verzerrenden Ungleichgewichtung bei der Bewertung von Blutvergießen, je nachdem ob es rote oder weiße Truppen 1919 verübt hatten. Noch nach 1945 weigerte sich Faulhaber, gegen erneut zunehmenden Antisemitismus Stellung zu beziehen. Axel TÖLLNER untersucht in seinem Beitrag den Rekurs auf die Revolutionsereignisse nach dem I. Weltkrieg in den beiden evangelischen Kirchenzeitungen für das Dekanat München, die von Hilmar Schaudig (1876-1944) als Schriftleiter geprägt waren, dem „Kirchenboten" und dem „Evangelischen Gemeindeblatt". Schaudig und Mitstreiter wie Wilhelm Freiherr von Pechmann (1859-1948) sahen die Ereignisse vor allem unter der Kategorie des „Treuebruchs" und Strafe für die „Vergnügungssucht" und „Zuchtlosigkeit" und verklärten die Zeit unter der Monarchie im Gegensatz zur Gegenwart. So bezog man eindeutig Stellung gegen die Regierung Hoffmann und deren Schulgesetze und auch im Kampf gegen die Räterepublik. Ähnlich wie bei Faulhaber wurden die Revolutionäre durch Stereotype verzeichnet, die Verbrechen der Gegenrevolutionäre hingegen verharmlost. So präferierte man im Münchener Protestantismus gegenüber der Demokratie eine autoritär-monarchische Staatsform, was freilich nicht unbedingt dann eine Bejahung des Nationalsozialismus zur Folge hatte.

Den Katholizismus, repräsentiert v. a. durch Faulhaber, und seine Haltung zu Krieg, Frieden und Pazifismus in der Zwischenkriegszeit analysiert Antonia

LEUGERS in ihrem mit „Kriegsfriedensdiskurse" überschriebenen Beitrag näher. Am Katholikentag 1922 erklärte er zwar, Katholiken wollten den Frieden, erklärte es aber zugleich als nationale Schmach, dass an Rhein und Ruhr Muslime und Heiden in den Besatzungsarmeen der Franzosen seien, die für den Erzbischof die Zivilisation ja nicht hüten könnten. Friedens- und Versöhnungswille mischten sich mit der Überzeugung, Versailles sei ein zu revidierender, ungerechter Gewaltfriede und auch die Revolution 1918/19 sei unorganisch und gewaltsam über das Volk gekommen. Im Februar 1932 hielt er in St. Bonifaz eine Ansprache über eine „neue Kriegsmoral": Sie stützte sich auf ein im Vorfeld erstelltes Gutachten des Jesuiten Constantin Noppel, nach dem zwar die Lehre vom gerechten Krieg fortgelte, der Fortschritt in der Waffentechnik einen solchen aber immer mehr unmöglich mache, da diese beide Seiten unverhältnismäßig zu schädigen drohe. Dieser moderate Pazifismus wurde auch von Maria de la Paz de Bourbón unterstützt, die seit 1883 mit dem Wittelsbacher Ludwig Ferdinand verheiratet war; zum „Friedensbund deutscher Katholiken" pflegte der Kardinal dennoch eine unübersehbare Distanz; ihn ließ er nach 1933 fallen, um seine Friedenshoffnung nunmehr, so die Verfasserin, auf Hitler als *Friedensbringer* und *Friedenssicherer* (vgl. 183-186) zu konzentrieren. Dem entsprach die Verteidigung Papens und der „Arbeitsgemeinschaft Katholischer Deutscher" in der Münchener Kirchenzeitung, aber auch, dass er die Volksabstimmung vom 12.11.1933 als Entscheidung für den Frieden positiv rechtfertigte. Nationale Ehre, Abwehr eines ungerechten Friedens und des Bolschewismus: Solche Kriegsmotive waren eben auch für Faulhaber akzeptabel. Axel TÖLLNER beschreibt die Reaktion des evangelischen München auf das Agieren von Mathilde und Erich Ludendorff. Erich, zunächst Vertreter eines konservativen Nationalprotestantismus, lernte in München seine Frau kennen, die als eine der ersten Frauen in Deutschland Medizin, v. a. bei Emil Kraepelin studiert hatte, und bereits 1904 aus der Kirche ausgetreten war. Ihre szientifistisch-eklektische Ideologie ließ sie zu einer Vertreterin einer kirchenfeindlichen, völkischen deutschen Gläubigkeit werden. Bis zu Erichs Kirchenaustritt 1927 blieb er in protestantischen Kreisen hochgeschätzt. Immer mehr sah der ehemalige General auch seine Kirche als Protagonisten übernationaler deutschenfeindlicher Verschwörungen an. 1932/1933 setzten sich deshalb die Münchener Pfarrer Heinrich Hauck und Eduard Putz mit ihm kritisch in Schriften auseinander, die auch von der Kirchenleitung empfohlen wurden. Das Werk Mathildes „Erlösung von Jesus Christus" wurde als unwissenschaftlich abgelehnt, der völkische „Tannenbergbund" massiv kritisiert; sich selbst empfahl man, auch gegenüber dem Nationalsozialismus, angesichts dieser kruden wissenschaftsgläubigen (*Jüdisch-pantheistischen*) völkischen Ersatzreligion, die nichts als *umgedrehter Bolschewismus* sei, als den wahren und natürlichen Verbündeten. An den Diskursen um fünf Theaterstücke in München erhellt Florian MAYER das sich wandelnde

Verhältnis zwischen christlicher Religion und Nationalsozialismus. Die konservativ-antibolschewistische „Theatergemeinde" wurde 1933 gleichgeschaltet. Im Stück „Schlageter" von Hanns Johst fiel der Brückenschlag zur NS-Dramatik leicht, da dieser auch als pflichtbewusst-katholischer CVler geehrt werden konnte. Das Stück „Alle gegen Einen, Einer für Alle" des neuen Staatsschauspielintendanten Friedrich Forster-Burggraf ehrte die „Helden und Opfer" des Putsches von 1923 in der schwedischen Erhebung des Jahres 1523, indem es die Sprache des christlichen Theaters *in ein nationalistisches, völkisch-totalitäres Idiom* umschmiedete (225). In der Gedenkfeier zum 450. Luther-Geburtstag im Prinzregententheater wurde Luther Exponent eines deutschen Glaubens. Erwin Guido Kolbenheyers Stück „Gregor und Heinrich" sah bei der Erstaufführung 1940 im mittelalterlichen Stoff zwei Rassen miteinander im Streit liegen. Rolf Hochhuths „Stellvertreter" kam schließlich in München 1964, 1987/88 (in Ottobrunn unter CSU- und Kardinals-Protesten) und schließlich 2012 im Volkstheater – wo Christian Stückls Inszenierung nun auf Akzeptanz stieß – zur Aufführung.

Dies führt zur Frage nach den Gedenktraditionen nach 1945. In Bezug auf den Katholizismus zeigt Thomas FORSTNER, wie in der Nachkriegszeit die Kirche sich selbst als unschuldige, verfolgte und widerständige Organisation sah, was vielfach auch akzeptiert wurde. Wichtigster Protagonist dieses *kirchlichen Opferdiskurses* war nicht nur durch seine Publikationen Weihbischof Johannes Neuhäusler, selbst KZ-Häftling in Sachsenhausen und Dachau. Er zielte, so Forstner, wie die Kirche, freilich nicht auf Beseitigung des NS-Regimes, sondern auf die Wahrung kirchlicher Rechte und Ansprüche. Faulhaber und Neuhäusler zeigten ein enormes Engagement bei der Unterstützung und Reinwaschung von NS-Tätern. Als das eigene Geschichtsbild in den 1960er Jahren stärker in Frage gestellt wurde, entwickelten, so der Verfasser, Katholizismus und Konservativismus eine apologetische Schicksalsgemeinschaft, dem Zeitgeist stand man in massiver Abwehrhaltung gegenüber. Vereinnahmende Versuche, getaufte Judenchristen als katholische Märtyrer zu deuten, werden ebenso kritisiert, wie ein viel zu weiter Martyriums- und Widerstandsbegriff als Strategie der Selbstentlastung. Schließlich analysiert Björn MENSING den Umgang der evangelisch-lutherischen Kirche in Bayern mit ihrer Rolle im III. Reich. Auch hier waren die ersten Jahrzehnte durch Selbststilisierung des angeblichen eigenen Widerstands geprägt, während die wenigen Pfarrer, die tatsächlich wegen Widerstands Verfolgungen erfahren hatten, vielfach auf Anerkennung warten mussten. Dies ist zum Teil durch personelle Kontinuitäten und familiäre Loyalitäten bei den Mitarbeitern der Kirchenleitung zu erklären; erst Mitte der 1990er Jahre wandelten sich Selbst- und Geschichtsbild spürbar. Eine Schrittmacherfunktion nahm hier – gegen innerkirchliche und lokale Widerstände – die Gedenkstättenarbeit an der 1967 eingeweihten Dachauer Versöhnungskirche ein.

Theoretisch reflektiert werden in diesem Sammelband somit nicht nur neue Quellen erschlossen, sondern auch Diskurse und Geschichtsbilder analysiert und Entwicklungslinien herausgearbeitet. Kritische Maßstäbe werden gesetzt, die nicht mehr unterboten werden können. Das Münchener Erzbistum ist gerade im Vergleich zu anderen Bistümern mit der Zugänglichmachung der zeitgeschichtlichen Akten vorbildlich; an dieser Frage entscheidet sich ja die Glaubwürdigkeit der Kirche, nicht nur, was den Umgang mit ihrer Vergangenheit angeht. Zugleich ist zu hoffen, dass aus diesem Grund weitere zentrale Überlieferungsbestände wie der Nachlass Weihbischof Neuhäuslers der Forschung ebenfalls bald noch zugänglich gemacht werden.

Klaus Unterburger

Georg SCHWAIGER (Hg.), Kloster Weltenburg. Geschichte und Gegenwart, Weißenhorn (Konrad) 2014, 522 S. mit 248 großteils farbigen Tafelabbildungen, ISBN 978-3-87437-472-9.

Im Jahr 2013 jährte sich zum hundertsten Mal die neuerliche Erhebung des 1803 im Rahmen der Säkularisation aufgehobenen Benediktinerklosters Weltenburg zur Abtei durch Prinzregent Ludwig, den späteren König Ludwig III. (1845-1921, Prinzregent seit 1912, König 1913-1918). 2014 konnte Georg Schwaiger als Herausgeber zusammen mit weiteren dreizehn Autoren nun die erste Monographie des Klosters vorlegen, die seinen eigenen Worten zufolge eine *Darstellung der Benediktinerabtei Weltenburg in Geschichte und Gegenwart, auf sauberer historisch-kritischer Grundlage, doch auch für breitere Kreise interessierter Leser* (10) sein will.

Diesem Ziel entsprechend bietet der Band ein großes thematisches Spektrum. Eine Reihe von Beiträgen beschäftigt sich mit der Geschichte des Klosters. Diese setzt jedoch erst ein mit dem Hoch- und Spätmittelalter, nicht schon mit der Frühgeschichte, was angesichts des Titels eigentlich zu erwarten wäre. Im Vorwort bedauert der Herausgeber selbst diesen Umstand. Gertrud DIEPOLDER musste für den verstorbenen Friedrich Prinz als Autorin für die Anfänge und Frühgeschichte des Klosters einspringen, was zu einer großen zeitlichen Verzögerung der Bucherscheinung führte. Angesichts der *äußerst schwierigen Erarbeitung* dieser Zeit gelang es nicht mehr, das Manuskript für diesen Teil druckfertig abzuschließen, sollte die Monographie nicht noch länger auf sich warten lassen. Dieser Teil soll jedoch *demnächst gesondert erscheinen* (10).

Franz FUCHS beschreibt in seinem Beitrag die wechselvolle Geschichte Weltenburgs im Hoch- und Spätmittelalter, wobei er auch auf die kurze Phase eingeht, in der Weltenburg Regularkanonikerstift war, ehe es zum benediktinischen Reformkloster wurde. *Die Geschichte Weltenburgs im 16. Jahrhundert hat, bedingt durch einen erheblichen Mangel an Quellen aus dieser Zeit, noch keine eingehende Würdigung erfahren* (41), urteilt Manfred HEIM, der sich mit seinem Beitrag dieser Zeit widmet. In leicht modifizierter Fassung ist dieser Beitrag auch in der Zeitschrift für bayerische Landesgeschichte 75 (2012) 359-410 erschienen. Heim stützt sich wegen der schwierigen Quellenlage hauptsächlich auf die 24-bändige Klostergeschichte von Abt Benedikt Werner (1786-1803), der *konsequent nach den Maßstäben historisch-kritischer Methode* (42) arbeitete, wie ein Vergleich mit Originaldokumenten zeigt. Wertvoll ist diese Arbeit aber vor allem in den Bereichen, wo Werner noch auf Material zurückgreifen konnte, das heute nicht mehr existiert. Zu den herausragenden Äbten dieser Zeit zählt sicherlich Abt Johannes Stör (1507-1535), der in seiner langen Regentschaft sehr um das Wohlergehen seines Konvents besorgt war. Im 16. Jahrhundert gehörten dem Konvent zwischen zwei und acht Mönche an. Sehr detailliert schildet Georg SCHWAIGER, weitgehend gestützt auf die sehr gute Arbeit seines Schülers Otmar Rieß, Die Abtei Weltenburg zwischen Dreißigjährigem Krieg und Säkularisation (1626 bis 1803) (Beiträge zur Geschichte des Bistums Regensburg 9), Regensburg 1975, in seinem anschaulichen Beitrag zum 17. Jahrhundert die lange Regentschaft von Abt Matthias Abelin (1626-1659), dem ersten infulierten Abt, der seinen Konvent durch die Wirren des Dreißigjährigen Krieges führen musste, was ihm – trotz schwerer Plünderungen und Verwüstungen mit der Notwendigkeit der mehrmaligen Flucht von Abt und Konvent, sowie schwedischer Gefangenschaft des Abtes – auch in wirtschaftlicher Hinsicht gut gelang. Ein Grund dafür liegt sicherlich in einem besonderen Talent auf diesem Gebiet. Zudem verfügte Abt Abelin auch über Einnahmen aus seinen Landschaftsämtern. Nach einem deutlichen Einschnitt gelang es ihm am Ende seiner Regentschaft auch, die erhoffte Konventgröße von acht Mönchen wieder zu erreichen. Der Autor kann sehr schlüssig zeigen, wie es geschehen konnte, dass Kloster Weltenburg trotz dieser guten Vorleistungen nur kurze Zeit später unter und durch Abt Johannes Ölhafen (1667-1689) in eine große Krise geriet. Die wechselvolle weitere Geschichte mündet schließlich in den Beitrag von Robert STALLA über die barocke Klosteranlage und den Kirchenneubau von Cosmas Damian und Egid Quirin Asam. Der Autor widmet sich – neben einigen Ausführungen zur Planungs- und Baugeschichte – vor allem eingehend der Gestaltung des Kirchenbaus, wobei er sehr deutlich die Bezüge zu römischen Kirchenbauten herstellt. Robert Stalla lässt hier keinen Zweifel daran, dass Cosmas Damian der Architekt dieses großartigen Baus ist. Da sein Manuskript *im Frühjahr 2002 abgeschlossen und Herausgeber und Verlag zugesandt* (197) worden war, konnte Stalla nur noch Literatur aus späterer Zeit angeben, darunter auch: Hans Christian Egger, Die Pfarr- und Abteikirche St. Georg in Weltenburg und ihre Baugeschichte: eine Neuinterpretation. Doktorarbeit/Dissertation, München 2010 (bzw. Die Abtei Weltenburg und die Gebrüder Asam – Eine Richtigstellung. Die neue Baugeschichte eines Barockjuwels. Dissertation, Hamburg 2014). Eine wissenschaftliche Auseinandersetzung mit dessen Thesen im vorliegenden Band musste deshalb unterbleiben. Das Zeitalter des Barock greift von kirchenhistorischer Seite erneut Georg SCHWAIGER auf und führt damit seinen vorherigen Beitrag fort, wobei das Hauptaugenmerk auf der Amtszeit von Abt Maurus Bächel (1713-1743) liegt, dem Bauherrn der Neuanlage. Begleitend zu diesen Zeitabschnitten gibt Hans PÖRNBACHER in einem kleinen Beitrag einen Einblick in die Literatur Weltenburgs im 17. und 18. Jahrhundert. Ihm schließen sich einige Ausführungen von Bernhold SCHMID zur Musik in Weltenburg bis 1600 an, während sich Hermann FISCHER und Theodor WOHNHAAS mit den verschiedenen Orgeln in Weltenburg befassen. Ebenfalls der Musik gewidmet ist der Beitrag von Robert MÜNSTER zur Musikpflege im 17. und 18. Jahrhundert, der sich – ähnlich wie Schmid – wegen der sehr schlechten anderweitigen Quellenlage hauptsächlich auf die Aufzeichnungen von Abt Werner stützen muss; dieser hatte neben einer Klostergesichte auch eine Musikgeschichte verfasst. Nach diesen interessanten Einblicken in die Welt der Literatur und Musik kehrt der Band mit einem weiteren Beitrag von Georg SCHWAIGER kirchenhistorisch zur letzten Epoche des alten Klosters zurück. Michael KAUFMANN setzt die historische Darstellung mit der Wiedererrichtung des Klosters 1842 und der Entwicklung des Priorates fort. Abt Werner hatte bis zu seinem Tode auf die Wiederherstellung seiner Abtei gehofft, sie aber nicht mehr erlebt. Sehr deutlich wird hervorgehoben, mit welchen Schwierigkeiten – insbesondere im Wettstreit mit Mallersdorf, für das man sich in Kloster Metten anstelle von Weltenburg einsetzte – die Wiederrichtung verbunden war. Schließlich aber musste man sich den Wünschen König Ludwigs I. (1786-1868, König 1825-1848) beugen, und P. Franz Xaver Sulzbeck aus Metten wurde der erste Prior. Vielfach gestützt auf Quellen des Archivs der Abtei Metten entsteht so ein lebendiges Bild von den Schwierigkeiten dieser Zeit. Den Schlusspunkt der geschichtlichen Beiträge bietet erneut der Herausgeber mit der Darstellung der Abtei im 20. Jahrhundert. Gerhard H. SITZMANN befasst sich mit dem Beitrag Weltenburgs zur Bildungsarbeit im 20. Jahrhundert. Der amtierende Abt von Weltenburg, Thomas Maria FREIHART, gibt anschließend einen sehr interessanten und umfassenden Einblick in das Kosterleben in Weltenburg in heutiger Zeit, wobei er auch auf das Pfingsthochwasser 1999 sowie die Generalsanierung der Klosterkirche und der anderen Gebäude eingeht. Den Abschluss des Aufsatzteiles bildet eine Liste der Äbte, Administratoren und sonstigen Klostervorstände von Georg SCHWAIGER. Im Anhang bietet Gertrud DIEPOLDER Ansichten des Klosters aus drei Jahrhunderten mit entsprechenden Beschreibungen. Epitaphien von Weltenburger Äbten, transkribiert und übersetzt von Mechthild PÖRNBACHER, bilden den Abschluss.

Der im Anton H. Konrad-Verlag erschienene Band, der auch über ein Orts- und Personenregister verfügt, überzeugt durch seine vorzügliche Ausstattung und sein – wie auch in den anderen im Konrad-Verlag erschienenen Klostermonographien üblich – ganz hervorragendes Bildmaterial. Neben großartigen Bildern der barocken Ausstattung von Kloster und Kirche sind dem Band auch Bilder anlässlich der beiden Hochwasserkatastrophen von 1999 und 2013 beigegeben, wobei deutlich wird, wie erfolgreich die nach 1999 ergriffenen Maßnahmen waren.

Karin Precht-Nußbaum

Chronik der Erzdiözese München und Freising für die Jahre 2013 und 2014

von Peter Pfister

2014

6. Januar: Professor Eugen Biser feiert seinen 95. Geburtstag. Biser war von 1974 bis 1986 Inhaber des Romano-Guardini-Lehrstuhls für christliche Weltanschauung und Religionsphiliosophie an der Ludwig-Maximilians-Universität München. Für 25 Jahre leitete er bis 2007 das von ihm ins Leben gerufene Seniorenstudium an der Universität. Für sein Werk erhielt Biser zahlreiche Auszeichnungen, unter anderem den bayerischen Maximiliansorden für Wissenschaft und Kunst und den bayerischen Verdienstorden.

10. Januar: Im Alter von 64 Jahren ist der renommierte Musiker und Pädagoge Franz Lehrndorfer im Klinikum Großhadern verstorben. Lehrndorfer wirkte von 1969 bis 2002 als Domorganist an der Münchener Frauenkirche und war als Professor an der Musikhochschule München tätig, wo er die Abteilung für katholische Kirchenmusik leitete.

11. Januar: Zu einem Glaubenskurs an fünf Wochenenden lädt das Bildungszentrum der Erzdiözese München und Freising, das Kardinal-Döpfner-Haus, anlässlich des Jahres des Glaubens ein. Das Jahr des Glaubens wurde am 11. Oktober 2012 von Papst Benedikt XVI. eröffnet. Es lädt ein, in Gemeinschaft den Glauben neu zu entdecken und zu vertiefen. Zentrales Element im Erzbistum München und Freising sind sechs Glaubensgespräche, zu denen Erzbischof Reinhard Kardinal Marx mit den Gläubigen an verschiedenen Orten der Erzdiözese zusammenkommt. Das erste Glaubensgespräch fand in der Maria-Ward-Schule in München-Nymphenburg statt. Zum zweiten Glaubensgespräch zum Thema „Ich glaube an Jesus Christus" sind die Gläubigen am 23. Februar in die Münchener Muffathalle eingeladen.

12. Januar:	Die sogenannte Münchener Monstranz macht in mehreren Gotteshäusern im Erzbistum München und Freising Station, wo sich Gläubige im gemeinsamen Gebet auf den Eucharistischen Kongress 2013 vorbereiten. Seit Dezember 2012 ist die Monstranz der Münchener Pfarrei St. Paul, die für den Eucharistischen Weltkongress 1960 in München angefertigt wurde, unterwegs durch alle deutschen Bistümer, um Ende Mai in Köln anzukommen. Dort findet der Eucharistische Kongress vom 5. bis 9. Juni 2013 statt.
15. Januar.	In einer Ausstellung im Pfarrsaal Holzkirchen werden die Entwürfe für den Neubau der Kirche St. Josef in Holzkirchen im Landkreis Miesbach ausgestellt. Der Neubau in Holzkirchen ist nötig, weil die Kirche St. Josef erhebliche statische Mängel aufweist und ersetzt werden muss. Seit Herbst 2011 darf sie aus Sicherheitsgründen nicht mehr betreten werden.
20. Januar:	Die Renovierung von St. Johann Baptist in Lauterbach findet mit der Weihe des neuen Altars durch Weihbischof Wolfgang Bischof, zuständig für die Seelsorgsregion München, ihren Abschluss. Im Rahmen des Festgottesdienstes wird auch der neugestaltete Ambo gesegnet.
21. Januar:	Im Rahmen eines vom katholischen Schulwerk Bayern in Kooperation mit dem katholischen Schulwerk Elsass und dem katholischen Schulwerk Frankreich veranstalteten zweitägigen Treffens kommen Schülerinnen und Schüler katholischer Realschulen und Gymnasien in Bayern und in Frankreich am Maria-Ward-Gymnasium in München-Nymphenburg zusammen. Anlass ist der 50. Jahrestag des sogenannten Élysée-Vertrages, des am 22. Januar 1963 unterzeichneten deutsch-französischen Freundschaftsvertrages.
23. Januar:	Das Gerüst am Nordturm der Münchener Frauenkirche wird nach Fertigstellung der Restaurierungsarbeiten abgebaut. Die Münchener Domturmspitzen sind bis Herbst unverhüllt zu sehen. Ab Herbst 2013 wird der Südturm für die Sanierung der Fassade eingerüstet, die bis 2016 angesetzt ist. Im Frühjahr 2013 wird zudem die Schildwand zwischen Nord- und Südturm eingerüstet und anschließend abgetragen sowie neu aufgebaut.

25. Januar:	Mit einem feierlichen Gottesdienst wird der neue Bischofsvikar für die Seelsorgsregion München, Domkapitular Rupert Graf zu Stolberg, durch Erzbischof Reinhard Kardinal Marx in der Bürgersaalkirche offiziell in sein Amt eingeführt. Graf zu Stolberg folgte zum 1. Januar dem emeritierten Weihbischof Engelbert Siebler als Bischofsvikar für die Seelsorgsregion München der Erzdiözese München und Freising nach.
27. Januar:	Anlässlich der Wiedereröffnung nach Gesamtrenovierung der Wallfahrtskirche Maria Egg in Peiting weiht Erzbischof Reinhard Kardinal Marx einen neuen Altar.
27. Januar:	Mit zwei Gedenkgottesdiensten in der Kirche des Karmel-Hl. Blut in Dachau um 9 Uhr und in der Basilika auf dem Petersberg bei Erdweg um 11 Uhr wird an den vor 125 Jahren geborenen Widerstandskämpfer und ehemaligen Weihbischof des Erzbistums München und Freising, Dr. Johannes Neuhäusler, erinnert.
28. Januar:	Im Beisein von Erzbischof Reinhard Kardinal Marx hat sich der Priesterrat der Erzdiözese München und Freising mit drei Vertretern des Münchener Kreises, einer Initiative von Priestern und Diakonen, ausgetauscht. In einer vom Priesterrat der Erzdiözese verfassten Erklärung heißt es hierzu: *Neben der grundsätzlichen Frage nach einer angemessenen, von Vertrauen geprägten Kommunikationsweise stand das Thema ‚Weiterarbeit an den Empfehlungen des diözesanen Zukunftsforums' im Mittelpunkt. Unbeschadet unterschiedlicher Vorstellungen besteht schließlich nach Eindruck des Priesterrats Einvernehmen in der Beurteilung der Brisanz der zur Sprache gebrachten Themen, im guten Willen aller Beteiligten zu konstruktiven Problemlösungen und im Willen, gemeinsam in Kontakt zu bleiben"*
30. Januar:	Zum ersten Mal tagen die bayerischen Bischöfe gemeinsam mit ihren Mitbrüdern der Prager Kirchenprovinz. Die Begegnung, an der von tschechischer Seite unter Vorsitz von Erzbischof Kardinal Duka unter anderem die Bischöfe von Leitmeritz, Pilsen und Königgrätz teilnahmen, findet bei aller historischen Bedeutung in einer freundschaftlichen und brüderlichen Atmosphäre statt.
3. Februar:	Mit einem Gedenkgottesdienst in der Kirche des Karmel Hl. Blut in Dachau wird an den seligen Alois Andritzki erinnert, der vor 70 Jahren im Konzentrationslager Dachau umgebracht wurde.

Andritzki wurde am 2. Juli 1914 in Radibor in Sachsen geboren. Er studierte wie seine drei Brüder Theologie und wurde Priester des Bistums Meißen. Ab 1939 war er Kaplan an der Hofkirche in Dresden. Am 21. Januar 1941 wurde Andritzki festgenommen wegen *heimtückischer Angriffe auf Staat und Partei*.

9. Februar: Zum 21. Welttag der Kranken in München-St. Michael feiert Erzbischof Reinhard Kardinal Marx zusammen mit dem Präsidenten des päpstlichen Rates für die Pastoral im Krankendienst, Erzbischof Zygmunt Zimowski, einen Gottesdienst mit Kranken, Pflegern und Medizinern.

10. Februar: Aufgrund der großen Nachfrage hat das Diözesanmuseum Freising die Sonderausstellung „Seelenkind: Verehrt. Verwöhnt. Verklärt" bis zum 3. März verlängert.

11. Februar: Zum angekündigten Rücktritt des Hl. Vaters Benedikt XVI. erklärt der Erzbischof von München und Freising, Reinhard Kardinal Marx: *Heute hat Papst Benedikt XVI. seinen Rücktritt zum 28. Februar bekanntgegeben. Diese Entscheidung erfüllt mich als Erzbischof von München und Freising mit tiefem Bedauern, aber auch mit großem Respekt. Benedikt XVI. hat die Weltkirche nun acht Jahre lang mit höchstem Einsatz geführt und entscheidend mit seiner klaren Theologie geprägt. Wir als seine bayerische Heimatdiözese fühlen uns ihm als Priester und vormaligem Erzbischof von München und Freising auch in dieser Stunde eng verbunden. Wir sind voll des Dankes für sein segensreiches Wirken als Oberhaupt der katholischen Kirche, und wir blicken zugleich auf die vielen wertvollen Begegnungen mit ihm während seines Pontifikats zurück. Ich erinnere hier gerne an seinen Besuch in Bayern im Jahr 2006, an den Deutschlandbesuch 2011 oder an die Pilgerreisen unserer Erzdiözese nach Rom, beispielsweise im vergangenen Sommer zur Feier seines 85. Geburtstags. Wir wollen uns für die Zukunft unserer Kirche weiter von der bedeutenden Theologie Benedikts XVI. inspirieren lassen. Im Gebet sind wir alle als Erzdiözese bei ihm. Wir bleiben mit ihm auch über den Rücktritt hinaus verbunden.*

11. Februar: Der Diözesanratsvorsitzende Professor Hans Tremmel hat die Rücktrittsankündigung von Papst Benedikt XVI. mit *hohem Respekt* zur Kenntnis genommen.

13. Februar: Die Erzdiözese München und Freising freut sich darüber, dass der Schulbetrieb an der kirchlichen Mädchenrealschule St. Imma-

culata in Schlehdorf nun doch über den bislang vorgesehenen Zeitraum hinaus probehalber fortgesetzt werden kann. Ein zwischen dem bayerischen Staatsministerium für Unterricht und Kultus und dem erzbischöflichen Ordinariat abgestimmter Vertrag soll die Bereitstellung geeigneter staatlicher Lehrkräfte regeln und so die Arbeitsplätze der kirchlichen Lehrer sichern.

13. Februar: Zum Aschermittwoch der Künstler feiert Erzbischof Reinhard Kardinal Marx mit zahlreichen Künstlern und Kulturschaffenden ein Pontifikalamt im Münchener Dom. Der Berliner Künstler Philipp Geist zeigt vor dem Gottesdienst eine Licht-Video-Installation im Dom zum Topos „Bruchstelle". Die Künstlerrede beim Empfang nach der Messe in der Pinakothek der Moderne hält Wolfgang Augustyn, der stellvertretende Direktor des Zentralinstituts für Kunstgeschichte in München.

16. Februar: Der langjährige frühere Oberbürgermeister von Freising, Peter Thalhammer, wird mit dem päpstlichen Gregoriusorden geehrt. Erzbischof Reinhard Kardinal Marx überreicht den Orden, der zu den höchsten päpstlichen Auszeichnungen für Laien gehört, im Palais Holnstein.

17. Februar: Domkaptiular Prälat Dr. Wolfgang Schwab wird mit einem Gottesdienst in den Ruhestand verabschiedet. Der frühere Domkapitular Schwab war seit 1994 in führenden Funktionen im erzbischöflichen Ordinariat München tätig, seit Oktober 2010 war er Beauftragter des Generalvikars für die Verwaltungsreform „EOM 2010". Schwab war bis August 2010 fast 16 Jahre lang Personalreferent für die Priester, Diakone und pastoralen Mitarbeiter. Ende des Jahrs 2012 war er aus dem aktiven Dienst ausgeschieden.

20. Februar: Kardinal Friedrich Wetter vollendet sein 85. Lebensjahr. Mehr als ein Vierteljahrhundert lang leitete er von 1982 an bis zum Jahr 2008 die Erzdiözese München und Freising. Erzbischof Reinhard Kardinal Marx würdigt Kardinal Wetter aus diesem Anlass als *prägende Figur in der Geschichte unseres Erzbistums*. Er habe sich ein Vierteljahrhundert lang um das Erzbistum und die Gläubigen verdient gemacht und sich auch gesellschaftlich unermüdlich engagiert. *Kardinal Wetter ist den Gläubigen in guter Erinnerung geblieben. Eine würdige Liturgie und eine menschennahe Verkündigung waren ihm ebenso wichtig wie caritatives Engagement und ein klares katholisches Profil in den*

	Einrichtungen der Erzdiözese. Wegen der anstehenden Ereignisse rund um den Rücktritt von Papst Benedikt XVI. und die Wahl seines Nachfolgers wird die ursprünglich vorgesehene Feier zum Geburtstag von Kardinal Wetter neu geplant.
22. Februar:	Im Gedenken an die vor 70 Jahren ermordeten Mitglieder der Weißen Rose, Sophie Scholl, Hans Scholl und Christoph Propst, feiern Erzbischof Reinhard Kardinal Marx und der Landesbischof der evangelisch-lutherischen Kirche in Bayern einen ökumenischen Gottesdienst in der Anstaltkirche der Justizvollzugsanstalt Stadelheim.
22./23. Februar:	Im Rahmen der Fastenaktion des bischöflichen Hilfswerks Misereor besucht der Bischof der Diözese Coronel Oviedo in Paraguay Juan Bautista Gavilán die Erzdiözese München und Freising und besucht dabei das Kardinal-Döpfner-Haus und die Pfarrei Taufkirchen-St. Georg.
23. Februar:	Im Rahmen eines Glaubensgespräches in der Münchener Muffathalle fordert Erzbischof Reinhard Kardinal Marx mehr christliche Genderforschung
25. Februar:	Im Alter von 78 Jahren ist der „Sportprälat" Karl-Heinz Summerer verstorben. Summerer begleitete bei den olympischen Spielen 1972 in München und bei vielen weiteren sportlichen Großereignissen die deutschen Sportlerinnen und Sportler. Von 1970 bis zu seinem Ruhestand 2003 war er in der Pfarrei Frieden Christi im Münchener Olympiadorf tätig.
27./28. Februar:	Bei der letzten Generalaudienz von Papst Benedikt XVI. am 27. Februar in Rom wird die Erzdiözese München und Freising von Erzbischof Kardinal Reinhard Marx, Weihbischof Wolfgang Bischof, Bischofsvikar Rupert Graf zu Stolberg, Generalvikar Peter Beer sowie dem Vorsitzenden des Diözesanrats Hans Tremmel vertreten. Außerdem kommen zahlreiche Pilgergruppen aus Bayern zu dem letzten öffentlichen Auftritt des Heiligen Vaters nach Rom – allein beim Bayerischen Pilgerbüro haben bereits 400 Personen die Reise zu dem Großereignis auf dem Petersplatz gebucht. In den beiden Kathedralen der Erzdiözese werden am 28. Februar, dem letzten Tag des Pontifikats Benedikts XVI., zeitgleich

um 18.30 Uhr Gottesdienste gefeiert, bei denen für das Wirken des Heiligen Vaters gedankt wird. Im Münchner Liebfrauendom zelebriert Dompropst und Weihbischof Bernhard Haßlberger, im Freisinger Mariendom Domrektor Rainer Böck. In allen anderen Kirchen können ebenfalls an diesem Abend Gottesdienste gefeiert werden.

Kardinal Marx wird sich bis zum Ende des Konklave in Rom aufhalten. Sein Vorgänger, Kardinal Friedrich Wetter, begibt sich nach Ende einer Pilgerfahrt im Heiligen Land am 4. März ebenfalls nach Rom zum Konsistorium der Kardinäle, auch wenn er aufgrund seines Alters anschließend nicht mehr an der Wahl des neuen Papstes mitwirken darf.

Das Erzbischöfliche Ordinariat München hat die Pfarreien in einem Rundschreiben auf Besonderheiten im Zusammenhang mit der am 28. Februar um 20 Uhr beginnenden Sedisvakanz hingewiesen. So entfällt ab diesem Zeitpunkt in den Hochgebeten der Heiligen Messe und im Stundengebet die Nennung des Papstes. Ein Geläut oder eine Beflaggung von kirchlichen Gebäuden findet in der Erzdiözese nicht statt. Es wird dazu aufgerufen, nach dem Eintritt der Vakanz des Apostolischen Stuhls in allen Gottesdiensten für einen guten Ausgang der Papstwahl zu beten, dazu wurden auch entsprechende Fürbitten versandt.

Mit der Bekanntgabe des Wahlergebnisses ist der Name des Papstes dann wieder im Hochgebet und im Stundengebet zu nennen. Unmittelbar nach der Präsentation des neuen Papstes sollen alle Kirchenglocken 15 Minuten lang geläutet werden. Kirchen und Gebäude sind für mindestens einen Tag zu beflaggen, wenn möglich bis zur Amtseinführung des neuen Papstes.

1. März:	Zum Weltgebetstag, an dem Christen verschiedener Konfessionen gemeinsam für die Frauen beten, ist eine Delegation aus der französischen Diözese Évry-Corbeil-Essonnes in der Erzdiözese München und Freising zu Gast.
13. März:	Mit einem Gottesdienst im Münchener Dom feiern Gläubige die Wahl des neuen Papstes Franziskus. Die Eucharistiefeier mit Generalvikar Dr. Dr. Beer, Bischofsvikar Graf zu Stolberg und Dompfarrer Huber fand unmittelbar nach der Präsentation von Franziskus statt.

14. März:	*Voller Freude und mit großer Hoffnung* hat Erzbischof Reinhard Kardinal Marx auf die Wahl von Jorge Mario Bergoglio zum Papst reagiert. In Rom erklärte der Erzbischof von München und Freising: *Ich bin sehr glücklich, dass – so glaube ich – Gott selbst Papst Franziskus zum Hirten seiner Kirche bestellt hat. Vor dem Konklave habe ich gesagt: Das Volk Gottes betet, die Kardinäle wählen, Gott entscheidet! Und so habe ich es als Teilnehmer des Konklave erfahren. Ich habe dem neuen Papst im Namen des Erzbistums München und Freising, aber auch im Namen aller bayerischen Katholiken versprochen, dass wir ihn im Gebet begleiten und treu zum Nachfolger des Heiligen Petrus stehen. Die ersten Worte des Heiligen Vaters und die ersten Zeichen, die er gesetzt hat, ermutigen mich sehr und machen mich froh. Wir können – davon bin ich überzeugt – mit diesem Papst in allen Stürmen zuversichtlich unseren Weg als Kirche weitergehen. In diesen Tagen in Rom habe ich wieder neu erfahren dürfen, dass letztlich der Herr selbst seine Kirche leitet.*
15. März:	Dr. Wolfgang Lehner, Leiter des Pfarrverbands Moosach im Landkreis Ebersberg, wird zum 1. September neuer Regens des erzbischöflichen Priesterseminars St. Johannes der Täufer in München. Er übernimmt die Leitung von Regens Msgr. Franz-Joseph Baur, der in Landshut auf Stiftspropst Bernhard Schömann als Pfarrer von St. Martin und als Leiter des dortigen Pfarrverbands sowie von St. Jodok folgt.
21. März:	Dem in München ansässigen Künstler Horst Thürheimer, der Malerei und Grafik auf expressive Weise miteinander verbindet, widmet das Diözesanmuseum Freising seine neue Sonderausstellung „Lebensbaum und Feuerzungen".
1. April:	Gerald Fischer, langjähriger stellvertretender Diözesanmusikdirektor und Glockensachverständiger der Erzdiözese München und Freising, wird neuer Diözesanmusikdirektor und Leiter der Abteilung Kirchenmusik im Erzbischöflichen Ordinariat. Er wird die kirchenmusikalischen Belange der Erzdiözese verantworten und insbesondere Sorge für die Aus- und Fortbildung der Kirchenmusiker tragen. Fischer folgt Bernward Beyerle nach, der dieses Amt 26 Jahre lang bekleidete und nun in den Ruhestand geht. Beyerle wird am 25. April mit einer feierlichen Vesper um 17 Uhr in der Münchener Bürgersaalkirche und einem anschlie-

ßenden Empfang in der ehemaligen Karmeliterkirche verabschiedet.

4. April: Mit einer Reihe von Veranstaltungen und Feierlichkeiten erinnert das Erzbistum München und Freising an den am 26. August 1913 geborenen Kardinal Julius Döpfner, von 1961 bis zu seinem Tod am 24. Juli 1976 Erzbischof von München und Freising. Den Auftakt bildet eine Vortragsreihe im Rahmen der Fürstenrieder Schlossgespräche im Exerzitienhaus Schloss Fürstenried, Forst-Kasten-Allee 103, in München. Die Referenten befassen sich unter anderem mit Döpfners prägender Rolle als einer der vier Moderatoren des Zweiten Vatikanischen Konzils und als Präsident der Würzburger Synode.
Den ersten Vortrag in Fürstenried hält am Mittwoch, 10. April, Prälat Gerhard Gruber über „Kardinal Julius Döpfner – seine Botschaft für heute: seine Liebe zur Kirche". Am Mittwoch, 15. Mai, spricht Christian Hartl über „Das Kreuz als seine Kraftquelle" und am Mittwoch, 12. Juni, Walter Bayerlein über „Das Vatikanum II und die Würzburger Synode". Beginn ist jeweils um 19 Uhr, im Anschluss an die Vorträge gibt es Gelegenheit zum Gespräch.
Am Sonntag, 14. Juli, feiert Kardinal Reinhard Marx, Erzbischof von München und Freising, um 9.30 Uhr einen Festgottesdienst in Erinnerung an Kardinal Döpfner im Mariendom zu Freising, im Anschluss findet ein Festakt auf dem Domberg statt. Am Todestag Döpfners, Mittwoch, 24. Juli, feiert Kardinal Marx um 17.30 Uhr im Münchner Liebfrauendom den Gedächtnisgottesdienst. Im Anschluss wird in der Domkrypta, der Grabesstätte Döpfners, eine Gedenkausstellung eröffnet, die das Archiv des Erzbistums unter dem Titel „Julius Kardinal Döpfner (1913-1976). Stationen eines Bischofslebens" zusammenstellt (bis 8. September, zugänglich zu den Öffnungszeiten des Doms, vom 18. September bis 25. November in der Freisinger Johanneskirche auf dem Domberg, täglich tagsüber geöffnet).
Daneben bietet das Kardinal-Döpfner-Haus auf dem Freisinger Domberg eigene Studientage zum Jubiläum an: Von Freitag, 19. Juli, bis Samstag, 20. Juli, unter dem Titel „Vom Theologiestudenten zum Konzilsmoderator. Auf den Spuren der Biographie und Theologie Julius Kardinal Döpfners", und von Montag,

14. Oktober, bis Mittwoch, 16. Oktober, zum Thema „Praedicamus Crucifixum. Wegweisungen aus dem theologischen Vermächtnis von Julius Kardinal Döpfner". Die Katholische Akademie in Bayern plant für Donnerstag, 7. November, ein Döpfner-Forum mit Kardinal Marx im Kardinal-Wendel-Haus in München.

Kardinal Julius Döpfner, in Hausen bei Bad Kissingen geboren, prägte das kirchliche Leben in Deutschland nach dem Zweiten Weltkrieg bis in die siebziger Jahre hinein. Er war Bischof von Würzburg, Erzbischof von Berlin und Erzbischof von München und Freising. Er war einer der vier Moderatoren des Zweiten Vatikanischen Konzils (1962-1965), saß von 1965 bis zu seinem Tod der Deutschen Bischofskonferenz vor und war Präsident der Würzburger Synode (1971-1975). Sein Wirken war motiviert von der Vision einer Kirche, die sich selbst ständig prüft, reformiert und erneuert („ecclesia semper reformanda"). In der Aufbruchstimmung vor und nach dem Zweiten Vatikanum war Döpfner auf den Ausgleich zwischen den divergierenden Richtungen innerhalb der katholischen Kirche bedacht.

8. April:	Die Kongregation der Adeligen Dienerinnen Mariens, angesiedelt an der Münchener Theatinerkirche St. Kajetan, feiert ihr 350-jähriges Bestehen. Aus diesem Anlass feiert Erzbischof Reinhard Kardinal Marx zum Gründungsjubiläum der Gebetsgemeinschaft, dem Fest der Verkündigung des Herrn, in der Münchener Theatinerkirche einen Gottesdienst.
10. April:	Bei der Konferenz „50 Jahre Pacem in Terris" hält Erzbischof Reinhard Kardinal Marx einen Vortrag in Berlin unter dem Titel „Kirche als Friedensakteur. Teil des Problems oder Teil der Lösung?" Im Anschluss daran diskutiert der Münchener Erzbischof mit den Teilnehmern der Tagung, die die deutsche Kommission „Justitia et Pax" und das katholische Militärbischofsamt 50 Jahre nach Veröffentlichung der Enzyklika „Pacem in Terris" von Papst Johannes XXIII. veranstalten.
19. April:	Professor Dr. Alois Baumgartner, ehemaliger Geschäftsführer des Landeskomitees der Katholiken in Bayern und bis 2010 Diözesanratsvorsitzender von München und Freising, wurde vom Landeskomitee der Katholiken in Bayern mit der Franz-Eser-

	Medaille ausgezeichnet. Baumgartner habe sich über mehrere Jahrzehnte ehren- und hauptamtlich für das katholische Laienapostolat in Bayern engagiert und markante Impulse gesetzt.
20. April:	Dr. Albert Schmid wurde bei der Mitgliederversammlung des Landeskomitees der Katholiken in Bayern für weitere 4 Jahre als Vorsitzender wiedergewählt.
20. April:	Die Pfarrei St. Andreas in Wolfratshausen erhält ein neues Pfarrheim am Marienplatz. Weihbischof Wolfgang Bischof segnet die Einrichtung.
24. April:	Zum 25. Jahrestag der Seligsprechung von Redeptoristenpater Kaspar Stangassinger feiert Erzbischof Reinhard Kardinal Marx in der Klosterkirche in Gars am Inn einen Festgottesdienst.
26. April:	Erzbischof Reinhard Kardinal Marx kommt mit mehr als 400 Jugendlichen auf einem Schiff auf dem Chiemsee zu einem Glaubensgespräch mit dem Thema „Ich glaube an den Heiligen Geist" zusammen.
27. April:	Zur Würdigung des Pontifikats von Papst Benedikt XVI. lädt die katholische deutsche Studentenverbindung Aenania zu einem feierlichen Gottesdienst und einem Dankkommers, einem Festabend, nach München ein. Festredner und Zelebrant ist Erzbischof Reinhard Kardinal Marx.
1. Mai:	Pilger aus allen bayerischen Diözesen treffen sich zu einem feierlichen Pontifikalgottesdienst auf dem Bogenberg bei Straubing. Die Wallfahrt ist Teil des siebenjährigen Glaubens- und Gebetsweges „Mit Maria auf dem Weg", mit dem sich die bayerischen Bistümer auf die 100-Jahr-Feier des Festtages der Patrona Bavariae, der Schutzfrau Bayerns in allen bayerischen Bistümer im Jahr 2017 vorbereiten.
4. Mai:	Das erzbischöfliche Jugendamt München begeht sein 75-jähriges Jubiläum mit einem Gottesdienst mit Erzbischof Reinhard Kardinal Marx, einem Festakt und einem Familienfest. 1938 in unruhigen Zeiten als Signal gegen die Repressionen der Nationalsozialisten gegründet, um jungen Menschen unter schwierigsten Bedingungen Orientierung zu geben, engagiert sich das erzbischöfliche Jugendamt seitdem mit Jugendlichen und für Jugendliche.

5. Mai:	Die katholische Landvolkshochschule Petersberg im Landkreis Dachau feiert mit einen Festgottesdienst mit Erzbischof Reinhard Kardinal Marx ihr 60-jähriges Bestehen.
12. Mai:	Das Diözesanmuseum Freising präsentiert in einer Studioausstellung das erst kürzlich als solches identifizierte älteste Marien-Gnadenbild des gesamten süddeutschen Raumes: die um 1130 entstandene Madonnenfigur aus der Wallfahrtskirche Mariä Himmelfahrt in Ainhofen bei Markt Indersdorf.
20. Mai:	Das 750-jährige Bestehen des ehemaligen Zisterzienserklosters Fürstenfeld begeht der Pfarrverband Fürstenfeld mit einem Jubiläumsjahr mit Gottesdiensten, Konzerten und Begegnungsfesten. Einer der Höhepunkte des Jubiläumsprogramms ist der Festgottesdienst mit Erzbischof Reinhard Kardinal Marx und den Gläubigen aus dem Pfarrverband. Kernpunkt des Jubiläumsjahres sind zahlreiche Gottesdienste an Terminen, die mit Gedenktagen des ehemaligen Klosters in Verbindung stehen. Zum Patrozinium der Klosterkirche am Fest Mariä Himmelfahrt, 15. August, feiert Weihbischof Wolfgang Bischof den Festgottesdienst, Weihbischof Bernhard Haßlberger zelebriert den Gottesdienst am Kirchweihsonntag. Der Pfarrverband hat auch zahlreiche Äbte heute noch existierender Zisterzienser- und Benediktinerklöster eingeladen, Gottesdienste zu feiern. Kirchenmusikalische Schwerpunkte setzen die Fürstenfeldbrucker Chöre, z. B. mit Messen, die zur aktiven Zeit des Klosters komponiert wurden. Gelegenheit zur Begegnung gibt es bei einem Fest am 14. Juli, unter anderem mit Ordensleuten aus Zisterzienserklöstern sowie bei einem ökumenischen Kinder- und Familientag am 15. Juni.
19. Juni:	Bei einer Konferenz der Dekane der Erzdiözese haben die Vertreter aus den vom Hochwasser geschädigten Regionen Erzbischof Reinhard Kardinal Marx die Situation vor Ort geschildert. Der Erzbischof zeigte sich beeindruckt von den Berichten über die große spontane Hilfsbereitschaft der Menschen vor Ort. *Ich bin dafür sehr dankbar, und ich danke den Pfarreien mit ihren vielen ehrenamtlichen Helfern, die sich reingehängt haben. Man spürt in Oberbayern, dass die Pfarreien ein Kristallisationspunkt sind, von wo Hilfe erwartet und geleistet wird.* Kardinal Marx bekräftigte, dass die Kirche auch

	weiterhin den betroffenen Menschen beistehen werde: *Wir gehen nicht weg, wenn die Kameras und Scheinwerfer der Medien weg sind.*
24. Juni:	Einen Dankgottesdienst in Erinnerung an den am 29. Juni 1913 zum Priester geweihten Widerstandskämpfer und ehemaligen Weihbischofs des Erzbistums München und Freising, Dr. Johannes Neuhäusler, feiert Kardinal Friedrich Wetter am Namenstag Neuhäuslers, dem Fest des Hl. Johannes des Täufers, in der Kirche des Karmel-Hl. Blut in Dachau.
29. Juni:	Erzbischof Reinhard Kardinal Marx verabschiedet den langjährigen Regens des Münchener Priesterseminars, Msgr. Franz-Joseph Baur und dankt ihm für seinen *so wichtigen und segensreichen Dienst für das Erzbistum München und Freising.*
29. Juni:	Der langjährige Münchener Weihbischof Engelbert Siebler feiert sein 50-jähriges Priesterweihe-Jubiläum. Das Jubiläum fällt auf den Tag, an dem auch in diesem Jahr die acht Neupriester der Erzdiözese München und Freising geweiht wurden. Bei dem festlichen Gottesdienst zu diesem Anlass dankt Erzbischof Reinhard Kardinal Marx dem vor einem Jahr emeritierten Weihbischof im Freisinger Mariendom für dessen treuen und unermüdlichen Einsatz als Seelsorger und für die großen Verdienste für die Erzdiözese München und Freising.
30. Juni:	Die Pfarrkirche Heilige Familie in Tannsau erhält vier neue Glocken, die von Weihbischof Wolfgang Bischof gesegnet werden. Die Glocken stammen aus einer Glockengießerei in Innsbruck und sind dem hl. Josef, der hl. Maria, der hl. Anna und den heiligen Engeln gewidmet.
30. Juni:	Das 350-jährige Bestehen der barocken Wallfahrtskirche Maria Schnee in Heldenstein-Kirchbrunn, Landkreis Mühldorf, in der seit vielen Jahren regelmäßig für den Frieden gebetet wird, begeht der Pfarrverband Ampfing. Weihbischof Bernhard Haßlberger feiert einen Festgottesdienst.
9. Juli:	Das Diözesanmuseum Freising wird ab sofort bis auf weiteres geschlossen. Grund dafür ist eine brandschutztechnische Modernisierung des Hauses auf dem Freisinger Domberg. Zudem muss für den Museumsbetrieb ein Nutzungsänderungsantrag gestellt werden. Im Zuge dessen wird es auch eine architektonische Neu-

gestaltung geben. Diese Entscheidung beruht auf dem Ergebnis bautechnischer Untersuchungen sowie einschlägiger Gutachten und einer aktuellen juristischen Überprüfung. Es wird bereits an Konzepten für die angedachten Veränderungen gearbeitet.

11. Juli: Erzbischof Reinhard Kardinal Marx weiht am Hochfest des hl. Benedikt die Priorin der benediktinischen Kommunität Venio, Schwester Carmen Tatschmurat zur ersten Benediktinerinnen-Äbtissin für München. Die Weihe findet in der Basilika St. Bonifaz in München statt.

13. Juli: Erzbischof Reinhard Kardinal Marx trifft zu einem Glaubensgespräch in den Berchtesgadener Bergen an der Kirchleiten-Kapelle mit Gläubigen zusammen. Bei dem Glaubensgespräch wird es vor allem um das Thema „Kirche" gehen.

14. Juli: Erzbischof Reinhard Kardinal Marx feiert einen Gedenkgottesdienst im Freisinger Dom zur Erinnerung an dem am 26. August 1913 geborenen Kardinal Julius Döpfner. *Julius Döpfner macht uns heute noch Mut für den Weg der Kirche, für den Weg unseres Erzbistums, und er macht mir persönlich Mut.* Kardinal Marx erzählt von Döpfners Tischkreuz, das nun auf seinem Schreibtisch stehe und ihm viel bedeute. Die Spiritualität Döpfners stelle diesen gekreuzigten Christus in den Mittelpunkt, wie auch Döpfners Wahlspruch zeige: Praedicamus crucifixum – Wir aber verkünden Christus, den Gekreuzigten. Der hundertste Jahrestag von Döpfners Geburtstag gebe Anlass, neu zu bedenken, ob die Kirche in ihrem Handeln Christus den Vorrang gebe. Bei einem Festakt im Anschluss an den Gottesdienst sprach Kardinal Marx den Wunsch nach einer historisch-kritischen Biographie zu Kardinal Döpfner aus, die es noch zu erarbeiten gelte: *Hier kann noch viel gelernt werden, wenn wir die gesamte Breite von Döpfners Persönlichkeit und seines historischen Kontextes betrachten.* Dies sei für die Kirche von außerordentlicher Bedeutung.

23. Juli: Weihbischof Bernhard Haßlberger, der Beauftrage der Bayerischen Bischofskonferenz für Jugendfragen, nimmt am Weltjugendtag in Rio de Janeiro in Brasilien teil.

23. Juli: Bei einem Gedächtnisgottesdienst anlässlich des Todestages von Kardinal Julius Döpfner hat Erzbischof Reinhard Kardinal Marx

	die Verdienste seines 1976 verstorbenen Vorgängers auf dem Stuhl des Erzbischofs von München und Freising um die Einheit und Erneuerung der katholischen Kirche gewürdigt. Im Anschluss an den Gottesdienst eröffnete Kardinal Marx die vom erzbischöflichen Archiv München erarbeitete Ausstellung „100 Jahre Julius Kardinal Döpfner" in der Krypta der Münchener Frauenkirche.
24. Juli:	Das Erzbistum München und Freising gratuliert dem päpstlichen Ehrenprälaten Hermann Scheipers, dem letzten noch lebenden Priester, der im Konzentrationslager Dachau inhaftiert war, zu seinem 100. Geburtstag.
15. August:	Pfarrei und Gemeinde Jetzendorf begehen mit zahlreichen Veranstaltungen das Jubiläum ihres „Frautags", eine Wallfahrt am Hochfest Mariä Himmelfahrt, die vor 300 Jahren entstanden ist, und aus der sich der größte eintägige Jahrmarkt Bayerns entwickelt hat. Den Festgottesdienst hält Domdekan Prälat Dr. Lorenz Wolf, die festliche Schlussandacht Erzbischof Reinhard Kardinal Erzbischof Reinhard Kardinal Marx.
1. September:	Nach umfassender Restaurierung wird die vor 840 Jahren geweihte Keferloher Kirche St. Ägidius im Rahmen eines Pontifikalamts mit Erzbischof Reinhard Kardinal Marx wiedereröffnet. Ein neuer Altar wird geweiht.
1. September:	Zwei Priester aus der Kirche Ecuadors nehmen den Dienst in der Erzdiözese München und Freising auf. Sie sind die ersten Priester aus dem südamerikanischen Land, mit dessen Kirche die Erzdiözese seit mehr als 50 Jahren eine intensive Partnerschaft pflegt, die für einen mehrjährigen Aufenthalt nach Bayern kommen. Sie übernehmen Stellen in Flintsbach und München-Solln.
3. September:	Die Diözesanpilgerreise des Erzbistums führt in die französische Heimat des hl. Korbinian, des Patrons des Erzbistums. Unter der geistlichen Leitung von Weihbischof Bernhard Haßlberger besuchen 45 Pilger insbesondere auch die Diözese Évry-Corbeil-Essonnes, mit der das Erzbistum München und Freising durch die Verbindung zum hl. Korbinian seit vielen Jahren eine aktive Partnerschaft pflegt. Am 7. und 8. September nimmt die Pilgergruppe zusammen mit Erzbischof Reinhard Kardinal Marx an

den Feierlichkeiten des Korbiniansfestes teil, das die Diözese Évry-Corbeil-Essonnes jährlich anlässlich des Gedenktags des Heiligen veranstaltet und das diesmal thematisch den geistlichen Beruf des ständigen Diakons in den Blick nimmt. Die Reise wird zugleich begleitet von Domkapitular Wolfgang Huber, dem Verantwortlichen für die diözesanen Partnerschaften, Professor Hans Tremmel, dem Vorsitzenden des Diözesanrats der Katholiken der Erzdiözese München und Freising, und Diakon Anton Häckle, dem Sprecher der ständigen Diakone im Erzbistum.

7. September: Dem Aufruf von Papst Franziskus folgend beten die Katholiken in der Erzdiözese für Frieden in den Krisenherden der Welt, insbesondere in Syrien, in der Frauenkirche in München mit Bischofsvikar Rupert Graf zu Stolberg.

9. September: Auf Initiative des Erzbistums München und Freising und der Ackermann-Gemeinde wird in der ehemaligen Karmeliterkirche die Ausstellung zum Thema „Geschichten vom Umgang mit Leid, Verletzung und Vergebung" gezeigt. Die Wanderausstellung der englischen Organisation „The Forgiveness Project" zeigt auf 22 Schautafeln Menschen aus verschiedenen Ländern, die von ihren Erfahrungen mit Gewalt und Versöhnung berichten, zum Beispiel Angehörige von Mordopfern oder Palästinenser und Israelis, die im Nahostkonflikt Familienmitglieder verloren haben. Nicht nur Opfer, sondern auch Täter erzählen ihre Geschichte.

10. September: Die Fachoberschule „Franz von Assisi" der Erzdiözese München und Freising in Freilassing hat die staatliche Anerkennung als Ersatzschule erhalten. Sie kann damit erstmals auch Buben aufnehmen.

12. September: Die neue Fachoberschule der Erzdiözese München und Freising in Garmisch-Partenkirchen nimmt ihren Betrieb auf. 27 Schülerinnen werden sich dort über einen Zeitraum von 2 Jahren auf die Fachhochschulreife vorbereiten.

12. September: Die Maria-Ward-Schule St. Zeno in Bad Reichenhall wird ab dem laufenden Schuljahr bi-edukativ geführt. 48 Buben besuchen die Realschule der Erzdiözese München und Freising, die bisher eine reine Mädchenschule war.

13. September:	Neun Vertreter des Erzbistums München und Freising nehmen am Gesprächsforum „Im Heute glauben" der Deutschen Bischofskonferenz in Stuttgart teil.
18. September:	Ordinariatsrat Martin Floß, Dienstgebervertreter aus der Erzdiözese München und Freising und Sprecher der Dienstgeberseite, ist als Vorsitzender der bayerischen Regional-KODA, der Kommission zur Ordnung des diözesanen Arbeitsvertragsrecht in den sieben bayerischen Bistümern und Erzbistümern bestätigt worden.
21. September:	Erzbischof Reinhard Kardinal Marx begeht seinen 60. Geburtstag mit einem Gottesdienst in der Münchener Pfarrkirche St. Sylvester. Nach dem Gottesdienst feuert die Kompanie „Gotzinger Trommel" der bayerischen Gebirgsschützen, deren Ehrenmitglied Kardinal Marx ist, vor der Pfarrkirche einen Salut ab. Der bayerische Trachtenverband führt anschließend einen Tanz zu Ehren des Jubilars auf. Buben und Mädchen aus dem Trachtenverband tragen ein Gedicht vor. Im nichtöffentlichen Rahmen veranstaltet die Erzdiözese dann einen Festakt im Kardinal-Wendel Haus, bei dem unter anderem Erzbischof Robert Zollitsch, Vorsitzender der Deutschen Bischofskonferenz, sowie der bayerische Ministerpräsident Horst Seehofer dem Kardinal ihre Glückwünsche übermitteln werden.
22. September:	Pater Peter Graupner SJ wird als Leiter des Exerzitienhauses Schloss Fürstenried verabschiedet. Seine Nachfolge tritt Pater Christoph Kentrup SJ zum 1. Oktober an.
26. September:	75 Jahre nach Unterzeichnung des Münchener Abkommens und dem Beginn der damit verbundenen Deportation sudetendeutscher Kritiker des nationalsozialistischen Regimes ins Konzentrationslager Dachau wird mit einer Andacht in der KZ-Gedenkstätte Dachau der Opfer gedacht.
26. September:	Die Mädchenrealschule St. Ursula in Lenggries hat die Auszeichnung MINT-freundliche Schule für ihr besonderes Engagement in der naturwissenschaftlich-technologischen Bildung erhalten. „MINT" ist die Abkürzung für „Inititativen der Bildung in den Fächern Mathematik, Informatik, Naturwissenschaft und Technik".

30. September:	Auf Einladung des Erzbistums München und Freising besucht das Oberhaupt der koptisch-katholischen Christen, Patriarch Ibrahim Isaak Sedrak von Alexandria, München.
4. Oktober:	Der Notfallseelsorger Diakon Andreas Müller-Cyran erhält aus der Hand von Bundespräsident Joachim Gauck das Bundesverdienstkreuz in Berlin.
6. Oktober:	Rund 650 Paare aus der gesamten Erzdiözese München und Freising versammeln sich zum Ehepaarfest auf dem Freisinger Domberg. Sie wollen für die gemeinsamen Ehejahre danken und Gottes Segen für ihre Partnerschaft erbitten.
8. Oktober:	Bei dem Glaubensgespräch zum Thema „Ich glaube an die Vergebung" spricht Erzbischof Reinhard Kardinal Marx mit etwa 200 Gläubigen in der Tenne des Veranstaltungsforums auf dem Klosterareal Fürstenfeld.
13. Oktober:	Kardinal Friedrich Wetter begeht mit einem Festgottesdienst im Münchener Dom sein diamantenes Priesterjubiläum. Der ehemalige Erzbischof von München und Freising, der die Erzdiözese von 1982 bis 2008 leitete, wurde vor 60 Jahren in Rom zum Priester geweiht.
16. Oktober:	Erzbischof Reinhard Kardinal Marx führt Professor Dr. Marc-Aeilko Aris, Professor für lateinische Philologie des Mittelalters an der Ludwig-Maximilians-Universität München, als neuen Universitätsprediger an der Kirche St. Ludwig in München ein.
18. Oktober:	Die Pater-Rupert-Mayer-Medaille des Katholikenrats der Region München wird an den ökumenischen Asylbewerberhelferkreis in Putzbrunn verliehen.
19. Oktober:	Die marianischen Männerkongregationen in Bayern feiern das 450-jährige Bestehen ihrer Gemeinschaft. Die Vereinigung, deren Mitglieder sich der Marienverehrung und dem Laienapostolat verschreiben, wurde 1563 in Rom ins Leben gerufen. Anlässlich des Jubiläums versammeln sich rund 2000 Mitglieder der marianischen Männerkongregationen in Bayern sowie Gäste aus ganz Deutschland, aus Österreich und Südtirol gemeinsam mit Erzbischof Reinhard Kardinal Marx auf dem Münchener Marienplatz, um den Engel des Herrn zu beten.

20. Oktober:	Bei einer Pontifikalvesper mit Erzbischof Reinhard Kardinal Marx wird Dr. Wolfgang Lehner als neuer Regens des Priesterseminars St. Johannes der Täufer in München eingeführt.
22. Oktober:	Das Gymnasium St. Ursula der Erzdiözese München und Freising auf Schloss Hohenburg in Lenggries wird für sein Engagement gegen Mobbing und Ausgrenzung geehrt.
24. Oktober:	Mit einer Sternwallfahrt und einer Festakademie begehen die Pater-Rupert-Mayer-Schulen in Pullach ihr 50-jähriges Bestehen.
2. November:	Mit einer Kreuzwegandacht und einem Gräberumgang auf dem KZ-Friedhof am Leitenberg im Ortsteil Etzenhausen, Dachau, gedenken Erzbischof Reinhard Kardinal Marx und der Erzbischof von Trient, Luigi Bressan, der mehr als 7500 dort bestatteten Toten. Die Andacht in der Kapelle Regina Pacis auf dem KZ-Friedhof erinnert zugleich an den 50. Weihetag dieser Kapelle.
3. November:	Den neuen Zelebrationsaltar des Moosburger Kastulusmünsters weiht Erzbischof Reinhard Kardinal Marx im Rahmen eines Festgottesdienstes. Mit der Altarweihe wird die 12-jährige Gesamtrestaurierung der Kirche mit ihrer mehr als 1000-jährigen Geschichte abgeschlossen. Der Freisinger Steinmetz Manfred Kozel hat den Altar und die weiteren liturgischen Orte entworfen.
8. November:	Unter dem Titel „Aus der Vergangenheit lernen: Konsequenzen für die Zukunft" veranstaltet das Zentrum für Kinderschutz München seine Jahrestagung im Exerzitienhaus der Erzdiözese München und Freising in München-Fürstenried. Zu der Konferenz begrüßen Pater Hans Zollner SJ, Akademischer Vizerektor und Direktor des Instituts für Psychologie an der Päpstlichen Universität Gregoriana, Monsignore Klaus Peter Franzl, Ressortleiter Personal im Erzbischöflichen Ordinariat München, Jörg M. Fegert, Ärztlicher Direktor am Universitätsklinikum Ulm, sowie Bettina Janssen, Leiterin des „Büros für Fragen sexuellen Missbrauchs Minderjähriger im kirchlichen Bereich" der Deutschen Bischofskonferenz. Einen Gottesdienst zum Abschluss der Tagung feiert mit den Teilnehmern der Generalvikar des Erz-

	bischofs von München und Freising, Prälat Peter Beer, um 18 Uhr.
9. November.	Zu einem Glaubensgespräch mit Erzbischof Reinhard Kardinal Marx über die Auferstehung kommen etwa 100 Gläubige in der Grundschule am Grünen Mark in Erding zusammen.
9. November:	Erzbischof Reinhard Kardinal Marx nimmt an einer Gedenkveranstaltung anlässlich des 75. Jahrestages der Reichspogromnacht im Alten Rathaus in München teil.
10. November:	Erzbischof Reinhard Kardinal Marx weiht den neuen Altar der Pfarrkirche Mariä Verkündigung im Traunsteiner Stadtteil Haslach. Der Traunsteiner Bildhauer Johann Brunner hat die gesamte liturgische Ausstattung der Pfarrkirche neu gestaltet.
10. November:	Der neue Landshuter Stiftspropst und Pfarrer von St. Martin, Msgr. Franz-Joseph Baur, wird im Rahmen eines Festgottesdienstes von Weihbischof Bernhard Haßlberger in sein Amt eingeführt.
13. November:	Über den Umbau des Gebäudes in der Kapellenstraße 2-4 zum zentralen Verwaltungsgebäude des Erzbischöflichen Ordinariats München informieren Generalvikar Dr. Dr. Peter Beer, Ordinariatsrat Hans-Jürgen Dennemarck, der Leiter des Ressorts Bauwesen und Kunst im Erzbischöflichen Ordinariat, und Peter Kerle, der zuständige Projektleiter. Das Erzbistum München und Freising führt seine Verwaltung zusammen und baut zu diesem Zweck ein im Jahr 2006 erworbenes Gebäude in der Kapellenstraße in der Münchener Innenstadt um.
24. November:	Erzbischof Reinhard Kardinal Marx weiht den neuen Altar und die erneuerte Orgel der Pfarrkirche St. Michael in Attel in der Nähe von Wasserburg am Inn. Der Altar wurde von Sina Wagner, Studentin an der Akademie der Bildenden Künste München geschaffen. Der Entwurf entstand in einem künstlerischen Ideenwettbewerb, an dem 10 Studenten und Studentinnen der Bildhauerklasse von Professor Hermann Pitz teilgenommen haben.
29. November:	Das Diözesanmuseum der Erzdiözese zeigt im Freisinger Mariendom ausgewählte Krippen sowie Skulpturen und Gemälde

mit weihnachtlichen Themen. Die Ausstellungsstücke der Schau mit dem Titel „Heimkommen" stammen ursprünglich aus dem Dom. Im Mittelpunkt steht die figurenreiche orientalische Krippe des Münchener Bildhauers Sebastian Osterrieder aus dem Jahr 1915, die in einer neuen Aufstellung präsentiert wird.

16. Dezember: Der neue apostolische Nuntius in der Bundesrepublik Deutschland, Erzbischof Nikola Eterovic, besucht Erzbischof Reinhard Kardinal Marx im Rahmen seines Antrittsbesuchs in München.

20. Dezember: Der Vorsitzende des Diözesanrats der Katholiken im Erzbistum München und Freising Hans Tremmel feiert seinen 50. Geburtstag.

Priesterweihen, Altarweihen etc.

Die offiziellen Pontifikalhandlungen für die Jahre 2013 und 2014 sind noch nicht im Amtsblatt veröffentlicht; sie werden in Band 57 der „Beiträge zur altbayerischen Kirchengeschichte" nachgereicht.

Neu errichtete Stadtkirchen und Pfarrverbände:

Im besonderen Auftrag des Erzbischofs Reinhard Kardinal Marx werden auf Vorschlag des zuständigen Bischofsvikars sowie nach Beratung im Priesterrat und im Ordinariatsrat folgende Pfarrverbände errichtet:

Mit Wirkung vom 1. Januar 2013 der Pfarrverband Haidhausen. Zu diesem Pfarrverband gehören die Pfarreien München-St. Elisabeth, München-St. Johann Baptist/Haidhausen und München-St. Wolfgang. Der Sitz des Pfarrverbandes ist die Pfarrei München-St. Johann Baptist/Haidhausen.

Mit Wirkung vom 1. Januar 2013 der Pfarrverband Taufkirchen bei München. Zu diesem Pfarrverband gehören die Pfarreien Taufkirchen bei München-St. Georg und Taufkirchen bei München-St. Johannes der Täufer. Der Sitz des Pfarrverbandes ist die Pfarrei Taufkirchen bei München-St. Johannes der Täufer.

Mit Wirkung vom 1. Januar 2013 der Pfarrverband St. Thomas Apostel-St. Lorenz. Zu diesem Pfarrverband gehören die Pfarreien München-St. Lorenz und München-

St. Thomas Apostel. Der Sitz des Pfarrverbandes ist die Pfarrei München-St. Thomas Apostel.

Mit Wirkung vom 1. Januar 2013 wird der bestehende Pfarrverband Gars am Inn neu umschrieben. Zu diesem Pfarrverband gehören die Pfarreien Au am Inn-Mariä Himmelfahrt, Gars am Inn-Mariä Himmelfahrt, Mittergars-St. Michael, Wang-St. Georg sowie die Kuratien Jettenbach-St. Vitus und Lengmoos-St. Ägidius. Der Sitz des Pfarrverbandes bleibt die Pfarrei Gars am Inn-Mariä Himmelfahrt.

Mit Wirkung vom 1. Februar 2013 der Pfarrverband St. Albert-Allerheiligen. Zu diesem Pfarrverband gehören die Pfarreien München-St. Albert und München-Allerheiligen. Der Sitz des Pfarrverbandes ist die Pfarrei München-St. Albert.

Mit Ablauf des 28. Februar 2013 wird der Pfarrverband Schloßberg-Stephanskirchen in „Pfarrverband Stephanskirchen" umbenannt. Die Namensänderung tritt somit zum 1. März 2013 in Kraft. Der Sitz des Pfarrverbandes bleibt unverändert.

Mit Wirkung vom 1. April 2013 der Pfarrverband Bergkirchen-Schwabhausen. Zu diesem Pfarrverband gehören die Pfarreien Bergkirchen-St. Johann Baptist, Kreuzholzhausen-Hl. Kreuz, Oberroth-St. Peter und Paul und Schwabhausen-St. Michael. Der bisherige Pfarrverband Bergkirchen wird aufgehoben. Der Sitz des Pfarrverbandes ist Bergkirchen-St. Johann Baptist.

Mit Wirkung vom 1. Juli 2013 die Stadtteilkirche Rosenheim-Am Zug. Zu dieser neuen Stadtteilkirche gehören die Pfarreien Rosenheim-Christkönig, Rosenheim-St. Michael und Rosenheim-Fürstätt-St. Quirinus. Der Sitz der Stadtteilkirche ist Rosenheim-Christkönig.

Mit Wirkung vom 1. September 2013 der Pfarrverband Hausham-Agatharied. Zu diesem Pfarrverband gehören die Pfarreien Agatharied-St. Agatha und Hausham-St. Anton. Der Sitz des Pfarrverbandes ist die Pfarrei Hausham-St. Anton; er ist dem Dekanat Miesbach eingegliedert.

Mit Wirkung vom 1. Oktober 2013 der Pfarrverband Kirchanschöring. Zu diesem Pfarrverband gehören die Pfarreien Fridolfing-Mariä Himmelfahrt, Kirchanschöring-St. Michael, Petting-St. Johann Baptist und die Kuratie Kirchstein-St. Ägidius. Der Sitz des Pfarrverbandes ist die Pfarrei Kirchanschöring-St. Michael; er ist dem Dekanat Traunstein eingegliedert. Gleichzeitig wird der Pfarrverband Petting-Kirchanschöring mit Ablauf des 30. September 2013 aufgehoben.

Mit Wirkung vom 1. Oktober 2013 der Pfarrverband Erding-Langengeisling. Zu diesem Pfarrverband gehören die Pfarreien Erding-St. Johannes und Langengeisling-St. Martin von Tours. Der Sitz des Pfarrverbandes ist die Pfarrei Erding-St. Johannes; er ist dem Dekanat Erding eingegliedert.

Mit Wirkung vom 1. Oktober 2013 der Pfarrverband Milbertshofen. Zu diesem Pfarrverband gehören die Pfarreien München-St. Georg und München-St. Lantpert. Der Sitz des Pfarrverbandes ist die Pfarrei München-St. Georg; er ist dem Dekanat München-Freimann eingegliedert.

Mit Wirkung vom 1. Oktober 2013 der Pfarrverband Partenkirchen-Farchant-Oberau. Zu diesem Pfarrverband gehören die Pfarreien Farchant-St. Andreas, Oberau/Loisach-St. Ludwig und Partenkirchen-Maria Himmelfahrt. Der Sitz des Pfarrverbandes ist die Pfarrei Partenkirchen-Maria Himmelfahrt; er ist dem Dekanat Werdenfels eingegliedert.

Mit Wirkung vom 1. November 2013 der Pfarrverband Brannenburg-Flintsbach. Zu diesem Pfarrverband gehören die Pfarreien Brannenburg-Mariä Himmelfahrt, Degerndorf am Inn-Christkönig und Flintsbach am Inn-St. Martin. Der Pfarrverband Degerndorf-Brannenburg wird mit Ablauf des 31. Oktober 2013 aufgehoben. Der Sitz des neuen Pfarrverbandes Brannenburg-Flintsbach ist die Pfarrei Degerndorf am Inn-St. Christkönig; er ist dem Dekanat Inntal eingegliedert.

Mit Wirkung vom 1. November 2013 der Pfarrverband Wartenberg. Zu diesem Pfarrverband gehören die Pfarreien Berglern-St. Peter und Paul, Langenpreising-St. Martin, Wartenberg-Mariä Geburt und die Kuratie Zustorf-St. Stephanus. Der Pfarrverband Langenpreising wird mit Ablauf des 31. Oktober 2013 aufgehoben. Der Sitz des neuen Pfarrverbandes Wartenberg ist die Pfarrei Wartenberg-Mariä Geburt; er bleibt dem Dekanat Erding eingegliedert.

Mit Wirkung vom 1. Dezember 2013 der Pfarrverband Pasing. Zu diesem Pfarrverband gehören die Pfarreien München-Maria Schutz und München-St. Hildegard. Der Sitz des Pfarrverbandes ist die Pfarrei München-Maria Schutz; er ist dem Dekanat München-Pasing eingegliedert.

Mit Wirkung vom 1. Dezember 2013 der Pfarrverband Sendling. Zu diesem Pfarrverband gehören die Pfarreien München-St. Korbinian und München-St. Margaret. Der Sitz des Pfarrverbandes ist die Pfarrei München-St. Margaret; er ist dem Dekanat München-Laim eingegliedert.

Mit Wirkung vom 1. Dezember 2013 der Pfarrverband Karlsfeld. Zu diesem Pfarrverband gehören die Pfarreien Karlsfeld-St. Anna und Karlsfeld-St. Josef. Der Sitz des Pfarrverbandes ist die Pfarrei Karlsfeld-St. Anna; er ist dem Dekanat München-Feldmoching eingegliedert.

Mit Wirkung vom 1. Dezember 2013 die Stadtkirche Bad Aibling. Zu dieser Stadtkirche gehören die Pfarreien Bad Aibling-Mariä Himmelfahrt, Bad Aibling-St. Georg, Berbling-Zum Hl. Kreuz und Willing-St. Jakob. Der Sitz der Stadtkirche ist die Pfarrei Bad Aibling-Mariä Himmelfahrt. Die Stadtkirche ist dem Dekanat Bad Aibling eingegliedert.

Im Jahr 2013 in der Erzdiözese München und Freising verstorbene Priester, Diakone und Pastoralreferenten

Priester

7. Januar   Schirmeisen Bernard, Pfarrer i. R. (75 Jahre)
1973-1975 Religionslehrer am Graf-Rasso-Gymnasium in Fürstenfeldbruck, 1974 Aufnahme in den Diözesandienst, 1975-1977 Mithilfe im PV Velden, 1977-1989 Versetzung in den zeitlichen Ruhestand, 1989 Versetzung in den dauernden Ruhestand (ord. 23.6.1963).

9. Februar   Grüb Anton, Pfarrkurat i.R. (79 Jahre)
1964-1974 div. Einsatzstellen als Kaplan, 1974-1978 Kurat in Ottenhofen-St. Katharina, 1978-2000 zeitlicher Ruhestand, 1984-2002 seelsorgliche Aufgaben im Blindenheim an der Winthirstraße sowie im Rotkreuz-Krankenhaus in München, 2002 Versetzung in den dauernden Ruhestand (ord. 29.6.1964).

22. Februar   Bargon Edmund, Pfarrer i.R. (83 Jahre)
1958-1961 Kaplan in Miesbach-Mariä Himmelfahrt, 1961-1968 Kaplan in Berchtesgaden, 1968-1998 Pfarrer in Reit im Winkl-St. Pankratius, 1998 Versetzung in den dauernden Ruhestand, seit 1998 nebenamtl. Seelsorgemithilfe in Reit im Winkl-St. Pankratius (ord. 29.6.1958).

25. Februar   Summerer Karlheinz, Prälat, Geistl. Rat, Pfarrer i.R.
1964-1970 Diözesanjugendpfarrer der männlichen Jugend, 1968-1998 Geistl. Beirat des DJK Diözesanverbandes, 1970-1974 Kurat bzw. Pfarrkurat sowie von 1974-2003 Pfarrer in München-Frieden Christi, 1973-2003 Beauftragter für Kirche und Sport in der Erzdiözese München und Freising sowie für das Land Bayern, 1976-1990 Stv. Geistl. Beirat der DJK auf Bundesebene sowie Mitglied in der „Wissenschaftlichen Kommission", 1977-

1993 Dekanstellvertreter des Dekanats München-Freimann, 1980-1985 Mitglied der neuen Liturgie-Kommission der Erzdiözese, 2003 Versetzung in den dauernden Ruhestand, nach 2005 zeitweise na. Seelsorgemithilfe in München-Frieden Christi (ord. 29.6.1959).

15. März	Zawadke Anton, Pfarrer i.R. (81 Jahre) 1959-1963 Aushilfspriester in München-St. Anna, 1963-1965 Kaplan in Waldkraiburg-Christkönig, 1965-1969 Kaplan in München-St. Michael/Perlach, 1969-2007 Pfarrer in Ottobrunn-St. Otto, 1978-1983 Dekanstellvertreter des Dekanats Ottobrunn, 1981-2006 na. Seelsorge im Altenheim „Haus im Wald" in Hohenbrunn-Riemerling, 2007 Versetzung in den dauernden Ruhestand, seit 2007 na. Seelsorgemithilfe in der PG Ottobrunn (ord. 29.6.1959).
17. März	Niederreuther Rudolf, Studiendirektor a.D. 1998-2006 na. Seelsorgemithilfe in Aschau/Chiemgau-Darstellung des Herrn und Frasdorf-St. Margaretha, 2006-2011 na. Seelsorgemithilfe in Prien am Chiemsee-Mariä Himmelfahrt, seit 2011 Seelsorgemithilfe im PV Prien (ord. 10.5.1959).
28. März	Steinmeier Max, Geistl. Rat, Pfarrer i.R. (86 Jahre) 1953-1956 Koadjutor in Tegernsee-St. Quirinus, Ismaning-St. Johann Baptist und Dorfen-Maria Himmelfahrt, 1956-1960 Präfekt im Studienseminar Traunstein, 1961-1966 Kurat in Tittmoning-St. Laurentius, 1966-1978 Pfarrer in Rosenheim-Hl. Blut, 1978-1996 Pfarrer in Bad Aibling-St. Georg, 1986-1996 Dekan des Dekanats Bad Aibling, 1996 Versetzung in den dauernden Ruhestand, 1997-2010 Seelsorgemithilfe im Dekanat Chiemsee (ord. 29.6.1953).
27. April	Niedermeier Valentin, Geistl. Rat, Studiendirektor a.D. (97 Jahre) 1946-1947 Pfarrvikar in Zorneding-St. Martin, 1947-1955 Präfekt im Erzb. Knabenseminar in Freising, 1955-1960 Religionslehrer in Freising-Domgymnasium mit Realschule und 1960-1978 an der Josef-Hofmiller-Oberrealschule in Freising, 1962-1984 adscribiert in Freising-Domkirche, 1978 Ruhestandsversetzung, 1983-2010 Seelsorgemithilfe in Freising-St. Georg, Eschlbach-Mariä Geburt und Hörgersdorf-St. Bartholmäus (ord. 29.6.1946).

17. Juni	Harrer Karl Maria, Pfarrer i.R. 1953-1954 Aushilfspriester in München-St. Peter und Paul, 1954-1966 Kaplan in München-St. Martin, Hl. Blut und Neubiberg-Rosenkranzkönigin, 1963-1969 Errichtung der Kuratie und Kurat in Neubiberg-Hl. Bruder Klaus, 1969-1996 Pfarrer in München-St. Bruder Klaus, 1996 Versetzung in den dauernden Ruhestand, 1996-2002 Seelsorgemithilfe im PV Tittmoning (ord. 29.6.1953).
11. Juli	Schuster Wilhelm, Geistl. Rat, Pfarrer i. R. (85 Jahre) 1955 Aushilfspriester in Deining, 1955-1958 Beurlaubung (Kloster Schäftlarn), 1958-1959 Koadjutor in Fridolfing-Mariä Himmelfahrt, 1959-1962 Kaplan in Freilassing, 1962-1968 Kaplan in München-Maria Thalkirchen, St. Joachim und St. Johann Baptist, 1968-1999 Pfarrer in München-St. Martin/Untermenzing, 1999 Versetzung in den dauernden Ruhestand (ord. 29.6.1955).
21. Juli	Läpple Prof. Dr. Alfred, Monsignore, Prälat, (98 Jahre) 1947-1948 Kaplan in München-Allerseelen, 1948-1952 Dozent am Erzbischöflichen Klerikalseminar in Freising, 1952-1970 Religionslehrer am Max-Planck-Gymnasium in München-Pasing, 1970-1972 o. Professor, Erziehungswissenschaftl. Hochschule, Landau/Pfalz, 1972-1981 o. Univ.-Professor in Salzburg, 1980 Bundesverdienstkreuz am Bande, 1981 Emeritierung, 1997-2002 Mitglied des 8. Priesterrats (ord. 29.6.1947).
28. August	Aicher Lorenz, Geistl. Rat, Pfarrer i.R. (87 Jahre) Priester der Diözese Passau, seit 1.1.2001 Seelsorgemithilfe im Pfarrverband Töging-St. Josef/Erharting (ord. 29.6.1954).
20. September	Zahnbrecher Franz, Pfarrer i.R. (83 Jahre) 1955-1969 Kaplan in Freising-St. Peter und Paul, in München-St. Johann Baptist/Haidhausen und in München-St. Joachim; 1969-1996 Pfarrer in München-Fronleichnam, 1996 Versetzung in den dauernden Ruhestand (ord. 29.6.1955).
2. Oktober	Nothaas Werner, Pfarrer i.R. (84 Jahre) 1953-1955 Koop.-Verweser in Indersdorf-Mariä Himmelfahrt, 1957 Aushilfspriester in München-St. Ulrich, 1958-1968 Kaplan und ab 1964 Pfarrvikar, na., in München-St. Franziskus, 1968-1999 Pfarrer in München-St. Lorenz/Oberföhring, 1999 Versetzung in den dauernden Ruhestand (ord. 29.6.1953).

6. Oktober   Lang Ludwig, Religionslehrer i.R. (77 Jahre)
                  1864 Lic. theol., 1968 Lic. phil., 1973-1993 Religionslehrer im Dom-Gymnasium Freising, 1977 Inkardination, 1977-1993 Seelsorgemithilfe in München-St. Peter, 1993 Versetzung in den vorzeitigen Ruhestand, 1993-2013 Seelsorgemithilfe in Partenkirchen-Maria Himmelfahrt und Garmisch-St. Martin, 2013 Versetzung in den dauernden Ruhestand (ord. 16.2.1964).

14. Oktober   Kreuzer Hans, Pfarrer (64 Jahre)
                  1982-1984 Kaplan in Bad Reichenhall-St. Nikolaus, 1984-1986 Seelsorger im Klinikum rechts der Isar, 1986-1987 Pfarrer in Garching-St. Nikolaus, seit 1987 Hausgeistlicher im Marienheim der Mallersdorfer Schwestern in Eisenärzt (ord. 26.6.1982).

24. Oktober   Hamberger Johann, Pfarrer i.R. (79 Jahre)
                  1959-1969 Kaplan in Oberaudorf-Zu Unserer Lieben Frau, Bad Endorf-St. Jakobus der Ältere und Freilassing-St. Rupert, 1969-2005 Pfarrer in Bad Wiessee-Maria Himmelfahrt und Kurat in Bad Wiessee-St. Anton, 2005 Versetzung in den dauernden Ruhestand, 2005 Ehrenkapitular des Dekanats Miesbach, seit 2005 Seelsorgemithilfe im Pfarrverband Gmund-Bad Wiessee (ord. 29.6.1959).

10. Dezember   Zolnierczyk P. Friedrich, OFMConv (77 Jahre)
                  1995-2012 Pfarradministrator und 2012-2013 Pfarrvikar im Pfarrverband Trostberg-Schwarzau (ord. 21.6.1963).

24. Dezember   Heller Kurt, Geistl. Rat (66 Jahre)
                  1980-1981 Kaplan in Dachau-St. Jakob, 1981-1985 Kaplan in München-St. Pius, seit 1985 Direktor im St.-Josefs-Heim in München (ord. 28.6.1980).

25. Dezember   Huber Martin, Geistl. Rat, Pfarrer i.R. (80 Jahre)
                  1961-1972 Kaplan in Landshut-St. Margaret, München-St. Raphael und München-St. Maximilian, 1972-1974 Kurat in München-St. Ansgar, 1974-2004 Pfarrer in München-St. Ansgar, 2004 Versetzung in den dauernden Ruhestand (ord. 29.6.1961).

	Pastoralreferent
22. März	Schäfer Sebastian, Pastoralassistent im Vorbereitungsdienst (29 Jahre) Pastoralkurs September 2012 bis März 2013 im Pfarrverband Dachau-St. Jakob.

2014

7. Januar	Eine Sternsingergruppe aus der Pfarrei Heilig Kreuz in Dachau vertritt die Erzdiözese beim offiziellen Sternsingerempfang von Bundeskanzlerin Angela Merkel in Berlin.
13. Januar	Das Archiv des Erzbistums präsentiert seine neue Veröffentlichung unter dem Titel „Vom Domberg nach München" in der Dombibliothek Freising. Die Direktorin des Staatsarchivs Amberg, Dr. Maria Sagstetter, hält dazu einen Vortrag unter dem Titel „Schatzkammern des Wissens. Zur Baugeschichte von Dombibliothek und Archivsaal des Domkapitels in Freising", der auch in dem neuen Band enthalten ist. Dr. Roland Götz, Archivoberrat im Archiv des Erzbistums und Herausgeber der Neuerscheinung, stellt den Band anschließend vor. Peter Pfister, Leiter des Archivs des Erzbistums München und Freising, würdigt insbesondere das Zusammenwirken von kirchlichen und staatlichen Stellen bei der Entstehung der Neuerscheinung: *Wir haben auf fachlicher Ebene die Konfrontationen der Säkularisationszeit längst hinter uns gelassen und tragen nun gemeinsam Sorge für die Zeugnisse Freisinger Geschichte.* Die Archive und Registraturen auf dem Freisinger Domberg verwahrten vor der Säkularisation den schriftlichen Niederschlag eines Jahrtausends kirchlichen Lebens, das bis ins achte Jahrhundert zurückreichende Schriftgut der fürstbischöflichen geistlichen und weltlichen Regierung, des Domkapitels und weiterer geistlicher Institutionen. Nach der Säkularisation nahm der bayerische Kurfürst die Bestände in Besitz. Auf unterschiedlichen Wegen gelangten sie nach München ins Bayerische Hauptstaatsarchiv sowie ins Archiv des 1821 errichteten Erzbistums München und Freising. Die neue Veröffentlichung baut auf der Ausstellung „Verlust und Gewinn" auf, die Archiv und Diözesanbibliothek des Erzbistums im Jahr 2003 anlässlich des 200. Jahrestags der Säkularisation zeigten. Sie enthält neben dem Vortrag von Maria Rita Sagstetter

weitere grundlegende Beiträge von Joachim Wild, ehemaliger Direktor des Bayerischen Hauptstaatsarchivs, und dem inzwischen verstorbenen Martin Ruf OSB, ehemaliger Direktor des Gymnasiums der Benediktiner in Schäftlarn. Kernstück des Buches ist die mehr als 100 Seiten umfassende umfangreiche Zusammenstellung von Quellen, die neue Einblicke in die Geschichte der Archive und Registraturen des Freisinger Dombergs geben. Sie wird ergänzt durch Kapitel zu Freisinger Beständen im Bayerischen Hauptstaatsarchiv und im Archiv des Erzbistums München und Freising sowie eine Zusammenstellung von historischen Beschreibungen des Ordinariatsarchivs in München und der Sammlung von Joseph Heckenstaller, dem Freisinger Hochstiftsarchivar. Der Band leistet einen grundlegenden Beitrag zu einem bislang wenig beachteten Aspekt der Freisinger Bistums- und Kulturgeschichte und informiert Forscher über alle für ein Thema einschlägigen aktuellen Fundorte von Freisinger Archivalien.

21. Januar	Die Freisinger Bischofskonferenz ernennt den früheren Generalvikar des katholischen Militärbischofs, Prälat Walter Wakenhut, zum neuen Geistlichen Beauftragten des Landeskomitees der Katholiken in Bayern.
21. Januar	Die Erzdiözese München und Freising hat die Planung für den Neubau einer Kirche im Kirchenzentrum Seliger Pater Rupert Mayer in Poing freigegeben und die für den Bau notwendigen Mittel bereitgestellt. Die Kirche wird nach den Entwürfen des Münchener Architekten Andreas Meck realisiert.
26. Januar	Die Neugestaltung der liturgischen Orte in der Pfarrkirche Münsing zusammen mit einer grundlegenden Innenrestaurierung wird mit einem Festgottesdienst abgeschlossen, den Erzbischof Reinhard Kardinal Marx hält.
30. Januar	Das Erzbistum München und Freising veröffentlicht die detaillierten Ergebnisse der Online-Umfrage zur Ehe- und Familienpastoral. 834 Gläubige hatten sich an der vom Heiligen Stuhl initiierten Umfrage beteiligt. Die Ergebnisse der Umfrage dienen der Vorbereitung der außerordentlichen Bischofssynode zum Thema „Die pastoralen Herausforderungen der Familie im Kontext der Evangelisierung", die vom 5. bis 19. Oktober 2014 in Rom stattfindet.

31. Januar	Domdekan Prälat Dr. Lorenz Wolf ist zum neuen Vorsitzenden des Rundfunkrates des Bayerischen Rundfunkrates gewählt worden.
3. Februar	Das internationale katholische Missionswerk „Misssio" in München gibt bekannt, dass Domkapitular Msgr. Wolfgang Huber, bisher Dompfarrer und Leiter der Abteilung Weltkirche in der Erzdiözese München und Freising und Diözesandirektor für Missio in München, mit Wirkung zum 1. Mai 2014 neuer Präsident des internationalen katholischen Missionswerks Missio in München wird.
6. Februar	Anlässlich des 70. Todestags des Blutzeugen der Erzdiözese, des Steyler Missionars Bruder Cornelius Wiedl, findet in seiner Heimatgemeinde Unterflossing, Lkr. Mühldorf, ein Festakt statt.
9. Februar	Im Gedenken an ihr ehemaliges Gemeindemitglied Friedrich Ritter von Lama hält zum 70. Todestag dieses Blutzeugens der Erzdiözese München und Freising die Pfarrei St. Benedikt in Gauting einen Pfarrgottesdienst.
11. Februar	Anlässlich des Gedenkjahres zum Beginn des Ersten Weltkrieges vor 100 Jahren legt der Verein für Diözesangeschichte des Erzbistums München und Freising bei seiner Veranstaltungsreihe 2014 einen der Schwerpunkte auf die Kirchengeschichte des 20. Jahrhunderts. So lädt er zum Beispiel zu Vorträgen über die Rolle Kardinal Michael von Faulhabers oder der Münchener Nuntiatur während des Ersten Weltkrieges ein. Das Programm mit sechs Vortragsabenden, einer Ausstellungsführung und einer Exkursion startet mit einem Vortrag über die neuerschlossenen Quellen zur bayerischen Kirchengeschichte des 19. Jahrhunderts aus dem Archiv des römischen Collegium Germanicum. Professor Dr. Anton Landersdorfer referiert zu den Briefen des Münchener Germanikers Johann Baptist Huber aus den Jahren 1870 bis 1886.
11. Februar	Erzbischof Reinhard Kardinal Marx hält an der Universität Oxford einen Vortrag zur Zukunft Europas. Die Vorlesung mit dem Titel „A certain idea of Europe" findet im Rahmen der Newman Lecture über Europa in Oxford statt.

12. Februar	Eine wiederentdeckte allegorische Darstellung der göttlichen Weisheit aus der Kirche St. Jakobus der Ältere in Schönberg in der Gemeinde Babensham wird vom 12. Februar bis zum 27. April im Museum Wasserburg gezeigt. Die kunsthistorisch bedeutende Figur, die im 17. Jahrhundert Martin Zürn oder sein Bruder Michael geschaffen hat, wurde durch das Ordinariat München und das bayerische Landesamt für Denkmalpflege aufwendig restauriert. Eine eigens erstellte Nachschnitzung der Figur zeigt ihr farbenprächtiges ursprüngliches Aussehen zur Zeit des Frühbarock.
13. Februar	In seinem aktuellen Buch „Glaube!" hat Erzbischof Reinhard Kardinal Marx seinen persönlichen Glaubensweg zusammengefasst und für einen aufgeklärten Glauben plädiert. Er stellt das Buch im Rahmen einer öffentlichen Veranstaltung im Literaturhaus in München vor und diskutiert dabei mit dem Publizisten, Soziologen und Politikwissenschaftler Alfred Grosser unter der Moderation von Matthias Drobinski, Süddeutsche Zeitung.
16. Februar	Die Wahlbeteiligung an den Pfarrgemeinderatswahlen ist in der Erzdiözese München und Freising gestiegen. 16,1 % der rund 1,6 Millionen wahlberechtigten Katholiken gaben dazu ihre Stimme ab. Das sind 5 Prozentpunkte mehr als zu den Wahlen vor vier Jahren.
20. Februar	Das erzbischöfliche Ordinariat München gibt bekannt, dass Prälat Herbert Jung, seit 2006 Pfarrer von St. Peter, zum 1. September 2014 in den Ruhestand geht. Prälat Jung bat aus gesundheitlichen Gründen um seine Versetzung in den Ruhestand.
24. Februar:	Prälat Dr. Sebastian Anneser, Domkapitular in Ruhe und ehemaliger Finanzdirektor, vollendet sein 75. Lebensjahr.
8. März	Mit einer Ausstellung unter dem Motto „Leben Lieben Sterben" lädt das Archiv des Erzbistums München und Freising ein, in Pfarrmatrikeln aus 450 Jahren wichtige historische Details zu entdecken. Generalvikar Dr. Dr. Peter Beer eröffnet die Ausstellung am Tag der Archive 2014, an dem sich das Archiv der Erzdiözese mit der Schau beteiligt. Die Ausstellung ist in der Karmeliterkirche bei freiem Eintritt täglich bis 4. Mai zu sehen.

Das Archiv verwahrt rund 10.000 Bände historische Matrikeln aus allen Pfarreien des Erzbistums. Die Ausstellung zeigt anhand ausgewählter Originale die Entwicklung der Matrikelführung und stellt die verschiedenen Typen von Kirchenbüchern vor: Tauf-, Trauungs- und Sterbebücher, Firm- und Familienbücher oder Impfregister. Die Schau gibt auch Einblick in die digitale Nutzung der Matrikeln, die seit November 2013 im Lesesaal des Archivs möglich ist. Heute werden die Matrikeln von vielen Interessierten zur Erforschung ihrer Familiengeschichte genutzt. Sie sind aber auch eine wertvolle Quelle für wissenschaftliche Forschungen wie etwa zu Heiratsradius, Migration, Lebenserwartung, Todesursachen oder Namensgebung.

1563 schrieb das Konzil von Trient für die katholische Kirche die Führung von Pfarrmatrikeln vor. Die ältesten Matrikelbände aus dem Erzbistum stammen aus Landshut und Tölz und beginnen im Jahr 1576. Bis zur Einführung der Standesämter in Bayern 1876 waren die katholischen Pfarrer damit die Einzigen, die Geburten, Hochzeiten und Sterbefälle erfassten. Zahlreiche historische Ereignisse spiegeln sich in den Matrikeln: Das Sterbebuch von Oberammergau beispielsweise zeugt von der Pestepidemie 1633, Anlass zur Entstehung des berühmten Passionsspiels. Die Ausstellung schildert auch den Kampf der Bischöfe mit den Nationalsozialisten um die Pfarrmatrikeln, die in der Rassenideologie des Regimes zum Nachweis „arischer" Abstammung herangezogen wurden.

Auch die Lebensläufe besonderer Persönlichkeiten schlagen sich in den Büchern nieder: So ist der Tod des elfjährigen Indianers „Iuri" vermerkt, den eine Brasilien-Expedition 1820 als lebendes „Forschungsobjekt" nach München mitgebracht hatte. 1834 wurde die „schöne Münchnerin" Helene Sedlmayr mit dem königlichen Lakaien Hermes Müller getraut; aus der Ehe gingen zehn Kinder hervor. Das Taufbuch der Hofkuratie Nymphenburg dokumentiert 1829 den vermutlich gefälschten Eintrag zur Geburt von Antonius von Thoma, dem späteren Erzbischof von München und Freising, wohl um dessen uneheliche Abstammung vom Hause Wittelsbach zu verschleiern. Im Taufbuch der Hofkuratie ist 1845 auch die Geburt von König Ludwig II. vermerkt, sein mysteriöser Tod 1886 im Sterbebuch der Pfarrei Aufkirchen am Starnberger See.

13. März	Die Pläne für den Neubau von Krippe, Kindergarten und Grundschule im Pater-Rupert-Mayer-Schulzentrum Pullach werden bei einer Informations- und Gesprächsveranstaltung von Ressortleiterin Dr. Sandra Krump, Ressort Bildung im Erzbischöflichen Ordinariat München, vorgestellt.
17. März	Zahlreiche Veranstaltungen in der Erzdiözese München und Freising erinnern an den Ausbruch des Ersten Weltkrieges vor 100 Jahren: Darunter ein Studientag mit dem Historiker und Buchautor Christopher Clark, ein ökumenischer Gottesdienst am Vorabend des 100. Jahrestags der Kriegserklärung (31. Juli 2014) und ein Religionsgespräch mit Erzbischof Reinhard Kardinal Marx am 16. September 2014 in der Allerheiligenhofkirche in München, woran auch Landesbischof Heinrich Bedford-Strohm, der Präsident der jüdischen Gemeinschaft von Bosnien und Herzegowina, Jakov Finci, und der Präsident des bosniakischen Weltkongresses und ehemaliger Großmufti von Bosnien und Herzegowina, Mustafa Ceric, teilnehmen werden.
20. März	Weihbischof Dr. Franz Dietl feiert seinen 80. Geburtstag. Die Erzdiözese gratuliert dem langjährigen Bischofsvikar für die Seelsorgsregion Süd.
25. März	Erzbischof Reinhard Kardinal Marx bezeichnet den in der Nacht zum Dienstag, 25. März im Alter von 96 Jahren verstorbenen Eugen Biser als *einen der herausragenden Theologen und Religionsphilosophen unserer Zeit*. In seinem wissenschaftlichen Werk und seiner Theologie habe Biser geworben für den Gott Jesu Christi, der alles Angst- und Schreckenserregende aus dem Gottesbild der Menschheit getilgt und dafür das Antlitz des bedingungslos liebenden Vaters enthüllt hat.
31. März	Das erzbischöfliche Ordinariat München gibt bekannt, dass Pfarrer Hans Georg Platschek, bisher Leiter des Pfarrverbandes Moosburg-Pfrombach, zum 1. September neuer Pfarrer von St. Peter in München und Pfarradministrator der Dompfarrei Zu Unserer Lieben Frau in München wird.
6. April	Zum Jahrestag der Gebirgsschützen-Kompanie Reichenhall feiert Weihbischof Wolfgang Bischof gemeinsam mit Pfarrer Eugen Strasser-Langenfeld, dem Leiter der Stadtkirche Bad Reichenhall,

und Pfarrer Markus Hergenhan, dem Kompaniepfarrer der Reichenhaller Gebirgsschützen, einen Festgottesdienst. Der Gottesdienst schließt zugleich den Gesprächsprozess zwischen der Gebirgsschützen-Kompanie und Pfarrer Strasser-Langenfeld ab, in dem es um die Frage ging, ob die Gebirgsschützen mit ihrer Armierung an den Gottesdiensten in der Stadtkirche teilnehmen dürfen. Künftig werden die Gebirgsschützen an ihrem Jahrtag mit ihrer Armierung zum Gottesdienst in die Pfarrkirche St. Zeno einziehen. Anschließend werden die Waffen vor einer Pietà, einer Darstellung der Gottesmutter mit dem Leichnam Jesu, an einem Seitenaltar abgelegt. Damit soll an das Leid erinnert werden, das Menschen in gewaltsamen Auseinandersetzungen zugefügt wird, und betont werden, dass die Gebirgsschützen für die Überzeugung stehen, dass alles Menschenmögliche für die friedliche Lösung von Konflikten getan werden muss. Am Ende des Gottesdienstes nach dem Schlusssegen nehmen die Gebirgsschützen ihre Waffen auf und ziehen aus der Kirche aus. Bei anderen Gottesdiensten nehmen die Gebirgsschützen mit Fahnenordnung, aber ohne Armierung teil.

8. April Das „Gotteslob", das neukonzeptionierte katholische Gesang- und Gebetbuch für Deutschland, Österreich und Südtirol, wird an die Pfarreien und kirchlichen Einrichtungen in der Erzdiözese München und Freising ausgeliefert. Rund 200.000 Exemplare des Buches werden in den kommenden Wochen vom Verlag St. Michaelsbund an die einzelnen Seelsorgsstellen und Einrichtungen verschickt. Die offizielle Einführung des neuen Gotteslobs im Erzbistum wird im Rahmen der Pontifikalvesper mit Erzbischof Reinhard Kardinal Marx am Pfingstsonntag, 8. Juni, begangen.

10. April In einem Modellprojekt in Ebersberg führt die Erzdiözese München und Freising erstmals eine Kindertageseinrichtung mit Beratungs- und Bildungsangeboten an einem Standort zusammen. Die Entwürfe für den Neubau des Kinder- und Familienhauses im neuen Zentrum St. Sebastian in Ebersberg gingen aus einem Architektenwettbewerb hervor.

12. April Domkapitular Prälat Lorenz Kastenhofer feiert seinen 60. Geburtstag. Er leitet im Erzbischöflichen Ordinariat München die

	Hauptabteilung Liturgie und Geistliches Leben und ist insbesondere zuständig für Orden und geistliche Gemeinschaften.
27. April	Anlässlich der Heiligsprechung der Päpste Johannes XXIII. und Johannes Paul II. feiert Dompropst Weihbischof Bernhard Haßlberger einen Dankgottesdienst im Münchener Dom.
11. Mai	Weihbischof Bernhard Haßlberger weiht die neue Orgel der spätgotischen Wallfahrtskirche Mariä Himmelfahrt in Maiselsberg im Landkreis Erding.
11. Mai	Das Erzbistum München und Freising gratuliert dem international renommierten Münchener Liturgiewissenschaftler Reiner Kaczynski zu seinem 75. Geburtstag.
12. Mai	Erzbischof Reinhard Kardinal Marx wird bei der Frühjahrsvollversammlung der Deutschen Bischofskonferenz in Münster zum Vorsitzenden der Deutschen Bischofskonferenz gewählt. Er folgt auf den Freiburger Erzbischof Robert Zollitzsch.
13. Mai	Der bekannte Moraltheologe Professor Dr. Johannes Gründel vollendet sein 85. Lebensjahr. Er lehrte fast vier Jahrzehnte an der katholisch-theologischen Fakultät der Münchener Ludwig-Maximilians-Universität. Den Lehrstuhl für Moraltheologie hatte er 29 Jahre inne.
16. Mai	Anlässlich des Deutschlandbesuches des ökumenischen Patriarchen von Konstantinopel, Bartholomaios I., veranstaltet die Erzdiözese im Exerzitienhaus Schloss Fürstenried ein Symposion zum Thema „Nachhaltig leben – Schöpfung bewahren. Eine gemeinsame Herausforderung." Bei der Konferenz sprechen auch Erzbischof Reinhard Kardinal Marx und Landesbischof Heinrich Bedford-Strohm.
17. Mai	Die diesjährige Marienwallfahrt der bayerischen Diözesen führt zum ältesten Marienwallfahrtsort der Diözese Würzburg, Maria im grünen Tal bei Retzbach. Das Treffen ist Teil des siebenjährigen Glaubens- und Gebetsweges „Mit Maria auf dem Weg", mit dem sich die bayerischen Bistümer auf die 100-Jahr-Feier der Einführung des Festtages der Patrona Bavariae, der Schutzfrau Bayerns, in allen bayerischen Bistümern im Jahr 2017 vorbereiten.

22. Mai	Ordinariatsdirektorin Dr. Gabriele Rüttiger ist zur katholischen Vorsitzenden der Gesellschaft für christlich-jüdische Zusammenarbeit in München gewählt worden. Sie folgt auf Pierfelice Tagliacarne, den emeritierten Lehrstuhlinhaber für Exegese des Alten Testaments und biblische Didaktik an der katholischen Universität Eichstätt-Ingolstadt, der nach 11 Jahren als Vorsitzender aus Altersgründen zurückgetreten war.
23. Mai	Der 16. Bundeskongress Notfallseelsorge und Krisenintervention findet in München statt. Damit wird an die Gründung des bundesweit ersten Kriseninterventionsteams in München erinnert. Das Kriseninterventionsteam war vor 20 Jahren durch Diakon Dr. Andreas Müller-Cypran, heute Leiter der Abteilung Krisenpastoral im Erzbischöflichen Ordinariat München, als Projekt des Arbeiter-Samariter-Bundes München initiiert worden.
3. Juni	Der bayerische Staatsminister für Bildung und Kultuswissenschaft und Kunst Ludwig Spaenle überreicht Msgr. Walter Waldschütz, Pfarrer des Pfarrverbandes Tegernsee-Egern-Kreuth und Dekan des Dekanats Miesbach, die durch den Bundespräsidenten verliehene Auszeichnung des Bundesverdienstkreuzes.
7. Juni	Weihbischof Wolfgang Bischof weiht den neuen Altar der Kirche St. Jakobus der Ältere in Rabenden in der Gemeinde Altenmarkt an der Alz. Die liturgische Neuausstattung der Kirche ist der letzte Schritt einer umfassenden Instandsetzung. Der Kunstschmied und Bildhauer Matthias Larasser-Bergmeister schuf den neuen Altar sowie einen Ambo, einen Osterleuchter und Sitzgelegenheiten für Priester und Ministranten.
8. Juni	Erzbischof Reinhard Kardinal Marx führt das neue Gebet- und Gesangbuch „Gotteslob" im Rahmen der Pontifikalvesper am Pfingstsonntag im Münchener Dom offiziell in der Erzdiözese ein.
16. Juni	Der langjährige Caritasdirektor für das Erzbistum München und Freising und Landes-Caritasdirektor in Bayern, Prälat Franz Xaver Ertl, feiert seinen 95. Geburtstag.
22. Juni	Anlässlich der Fertigstellung des neuen Kindergartens und des neuen Pfarrsaals der Pfarrei St. Jakobus in Vierkirchen im Land-

	kreis Dachau feiert Weihbischof Bernhard Haßlberger einen Festgottesdienst in der Pfarrkirche.
29. Juni	Prälat Helmut Hempfer feiert den 60. Jahrestag seiner Priesterweihe. Er war langjähriger Sekretär des Erzbischofs von München und Freising Julius Kardinal Döpfner und anschließend Pfarrer in München-St. Ludwig.
29. Juni	Weihbischof Bernhard Haßlberger feiert den 20. Jahrestag seiner Bischofsweihe. Er ist seit 20 Jahren Bischofsvikar für die Seelsorgsregion Nord der Erzdiözese München und Freising.
30. Juni	Anlässlich des 80. Todestags des katholischen Publizisten und NS-Gegners Fritz Gerlich feiert Bischofsvikar Rupert Graf zu Stolberg einen Gedenkgottesdienst in München-St. Bonifaz.
1. Juli	Unter dem Titel „Umbruch und Erschütterung – Karl Caspar in der Münchener Frauenkirche" beleuchtet die Erzdiözese anlässlich des Ausbruchs des Ersten Weltkriegs vor 100 Jahren die Entstehungsgeschichte und den Kontext des Passions-Triptychons von Karl Caspar. Es entstand in den Kriegsjahren 1916 und 1917 und wurde 1977 auf Initiative des damaligen Erzbischofs Kardinal Julius Döpfner in der neugestalteten Krypta des Münchener Doms angebracht.
1. Juli	Die Erzdiözese erarbeitet ein Gesamtkonzept für anstehende Baumaßnahmen auf dem Freisinger Domberg, wie sie die Schließung des Diözesanmuseums und weiterer dringender Renovierungsbedarf etwa im Bereich des Kardinal-Döpfner-Hauses erforderlich machen. An dieser Neugestaltung sollen die Gläubigen in der Erzdiözese und alle Betroffenen in einem umfassenden Dialog und Informationsprozess beteiligt werden. Erstes Pressegespräch in diese Angelegenheit findet im Sitzungssaal des Ordinariats, Rochusstraße 5, in München statt. Als Gesprächspartner stehen Generalvikar Dr. Dr. Peter Beer, Markus Reif, der Finanzdirektor der Erzdiözese, und Tobias Eschenbacher, der Bürgermeister von Freising, zur Verfügung.
20. Juli	Zur 500-Jahr-Feier der Marienwallfahrt auf den Hohenpeißenberg hält Erzbischof Reinhard Kardinal Marx einen Festgottesdienst in der Wallfahrtskirche Mariä Himmelfahrt.

20. Juli	Mit der Kunstinstallation „Garten Eden 2014" wollen die Pfarrei Hl. Geist und das Erzbischöfliche Ordinariat München in der Heilig-Geist-Kirche zu einer Auseinandersetzung mit der Schöpfung anregen. Die Installation mit Bäumen, Hecken, Kräutern und einem Brunnen steht unter dem biblischen Motto „Jubeln sollen alle Bäume des Waldes".
21. Juli	Knapp 1000 Gläubige aus der Erzdiözese München und Freising haben sich an der Umfrage zur Neugestaltung des Freisinger Dombergs beteiligt.
26. Juli	In der Filialkirche St. Johannes der Täufer in Gifthal im Landkreis Landshut wird von Pfarrer Tobias Rother eine neu gegossene Glocke geweiht. Die Bronzeglocke für die Filialkirche wurde in der Glockengießerei Perner in Passau gefertigt. Die auf den Ton b" gestimmte Glocke „Johannes der Täufer" wiegt 60 kg und hat einen Durchmesser von 44 cm.
31. Juli	Unter dem Motto „Gemeinsam gedenken" feiern am Vorabend des 100. Jahrestags der deutschen Kriegserklärung Kardinal Friedrich Wetter und Landesbischof Heinrich Bedford-Strohm sowie Vertreter der orthodoxen Gemeinden einen ökumenischen Gottesdienst vor der Kirche St. Johann Baptist in München-Haidhausen. An diesem Ort wurden während des Ersten Weltkriegs ausziehende Truppen gesegnet.
2. August	4000 Ministrantinnen und Ministranten aus dem Erzbistum München und Freising machen sich auf den Weg nach Rom zur Ministrantenwallfahrt, zu der insgesamt 48.000 Jugendliche aus ganz Deutschland erwartet werden.
11. August	Wegen ihres hohen künstlerischen Wertes und ihrer überregionalen Bedeutung wird die Glasfassade der Kirche St. Josef in Holzkirchen vor deren Rückbau ausgebaut. Die Glaswand wurde Anfang der 1960er Jahre von dem Bildhauer Karl Knappe aus München entworfen und zeigt einen Lebensbaum. Die Kirche St. Josef muss wegen erheblicher statischer Mängel durch einen Neubau ersetzt werden.
24. August	Als Zeichen der Solidarität mit den Christen im Irak besucht Erzbischof Reinhard Kardinal Marx in St. Wolfgang in München-Haidhausen/Au die chaldäische katholische Gemeinde München.

31. August	Domkapitular Josef Obermaier, der Leiter der Hauptabteilung Integration und Migration im Erzbischöflichen Ordinariat München, feiert seinen 70. Geburtstag.
6. September	Erzbischof Reinhard Kardinal Marx besucht die Diözese Évry-Corbeil-Essonne in Frankreich, das Partnerbistum der Erzdiözese München und Freising.
12. September	Am Gesprächsforum „Im Heute glauben" der Deutschen Bischofskonferenz nehmen 9 Vertreter der Erzdiözese München und Freising in Magdeburg teil.
20. September	Im Rahmen des 5. diözesanen Ärztetages beschäftigen sich 180 Mediziner, Psychologen und Seelsorger mit Burnout-Erkrankungen. Nach dem Gottesdienst in der St. Michaelskirche findet die interdisziplinäre Dialogveranstaltung in der Karmeliterkirche statt. Der Leiter des Recollectiohauses Münsterschwarzach, Wunibald Müller, hält dabei den Eröffnungsvortrag: „Gönne dich dir selbst".
21. September	Die Pfarrkirche Mariahilf in der Au feiert ihr 175-jähriges Bestehen mit einem mehrwöchigen Festprogramm. Zur Eröffnung der Festwochen feiert der Bischofsvikar für die Seelsorgsregion München, Rupert Graf zu Stolberg, einen Festgottesdienst in der Mariahilfkirche am Mariahilfplatz.
28. September	Bei einem ökumenischen Gottesdienst wird des ersten Transports von Gegnern der Nationalsozialisten aus Polen in das Konzentrationslager Dachau vor 75 Jahren gedacht.
29. September	Pastoralreferent Michael Buchmann, der erste katholische Seelsorger in der KZ-Gedenkstätte Dachau von 1990-2008, ist im Alter von 71 Jahren gestorben.
2. Oktober	Der Katholikenrat der Region München und seine neue Vorsitzende Johanna Rumschöttel laden zum traditionellen Jahresempfang in die Bürgersaalkirche (Gottesdienst) und anschließend in den Saal des Alten Rathauses ein. Dabei wird der bisherige Vorsitzende Uwe Karrer verabschiedet. Die neue Vorsitzende des Katholikenrats, Johanna Rumschöttel, hält ihr Antrittsreferat.

4. Oktober	Mit einer Festwoche feiert die Pfarrei Moosburg im Kastulusmünster in Moosburg den 500. Jahrestag der Vollendung des Leinberger-Altars.
5. Oktober	570 Ehepaare aus dem Erzbistum München und Freising sind am Erntedank-Sonntag zu Gast beim Ehepaarfest auf dem Freisinger Domberg. Der Festgottesdienst mit Segnung der Paare und das anschließende Begegnungsprogramm stehen unter dem Motto „Einander anvertraut – Danken für viele Ehejahre".
10. Oktober	Der Münchener Liturgiewissenschaftler Rainer Kaczynski und der frühere Leiter des Kardinal-Döpfner-Hauses in Freising, Guido Anneser, feiern ihre Weihejubiläen: Der 75-jährige Kaczynski wurde vor 50 Jahren in Rom zum Priester geweiht, der 66-jährige Anneser vor 40 Jahren.
10. Oktober	Der Theologieprofessor Hans Tremmel wird erneut zum Vorsitzenden des Diözesanrats der Katholiken in der Erzdiözese München und Freising gewählt. Tremmel hat das Ehrenamt des Vorsitzenden bereits seit 2010 inne.
12. Oktober	Mit einem festlichen Gottesdienst erinnern die Kuratie Hittenkirchen und der Pfarrverband Prien an den 70. Todestag des Widerstandskämpfers Rudolf Graf von Marogna-Redwitz. Er wurde unter die 20 Blutzeugen der Erzdiözese München und Freising aufgenommen.
19. Oktober	Im Rahmen der Feierlichkeiten zum Abschluss der Gesamtrestaurierung der Pfarr- und Wallfahrtskirche Weihenlinden wird von Weihbischof Wolfgang Bischof auch der neue Altar der Wallfahrtskirche geweiht. Der Künstler Rudolf Bott aus Kirchbach bei Beilngries ließ sich bei der liturgischen Neugestaltung von der Gnadenkapelle der Wallfahrtskapelle inspirieren.
23. Oktober	Das Erzbistum München und Freising übernimmt das Kloster Beuerberg. Im Mai 2014 hatten die Beuerberger Schwestern von der Heimsuchung Mariens das in der Gemeinde Eurasburg im Landkreis Bad Tölz-Wolfratshausen gelegene Kloster verlassen und waren in klösterliche Altenheime umgezogen. Gebäude und Liegenschaften des Klosters gehen in den Besitz des Erzbistums über, das sich verpflichtet, für die lebenslange Versorgung der 13 Salesianerinnen aus Beuerberg einzustehen.

24. Oktober	Der in Bolivien tätige Pfarrer Sebastian Obermaier feiert seinen 80. Geburtstag. Der aus Rosenheim stammende Obermaier hat jahrzehntelang in Lateinamerika gewirkt.
29. Oktober	Im Rahmen der Eröffnung des neuen Caritas-Altenheims in Mühldorf am Inn weiht Erzbischof Reinhard Kardinal Marx die Hauskapelle im Heilig-Geist-Spital.
8. November	Professor Heribert Schmitz, Priester des Bistums Trier und führender katholischer Kirchenrechtler in Deutschland, Berater der Deutschen Bischofskonferenz und des Vatikans in kanonischen Fragen sowie Vertreter der katholischen Kirche im bayerischen Senat und Lehrstuhlinhaber von 1971-1996 am Institut für Kirchenrecht an der Ludwig-Maximilians-Universität München, feiert seinen 85. Geburtstag.
9. November	Nach jahrelanger Einrüstung ist die aufwendige Restaurierung des Hauptportals der Stadtpfarrkirche St. Martin und Kastulus In Landshut so gut wie abgeschlossen. Das Portal wird zum Patroziniumsfest am 9. November feierlich wiedereröffnet werden.
9. November	Weihbischof Dr. Bernhard Haßlberger schließt die liturgische Neugestaltung der Pfarrkirche Mariä Himmelfahrt in Dachau mit der Weihe des neuen Zelebrationsaltars ab. Der bisherige Altar wird in seinen Ursprungszustand als Hochaltar zurückversetzt.
21. November	Ein halbes Jahrhundert Ökumene feiert das Erzbistum München und Freising mit einem Studientag und einem Festgottesdienst. Anlass ist der 50. Jahrestag der Verabschiedung des Ökumenismus-Dekretes „Unitatis redintegratio" durch das 2. Vatikanische Konzil. Erzbischof Reinhard Kardinal Marx, Landesbischof Heinrich Bedford-Strohm und der Weihbischof der rumänischen orthodoxen Erzdiözese von Deutschland, Österreich und Luxemburg, Sofian von Kronstadt, feiern einen Gottesdienst im Münchener Dom. Voraus geht ein Studientag im Zentrum St. Michael.
23. November	Mit einem Festgottesdienst feiert Erzbischof Reinhard Kardinal Marx das Karmel-Heilig-Blut-Kloster auf dem Gelände der KZ-Gedenkstätte in Dachau und dessen 50jähriges Bestehen.

26. November	Das e-learning-Projekt „Prävention von sexuellem Kindesmissbrauch" des Zentrum für Kinderschutz wird nach seiner Pilotphase in München an der päpstlichen Universität Gregoriana in Rom von Januar 2015 an fortgeführt.
27. November	Hanna Stützle, von 1982-1998 Vorsitzende des Diözesanrats der Katholiken der Erzdiözese, ist im Alter von 83 Jahren verstorben. Erzbischof Reinhard Kardinal Marx würdigt sie als *engagierte Streiterin für die Schwachen und leidenschaftliche Mitgestalterin unserer Kirche*.
12. Dezember	Wertvolle Kunstschätze aus der Erzdiözese München und Freising bereichern die große Ausstellung zum Münchener Rokoko in der Münchener Hypo-Kunsthalle. Viele der Objekte aus Kirchen und Klöstern können durch die Kooperation mit der Erzdiözese erstmals und einmalig aus ihrem angestammten Kontext entnommen und präsentiert werden. Die Ausstellung wird von der Kunsthalle München zusammen mit dem Diözesanmuseum Freising veranstaltet. Sie steht unter dem Motto „Mit Leib und Seele" und wird bis zum 12. April 2015 zu sehen sein.
17. Dezember	Anlässlich des 70. Jahrestags der Priesterweihe Karl Leisners im Konzentrationslager Dachau erinnert Erzbischof Reinhard Kardinal Marx, der Bischof von Münster Felix Genn und zugleich Protektor des internationalen Karl-Leisner-Kreises sowie Hippolyte Simon, der Erzbischof von Clermont, im Rahmen eines Gedenkgottesdienstes. Der selige Karl Leisner aus dem Bistum Münster war 70 Jahre zuvor am 17. Dezember 1944 durch den ebenfalls im KZ Dachau inhaftierten Bischof von Clermont, Gabriel Piguet, heimlich geweiht worden.
17. Dezember	Der bayerische Ministerpräsident Horst Seehofer übereicht an Erzbischof Reinhard Kardinal Marx den bayerischen Verdienstorden in der Münchener Residenz.

Neu errichtete Stadtkirchen und Pfarrverbände

Im besonderen Auftrag des Erzbischofs Reinhard Kardinal Marx werden auf Vorschlag des zuständigen Bischofsvikars sowie nach Beratung im Priesterrat und im Ordinariatsrat errichtet:

Mit Wirkung vom 1. März 2014 der Pfarrverband Steinzell. Zu diesem Pfarrverband gehören die Pfarreien Ast-St. Georg, Buch am Erlbach-St. Peter, Eching-St. Johann Baptist und Zweikirchen-St. Michael. Der Pfarrverband Eching-Ast wird mit Ablauf des 28. Februar 2014 aufgehoben. Der Sitz des Pfarrverbandes Steinzell ist Eching-St. Johann Baptist; er ist dem Dekanat Geisenhausen eingegliedert.

Mit Wirkung vom 1. April 2014 der Pfarrverband St. Heinrich-St. Stephan. Zu diesem Pfarrverband gehören die Pfarreien München-St. Heinrich und München-St. Stephan. Der Sitz des Pfarrverbandes ist die Pfarrei München-St. Heinrich; er ist dem Dekanat München-Laim eingegliedert.

Mit Wirkung vom 1. Mai 2014 der Pfarrverband Achdorf-Kumhausen. Zu diesem Pfarrverband gehören die Pfarreien Grammelkam-St. Petrus, Hohenegglkofen-St. Johannes Baptist, Landshut-St. Margaret und Obergangkofen-St. Ulrich. Der Sitz des Pfarrverbandes ist Landshut-St. Margaret; er ist dem Dekanat Landshut eingegliedert. Der Pfarrverband Kumhausen wird mit Ablauf des 30. April 2014 aufgehoben.

Mit Wirkung vom 1. Mai 2014 der Pfarrverband Erdinger Moos. Zu diesem Pfarrverband gehören die Pfarreien Aufkirchen bei Erding-St. Johann Baptist, Niederding-St. Martin, Eitting-St. Georg und Schwaig-St. Korbinian. Der Sitz des Pfarrverbandes ist Aufkirchen bei Erding-St. Johann Baptist; er ist dem Dekanat Erding eingegliedert. Der Pfarrverband Aufkirchen wird mit Ablauf des 30. April 2014 aufgehoben.

Mit Wirkung vom 1. Juni 2014 der Pfarrverband Haar. Zu diesem Pfarrverband gehören die Pfarreien Haar-St. Bonifatius, Haar-St. Konrad von Parzham und Ottendichl-St. Martin. Der Pfarrverband Haar-St. Konrad und St. Bonifatius wird mit Ablauf des 31. Mai 2014 aufgehoben. Der Sitz des Pfarrverbandes ist Haar-St. Konrad von Parzham; er ist dem Dekanat München-Trudering eingegliedert.

Mit Wirkung vom 1. September 2014 der Pfarrverband St. Quirin-St. Michael. Zu dem neu errichteten Pfarrverband gehören die Pfarreien München-St. Michael/Lochhausen und München-St. Quirin. Der Sitz des Pfarrverbandes ist die Pfarrei München-St. Quirin; er ist dem Dekanat München-Pasing eingegliedert.

Mit Wirkung vom 1. September 2014 der Pfarrverband Heufeld-Weihenlinden. Zu dem neu errichteten Pfarrverband gehören die Pfarreien Götting-St. Michael, Heufeld-St. Korbinian, Kirchdorf am Haunpold-St. Vigilius und Pfarrei Heufeld-St. Korbinian. Der Pfarrverband ist dem Dekanat Bad Aibling eingegliedert.

Mit Wirkung vom 1. September 2014 der Pfarrverband Esting-Olching. Zu dem neu errichteten Pfarrverband gehören die Pfarreien Esting-St. Elisabeth von Thüringen und Olching-St. Peter und Paul. Der Sitz des Pfarrverbandes ist die Pfarrei Olching-St. Peter und Paul; er Pfarrverband ist dem Dekanat Fürstenfeldbruck eingegliedert.

Mit Wirkung vom 1. September 2014 wird der Pfarrverband Großhöhenrain neu umschrieben. Zu dem Pfarrverband gehören die Pfarrei Großhöhenrain-St. Michael und die Kuratie Unterlaus-St. Vitus. Der Sitz des Pfarrverbandes bleibt die Pfarrei Großhöhenrain-St. Michael; er bleibt dem Dekanat Bad Aibling eingegliedert.

Mit Wirkung vom 1. Oktober 2014 der Pfarrverband Petershausen-Vierkirchen-Weichs. Zu dem neu errichteten Pfarrverband gehören die Pfarreien Asbach-St. Peter und Paul, Kollbach-St. Martin, Obermarbach-St. Vitus, Petershausen-St. Laurentius, Vierkirchen-St. Jakobus und Weichs-St. Martin. Der Sitz des Pfarrverbandes ist die Pfarrei Weichs-St. Martin; er ist dem Dekanat Indersdorf eingegliedert.

Der mit Dekret vom 20. Juni 1994 errichtete Pfarrverband Petershausen und der mit Dekret vom 17. Juli 1989 errichtete Pfarrverband Weichs-Vierkirchen werden mit Ablauf des 30. September 2014 aufgehoben.

Mit Wirkung vom 1. Oktober 2014 der Pfarrverband Töging-Erharting. Zu dem neu errichteten Pfarrverband gehören die Pfarreien Töging am Inn-St. Johann Baptist, Töging am Inn-St. Josef und Erharting-St. Peter und Paul. Der Sitz des Pfarrverbandes ist die Pfarrei Töging am Inn-St. Johann Baptist; er ist dem Dekanat Mühldorf eingegliedert.

Der mit Dekret vom 13. November 1989 errichtete Pfarrverband Töging- St. Josef-Erharting wird mit Ablauf des 30. September 2014 aufgehoben.

Mit Wirkung vom 1. Oktober 2014 der Pfarrverband Neustift. Zu dem neu errichteten Pfarrverband gehören die Pfarreien Freising-Neustift-St. Peter und Paul, Haindlfing-St. Laurentius, Marzling-St. Martin und die Kuratie Tüntenhausen-St. Michael. Der Sitz des Pfarrverbandes ist die Pfarrei Freising-Neustift-St. Peter u. Paul er ist dem Dekanat Freising eingegliedert.

Mit Wirkung vom 1. Oktober 2014 der Pfarrverband Schäftlarn. Zu dem neu errichteten Pfarrverband gehören die Pfarreien Baierbrunn-St. Peter u. Paul, Ebenhausen-St. Benedikt, Hohenschäftlarn-St. Georg und Icking/Isartal-Heilig Kreuz. Der Sitz des Pfarrverbandes ist die Pfarrei Ebenhausen-St. Benedikt; er ist dem Dekanat Wolfratshausen eingegliedert.

Mit Wirkung vom 1. November 2014 die Stadtkirche Kolbermoor. Zu der neu errichteten Stadtkirche gehören die Pfarreien Kolbermoor-Hl. Dreifaltigkeit und Kolbermoor-Wiederkunft Christi. Der Sitz der Stadtkirche ist die Pfarrei Kolbermoor-Hl. Dreifaltigkeit. Die Stadtkirche ist dem Dekanat Bad Aibling eingegliedert.

Mit Wirkung vom 1. November 2014 der Pfarrverband Irschenberg. Zu dem neu errichteten Pfarrverband gehören die Pfarreien Irschenberg-St. Johann Baptist, Niklasreuth-St. Nikolaus und die Kuratie Frauenried-Mariä Geburt. Der Sitz des Pfarrverbandes ist die Pfarrei Irschenberg-St. Johann Baptist; er ist dem Dekanat Miesbach eingegliedert.

Mit Wirkung vom 1. November 2014 der Pfarrverband St. Korbinian. Zu dem neu errichteten Pfarrverband gehören die Pfarreien Freising-St. Georg, Freising-Vötting-St. Jakob und Pulling-St. Ulrich. Der Sitz des Pfarrverbandes ist die Pfarrei Freising-St. Georg; er ist dem Dekanat Freising eingegliedert.

Mit Wirkung vom 1. November 2014 der Pfarrverband Neuaubing-Westkreuz. Zu dem neu errichteten Pfarrverband gehören die Pfarreien München-St. Konrad von Parzham und München-St. Lukas und München-St. Markus. Der Sitz des Pfarrverbandes ist die Pfarrei München-St. Konrad von Parzham; er ist dem Dekanat München-Pasing eingegliedert.

Mit Wirkung vom 1. Dezember 2014 der Pfarrverband Am Luitpoldpark. Zu dem neu errichteten Pfarrverband gehören die Pfarreien München-Maria vom Guten Rat und München-St. Sebastian. Der Sitz des Pfarrverbandes ist die Pfarrei München-St. Sebastian; er ist dem Dekanat München-Innenstadt eingegliedert.

Mit Wirkung vom 1. Dezember 2014 der Pfarrverband Kirchheim-Heimstetten. Zu dem neu errichteten Pfarrverband gehören die Pfarreien Kirchheim-Heimstetten-St. Peter und Kirchheim bei München-St. Andreas. Der Sitz des Pfarrverbandes ist die Pfarrei Kirchheim bei München-St. Andreas; er ist dem Dekanat München-Trudering eingegliedert.

Mit Wirkung vom 1. Dezember 2014 der Pfarrverband Moosach-Olympiadorf. Zu dem neu errichteten Pfarrverband gehören die Pfarreien München-FriedenChristi, München-St. Martin/Moosach und München-St. Mauritius. Der Sitz des Pfarrverbandes ist die Pfarrei München-St. Martin/Moosach; er ist dem Dekanat München-Nymphenburg eingegliedert.

Im Jahr 2014 in der Erzdiözese München und Freising verstorbene Priester, Diakone und Pastoralreferenten

Priester

1. Januar	Ludwig Riederer, Pfarrer i.R., Geistl. Rat (89 Jahre) bis 1992 Pfarrer in Altdorf bei Landshut, seit dem 1.3.1997 Hausgeistlicher im Hl.-Geist-Spital in Landshut und Seelsorgsmithilfe in Landshut-St. Martin, seit 14.6.1997 4. Kanonikat im Kollegiatskapitel zu den Hll. Martinus und Kastulus in Landshut (ord. 26.3.1951).
21. Januar	Karel Fořt, Msgr., Pfarrer i. R. (93 Jahre) 1960-1995 Delegat und Pfarrer der tschechischen Mission in München (ord. 27.6.1948).
23. Januar	Josef Porwoll-Vargha, Studiendirektor a.D. (80 Jahre) (ord. 02.06.1957)
9. Februar	Bernhard Lambert OSB, Altabt (83 Jahre) (ord. 25.07.1956)
1. März	Theofano Nguyen van Bich, Pfarrer i. R., Geistl. Rat (93 Jahre) 1981-1982 Kloster der Franziskanerinnen Armstorf, 1982-1984 Seelsorger für „Kath. Vietnamesische Flüchtlinge", 1984 Seelsorgemithilfe in München-Herz Jesu, 1988-1996 Leiter der Vietnamesischen Kath. Mission in München, 1997 Versetzung in den dauernden Ruhestand, 1997-2007 Seelsorgemithilfe in der Vietnamesischen Kath. Mission in München (ord. 29.6.1950).
20. März	P. Johannes Hegyi SJ (94 Jahre) in den Jesuitenorden eingetreten am 14.8.1938
22. März	P. Ernst Drescher OMI (93 Jahre) Oblation im Jahr 1952 (ord. 1958)
24. März	Bruder Claudius Namyslo OFM (37 Jahre) Ewige Profess am 30.9.2000 in Kattowitz, 2000-2002 im Heimatkloster in Kattowitz, 2002-2014 in Berchtesgaden.
25. März	Prälat Prof. Dr. Dr. Dr. h.c. mult. Eugen Biser (96 Jahre) von 1965-1969 Professor für Fundamentaltheologie an der Philosophisch-Theologischen Hochschule in Passau, 1969-1974 Pro-

	fessor an der Universität Würzburg, von 1974 bis zur Emeritierung 1986 Professor an der Ludwig-Maximilians-Universität München, Inhaber des Romano-Guardini-Lehrstuhls für Christliche Weltanschauung und Religionsphilosophie. Nach seiner Emeritierung gründete und leitete Prof. DDr. Eugen Biser das Zentrum Seniorenstudium an der Ludwig-Maximilians-Universität, von 1979-2007 war er Universitätsprediger in St. Ludwig in München. 2002 Gründung der Eugen-Biser-Stiftung (ord. 1.9.1946).
7. Mai	Anton Niedermeier, Geistlicher Rat, Pfarrer i. R. (92 Jahre) Seelsorgemithilfe im Pfarrverband Taufkirchen/Vils (ord. 29.06.1950).
24. Mai	Engelbert Wallner, Dr. theol., Studiendirektor a. D. (84 Jahre) (ord. 29.06.1956).
12. Juni	Axel Meulemann, Pfr. i. R. (80 Jahre) Seelsorgemithilfe im Dekanat Miesbach in Holzkirchen-St. Laurentius und St. Josef (ord. 29.06.1961).
26. Juli	P. Karl Borst CSsR, Geistlicher Rat (86 Jahre) (ord. 27.07.1958)
28. Juli	Georg Zandl, Geistlicher Rat, Pfarrer i. R. (81 Jahre) (ord. 11.05.1952)
4. August	P. Roger Gerhardy OSA, Prior, Wallfahrtskurat in Maria Eich (70 Jahre) (ord. 29.05.1971)
10. August	Franz Sturm, Pfarrer i. R. (86 Jahre) (ord. 29.06.1963)
23. August	Horst-Georg Sommer, Pfarrer i. R. (76 Jahre) (ord. 22.10.1966)
29. August	Ulrich Korbinian Wimmer, Geistlicher Rat, Pfarrer i. R. (89 Jahre) Seelsorgemithilfe im Pfarrverband Chieming (ord. 29.06.1953).
22. Oktober	Sebastian Feckl, Pfarrer i. R. (82 Jahre) Seelsorgemithilfe im Pfarrverband Reichenkirchen-Maria Thalheim (ord. 29.06.1959).

23. Oktober	Roman Jobst, Pfarrer i. R. (80 Jahre) Seelsorgemithilfe in Aufkirchen b. Starnberg-Mariä Himmelfahrt, Höhenrain-Herz Jesu, Percha-St. Christophorus und Wangen-St. Ulrich (ord. 29.06.1961).
24. November	Wolf-Gunter Zielinski, Pfarrer i. R. (76 Jahre) Seelsorgemithilfe im Altenwohnstift „Georg-Brauchle-Haus" (ord. 29.06.1967).

Diakone

17. Februar	Horst-Thomas Esterer, Diakon mit Zivilberuf i. R. (77 Jahre) 1983-1986 in Neuried-St. Nikolaus, 1986-1990 in München-Wiederkunft des Herrn, 1990-Juli 2011 und ab 2000 Präfekt in der Marianischen Männerkongregation am Bürgersaal zu München-Mariä Verkündigung (ord. 11.12.1983).
20. Juli	Hans Glöckner, Diakon i. R. (76 Jahre) (ord. 15.12.1985)
24. Juli	Alfred Kettner, Direktor i. R., Diakon i. R. (89 Jahre) (ord. 22.11.1970)

Pastoralreferent

29. September	Michael Buchmann, Pastoralreferent i. R. (71 Jahre) ausgesandt 1979, seit 01.03.2008 im Ruhestand, zuletzt angewiesen in der KZ-Gedenkstätte Dachau.

Chronik des Vereins für Diözesangeschichte von München und Freising für die Jahre 2013 und 2014

von Stephan Mokry

2013
Ordentliche Mitgliederversammlung vom 26. Februar 2013

Im Anschluss an den Vortrag „Gelehrte Abhandlungen von Geistlichen für die Bayerische Akademie der Wissenschaften im Zeitraum von 1789 bis 1806" von Herrn Dr. Peter Winkler fand ab 19.20 Uhr die Ordentliche Mitgliederversammlung des Vereins für Diözesangeschichte von München und Freising statt. Anwesend waren 23 Mitglieder. Da der Erste Vorsitzende, Professor Dr. Franz Xaver Bischof, terminlich verhindert war, eröffnete der Zweite Vorsitzende, Domdekan Prälat Dr. Lorenz Wolf, die Versammlung, zu der alle Mitglieder rechtzeitig satzungsgemäß eingeladen worden waren. In Ergänzung zur ursprünglichen Tagesordnung ist auf Antrag von Herrn Dr. Manfred Standlmaier und Frau Dr. Caroline Gigl die Tagesordnung um den Punkt „Wahl der Rechnungsprüfer" ergänzt worden. Die Beschlussfähigkeit war gegeben. Zunächst wurde das Protokoll der Mitgliederversammlung 2012 durch den Schriftführer verlesen und von der Mitgliederversammlung bestätigt. Sodann gedachte Prälat Dr. Wolf der im Berichtsjahr verstorbenen 4 Mitglieder. Unter Berücksichtigung von 4 Austritten und einer Streichung sowie dem Eintritt von 4 Personen gehörten dem Verein somit zum Ende des Berichtsjahrs 2012 435 Mitglieder an.

Prälat Wolf berichtete über die Vorträge seit der Sommerpause 2012 und die Studienfahrt vom 7. Juli 2012 nach Weilheim, Polling und auf den Hohen Peißenberg, zudem vermeldete er die unmittelbar bevorstehende Drucklegung des neuesten Bandes der Beiträge zur altbayerischen Kirchengeschichte. Weiter verwies er auf das aktualisierte Internet- und Informationsangebot des Vereins. Er bedankte sich bei allen Referentinnen und Referenten für ihre engagierte Beschäftigung mit der Bistumsgeschichte und die Vorstellung ihrer Forschungsergebnisse sowie den Vereinsmitgliedern für ihr reges Interesse an den Veranstaltungen; außerdem dankte er dem Archiv des Erzbistums für die unkomplizierte Kooperation.

Schatzmeister Manfred Herz gab einen umfassenden Überblick über die Einnahmen und Ausgaben im abgelaufenen Jahr 2012. Ordnungsgemäß hatte durch

Herrn Dr. Standlmaier und Frau Dr. Gigl die Kassenprüfung stattgefunden. Der Schatzmeister wurde mit einer Stimme Enthaltung (seiner eigenen) für das Jahr 2012 entlastet. Prälat Wolf dankte den beiden Kassenprüfern und dem Schatzmeister. Besonderer Dank galt auch der Erzbischöflichen Finanzkammer für den jährlichen Zuschuss in Höhe von 3.600 Euro.

Die sich anschließende Neuwahl des Vorstandes wurde von Dr. Standlmaier durchgeführt. Hierbei wurde mit Ausnahme des Schatzmeisters Herrn Herz, der aus persönlichen Gründen mit Erreichen seiner Altersteilzeit nicht mehr zur Wahl angetreten war, die bisherige Vorstandschaft einstimmig – bei Enthaltung der jeweiligen Kandidaten – wiedergewählt: Erster Vorsitzender Professor Dr. Franz Xaver Bischof, Zweiter Vorsitzender Domdekan Prälat Dr. Lorenz Wolf, Schriftführer Dipl.-Theol. Stephan Mokry, als Beisitzer Herr Archivdirektor Dr. Peter Pfister sowie Herr Archivoberrat i. K. Dr. Roland Götz. Da bis zum Zeitpunkt der Mitgliederversammlung ein Kandidat/eine Kandidatin für das Schatzmeisteramt nicht gefunden werden konnte, wurde der Vorstand beauftragt, das Amt kommissarisch bis zur nächsten Mitgliederversammlung zu besetzen, auf der dann die erforderliche Nachwahl stattzufinden habe; außerdem wurden Herr Josef Schäfer-Zeis und Herr Walter Daxenberger von der Versammlung als Kassenprüfer bestimmt. Prälat Wolf dankte im Anschluss an die Wahl im Namen des Vorstands den Mitgliedern für ihr Vertrauen. Ein besonderer Dank ging schließlich an Herrn Herz, der mit großer Sorgfalt viele Jahre das Amt des Schatzmeisters kompetent versehen hatte, sowie an die bisherigen Kassenprüfer, Herrn Dr. Standlmaier und Frau Dr. Gigl für ihren langjährigen und gewissenhaften Dienst für den Verein; ebenso galt besonderer Dank dem auf eigenen Wunsch ausscheidenden, langjährigen Geschäftsführer Herrn Genzinger, der den Vorstand bei den Vereinsgeschäften und der Betreuung der Mitgliederverwaltung umsichtig und gewissenhaft unterstützt hatte.

Zum Punkt „Verschiedenes" verwies Prälat Wolf auf die weiteren Vorträge in diesem Jahr und die Studienfahrt am 5. Juli 2013 in das Freilichtmuseum Glentleiten.

Mit einem abschließenden Dank für die stets rege Teilnahme an den Vereinsveranstaltungen beschloss der Zweite Vorsitzende die Mitgliederversammlung 2013 um 19.55 Uhr.

Vortragsveranstaltungen 2013

29. Januar	Thomas Schütte M.A.: Seelenheil als Handelsware. Vom Umgang der Kaufleute im mittelalterlichen München mit der Angst vor dem Fegefeuer.
26. Februar	Peter Winkler: Gelehrte Abhandlungen von Geistlichen für die Bayerische Akademie der Wissenschaften im Zeitraum von 1779 bis 1806
23. April	Dr. Otto Weiß: Kirchenpolitik auf Grund himmlischer Weisungen. Der Einfluss der Seherin Luise Beck auf die bayerischen Bischöfe Reisach (1846-1856) und Senestrey (1858-1906).
4. Juni	Dr. Roland Götz: Von der Konradinischen Matrikel (1315) bis zu Kardinal Döpfner. Das Archiv des Erzbistums als „Langzeitgedächtnis" der Diözese. Führung durch das Archiv des Erzbistums München und Freising.
22. Oktober	Dipl.-Theol. Katharina Zahnweh: Der Münchener Ökumeniker Heinrich Fries – ein verhinderter Konzilsberater Kardinal Döpfners?
19. November	Dipl.-Theol. Marion Frank: Das Konzil in der Pfarrei. Zur Umsetzung des II. Vatikanischen Konzils in Pfarreien des Erzbistums München und Freising.

Studienfahrt 2013

6. Juli	Zeugnisse der Frömmigkeit im Freilichtmuseum Glentleiten und Besichtigung der Klosterkirche St. Tertulin in Schlehdorf. Leitung: Franz Xaver Bischof.

2014
Ordentliche Mitgliederversammlung vom 11. März 2014

Im Anschluss an den Vortrag „Die Bischöfe von Freising im Zeitalter des Konziliarismus" von Herrn Ulrich Lindemann M.A. fand ab 19.09 Uhr die Ordentliche Mitgliederversammlung des Vereins für Diözesangeschichte von München und Freising im Pfarrsaal der Dompfarrei Zu Unserer Lieben Frau in München statt. Anwesend waren 28 Mitglieder. Der Erste Vorsitzende, Professor Dr. Franz Xaver Bischof, eröffnete die Versammlung, zu der alle Mitglieder rechtzeitig satzungsgemäß eingeladen worden waren. Die Beschlussfähigkeit war gegeben. Zunächst verlas Schriftführer Stephan Mokry das Protokoll der Mitgliederversammlung 2013, das von der Mitgliederversammlung bestätigt wurde. Professor Bischof äußerte im anschließenden Bericht seine Freude, mit dem Verein im aktuellen Veranstaltungsjahr im Dompfarrsaal Gast sein zu dürfen, und dankte dem Dompfarrer für die Bereitstellung. Damit verbunden war auch der Dank an Dr. Pfister und das Archiv des Erzbistums für die langjährige, kooperative und unkomplizierte Gastfreundschaft, die der Verein in den Archivräumen bis zum Umbau genießen durfte. Darauf wies Professor Bischof auf den neuen Band der Beiträge zur Altbayerischen Kirchengeschichte hin, der im Druck sei und demnächst als Jahresgabe an die Mitglieder verschickt werde. Besonders hob er das neue Erscheinungsbild hervor, das dem erneuerten optischen Auftritt des Vereins angepasst wurde.

Beim Totengedenken gedachten Professor Bischof und die Versammlung der drei im Berichtsjahr verstorbenen Mitglieder, von denen man Kenntnis erhalten habe. In diesem Zusammenhang bat der Erste Vorsitzende die Anwesenden um Mitteilung an den Verein, wenn Todesfälle von Vereinsmitgliedern bekannt würden. Somit könne auch derer, über die die Vorstandschaft keine Information erhalte, namentlich gedacht werden. Unter Berücksichtigung der Todesfälle sowie von 10 Austritten und dem Eintritt von 9 Personen gehörten dem Verein somit 429 Mitglieder zum Ende des Berichtsjahrs 2013 an.

Darauf berichtete der Erste Vorsitzende über die Vorträge seit der Sommerpause 2013 und die Studienfahrt vom 6. Juli 2013 ins Freilichtmuseum an der Glentleiten und nach Schlehdorf. Er bedankte sich außerdem bei allen Vortragenden für die interessanten Themen aus der Bistumsgeschichte und bei den Vereinsmitgliedern für ihre engagierte Verbundenheit und die positive Resonanz zu den Veranstaltungen. Professor Bischof verwies im Vorblick auf die nächsten Veranstaltungen auf die beabsichtigte Vortragsreihe des Vereins zum Gedenken an den Ausbruch des Ersten Weltkriegs, außerdem machte er auf die Führung von Dr. Roland Götz durch die hervorragende Matrikelausstellung des Archivs aufmerksam.

Vor dem Bericht des Schatzmeisters rief Professor Bischof die Situation vor der Mitgliederversammlung 2013 in Erinnerung, als bei den Neuwahlen der Vorstandschaft der Posten des Schatzmeisters vorläufig unbesetzt bleiben musste: Damals wurde der Vorstand beauftragt, das Amt kommissarisch bis zur nächsten Mitgliederversammlung zu besetzen. Dies sei mit Herrn Dr. Michael Fellner geschehen, dessen ordentliche Bestätigung im Amt des Schatzmeisters Professor Bischof der Versammlung vorschlug, was daraufhin einstimmig (bei Enthaltung von Herrn Dr. Fellner) per Nachwahl erfolgte.

Dr. Fellner gab einen umfassenden Überblick über die Einnahmen und Ausgaben im abgelaufenen Jahr 2013; er informiert außerdem über die Einführung einer neuen Buchungssoftware, so dass der Einzug der Beiträge für die Jahre 2013 und 2014 demnächst erfolgen werde. Ordnungsgemäß hatte durch Herrn Josef Schäfer-Zeis und Herrn Walter Daxenberger die Kassenprüfung stattgefunden. Der Schatzmeister und die Rechnungsprüfer wurden einstimmig (bei Enthaltung ihrer eigenen Stimme) für das Jahr 2013 entlastet. Professor Bischof dankte den beiden Kassenprüfern und dem Schatzmeister. Besonderer Dank galt auch der Erzbischöflichen Finanzkammer für den jährlichen Zuschuss in Höhe von 3.600 Euro. Zudem dankte er Herrn Dipl.-Theol. Florian Heinritzi, der in der Nachfolge für Herrn Genzinger als Geschäftsführer die Mitgliederverwaltung und die Vereinsgeschäfte gewissenhaft führt.

Unter dem Punkt „Verschiedenes" verwies der Erste Vorsitzende Bischof nochmals auf die aktuelle räumliche Situation bezüglich der Vortragsveranstaltungen des Vereins. Er hob dankend das Engagement des Zweiten Vorsitzenden, Prälat Dr. Lorenz Wolf, bei der Suche nach einem Raum hervor. Der Vorstand nehme Ideen der Mitglieder gerne entgegen, wie die räumliche Situation langfristig im Sinne des Vereins gelöst werden könne.

Mit einem abschließenden Dank für das rege Interesse an den Vereinsveranstaltungen und den Hinweis auf die Studienfahrt nach Berchtesgaden und Bad Reichenhall am 5 Juli 2014 beschloss der Professor Bischof die Mitgliederversammlung 2014 um 19.38 Uhr.

Vortragsveranstaltungen 2014

11. Februar Prof. Dr. Anton Landersdorfer: „Nach Rom zu schreiben fühle ich oft ein wahres Bedürfniß" – Die Briefe des Germanikers Johann Baptist Huber (München) aus den Jahren 1870 bis 1886.

11. März Ulrich Lindemann M.A.: Die Bischöfe von Freising im Zeitalter des Konziliarismus.

1. April Dr. Roland Götz: „Leben Lieben Sterben. 450 Jahre Pfarrmatrikeln". Führung durch die Ausstellung des Archivs des Erzbistums München und Freising in der ehem. Karmeliterkirche.

20. Mai Dipl.-Theol. Paul Metzlaff: Eine Quelle der Münchener Ökumene: Der Una-Sancta-Kreis zur Zeit des Nationalsozialismus.

23. September Dipl.-Theol Dominik Schindler: Bischof Michael von Faulhaber und der Erste Weltkrieg.

28. Oktober Prof. Dr. Klaus Unterburger: Zwischen neutraler Friedensvermittlung und vatikanischer Interessenspolitik. Die Münchener Nuntiatur in der Strategie Papst Benedikts XV. während des Ersten Weltkriegs.

25. November Dr. Johann Kirchinger: Der niedere Klerus des Erzbistums München und Freising im Ersten Weltkrieg.

Studienfahrt 2014

5. Juli Studienfahrt nach Berchtesgaden und Bad Reichenhall mit Besichtigung der jeweiligen Stiftskirchen. Leitung: Stephan Mokry.

Beiträge zur altbayerischen Kirchengeschichte

Lieferbare Bände

16:	H. Strzewitzek, Die Sippenbeziehungen der Freisinger Bischöfe im Mittelalter. 1938	€ 1,- (1,-)
18:	B. Bastgen, Bayern und der Hl. Stuhl in der 1. Hälfte des 19. Jh.s Teil 2. 1940	€ 1,- (1,-)
19:	J. Mois, Das Stift Rottenbuch in der Kirchenreform des XI.-XII. Jh.s 1953	€ 1,- (1,-)
21/1:	Lantbert von Freising 937-957. Der Bischof und Heilige. Hg. v. J. A. Fischer. 1959	€ 1,- (1,-)
21/3:	Festgabe des Vereins … zum Münchener Eucharistischen Weltkongreß 1960. 1960	€ 1,- (1,-)
22/1:	Forschungen zur bayerischen und schwäbischen Geschichte. 1961	€ 1,- (1,-)
22/2:	Jahrbuch 1962	€ 1,- (1,-)
22/3:	1200 Jahre Kloster Schäftlarn 762-1962. Hg. v. S. Mitterer. 1962	€ 1,- (1,-)
23/1:	Jahrbuch 1963	€ 1,- (1,-)
23/2:	Eucharistische Frömmigkeit in Bayern. 2. erg. u. verm. Auflage der „Festgabe". 1963	€ 1,- (1,-)
23/3:	Jahrbuch 1964	€ 1,- (1,-)
24/1:	Jahrbuch 1965	€ 1,- (1,-)
24/2:	K. Pörnbacher, Jeremias Drexel. Leben und Werk eines Barockpredigers. 1965	€ 1,- (1,-)
25:	Jahrbuch 1967	€ 1,- (1,-)
26:	Jahrbuch 1971	€ 1,- (1,-)
27:	Bavaria Christiana. Festschrift A. W. Ziegler. Zur Frühgeschichte des Christentums in Bayern. 1973	€ 1,- (1,-)
28:	Jahrbuch 1974	€ 1,- (1,-)
29:	Jahrbuch 1975	€ 1,- (1,-)
30:	Jahrbuch 1976	€ 1,- (1,-)
31:	Jahrbuch 1977	€ 1,- (1,-)
32:	Jahrbuch 1979	€ 1,- (1,-)
33:	Jahrbuch 1981	€ 1,- (1,-)
34:	Jahrbuch 1982	€ 1,- (1,-)
35:	Jahrbuch 1984	€ 1,- (1,-)
36:	Jahrbuch 1985	€ 1,- (1,-)
37:	Jahrbuch 1988	€ 1,- (1,-)
38:	Jahrbuch 1989	€ 1,- (1,-)
39:	Jahrbuch 1990	€ 1,- (1,-)
40:	Jahrbuch 1991	€ 1,- (1,-)
41:	Jahrbuch 1994	€ 1,- (1,-)
42:	Jahrbuch 1996	€ 1,- (1,-)
43:	Jahrbuch 1998	€ 1,- (1,-)
44:	Jahrbuch 1999	€ 1,- (1,-)
45:	Jahrbuch 2000	€ 1,- (1,-)
46:	Jahrbuch 2001	€ 24,- (17,-)
47:	Jahrbuch 2003	€ 18,- (12,-)
48:	Jahrbuch 2005	€ 18,- (12,-)

49:	Jahrbuch 2006	€ 16,- (10,-)
50:	Jahrbuch 2007	€ 18,- (12,-)
51:	Jahrbuch 2008	€ 16,- (10,-)
52:	Jahrbuch 2010	€ 18,- (12,-)
53:	Jahrbuch 2011	€ 18,- (12,-)
54:	Jahrbuch 2012	€ 18,- (12,-)
55:	Jahrbuch 2013	€ 18,- (12,-)

Studien zur altbayerischen Kirchengeschichte

1:	K.-L. Lippert, Giovanni Antonio Viscardi 1645-1713. 1969.	€ 2,- (2,-)
2:	J. Maß, Das Bistum Freising in der späten Karolingerzeit. Die Bischöfe Anno, Arnold und Waldo. 1969.	€ 2,- (2,-)
3/4:	L. Weber, Veit Adam von Gepeckh, Fürstbischof von Freising 1618-1651. 1972.	€ 2,- (2,-)
5:	H. Hörger, Kirche, Dorfreligion und bäuerliche Gesellschaft, Tl. 1. 1978.	€ 2,- (2,-)
6:	J. A. Fischer, Die Freisinger Bischöfe von 906 bis 957. 1980.	€ 2,- (2,-)
7:	H. Hörger, Kirche, Dorfreligion und bäuerliche Gesellschaft, Tl. 2. 1983.	€ 2,- (2,-)
8:	N. Keil, Das Ende der geistlichen Regierung in Freising. 1987.	€ 2,- (2,-)
9:	A. Landersdorfer, Gregor von Scherr (1804-1877). Erzbischof von München und Freising in der Zeit des Ersten Vatikanums und des Kulturkampfes. 1995.	€ 37,- (24,50)
10:	Die Freisinger Dom-Custos-Rechnungen von 1447-1500, 2 Bde. 1998.	€ 50,- (33,-)
11:	F. Sepp, Weyarn. Ein Augustiner-Chorherrenstift zwischen Katholischer Reform und Säkularisation. 2003.	€ 29,- (20,-)
12:	S. Buttinger, Das Kloster Tegernsee und sein Beziehungsgefüge im 12. Jahrhundert. 2004.	€ 14,- (10,-)
13:	I. Zwingler, Das Klarissenkloster bei St. Jakob am Anger zu München. Das Angerkloster unter der Reform des Franziskanerordens im Zeitalter des Dreißigjährigen Krieges. 2009.	€ 29,- (20,-)
14:	M. Karg, Die St.-Anna-Bruderschaften im Bistum Freising. Ein Beitrag zur Frömmigkeitsgeschichte Altbayerns. 2014	€ 30,- (20,-)

Bezug durch den Verein für Diözesangeschichte von München und Freising e.V., Postfach 33 03 60, 80063 München, Telefon 089/2137-1346. Die Preise in Klammern gelten für die Mitglieder des Vereins.